精品年鉴与年鉴编纂创新研讨会论文集

主　编　冀祥德
副主编　刘永强

方志出版社
Publishing House of Local Records

图书在版编目（CIP）数据

精品年鉴与年鉴编纂创新研讨会论文集/冀祥德主编. --北京：方志出版社，2019. 3

ISBN 978-7-5144-3641-9

Ⅰ. ①精… Ⅱ. ①冀… Ⅲ. ①年鉴—编辑工作—文集 Ⅳ. ①G237. 4-53

中国版本图书馆 CIP 数据核字（2019）第 071425 号

精品年鉴与年鉴编纂创新研讨会论文集

主　　编：冀祥德
副 主 编：刘永强
责任编辑：范　静

出 版 人：冀祥德
出 版 者：方志出版社
地址　北京市朝阳区潘家园东里 9 号（国家方志馆 4 层）
邮编　100021
网址　http://www.fzph.org
发　　行：方志出版社发行中心
电话（010）67110500
经　　销：各地新华书店
印　　刷：廊坊市海涛印刷有限公司

开　　本：850×1168　1/32
印　　张：19
字　　数：549 千
版　　次：2019 年 12 月第 1 版　2019 年 12 月第 1 次印刷

ISBN 978-7-5144-3641-9　定价：58.00 元

《精品年鉴与年鉴编纂创新研讨会论文集》编委会名单

目　录

地方综合年鉴编纂与地方史研究

——兼论地方综合年鉴与地方史在方志学学科构建中的地位与作用

齐迎春

摘　要：2017年是在全国范围内全面推进地方志事业转型升级的关键一年。中国地方志指导小组制定的一系列顶层设计文件，并不是各自孤立、互不关联的个体，而是一个密切联系、互为补充的整体，其目的是推进方志理论研究，构建独立完整的一级方志学学科体系。依据对一系列文件的解读，提出地方综合年鉴、地方史和地方志共同构成了方志学学科建设的理论基础。并试从地方综合年鉴的编纂实践与地方史研究切入，对地方综合年鉴与地方史在方志学学科构建中的地位，以及两者的关联性做一粗浅的探索。以实践为切入点，不断厘清地方志各项工作在学科构建中的地位与作用，明晰地方志各项工作关联性以及互相影响，才能切实构建起方志学学科体系，实现地方志事业的转型升级。

关键词：地方综合年鉴　地方史　地方志　学科地位　学科构建

近年来，中国地方志指导小组在促进地方志全面转型升级方面做了大量理论与实践上的探索。2016年12月22日印发《全国年鉴事业发展规划（2016—2020年）》，提出到2020年实现“年鉴全覆盖”的核心任务。2016年12月30日，印发《关于加强全国地方志科研工作的意见》，对地方志科研工作内容作了界定，并首次明确提出“地方志科研工作应以指导地方志编纂实践为出发点、落脚点，紧紧抓牢修志编鉴写史三大实践载体，突出重大理论创新意义和现实应用价值。应集中对实践工作中出现的新情况、新问题进行深入理性的探索研究，总结提炼实践经验，不断提升理论研究水平，揭示地方志工作的本质规律和发展趋势，引领地方志事业健康发展。”①

需要指出的是，这段话明确了地方史在方志学学科构建中的地位，即与地方志、地方综合年鉴共同组成了地方志事业的三大主业，或者说共同构成了方志学学科建设的基础。初步论述了修志、编鉴、写史的相互关系，即围绕地方志编纂，在实践中探索三者在方志学学科建设中的作用与价值；提出了如何从修志编鉴写史的实践中提炼方志学学科理论基础的基本思路。

这一系列顶层设计文件的制定，并不是各自孤立、互不关联的个体，而是一个密切联系、互相补充的整体，其目的便是推进地方志理论研究，构建独立完整的一级方志学学科体系。

依据对以上文件的解读，本文试从地方综合年鉴的编纂实践与地方史研究切入，对地方综合年鉴与地方史在方志学学科建设中的地位与作用、二者的关联性以及地方综合年鉴存在的问题及对方志学学科构建的影响作一粗浅探索。

一、地方综合年鉴与地方史在方志学学科构建中的地位

中央宣传部办公厅、国家新闻出版广电总局办公厅印发的《关于进一步做好地方史编写出版工作的通知》，要求有条件的地方，把地方史编写纳入地方志工作范畴。中国地方志指导小组抓住党中央国务院高度重视地方志工作的历史机遇，及时提出由地方志机构承

① 中国地方志指导小组：《关于加强全国地方志科研工作的意见》，2016年12月30日。

担地方史编写工作，笔者认为主要基于以下两点因素：

（一）地方综合年鉴与地方史弥补了地方志在社会功能方面的不足

地方综合年鉴、地方史与地方志均具备“存史、资政、育人”的基本社会功能，但是三者却各有侧重。地方志横陈百科、客观记述的体例特点，使得志书的资料性、专业性更强，因此决定了志书的利用群体往往都是为决策寻找依据的党政领导，以及有科研需求的专业人员和学者等，其资政的功能更加突出。《地方志工作条例》正式将地方综合年鉴列为地方志事业的组成部分，年鉴条目体的编纂体例较志书灵活了许多，且一年一鉴，时效性强，不仅能够为续志积累年度资料，还能收入更多因受志书体例所限而不能收录的调查报告、统计分析以及各地区各行业的微观性资料等，进一步增强了存史、资政功能。而地方史采用史体，在记述上脉络更清晰、观点更明确，比较有助于普通读者阅读利用，也更容易作为一地的乡土教材。因此，在“育人”功能的发挥上，较志、鉴更胜一筹。

（二）地方综合年鉴、地方史是方志学学科的重要理论组成部分

相较于传统史学，地方史的侧重点仍在于“地方性”，与地方综合年鉴、地方志同姓同源。因此将地方史归属于方志学学科，较归之于史学学科似乎更加科学合理。与地方综合年鉴一样，地方史是对地方志书的补充和拓展，是方志学学科的重要组成部分。

中国的区域性与地方性差异幅度很大。梁启超曾说：“盖以中国之大，一地方有一地方之特色，其受之于遗传及环境者深且远，而爱乡土之观念，实亦人群团结进展之要素，利用其恭敬桑梓之心理，示之以乡邦先辈之人格及其学艺，鼓舞濬发，往往视逖远者为更有力。”①

传统史学把历史的各种现象综合论述的做法，只能使读者对历史现实有一个概况的、整体的了解。而地方史，重点在于挖掘本地

① 梁启超：《清代学者整理旧学之总成绩》，北京：商务印书馆，1997年，第151页。

鲜活的材料，多维度地展示同一历史时期一地方独具的发展特点及发展规律，具有更加鲜明的“个案”特色。例如20世纪40年代末至50年代初，全国土地改革运动大规模展开后，内蒙古草原因牧业经济的特殊情况，牧区民主改革没有套搬农区土改的方法，提出了对牧主不斗不分，采取适当措施，提高牧工工资的“三不两利”政策（即“不斗、不分、不划阶级”“牧工、牧主两利”），对牧业区民主改革的胜利完成起了决定性作用。这一段史实，放在总体史中很容易被忽略掉或在记述时简化。因此，如何忠实记录一地特殊的历史与发展，是地方史、地方综合年鉴、地方志共同面临的课题，需要三方互相借鉴、彼此补充，才能更好地解决这个问题。因此，将地方史、地方综合年鉴引入地方志工作范畴，对丰富方志学学科内涵，构建一级学科体系具有重要意义。

二、地方综合年鉴与地方史的关联性分析

（一）地方综合年鉴与地方史共同特征探析

通过对地方综合年鉴与地方史共同特征的探索与比较，有助于明晰二者在学科内涵上的交集与关联，从而更加准确地定位方志学学科及开展学科建设。

1. 地方综合年鉴与地方史产生、发展的规律

首先从地方综合年鉴和地方史产生的历史背景及发展规律来探讨二者的共同性。

当前我国学界普遍认为年鉴是舶来品。我国境内已知最早的地方综合年鉴北华捷报馆编纂的全英文版《上海年鉴（1854）》（North China Herald Office）即西学东渐的产物。1913年出版的《世界年鉴》，是现知中国人出版的第一部“现代形式”的年鉴①。及至

---

① 周旭：《浅述我国年鉴事业的历史及对年鉴学发展的思考》，收入中国地方志指导小组办公室编：《首届全国年鉴论坛论文汇编》，2017年。

20世纪20年代，出现年鉴编纂的首次热潮，各地出版发行了数十种地方综合年鉴和专业年鉴，并且在具体的编纂中对年鉴的定义、分类、功能、应用以及年鉴与史志的关系作出了初步的探索，积累了一些编纂方法与经验，年鉴学思想开始萌芽。后经历一段停滞期，于80年代后进入第二次“年鉴热潮”，年鉴事业迅速发展。

中国近代意义上的地方史研究始于20世纪20年代。1926年梁启超发表《中国都市小史》《中国之都市》等文，开启中国地方史研究之先河。之后经历了一段缓慢发展期。“20世纪80年代，在中共中央、国务院直接领导下，启动《当代中国》丛书编撰工作，1999年完成共150卷丛书的编写任务，为各省、市、自治区编写地方史奠定了坚实基础”[①]。

值得注意的是，从地方综合年鉴与地方史的产生与发展轨迹考察，二者均与20世纪初中国的“新史学”思潮的发展演变契合。“新史学”思想来源于19世纪西方实证主义史学，实证主义主张史学的研究对象应从政治事件转移到社会生活上来。其代表人物英国史学家亨利·托马斯·博克尔（Henry Thomas Buckle，1821—1861）认为：“人类、社会、民族及其文化才是历史的主体，史学家应记述人类的全部活动。”[②] “历史学家的责任就是说明各民族的历史进程都是有规律的，只有通过揭示因果关系来阐明这种规律，才能把历史上升为科学”[③]。在研究方法上，实证主义提出引入统计学方法。以梁启超、陈黻宸等人物为代表，借鉴实证主义史观，提出了中国“新史学”思想，其宗旨即提倡“民史”、反对“君史”。陈黻宸更进一步提出改造旧史與地学，利用统计调查和区域研究的方法，揭示民之情状与风俗之间的关系[④]，从而改变传统史观、丰富史学形态、提高史学科学性。后“新史学”思潮一度衰微，直至20世纪

① 张黎：《2000年以来中国地方史研究述评》，《乐山师范学院学报》2009年第10期。

② 亨利·托马斯·巴克尔（Henry Thomas Buckle），《英国文明史》，龙门—格林书店（Longmans，Green and Co）三卷本，1908年，第131页。

③ 谭英华：《试论博克尔的史学》，《历史研究》1980年第6期。

④ 陈黻宸：《地史原理》，《陈黻宸集》，北京：中华书局，1995年，第596页。

80年代史学界才再一次提出“新史观”。这一新史观的肇兴，就是主张由只关注“国史”逐渐转向“地方史”“区域史”的研究和编写，并且将中国史研究不断向社会史、生活史等领域拓展，以整体视角来拓宽与深化当代中国史研究。

由此可见，地方综合年鉴与地方史均是“新史观”出现后衍生出来的新学科形态。二者与“新史学”思潮不仅在萌芽时间上高度一致，并且之后的衰落与复兴也遵循了同样的频率。这一现象并非偶然，实为必然，是由二者共同的学科内涵所呈现的内在逻辑自发支配的结果。地方综合年鉴与地方史自诞生起，都具有将记述视角更多地转向社会生活、个案研究；体例结构上冲破传统方志学范囿，创新增加或使用调查资料、统计资料；并引入社会学、统计学、考古学、生态学、人类学等其他学科的研究方法等共同特征。事实上，中国地方综合年鉴与西方《老农夫年鉴》等便民工具书类的年鉴在历史背景及社会功能方面其实并无渊源，发端于清末民国的年鉴才是我们现今所谈论的地方综合年鉴的雏形，它们更接近于法国年鉴学派创办的《经济与社会史年鉴》，是随着“新史观”（或实证主义）的出现而出现的。也正因如此，当中国第一次“年鉴热潮”掀起时，年鉴学研究就自发地与方志学研究结合在一起。地方史的属性则更明显，是“新史学”思潮直接的产物。二者自诞生之日起，就与地方志有着亲缘关系，这是二者的学科渊源与学科内涵所决定的。

2. 地方综合年鉴与地方史的学科建设模式

地方综合年鉴与地方史在学科建设模式上相近。从名称来看，地方志书以行政区划命名，如《××市志》《××县志》，地方综合年鉴、地方史则以地域名称冠名，如《内蒙古年鉴》《内蒙古通史》。志书的记述有区划限制，对行政区划的演变不够了解的读者，很难在浩瀚的地方志书中精准找到所需的文献资料，甚至因地区间对志书交叉问题的处理未充分达成一致，使得许多重要史料被遗漏。如“内蒙古”这一地域概念，是从内札萨克蒙古和内属蒙古的语义衍生而来，“内蒙古”并非清代的行政建制，而是地域概念，是一种在漫长历史演变中逐渐形成的约定俗成的称谓。因此内蒙古地方史所涉及的地域概念远大于内蒙古自治区这一行政区划概念。地方综合年鉴，特别是地方史都打破了行政区域的界限，以地域概念进行跨行政区域的研究，弥补了地方志在这一方面的不足。

二者的研究对象相近。相比地方志，地方综合年鉴与地方史都比较关注“个案”和“微观”研究，普通民众的生活成为它们的研究对象。二者均更多地关注一个地区整个人类群体的历史与现状。陈黻宸关于史学所下的定义是“刻画人的日用伦常生活的学术形态，人的精神在日常生活中‘上蟠下际’发展出的形形色色、纷繁复杂的内容，都构成‘史’的一部分”，即以“民史”为核心的新史学。① 而地方综合年鉴便是按照年度来记载这“形形色色、纷繁复杂的内容”②。

二者在编纂形式上类同。地方综合年鉴、地方史与地方志在资料征集的途径方式上完全相同，因为需要直接占有大量第一手资料，包括档案、报刊、地方志、回忆录、年谱、民歌、碑刻、图片和考察报告、统计资料等，所以资料收集需要各相关地区、相关部门的大力支持甚至直接参与，如果说传统“治史”是学者之业，修志、编鉴、写史则需要历史的全部缔造者——人民的参与。众手成志、众手成鉴、众手成史。将地方志机构作为地方史的编写主体，是由三者的学科内涵的内在逻辑所决定的，也与社会现实的需求相契合。《全国年鉴事业发展规划（2016—2020年）》提出到2020年实现年鉴三级全覆盖，实为推进地方史编写工作提供了难得机遇。志书与年鉴“官修”“官书”性质决定了收集资料在权威性和全面性上占有先天优势，是其他学术机构所不具备的。因此，随着年鉴三级全覆盖的全面铺开，各级地方志机构也应同步推进地方史的编写工作。毋庸置疑，由地方志机构承担起编写地方史的历史使命，是顺应了

① 陈黻宸：《京师大学堂中国史讲义·读史总论》，《陈黻宸集》，北京：中华书局，1995年，第675页。

② 侯俊丹：《新史学与中国早期社会理论的形成——以陈黻宸的“民史”观为例》，社会学研究，2014（4）。

事物自身发展规律的正确选择。

此外，从近年来地方综合年鉴与地方史的发展趋向来看，二者也呈现出趋同的特点。例如，地方史在西方的发展轨迹呈现出地方史—城市史—社区研究的特点，我国地方综合年鉴近年来的发展模式也基本遵循了这一内在规律，即地方综合年鉴—城市年鉴—社区年鉴。

（二）地方综合年鉴为地方史编写积累了全面、充足的资料

地方综合年鉴的本质是大型资料性文献，它的价值绝不仅仅在于为现实提供服务上，这是中国地方综合年鉴与西方便民手册类年鉴的最大不同之处。中国地方综合年鉴是兼具学术价值与实用价值为一体的具有鲜明中国特色的文献汇编。

改革开放以来，全国编纂出版了大量志书和年鉴，甚至还编写了一批年鉴简本、地情手册、地情概览或实用指南等年鉴衍生品。① 这些志书与年鉴及各种地情资料共同构成了丰富的地方志成果集群，为地方史编写提供了肥沃的土壤。但是近些年来，这些资料基本上被束之高阁，很少利用，地方史编写工作启动后，没有理由对其弃之不用。或者换句话说，志鉴成果群实为地方史最天然的资料库，其理由有二：

首先，从两轮修志经验看，遇到最大的瓶颈就是资料问题。从20世纪80年代始大规模开展地方综合年鉴编纂工作，即有为下轮志书积累资料的重要使命。中华人民共和国成立以后，特别是改革开放以来，社会转型不断加快，经济体制改革、政府机构改革，其中许多行业在机构设置和职能管理上变化非常之大，如食品药品监督管理，自1998年以来进行了四轮食药监管体制改革，其管理体制从垂直管理调整为属地分级管理再实行垂直管理，机构几经设立、调整、撤销、合并，客观上形成了信息容量大但资料收集难的矛盾。纵观《内蒙古年鉴》1998卷至2016卷对于这部分内容的记述，基

---

① 引自冀祥德在2017年度全国第七届地方志学术年会上的讲话，2017年5月26日。

本上可以重现其发展演变的脉络，其中虽存在局部断线的问题，但从现存各类档案、文件等资料来看，年鉴已然是其中最具权威性和连续性的一种文献资料。

其次，如前所述，因为地方综合年鉴与地方史的记述对象和发展方向基本趋于一致，地方综合年鉴基本的门类设置在宏观上已清楚地勾勒出了各地各行业的历史与现状，所以地方史编写与地方综合年鉴很容易形成资料上的对接。从资料涵盖面上，年鉴诞生百余年间，各级各类年鉴积累了囊括自然、政治、军事、经济、社会、生态环境、文化、风俗、人物等各方面的丰富资料，地方综合年鉴秉持“多叙少论”的风格，因此大部分资料都是未经加工的原始资料，其史料价值尤为珍贵。从目前来看，年鉴与志书比较，其资料性方面的显在优势在于：一是收录了大量微观资料，特别是社会生活及文化活动方面的；二是资料（特别是数据资料）更具有衔接性，便于地方史在利用时进行科学分析；三是规范的检索系统，极大地提高了资料查找的精准率与效率。

三、地方综合年鉴存在的问题及对方志学学科构建的影响

中国地方志指导小组虽然大力推动修志、编鉴、写史三业并举，共同打造方志学学科基础建设，但这三项工作的自身基础普遍比较薄弱，并且三业基本上仍是各自为政，未形成紧密的长效的联结，若不加以改进，势必阻碍方志学学科建设步伐。此处仅从地方综合年鉴编纂实际切入分析存在的一些问题。

（一）年鉴学范式尚未形成，尚不能为方志学学科构建提供充足的理论支撑

年鉴学范式是年鉴工作者共有的经验研究、理论研究、方法论和世界观的总和。一门学科发展到一定程度，对其进行学科“范式”研究是学科发展的必然走向。随着我国年鉴事业逐渐走向规

范化轨道，年鉴学的范式研究必然也会提上日程①。如果说当前我国地方综合年鉴正处在学科发展的岔路口上，也并非夸张。目前一些地方综合年鉴编纂者在“创新”路上越走越远，有些已经背离了地方综合年鉴学科内涵所限定的范围，有可能使得地方综合年鉴走向另外的发展轨道。若再不开展年鉴学范式研究，尽快定位地方综合年鉴学科的发展方向和研究方法，将极不利于方志学学科体系的构建。

地方综合年鉴发展的前期，因其新生事物的属性，各级各类年鉴编纂者均缺乏经验，因此互相模仿，形成“千鉴一面”的现象。为扭转年鉴编纂日渐僵化的局面，很多年鉴编纂者开始提出借鉴西方范式，或者借鉴其他学科范式，在年鉴的学科定位上、研究方法上以及编纂技术上（如年鉴的体例、结构、篇目、内容）等各方面尝试创新。特别是近些年来，呼吁效仿西方范式的声音渐多，甚至有些地区已经将西方范式套用在具体编纂当中，但是在模仿的实践中又完全忽略了中西年鉴在本质属性、种类及受众群体等方面的差异。产生这种现象皆因中国年鉴编纂是在尚未形成完整的、成熟的学科理论的情况下，直接开始操作的缘故，年鉴学科理论研究远远滞后于年鉴编纂实践。

因此，在中国年鉴学的发展历程中，应格外警惕将年鉴学科的发展寄托在西方范式的模仿上，不要被西方范式所困扰，而要形成属于自己的独立的年鉴学范式。要警惕中国年鉴学发展过程中，因缺乏文化自信和本土情怀所引发的走向偏差的发展轨道，构建具有中国特色的新时代下的年鉴学科体系。笔者认为，地方综合年鉴需坚持两个基本属性：一是地方综合年鉴的“官书”性质，即编纂地方综合年鉴是一种政府行为，坚持年鉴“官书”本质，有助于形成自身的年鉴理论基础与发展规律；二是地方综合年鉴从属于地方志事业范畴，是地方志工作的一部分。

因此，在年鉴创新热潮不断高涨的当下，年鉴编纂者们有必要

---

① 齐迎春：《年鉴编纂规范与年鉴学范式的构建》，中国地方志指导小组办公室：《首届全国年鉴论坛论文汇编》，2017 年。

先冷静下来，重新思考创新的走向，不要盲目地为了创新而创新，要在年鉴两个基本属性的范围下，形成独具中国特色的年鉴学范式，进而构建起方志学学科理论体系。

（二）地方综合年鉴编纂方法科学性不足，影响利用效果

地方综合年鉴的主体资料主要来源于地方各级政府部门的工作总结，撰稿者天然地存在着重成果梳理轻规律探索、重叙述轻实证等编纂方法科学性不足的问题。

从地方综合年鉴文本考察，存在以下导致年鉴文献价值、存史价值降低的问题：一是面目僵化。年鉴编纂机构对年鉴框架结构、篇目设置、内容选取等各方面研究不深，致使某些撰稿单位每年只是将上年度的稿件数据替换成当年的就提供给年鉴编纂机构；二是繁冗空洞。年鉴编纂机构对文献价值的理解存在偏颇，原始资料的处理没有统一的标准，致使很多低价值、甚至重复的资料被收录；三是缺乏深度。与繁冗伴随而来的自然就是浮文充数，有效信息整合力度不够，综合性叙述靠罗列数据，缺乏深度分析。从组织编纂的角度究其原因：一是年鉴编纂机构沟通渠道不畅。地方综合年鉴编纂本身是一个系统工程，年鉴与地方志、地方史又构成了一个系统工程。每部年鉴即可独立成书，又可上下左右联动整合，互补互见。目前，一个地域范围内，各级年鉴经常出现沟通欠缺情况，各自出版的年鉴有资料重复、数据相互矛盾等现象。二是年鉴主编年鉴学科理论及相关学科素养有所欠缺。一些年鉴主编没有形成明确的编纂思路，对提供资料的行业或地区的性质、职能、常年静态工作、当年动态工作，以及当地自然、资源、经济优势、社会状况等不了解，不容易主导本年鉴的内容与风格。三是年鉴编辑的资料意识薄弱，对资料的敏感度不强，缺少在日常中广泛网罗各类社会资料的好习惯。

就目前存在状况分析，因地方综合年鉴的作者群、编辑队伍、审稿专家存在地区间的差别，直接造成了年鉴学术水平上的差异。对此，可尝试借鉴分层研究方法解决。第一层次，做到以年鉴事实

为研究对象，即尽可能忠实保持基层供稿的原始面貌，避免错误的二度加工损害其本来的史料价值，编纂方法上主要使用实证方法；第二层次，将年鉴学研究对象上升为年鉴问题与规律，对现象进行观察和分析，主要采用方法为归纳与演绎，抽象与概括；第三层次实现以年鉴价值为年鉴学研究对象，目标是形成方志学学科综合统一性，从而形成地方志、地方综合年鉴、地方史成果群。

四、结　论

一般来说，成为一门独立学科必须具备独立的研究内容、成熟的研究方法、完整的理论体系。关于地方志、地方综合年鉴与地方史能否共同构成方志学学科体系，理应满足上述条件。本文从地方综合年鉴与地方史的起源与发展简单进行考察，初步得出的结论为，三者具有共同的研究内容，即地方现象与地方问题。而研究对象的地方性又决定三者遵循了很多相同的研究方法，并且在丰富的实践成果中逐步形成了一定的学科理论基础。地方志虽出于传统史学，但随着地方综合年鉴和地方史的出现与发展，方志学学科内涵不断充实，事实上已成为独立于传统史学的一个客观存在。三者的学科本质、功能属性、社会价值、编纂方法等构成了内在的学科综合统一性。

地方志、地方综合年鉴、地方史虽然拥有相近的本质和规律，但在彼此交叉渗透中无疑又各自具有多重发展维度，若想真正使志、鉴、史成为地方志工作三大实践载体，为方志学学科建设打造深厚的理论基础，还需要加强学科自身建设。例如年鉴学科的建设问题不但影响年鉴自身发展，也直接影响着地方史的走向和发展。当前地方综合年鉴编纂实践中存在的各种问题，很大原因是年鉴编纂机构将编鉴当作一件孤立的、即时性的工作，没有将编鉴与写史、修志联结在一起，站在方志学学科的高度，以为历史负责，为未来负责的精神，投入到这项事业中。只有以实践为切入点，不断厘清地方志各项工作在学科构建中的地位，明晰地方志各项工作的关联性以及互相影响，才能切实地构建起方志学学科体系，实现地方志事业的转型升级。

（作者单位：内蒙古自治区地方志办公室）

国外传统代表性年鉴发展趋势及特点

王师师

摘　要：年鉴一词来源于西方，国外年鉴种类繁多，历史悠久。通过学习国外代表性年鉴，其发展特点包括编辑注重与读者间的互动、内容体现等 9 个方面。这些特点及经验给国内年鉴带来借鉴与启示。

关键词：国外传统年鉴　发展特点　经验启示

年鉴是一种以数据、图表为主要记述形式的概览型工具书，有着存史、资政、育人的历史使命和繁荣文化发展的作用。国外年鉴历史悠久，发展繁荣。本文从分析国外几部有代表性的传统年鉴出发，总结归纳特点及发展趋势，进而提出对国内年鉴的借鉴与启示。

一、国外传统代表性年鉴

年鉴在国外发展已经有几百年历史，分为早期、中世纪期、现代早期和当代期四个历程。当代期之前的年鉴主要以记录天文潮汐、日月周期、民间轶事为主。北美现存最古老的年鉴是 1792 年始创的《老农夫年鉴》。到了当代，年鉴定义为以数据形式阐述世界情况的参考书，内容通常包括地理、政府、人口、经济、健康、体育等。目前，国外年鉴繁荣发展，有国家层级的年鉴如：《南非年鉴》《加拿大年鉴》《意大利年鉴》；有城市层级的年鉴如：《纽约统计年鉴》

《东京统计年鉴》《加利福尼亚年鉴》；有专业学科类的年鉴如英国的《天文年鉴》、美国的《农业年鉴》、罗马的《外贸年鉴》等。而世界公认最具代表性、影响力最大的年鉴分别是英国的《惠特克年鉴》、法国的《贵德年鉴》以及美国的《世界年鉴及事实汇编》等。

《惠特克年鉴》是一本既典型又传统的英国年鉴，具有浓厚的英式传统特点。第一版《惠特克年鉴》由约瑟夫·惠特克在1868年创刊，目前由A&C Black出版公司出版，到2014年已累计出版147版。《惠特克年鉴》内容涉及天文、历法、教育、医疗与社会等方面，并且罗列大量的表格、图表等。该年鉴并没有定义为百科全书，而是定义为"了解英国及世界过去与现在的综合性参考书"，从而展现当代英国在诸如公共体制、教育、文化等方面的成果。该年鉴每年11月份出版两种版本，一种是标准版、一种是精简版。丘吉尔首相曾经赞誉并私人珍藏该书。

《贵德年鉴》是法国影响最大、最权威的一本年鉴，由罗伯特·拉封出版社出版，第一版《贵德年鉴》在1963年出版。该年鉴每年9月出版，每版都在上一版的基础上补充新的数据资料，内容涵盖国防、经济、教育等方面，编辑每年根据读者提出的意见不断地修改、补充内容。《贵德年鉴》的另一个特色是为了读者便于检索，目录并没有按传统的多级目录顺序排列，而是按照首字母顺序排列。

美国的《世界年鉴及事实汇编》（简称《世界年鉴》）创刊逾百年，年发行量达200万册，累计发行超几千万册，被称为美国个人、家庭乃至各国读者的"口袋书"。《世界年鉴》是一本反映美国社会和世界情况的综合性年鉴，于1868年由《纽约世界报》创刊，内容包含世界变化、灾难、体育、教育等。著名杂志《华尔街》称《世界年鉴》为"关于政治、经济、科学、教育数据与信息的宝库"。该书目标是"全世界的指南汇编"，内容有很强的知识性、指南性。《世界年鉴》一直保持最前沿的科技，高科技的印刷术造就了该书的迅速出版，7天完成印刷，10天完成装帧，高效率保障当年11月出版[1]。

① 沈萌溦：《海外年鉴编纂情况综述》，《江苏地方志》2002年第1期。

二、国外传统代表性年鉴的发展特点

（一）编辑注重与读者间的互动

《贵德年鉴》的开篇第一页就是刊登读者每年针对该书提出的各类问题与建议，以及编辑对问题的解答。编辑往往根据读者的合理建议而适当变动年鉴内容。《惠特克年鉴》开设了读者有奖问答的专栏，内容涉及英国历史、国情等，读者如果能够回答正确，最高可获得2000欧元的奖金。此外，《加利福尼亚年鉴》同样开设了关于州情的有奖竞猜专栏和以“加利福尼亚——黄金州”为题的论坛。这些都体现了海外年鉴注重与读者保持良好的互动关系、努力提高读者阅读兴趣、在内容选取上尊重读者意见。

（二）内容体现浓厚的地域特色

《贵德年鉴（1996）》在法国栏目中，设有人文地理（人口、法语等）、自然地理学（气候、面积等）、历史、机构设置等，具有法国人文风格。《惠特克年鉴》介绍了英国的面积、地理、皇室的基本情况（包括女王简历、继位顺序表、贵族的等级等）、上下议会各部门的职能介绍、议员名单、甚至还有升降旗的规定，可谓极具英国传统的特色。《意大利年鉴》同样富有绚烂的民族特色，内容设置打破传统经济、社会、文化分类，设立缤纷多彩的欧洲园艺展览会、意大利歌剧、意大利生活、意大利图书等版块，内容活泼有趣。此外，《巴黎年鉴》内容包含艺术与工艺品、视觉艺术、美容与健康、园林与绿地、音乐、摄影等，突显巴黎作为世界时尚之都的特色。美国《德克萨斯州年鉴》把农业栏目放在所有栏目的首位，突出农业大州的特色。

（三）选材具有综合性的国际视野

许多海外年鉴不仅关注本国情况，更立足于关注世界范围内各国的变化。《惠特克年鉴》的定位口号是“变化中的世界的参考书”。《惠特克年鉴（2000）》设有国际组织、欧盟、海外旅游、世界各国（非洲、美洲、亚洲、欧洲、大洋洲在面积、人口、首都数列表、世界汇率参照表等）等栏目。《贵德年鉴（1996）》的农业数据表格详细对比了法国与非洲、亚洲、欧洲、大洋洲、美洲各种农作物的产值。

（四）刊载内容极具实用性

《惠特克年鉴（2000）》在政治栏目中记述了政府每个部门的具体职责、功能，在教育栏目中收录了大学的详细名录以及联系方式，在文化遗产栏目中详细介绍了历史建筑、纪念馆、博物馆及伦敦各景点情况，并提供联系方式、开放时间、地址等。在海外旅游栏目中介绍如何申请护照及申请的地点、电话以及注意事项等。美国《世界年鉴》在教育栏目中载有各大学名录、学校级别、授予的最高学位、各专业情况、录取分数线等。美国的《华府华商年鉴》更类似“服务指南手册”，在资料栏目中介绍了公共设施、地下铁路分布、主要购物中心等，在移民栏目中介绍了如何办理移民手续等。由此可见，不论是本国公民或者是外国旅行者，都能借助这些年鉴找到衣食住行所需要的各类信息，这些便民的“黄页”资料很好地架起了年鉴与普通读者之间的桥梁。

（五）收录数据注重延续性

《惠特克年鉴》中列举的不仅是当年数据，更注重列举几年内的数据，读者可以通过对比一段时间的数据，系统地了解英国几年甚至是几十年内的变化，令人感觉翔实可靠、具有可信度。例如《惠特克年鉴（2000）》中的教育栏目分别列举了1998—1999年，1999—2000年英格兰、威尔士、苏格兰以及北爱尔兰的教育经费预算、学生数、学校数；在社会生活栏目中分别列举了上述地区从1901—1991年的人口数、居民数、少数民族数、移民数、结婚或离婚数等。在金融栏目中列举了1998—1999年全英所有零售银行、保险公司等数量。这些详尽细琐的数据为研究者带来极大便利，发挥了工具书的价值。

（六）目录结构设置科学合理

大部分海外年鉴的目录结构设置不是按照国内年鉴以政府的工作职能划分，而是按照事物发展本身的规律划分。《惠特克年鉴》的教育栏目设置符合教育的规律，由低到高。排序是小学（公立小学、私立小学、学生数、课程、考试），高中教育（课程、高中职业教育），大学教育（学位、课程、费用），成人及继续教育等。《贵德年鉴》栏目设立符合社会发展的一般规律，内容涵盖几大领域，顺序分别是世界（包括天体、自然、天文等）、生命（包括人类起源、生物、医学等）、文学艺术、宗教、社会、政治、经济等。

（七）年鉴出版周期短，发行量大

由于海外年鉴没有政府的财政拨款，大都由私人团体、出版公司、研究机构主办，为争取经济利益，海外年鉴的出版周期普遍较短。《世界年鉴》每年11月出版，《贵德年鉴》9月出版，《法国现状年鉴》3—5月出版，《惠特克年鉴》11月出版。另外，市场发行量巨大，拥有巨大稳定的读者群体。《世界年鉴》年销售200万册，日本《朝日年鉴》年销售8万~10万册。

（八）年鉴衍生读物迎合市场需求

《世界年鉴》从1995年起特地为儿童编写了趣味十足的《世界儿童年鉴》，累计销售额为350万册，全彩印刷，内容生动有趣。有猜谜语、游戏、活动、笑话等，寓教于乐，浅显易懂，深受孩子欢迎。《惠特克年鉴》除了每年出版针对研究者的标准版之外，还推出面向普通读者大众的精简版。

（九）宣传形式多样

许多海外年鉴在宣传方式上，形式是多方位、多渠道的。《世界年鉴》除了进入常规发行渠道之外，还进入在线信息化公司的“家庭办公辅助资料库”及图书公司资料库，制作成微缩胶卷储存①。有些年鉴在网上商城如亚马逊网站上除了销售纸质版之外还出售电子阅读版本，价格更低，更便于阅读。《贵德年鉴》按分钟 0.35 欧元收费标准提供网络阅读。大部分的海外年鉴都设有网络版，网络版与纸质版内容不完全相同，还提供网上购买信息、设立读者论坛等。例如《德克萨斯州年鉴》网页中及时更新当地新闻，发挥网络实效性。《加利福尼亚年鉴》网站设立论坛版块，及时与读者互动。《纽约统计年鉴》官方网站提供该书的在线阅读、购买信息、免费 APP 下载等功能。

三、国外传统代表性年鉴的经验启示

从 1854 年上海《北华捷报》出版的《上海年鉴及杂录》算起，中国年鉴发展至今也有百年历史。国外优秀的年鉴给国内年鉴带来许多经验与启示。

（一）应用多途径、多模式宣传年鉴

在风起云涌的信息化时代，传统纸质出版物日渐式微，数字化时代已经到来。国内年鉴在坚持传统的发行途径同时，可以推出多种模式结合的电子版年鉴。此外，也应该把握大数据、“互联网+”的发展规律，积极响应打造“科创中心”的号召，利用互联网、新媒体等多种载体宣传年鉴。

（二）年鉴编写应该体现地域特色

国内年鉴应该避免千篇一律，浓郁的地域特色应该成为城市综合年鉴的标签。例如《上海年鉴》应该突出海派文化特色，内容涉

① 吴佳佳：《年鉴编纂、经营的突破与发展》，《年鉴信息与研究》2000 年第 2 期。

及石库门、外滩开埠、历史文化名街等；《甘肃年鉴》可以回溯河西走廊的辉煌历史，记录国家开发“一带一路”以及西部大开放的进程与成果。

（三）以读者为中心，内容为读者服务

年鉴编纂始终应该以读者的需求为核心。建议每年可以定期召开读者座谈会，互联网上发布读者调查问卷，线上线下相结合调研读者的建议与需求，来年内容编纂可及时根据这些建议而适当调整。

（作者单位：上海市地方志办公室）

年鉴编纂规范化与质量提高

——河北省33部年鉴编纂出版质量浅析

鲍秋芬

摘　要：在社会主义文化事业大发展、大繁荣的时代背景下，各级领导对年鉴的支持力度越来越大，各级各部门编纂年鉴的积极性越来越高，年鉴事业取得了巨大成绩。在出现数量急剧增加的可喜局面的同时，进一步提升年鉴编纂出版质量，更好地发挥年鉴资政存史作用，也是当务之急、重中之重。质量是年鉴的生命，本文以河北省33部年鉴编纂出版质量为切入点，从总体情况、框架设计、体例规范、编校质量、附录问题、装帧设计、出版周期、年鉴开本及名称八个方面进行了较为全面的梳理和分析。

关键词：年鉴　编纂　规范　质量

随着国务院《全国地方志事业发展规划纲要（2015—2020年）》和《全国年鉴事业发展规划（2016 2020年）》的落地生根，我国年鉴事业呈现出良好的发展态势和前所未有的大好局面。河北省各级领导对年鉴的支持力度越来越大，全省各级各部门编纂年鉴的积极性也越来越高，全省年鉴事业取得了巨大成绩。在出现数量急剧增加的可喜局面的同时，进一步提升年鉴编纂出版质量，更好地发挥年鉴资政存史作用，也是当务之急、重中之重。

根据中国地方志指导小组《关于印发〈全国地方志优秀成果（年鉴类）评审活动实施方案〉的通知》要求，河北省方志办对本省各设区市选送上来的 33 部年鉴进行了初评，作为评审专家之一，笔者有幸参加了此次评审。通过对入围年鉴的评阅与对比，评审们认为设区市、县（市、区）、专业年鉴的编纂质量呈依次递减趋势。其主要原因在于较之于成熟的设区市综合年鉴，县（市、区）年鉴和专业年鉴编纂机制尚不成熟，编修队伍的培训和指导需要进一步加强，理论知识水平尚有待提高①。本文将 33 部年鉴的总体情况、框架设计、体例规范、编校质量、装帧设计、附录问题、出版周期、年鉴开本及名称等方面存在的问题进行梳理和分析，抛砖引玉，和大家共同交流提高。

一、总体情况

河北省年鉴事业从 1988 年起步至今，全省已形成省市县三级地方综合年鉴编纂出版体系。全省 169 个县（市、区）有近 120 个已出版或已启动地方综合年鉴编纂工作，虽有些地方没有做到一年一鉴、公开出版，但覆盖面已接近 70%，其中石家庄、秦皇岛和承德三市实现市、县（市、区）级综合地方年鉴全覆盖。在出版地方综合年鉴的同时，各地各部门也出版了一大批专业年鉴。全省县级年鉴的编纂普遍从多年卷改为一年一鉴、连续出版，开始进入常态化发展轨道，呈现出年鉴工作者编纂热情高、编纂出版质量逐步提高的良好态势。

整体上看，各设区市选送上来的 33 部年鉴与之前 2010 年和 2014 年评比的年鉴相比，编纂出版质量都有了很大提高。主要表现在：一是内容特色进一步突出。不少年鉴与时俱进，不断扩宽反映社会现实的广度和深度，内容丰富，时代特色、地方特色、年度特色、个性特色大大增强。二是年鉴编纂进一步规范。不少年鉴条目按照年鉴体进行规范，内容简明扼要，实用性强，标题简短明了，确切醒目。不少

① 李静：《专业年鉴编纂与出版中常见问题浅析》，《巴蜀史志》2016 年第 4 期。

年鉴总结式、报告式痕迹明显改观[①]；三是编校质量有了显著提高。有6部年鉴差错率在万分之零点二五以下，只有一部年鉴差错率超过万分之一。四是装帧设计明显改观。有好几部年鉴装帧美观大方，构思新颖，个性特色突出，还有的年鉴全彩印刷，印制精美。五是涌现出不少高质量年鉴。比如《唐山年鉴（2016）》《秦皇岛年鉴（2016）》《沧州年鉴（2016）》《石家庄年鉴（2015）》和《中国·秦皇岛经济技术开发区年鉴（2016）》等等。

但是，各级各类年鉴的质量参差不齐，尤其是县区一级，刚刚开始编纂出版综合年鉴，质量尚有待提高，专业（行业）年鉴的质量也不容乐观。这与当今各地政治经济文化和社会建设特别是精神文明建设的需要尚有不小的差距，影响了年鉴功能和作用的发挥。深入地总结经验，提高年鉴规范化水平和质量，资政存史，满足广大读者的需要，是我们全体年鉴同人面临的艰巨而光荣的任务。

二、框架设计

从参评的33部年鉴整体情况看，框架设计基本上做到了从实际出发，分类较为科学，覆盖率较高，类目、分目、次目、条目层次较为清楚，编排有序。部分年鉴的框架设计还做到了与时俱进、体现时代精神、地方特色和年度特点。

（一）有创新

值得一提的是，《中国·秦皇岛经济技术开发区年鉴（2016）》全书设总述，类目设综述，分目设概述。这种做法创新构建了年鉴的体系，首创了年鉴的述体体系，是年鉴的新发展。笔者认为述体可以弥补年鉴在著述性和学术价值上的不足，值得尝试。但是该年鉴的概述部分还流于形式，需要进一步完善。该年鉴还有一个亮点

① 孙关龙：《在第二十二次全国城市年鉴研讨会暨第十三届全国学术年会上的主题报告》，《年鉴论坛》2013年10月第四辑。

是，附录增加了一篇调研报告，这在河北省年鉴中也是独一无二的。调研报告入鉴可以增强记述深度，既贴近社会实际又提高了年鉴学术品位，具有使用价值和存史价值。各行各业科学的调查成果不仅是对相关社会现状的客观定性，也是强化年鉴信息质量、深化鉴体记述功能的最佳资源，具有极强的实用价值与学术价值。需强调的是，社会调查不仅可以原稿刊载，也可以就稿加工，以多种形式表现编入年鉴。该年鉴中许多稿件还是方志办自采自编，质量较高。

（二）主要问题及表现

从参评的33部年鉴来看，综合年鉴框架结构方面的主要问题是：政治类目存在“大头沉”现象，繁而不要；经济部分尚不能做到类属分明，行业与产业混杂，计划与部门痕迹明显；文化类目事业与产业混杂，政务与业务职能交错；社会部分缺宗教信仰分目，社会管理分目缺流动人口、农民工等分目；附录部分存在内容较为单薄随意、缺少重要指南性资料、甚至没有附录部分等等问题，不一而足。分目设置方面，常常按照政府部门职能分工设置分目、条目，忽视社会发展的广阔性、丰富性和生动性，使得年鉴更像是政府部门工作汇编；记载内容方面，对政府宏观调控、市场监管、社会管理和公共服务的对象记述过少，很难体现出年鉴信息的广度和深度①。

有部分年鉴市政府与地方志编修、机关事务工作、接待工作等等并列；交通邮电篇中交通运输与公路运输并列，甚至还有与工务段、车务段、供电段并列的；“环境保护”放在“城乡建设篇”，领属关系欠妥；“司法及司法行政篇”并列也不合适。有的年鉴民主党派同党委、政府、人大、政协分设，却与社会团体放在一起，政社不分。地方志工作本是史志鉴编纂工作，实属社会文化事业范畴。但有些年鉴将之放在党委分目，有的在政府分目，有的放在文化类目。

有的年鉴类目篇幅不平衡，民营经济仅有一页。

某部年鉴在类目“特载”上列了“市委全委会和纪委全会报

① 吕鲜林：《综合年鉴编纂质量的改进优化与提升》，《中国地方志》2016年第10期。

告”等分目，类目分目不分；民营经济类目只有4000多字，且只有分目，没有条目。年鉴作为条目体，类目一般不用编，但分目、条目必须有，不能只有类目没有分目或条目，只有类目分目没有条目也不行。

有的县区年鉴与其所在设区市年鉴框架雷同（有好的雷同，也有差的雷同，这与设区市的指导力度以及与所辖县市区的紧密程度有关，差的雷同，属于设区市对所辖县市区放任型），有的志书痕迹明显（二轮志书刚刚编纂完成，接着就编年鉴，不了解年鉴与志书的区别，当成年志来编，语言和框架包括篇章条目与志书一样）。

有的年鉴“综述”下没有“述”，而是设“概况”和条目，需探讨。综述是指综合的叙述，概况是指大概的情况。综合性条目包括综述和概况，如此一来，综合性条目下再有综合性条目和专题性条目逻辑上是有问题的。“县情综述”下没有“述”，而是设“概况”，且与分目中“概况”重名，值得商榷。可考虑改为县情概览或基本县情。

某部年鉴“交通·邮政·电信”类目名称值得商榷，“交通·邮政·通信”更贴切，其分目公路交通和公路运输名称设置冲突。而且公路交通写的是交通运输局，公路运输写的是交通运输集团有限公司。也有的年鉴把“交通运输”放在“商贸流通业”类目中，值得商榷。还有，通信业没有通信管理的情况，只有移动、联通、电信三大运营公司情况，涵盖不够全。

另有年鉴设“交通·邮政通讯”类目，从《现代汉语词典》第五版起“通讯”已是旧称，现在是第七版，已普遍采用“通信”的表述。年鉴中也不宜再用“通讯”。

三、体例规范

年鉴从编纂伊始到成书，都离不开体例规范的问题。体例规范是年鉴将其资料信息编纂成书的关键和基本保证，是衡量和检验年鉴质量的重要标准之一①。不规范是影响年鉴质量的主要因素。

1. 语言方面

首先是口语化语言。如“总人口35万”“总投资1.5个亿”“2个多亿”等；其次是病句。如“提供就业岗位3.27万人”“共发表省级以上杂志论文”等；最后是语言不够精炼，包括套话空话大话以及可有可无的字词句。如有的年鉴条目中多次出现“积极”“认真”“大力”等形容词和文章体的序号。

2. 称谓

称谓问题较多，如“市局”“县局”等不规范称谓很普遍。年鉴除特载、专文、文件名、引文等以外，忌用第一人称“我”。但有的年鉴（主要是县级年鉴）中多次出现“我县”“我市”的表述；人大常委会主任、副主任，均不规范表述为县人大主任、副主任。另外，“现任省三院心内科主任”应该去掉“现任”，“原农业厅厅长”表述错误，应表述为“省农业厅原厅长”。但是，如果原单位已更名的比如新闻出版局现在叫文化广播电视新闻出版局，可以用“原新闻出版局”表述。否则就是称谓表述错误。

3. 行业内的简称、缩略语问题

“工信局”“省发改委”“住建厅”“卫计委”“规上工业企业”等常用的简略名称不规范，应当规范化。

4. 一、二、三次文献比例不当

有2部专业年鉴一次文献收录比例占到全书的50%以上，太多。一次文献原文录入，未经编辑加工，篇幅长，有效信息含量少，应控制。一、二、三次文献比例合理配置应为2∶2∶6。

5. 检索手段

一是目录问题。中国地方志指导小组办公室2012年出台的《地方综合年鉴编纂出版规定（试行）》要求，目录详及条目，编排得体，准确无误，易于检索。某年鉴的目录只列到分目，未列出条目，作为二次文献且目录是该年鉴的唯一检索系统，只列分目不利于读

① 李今山、范作义：《中国年鉴编纂规范化》，北京：中国书籍出版社，1994年。

者深入文献内部查找资料。有2部年鉴在目录中，分目用黑体与条目区分排列，年鉴惯例除采用不同字体外，一般还要求分目与条目之间空一个字，这样在视觉效果上，层次会更清晰。

二是索引问题。全省年鉴只有为数不多的几部年鉴有索引，绝大多数年鉴没有索引。这与发达省份差距较大。没有索引不但谈不上标引准确规范、有深度、检索方便，而且不符合《地方综合年鉴编纂出版规定（试行）》的要求。

四、编校质量

从参评的33部年鉴来看，文字编校质量还是不错的，字词句的差错率较之于前两次的参评年鉴明显减少。主要问题多出在条目编写、语言、称谓以及缩略语上。

1. 条目编写

从参评的33部年鉴看，除了两部专业年鉴不是条目体，提前被淘汰以外，其余31部年鉴，均有统一的设条标准和选材原则，条目基础信息和大事要闻反映较为充分，条目独立性、年度性、资料性较强。但是，有的年鉴静态条目多，动态条目偏少，有的为复式标题，不够精练。有的年鉴虽是采用条目体，但条目普遍偏长，文章化，且条目中多次出现文章体中的序列号。条目选题选材及语言不够精练。有些概况条目没有实际内容，存在空话套话的现象。年鉴忌反映单位内部事物，有的年鉴条目标题多次出现“其他工作”“特色亮点工作”“队伍建设”等单位内部事务内容的专题性条目，是不妥当的。

2. 政治意识和保密问题

年鉴公开发行，在政治上、保密上出现问题往往都是灾难性的，造成的损失都是不可弥补的[①]。年鉴编纂，首先要注意把好政治关、保密关。例如，党和国家领导人，以及省领导的姓名都必须弄准确，

① 鲍秋芬：《年鉴稿件撰写存在问题原因及改善对策》，《年鉴论坛》2013年10月第4辑。

不能写错。严重违纪接受组织调查的领导人的活动图片不要使用，例如，这次评审有两部年鉴彩页部分有涉嫌严重违纪接受组织审查的河北省原常务副省长杨崇勇 2014 年调研的图片和文字说明，没有政治意识，应引以为鉴。另外，涉及灾情疫情、涉台、重大刑事案件、社会稳定等重大、敏感和突发事件的内容，处理时也一定要有政治意识，避免出现政治性差错。

凡是出现这种政治性差错问题的年鉴，无论其他方面怎样，一律会被否决，取消获奖资格。对此一定要加以重视，坚决杜绝。

关于保密方面，军事、政法、人防工程、战备油库的具体数字等容易出现保密处理不当的问题，需要引起注意。年鉴中“~名兵力参加演习”“完成~名新兵征集任务”“出动兵力~”“组织~名民兵”“出动警力~人次”“执行死刑~人”等内容，不应当记述具体数字。

3. 其他编校问题

一是条目缺乏精编。“认真贯彻落实党的十八大、省委某届某中全会精神”“根据上级有关指示精神和省委省政府的部署”“积极响应省委、省政府提出的建设‘某某’的号召”等等，这类字句不应当出现在年鉴条目中，否则就降低了年鉴条目的信息密度，不符合年鉴撰稿的体例要求。

二是文字校对差错。比如“苗艺的小说《他人的生活》在《光明日报》发表，并被《读者》选发”“选发”应为“转发”。年鉴中领导简历截至到月份的任免情况即可；“任至 2013. 06”不应出现在 2015 卷年鉴中。“某某工业园区为河北省唯一。”应为“某某工业园区为河北省唯一一家”。比号“ : ”，不是冒号“:”；“8 人~10 人”前面“人”应删掉；“超年度计划 8000 万”应为“超年度计划 8000 万元”；“去年”应为“上年”；引号之间、两个书名号之间，应删掉“、”；还有的年鉴编辑说明中为“县（市、区）概况”，而目录和内文中成了“县（市、区）”，丢了“概况”两个字，前后不一致。

五、附录问题

33 部年鉴中有一半以上年鉴没有附录。有的年鉴附录有名无实，有的年鉴有实无名；该进附录的没有进去，不该进附录的进了附录。说明不少同人对附录的重视程度不足，没有认识到附录资料的作用。

年鉴作为资料性工具书，附录是排在书后的实用指南性资料。附录排在书后并非不重要，而是因为排在书后比较方便翻阅。《辞海》《现代汉语词典》等著名工具书就将读者查考率较高的“我国历代纪元表”“干支次序表”“法定计量单位与常见非法定计量单位的对照和换算表”“汉字偏旁名称表”“汉语拼音方案”“元素周期表”等作为附录排在书后。《中国经济年鉴》也把“全国重要经济研究机构名录”“全国重要期刊介绍”“中国经济学术团体名录”“年度经济书目”等放在书后的附录中；《香港经济年鉴》不叫附录，而称“便览”，在书后收录 16 万字左右的实用资料，占总篇幅的 10%，有“香港进出口办法及手续”“香港工商机构、主要社团”“香港驻海外办事处”“各国（地区）驻港领事馆一览表”“香港持牌银行一览表”等；许家康主编的《中国—东盟年鉴》的附录也有“中国驻东南亚各国大使馆”“东南亚各国驻中国外交机构”“中国和东盟各国货币名称及汇率”“中国—东盟自由贸易区关税削减时间表”“中国公民赴东盟各国须知”“东盟、欧盟、北美自由贸易区比较”等①；《河北电子政务年鉴》2016 卷附录也收录了“河北省政府暨省政府办公厅信息公开指南”“河北智慧城市建设联盟”“电子政务文论选辑”“电子政务图书选介”等等。这些实用、指南、便览、超时空的资料与年鉴的宗旨和内容密切相关，而且具有重要参考价值，大大增加了年鉴的实用性。附录缺失和资料不足也会影响年鉴资料性文献的价值，需要认真探讨，提高认识。

① 许家康：《许家康集》，北京：线装书局，2011 年 9 月。

六、装帧设计

河北省大部分年鉴纸张选用得当，印刷质量也不错，装订牢固结实，易于保存和翻阅。但有个别年鉴由于印刷厂的技术不过硬和偷工减料，造成图书印制质量不过关，有开线脱落现象。

图书封面要包含书名、著作权署名方式、出版社名称，三者缺一不可，此次评审年鉴中发现有 1 部年鉴封面缺少著作权署名方式和出版社名称。封面、扉页、版权页内容与 CIP 数据的内容不一致等问题也有发现。还有 1 部年鉴出版社为香港的“中国国际出版社”，非内地正规出版社，不在国家图书在版编目（CIP）数据之中，这也应避免。

《唐山年鉴（2016）》《秦皇岛年鉴（2016）》《张家口年鉴（2016）》的彩色图片主题突出，构图新颖，图像清晰，图片大小适中，文字说明规范、精练。注重了典型性和资料性，反映了年度重大事件、成果和热点，年度特色、地方特色突出，亮点明显。比如《唐山年鉴（2016）》从封面设计到彩色图片非常醒目、突出了年度特色——2015 年的唐山世博会。《张家口年鉴（2016）》首页为张家口城市名片，第二页为图说 2015 张家口发展，还有冬奥会申办成功图片，资料翔实。

有的年鉴前面彩色图片领导参观调研偏多，反映经济社会民生图片较少。另外，志鉴选用领导的图片时，忌突出领导个人形象，可采用其考察调研的工作照片，通过“以事系人”的形式来处理，以政务活动来带出领导人物，较为恰当。有 1 部年鉴彩页中有多处局领导在办公室的个人图片，这类图片应当从年鉴中抽掉。

年鉴的装帧设计虽然是外在表现形式，但它通过文字、图片、色彩等外部设计赋予年鉴一个好的外在形式，从而体现年鉴的地方特色和年度特色，以揭示年鉴内容，概括年鉴基本理念，帮助读者理解内容，增强读者兴趣，值得用心做好。

七、出版周期太长

从评审的年鉴看，大部分年鉴能够年度内出版，但仍有部分年鉴未能在年度内出版，甚至有的年鉴2016年下半年出版2015卷，周期太长。年鉴是连续出版的资料性文献，时效性决定所含信息量的实用价值，除了有存史以资借鉴的功能以外，还有社会服务功能。年鉴承载的上年度的信息，如果第二年下半年再出版，资料已是旧闻了，随着时间的流逝，部分鲜活的信息资料会失去利用价值，无法直接服务于现实的政治生活、经济建设，年鉴传播信息、提供咨询、帮助决策的功能就会受到影响，也就谈不上社会效益、经济效益了。而且出版越晚越影响下一卷的编纂出版进度，造成恶性循环。

八、年鉴开本和名称问题

中国地方志指导小组办公室2012年出台的《地方综合年鉴编纂出版规定》（试行）第四十条规定，年鉴开本采用大16开本（889 * 1194mm），这次参加评审的个别地方综合年鉴不符合开本的要求。

年鉴名称问题。年鉴一般直接用省市县名称冠名不加省市县字样，如“河北年鉴”“邯郸年鉴”，不用“河北省年鉴”“邯郸市年鉴”。除非县名只有一个字，如“青县”的“青县年鉴”，年鉴名称中才会有“县”的字样。有1部年鉴名称为“某某县年鉴”，应当避免。

另外，年鉴卷号标注应当统一、规范，一律使用出版年份标注。本次参评的年鉴中有两部年鉴卷号年份为记载年份而非出版年份，此类错误应当避免。

以上八个方面是对河北省今年参加初评的33部年鉴的编纂出版

质量的粗浅分析，希望能够引起大家的注意，对今后年鉴的编纂出版规范化和质量的提高能有所帮助，抛砖引玉，希望大家对此问题进一步深入交流探讨。

（作者单位：河北省地方志办公室）

坚持以创新为引领，提高地方年鉴质量

蔡全国

摘　要：创新是年鉴事业发展的不竭动力。改革开放以来，我国地方年鉴飞速发展，应用程度逐年提高，但是在飞速发展的背后也还存在许多深层次的问题，无论是内容安排、框架设计、封面创新等都没有完全跟上时代的脚步，特别是随着当今网络和数字技术裂变式发展，带来媒体格局的深刻调整，因此，作为媒体之一的地方年鉴，时代呼唤其必须顺应时代的发展，坚持以创新为引领，与时俱进，打破传统，摒弃陈规，走持续创新之路、发展之路，创新年鉴体例、创新框架设计、创新编撰形式、创新内容安排、创新管理体制和经营方式，我们的年鉴事业才能走上健康创新和发展的轨道，才能符合时代的要求。

关键词：时代呼唤　年鉴创新　大胆实践　提高品位

创新始终是一个国家、一个民族发展的重要力量，也始终是推动人类进步的重要力量。2015 年 7 月 17 日，习近平总书记在长春召开部分省区党委主要负责同志座谈会上指出，“抓创新就是抓发展，谋创新就是谋未来。不创新就要落后，创新慢了也要落后。”习近平关于创新的论述，言之切切，语重心长，不仅为创新中国指明了方向，也为地方年鉴工作者提供了遵循、提振了信心、注入了动力。

一、创新是地方年鉴应对信息技术革命挑战的必然选择

所谓地方年鉴，就是一地逐年编撰并连续出版的资料性工具书，是一地的综合性百科全书。改革开放以来，我国地方年鉴飞速发展，应用程度也在逐年提高，但是在飞速发展的背后也还存在许多深层次的问题，无论是框架设计、编撰形式、内容安排，还是管理体制和经营方式都没有完全跟上时代的脚步，因此，我们必须更新观念、与时俱进、大胆创新，促进年鉴事业不断向前发展。

（一）创新是时代的呼唤

总结人类社会发展规律可以看出，社会总是在创新中发展，在变革中前进。“苟日新，日日新，又日新”。当今几乎每一个中国人都切身感受到，人类社会发展到今天，已走进了信息社会，信息已成为了社会重要的战略资源之一。面对经济全球化的挑战，人们对信息的需求到了十分迫切的地步。为了满足人们对信息的迫切需求，互联网、移动通信、数据库、大型工具书等都已应运而生。由此可见，当前地方年鉴工作面临的环境已经发生深刻变化，受众需求也在发生深刻变化，特别是网络和数字技术裂变式发展，带来媒体格局的深刻调整。因此，作为媒体之一的地方年鉴，时代呼唤其必须顺应时代的发展，坚持与时俱进，敢于打破传统，摒弃陈规陋习，走持续创新之路、发展之路，创新年鉴体例、创新框架设计、创新编撰形式、创新内容安排、创新管理体制和经营方式，我们的年鉴事业才能走上健康创新和发展的轨道，才能符合时代的要求。

（二）创新是实践的要求

《鞍山年鉴》创刊于 1985 年，已走过了 32 年的风雨历程，经历了 32 年的发展与创新，共出版了 30 卷，计 3000 余万字。真实生动

地记录了32年来鞍山建设的历史进程，生动地反映了鞍山人民在社会主义建设中取得的巨大成绩和丰富经验，同时，也为鞍山各级领导提供了真实、准确、权威的参考决策依据，为各行各业提供了咨询服务，特别是为国内外人士了解鞍山、走近鞍山，打开了方便之门。1995年，《鞍山年鉴》在首届全国地方年鉴评奖中，荣获框架设计一等奖、条目编写一等奖、美术装帧二等奖、中国地方年鉴二等奖。1999年，在第二届全国地方年鉴评奖中，荣获中国地方年鉴一等奖、框架设计一等奖、装帧版式设计二等奖。2004年《鞍山年鉴》在第三届全国年鉴编纂出版质量评奖中荣获设计一等奖、综合奖一等奖、框架设计二等奖、条目编写二等奖。2004年《鞍山年鉴》被中国地方志领导小组评为全国特等奖。2009年《鞍山年鉴》被评为全国地方志系统第二届年鉴评奖综合类二等奖，辽宁省地方志系统第一届年鉴评奖特色类一等奖。2014年第五届全国年鉴编纂出版质量评比综合三等奖，装帧设计一等奖、条目编写三等奖、框架设计二等奖。由此可见，《鞍山年鉴》在中国年鉴界曾经一度处于领跑地位。然而，改革开放30年来，鞍山无论是政治、经济，还是社会生活各个方面都发生了翻天覆地的变化，各种媒体不断涌现，而且新鲜活泼，精彩纷呈，深受人们所喜爱、所接受。相比之下，同样是媒体之一的年鉴，我们没有在创新上狠下功夫，使得年鉴的整体效果一直没有发生根本性的改观：主要表现在框架比较呆板，30多年来每年只是稍作微调，基本上没有太大的调整。大的格局始终没有改变，内容比较单调，栏目未能及时推陈出新，装帧设计也没有太大的突破，发行也不是很顺畅。发行数量一直在1000册以内。因此，从这些年的实践看，地方年鉴创新迫在眉睫。

（三）创新是年鉴工作者的责任

责任是什么？责任就是担当、是付出。责任体现出一个人的心态、态度、原则、作风、风格、习惯、思想，也体现出一个人的心智、格局、胸怀、使命和追求。有责任才有压力，有压力才有动力，有动力才能激发起每个人的才智和意志。责任感是每个人都必须具有的素质。2015 年 1 月 12 日，习近平总书记同中央党校第一期县委书记研修班学员进行座谈时说：“干部就要有担当，有多大担当才能干多大事业，尽多大责任才能有多大成就。不能只想当官不想干事，只想揽权不想担责，只想出彩不想出力”。总书记的这段话也为我们年鉴工作者鼓了劲、打了气、加了油。敬业是年鉴工作者创新的原动力，学习是年鉴工作者创新的源泉。年鉴工作本身就非常辛苦、清苦，需要“板凳要坐十年冷”，要守得住清贫，耐得住寂寞，扛得住诱惑。要想在年鉴工作上有所创新、有所提高、有所进步，就更为不容易，需要有责任担当，并经过长时间的学习和积累，才能出成果。年鉴工作又是政治性、科学性、理论性、实践性都很强的工作，特别是面对当今信息社会知识经济、网络技术和数字技术裂变式发展，年鉴工作与环境发生深刻变化的今天，传统与现代的撞击，封闭与开放的冲突、竞争对协同的挑战。要实现年鉴的创新发展，需要广大年鉴工作者把创新当作自己神圣的使命与责任，以严谨细致、精益求精、一丝不苟的精神，认真地去研究、探讨和实践，以脚踏实地的优良作风，一步一个脚印地认真做好每一项工作，既关注当下，也关注未来，这才是当今年鉴工作者应有的作风，也只有这样才能跟上时代的步伐。

二、丰富年鉴内容、精心设计框架、完美年鉴装帧是实现地方年鉴创新的重要手段

地方年鉴几乎都是由政府出版发行，都受着政府的影响和制约。随着知识经济和信息时代的到来，地方年鉴事业正面临机遇与挑战，发展和危机并存的多元性生存压力。因此，创新既是时代的呼唤、实践的要求，也是广大年鉴工作者自身的责任，更是地方年鉴事业应对信息技术革命挑战的必然选择。那么地方年鉴如何实现创新呢？笔者认为，必须要瞄准年鉴的内容、框架和装帧不断地进行改革和创新，才能使年鉴适应时代的发展和要求。

（一）创新年鉴内容，让地方年鉴有“灵魂”

什么是灵魂？灵魂就是生命，也比喻事物中起主导和决定作用的因素。缺少了灵魂，躯体无异于行尸走肉。地方年鉴是以全面、系统、准确地记述某地年度事物运动和发展状况为主要内容的供各级领导和读者检索的资料性工具书。其内容可以说就是地方年鉴的灵魂。没有内容就等于没有思想，没有思想就等于没有活力，没有活力就等于没有生命。因此，创新地方年鉴的内容，充实地方年鉴的内容，增加有效的信息量，让其具有一种活的灵魂，在地方年鉴中起着十分重要的作用。近几年来，鞍山史志办在《鞍山年鉴》的内容上，紧随时代步伐，做了一些大胆而有益的探索。

1. 去空增实，深层拓展

过去《鞍山年鉴》所编纂的内容，表面上看翔实、全面、系统、准确，其实深度、广度不够，可以利用的资料比较有限，尽是一些大体年年如此的事务性工作总结和各个行业年度工作特点以及发展情况，深层次的矛盾和问题很难见到。如此苍白的内容，自然很难满足各级领导和用鉴者的参考和需要。因此，近些年来，《鞍山年鉴》在编纂过程中，大刀阔斧地删减和摒弃空泛说教的总结性资料，大胆地向深层次资料拓展，大胆地增设有深度的资料性条目，使留取和入鉴的资料能充分反映鞍山经济建设和社会发展中的新理念、新经验、新创举、新问题，努力增大年鉴的实用信息量，针对当年度的热点、难点、重点问题，我们采取“升格”处理的办法，围绕某一主题，充分运用条目、图片、表格等多种传达信息的手段，多角度、多体裁、主体化地去反映，以提高年鉴信息资料的使用价值。如在“宣传”的分目内，我们除了正常设置学习宣传贯彻习近平总书记系列重要讲话精神、舆论引导监管、培育和践行社会主义核心价值观等 13 个条目外，还增设“文化惠民”“精品创作”等；在“农业”分目内除了正常设置农业生产、科技兴农、特色农业等 11 个条目外，还增设了“一县一业”等特色条目，有效地丰富了年鉴内容。

2. 纵横相比，破除局限

因年鉴一般只记录事物的终端面貌，缺少某一时间内的比较，更缺少一定范围内的比较，这就给使用者了解、利用有关资料造成了很大的局限性，更不能一目了然看到当地的发展情况，对此，近几年来，我们在《鞍山年鉴》编纂过程中，有意识地增加纵向资料的对比。比如，2016 年我们将国民经济和社会发展总量和速度，从 1978 年至 2015 年以表格形式详细列出进行对比，城乡居民物质文化生活，包括就业、收入、消费、住宅城市建设、教育文化、卫生等主要指标，从 1952 年至 2015 年也以表格形式详细列出进行对比，同时，我们注重补充横向对比资料，将鞍山全市的发展状况同全省各市的发展状况进行比较，这样使用鉴者对鞍山的发展状况有了较全面的认识，也为市委、市政府确立今后的发展思路、发展目标提供了可资借鉴的依据。

3. 增图增表、化繁为简

过去《鞍山年鉴》对图片和表格使用的不是很多，总觉得可有可无，习惯于用文字记述。在当今信息时代，检索技术和统计分析手段已走向现代化，人们的信息资料需求已走向多元化、精细化。如果我们依然使用原始的叙述方法，必将落伍于时代。因此，要创新地方年鉴的内容，提高年鉴的有效信息量，很有必要大幅度增加图片和统计表格的数量。因为“图片是无言之史”，表格可以大幅简缩文字，资料价值、审美价值都较高，特别是能对客观对象真实地反映，其形成的过程就是客观记录历史的过程。这样将繁复的文字通过简单的照片和图表去反映，完全可以起到化繁为简，一目了然，提高有效信息含量的作用。① 在这方面，《鞍山年鉴》年年都有创新和突破，可以说是从无到有，从少到多。2016 年，《鞍山年鉴》34 个类目下设 189 个分目，随文照片和图表已达到了 305 件，并将在 2017 年卷中适当增加，使年鉴内容更加直观、更加丰富。

总之，创新年鉴内容是一项复杂的工程，涉及方方面面，值得

① 李成铎：《关于年鉴内容创新的思考》，《年鉴信息与研究》2009 年第 1 期。

广大年鉴工作者永无止境地去探索，只要我们敢于革故鼎新、大胆尝试，一定会编纂出富有“灵魂”的优秀地方年鉴。

（二）创新年鉴条目，让地方年鉴有“血肉”

地方年鉴的条目是年鉴内容的核心组成部分，可以说是年鉴的血肉，是年鉴编纂的重中之重。一部年鉴的质量优劣、水平高低，在很大程度上取决于条目编写的质量和水平。因此，我们有必要下功夫创新年鉴的条目，让条目与时代合拍，使年鉴具有鲜活的血肉。要实现年鉴条目的创新，笔者认为需要注意以下几个方面：

1. 要弄清条目创新的主体

条目创新的主体就是编辑人和撰稿人。编辑人要研究读者需求，研究时代变化，对当地人文景观、地方特色要心中有数，使自己成为市情地情的资料库。特别是组稿计划制订后，必须根据形势任务的变化，适时调整纲目，增加缺项内容，删减重复内容，做到重点突出，特色鲜明。编辑人要加强学习，开阔视野，切实转变观念，跟上时代步伐，树立“年鉴是资料性工具书、综合性地情书”的观念。把为读者服务作为年鉴工作的根本出发点。年鉴撰稿人在条目创新上也大有可为。比如，鞍山市有一支基本稳定的二百多人的撰稿人队伍，他们撰写的年鉴条目是《鞍山年鉴》的主体，可以说这些撰稿人所写的稿件是不是高质量，条目是不是新颖独特，直接关系到《鞍山年鉴》的质量。因此，要求撰稿人同样要适应新形势新时代，提高能力和水平，转变观念，摆脱思维定势，认真研究年鉴行文规律，善于从纷繁复杂的事务中寻找年度工作重点、亮点和创新之处，善于站在读者的角度取材选材，使自己提供的稿件尽可能贴近时代与实际，写出特色与新意。

2. 要弄清条目创新的内容

条目内容创新是提高年鉴质量，办出特色与个性年鉴的关键。条目内容创新，除了要努力突出年度特色和地方特色外，还要突破面面俱到的记事方式，压缩水分，增加信息量，特别是要压干“概况”中的水分。有的年鉴把“概况”当成一个筐，把弃之可惜的内容都往里面装。有的“概况”求全不求新，空话套话多。对这些条目，我们要站在可持续发展的高度，删繁就简，有的甚至要一删到底，对特载刊登的工作报告、领导讲话、工作总结等，要取其精华、突出重点、加以简约，最好变一次文献为二次文献，达到压缩篇幅，便于存史和阅读的目的。①

3. 要弄清条目创新的类型

目前，地方年鉴一般都是常规条目“一统天下”。条目类型过于单一，导致了同一年鉴不同年份之间个性化色彩雷同。比如，《鞍山年鉴》过去不仅上一年，而且下一年，甚至连续多年，条目基本相同，影响了年鉴功能的发挥。近两年来，我们在这方面不断创新，条目类型从单调走向多元，在设计年鉴的框架结构时，注意体现条目类型的多样性，针对年鉴创新发展的要求和目前年鉴条目类型的现状，基本上按照常规条目与特色条目以 7∶3 的比例来设计，就是常规条目占七成，便于衔接，特色条目占三成，这样既有继承，又有发展；既有衔接，又有创新。

（三）创新年鉴框架，让地方年鉴有“筋骨”

年鉴的框架就好比人的筋骨，有了好的“筋骨”，年鉴才能撑得起，立得住，才会坚实可读。正可谓“一篇之中，其精神筋骨所在，点出以便读者。”所谓框架就是提供了一组统一的接口和编程方式可以重用组件，同时我们可以在框架中扩充我们自己的特定逻辑。年鉴的框架主要是贯彻年鉴的体例，框定年鉴的内容，明确信息资料的归属和层次。因此，框架的地位，在年鉴编纂中举足轻重。要创新年鉴就必须要创新年鉴的框架，创新年鉴的框架，就必须实施“123 工程”。即：更新一个观念、坚持两项原则、确保三个特色。

1. 更新一个观念

要创新地方年鉴的框架，首先要实现观念先行，思想“破冰”，观念“突围”。要搞清楚把年鉴编成什么样的书，及其功能如何定

① 陆瑞萍：《年鉴条目创新的几个问题》，《年鉴信息与研究》2003 年第 5 期。

位。过去我们对年鉴和地方志的功能搞得不是特别清，甚至混为一谈，所以对框架的设计就产生了一定的影响。① 要更新观念，就是要明确年鉴不同于地方志，明确编纂年鉴不是只为续修志书积累资料。年鉴基本功能和作用是“资政、便览、咨询、教化、媒介、存史”等，除此外，笔者还认为有为社会传播信息、服务党委、政府和用鉴大众的功能。而地方志的主要功能只是“存史、资政、教化”，因此，在框架设计上，年鉴一定要不同于地方志的框架，一定要突破地方志的框架模式，真正从年鉴的实际出发，从年鉴的定位出发，牢固树立编为用的理念。从《鞍山年鉴》近几年的实践看，我们根据用鉴者对年鉴资料的需求，灵活地设置栏目，并做到逐年更新，把鞍山经济社会发展中的大事、要事、新事、特事和群众普遍关注的热点、焦点、难点和重点问题记录到年鉴中，使《鞍山年鉴》基本上达到了传播信息、资政利政、服务大众的目的。

2. 坚持两项原则

一是规范与个性的原则。年鉴的规范化与个性化是年鉴工作同一事物中两个不同方向，二者既是对立的，也是辩证统一的。规范化十分必要，是提高年鉴质量的前提。年鉴规范化包含两个方面的涵义。第一，年鉴作为一种出版物，要贯彻国家对图书、期刊管理的相关要求；第二，年鉴本身的规范化要求，如编纂的体例，指导思想，选题要求，以及组稿、编辑、出版、发行等工作规范。该规范的时候一定要规范，否则无法提高质量，甚至无法出版发行，但如果对年鉴的框架作千篇一律的规范，必然造成“千鉴一面”的现象，不利于年鉴事业的发展。因此，地方年鉴要创新，就必须在“规范”的前提下大胆地突出其个性。即在全面反映地方基本情况的同时，突出地方的特点，形成自身特色。这就要求我们善于抓住本地的优势和特点，扬长避短，求新求特，追求个性，使年鉴的栏目和选题尽量切合实际。二是传统与出新的原则。年鉴的总体结构一般分为综述、动态信息、辅助资料、检索四个部分。这种传统的篇

① 董忠：《综合年鉴框架创新的思考与实践》，《年鉴信息与研究》2009 年第 1 期。

目设置为年鉴发展和繁荣奠定了基础，但是如果长期沿用，不作删减、改革和出新，就会阻碍年鉴的发展。《鞍山年鉴》在框架设置上多年来一直在坚持传统与不断创新上下功夫，在框架的设置上大胆打破传统格局，在继承传统的基础上进行调整和优化，对一些难以承载发展新情况和新生事物的篇目，该削减的进行了削减，该增加的进行了增加，尤其是对重点篇目该前置的进行了前置，该后移的进行了后移，该升格的给予了升格，该降格的给予了降格，使框架设置始终在良性发展的轨道上运行，《鞍山年鉴》类目由最初的16个发展到2016年的34个。

3. 确保三个特色

特色性是地方年鉴实现个性化的必然选择。年鉴只有凸显特色才能张扬个性，才能有活力和生命力。地方年鉴的特色应该从哪些方面去凸显呢？笔者认为：一是要确保地方特色。各地所处的区位不同，资源不同，人文不同，历史不同，经济社会发展的定位、目标、措施和快慢不同，这就自然形成了各地的不同特色。地方特色越凸显，年鉴就越能张扬个性，就越有生命力，就越能成为地方靓丽的“名片”。那么，地方特色如何去体现？应该从党委、政府中心工作中体现地方行政特色，从资源优势中反映地方区域特色，从历史及文化底蕴中张扬地方人文特色。比如，鞍山市就有十分明显的地方特色，鞍山自然资源丰富，市区周围铁矿石储量逾百亿吨，占全国储量的1/4，素有“钢都”之称，滑石矿是全国三大产地之一，储量居世界之首，辖区岫岩县素有“玉都”和“玉石之乡”的美誉，汤岗子温泉也驰名中外，所以《鞍山年鉴》有必要在这些方面多做文章。二是要确保时代特色。时代特色是一个地区脉搏跳动的体现，有了时代性就有了生命力。年鉴是舶来之品，也是改革开放的产物。改革开放中的新成就、新典型、新事物、新情况、新经验和新问题，是年鉴记载的主要内容。年鉴工作者要与时俱进，根据形势的发展和变化，善于审时度势，抓住具有时代气息的热点、难点、焦点问题，从当地的实际出发，对年鉴框架进行优化整合，调整补充，要用发展的框架去承载迅猛发展的现实，科学、合理地反映具有时代特色的鲜活内容，使年鉴成为名副其实的“时代镜子”。三是要确保年度特色。年鉴姓“年”。年度性是年鉴的基本属性。年鉴的主要作用是向人们提供一年内全面、真实、系统的事实资料，便于了解事物现状和研究发展趋势。一部好的年鉴必定是地方特色、时代特色和年度特色的统一体。《鞍山年鉴》每年在框架设计时都要召开框架结构研讨会，按照当年市委、市政府的工作重点，对年鉴框架结构，进行适当的调整，该增加的增加，该削减的削减，使得《鞍山年鉴》年年有创意，有新意，以确保体现年度工作新亮点。例如，2016年，我们根据市委、市政府重点打造“五个鞍山”建设，在年鉴中以彩版形式开设了“实力鞍山”“诚信鞍山”“素质鞍山”“幸福鞍山”“美丽鞍山”五个专版，既有效地体现了年度工作重点，又较好地张扬了年度特色。

（四）创新年鉴装帧，让地方年鉴有“质感”

如果说年鉴的内容是内涵、是灵魂，年鉴的框架是筋骨、是血脉，那么年鉴的装帧就是年鉴靓丽的外貌和堂堂仪表。有一个好的仪表，好的颜值，给人以美感、质感，也是至关重要的。年鉴的质感应是怎样的呢？笔者认为应该是端庄、大气、典雅的，让人一看就有心旷神怡、赏心悦目之感。随着社会的不断发展，人们对年鉴的认识和要求也在不断地提高，已经不仅仅是向年鉴索要信息，也要求年鉴具有期刊的艺术性，在阅读年鉴中获得艺术美感与质感的享受。为此，年鉴装帧设计应与时俱进、不断创新。既要有政府刊物严谨、端庄、亲民的主流要求，又要跟上时代审美之潮流，只有这样才能使用鉴者对年鉴爱不释手，倍感用鉴之愉悦。

装帧设计是一个综合性的系统工程，包括的内容很多，比如开本大小及形态的选择，书形的外观封面、环衬、扉页、目录、章节页、彩页、正文版面设计等。年鉴装帧创新内容众多，那么应该以什么为主要抓手？笔者认为应从以下三个方面去着重考虑和大胆实践。①

---

① 黄文婷：《浅谈年鉴的装帧设计》，《年鉴信息与研究》2009年第1期。

1. 创新内文设计，凸显文化内涵

年鉴的内文是年鉴的核心部分，是年鉴作为存史资料实用价值所在，也是用鉴者视觉停留时间最长的部分。内文版面的设计应通过空间的布局，将文字和图片巧妙搭配，达到内容与形势的完美统一，以凸显年鉴特有的知识、品味、文化底蕴和文化内涵。文字部分设计的创新重点应放在文字的字体、字号及文字排版方式的选择上，要以减轻阅读疲劳为目的。年鉴多用五号或小五号宋体作为正文字体。根据年鉴开本大小采用 2 栏或 3 栏的排版方式。《鞍山年鉴》近两年来，在内文设计上基本做到了延续中有发展，发展中有变化，特别是从 2015 年开始，年鉴从“里子”到“面子”实现了全彩化，正文字体改用了小五书宋，增大了版面内容含量。内文纸质改用了亚光 80 克铜版纸，全书的内芯版式结构，我们采用了文字、图片、表格等多种形式兼容并蓄。彩版采取系列化、专题化的组合方式，根据年鉴特定的受众，突出一个“政”字，即公益彩版，减少了书的商业味，突出反映了鞍山市政治、经济、文化、社会等文明的新风貌，较好地凸显了鞍山的地方文化内涵。

2. 创新图片布局，凸显艺术品味

年鉴图片是年鉴不可忽视的直观表现形式，是正文内容的直观反映和补充，它包括封面照片、随文照片、彩色宣传专版照片等。从 2015 年起，《鞍山年鉴》吸取现代期刊先进的办刊理念，采取了全彩化印刷的设计，其中全书的照片布局设计是全彩化印刷的重中之重。我们力求在全书的装帧设计中最大化地体现照片直观、明晰、鲜明的色彩和活泼的表现力，充分考虑到不同层次读者的审美需求，也考虑整体审美效果对提高读者阅读兴趣的导向作用。尤其是我们还注重将图片内容进行整合和归纳，提炼出主题并进行再创作，使之融入思想和感情，最终上升到艺术设计、文化设计的高度，从而有效地提高了年鉴的品味和档次。有足够的可选择的照片是图片设计的前提条件，因此，我们不断扩展年鉴照片的收集渠道，每逢市里召开的重大会议、重大活动、重大事件，我们史志办都派专人前往现场亲自拍摄和收集，并与市内各媒体以及摄影协会保持密切联系，确保为一些大事、要事、特事配发照片。入鉴的每幅照片，我们都严格挑选，从构图、用光、色彩等都必须要具备较高的艺术水平，宁缺毋滥。尤其是封面照片，必须选择具有年度代表性和指导性的事物，通过封面照片展示本地区日新月异的变化。比如2016年，我们选择了风景秀美、雄伟壮观的鞍山玉佛寺的全景照片作为年鉴封面，充分体现了鞍山地方特色和强烈的艺术品位。随文照片可灵活运用，也可突破传统的同比例固定尺寸，根据版面需要，可进行任意调节，这样既可以解决排版过程中类目末尾空白部分需要补白的问题，也可以反映出编纂者的艺术品味。

3. 创新封面设计，凸显个性风格

封面设计包括封面、封底和书脊三部分，是年鉴展示给读者的第一印象，也是装帧设计的重点。封面是年鉴内容的形象缩影，应有明确的特点和个性，既要能反映出年鉴的内容重点，又要体现出独具匠心的设计表现形式，同时，材质的选择也要能体现出书籍本身的底蕴。特别是色彩运用必须要张扬个性风格，因为书籍装帧设计中色彩是重要的艺术语言，与构图、造型和其他语言的表现相比，更具有视觉冲击力，同时又是美化书籍、体现书籍内容的基本要素。而个性色彩因具有人们对色彩的认知性及趋向性，又包含人的主观能动性，所以个性色彩在年鉴装帧设计中有着极其重要的作用，是使设计对象产生特殊艺术效果的重要手段。《鞍山年鉴》封面色彩，从1986年创刊一直到2014年以来，都没有进行刻意规范，色彩调换缺少规律，随意性很大，虽然有一定的个性风格，但是整体摆放在书橱上缺乏一种视觉美感。从2015年开始，我们进行了大胆创新，将封面的基本色彩固定下来，以灰色为底色，并且将封面、封底、书脊采取展开设计，将三者统一在一个画面中，图形和色彩连贯运用，前后呼应，张弛有度，起到了统一和谐的效果。今后，尽管年份的变更，灰色的底色不变，只是深浅稍作变动和封面照片不同，这样形成自己的丛书系列风格，可以预想多年后，摆放在书橱上的《鞍山年鉴》不仅会有一种端庄、大气、高雅的视觉魅力，而且也充分凸显了鞍山的个性风格。年鉴的封面装帧设计虽然只是方寸天地，但表达的都是编辑的个性和品位。年鉴封面要成为精品封面，装帧设计是一个很重要的方面，不仅要从形式上打动读者，更要让人“耐人寻味”，从而使年鉴的形式与内容成为完美的统一整体。[①]

总而言之，年鉴创新是年鉴界面临的迫切而又艰巨的任务。创新就是打破传统，扬弃陋习，肯定会遇到来自各方面的压力，我们必须有迎接困难和挑战的思想准备。作为新时代的年鉴工作者，我们应该有信心、有决心开创年鉴事业的新局面，也应该有志气、有能力通过不断创新编出具有中国特色、中国气派、中国风格，深受广大用鉴者欢迎的精品地方年鉴。

（作者单位：辽宁省鞍山市史志办公室）

① 吴思敏：《凸显个性风格的年鉴装帧设计》，《年鉴信息与研究》2009 年第 3~4 期。

用新意识引领地方综合年鉴编纂质量提升

——以吉林省地方综合年鉴编纂实践为例

孟亚男

摘　要：本文以吉林省地方综合年鉴编纂实践为例，着重分析其中存在的架构设计模式化、编写理念功绩化、条目标题空泛化、亮点特色平庸化、记述方法官文化等方面的问题，进而提出迅速树立起质量第一意识、主流意识、全局意识、特色意识、网络意识，引领年鉴编纂，提升年鉴质量。

关键词：吉林省地方综合年鉴　新意识

年鉴编纂质量是年鉴的生命线，是年鉴生存发展之基，功能作用发挥之本，是年鉴的根本价值所在。纵观改革开放以来我国年鉴事业发展，可以肯定地说，如雨后春笋，迅猛蓬勃。特别是地方综合年鉴，出版种类从20世纪80年代初的几十种，发展到现在的2400多种，且从省（市）一级迅速延伸到市（州）、县（市、区）。

就吉林省而言，从1986年出版首卷省级年鉴开始，31年来，地方综合年鉴获得了长足发展，截至2017年底，省级年鉴和9个市（州）地方综合年鉴全部实现了连续公开出版，一年一鉴，61个县（市、区）有58个出版了首卷年鉴，编纂出版质量也较30年前有明显提高。但客观地讲，质量提升与出版速度不同步，纵观省、市

(州)、县（市、区）三级 67 部正式出版的地方综合年鉴，不同程度地存在着“漏点”和“缺憾”，编纂质量有诸多不尽人意之处。本文着重分析吉林省地方综合年鉴编纂存在的问题与不利影响，进而提出用新意识引领年鉴编纂，提升年鉴质量的对策。

一、吉林省地方综合年鉴编纂中存在的主要问题

突出地表现为“五化”：

（一）架构设计模式化

一些市（州）、县（市、区）年鉴的栏目设置，拘泥于老套路，照搬照套已出版的年鉴，基本上是照葫芦画瓢，各级地方综合年鉴的内容框架几乎一样，千鉴一面，大同小异。纵向考量，也是内容框架多年一贯制，有的十年、八年没什么变化，可谓年年“克隆”。

（二）编写理念功绩化

翻开 60 多部年鉴，不论是市（州）级，还是县（市、区）级，普遍存在着“四多四少”的现象。即，报喜多，反映问题少；歌功颂德多，记录失误少；领导形象多，百姓形象少；官方活动多，民用内容少。大多数单位和部门把提供年鉴稿源作为反映本单位和部门工作政绩来对待，作为本单位业绩的宣传平台，使年鉴成了领导和单位的“成绩单”“功劳簿”。

（三）条目标题空泛化

条目标题是年鉴信息资料的“窗口”，是年鉴新颖性、可读性、检索性的重要体现。然而，很多年鉴条目标题存在“大、空、虚、旷”的问题，诸如“积极”“认真”“大力”“及时”“深化”“努力”等程度性副词、“新举措”“新进展”“新突破”“新成就”“上新台阶”“成果显著”“成绩斐然”等虚词、“荣获”“荣膺”等形

容词，屡屡出现在条题中，有的年鉴甚至反反复复地出现，包括一些在全国年鉴质量评比和全省地方志出版物质量评估中获奖的年鉴也存在此类问题。且年年纠正，纠而不绝。

（四）亮点特色平庸化

一些年鉴为了“全面”反映地区、部门、单位一年的工作，无论重要不重要、突出不突出，只要做了，大大小小全都记述上，唯恐漏下。这种不做归纳、事无巨细的记载，使政府每年的新政策、新部署，改革的新举措、新动作，经济社会发展的新成果、新变化，散落于各行各业一般性的概述和繁多繁杂条目的汪洋大海之中，主体性、年代性、特色性资料被常规的共性资料所淹没，读者很难看出当地当年的工作重心和社会生活热点、亮点，给人年年“差不多”的感觉。

（五）记述方法官文化

年鉴专题条目的编写要求采用规范的语体文，行文力求朴实、简洁、流畅、言必有据，用事实和数据说话。但由于年鉴撰稿人基本上都是机关各部门和各行各业办公室“写材料的人”，受平时所写工作总结、报告、领导讲话等影响较深，所提供的年鉴稿件难以摆脱总结式、报告式、讲话式等官样文章的烙印。翻开一些年鉴，尤其是县（市、区）年鉴，条目时常出现成绩罗列和经验罗列，既导致事情的真实面貌变成了“雾里看花”，又有悖于年鉴编纂规范，更谈不上编纂质量了。

当然，年鉴质量问题还有种种表现，以上五条是择其最突出的。

二、年鉴质量“低位运动”的不利影响

任何产品、任何工作都涉及质量问题。质量上不去，受众不认可，社会不接受。年鉴作为重要的文化产品也是如此。质量“低位运行”

或提升缓慢，羁绊质量提高的问题长期得不到解决，后患无穷。

其一，年鉴功能作用将日趋衰弱。就年鉴本身功能定位讲，应该发挥“存史、资政、教化”的功效。然而，质量平平的年鉴，研究人员查不到应有的史料，决策者找不出对资政有价值的素材，教化育人的作用自然弱化。说到底，阅读价值越来越低，愿意看的人越来越少，受众范围越来越小。现实中，我们编纂出版的年鉴，有一部分长期堆放在仓库里、资料室里，躺在书架上“沉睡”，就说明了这一点。英、美、日、德等国，年鉴是人们十分熟悉和喜爱的出版物，是热门畅销书，原因就是他们所出版的年鉴拥有群体化、系列化、专门化和实用性强、读者对象明确等内在高品质。对比可见，“沉睡”与“热门畅销”的本质根源就是编纂质量，这也是突破我们国家许多年鉴“无人问津、被束之高阁”的滞障，推动年鉴到走向读者熟悉和喜爱、被各行各业广泛采用的根本路径。

其二，将会拖拽“年鉴精品工程”的后腿。2015 年，中国地方志指导小组办公室在全国范围内开始组织实施“年鉴精品工程”，主旨在于以有效的载体，强力拉升年鉴质量，打造出一批功效显著无愧于时代的“年鉴力作”，用心良苦，天地可签。因为透过现象看本质，一方面“精品工程”绝不只是打造几本、十几本精品，而是要有计划、分批次地推出一系列精品，使更多的年鉴通过提升质量进入精品行列。试想如果年鉴质量上不去，“精品工程”就会变成“精品试点”，“精品工程”的目标就无法完成，实施“精品工程”也就失去了本意。另一方面，在推进“精品工程”的过程中，渗透和强化质量理念和意识，进而带动年鉴以“编出书”为目的，向“编出好书、实用价值更高”的大型资料性文献转变，也同时带动地方志行业由单纯地只编“一本书”的冷部门，向“多业并举”的热事业发展。

其三，无法适应地方志转型升级的需要。李培林在第一次全国地方志工作经验交流会暨 2017 年全国地方志机构主任工作会议上的讲话中指出：“所谓转型升级，当下的目标，就是完成‘两全’的目标，长远目标就是要形成成熟的地方志事业发展综合体系，从‘一本书主义’向“志、鉴、库、馆、网、用、会、刊、研、史”‘

十业并举’转型。”“地方志转型升级，要实现‘六个转变’，即实现‘六化’：一是从围绕自身工作向围绕经济社会发展大局转变，实现地方志事业的大局化；二是从单纯修志编鉴向同时多业并举全面发展转变，实现地方志事业的全面发展；三是从依规修志向依法治志转变，实现地方志事业的法治化；四是从地方志机构修志向党委领导、政府支持、地方志机构组织实施、社会各界广泛参与转变；五是从单一纸媒体志向广泛运用数字媒体志转变，实现地方志事业的信息化；六是从修志囿与当地向把地方志推向全国、走向世界转变，实现地方志知识的全国化、国际化。”由此可见，转型升级绝不是空谈，更不是简单的数量扩张，必须有高质量的志鉴做强有力的支撑。换言之，没有经得起受众认可、实践检验的高质量年鉴和志书，地方志转型升级将是一句空谈。这绝不是危言耸听，而是我们绕不过的、必须面对的客观现实。

其四，难以担当弘扬中华优秀传统文化的重责。2017 年 1 月，中共中央办公厅、国务院办公厅印发了《关于实施中华优秀传统文化传承发展工程的意见》，7 项重点任务中的第一项就是“深入阐发文化精髓。加强中华文化研究阐释工作，深入研究阐释中华文化的历史渊源、发展脉络、基本走向，深刻阐明中华优秀传统文化是发展当代中国马克思主义的丰厚滋养，深刻阐明传承发展中华优秀传统文化是建设中国特色社会主义事业的实践之需，深刻阐明丰富多彩的多民族文化是中华文化的基本构成，深刻阐明中华文明是在与其他文明不断交流互鉴中丰富发展的，着力构建有中国底蕴、中国特色的思想体系、学术体系和话语体系。”而且特别强调，要通过“加强党史国史及相关档案编修，做好地方史志编纂工作，巩固中华文明探源成果，正确反映中华民族文明史，推出一批研究成果。”天降大任于地方志工作者，这是时代赋予当代地方志工作者的使命。每一卷地方综合年鉴都承载着某一行政区域年度政治、经济、文化的大事要事，是探源和揭示中华优秀传统文化的基本元素载体，如果我们编纂的志书和年鉴质量上不去，就很难担此大任，从某种意义上讲，也是严重的渎职和失职。“志书要注意质量，能经得起时间和历史的检验”。[①] 年鉴工作者也只有尊崇质量，才能真正讲出“中国历史”“中国文化”“中国故事”，才能真正成为传承和弘扬中华优秀传统文化独特和强大的载体。

三、新意识引领年鉴质量提升

责任和使命呼唤我们，必须正视年鉴编纂质量存在的问题和潜在的隐患，牢牢把握住地方志发展大势，以强烈的历史责任感和宽阔的担当情怀，严肃认真地把好年鉴编纂质量关。诚然，影响年鉴编纂质量提升的因素很多，有编纂者的政治素质、编纂意识、工作态度、敬业精神、业务水平、文字能力等，但笔者认为，就目前地方综合年鉴编纂工程各环节整体状况看，在诸多因素中，当务之急、首当其冲的是要迅速更新编纂理念，这不仅是因为从一般意义上讲，思想是行动的先导，是行为的指南，更重要的是，在改革的时代，在地方志全面“转型升级”的历史节点上，没有与时俱进的创新意识和创新思维是根本无法拉动年鉴质量提升的。时代要求我们必须开阔思维、拓展思路，迅速重构起与“转型升级”相契合的编纂意识和理念。当下，应迅速树立起五种意识。

——质量第一意识。过去，我们也没少强调提高年鉴编纂质量，大会小会、不同场合反反复复地讲，但在实际工作中，却自觉不自觉地向“多出几本年鉴”倾斜。经过30多年的发展，特别是国务院《地方志工作条例》和《全国地方志事业发展规划纲要实施》颁布以来，全国地方志事业面临的形势发生了实质性的变化。经过30多年的发展，目前，从总体上考量，地方综合年鉴，已基本完成了“量”的扩张（个别省、区市所属的县市区除外），开始进入“质”的提升阶段。“量变到一定程度必然要发生质变”，这是规律，各级地方志工作机构的编纂理念必须随之做根本性的调整和转变。提升

① 习近平1989年8月任宁德地委书记时，在宁德地区地方志工作会议上作的重要讲话。原载福建省地方志编纂委员会《修志简讯》2008年第17期。

年鉴质量、打造更多的精品佳鉴是今后年鉴编纂工作的根本取向。牢固确立质量第一的意识，不是纸上谈兵，在实践中必须处理好“三个关系”。一要处理好任务和责任的关系。各级编纂单位和编辑人员，不能持交差了事、为完成任务而编年鉴的态度，要以高度的政治责任感和历史使命感，高标准、严要求地做好年鉴编纂各环节的工作，向“精、细、严、实”要质量、要精品。二要处理好数量与质量的关系。抓质量并不是要放松全覆盖工作，“当然，抓编修进度也不能忽视志鉴质量，没有质量的进度就是一串毫无意义的数字符号，进度和质量要相辅相成，相得益彰，协同共进”①。现在，距2020年仅剩三年时间，各地年鉴编纂工作要在强化督导未出版首卷年鉴的地区尽快创刊的同时，拿出精力和有效措施来提高年鉴质量，否则，我们就将在“地方志事业转型升级”的关键之时，输在起跑线上。三要处理好不同层级的关系。从全国各地的情况看，一般省级和直辖市的年鉴质量相对较高，市、地、州的年鉴质量要好于县（市、区）年鉴，因而，省级、直辖市和市（地、州）质量基础较要好年鉴，不能满足于每年年底出“一本书”就行了，必须向精品年鉴冲击；已连续出版多年的市（州）、县（市、区）年鉴不能重复一般质量的循环的老路，要向高质量高标准看齐。刚刚创刊不久的年鉴，要注重出刊和质量并重、双管齐下。

——主流意识。年鉴是具权威性的地方文献，各级年鉴编纂部门是政府授权的、唯一的向社会发布政府年度公报的单位，这一特殊功能定位，要求年鉴编纂工作者必须牢固树立主流意识。即，坚持正确的政治导向，认真贯彻党的路线方针政策，大力弘扬社会主义核心价值观，通过客观真实地记述，营造积极向上的正能量。主流意识的确立和坚守需要在编纂实践中不断地锤打和磨练。首先对主流意识要有正确的理解，不能简单地认为记载成绩就是主流意识。要拓展思维的宽度，凡符合主流的大事要事，正面颂扬的要记载、负面鞭挞的也可记载，使主流的记载更加生动鲜活。其次要有担当

① 冀祥德在第一次全国省级综合年鉴编纂研讨会上地讲话。

精神，切实把主流的东西挖掘出来，挖掘充分。特别是推进改革开放，实现中华民族伟大复兴的中国梦是当今中国社会的主旋律，地方综合年鉴必须如实地把各个年度改革开放的新政策、新举措、新经验、新成就找出来，不能简单地依靠各单位（部门）撰稿人提供的原始稿件，要找准时代定位，主动出击，千方百计地拓展资料来源，最大限度地挖掘高价值信息，全方位、多角度地体现主流、宣传主流、弘扬主流，为推动中华民族复兴，实现中国梦奉献方志力量，贡献“方志智慧”。

——全局意识。年鉴姓“年”，以年度为时间界限，记录一个地方一个年度内的事情，具有极强的全面性。然而，这种全面性既不是只记载几类、几篇大事，更不能事无巨细、面面俱到，而是要在一年纷繁复杂的大大小小的事件中，把握全局、分清主次、筛选重点、非重点。要做到这一点，年鉴编纂工作者就必须树立全局意识和大局观念。过去年鉴构架已有的类目、分目、子目、条目是多年经验的总结，都要重点记载，绝对不能轻易舍去，这是保持资料连续性的根本。但是，过去没有的，这几年又迅速发展的新生事物，某一领域、某一行业的新增长点，年度内突发的大事要事等，也必须记载。没有大局意识，不虚怀若谷，是不可能有这样的敏锐度和识别力的，也就不可能及时地把该记载的事情记载下来。一年不记载、两年不记载，这段史实就会“漏空”，我们的存史价值就会被打折扣，资政能力就会弱化。年鉴编纂者必须与时俱进，根据形势发展和时局的变化，抓住具有时代气息的热点、焦点问题，对年鉴从框架到内容进行全面的优化整合、调整补充，使年鉴成为名副其实的“展示地情的重要窗口”“为当代提供资政辅政之参考、为后世留下堪存堪鉴之记述”的宝贵智库。

——特色意识。特色是独有的，个性的东西。就一本年鉴而言，就是显著区别于其他年鉴的内容、风格和形式，这一点我们的年鉴工作者虽早有认（意）识，但在具体编纂中落实得不好，往往把记载当地的自然资源、地理环境以及经济、政治、文化、社会发展情况就当“特色”了，对特色的理解限于“表层”。强调特色意识，一是要对由于所处的区域位置不同而产生的历史、人文、风俗、文化等做深度挖掘，充分张扬地域这些“人无我有”“唯我独有”的个性。这需要有“尝鲜”“碰硬”的思维和能力，有创造性的意识流和行动力。二是要多出“亮点”，以“亮点”展现特色。年鉴贵在常编常有亮点，或在结构框架上，或在内容上，打眼一看，与众不同，有“出彩”之处。譬如，各地发展目标定位不同、工作措施各有千秋、各条战线经验捷报频现，地方综合年鉴把这些“亮点”在年鉴编纂规范之内，以新颖的方式展现出来，鲜明的地方特色跃然年鉴之上，年鉴鲜活了，感染力强了，生命力旺盛了，质量必然是上乘的。

——网络意识。当代社会网络的迅速发展，为年鉴编辑通过网络获取各种最新、最快的信息资料提供了捷径和有利的条件。年鉴已进入“互联网+”时代，作为现代年鉴工作者不仅要掌握网络信息化这一科技手段，而且还必须善于通过网络，广辟信息情报来源。要有每天都上网收集信息资料的意识；要养成每天都访问相关网站、下载有效信息的习惯。通过地方政府网站，下载政府工作报告和各种规范性文件；通过机关、企事业单位网站下载各行各业信息。持之以恒，形成常态。一方面不间断地充实年鉴内容，提高年鉴信息密集度。另一方面对各方面撰写的稿件能做到心中有数，有效地避免信息“遗漏”和“失准”等问题，提升信息的有效性，从源头上把控年鉴的质量。

（作者单位：吉林省地方志编纂委员会）

打造精品年鉴的探索与实践

——以《唐山市丰润区年鉴》编纂为例

潘贵存

摘 要： 地方综合年鉴编纂栏目设计宜分类科学，层次清晰，领属得当，编排有序，突出年度特点和地方特色。搜集、归纳、提炼、选取资料宜全面系统，彰明因果，体现事物发展规律。内容记述宜文风朴实、流畅，符合年鉴编写规则。本文以《丰润年鉴》编纂为例，围绕建立有主管领导、有撰稿人员的年鉴编纂网络；业务培训；建立资料储备机制几个方面，阐述打造精品年鉴的具体途径。

关键词： 地方综合年鉴编纂　探索与实践　打造精品年鉴

2011年3月，《唐山市丰润区志（1978—2005）》出版发行。志书出版后，依据国务院《地方志工作条例》第十条、河北省《地方志工作规定》第十二条以及省、市关于志书出版后，编纂地方综合年鉴的统一部署，经中共唐山市丰润区委、唐山市丰润区人民政府研究，决定在《唐山市丰润区志（1978—2005）》出版发行后，启动《唐山市丰润区年鉴》（简称《丰润年鉴》）的编纂。经过三个月的栏目设计、文件起草、队伍培训等前期准备，《丰润年鉴》于6月份正式启动编纂。2012年3月，首部《丰润年鉴（2011年卷）》由中国文史出版社出版发行。该卷上限2006年，与《唐山市丰润区志（1978—2005）》下限衔接，下限2010年，全面系统记述2006—2010年5年间丰润自然、政治、经济、文化与社会发展的历史与现状，文字总量157万字。首卷出版，随即启动《丰润年鉴（2012年卷）》的编纂。截至2016年，《丰润年鉴》共有6卷册公开出版发行，即2011年卷、2012年卷、2013年卷、2014年卷、2015年卷、2016年卷。文字总量657万字。2017年5月，唐山市地方志办公室推荐《丰润年鉴（2016年卷）》参加河北省地方综合年鉴评比，被评为河北省地方综合年鉴一等奖。《丰润年鉴（2016年卷）》获奖后，河北省地方志办公室又推荐《丰润年鉴（2016年卷）》参加全国地方综合年鉴最高层次的评比。

年鉴编纂是鉴往知来、服务当代、保存资料、惠及后代的千秋伟业。《丰润年鉴》的栏目设计、资料搜集选取、内容编纂、鉴稿规范、装帧出版，严格遵守2012年7月13日中国地方志指导小组四届三次会议通过的《地方综合年鉴编纂出版规定》，努力打造精品佳鉴。

一、科学分类是打造精品《丰润年鉴》的基础

《丰润年鉴》按照《地方志工作条例》规定的“地方综合年鉴，是指系统记述本行政区域自然、政治、经济、文化、社会等方面情况的年度资料性文献”的界定范围，设计框架结构，力求分类科学，层次清晰，领属得当，编排有序。突出年度特点和地方特色。与二轮《唐山市丰润区志（1978—2005）》衔接，预测三轮《唐山市丰润区志（2006—2020）》的框架设计，保持年鉴框架结构的相对稳定。依据年度特点和事物变化情况作适当调整，体现稳定和创新的有机统一。

首卷《丰润年鉴（2011年卷）》延续《唐山市丰润区志（1978—2005）》的框架设计，横排栏目包括特载、大事记、丰润概况、政治、武装、政法、城乡建设·环境保护、浭阳新城建设、综合管理、财政·税务、农业、工业·建筑业、唐山（丰润）·中国动车城、交通·邮电、商贸服务业、中国北方现代物流城、金融、

科学技术、教育、文化、卫生·体育、社会生活、乡镇·街道、人物、文献文件辑存、统计资料共26个栏目，体现年鉴记述范围的全面、系统，覆盖本行政区域自然、政治、经济、文化、社会等方面的发展与现状。其中将湮阳新城建设、唐山（丰润）·中国动车城、中国北方现代物流城单设栏目，突出地方特色。

分类参照国民经济行业分类标准，并结合社会实际分工和本行政区域特点进行。政治部类按照社会分工设计。如中国共产党地方组织的设计，设综述、区委全委会人员构成、区委工作机构（概况、常设工作机构、直属事业机构、派出机构）、基层组织机构（概况、党委、党总支、党支部）、区委重要会议、区委重要决策、区委办公室工作（概况、综合工作、信息工作、督查工作、政策研究、文件传输）、组织工作（概况、党员发展、党员教育管理、基层组织建设、干部管理、人才和知识分子工作、党员电化教育、组织史资料征编）、宣传工作（概况、思想建设、社会宣传、外宣工作、扫黄打非、政工专业职称评聘、精神文明建设）、政法工作（概况、研究指导和协调组织政法队伍建设、支持和督促政法各部门依法行使职权、涉法涉诉信访案件办理 、指导社会治安综合治理）、农村工作（概况、落实农村政策、指导农村小康建设、指导文明生态村建设、加强农村民主政治建设）、统一战线工作（概况、理论宣传、党外人士推荐工作、落实民族宗教政策、民主党派与工商联工作、对台工作、党外知识分子工作、非公有制经济领域统一战线工作）、信访工作（概况、人民群众来信来访受理、领导接访包案制度、加强基层基础工作、规范信访受理办理程序、信访案件协调督办、信访工作目标考核）、党校工作（概况、教师队伍、教学工作、教学研究）、区直机关党建工作（概况、党员教育、基层组织建设）、党史研究、老干部工作（概况、落实老干部待遇、组织老干部活动、发挥老干部作用）。

经济部类参照国民经济行业分类标准设计栏目。如工业栏目的设计，包括综述、经营体制（国有工业企业、集体工业企业、个体私营工业企业、外商及港澳台商投资工业企业、其他类型工业企业）、行业分类（煤炭开采和洗选业、农副产品加工业、食品制造业、纺织业、纺织服装鞋帽制造业、家具制造业、造纸及纸制品业、印刷和记录媒介复制业、化学原料及化学制品制造业、医药制造业、塑料橡胶制品业、非金属矿物制品业、黑色金属冶炼及压延加工业、金属制造业、通用设备制造业、专用设备制造业、交通运输设备制造业、电气机械及器材制造业、仪器仪表及文化、办公用机械制造业、工艺品及其他制造业、废弃资源和废旧材料回收加工业）等。栏目布局要项不缺，全面系统。

按照“大稳定、小调整”原则，在保持年鉴结构相对稳定的同时，根据发展变化增减栏目设置。2014 年，区委在全体党员干部中开展党的群众路线教育实践活动，卓有成效。《丰润年鉴（2015 年卷）》增设《党的群众路线教育实践活动》栏目，内设综述、组织机构（概况、区委领导协调机构、基层学习教育组织机构、市委驻丰润督导机构）、教育方案（概况、教育形势、总体要求、目标任务、重点对象、活动环节）、教育阶段（概况、教育动员、学习教育、征求意见、查摆问题、开展批评与自我批评、整改落实、建章立制）4 个类目 18 个条目。2015 年，按照中央、省、市委部署，区委组织开展“三严三实”教育活动，《丰润年鉴（2016 年卷）》又增设《“三严三实”教育活动》栏目，内设综述、实施方案（概况、总体要求、节点工作、解决问题）、推进措施（概况、周密安排、严把节点、注重实效、舆论宣传）、主要成果（概况、加强学习、立规执纪、统筹推进）4 个类目 13 个条目，反映时代脉搏和教育成果。

根据需要调整栏目布局。取消政治栏目，将原政治栏目包含的共产党、人民代表大会、人民政府、人民政协、民主党派 · 人民团体分离单设，26 个栏目变成 31 个，即特载、大事记、丰润概况、中国共产党唐山市丰润区委员会、党的群众路线教育实践活动、唐山市丰润区人民代表大会、唐山市丰润区人民政府、政协唐山市丰润区委员会、民主党派 · 人民团体、军事、政法、城乡建设 · 环境保护、浭阳新城建设、综合管理、财政 · 税务、农业、工业 · 建筑业、唐山（丰润）· 中国动车城、交通 · 邮电、商贸服务业、中国北方现代物流城、金融业、科学技术、教育、文化、卫生 · 体育、社会生活、乡镇·街道、人物、文献文件辑存、统计资料。

按照年鉴“分类科学，层次清晰，领属得当，编排有序”的分类规则，《丰润年鉴》设栏目、类目、分目、条目4级，层层统领，条目为基本记述单元。标题动静结合，力求简洁、准确、规范。

二、资料性是打造精品年鉴的本质属性

《地方志工作条例》规定：“地方综合年鉴，是指系统记述本行政区域自然、政治、经济、文化、社会等方面情况的年度资料性文献。”这一法定概念，界定出地方综合年鉴的地方性（本行政区域）、记述范围（自然、政治、经济、文化、社会等）、年度性（连续性）、资料性的本质属性。其中资料性是地方综合年鉴的本质属性之一。试想一部地方综合年鉴如果资料匮乏或缺，失去资料性，那么这部年鉴也就不能成为精品。突出年鉴资料的属性本质，根治资料匮乏的瓶颈，我们采取的基本做法是：

一是建立有主管领导、有撰稿人员的年鉴编纂网络。2011年3月，《唐山市丰润区志（2006—2020）》出版发行后，区委、区政府随即启动《丰润年鉴》的编纂，印发关于《唐山市丰润区年鉴编纂实施方案的通知》，明确丰润年鉴冠名、指导思想、编纂任务、编纂步骤、质量标准、保障措施。同时将各承编单位应承担的编纂任务一并指令性下达，为年鉴资料的搜集提供上方宝剑。同时建立年鉴编纂队伍。要求各承编单位有主管领导、撰稿人员、必要的办公条件。全区196个承编单位都有主管领导分管，共有年鉴专兼职撰稿人员300多人。

二是业务培训。编写《丰润年鉴编纂指南》，发至各承编单位，内容包括年鉴的功能与定位、年鉴的特点与性质、年鉴的价值与作用、条目的编写等方面。培训方式采取集中与分散、自学与个别指导相结合。通过培训，使编纂人员系统了解年鉴的编纂规则、范围、完稿时限。年鉴专职编辑深入各承编单位培训撰稿人。承编单位撰

稿人如有变动，及时调整到位，适时组织培训。通过培训，提高撰稿人员的业务素质。

三是建立资料储备机制。根据年鉴“下年编上年”和“当年编纂、当年出版”的特点，及时收集、整理编纂年发生的重大事件、开展的重要活动等方面的资料。如近几年开展的党的群众路线教育实践活动，“三严三实”教育活动、“两学一做”教育、拆违拆迁创建文明城市活动，都指定专人全程跟踪，及时搜集归档储备，待编纂年使用。

由于组织网络体系健全，有高素质的专兼职编纂队伍，实现《丰润年鉴》“当年编纂、当年出版”，打造精品佳鉴的既定目标。截至2016年，已完成《丰润年鉴（2011年卷）》《丰润年鉴（2012年卷）》《丰润年鉴（2013年卷）》《丰润年鉴（2014年卷）》《丰润年鉴（2015年卷）》《丰润年鉴（2016年卷）》共6卷册的出版发行。文字总量657万字。《丰润年鉴（2017年卷）》的编纂正在有条不紊地进行，年底出版发行。预计到2020年，共编《丰润年鉴》10卷册。既为各级领导决策提供参考，发挥资政、教化、存史功能，又为续修三轮《唐山市丰润区志（2006—2020）》积累丰富资料。

三、严把年鉴编纂、出版质量关是打造精品年鉴的必然要求

年鉴是资治之明镜，传世之瑰宝。制定《丰润年鉴》编纂的质量标准，一是严把政治关。编纂中要坚持以马克思列宁主义、毛泽东思想、邓小平理论、“三个代表”重要思想及科学发展观为指导，实事求是的记述本行政区域内自然、政治、经济、文化等方面的现状与发展进程，使历年编辑出版的《丰润年鉴》成为“功在当代、利泽千秋”的精品佳鉴，并经得起历史检验。二是严把体例质量关。年鉴结构科学分类，横排不丢要项，归属得当。条目主题妥贴，记述内容反映特色。三是严把资料质量关。体现“求实、求精、求准、求

新”特点。资料性是年鉴的根本属性。鉴内所采用的资料既要丰富翔实，又要真实可靠，保证入鉴资料的权威性和可信度，发挥年鉴的资政、教化、存史作用。四是严把行文规范关。严格遵守中指组印发的《地方志书的质量规定》《地方综合年鉴编纂出版规定》和《河北省地方志书编纂质量标准（试行）》，以及《标点符号用法》《中华人民共和国国家通用语言文字法》《中华人民共和国国家标准出版物上数字用法的规定》，保证年鉴行文严谨、朴实、简洁、流畅。根据以上“四关”要求，为打造精品年鉴提供保证。具体为：

一是制定《〈丰润年鉴〉编纂规则（试行）》。包括总则、条目标题、条目撰写、语言文体、名称表述、时间表述、数字、标点、计量名称、图片表格、版面版式等共51条，规范年鉴编写，防止随意性。

二是建立主编审修制。承编单位上报资料后，由专职责任编辑按照年鉴编写规范梳理、提炼、加工、归纳，形成初稿。然后提交主编修改、审查。主编提出修改意见并签字，返回责任编辑修改完善。

三是建立承编单位核审制。经完善修改的年鉴稿，提交各承编单位审核，提出修改意见。承编单位主要负责人在《承编单位年鉴资料审核表》内签字盖章，以示负责。

四是责任编辑核校制。年鉴出版前的排印阶段，先由责任编辑自校、互校、通校，最后由主编统校。

五是审核批准发行制。按照《地方志工作条例》规定，《丰润年鉴》在出版前，区地方志办公室向区政府提交出版发行申请。并将正式排版的年鉴稿呈送区委、区政府审验。经区委、区政府审核批准，正式排印出版发行。

（作者单位：河北省唐山市丰润区地方志办公室）

精品年鉴关键在改革与创新

郑美华

摘　要： 经济社会的飞速发展，对地方综合年鉴的编纂提出了更高的要求，年鉴要出精品已经摆上重要日程。年鉴编纂不仅要在内容上以质量取胜，在形式上还要推陈出新。如何在年鉴编纂上进行改革与创新是当前年鉴编纂的重要课题。本文就精品年鉴必须在哪些方面有所改革和创新做些探讨，以求对未来的年鉴编纂有所帮助。

关键词： 精品　年鉴　改革　创新

一、把握全面性，发挥时效性

从年度综合性资料理出历史阶段的发展脉络，是地方志编纂过程中必不可少的最关键的一步。年鉴资料最可贵的是它已经是从方方面面的资料中提取的精华，是可以利用的现成资料。年鉴表现的是年度内政治、经济、文化、社会等方面的内容，横向的。年鉴编纂应该表现年度的特点，并及时出版，为各级机构提供资政的原材料。

年鉴的全面性体现在框架结构上。年鉴的框架结构就是年鉴内容的编排形式，要求科学合理，能反映各类事物和各项事业的基本面貌，保证内容的完整性和各门类之间的均衡性。如：市级地方综合年鉴一般设：特载、市概况、中共市委员会、市人民代表大会、市人民政府、政协市委员会、市监察局 纪律检查委员会、民主党派与工商联、社会团体、法治、国防、农业工作 农村经济、工业经济、国内贸易、对外 对港澳台经济贸易、开发区 、外事侨务 涉台事务、口岸与海防、城乡建设、交通运输 邮电、金融、财政 税务、经济管理、科技 教育、文化 新闻、卫生 体育、社会生活、县（市、区）概况、人物、附录等基本栏目。

年鉴内容记述的要体现全面性、深入性、系统性，这是综合年鉴最基本的要求。如何认识这点？江苏省方志办副主任牟国义在2017年福建省年鉴主编业务培训班讲课中指出：“‘全’不是照单全收，也不是面面俱到、事无巨细，更不是条目数量越多越好、动态性的信息和单一性的活动收录越具体越详尽越好。‘全’是指有重点有选择的全，有史料价值的全，有广度和深度的全。增强年鉴内容的全面性、深入性、系统性记述，是地方综合年鉴内容记述的价值取向。”而年鉴的全面性最重要的、最关键的部分是框架设计必须体现社会生活的主流方面，重要组成部分缺一不可。例如某市出版的年鉴没有“大事记”的栏目，这就削弱了这部年鉴存史和资政的功能。

要体现全面性和时效性，必须做到一年一鉴，当年出版，而要做到这些有难度，最主要的工作在于我们和统计部门之间的工作关系不容易处理好。《地方综合年鉴编纂出版规定》第三章第十八条规定：“年鉴采用的数据应以统计部门提供的为准，未列入统计范围的，以业务主管部门的为准。数据不一致的应加以说明。”而统计年鉴正式出来再核对各部门提供的数据需要较长的时间，《统计年鉴》一般在次年下半年才能正式出书。因此按照规定做，综合年鉴要当年出版困难很大，但没有统计局提供的数字做后盾，综合年鉴的可信度大打折扣。杨振明、张东晓指出年鉴编纂的劣势是出版周期比较长，上年的内容，最快也得到次年九、十月份才能与读者见面。①

---

① 杨振明、张东晓：《创新是年鉴发展的动力》，《年鉴信息与研究》2007 年第 4~6 期。

在追求质量的同时追求时效性是一件很不容易的事。但不管如何，加快编纂出版速度符合各方面的需求，缩短征稿、编稿周期，提高工作效率是当务之急。

二、增强时代性，实现特色化

有一种观点认为创立年鉴品牌，要拓展年鉴产品的功能，在内容和形式上进行创新，使其最大限度地适应市场需求。什么叫创新？美国著名经济学家熊彼得在1912年出版的《经济发展理论》一书中对创新做出阐述：“在一定的客观环境中，为了一定的目标，运用已知的信息，引入新思想、新方法，按照新的组合方式，产出新颖、独特且有价值的新成果所进行的社会活动。”年鉴的创新一是要在原有的基础上有新突破；二是要注重调查研究，注重实践，拓展视野；三是要处理好内容和形式的关系。中国版协年鉴研究会会长许家康说：“年鉴创新的有效途径是：增强时代性，实现特色化。”他还认为创新大致可以有三条途径：一是特色风格化，二是多样化系列化，三是数字化网络。[①] 牟国义在2017年福建省年鉴主编业务培训班讲课中指出：“主编首要的一项工作就是谋篇布局。科学、合理的框架结构，是准确反映时代发展变化的需要，是深入展现区域经济社会发展现状和特点、深度挖掘年度资料价值的需要，是提升年鉴编纂科学水准的需要。年鉴主编要从实际出发，找准区域个性，把握发展特点，体现地方特色，胸怀全局、统筹谋划、整体设计。”

因此，我们需要创新的是对原有框架结构进行调整和充实，以适应经济社会的不断变化和提高年鉴的覆盖面，使年鉴能更全面、更准确、更真实地反映当今经济社会发展变化的轨迹。[②] 这种创新主要表现在栏目的设置上，有些地方根据形势的需要增设一些有特色的栏目，使年鉴编纂地特色更加鲜明。

---

① 许家康：《年鉴的实用性、读者定位及创新方向》，《年鉴信息与研究》2003年第1期。

② 卢万发主编：《中国年鉴学研究》，成都：巴蜀书社，2010年，第81页。

《厦门年鉴（2013）》设“厦漳泉同城化”，反映了闽南地区同城化的大趋势。框架如下：

厦漳泉同城化

城市概览（含厦门市、漳州市、泉州市，下同）

同城化建设

经济发展

社会事业

《厦门年鉴（2013）》还设置了“商贸 · 会展”的栏目，突出了厦门举办以 9 · 8 投洽会为主的各种展销会，展示了厦门会展业的蓬勃发展。

商贸 · 会展

商业贸易

国内贸易与餐饮服务

副食品供应

粮食储备与供应

供销合作

会展业（9 · 8 投洽会及其他会展）

企业选介

《厦门年鉴（2013）》设置“侨务 · 外事 · 港澳台事务”栏目，突出口岸、侨乡、台胞祖籍地的优势，科学地谋篇布局。

侨务 · 外事 · 港澳台事务

侨务

外事

港澳事务

台湾事务

《福州年鉴（2012）》设科学技术、社会科学，把自然科学和社会科学的研究及其成果集中体现出来。

科学技术

综述

科技创新体系建设

高新技术产业

农业科技

科技成果管理

技术市场管理

知识产权

科学普及

防震减灾

福州市科学技术协会

社会科学

综述

学术活动

社会科学研究成果

《泉州年鉴（2006）》设“侨港澳台事务与泉州乡亲”突出泉州侨乡特色。

侨港澳台事务与泉州乡亲

侨港澳台事务

侨务与港澳事务

台湾事务

泉州乡亲

综述

乡亲在国外

乡亲在港澳台

乡亲在国内

乡亲故乡行

在外乡亲选介

《深圳年鉴（2010）》设立了“特色深圳”栏目，把有时代特色和地域特色的事物归结在此记述，如“国家创新型城市建设”“华南城”（华南国际工业原料城）等，设“人居环境”把建筑业、供电、供气、气象、环保等集中起来。《汕头年鉴（2012）》在概况栏目里设“汕头之最”突出了汕头首发的显著的业绩。

年鉴栏目的适当调整，体现了一个区域的地方特色和年度特色，也体现了学科的与时俱进的特点，这是值得学习和借鉴的，也是年鉴发展进步的一大举措。

三、记录社会发展，关注新生事物

年鉴可以为志书提供准确的数据、事物发展的脉络和重要资料的线索，是续志工作的基础和延伸。年鉴编纂六项要求是众所周知的：全、新、精、特、鉴、便，而新、特带来的效果是无法估量的，它使年鉴的存史价值更加凸显，所以年鉴更迫切需要如实反映时代特点，社会的热点、焦点。

有些事物在上届修志中并未出现，或者处于比较不发展的状况，属于发展中的事物。例如交通运输类的高速公路、高速铁路，信息业类的信息化建设、软件和信息服务业、通信业（《汕头年鉴》），农业类的农业产业化、海峡两岸（福建·漳州）花卉博览会、对外对台农业合作、台湾农民创业园（《漳州年鉴》），开发区类的台商投资区、各类开发区等，《宁德年鉴》开放 · 开发栏目设“对外贸易与合作”“招商引资”“开发区建设”三个类目，让人感觉很合理、顺畅，具有时代性、地域性、开放性，在事物产生年度以后都有连续记载，成为修志的珍贵资料和续修志书篇目设立的依据。

《漳州年鉴》（1999）“高速公路建设取得重大突破”记载：“1998 年漳州市辖区内的三条高速公路实现一条通车，两条开工的重大突破。”其中通车的是厦漳高速公路漳州段，开工的是漳诏高速公路、漳龙高速公路。而 2013 年高速公路建设有了跨越式的发展。

《漳州年鉴》（2014）“交通运输　邮电”中“高速公路建设”2013 年全市有 5 条高速公路建成通车（即厦漳跨海大桥、招银疏港高速公路、厦成高速公路厦门海沧至漳州天宝段、长泰美宫至陈巷段、沈海复线高速公路漳州天宝至诏安段），合计新增里程 204 公里，占全省 36%，为全省高速公路通车突破 4000 公里作出重要贡献。全市高速公路通车里程从 275 公里增加到 479 公里，增幅 74%；高速公路通车总里程从占全省不到 8%提高到 12%。5 条高速公路的建成通车，结束了平和、长泰县不通高速公路的历史，全市“两纵两横五联”高速公路大通道网络基本形成。

从相同的、连续记述的条目中可以找到事物发展的轨迹，绝不是仅仅提供线索而已，所以年鉴的存史价值不可低估。

四、运用彩色图片，凸显年度特点

何谓精品年鉴？卢万发指出：集可读性、实用性和欣赏性。① 曲宗生认为：“无论其内在品质还是外在形式，年鉴都具有鉴赏性。没有鉴赏性的年鉴是苍白的、弱智的，是缺乏品味、缺乏魅力的。”②

无论称欣赏性或鉴赏性，都是指年鉴的图片及装帧的效果，与视觉有极大关系，而最突出的部分无异于存在于彩色照片的编排，编好彩色图片会给年鉴增加美感，也增强了资料的长久保存的意义。试想年鉴的彩图如果太随意性，图片不具美感，读者不忍卒读，那

① 参见卢万发主编：《中国年鉴学研究》，成都：巴蜀书社，2010 年 12 月，第 137 页、第 210~211 页。

② 曲宗生：《史册 · 手册 · 画册——对年鉴“鉴赏性”功能的思考》，《年鉴信息与研究》2003 年第 2 期。

还有什么存史价值？因此年鉴的创新还在于照片的编排。包括卷首插页和随文插图。牟国义在 2017 年福建省年鉴主编业务培训班讲课中指出："年鉴编纂普遍存在重卷首图片轻随文图片的现象，而且对图片的意义和重要性认识不足，仅仅把图片当作装饰或点缀，没有摆到同样重要的位置，版面留白较多、内容表现形式单一、插图编排随意的问题比较突出。图片资料是年鉴内容的有机、重要的组成部分。版面设计不只是解决美观和好看，通过图文搭配、图文并重，可以传达更为丰富的版面信息，强化年鉴内容的表达效果，在视觉感官上达到内容与形式的完美统一，从而提升年鉴图文资料的存史价值。"

年鉴配有彩色插页是众所周知的，非商业性彩页一般由这几部分组成，一是领导活动，如考察、调研、检查等；二是单位、部门活动；三是重要会议；四是重大事件。五是标志性的自然环境、建筑物等图片。进入年鉴的彩照一般是经过精挑细选的，从内容到形式都是比较完美的，具有存史价值的，是入志的极好的材料。

卢万发指出征集图片必须把好三关：一是图片真实关，二是图片质量关，三是图片数量关。图片的设计、制作必须精美：一是编排要系列化，二是大小疏密要恰当，三是色彩要丰富，四是标题要千变万化。

专题图片是能够体现时代特点和年度特点的快捷做法，《江苏年鉴》历年都有一些专题图片，对江苏省年度取得的各项成就和年度重要活动起到很好的宣传效果，如 2013 卷："新农村、新成就、新风貌"（图片 42 幅）。2015 卷："国家公祭 12 · 13"（图片 54 幅、《新华日报》4 个整版专题报道），"第二节夏季青年奥林匹克运动会"（图片 115 幅），"运河记忆"（76 幅），"鱼米之乡、美好江苏"（37 幅）。

随文插图是比较流行的形式，随文插图更形象化、直观化，让人更能感受图文并茂的效果。省内许多地市都采用了这种编排方法，如厦门、泉州、福州、龙岩、宁德等地，效果肯定比没有随文插图的好。当然其工作量和投入的印制成本肯定比一般的卷首插图的做法大得多。

五、追求完美，做好检索系统

精品年鉴需要配有完备的目录和索引。而有的年鉴就不一定配备索引，达不到精品年鉴的基本要求。许家康认为年鉴的索引性不但在于它能通过目录、索引等快速查找内容的便捷工具，而且在于它的信息资料通常都按最便于检索的方法编排。① 目录是索引的一个重要组成部分，大多数年鉴目录比较完善，有的还配有英文目录。在目录之外编制索引，已成为当前年鉴编纂的一个普遍做法。翁伟指出："没有索引的年鉴不是完整的年鉴"②。索引分为主题索引、分类索引、中心词索引等，年鉴的索引采用主题索引或中心词索引。索引是按照条目的内容，选取主题词或关键词，按照音序或其他方式排列。提炼主题词是索引的关键所在，必须遵循以下原则：一是必须符合约定俗成的原则，二是必须符合连续不变的原则，三是必须符合广度和深度的原则。③ 年鉴索引要具有实用性，要做到可看、可用，而不是作为摆设，为评奖加分而设。

六、主编负责制，把好质量关

牟国义在2017年福建省年鉴主编业务培训班讲课中指出："主编的引领关键是思想观念的引领。要紧贴时代、紧扣中心，从编纂实际出发，引导编辑解放思想、更新观念，打破传统束缚，跳出思维定式，善于思考，勇于探索，敢于实践，开拓进取，'以科学的理论武装人，以正确的舆论引导人，以高尚的精神塑造人，以优秀的作品鼓舞人'，把握规律性、体现时代性、富于创造性。在年鉴编纂

① 许家康：《论年鉴的索引性》，《广西地方志》2010年第1期。

② 翁伟：《论年鉴的索引》，《年鉴信息与研究》1999年第1期。

③ 参见卢万发主编：《中国年鉴学研究》，第130~131页。

问题上，思维不能固化，思想更不能僵化、教条化。”这点笔者非常认同。主编必须全面把握年鉴的规划设计、工作流程、质量管理，才能使年鉴不断推陈出新，创造出无愧于时代的精品。

要建立一套科学的工作流程。建立撰稿人—编辑—主编工作责任制，提高编辑素质，做好文字和数字的统稿。按照中国地方志指导小组的要求，地方志要做到一年一鉴，且当年出版，所以，年鉴编写任务一定要早部署，一般在两会召开以后就可以马上布置。各编写单位出稿速度不一致，可以在相对较齐的部类一边编辑，一边催稿。这样不至于在稿件都齐的时候才做，浪费时间在等待。来稿要注意各单位要做好保密审查工作，未经审查的一律不接受。主编要遵循“总纂一支笔”的原则，把握全书要领，做好全书的统稿工作。

做好整部书的装帧设计的把关。装帧设计一般是请专业的机构做的，应与时俱进，把最好的设计展现在读者面前。但是，编者是第一读者，应把自己的切身感受及时和设计人员沟通，应广泛征求意见，及时修改，把设计的效果做到最好。

做好出版的各个环节。严格执行差错率不超过万分之一的标准，在编辑校对的各个环节，制定责任制，把年鉴的差错率压到最低，打造年鉴坚不可摧的质量，经得起历史的考验。

2009 年 7 月，许家康接受《陕西地方志》杂志主编张世民专访时对年鉴创新方向和期待的回答包含两点：一是希望年鉴同人和有志于年鉴理论研究的专家学者通力协作，逐步建立起年鉴学的学科体系，实现年鉴理论的全面创新。其次要坚持品种创新，重视品牌。通过品种创新，打造有号召力的年鉴品牌。他提出要创立国内乃至国际品牌，这个目标任重道远。我们要立足做高质量的年鉴，然后才是精品年鉴，一步一个脚印，扎实做好年鉴创新工作，相信经过日积月累，年鉴编纂工作会达到一个新的高峰。

（作者单位：福建省漳州市地方志编纂委员会）

精品年鉴图表与运用

黄　萍

摘　要：图表为年鉴的基本体裁。年鉴往往以图表等文章体裁为大类，领属内容。图表分别具有形象、直观、简洁、信息容量大等特点，为年鉴增色。年鉴对照片的选用应注意写实性、讲求代表性、富有说明性、兼具存史价值等方面。而表的编制必须做到科学分类，执简驭繁。

关键词：精品年鉴　图片　表格

图、表为年鉴的基本体裁。年鉴运用图、表由来已久，作为年鉴重要源流的图经，顾名思义，即以图为主，“经”是对图所作的文字说明。年鉴往往以图、表等文章体裁为大类，领属内容。同时，随着测量仪器和绘图工具的更新，开始强调用科学方法制作图表入鉴；地图应由专门人员以最新科学方法绘制精印，名胜古迹及地方特产均应摄制照片，经济情况等均应分月精确调查，制成统计比较表。表中数量统计意义的表格所占比重越来越大，从而赋予图表这两种传统形式以新的内涵。年鉴中图、表的重要地位十分明确。年鉴表格现在一般只有纵横两类表格，还应采用现代科学制表技术，科学的表格，可以使读者一目了然。图、表分别具有形象、直观、简洁、信息容量大等特点，为年鉴增色。在此基础上，对图、表的运用作进一步的研究，在增加图、表表现力的同时，使之更加丰富和规范。

一、图的运用

图也称图片，包括照片、图画、地图和结构示意图等几个类型，照片是使用最多的图片资料，地图、结构示意图应用也十分普遍，图画应用相对较少。运用何种形式，视内容而定。

年鉴中的图片与文字是相辅相成的。有时文字不易表达的某种事物及相互之间的复杂关系，可以通过图片直观地反映出来，使年鉴的表述更加完整、准确、系统，比如在《晋安年鉴（2016）》卷首采用数字晋安的图文、数字相结合来表述。一般来说，选用的图片和文字一样，具有地方性和专业性的特点。图片或能够独立、或辅助说明事物性状，可以节省篇幅，达到文约事丰的目的。从编纂年鉴的实践来看，“图”之运用不可谓不广泛，但对照内容与形式相统一的要求，可提高之处不少。有的年鉴收录图照较少，只有封面、卷首寥寥几张现任领导事务活动和风景的照片；有的年鉴中图照的数量虽然足够，但质量一般，多是新建的政府大楼、百货商场、影剧院，而真正有存史价值社会信息含量丰富的照片太少。不同程度存在内容不实、信息量不足、表现能力不强等通病，没有体现当年的新风貌和特色。图片似乎只是单纯美化版面的需要，体现不出一种基本裁体的作用。年鉴应重点围绕改革开放和社会主义经济建设和社会发展来安排照片。

照片是编纂年鉴中最常用的图片资料。照片的写实性是其他资料不能比拟的。如对于一个人相貌的判断，即使是最传神的文笔，也无法胜过一张照片。年鉴编纂过程中，各部门都征集了不少照片资料，由于来源渠道不一，有些照片像素不高，但其资料价值是很高的。近年来，随着数码产品的发展普及，以及印刷技术的提高，各种信息载体如报刊书籍等都把照片作为重要的表述手段，部门单位的图片展览、大型摄影画册、网络图像甚或电视图像，均可成为年鉴照片的取材之源。年鉴对照片的选用应把握好以下几个方面：

一是注意写实性。年鉴记述的是一年里发生的事情，各部门提供反映当年的照片。如果说年鉴限于客观条件，照片资料不够丰富、纪实是交代不过去的，应该有足够的照片，反映改革开放、建设有中国特色社会主义所取得的巨大成就和社会变化的方方面面，从而使年鉴记述内容得到充分、直观的佐证，做到图文并茂，相得益彰。

二是讲求代表性。照片内涵应丰富，主题要突出，具有一定代表性，通过镜头可以告诉读者十分确切的东西，无须朦胧，展现技巧。

三是寓有说明性。年鉴涉及各行各业，有些事物由于其独特的性状和功用，即使辅之大量的说明文字，仍然不够明晰。一件地域性色彩极浓或专业性很强的东西，如古文化遗址、文物、著名建筑等，只要一张清晰的照片，配以简单的文字说明，即可起到事半功倍的效果。

四是存史价值问题。照片能保留历史事物的原始风貌，编入年鉴可传之后世。我们通常会对最早、最突出的事物予以特别的关注，这自然是应当的，但由此会忽视那些普通、寻常的事物，其实后者蕴含了丰富的历史信息，理当收录。

照片入鉴必须以真实为根本原则。随着电脑制图技术的提高，“移花接木”技术炉火纯青，照片作伪可以天衣无缝。我们在选择入鉴照片时应加以注意，防止那些伪作混入年鉴（从美观角度适当处理是可以的，但以无损主要内容真实为限）。同时，照片的说明文字要简练、准确，时间、地点、人物、活动内容等要素力求齐全。年鉴可更广泛地应用随文照片，因随文照和文字记述比较紧密，史料性较强，印刷技术的发展也使得随文照清晰度有了一定保证。

地图包括行政区图和专业地图，可展示本地区本专业的宏观情况于咫尺之间，清晰直观。地图的表现力不言而喻，但使用地图一定要注意规范科学。年鉴中的政区图要采用统一比例尺，并注明比例尺度。如书中用图比原图缩小或放大也要说明清楚。所用地图须经测绘部门审批同意。如是示意图须注明：不可作为划界依据。制作地图首先须由编辑部定好要求，明确须反映的内容，落实制图单位和适合的经办人，草图制作完成后向各方征求意见，汇总后制成样图，再报请审批。年鉴可用高科技手段制图，如用遥感卫星、航拍器摄制彩色图片。

结构示意图包括组织结构、隶属关系、工艺流程、建筑结构等示意图和非表格形式的统计图。通过结构示意图，读者可以比较清楚地了解特定事物相互间的关系。统计图是根据统计数据绘制的图形，实质上是转化了的表的形式。它能较直观形象地显示所列事物数据的发展变化和相互比较的关系。但它只用于非精确的数值统计，主要目的在于比较。其形式有曲线图、条型图、面积比较图。

曲线图是把反映某一事物历年历月的统计数据绘制成随时间变化的统计曲线，纵向反映其发展变化情况。这类曲线一般是近似连续的，我们在设计时要注意找出它们的峰值和谷点，及其正负增长变化的转折点，并在图形中标出这些特征数据，弥补数据精度之不足，更清楚醒目地反映事物的发展变化。条型图比曲线图粗放，一般重在表现增减的比较关系，多半是按年度或时期选取数值。特点是对比性强，十分直观醒目。面积比较图是用来比较事物的大小、所占比重及所处地位。所选取的数据一般来说相互关联约束少，数据都是离散型的，故设计成面积大小之比的图案形式。在这中间也要注意选择一些能反映特征的数据，如主要事物和最大最小之事物的量，在图上面标出来，更好地发挥图的定量比较作用。为丰富图的表现力，年鉴还可视不同对象采用三维立体图、辐射图、扇形图等形式。

二、表的运用

表：即是一种文字记述的辅助形式，也可以独立表述事物的发展变化情况。在年鉴中是用表格的形式，或分类排列事项，或处理统计数据，以反映事物的存在状态、内部结构及其发展规律的一种特殊的表述方式。年鉴用表更多的是为了表现现代社会事物之间复

杂多样的关系，所以说表是年鉴整体中不可缺少的一个组成部分。

表在年鉴中的作用：一是化繁为简，节省文字。二是聚零为整，反映全貌。三是表现动态，体现本质。表在年鉴中发挥了极大作用。从内容形式上来看，主要有一览表和统计表两大类。

一览表：这类表格针对共同的内容作归类排列，是对事物存在状况的一种列举式反映，只反映情况而不作统计和归纳。如行政区划一览表、先进人物一览表等。此类表重在“一览”无余，也就是说表所限定范围内的事物，必须是全列举，而不应出现遗漏和缺项。

统计表：是以表格的形式，运用具体统计数据来反映事物的量和量变关系，进而体现事物发展变化过程。这一类表格科学性强、概括内容多，既可体现事物的全貌及量的构成，也可以反映事物发展变化的状态和规律，是年鉴中被大量采用的一类表。

无论是一览表还是统计表，都是大量信息的集合。由于信息量大、头绪复杂，所以表的编制必须做到科学分类，执简驭繁。编制统计表应注意以下的技术要点：

表式应简单明了，层次清楚，说明什么问题应十分明确。如需要说明问题过多，应分别列表，避免臃肿庞杂、综合内容太多的表格。

标题应简明扼要，高度概括表的主要内容。标题的下方应标明列表内容的起迄时间，如果标题不太长，起迄时间可作为标题的组成部分直接写在标题之前。统计月份不齐的应注明“若干月份”，个别表格在标题后括注统计时间。有的表选取的是局部内容，还需要在标题之下注明地点，以避免理解上的误导。标题的右上角应注明表的计量单位。

标目表内应由纵向标目和横向标目。且要用语简练，内涵确切，不可冗长累赘，概念不清。

线条不宜过多，除上面的顶线和下面的底线略粗外，保留隔开纵横标目和区分合计的横线，其余横线均可省去。既表内数字横行之间不绘制横格线，特别注意不要在左上角标目格内绘斜线。一般统计表为开口式，既左右两边不划纵格线（也称“墙线”）。

排列应有一定规则。可按规定的顺序、事物的重要性、变量值的大小或时间的先后排列，具体做法可根据资料的性质而定。

数字一律用阿拉伯数字填写。数字的个位数应上下对齐，小数的位数应上下一致。某一格内没有数字用横杠“-”表示；而资料暂缺或未记录用半省略号“…”表示。

对表的标题、标目、数字等需加以说明时，可在其右上角加注释或注码，如“*”或“①、②、③”等，然后再统计表下端加以注释说明，说明的文字应尽量简明扼要，并且字号应略小于正文。

三、图表编辑工作要点

一要统筹和计划：图表的编辑是一项很复杂的工作，不能等文字定稿后才开始计划，而是要贯穿于整个年鉴编纂工作的始终。宏观地反映全局性问题的图表，如国民经济主要指标表、国民生产总值及构成表、国内生产总值构成表、工业总产值表、农林牧副渔产值表等。在年鉴一开始设计篇目时，就应同时考虑，横向标目（主词）列于表的左侧，是被表述事物的主要标志。纵向标目（宾词）列于表的上方，是说明主词的各个统计指标。复合表的纵向标目也可包含主词的部分标志。反映局部性问题的图表，如人物表，在篇目拟定时就应列入计划。年鉴进入编写阶段时，文字与图表的有机结合必须进一步考虑清楚，并做出相应的安排。年鉴进入分纂阶段时，随文图表就应该定位，需要的各就各位，不需要的则可以省去。年鉴进入总纂阶段，全书的图表要进行统筹考虑，剔除重复，同类项合并。质量不符合要求的图表要责成有关人员重新设计、重新绘制。全书的图表要真正做到资料性和科学性并重。

二要合理设计：统计表的数据资料，往往来自不同的档案部门或统计部门，很多是原始资料。在编写过程中资料来源较杂，头绪较多，有些原始资料很不规范，所以在采用时，编纂者要在保证数据资料真实准确的前提下，对其进行再加工。年鉴记述的各部门、各行业统计的资料规范性大大超过以往，基本符合标准。但社会的迅速发展变化也会导致统计口径的调整，由此导致数据合不拢的问题也非罕见，在制表时须认真复核、查实。另外在内容上仍然需要根据全书的具体情况，进行合理安排和加工处理，避免不加分析地直接引用。比如，一些内容十分繁杂的统计资料只需要取其相关部分即可。所以，入鉴图表要经过再加工，进行合理设计。

三要专人负责，审核修订：表格中的数据、量大数繁，审校是一个十分重要的环节。从编纂的经验和教训来看，图表数据差错是一个十分突出的问题。年鉴图表中的数据，需要与原始资料进行核对，确保无误。年鉴进入分纂阶段，分纂人对此应特别注意，不能仅对文字部分进行把关。年鉴进入总纂阶段，除总纂人自己要认真核对图表资料外，还应遴选一名责任心强、对数据比较懂行的人专门审校图表数据。务必做到：相互先联的数据符合逻辑；对比口径必须一致，否则其增减的比率是无意义的；全书数据前后相符，左右无误。同一份表格的分项之和应等于总计。此外采用的“不变价”应交代清楚，应换算同意不变价后才可进行比较。

（作者单位：福建省福州市晋安区地方志办公室）

从年鉴工作试点谈年鉴精品标准

阳晓儒

摘　要：本文通过对首批年鉴工作试点单位编纂的年鉴进行分析，探讨年鉴精品标准。认为年鉴精品应以《地方综合年鉴编纂出版规定（试行）》为标准，从年鉴框架、资料、内容、出版等方面对年鉴编纂出版质量进行评判，使评选出的年鉴精品得到同行的认可，成为同行学习的楷模，经得起时间和历史考验。年鉴精品应该是观点正确、框架科学、资料翔实、记述准确、编写规范、编辑出版符合国家标准的优秀出版物。其框架应做到：分类科学，层次清晰，领属得当，编排有序，并突出年度特点和地方特色，各层次标题应简洁、准确、规范；其信息资料应准确真实，突出时代性、年度性和地方性，具有为现实服务的价值和存史的价值；其内容记述应综合运用文字、图表等多种形式，客观反映经济社会发展中取得的成绩和存在的问题；出版应符合国家出版物的质量标准，在时效上应做到一年一鉴、当年编纂当年出版、公开出版。

关键词：年鉴　试点　精品　标准

2015年12月10日，中国地方志指导小组办公室公布山西省地方志办公室等10个单位为首批全国年鉴工作试点单位，要求各试点单位“在年鉴工作管理体制机制、年鉴编纂、年鉴资源开发利用等方面敢于尝试、勇于创新，做到出领军人才，出先进经验，出精品佳作，充分发挥在全国年鉴工作中的引领示范作用。”① 2016年4

① 中国地方志指导小组办公室：《关于公布首批全国年鉴工作试点单位的通知》中指办〔2015〕91号。

月，中国地方志指导小组办公室在北京密云召开全国精品年鉴指导培训暨《中国年鉴发展报告》启动会议，重点就10个试点单位编纂的年鉴框架进行评议。2016年10月27—28日，中国地方志指导小组办公室在北京召开中国年鉴精品工程专家评稿会议，对《山西年鉴》《广东年鉴》《南京年鉴》《拉萨年鉴》《温州年鉴》《驻马店年鉴》《延吉年鉴》《威远年鉴》8部年鉴稿进行逐一评审，从框架设计、内容记述、表现形式等方面全方位研讨，提出修改意见和建议。2016年11月13日，中国地方志指导小组办公室在福建福州召开中国年鉴精品工程专家指导会议，由指导专家与试点单位进行面对面研讨交流。之后，各指导专家又采取一对一的措施进行帮扶，力求将这首批10家年鉴工作试点单位的年鉴打造成年鉴精品。本文拟以这10家年鉴编纂工作为例，探讨年鉴精品的编纂及评判标准，以就教于方家。

一、年鉴工作试点单位年鉴现状

中国地方志指导小组办公室选定首批10家年鉴工作试点单位涵盖省级综合年鉴（《山西年鉴》《山东年鉴》《广东年鉴》）、地市级综合年鉴（《南京年鉴》《拉萨年鉴》《温州年鉴》《驻马店年鉴》）、县区综合级年鉴（《海淀年鉴》《延吉年鉴》《威远年鉴》），年鉴工作试点单位的地域分布也比较均衡。但从各家年鉴以往的业绩来看，编纂力量较强、编纂出版质量较好的年鉴是：《山东年鉴》《广东年鉴》《南京年鉴》《温州年鉴》。这四部年鉴曾经在全国年鉴评比中取得过较好的成绩，也是业界公认编得较好的年鉴，将其打造成精品具有一定的基础。而其他6部年鉴离年鉴精品还存在较大的距离。这10部年鉴在密云会议评议框架后，到10月提供的评审稿（其中《山东年鉴》因评稿会召开时已经出版，未参加评审）均未完全按照北京密云会议专家的意见对框架进行修改完善，只有个别年鉴作了很微小的调整。

山西省地方志办公室参加了北京密云会议的框架评议，年鉴稿参加了10月北京的评稿会和11月福州的指导会。11月会议后，根据指导专家意见对《山西年鉴（2016）》[①] 框架进行了较大的调整和修改，是送审评议的所有年鉴中改动最大的一部年鉴。《山西年鉴2016》出版后的主要栏目有：特载、重要文献、专记、大事记、省情概览、中国共产党山西省委员会、山西省人民代表大会、山西省人民政府、中国人民政治协商会议山西省委员会、中国共产党山西省纪律检查委员会、民主党派和工商联、群众团体、武装、法治、经济监督与管理、转型综改试验区、工业经济、农林水利、住房和城乡建设、环境保护、交通运输、无线电 通信 邮政、财政 税务、金融、商业 贸易、旅游业 会展业、科学技术、社会科学、教育、新闻出版 广播影视、文化、卫生和计划生育、体育、社会生活、人物、市县概览、附录37个。

山东省地方史志办公室参加了北京密云会议的框架评议，因《山东年鉴（2016）》[②] 在当年上半年就已经出版。而书稿评审会议在当年下半年才召开，未能参与评审。《山东年鉴2016》出版后的主要栏目有：特载、大事记、山东概况、中国共产党山东省委员会、山东省人民代表大会、山东省人民政府、中国人民政治协商会议山东省委员会、中国共产党山东省纪律检查委员会、民主党派、人民团体、军事、法治、经济监督与管理、农业和农村工作、工业、信息产业、交通·邮政、城乡建设、资源管理·环境保护、财政·税务、金融、商务、科学、教育、文化、卫生和计划生育、体育、社会管理·人民生活、市县概况、附录31个。

广东年鉴社参加了北京密云会议的框架评审，10月北京的评稿会和11月福州的指导会议。《广东年鉴（2016）》[③] 出版后的主要栏目有：广东概况、2015广东大事记、年度关注、政治、经济、教育·科学、文化·卫生·体育、侨务、社会生活、人物、市县概况、文献·法规、调研报告、统计资料、附录15个。

---

① 《山西年鉴（2016）》，北京：方志出版社，2017年。
② 《山东年鉴（2016）》，济南：山东年鉴社，2017年。
③ 《广东年鉴（2016）》，广州：广东年鉴社，2016年。

南京市地方志编纂委员会办公室参加了北京密云会议的框架评议，10月北京的评稿会。11月的指导会，因其已经出版，未给予指导。《南京年鉴（2016）》[①] 出版后的主要栏目有：特载、专记、城市概况、南京都市圈、开发园区、城市建设与管理、环境保护、工业·建筑业、国内贸易、对外经济贸易、交通运输·邮政、软件和信息技术服务业、会展业、旅游业、房地产、金融业、经济管理与监督、党政机构·人民团体、法治、军事、外事·侨务·港澳台事务、教育、科学技术、文化、社会科学、卫生、体育、人力资源、社会生活、辖区概况、人物、大事记、统计资料附录34个。

拉萨市地方志编纂办公室参加了北京密云会议的框架评议，10月北京的评稿会和11月福州的指导会议。《拉萨年鉴（2016）》[②] 出版后的主要栏目有：特载、专文、拉萨概况、大事记、中国共产党拉萨市委员会、拉萨市人民代表大会常务委员会、拉萨市人民政府、中国人民政治协商会议拉萨市委员会、中国共产党拉萨市纪律检查委员会、武装、法治、群众团体、经济综合管理、对口援藏、国土资源管理、城市建设与管理、农业、工业、开发区·工业园区、商业、旅游业、交通·运输·邮政、信息化、金融业、科技·教育·体育、文化·广电·新闻出版、档案·党史·地方志、医疗·卫生、民政、人力资源与社会保障、民族·宗教、外事、环境保护、其他公共服务、区情县情、人物、附录37个。

温州市人民政府地方志办公室参加了北京密云会议的框架评议，10月北京的评稿会和11月福州的指导会议。《温州年鉴（2016）》[③] 出版后的主要栏目有：特载、大事记、市情概览、机构及负责人、中共温州市委、温州市人大、温州市政府、温州市政协、民主党派和人民团体、法治、军事、农业与农村经济、工业与特色工业、创新型经济、市场·商贸、交通、金融、旅游、城乡发展、环境与保护、经济管理、公共管理、科学教育、文化·传媒、卫生、体育、

---

① 《南京年鉴（2016）》，南京年鉴编辑部，2016年。

② 《拉萨年鉴（2016）》，北京：方志出版社，2017年。

③ 《温州年鉴（2016）》，北京：方志出版社，2017年。

人物、县（市、区）、新事趣闻、附录30个。

驻马店市地方史志办公室参加了北京密云会议的框架评议，10月北京的评稿会和11月福州的指导会议。《驻马店年鉴（2016）》[①]出版后的主要栏目分为解读天中、年度进展、统计数据三大部类。"解读天中"设地理历史、物产风情、社会经济、天中文化、古代诗文、历代名人6个类目。"年度进展"设特别关注、大事记、人物、政治、法治、军事、经济、科学文化、社会民生、区县概况、天中文摘11个类目。"统计数据"为国民经济主要指标和社会文化基本数据，以2015年度数据为主，兼及历年或重要年份数据。

北京市海淀区党史地方志办公室参加了北京密云会议的框架评议，10月北京的评稿会和11月福州的指导会议。《海淀年鉴（2016）》[②]出版后的主要栏目有：党和国家领导人与海淀、特载、专文、大事记、区情概述、中国共产党海淀区委员会、海淀区人民代表大会、海淀区人民政府、中国人民政治协商会议北京市海淀区委员会、民主党派·工商联、群众团体、法治、武装、中关村国家自主创新示范区核心园区、功能区建设、综合经济管理、农业与农村经济、商业服务业·对外经济贸易、旅游业、城乡建设、城市管理与服务、科技、教育、文化、卫生·体育、社会建设、街·镇、人物、统计资料、附录31个。

吉林省延吉市地方志编纂委员会参加了北京密云会议的框架评议，10月北京的评稿会和11月福州的指导会议。《延吉年鉴（2016）》[③]出版后的主要栏目有：特载、专文、大事记、市情概貌、朝鲜族民俗风情、中国共产党延吉市委员会、延吉市人民代表大会、延吉市人民政府、中国人民政治协商会议延吉市委员会、中国共产党延吉市纪律检查委员会（监察局）、地方武装、法治、经济调节与监管、环境保护、工业、农业、商务、交通·邮政、信息业、金融业、开发区·对外经济贸易、旅游业、住房与城乡建设、教育、科学技术、文化·体育、社会·民生、乡镇·街道、人物、附录等

① 《驻马店年鉴（2016）》，北京：方志出版社，2017年。
② 《海淀年鉴（2016）》，北京：方志出版社，2017年。
③ 《延吉年鉴（2016）》，北京：方志出版社，2017年。

30个。

四川省威远县史志办公室参加了北京密云会议的框架评议，10月北京的评稿会和11月福州的指导会议。《威远年鉴（2016）》[①]出版后的主要栏目有：特载、威远概览、2015年大事记、中共威远县委、威远县人民代表大会、威远县人民政府、政协威远县委员会、纪检监察、法治、群众团体·工商联、武装、农业、工业、商贸服务业、财政·税务、金融、信息服务业、综合经济管理、城市建设与管理、基础设施建设、环境保护、教育、科学技术、文化、卫生·体育、人力资源和社会保障、社会生活、镇域概况、婆城人物、榜上有名、附录等31个。

二、年鉴精品的评判标准

年鉴精品应该是全国年鉴界的楷模，也是全国年鉴学习的榜样。地方综合年鉴在记述范围上应该是系统记述本行政区域自然、政治、经济、文化、社会等方面情况的年度信息资料。在编纂指导思想上应该是坚持以马克思列宁主义、毛泽东思想、邓小平理论和“三个代表”重要思想，全面贯彻落实科学发展观和习近平治国理政新理念，并严格遵守国家关于保密、著作权、出版、广告等方面的法律、法规或规章，遵守党和国家关于民族、宗教和对外关系等方面的法规或政策，维护国家利益、民族团结和社会稳定。努力做到观点正确，框架科学，资料翔实，记述准确，编写规范，编辑出版符合国家标准。这也是《地方综合年鉴编纂出版规定（试行）》[②] 所要求的。具体来说，年鉴精品有以下四个方面的要求。

框架方面，在内容上要涵盖年度内本行政区域的基本情况，在分类上要科学合理，层次清晰，领属得当，编排有序，各层次标题

① 《威远年鉴（2016）》，北京：方志出版社，2017年。

② 《地方综合年鉴编纂出版规定（试行）》2012年7月13日，中国地方志指导小组四届三次会议通过。

要简洁、准确、规范，力求突出年度特点和地方特色，同时要保持框架相对稳定，并依据年度特点和事物变化情况进行适当调整，实现框架稳定和创新的有机统一。

资料方面，在内容上主要辑录反映本行政区域自然、政治、经济、文化、社会等方面的基本情况，以及与本行政区域密切相关的年度资料，在资料选取上尽量选择能突出时代性、年度性和地方性，以及具有为现实服务的价值和存史的价值的信息资料。同时，保持资料的连续性和可比性，载录年鉴中的资料应真实，人名、地名、时间、事实、数据、图片、引文等应准确无误。

内容方面，内容上要做到存真求实，客观反映经济社会发展中取得的成绩和存在的问题。记述形式可以多种多样，但应以条目记述为主。条目编写应注重选题选材的有效性、完整性和新颖、准确、系统，综合性条目反映年度内各个领域发展变化的总体情况和主要特点、具有高度的概括性，单一性条目一事一条、基本要素齐全，要确保有效信息含量大、避免空洞无物和简单重复，条目应突出标题中心词、确保题文相符，条目编排要规范有序。大事记选录大事要得当，做到重要事项不漏，记述要素齐备。图片选用注重典型性、资料性，突出反映重大事件、重要成果和热点问题。地图选用和绘制应遵守国家关于地图管理的法规和有关规定、办法。表格内容要准确，设计要规范。附录内容应具有参考性、实用性和便览性。入鉴人物应严格掌握标准，人物记述应做到客观、准确、公允。应编制中文、英文目录，中文目录详至条目。索引应提供丰富的检索信息，名称概念清晰，标目符合主题原意，标引准确。全书使用规范、统一的简称和缩略语，名称、时间、地点、事实、数据、计量单位、术语等的表述前后要一致。

出版方面，语言文字、标点符号、汉语拼音、数字、计量单位使用和索引编制、图片选用等符合国家有关法律、法规和规章、规定。编辑校对符合国家出版物质量管理的规定，编校质量高，全书差错率不超过万分之一。封面设计庄重大方，年鉴名称、卷号醒目。版式设计美观大方，疏密得当，留白页少，字体、字号既能区别结构层次，又有较好的视觉效果。版权页刊载版本记录信息完整。印刷、装帧符合国家出版物质量标准。在时效上要做到一年一鉴、当年编纂当年出版、公开出版。

三、年鉴精品试点工作年鉴存在问题

中国地方志指导小组办公室选定的首批10家全国年鉴工作试点单位的年鉴也是存在许多问题，归纳起来主要有四个方面。

框架方面，主要存在框架设计内容未能全面涵盖年度本行政区域基本情况，分类不够科学合理，年度特点和地方特色不够突出等问题。例如《广东年鉴（2016）》将政治、经济与教育·科学、文化·卫生·体育、侨务并列，存在分类标准不一致的问题。《山西年鉴（2016）》《山东年鉴（2016）》框架年度特点和地方特色不够突出。

资料方面，收录的资料中具有为现实服务价值的信息资料较少，许多资料均为单位业绩和领导行踪的记录，反映社会民生的信息资料和政府管理服务对象的信息资料较少，年鉴为现实服务的作用不明显。年鉴工作试点单位的年鉴均存在收集的资料服务现实价值的较少，年鉴资料多为根据单位工作总结改写，工作总结的痕迹较明显。

内容方面，存在反映成绩的较多，记述问题的较少；综合性条目数据堆积的较多，概括反映年度特点的较少；图片反映重大事件、重要成果、和热点问题的较少，反映领导行踪的会议图片、视察图片较多；表格设计规范、内容准确的较少，表格设计随意、数据不一的较多；计量单位和缩略语全书规范统一的较少，全书前后不一、不规范不统一的较多等问题。有的年鉴工作试点单位的年鉴为突出年鉴的年度特点，人为地把部门、行业职能条目内容并入行业、部门概况，造成行业、部门概况内容冗长，在目录中无法看到部门、行业的主要职能，无法从目录中了解行业发展的全貌。从目录看，每个分目均为概况和年度大事条目，年鉴的年度性突出了，年鉴的全面性、整体性丢失了。

出版方面，存在标点符号、计量单位使用不完全符合国家有关规定，版式设计留白页较多、不符合读者阅读习惯，编校质量不高等问题。有的年鉴工作试点单位的年鉴在版式设计上不符合读者阅读习惯，三栏页面上，分目标题占两栏，而且页下注变成栏下注，造成读者无法流利阅读，给读者人为设置阅读障碍。

四、年鉴精品试点工作的几点启示

中国地方志指导小组办公室开展的全国年鉴试点工作，其目的是“在年鉴工作管理体制机制、年鉴编纂、年鉴资源开发利用等方面敢于尝试、勇于创新，做到出领军人才，出先进经验，出精品佳作，充分发挥在全国年鉴工作中的引领示范作用。”① 所选择的年鉴既有基础较好的《山东年鉴》《广东年鉴》《南京年鉴》《温州年鉴》，也有基础较差的《拉萨年鉴》《威远年鉴》《延吉年鉴》。这些年鉴单位所处的地域既有发达地区的广东、山东、江苏、浙江，又有经济欠发达地区的西藏、四川，还有处于经济发达和经济相对落后的西部之间的中部地区的《山西年鉴》《驻马店年鉴》。在层级上既有省级的《山东年鉴》《广东年鉴》《山西年鉴》，又有地市级的《南京年鉴》《温州年鉴》《驻马店年鉴》《拉萨年鉴》，还有县区级的《海淀年鉴》《威远年鉴》《延吉年鉴》。其中地市级年鉴中还有省会城市的《南京年鉴》《拉萨年鉴》。可以说，这些年鉴工作试点单位涉及到地方综合年鉴的方方面面，是非常具有代表性的10家单位。从这10家年鉴工作试点单位一年来的试点情况来看，可以得到以下几点启示。

第一，领导重视和财政支持是打造年鉴精品的重要前提。10家试点单位的年鉴可谓都得到了领导的重视，但在财政支持上却各不相同。有的财力充裕，年鉴印制精美；有的捉襟见肘，财政经费只

① 中国地方志指导小组办公室：《关于公布首批全国年鉴工作试点单位的通知》中指办〔2015〕91号。

有印刷费用。俗话说，有钱能办事，但无钱是万万办不好事的。年鉴编纂单位要打造年鉴精品，领导重视和财政支持是不可或缺的重要前提。

第二，稳定的编纂队伍和优秀的专业人才是打造年鉴精品的人才基础。队伍的稳定是做好一切工作的基础，如果年鉴编纂人员三天两头地不断更换，年鉴编纂人员就无法安心地从事年鉴编纂工作。年鉴编纂不同于其他行政工作，它是一项专业性较强的业务工作，需要长期的积累和不断地学习，吸取其他年鉴的长处，学习年鉴编纂出版规律，才能不断提高年鉴业务编纂水平。同时，如果年鉴编纂人员不加强业务理论和业务知识的学习，仅仅满足于完成手头的工作，不学习、不钻研，不努力提高自身的业务能力和水平，也是无法编纂出年鉴精品。所以说，稳定的编纂队伍和优秀的专业人才是打造年鉴精品的人才基础。

第三，高水平的编纂业务带头人是打造年鉴精品的质量保证。有了领导的重视、财政的支持、稳定的队伍和优秀的专业人才，要打造年鉴精品还是不够的。就像一支装备精良、训练有素的军队，如果没有一个优秀的指挥官，也是无法在战场上取得重大胜利的。年鉴编纂也是如此，除了有领导的重视、财政的支持、稳定的编纂队伍和优秀的专业人才，还需要有业务带头人、要有领军人物，这样才能带领大家驶上正确的航道，打造出年鉴精品。我们常说，一部年鉴体现的是一个主编或者是一个编辑部主任的水平。主编或编辑部主任管理能力强、业务水平高，其所带领的团队编纂出的年鉴就会质量高。因为全书的框架是由其主导设计，全书文稿、图表均是由其审定。出版社把握的只是出版规范，对于全书的内容和框架，出版单位是无法更改的。所以，对于一部年鉴来说，主编或编辑部主任对年鉴总体质量把握起着至关重要的作用，高水平编纂业务带头人是打造年鉴精品的质量保证。

（作者单位：广东省广州市人民政府地方志办公室）

推进地方综合年鉴规范体系的建设

李登科

摘　要：地方综合年鉴在我国的发展先后经历了规范为主到推崇创新两个阶段，在取得丰富成果的同时，也出现了不少偏差，产生了不少亟待解决的问题。究其原因，相关规范体系的不完备、不系统、不成熟，客观上放任地方综合年鉴各自为政、各行其是，导致年鉴工作处于某种程度上的无序状态。年鉴界有必要在凝聚共识的基础上，群策群力，逐步建立体系完备、针对性强、可操作的规范体系，推动地方综合年鉴向更高水平跃升。

关键词：地方综合年鉴　创新　规范体系

现代年鉴作为近代西风东渐的产物，进入中国已经一百多年了。但在中国蔚为大观，则是最近三十余年的事。自 20 世纪 80 年代，各级地方政府相继设立年鉴编纂机构，开始编纂地方综合年鉴后，年鉴的数量呈现爆炸性增长态势，至今，全国各级地方综合年鉴已逾三千种。年鉴事业繁荣，固然令人欣慰，但与之相伴的标准不一、良莠不齐的问题也引起了年鉴界普遍的关注。近几年，关于加强年鉴规范化的呼声日益高涨，相关的文章也屡见报端，“规范化”已然成为近期年鉴界思考的热点。

事实上，年鉴的规范化并不是近几年才出现的新动向。中国年鉴蓬勃发展的头二十年里，规范化一直是年鉴界探讨的主题。“2000 年以前，中国年鉴编纂者注重的是年鉴的规范性问题”①。正是对年

① 阳晓儒：《规范与创新：年鉴事业发展的永恒主题》，《年鉴论坛》第 1 辑，北京：中国林业出版社，2010 年。

鉴规范化研究的二十年，铸就了中国年鉴事业的第一次辉煌。但是从2001年开始，年鉴界开始热衷于讨论“年鉴创新”的话题，版协年鉴工作委员会主任许家康说，“创新是新世纪年鉴发展的主题，也是时代赋予年鉴工作者的重要使命。”① 这一判断得到了广泛的共鸣，产生了深远的影响。在这样的氛围中，规范化逐渐遭到冷落和排斥，论者言必称创新。时至今日，形势又逆转，是不是以前的方向错了呢？

时移世易，变法宜矣。从人人讲求规范到高扬创新大旗，又回到加强年鉴的规范化建设轨道，反映的是年鉴编纂实践的发展和理论探索的深化。20世纪末的二十年是我国年鉴的草创期，广大编纂者面对这个舶来品的中国化产物，既无实践经验，亦无理论积累，只有相互借鉴，甚至“临摹”，寻求规范是他们最迫切的愿望。但是当规范逐渐发展成为不可逾越的铁律、教条后，它已然成为束缚年鉴编纂者施展拳脚的“紧箍咒”，“雷同现象十分普遍，模式化到了机械的地步，似是克隆而成的”②，导致各个地方的年鉴产品大同小异，难见地方特色和时代特征，相当程度上窒息了年鉴的生气。正是基于年鉴发展的现实要求，中国出版协会年鉴委员会适时地举起“创新”的旗帜，推动了年鉴编纂从箫规曹随到百花齐放、百家争鸣的发展。但十多年的放任式创新也累积了不少弊端，出现了不少形式上新颖，实质上倒退的“伪创新”，以及不管合不合理，但求标新立异的“创新冲动”，这样的创新并不能使年鉴质量得到真正的提升。同时，只进行分散的实践和思考，而不积聚共识，也造成了大量的重复和浪费，不利于集思广益、共同提高。所以，对前一阶段的创新成效进行总结反思，对其中成功的实践进行提炼升华，对具有普遍价值的方法和原则进行规范推广，是巩固已有的探索成果，并使年鉴事业迈向更高水平的现实需要。但现实是，我国地方综合年鉴的规范不仅数量少，而且零散、简略、抽象、不统一、难落实。

---

① 许家康：《年鉴编纂入门与创新》，北京：线装书局，2006年，第167页。

② 孙关龙：《铸造中国年鉴事业的第二次辉煌——在中国年鉴研究会第七届学术年会上的报告》，《年鉴信息与研究》1999年增刊。

国家层面，2006年，国务院颁布《地方志工作条例》，将地方综合年鉴纳入地方志范畴，进行了统一的规定。但该条例仅是对年鉴的领导部门、编纂单位、供稿责任、主要内容等最基本的方面作出规定，表述相当概括和笼统。至于编辑实践中诸如标点符号、广告、语言文字等具体问题，年鉴界一般依《期刊出版管理规定》《中华人民共和国国家通用语言文字法》《出版物汉字使用规定》《图书质量管理规定》《中华人民共和国广告法》等法律法规为准。这些文件均是针对一般出版物而言，是对年鉴最初层次的规范。省级层面，部分省区为加强辖区内年鉴的科学性，曾出台过带规范性质的文件，如2009年颁布的《浙江省年鉴编纂规范细则》，2011年后陆续出台的《广东省地方综合年鉴编纂规范（试行）》《山西省年鉴编纂规范细则》《吉林省地方综合年鉴编纂规范（试行）》等，另有数个省区和部分地市也在着手推动此项工作（在地方的推动下，2012年7月13日，中国地方志指导小组四届三次会议讨论通过了《地方综合年鉴编纂出版规定（试行）》）。但以上规范文件的颁行对年鉴急需推进的规范体系建设而言，还很不够。仅就已有的文件来看，普遍存在内容单薄（约3000~5000字），原则性要求多而可操作性不强，因袭陈规而新意不足等缺憾。

事实上，对地方综合年鉴编纂中大而化之的原则性问题，年鉴界并没有多少分歧。真正的误区、盲区、雷区存在于与实际操作相关的比较具体的环节。年鉴规范化的主要任务是在这些比较具体的领域，廓清人们思想上的模糊认识，为编纂实务提供切实可行的指导。

遗憾的是，在这些比较具体的领域，年鉴编纂工作基本处于放任的状态。略举一例：

《杭州年鉴（2011）》的“人物”类目下设3个分目，即“新闻人物”（22人）、“逝世人物”（3人）、“历史人物”（3人）。《广州年鉴（2011）》在“人物”类目下同样设有3个分目，但名称分别是“全国劳动模范”（22人）、“全国先进工作者”（15人）、“体育打破世界纪录者及世界冠军”（17人），并附有《2010年广州市颁发的荣誉称号情况》表格一张（录五类荣誉称号获得者名录共计

176人)。《湖州年鉴(2012)》的“人物”类目仅2个分目,为“新闻人物”(1人)和“先进人物”(5人)。

从框架设计来看,以上三种综合年鉴对设置“人物”类目已有默契,但是下属分目的设置却大相径庭。除同属浙江省的杭州和湖州共有“新闻人物”分目外,其他6个分目都是独家设置。即使是杭州和湖州共有的“新闻人物”分目,在其下的条目设置也相去很远。《杭州年鉴》的“新闻人物”共22人,都是年度全国性荣誉的获得者;《湖州年鉴》的“新闻人物”仅收一人,为当年度当选的中科院院士,其全国性荣誉获得者被置于另一分目“先进人物”中记载。另从表现形式上来看,《杭州年鉴》和《湖州年鉴》只有人物小传,《广州年鉴》主体条目为小传,但类目尾附设了名录,大大扩展了入鉴人物的数量。再从收录范围来看,《广州年鉴》《湖州年鉴》所收人物都是在当年获得重要荣誉或取得重大成就者,唯独《杭州年鉴》设“历史人物”分目,记载与现实并无直接关联者,这种做法不仅在年鉴界极为少见,其合理性也值得商榷。

杭州、广州、湖州均为地级市,杭州和广州还同为省会城市、副省级城市,但三地对入鉴人物的选择显然各有标准,且存在同一标题(“新闻人物”)下记载的是不同类型的人物,同一类型的人物(国家级荣誉获得者)却归属于不同的标题下等问题,年鉴编纂中的无序和随意由此可见一斑。

至于更为基础的条目内容取舍上,各地方综合年鉴随意性更强。例如:

《天津年鉴(2012)》在“区县”类目下的“静海县”中,共设7个条目,分别为:“经济发展”“团泊新城”“服务业发展”“项目建设”“建设管理”“社会事业”“改善民生”。各条目文字量相当,分布较均匀。其中“经济发展”一条主要包括年度生产总值、三产产值、固定资产投资、财政收入、农民人均纯收入的数据。其他6条与此条风格相似,均文约事丰,言简意赅。

《广州年鉴(2011)》相应的类目名为“区 县级市”,其下“增城市”收6个条目,依次为:“基本情况”“经济发展概况”“社会事业发展概况”“增城工业园区升级为国家级经济技术开发区”“率先实施高中阶段免费教育”“增城歌剧院奠基”。其中，“基本情况”一条内容为城市区位、面积、户籍总人口、非农人口、农业人口、出生人数、死亡人数、人口密度、市辖街道数、居委会数、村委会数；“经济发展概况”一条提供了生产总值、财政总收入、国税收入、地税收入、金融机构存贷款余额等数据，并详细列举了第一产业、第二产业、第三产业、外经贸、城乡建设五方面情况；“社会事业发展概况”一条详细介绍了教育科技、文体卫、民生福利、行政管理体制机制改革、社会治安整治五方面情况。

虽然天津和广州的下辖区县（市）具体发展情况有别，两地的综合年鉴分目、条目设置不应该强求一致。但是实际收录内容上的许多差异不仅没有必要，也不合理。《天津年鉴》的“静海县”下没有设置“概况”，而是将概况内容按照性质分解到7个分目，除“团泊新城”是据区域划出的外，其他6个分目存在划分界限不清、含义不明、内容缺漏的问题。《广州年鉴》的“增城市”下虽然有“基本情况”条目，但在内容的选择上比较随意。“经济发展概况”“社会事业发展概况”难道不属于“基本情况”吗？没有提及经济发展情况和社会事业发展情况的“基本情况”是完整的吗？在介绍下辖行政区时，哪些信息是必不可少的，“概况”应包含哪些方面的数据，具体到何种程度，年鉴界确有协商确定的必要。

长期以来，我们在编纂年鉴乃至地方志书时，都自觉不自觉地将“突出个性”奉为信条，各种地方综合年鉴无不以体现“时代特征、年度特点和地域特色”相标榜。但是埋首前行，人们很容易忘了出发时的初衷。部分年鉴编纂者形成了年鉴就要“弱化共性、突出个性；略于共性、详于个性”的观念，甚至出现一味强调特殊性的极端倾向，这其实是对“个性”的误解。年鉴的宗旨在于真实、客观、全面、深刻地反映现实，以为读者所用，无论何种原则、方法都只是为了更好地实现这一宗旨，而不能将差异人为放大，以致歪曲了现实。过度追逐“个性”和“创新”，是年鉴失序的根本原因。

而年鉴失序的直接原因则是年鉴已确定的共性规范过少，刚性约束过弱，年鉴的质量主要寄托于参编人员和供稿人员的素质。编纂人员业务素质较高、责任心较强，则年鉴质量较高；反之，质量较低甚至每况愈下。而在具体条目内容的取舍、表述方面，供稿单位很大程度上掌握决定权。这是因为，一般情况下，年鉴编纂委员会通过编制印发“年鉴编纂意见”（或称为“编纂方案”）向指定的供稿单位索稿，“编纂意见（方案）”大体都包含对年鉴的性质、编纂原则、收稿范围、编纂程序等问题的规定，附有年鉴纲目结构，并指定各单位承担的撰稿任务。但绝大部分年鉴的任务分解细化到分目即止，只有个别年鉴会延伸到条目，如《翁源年鉴》，其《篇目及组稿分工》表中不仅设“类目、分目”，也设置了部分特定“条目”，其他“条目”由各单位灵活确定，但这已属罕见。之所以年鉴编纂者只将任务分工细化到分目，自有现实的考虑。一是“年鉴编纂意见（方案）”编制完成后，需经政府（或与党委联合）办公室发文，在篇幅上不宜过长；二是年鉴除常规性内容外，还包含大量年度新事，这些情况只有具体管理部门才能详尽掌握，年鉴编纂者不可能完全指定。

然而条目才是年鉴内容的基本单元和主要表现形式，条目的质量对年鉴的整体质量有着极大的影响。任务分解止步于分目，就必然造成在至关重要的条目层面，各供稿单位实际上拥有决定权。这种决定权主要体现在两个层面，一是条目的设置上，即某一分目下设多少条目，条目间如何划分等；二是每一条目内容的取舍上，包括该条目记载多少条信息，详略程度如何等。可以说，当前年鉴编纂体制最大的问题，就是“法治”体制不完备，而“人治”色彩浓厚。一方面是年鉴界对编纂人员的约束过少、过粗，另一方面是编纂人员又将对年鉴主体——条目的大部分掌控权拱手让人，这在相当程度上加剧了年鉴编纂的混乱无序状态。

为避免类似的混乱，年鉴界有必要就编纂过程中具有普遍性的问题展开讨论并形成更细致的规范，逐步构建比较完备的地方综合年鉴规范体系。

“我们所说的规范是针对年鉴的基本共性作出的方方面面规定，

目的为了达到年鉴基本要素齐全，检索方便，纵横可比，有效提高年鉴的整体质量。比如：条目体、人称、基本框架要素、条目分类及其大致比例、条目标题、语言行文、基本符号、全称简称和简略语、目录、索引、图表、政治问题、保密问题、封面封底封脊要素及位置，等等。”① 年鉴规范的具体化、细致化，不是对各年鉴编纂者的自主权的干涉，也不是对年鉴地方特色或行业特点的抹煞，更不是对年鉴界创新精神的压制。相反，它是反映年鉴自身统一性的必然要求。首先，不管是哪个地方的综合年鉴，既然冠以综合年鉴之名，就应该具有综合年鉴的基本属性，符合综合年鉴的基本规范，这些规范不只是抽象的原则，也包括大量具体的表现形式。其次，地方综合年鉴类目、分目、条目的设置和分类并不是随心所欲的，必须依据事物的客观属性和科学分类要求（主要参照《国民经济行业分类标准》），结合各地各行业的特点进行。事物间的联系具有客观性、普遍性，决定了不同年鉴的类目、分目和条目的横向划分和纵向统属都具有较强的规定性。再次，地方综合年鉴以政府部门、事业单位为供稿主体，而我国地方政府在职能职权、运作方式和所掌握的信息方面具有很强的相似性，因此，他们所提供的稿件在内容和风格等方面具有很多共性。正是由于地方综合年鉴功能相同、内容相通、风格相近、弊端相似，制定通行的细化的规范不仅具有紧迫性，而且具有可行性。

仍以前文提及的“人物”类目为例，无论在哪个地方，获得国家级荣誉和在重大国际比赛中获得重要奖项的个人、当年选举产生的党委和政府主要领导人，无疑都是对当地社会发展产生重大影响的人物，地方综合年鉴都应该记载，并且应该列有小传。至于当年获省级荣誉的个人、产生重大舆论影响的个人，甚至影响重大的负面人物是否应该入鉴，以及人物小传中除明确其出生时间、主要事迹（或主要活动）外，是否应说明其籍贯（或出生地）、职业、性别等，年鉴界也完成可以在讨论后达成共识，形成规范。

---

① 唐剑平：《关于年鉴创新与规范的思考》，《学理论》2011 年第 21 期。

考虑到地区间存在差异和年鉴类型多样的现实，年鉴界在制定规范时可以采取分类、分级的原则。最高层次的规范应适用于全国所有的地方综合年鉴，是对年鉴最基础、最低限度的要求，如：以年为出版周期连续出版；以当时的行政区划为界限采集信息；内容客观文风朴实；内容包括本行政区域自然、政治、经济、文化和社会等方面情况；纵向分类目（或篇目）、分目、条目，横向依科学分类为基准，等等。其次，各省、自治区、直辖市可以从本政区实际出发，梳理区域内各地市的共性，确定对综合年鉴的普遍要求。例如云南省可要求省内各地方综合年鉴均应设置“民族”相关的类目或分目，西藏自治区各年鉴应设“宗教”相关的类目或分目。依此类推，各地市进一步对规范进行补充、细化。这样，年鉴的规范逐渐从宏观到中观，从粗略到详尽，从原则到实践，构成一个层次分明、具备较强指导意义和可操作性的规范体系。

除按政区级别自上而下的逻辑对地方综合年鉴的规范进行细化之外，还可以按照类目—分目—条目的路径进行细化。虽然我们不可能指定地方综合年鉴应设置的所有类目、每一类目下设的所有分目、每一分目应包含的所有条目，但可以确定某类年鉴中必不可少的部分类目、每一类目应囊括的部分分目、每一分目应涵盖的部分条目。甚至可以划定每一类目、分目、条目内容的上限，以便编者明了哪些信息不应纳入其中。考虑各地综合年鉴类目、分目、条目间的划分和领属关系处理方面存在比较严重的混乱，这样的规范具有很强的现实针对性。中国版权年鉴委员会主任许家康多次强调，年鉴需要增加对“基础信息”的记载。但何为“基础信息”，或许年鉴界不甚了了。年鉴的规范化，不可回避对“基础信息”内涵和外延的细化，对记载“基础信息”手段的具体化，对选择“基础信息”标准的科学化。

除对内容进行规范外，地方综合年鉴的形式也应该纳入规范化建设的轨道。形式与内容是两个对立统一的范畴，受传统观点的影响，人们往往认为“内容决定形式，形式服务于内容”，在实践中更注重年鉴的内容，而忽视或轻视年鉴的形式。但二者实际是唇齿相依的关系，共同服务于年鉴的宗旨，共同实现年鉴的功能，既然二者都不可或缺，又不可相互替代，又怎么能厚此薄彼！合格的年鉴必须具备合格的形式。年鉴的形式规范涵盖诸如封面和封底的要素、书脊的要素、页眉和页脚的设置、图文的比例、注释的形式、图片的说明方式、供稿者署名方式、表格的要素等具体领域。年鉴作为一种独特的出版物，在形式上也自有其特殊性要求，这也是年鉴本质属性的外在体现。

为了兼顾年鉴的共性和个性，我们在完善年鉴规范体系时，可以区分强制性规范和参考性规范。强制性规范是对适用范围内所有地方综合年鉴的硬性要求；参考性规范则是对需灵活安排的方面的建议，编纂者可因时因地制宜，决定是否采用和采用哪些建议。例如，地方综合年鉴记载当地党委工作的类目或分目中，必须明确记载当年召开的每一次党代会、党委全体会议、党委党委会议的情况，并且，以上会议的时间、议题、决定等应一一列举，不可缺漏，这些就是强制性规范。其他如党委决策、议事会议，党政领导重要考察调研活动，等等，则可归入参考性规范范畴，供编纂者自行斟酌取舍。

经过三十年的发展，我国的年鉴事业已经进入从数量增长型向质量提升型、从自发摸索阶段向自觉规范阶段的转折时期。黑格尔总结事物发展变化均遵循“正—反—合”的规律，以这种视角观察我国地方综合年鉴，路径也很清晰。现在的我们正行走在超越“正”（规范）与“反”（创新），整合既有成果，实现秩序建构的阶段，年鉴界需要集中焦点，群策群力，化解分歧，凝聚共识，尽快形成中国特色的地方综合年鉴规范体系，为中国年鉴质量的进一步提高奠定基础。

（作者单位：浙江省绍兴市委党史室）

简论地方综合年鉴的规范与创新

史天社

摘 要：年鉴是系统汇集年度重要文献信息的资料性工具书。年鉴成为一种特有书体，是社会文化认知表达的需要及产物。地方综合年鉴作为一种特有体裁的政书，需要依法规范；作为一种具有与时俱进品格的年刊，需要不断创新。要以规范为基础，以创新为动力，“追求一流、打造精品”，推进地方综合年鉴质量提升和年鉴事业发展。

关键词：： 综合年鉴 规范 创新

地方综合年鉴主要辑录反映上一年度本行政区域自然、政治、经济、文化、社会等方面的基本情况，以及与本行政区域密切相关的内容的资料。[①] 地方综合年鉴记录当地年度地情文化知识，凸显传承社会主义先进文化、弘扬核心价值观的价值意义。《全国年鉴事业发展规划（2016—2020年）》（以下简称《规划》）要求推进全国年鉴事业科学发展，推动年鉴事业为全面建成小康社会作出更大贡献，提出到2020年全面实现省、市、县三级综合年鉴全覆盖，推动年鉴工作改革创新，努力实现全国年鉴事业发展新跨越的总体目标任务。地方综合年鉴的规范及创新，是年鉴事业科学发展的基础。研究地方综合年鉴的规范与创新问题具有重要的现实意义。

---

① 《地方综合年鉴编纂出版规定》（中指组字〔2017〕6号）

一、地方综合年鉴的规范

年鉴是系统汇集年度重要文献信息的资料性工具书。年鉴成为一种特有书体，是社会文化知识表达的需要及产物。年鉴之所以能称之为“年鉴”，在于其具有规定的属性要求，地方综合年鉴的规范性更是毋庸置疑。当前，依法治志，不断规范年鉴编纂、年鉴工作、年鉴事业，在实现全国地方志转型升级过程中非常必要。地方综合年鉴的基本规范应该把握以下几个方面：

（一）制度规范

地方志工作是一项重要的基础文化事业。地方志属于“官修”的信史，不同于个人的自由著述，必须加强地方各级政府对此项工作的领导。地方志工作成为一项延绵不断的社会文化事业，组织修志编鉴成为政府负责地方志工作机构的法定职责，从而使地方综合年鉴工作步入了规范化、法治化的轨道。

《地方志工作条例》（以下简称《条例》）规定“地方志，包括地方志书、地方综合年鉴”，《条例》对省、市、县人民政府及其负责地方志工作的机构职能职责进行明确规范，依法修志编鉴成为地方志的根本制度。同时规定“以县级以上行政区域名称冠名的地方综合年鉴，经本级人民政府或其确定的部门批准，方可以公开出版”“以县级以上行政区域名称冠名的地方志书、地方综合年鉴为职务作品”“违反本条例规定，擅自编纂出版以县级以上行政区域名称冠名的地方志书、地方综合年鉴的，由县级以上地方人民政府负责地方志工作的机构提请本级人民政府出版行政部门依法查处”等，保证了地方志书、地方综合年鉴官责的落实及官书的属性。

《条例》颁布十年来，各地制定实施办法，逐步形成党委领导、政府主持、负责地方志工作的机构组织实施、社会各界广泛参与的工作体制，形成将地方志工作纳入各地国民经济和社会发展规划、地方各级政府工作任务，认识、领导、机构、编制、经费、设施、规划、工作到位（“一纳入、八到位”）的工作机制，保证了地方志制度规范的有效性。

（二）内容规范

《条例》规定，“地方综合年鉴，是指系统记述本行政区域自然、政治、经济、文化、社会等方面情况的年度资料性文献。”这是对地方综合年鉴的基本定义，也是对其基本内容的根本规范。

《条例》要求对地方志书进行审查验收，应当组织有关保密、档案、历史、法律、经济、军事等方面的专家参加，重点审查地方志书的内容是否符合宪法和保密、档案等法律、法规的规定，是否全面、客观地反映本行政区域自然、政治、经济、文化和社会的历史与现状。这就确立了编修为后世留下堪存堪鉴之记述，编修出经得起时代和历史检验，政治观点正确、内容丰富翔实、具有鲜明时代特征、年度特点和地域特色的精品年鉴的标准要求。

《地方综合年鉴编纂出版规定》（以下简称《出版规定》）第二十一条规定：“年鉴内容应存真求实，客观反映经济社会发展中取得的成绩和存在的问题。”《陕西年鉴》编辑说明明确其“所刊载的内容带有政府公报性质，具有重要的资政、教化、存史价值”。《咸阳年鉴》明确“以全面系统地记录咸阳自然、经济、政治、文化和社会的基本情况为宗旨，为社会各界和海内外人士了解认识和研究咸阳提供基本资料”。《六盘水年鉴（2015）》明确其“内容着重反映2014年六盘水市在省委省政府关于‘加速发展、加快转型、推动跨越’主基调，‘三化同步’主战略，继续深化改革和扩大开放，维护稳定，加强社会主义物质、政治、精神、社会、生态文明建设和党的建设等方面的新进展、新成果、新问题，为社会各界了解和研究六盘水市提供地情资料。”在当前的地方综合年鉴中，以“政府公报”“基本资料”“地情资料”等综合展示反映当地年度内经济社会发展情况为主要内容及主要范式。

（三）质量标准

《条例》规定，“编纂地方志应当做到存真求实，确保质量，全面、客观地记述本行政区域自然、政治、经济、文化和社会的历史与现状”。《出版规定》提出的质量标准主要是：

1. 总体标准：观点正确，框架科学，资料翔实，内容全面，记述准确，出版符合国家相关标准。

2. 政治质量。年鉴编纂出版坚持以马克思列宁主义、毛泽东思想、邓小平理论、“三个代表”重要思想、科学发展观和习近平新时代中国特色社会主义思想为指导。应遵守国家关于保密、著作权、出版、广告等方面的法律、法规或规章，遵守党和国家关于民族、宗教和对外关系等方面的法规或政策，维护国家利益、民族团结和社会稳定。

3. 框架标准。年鉴框架应涵盖年度内本行政区域的基本情况，做到分类科学，层次清晰，领属得当，编排有序；体现年度特点和突出地方特色；各层次标题应准确、规范、简洁，能够揭示所记述内容的特点，避免重复。年鉴框架应保持相对稳定，可依据年度特点和事物变化情况作适当调整。年鉴框架分类应参照相关分类标准，结合社会实际分工和本行政区域特点进行。

4. 资料标准。年鉴主要辑录上一年度的资料，一般不上溯下延。年鉴资料应具有为现实服务的价值和存史的价值。应具有连续性和可比性，能正确反映事物发展的脉络和轨迹；应真实，人名、地名、时间、事实、数据、图片、引文等应准确；采用的数据应以统计部门提供的为准，未列入统计范围的，以业务主管部门提供的为准。数据不一致时，应加以说明。

5. 内容标准。年鉴内容应存真求实，客观反映经济社会发展中取得的成绩和存在的问题。条目编写应做到选题选材注重有效性、完整性和新颖、准确、系统；综合性条目反映年度内各个领域发展变化的总体情况和主要特点，具有高度的概括性，单一性条目一事一条，基本要素齐全；有效信息含量大，避免空洞无物和简单重复；

坚持述而不论，寓观点于记述之中；标题中心词突出，题文相符；条目排列有序。选录大事要得当，做到重要事项不漏，记述要素齐备。可将编年体和纪事本末体相结合。图片选用注重典型性、资料性，突出反映重大事件、重要成果和热点问题。图片要清晰、美观；文字说明应简洁、准确、要素齐全。地图选用应遵守国家关于地图管理的法规和有关规定。表格包括表题、表体以及必要的表注等。表格内容要准确，设计要规范。附录主要收录具有重要参考价值的资料。年度内具有特殊意义的资料可采用特载、特辑、专文、专记或其他形式集中汇辑。人物记述可采用简介、名录、表等形式，入鉴人物应严格掌握标准，人物记述应做到客观、准确、公允。年鉴应设编辑说明，主要介绍年鉴编纂的指导思想、记述的时空范围、栏目的设置情况、资料的来源等事项。应有完备的检索系统。年鉴编制详至条目的中文目录，根据需要可编制英文目录或少数民族语言目录。索引应提供丰富的检索信息，名称概念清晰，标目符合主题原意，标引准确。年鉴内容记述应减少交叉重复，多处记述同一事物的应各有侧重。年鉴使用记叙文、说明文等文体，文风要朴实，记述要流畅。年鉴使用规范、统一的简称和缩略语，名称、时间、地点、事实、数据、计量单位、术语等的表述应前后要一致。

6. 出版标准。年鉴编纂应建立健全审读、审核和校对制度，以确保质量。语言文字、标点符号、汉语拼音、数字、计量单位使用和索引编制、图片选用等，应符合国家有关法律、法规和规章、规定。编辑校对应符合国家出版物质量管理的规定。封面设计应庄重大方，年鉴名称、卷号要醒目。版式设计应疏密得当，留白页少，字体、字号选择要既能区别结构层次，又有较好的视觉效果。版权页刊载版本记录应完整。一般采用16开本，文字横排。印刷、装帧应符合国家出版物质量标准。制作出版电子版年鉴，应遵守国家关于电子出版物管理的规定。年鉴应逐年编纂，做到当年编纂当年出版。

（四）精品年鉴标准

中国地方志指导小组办公室制定的《中国年鉴精品工程实施方

案》提出的评选条件：

1. 观点。以马克思列宁主义、毛泽东思想、邓小平理论、“三个代表”重要思想和科学发展观、新时代习近平中国特色社会主义思想为指导，坚持辩证唯物主义和历史唯物主义的立场、观点和方法，政治观点正确。遵守宪法和法律，维护国家统一、主权和领土完整，维护民族团结，弘扬社会主义核心价值观，体现社会主义时代精神，继承和发扬传统文化。

2. 框架。框架应涵盖年度内本行政区域（部门或行业）的基本情况，做到分类科学，层次清晰，领属得当，编排有序，突出年度特点和地方特色。各层次标题应简洁、准确、规范。

3. 资料。资料应全面、系统，真实、准确，具有时代性、年度性和地方性（部门或行业特色），具有为现实服务的价值和存史的价值。

4. 内容。全面、客观、系统记述本行政区域（部门或行业）自然、政治、经济、文化和社会等方面的年度情况，存真求实，客观反映经济社会发展中取得的成绩和存在的问题。

5. 条目编写。选题选材注重有效性、完整性和新颖、准确、系统；综合性条目反映年度内各个领域发展变化的总体情况和主要特点，具有高度的概括性，单一性条目一事一条，基本要素齐全；信息含量大；坚持述而不论，寓观点于记述之中；排列有序。

6. 检索系统。具有完备的检索系统，有中文、英文目录，其中中文目录详至条目；索引名称概念清晰，标引准确。

7. 行文。使用记叙文、说明文等文体，语言精练，文风朴实，记述流畅；使用规范、统一的简称和缩略语，名称、时间、地点、事实、数据、计量单位、术语等表述前后一致。

8. 编辑、版式。编校质量高，全书差错率不超过万分之零点五。版式设计美观大方。

（五）精品年鉴评审标准

2018 年全国地方志优秀成果（年鉴类）评审活动以百分制量化，具体分值分配如下：

1. 框架覆盖全面、分类科学、层次清晰、领属得当、编排有序。(10 分)

2. 资料真实、准确，能正确反映事物发展的脉络和轨迹，并具有为现实服务的价值和存史的价值。(15 分)

3. 内容存真求实，客观反映经济社会发展中取得的成绩和存在的问题。(10 分)

4. 条目选题选材有效、新颖、准确、系统，有效信息含量大，记述要素齐全。无违规记述涉密问题或敏感问题等情况。(15 分)

5. 框架、内容年度特点和地方特色突出。(10 分)

6. 记、图、表、录等表现形式配合得当，使用规范。地图选用符合要求。(10 分)

7. 各层次标题简洁、准确、规范。(5 分)

8. 具有完备的检索系统。(5 分)

9. 使用记叙文、说明文等文体，文风朴实，记述流畅。(10 分)

10. 语言文字、标点符号、汉语拼音、数字、计量单位使用和图片选用等，符合国家有关法律、法规和规章、规定。(5 分)

11. 其他方面。(5 分)

同时限定有下列问题之一者，不予推荐：

1. 思想政治观点错误。

2. 违反国家有关法律法规，违反党和国家的民族政策、宗教政策、对外政策及对港澳台政策等。

3. 差错率超过万分之一。

二、地方综合年鉴的创新

地方综合年鉴反映记述丰富多彩的客观现实，具有与时俱进的品格，需要在规范的基础上不断创新。“创新是年鉴事业发展的战略性选择，要用创新引领和促进年鉴规范化建设；年鉴编纂规范化要服从、服务于年鉴事业创新发展大局，年鉴事业创新发展也要统筹兼顾年鉴编纂规范化，引领和促进年鉴规范化建设。”① 规范性是地方综合年鉴的基础，创新是地方综合年鉴规范求实的基本品质；创新的目的是为了进一步地搞好规范，规范的目标要靠创新来实现。地方综合年鉴应着力在以下几个方面创新：

（一）创新发展

年鉴事业服务国家经济社会发展大局，打造过硬的年鉴品牌，以规范化为目标，提高质量，办出特色，办出成效，提供社会主义文化建设需要的年鉴产品，创新发展的空间十分广阔。《全国地方志事业发展规划纲要（2015—2020年）》（以下简称《规划纲要》）明确提出，“到2020年，全面完成第二轮修志规划任务，实现省、市、县三级综合年鉴全覆盖。”并且要求“做到地方综合年鉴由地方志工作机构组织编纂，一年一鉴，公开出版。”这为地方综合年鉴的创新发展提供了难得的历史性机遇。新编地方志依法修志、依法治志开辟的航道，需要借鉴利用。实现地方综合年鉴编纂及年鉴事业机制创新、体制创新、制度创新、管理创新、方法创新、体裁体例创新，解决机制僵化、体制不顺、机构不全、经费不足、人才不济、责任不实、内容空泛、形式呆板、实效性不强等问题的过程，就是创新的过程和年鉴事业繁荣发展的过程。全面贯彻落实《规划纲要》，是年鉴事业创新发展的根本着力点和战略性举措。创新发展应该成为年鉴事业的基本共识和基本要求。

（二）创新理论

理论是对现实问题的回答，是对实践的总结和提升，是对真理的归纳和对规律的体现。地方志（包括地方综合年鉴）是一门学问，是对一个地方客观存在的事物的认知反映。理论来源于客观存在及其社会实践。编纂年鉴的本质是客观地反映地情现实。认知当地年度情况，是修志编鉴的根本依据。马克思主义的世界观方法论、中

① 许家康：《创新是年鉴事业发展的战略性选择》，2015年10月22日在第十四届全国年鉴学术年会暨中国年鉴学会组织建立30周年座谈会主旨发言。

国特色社会主义理论体系，是基本的指导思想。年鉴编纂实践及其理论比较丰富，年鉴学科理论体系建设基础薄弱。关于年鉴的概念，说法很多。例如，年鉴是“汇集截至出版年为止（着重最近一年）的各方面或某一方面的情况、统计等资料的参考书。”① “年鉴，工具书的一种。一般逐年出版。”② “年鉴是年刊系列的资料性工具书。”③ 现代意义上的年鉴起源于欧洲的16世纪，重要源头是古代历书，迄今仍有“年刊”“政府公报”“地方百科全书”“地情书”“资料库”“资料大全”“信息载体”“文献总汇”“资料性文献”等等之说。不同的时代特征及内容特征，决定年鉴具有不同的表现特征。年鉴理论不应该是深奥的、抽象的、逻辑的，而应该是直截了当的、符合客观实际及编纂使用需要的。形式为内容服务，年鉴的体例结构格式、表达话语体系等都应该是灵活多样的、生动活泼的。所谓年鉴理论，就是为这种需要开辟前行道路的理论，而不是别的其他什么理论。因此，创新年鉴理论，就是年鉴编纂及年鉴事业实践认知的科学提炼归纳，建议以此为基点来思考和构建年鉴理论及其学科体系。

（三）创新内容。

年鉴是对当地地情的客观记载。辞书定义年鉴，说其“汇集编纂前一年或最近若干年的各方面或某一方面的情况、统计、资料等，以供参考”。客观性、真实性、资料性是年鉴的基本属性，但“地情”既是客观的，又是纷繁复杂的，年鉴只能是意识形态化的著述著作；即便说年鉴是汇集资料，是“资料性文献”，那些“资料”“文献”也必然是客观现实的意识化的认知结果。年鉴由思想体系、内容体系、结构体系三个部分组成，思想体系即为年鉴的灵魂主题，内容体系、结构体系是思想体系的表达体现和形式载体。作文必有

---

① 中国社会科学院语言研究所：《现代汉语小词典》，北京：商务印书馆，1980年，第398页。

② 辞海编纂委员会：《辞海》，上海：上海辞书出版社，1999年，第575页。

③ 曹子西、朱明德：《中国现代方志学》，北京：方志出版社，2005年，第557页。

“文心”，编鉴必有“鉴义”。编纂年鉴的目的，在于展示地情，在于构建表达一定的思想体系。创新年鉴内容，应该同样重视年鉴的资料性、文献性、著述性，应该为正确的思想体系服务。地方志机构组织编纂的综合性、专著性、类书性的“年鉴”年刊，都应该注重其“可鉴、堪鉴”功能属性。西方年鉴学派有注重历史研究的传统，值得借鉴，这样可以提高年鉴的文化知识品味和存史传世价值。翟宣颖在《志例丛话》中说：“凡史必以史料为依据。年鉴也，专门调查也”。① 修志编鉴，作为一项政府主持的社会调查、地情研究、文化事业，应该具有时代气息、时代特征、时代精神、时代风貌、时代理念。以事见义，以史彰义，以文化人，是年鉴内容的基本追求及精神纲纪。地情明，则文理通；文理通，则内容顺；内容顺，则话语清；话语清，则大义彰。年鉴编纂创新的功夫在结构内容之外，在乎于地情民生文理之间。面对当前年鉴内容方面出现的问题及困境，要提高地方年鉴的内容质量及实用性，其根本出路需要建立在客观地认知把握地情的基础之上。应该牢固树立精品意识，在更好地反映经济、政治、文化和社会发展的总体情况，反映事物的本质上下功夫。

（四）创新体裁

地方综合年鉴属于地方志，具有地方志的共性意义，但也有其鲜明的个性特征。年鉴应该追求内容丰富新颖、特色鲜明、实用性强、结构简捷、便于使用等目标。年鉴内容记述应综合运用多种形式，一般以条目为基本不记述单元。② 目前，地方综合年鉴体裁的地方综合志书化倾向明显。尽管一般年鉴都称其采用的是条目体，但其条目以上的分类结构刻板单调，几乎千鉴一面地采用了地方综合志书的篇章节目体编纂结构方法。志书、年鉴以社会分工、事物属性来划分设置部类，本身没有错，但有局限和片面性。这样的结构，要求“横不缺项、纵不断线”，加之不断强化所谓的“资料性”“文献性”，势必出

---

① 翟宣颖：《志例丛话》，《东方杂志》第 31 卷 1 号。

② 《地方综合年鉴编纂出版规定》（中指组字〔2017〕6 号）。

现结构、内容的均等化，顾形式不顾主题，造成志书、年鉴体量不断膨胀，内容繁乱驳杂，主题模糊弱化的状况。这是年鉴的大忌和顽疾。年鉴的种类很多，题材广泛，体裁体例应该不一而终。我们所处的时代，一切都在日新月异地飞速发展，年鉴编纂必须跟上时代的步伐。人文日新，“苟日新，日日新，又日新”。地方综合年鉴的体裁创新永无止境，在适应年鉴主题定位、内容表达、受众需要、精当高效等方面推陈出新，一定会求得大的收获和提高。

（五）创新载体

地方志包括地方综合年鉴需要尽快提升自身的学术文化品质，成为当地地情历史文化知识的荟萃及载体，成为人们认识社会改造世界的武器，成为经济社会发展及精神文明建设的智库，成为人文哲学社会科学的一级学科。地方综合年鉴在国情调查研究、人文哲学社会科学研究、国家意识形态领域中应该具有重要地位，应该具有更大的平台和作用范围。同时，地方综合年鉴应该适应大众需要，改进文风文体，利用现代传媒技术和手段，广开话题领域，弘扬时代精神，形成社会共识共鸣，为社会主义现代化提供精神动力和文化基础支撑。当地方综合年鉴具备并适应这样的重要地位之时，就会具有新的载体和新的体裁，得到更大发展，发挥更大作用。随着用鉴需求的变化，年鉴的编纂、出版、传播形式也会发生巨大变化。目前的年鉴，基本上还都是“一本书”的面孔。纸质年鉴的局限性很大，实效性较差，应该在多媒体传播的方式上寻得出路和发展。年鉴的“信息荟萃化”“图鉴化”“专题综合化”“主题杂志化”“实录事鉴化”“提要简本化”“多语种化”及“电子书（刊）”“影像版”“鉴话本”“图鉴本”“年鉴丛书”等的体裁载体形式会不会应运而生？有待大家创新。

三、地方综合年鉴规范与创新的保障

保障推动地方综合年鉴的规范和创新，应该立足年鉴事业发展全局，总体性地提出规范创新的学术科研任务以及目标、途径、方法、条件、措施，作为一个规划性的长期过程来管理实施。以法治鉴，既保证年鉴的规范性，又重视年鉴的创新性，保证质量，实现“追求一流、打造精品”目标。开门办鉴，集中各个方面的力量，在构建年鉴事业综合发展体系中，形成新成果、验收肯定和推广新成果，切实使规范和创新落到实处，避免出现各自为政、僵化固步等五花八门的问题。

（一）以法治鉴，建立适应的机制体制

高度重视、依法加强地方综合年鉴工作规范和全面创新。《全国年鉴事业发展规划（2016—2020 年）》提出：“增强依法治鉴意识。国家地方志工作机构依法统筹规划、组织协调、督促指导全国年鉴工作；省、市、县三级地方志工作机构依法履行组织、指导、督促和检查年鉴工作职责，规范年鉴编纂行为”。许家康认为，“目前，年鉴创新发展和规范化建设尚未取得有说服力的显著成效，甚至还面临一些困难和问题，这在很大程度上是体制机制因素导致的。”① 落实各级地方志工作机构的职责和规范年鉴编纂行为，需要建立明确可行的机制体制及其制度措施保障体系。首要的是提高各个方面的思想认识和责任担当意识。其次是依法保障，明确各级人民政府的主体责任，落实各级地方志工作机构的职责，做到“一纳入、八到位”。再次是制度到位，做好年鉴创新和规范工作的统筹安排，两手抓，两手都要硬。

（二）确定精品目标，建立标准规范

重点是规范、创新编纂出版方式。关于年鉴编纂、年鉴工作、年鉴事业，已经有了许多的规范和制度，应该实施“精品战略”，围绕提高年鉴质量主线，以“追求一流、打造精品”为目标，清理、制定、完善规范标准；以创新落实规范、提升标准；严把政治关、

---

① 许家康：《创新是年鉴事业发展的战略性选择》，2015 年 10 月 22 日在第十四届全国年鉴学术年会暨中国年鉴学会组织建立 30 周年座谈会主旨发言。

史实关、体例关、文字关、出版关，编纂出版“可信、可用、可读、可存、可鉴”经得起时代和历史检验、具有鲜明时代特征、年度特点和地域（部门、行业）特色的精品年鉴；形成编研用一体化，通过编纂年鉴和开发利用年鉴资源，为社会提供丰富、优秀的文化产品，整体推进年鉴质量提高和年鉴事业发展。

（三）发展专业学术理论，促进社会化编鉴

地方综合年鉴规范和创新要在科学、规划、组织的前提下进行，要在研鉴、编鉴、用鉴的实践中进行，要在理论和规范的指导下进行。建立专业的学术理论体系的过程，就是对年鉴编纂及年鉴事业的规范化的过程，也是创新实践的目标和结果。《全国年鉴事业发展规划（2016—2020年）》提出：到2020年，全面实现省、市、县三级综合年鉴全覆盖，推动年鉴工作改革创新，加强对各类专业年鉴编纂的业务指导和管理，加快信息化建设，基本形成包括年鉴编纂体系、理论研究和学科建设体系、质量保障和评价体系、资源开发利用体系、工作保障体系在内的年鉴事业综合发展体系，努力实现全国年鉴事业发展新跨越。年鉴的学术理论、学科体系建设，要整合力量、确定方向、集中攻关、形成规范标准，并推广运用、分类指导，抓好典型，取得突破；学术研究，要成为地方志工作的基本任务，动员社会力量广泛参与，集中专家学者之力形成集体智慧成果；年鉴的编纂，要按照国家和地方规范标准执行，没有开办年鉴的按照规定开办，已经开办的在规范上下功夫，开办多年基础较好的在提高质量上创新。

（作者单位：陕西省地方志办公室）

地方综合年鉴中照片的使用

郑茂良

摘　要：在摄影术未发明之前，书籍中也有一小部分插图，但受到各种各样不利因素的制约，插图不可能成为书籍的重要组成部分。在十九世纪前期摄影术发明之后，随着摄影器材、储存媒介等技术日趋成熟，尤其是数码时代的来临，图片在书籍中所处的地位日渐重要，甚至出现了以图片为主的画报画刊的书籍形式。在这股浪潮推动下，地方综合年鉴中照片使用数量也有了翻天覆地的变化。本文从收集照片前的准备、收集照片渠道和照片后期制作时的注意事项三个方面，重点讨论怎样根据《中华人民共和国著作权法实施条例》等规章制度，依法依规地去扩展获得照片的渠道，以及在使用这些照片时需要注意的一些问题。

关键词：改变思路　扩展渠道　注意事项

1826年，法国科学家约瑟夫·尼埃普斯在他的家中拍摄出了世界上第一张照片《鸽子窝》时，估计谁也不会想到照片会同书籍结缘。我们很难稽考是哪本书籍第一次使用了照片作为插图，但从“图文并茂”这样的现代词语来看，照片和书籍结缘应属事物发展的必然规律。尤其是在数码技术得以突飞猛进的今天，在书籍中使用照片几乎成了一种约定俗成的思维模式。作为记述一个区域内自然、政治、经济、文化、社会的年度资料性文献——各级地方综合年鉴也在自然而然、不可避免地大量使用着照片，其使用照片的数量和质量同十余年前相比均发生了翻天覆地的变化，从而对我们收集、使用照片提出了更高的要求。

从2005年至今，笔者一直担任《陕西年鉴》图片编辑，十几年走来，既面对过照片拍摄者奇货可居、漫天要价的无奈，也面对过无米下炊、寻图无门的苦恼；同样也享受过那些通过我们的努力刊登于年鉴上的精美照片，为一部部年鉴画龙点睛后的喜悦。这十几年走来，自己在这方面有些思考和心得，借此机会做一梳理，做一交流。以下笔者从收集照片前的准备、收集照片的渠道和照片后期制作时应该注意的一些事项等方面谈谈体会。

一、收集照片前的准备

这部分概括地讲就是改变思路和制定使用照片的大纲。

地方综合年鉴最需突出的三个特性是年度性、区域性和资料性，而通过照片来彰显这些特性，往往会起到事半功倍的效果。但是要想收集到凸显这些特性的照片，我们就必须先扭转一个观念，要跳出以前那种在照片中去寻找照片的思维禁锢，而是应该先在大量的新闻线索中筛选出最具这些特征的新闻，再通过新闻去寻找合适的照片。这样一来，我们收集照片的视角将会得以大幅度的拓展。打个比方来说，《陕西日报》2015年7月2日第一版，刊登了一篇习近平总书记在7月1日，给国测一大队老队员老党员回信，充分肯定国测一大队及全国测绘战线的突出贡献，号召广大党员干部不忘初心、方得始终，始终在党爱党、在党为党，忠诚一辈子，奉献一辈子的新闻。但是原文并没有刊登照片，如按老思路这条很好的新闻线索恐怕就只能放弃，但按新的思路，我开始通过各种渠道来收集合适的照片，很快一幅“国测一大队先进事迹报告会在北京人民大会堂隆重举行”的照片进入我的视线，这一张照片信息量很大，应该是个很好的选择，但还是因为报告会召开的时间为2016年1月14日，有悖年鉴的年度性而放弃。最终选择了一张国测一大队队员在西藏阿里地区作业的照片刊于《陕西年鉴》2016卷，既通过照片记录了习近平总书记回信这一重要事件，又反映出国测一大队队员在艰苦的工作条件下铸就的辉煌业绩。所用照片和这条新闻线索配合的，可谓是珠联璧合、相得益彰。

其次，在收集照片前要先制订一个能反映区域内大事要闻的大纲。目前我们使用照片的篇幅在整部年鉴中的比例还是很小的一部分，但就是这很小的一部分因为排版位置的重要、反映事情的直接，而成为了一部年鉴的点睛之笔，往往会被读者重点关注。所以在选择照片时必须认真思考全面比较，有的放矢地使用每一幅照片。要想制订一份使用照片的大纲也非易事，我们要了解本区域年度内在经济建设、政治建设、文化建设、社会建设、生态文明建设等方面凝聚的新气象、取得的新成绩，将这些线索按事物类型归类，再按事件大小轻重缓急等条件筛选，力争在有限的篇幅内全面准确地反映出年鉴年度性和地域性的特征，同时也要兼顾考虑到资料性这个问题。

二、收集照片的渠道

收集照片的渠道不外乎以下几条。

1. 当地的党报党刊，如《陕西日报》

这类报刊都为各级党委的阵地，能坚持正确舆论导向。同时所刊内容覆盖所属区域的方方面面，其优点是在具有毋容置疑权威性的同时，新闻和照片的地缘化特征也很明显，是我们收集新闻线索和照片最有利的一条渠道。缺点就是照片的审批手续较为复杂繁琐。以陕西省有关规定来说，使用副省以上领导干部的照片都有在宣传部履行审批手续。另外还存在着个别拍摄者对年鉴工作不理解，在已经履行完审批手续之后，还是不积极配合供给照片的问题。相信年鉴编纂的同行对这条渠道很是熟悉了，故对此不再赘述。

2. 新华社的多媒体数据库

我们使用的新华社多媒体数据库实际上只是新华社多媒体数据

库的外库，即新闻信息产品服务的总平台和总出口。数据库中的内容包括了新华社实时播发的文字、图片、图表、音频、视频等各类新闻信息产品以及各类新闻信息历史资料。使用新华社数据库的优点，一是获得照片的方式高效灵活。新用户只需将新华社要求的资料上报各地新华社分社，由分社上报总社审批后，即可获得用户账号和密码。之后在账号内转入或存入任意金额的现金，就可在数据库中下载所需的各类新闻信息产品。二是交易方式安全阳光无漏洞。在我们转入或存入现金后，各地新华社分社的财务会开具发票，之后所下载照片及所需金额都可打印详单以供监管，而且各类新闻信息产品明码实价，绝对不会出现坐地起价的现象。三是审批手续较为便捷。新用户只需第一次通过新华社审批，之后再次使用则无需审批。自然新华社的数据库对我们来说也存在一些缺点。一是照片的地域性较差，如各地党政领导干部的活动和当地一些重要会议等部分内容很难反映。所以在数据库中我们主要是使用一些中央领导人来陕视察、外交等内容的照片。二是新华社每日上传照片的数量可达数千张，加上目前数据库的模糊检索系统使用不是不方便，所以说要想在如此浩瀚的照片中筛选出合适年鉴使用的照片也非易事。

3. 供稿单位提供

每部年鉴的供稿单位最少也在百余家，是一个不可小觑的照片来源渠道，而且他们所提供的照片最能反映出本区域、本行业、本单位年度性、区域性等特征。再加之多年所形成的良好的合作关系，让约稿更为便捷。如果能充分发挥这条渠道的作用，对我们拓宽收集照片渠道有着积极的作用。但这渠道提供的部分照片也存在拍摄质量不高、取景视角死板等缺点，也正因如此，这个渠道收集来的照片我们多用于正文插图部分。

4. 亲赴现场拍摄

作为一名年鉴的图片编辑，只要时时留心、处处留意，完全有可能拍摄到很精彩的照片供年鉴使用。例如 2015 年 8 月 25 日，笔者在西安南门城墙“抗战老兵影像展”遇到从渭南市专程赶来参观的抗战老兵韩金宝，他在自己的照片前被群众认出来，当被问到照片中是否就是老人本人时，老人指着照片诙谐地说：“那人是我大哥”。我用相机捕捉到这个瞬间，之后刊于《陕西年鉴》2016 卷“中国人民抗日战争胜利 70 周年”栏目。从摄影技术的角度来讲，这张照片可能会存在很多不足，但照片中老人的笑容，却生动再现了他们当年抗击日本侵略者的英雄气概和对社会主义未来幸福的憧憬。通过这件事情说明，一张合适照片不一定非要很高的技术指标，主要还是要审视这幅照片所蕴含的内容是否合适。最知道年鉴需求的是我们自己，在现场也只有我们最知道在那里去捕捉那个最能满足这些需求的瞬间，这就是亲赴现场拍摄的好处。缺点也不言而喻，我们终非专业摄影者，自然拍摄到一张合适照片的成功率会很低。

5. 建立照片资料库

每年收集来的照片肯定不会每张都在年鉴上刊登，剩下的那些照片成年累月积累下来也是个可观的数字，这样一来就形成了我们自己的一个照片资料库。建立资料库的目的是以备不时之需，但在使用这些照片时必须遵循可“取巧”，但绝对不能“投机”的原则。例如，在收集《陕西年鉴》2016 卷所用照片时，获得了一条“2015 年 12 月 8 日，随着西咸北环线高速公路的正式通车，标志着陕西省高速公路总里程突破 5000 公里大关”的信息，但在西咸北环线高速公路通车当日，关中恰遇雾霾天气，收集到的照片效果不甚理想。思量再三最后在资料库中选择了一张“十天高速”的照片，注释编写为“截至 2015 年底，陕西省高速公路总里程突破 5000 公里大关，达 5094 公里，通车总里程位居全国省（市、区）第九”。照片精美、文字简洁且信息含量大，较为完美地完成了这幅照片的选择编辑工作，这就是所谓的“取巧”。那么什么是“投机”呢？同样以编纂《陕西年鉴》2016 卷为例。有这样一条信息，“7 月 24 日，第 100 列西安至阿拉木图国际货运班列‘长安号’成功开行。自 2013 年 11 月 28 日首发至今，‘长安号’国际货运班列已开行 100 列 5215 车，累计发运出口货物 14 万吨，出口总值约 1.85 亿美元。”“长安号”的这次开行，是陕西省践行“一带一路”经济带建设的重要事件，所以这个题材被纳入刊登的范围。在我们的资料库中选择使用了一张“长安号”列车开行的历史照片，但在之后的审查中，这张照片又被淘汰，因为这列“长安号”开行时在车头悬挂有庆祝第 100 列“长安号”开行的横幅。如果继续使用“长安号”列车的历史照片，被细心人看穿后，自然会落个“偷鸡不成蚀把米”的结局。最后只能老老实实去联系拍摄者所在单位，获得当时的现场照片以供年鉴刊登。

6. 网络

一提到在网络上获得照片，大家可能都会嗤之以鼻、不屑一顾。事实上我们也不提倡在网络上获得照片，但网络也不失为获得照片的一个渠道。例如，往年在《陕西年鉴》编纂中就遇到过要使用一张中央领导人来陕西视察的照片，当我们履行完全部审批手续后，却因种种原因从拍摄者手中拿不到照片，眼看截稿日期将近，最后只能在告知拍摄者后从网络上下载照片以供使用。所以说从网络上下载照片仅仅是一种不得已而为之的救急之策，绝对不是长久之计。从这件事情之后，我们开始积极扩展我们收集照片的渠道。

最后还需强调一点。2013 年 3 月 1 日起施行的《中华人民共和国著作权法实施条例》第十二条规定：“职务作品完成两年内，经单位同意，作者许可第三人以与单位使用的相同方式使用作品所获报酬，由作者与单位按约定的比例分配。作品完成两年的期限，自作者向单位交付作品之日起计算。”年鉴中所涉及的照片绝大多数都属于职务作品，所以在获得这些照片前，必须先以文件或函件的形式同拍摄者单位联系，在获得单位同意之后，再联系拍摄者提供所需照片。

三、照片的后期制作

这里所说的后期制作并不是指对照片进行裁剪、调整色阶、调整色调、增加锐度等通过软件对照片来进行修饰的工作，这类的工作完全可以交给专业的设计机构来完成。我们则是要完成好审查照片、编写注释等一系列工作。这一系列的工作可以照片进入专业设计机构为节点分为前后两期。

（一）前期工作

1. 照片的审查

首先在意识形态领域不能也不敢松懈。习近平总书记在 2013 年 8 月 19—20 日召开的全国宣传思想工作会议上讲到："经济建设是党的中心工作，意识形态工作是党的一项极端重要的工作。"地方综合年鉴作为各级政府主办，重点记述一个区域内自然、政治、经济、文化、社会的年度资料性文献，在这个方面更应做出表率。所以说意识形态是年鉴使用照片审查的重中之重，要贯穿年鉴编纂的整个过程，如果在这个方面出现问题，造成的社会影响将是巨大的，对一部年鉴的打击也将是毁灭性的。

其次要审查照片同所述事件是否一致。除了前文提到的"长安号"之外，还可举出很多例子，如拿中央领导人来陕西视察来说，一位领导人一年可能会来陕数次，如果审查不细就有可能出现所使用照片同具体事情不一致的差错。这项审查工作最简单最有效的方法就是同媒体所刊照片比对，如果媒体没有刊登照片，则可通过查看照片属性来确定照片的拍摄时间，从而判定照片同事情是否一致。如果从属性中查不到拍摄时间，还可通过照片中出现的人物以及穿着打扮等这些细节来判断，总之不能出现图文不符的情况。

最后还有审查照片的质量，通过审查像素等指标来判定照片是否能达到印刷所需标准。

2. 照片注释的编写

要编写出使用最少文字而涵盖最大信息量的照片注释也绝非易事，这方面笔者有以下几点体会。

第一就是尽量使用党媒党刊，如新华社的通稿。这些媒体在这方面审查严格使其不但具有绝对的权威性，而且在一些文字细节的处理上也颇具考量。以新华社为例，习近平总书记 2015 年度两次来陕，第一次是在 2 月 13—16 日，春节前夕来到陕西，看望慰问广大干部群众，新华社通稿中使用了“中共中央总书记、国家主席、中央军委主席习近平”的称谓语；第二次是在5月14日，再次来陕在西安会见印度总理莫迪，新华社通稿中只使用了“国家主席习近平”的称谓语。从这点就能看出新华社在这方面的把握有度、精细认真。

第二要注意突出重点。每幅照片都有一个主角，是文字注释的重点，切不可在原本是衬托红花的绿叶上浪费笔墨。例如领导干部的视察，肯定会有各个方面的陪同人员，如果在注释中将这些陪同人员都一一介绍，势必会给读者造成领导视察事小、突出陪同人员事大的错觉。这就是我们常说的喧宾夺主。

第三信息含量要全。注释虽然不可能长篇大论，但最基本的时间、地点、人物和事件这些信息要全，切切不可唐突的来上一句如“领导前来视察”“开展防火演练”这类的照片注释，让读者看的是云山雾绕。在保证这些基本要素的前提下，能增加信息量就要努力的去增加，拿前文提到的“截至2015年底，陕西省高速公路总里程突破5000公里大关，达5094公里，通车总里程位居全国省（市、区）第九”来说，具体的通车公里数和位居全国的位次，在原本的新闻报道中是缺失的，我们查阅资料后做了补充，让这条注释的信息量倍增，也从一个很小的方面着力彰显了年鉴的资料性。

最后还需注意署名权的问题。《中华人民共和国著作权法实施条例》第十九条规定：“使用他人作品的，应当指明作者姓名、作品名称；但是，当事人另有约定或者由于作品使用方式的特性无法指明的除外。”本条例中作品的含义就包涵有摄影作品。所以只有我们自己拍摄的照片可选择署名不署名，除此之外任何渠道获得的每幅照片都必须署名，如实在不能确定照片的拍摄者，也应该注明这幅照片是由某某单位供稿。

（二）后期工作

当照片经专业设计机构制作形成初稿后，我们还需进行以下几项工作。

首先要查看送交照片的裁剪是否合适。有时候设计机构为保证照片尺寸的统一，或是单纯的追求效率，往往在裁剪时考虑不周全，常常会出现主要人物的头顶、扬起的手臂，甚至出现陪同人员的半张脸被裁剪掉的情况。还有就是设计人员对照片所需表达思想的不理解，在裁剪后出现次要事物反而占据照片的重点区域的问题……因此，必须通过一幅照片一幅照片地查看，发现这些问题，及时同设计机构联系，将这些问题及时解决。

第二就是校对问题。年鉴使用照片政治性很强，又处于整部年鉴的重要位置，所以读者对照片的关注度要远远高于其他部分内容，照片可说已经成为了众矢之的。这样一来对照片的校对工作绝对不能局限于“三校”，而是要贯穿整个编纂校对全过程，时时刻刻地看，反反复复地看，不厌其烦地看，必须保证照片的零差错。

以上就是笔者这些年从事年鉴图片编辑的一些心得，整理成一篇陋文，不怕有班门弄斧之嫌，只求获抛砖引玉之果。文中所述还望得到各位方家和同行们的指导和批评。

（作者单位：《陕西年鉴》编辑部）

县级综合年鉴编纂常见错误及矫正举隅

——以《紫阳年鉴（2016）》编纂为例

陈平军

摘　要：县级综合年鉴编纂时常会出现部类、类目命名不正确，编纂体例层次不清晰，年鉴内容统稿不细致，缩写词语不规范，内容文风不统一，涉密内容不谨慎，时间、人物称谓不严谨，标点符号使用不科学等问题，需要在编纂过程中加以注意，力争避免出现这些共性问题，才能使年鉴整体质量上档次，才能编出一部好的年鉴。

关键词：年鉴　编纂　错误矫正

《紫阳年鉴（2016）》是陕西省紫阳县档案史志局自2013年创刊以来连续出版的第四卷，也是第一次交由国家级出版社——方志出版社公开出版的第一卷，年鉴书稿经过方志出版社三级审校，在充分肯定本书的优点之外，也发现一些在编纂过程中带有共性的问题，现将这些在编纂过程中容易出现的错误以及如何矫正列举在此，供年鉴编纂同人借鉴，以期提高综合年鉴编纂整体质量。

一、部类、类目命名不正确

多年来，许多地方志书和年鉴对于政法部类或以“公检法司”，或以“法制”冠以部类或类目名称，也有以政法命名的。实际上这些处理方法都是不正确的。要正确区分和使用“法治”与“法制”。法制，或称法律制度，通常是指一个国家的一套法律以及相关的各项制度，包括制定和实施法律的一整套制度，如立法制度、司法制度等。法治，作为一种国家治理的理论，主张国家的长治久安和兴旺发达，关键因素和条件在于法律与制度的有无与好坏。因此，“法治”与“法制”是两个迥然不同的概念，在内涵上有本质区别。

矫正方法为，必须将“公检法司”“法制”“政法”类目名称改为“法治”。将“党政群团”类目下的“政法工作”分目改为“政法委及综治”，移入修改后的“法治”类目，作为第一分目。在“法治”类目中增加、法治政府建设”分目，作为本类目的第二分目，全面记述紫阳县法治政府建设内容，并将现“党政群团”类目中记述政府法制办工作相关内容移入“法治政府建设”分目。将“审判”分目名称改为“法院”。理由是：第一，按照我国宪法及刑事诉讼法规定，公安机关、人民检察院、人民法院是法定名称，侦查、起诉、审判分别是公安机关、人民检察院、人民法院的相应职能，鉴于记述公安机关、人民检察院内容的类目分别是“公安”“检察”，而不是以其职能命名的“侦查”“起诉”，故记述人民法院内容的类目也不应当以职能命名为“审判”，而是以名称命名为“法院”。第二，如果按照职能命名，则人民检察院也有自侦案件的侦查职能，海关、林业、民航等系统公安机构也有侦查职能，故记述公安机关内容的类目名称为“侦查”，显然不妥。同时，起诉是检察机关的主要职能，但并不是唯一职能，记述检察机关内容的类目名称为“起诉志”，也显然不妥。第三，审判是人民法院的主要职能，但不是唯一职能，人民法院还有执行、队伍建设、行政保障等职能，故记述人民法院内容的类目称为“审判”不妥，应改为“法院”。

二、编纂体例层次不清晰

年鉴类目内容复杂，文字多，层次多，多数情况是正常的，如何适当予以拆分条目，或分节书写。目前由于体例处理方式是：条目说明文字，宋体是紧跟在“【××××】（黑体）后面接排的，如此一来，后面的说明文字当然不能另起一行出现新自然段（书稿中有部分条目安排了新的自然段，反而是违反体例的，也是违反版式常规的），于是，很多条目的说明文字层次非常不清晰，是最需改进而且最容易改进的。不妨采取下面的处理方式：1. 带方头括号“【××××】”（黑体）的“条目”统统独占一行（采用《中国大百科全书》的模式）。2. 宋体正文一律另起一行（设置自然段），文字多、层次多的说明，可以有多个自然段。3. 每个自然段的说明文字，必要时还可以设层次序码，一个自然段内的层次序码不超过两级。

三、年鉴内容统稿不细致

不同单位的写作水平明显不一。因此，编纂年鉴，需要编前多集中务虚统一认识，汇总后需要主编班子认真统稿。先说一个简单的例子，如：经过紫阳县有一条541国道，书中不同的条目竟然表述不一：有“国道541”“G541”“G541国道”“国道G541”。主编班子应统一订正为“541国道”。再说一个较复杂的例子：县各部门根据县委、县政府的要求，都承担“精准扶贫”的任务。相关条目的说明文字，本应该首先统一交代扶贫对象，却避而不谈，内容杂乱无中心，逻辑不清。再如，同类单位（例如“局”或者“镇”）的条目，凡属共性（都应有此条目）的，名称要一致，顺序也要一致。凡属个性但同时几个单位也都有的条目，也应同名同顺序。例如其中一个非常明显的例子：多数单位都有“年度先锋一项，而一些单位似乎也应该有却没有，这会让读者误会，以为这些单位很拖后腿。

四、缩写词语不规范

《紫阳年鉴（2016）》全书使用了大量的缩写词语。其中有两个典型问题，需要注意：1. 不少缩略词语很不规范。如：把“中央、省、市”缩略为“中、省、市”，把“津贴、补贴”缩略为“津补贴”，把“新建、续建”缩略为“新续建”，把“党纪、政纪”缩略为“党政纪”，把“共青团、少先队”缩略为“团队”，把“案件、事件”缩略为“案事件”，把“(县政协）提案法制委员会”缩略为“提法委”，还有“创卫创园创森”这类让人一头雾水的缩略词语。这些缩略形式都不规范，要改。还有“丹治项目”，局外人绝想不到它跟“丹江口”某工程有关。但是，“丹治项目”这类缩略，既然地方上可能很流行，那就作为条目名称罢，但是，在正文说明中务必设法使用一个全称（丹江口库区及上游水土保持二期工程），好让读者明白。至于把“防止滑坡”缩略为“防滑”之类，不妨这样处理：单独出现“防滑”时，应改做“防滑坡”或“防治滑坡”；如果和别的缩略形式连用，如“防汛防滑”。2.《紫阳年鉴》出现相当多“五个一”一类的缩略形式，让局外人一头雾水。如：“三包三联”“三严三实”“三证合一”“八有”“三下乡”“三会一课”“三好一无”“五力一巧”“三松”……有的是县委、县政府的提法，有的是某一个部门的提法。作为年鉴体例，既然这些说法平时都挂在官员们的口头上，年鉴行文可以这样用，但建议在书末设一节“词语解释”（国务院总理的《政府工作报告》这些年就有这一项）。

五、内容文风不统一

年鉴的文体与工作总结、工作报告不同。工作总结中评价、评论内容多，计划设想占比大，第一人称叙说比例大，信息含量不足，这些都与年鉴风格大不同。因此，要编者对部分直接从工作总结中摘录的条目做修改，去除评价、评论内容，加大信息量，保留可供主要的史实资料，榨干水分，保存有价值的史料。

六、涉密内容不谨慎

对于信访问题，要特别注意措辞，对部分违法信访人员采用法律手段等内容，请换角度记述或予以删除，以免某些别有用心之人借此攻击我国人权政策。“610 办公室”是党委、政府处理邪教问题的内部机构，鉴于该项工作的敏感性和特殊性，行文中不宜出现“610 办公室”一类文字，应当以全称“防范与处理邪教问题领导小组办公室”描述。对于征兵具体数量、武警编制等内容涉及国防秘密，不可写入公开发行的年鉴中，一般应予以删除。

七、时间、人物称谓不严谨

根据地方志特点，年鉴记述应全部使用第三人称角度书写，因此“来”应改为“到”，“我县”应改为“紫阳”“全县”，同样不可出现“我校”“我镇”。年鉴中关于时间的表述应当清晰无误，符合年鉴“存史”的功用，因此，一般不使用“今年”“目前”等时间用语，而采用年月表述。对于党政系统职位名，要参照中央有关规定，注意书写规范，“××县委书记”，切不可写为“××县县委书记”。地理坐标应先纬度，后经度。注意“截止”与“截至”的区别。

八、标点符号使用不科学

根据《中华人民共和国国家标准》GB/T 15834—2011《标点符号用法》规定，图或表的短语式说明文字，中间可用逗号，但在末尾不用句号，即使有时说明文字较长，前面的语段已出现句号，最后结尾处仍不用句号。文中出现的有关法律名称等，如使用书名号，应当使用完整全称，如《中华人民共和国安全生产法》，如只是一般适用法律缩写，无需使用书名号。要注意比例号与冒号的区别。使用括号时，要注意层级关系。标有引号的并列成分之间、标有书名号的并列成分之间通常不用顿号，若有其他成分插在并列的引号之间或并列的书名号之间（如引语或书名号之后还有括注），宜用顿号。

鉴于很多地方，尤其县一级地方志机构编辑编纂年鉴经验不足，水平有限，建议中国地方志指导小组组织相关专家，选择几部较好的年鉴（例如一家中西部农业县，一家沿海工商业发达的县，一家以畜牧业为主的县，一家边疆地区少数民族自治县），解剖麻雀，锤炼再锤炼，精修几部样板年鉴，推荐给各地，让编者学习借鉴。另外，方志编辑研究机构要结合编辑工作实践，把这些年来编辑年鉴时发现的带有普遍性的问题归纳整理出来，形成一个规范文件，下发地方，供年鉴编纂者们遵照执行。

（作者单位：陕西省紫阳县档案史志局）

突出主体性，聚焦精品化

——关于企事业单位年鉴类属、特征与编纂规律的若干思考

徐聪颖　胡少诚　刘语潇

摘　要：企事业单位年鉴常被认为是地方专业性年鉴中一个比较特殊的门类。单位性年鉴最初主要只在单位内部使用，以单位的内部情况为主，读者多为本单位或相关单位人员。随着经济体制改革的深入，企事业单位与政府部门相对而言，具有一定的独立性和主体性，“官书民用”的色彩更为浓厚。本文探讨了企事业单位年鉴与综合性年鉴、专业性年鉴的关联与区别，分析了单位性年鉴的独特作用和属性。在此基础上，从提升编辑队伍专业化水平、重视数据的真实性和保密性、优化框架设计、促进年鉴载体电子化、信息化；保持出版连续性五个方面，对企事业单位年鉴编纂精品化提出了若干建议。

关键词：企事业单位年鉴　官书民用　编纂主体性　年鉴精品化

一、企事业单位年鉴的类属探究

年鉴作为一种逐年发行的出版物，反映了一年内某一地理空间、

某一专门领域、某一社会组织发展的主要情况，汇辑了记述主体所辖各方面、各层次的重要信息、资料和数据。

1979 年 10 月，邓小平与《中国大百科全书》负责人谈话时指出："编辑出版年鉴很有必要，这是国家的需要，四化建设的需要。"此后，我国年鉴事业蓬勃发展。据统计，截至 2003 年，公开出版的各种年鉴共 2280 种，其中编译的外国年鉴 40 种；全国性综合与专业年鉴 344 种；各省、市、县综合与专业年鉴 1288 种；各种统计年鉴 344 种；企业年鉴 190 种；学校年鉴 74 种。这些年鉴，连续多年每年出版一卷的占到一半，有 1000 多种，位居世界第一。① 值得注意的是，上述统计将企业和学校年鉴作为单独的类别。

2012 年，我国年鉴出版种类达 5769 种，按照每年 200 种左右的创刊速度，不远的将来就会达到 6000 余种。除专门的统计性年鉴，地方专业性年鉴的出版数量达到了 1967 种。在地方专业性年鉴中，企业和学校年鉴的发展尤其引人注目。据统计，企业年鉴出版量达 356 种，20 世纪 80 年代很多企业修志后，为了与志书相衔接，或者为修志积累资料，纷纷出版年鉴，有的一直连续出版至今。据 2012 年国家图书馆的不完全统计，院校年鉴达 210 种，实际数量应大于此，对于由学校内部编印发行的年鉴，出版信息不易掌握；年鉴出版主要以高等院校为主，极少数的中学有年鉴出版。②

据笔者调查，截至 2016 年，确定出版印发校一级年鉴（通过检索确认有年鉴出版卷册）的高校共有 363 个，占普通高等学校数量的 16.69%。可能出版印发校一级年鉴（如学校下发年鉴编纂通知，发布年鉴编辑规范，发布年鉴印刷招标通知，相关部门职责中包括编辑年鉴，新闻报道年鉴编纂会议、年鉴出版消息，通过印发年鉴主动公开信息，职能部门网页设置年鉴栏目等）的高校共有 70 个。另据笔者初步统计，在国资委管理的 101 家中央企业，共有 16 家公开出版年鉴，2 家内部出版年鉴。

---

① 李维民、肖东发主编：《中国年鉴概览》，北京：华艺出版社，2003 年。

② 张丽丽：《从〈中国年鉴总目提要（1949—2011）〉浅析建国以来我国年鉴的出版与发行特点》，中国年鉴网，http：//www. yearbook. cn/？ p=4&a=view&r=402。

按照肖东发《年鉴学》一书的分类，以具体的企事业单位、团体等为收录范围的年鉴，可以归为单位性年鉴，是专科性年鉴中的一种。同时，因为企事业单位、社会团体的地域属性，这一类年鉴也往往带有地方专业性年鉴的特征。肖东发根据收录对象的不同，将单位性年鉴分为以工矿企业为对象的企业新年检，以事业机关为对象的机构性年鉴和以学术团体为对象的团体性年鉴，他还指出，单位性年鉴是我国年鉴事业发展过程中的新事物，其特点主要体现在三个方面：第一，以单位的发展情况为主要内容，在年鉴中独树一帜；第二，读者对象特殊，一般是本单位和相关单位的人员；第三，根据当年情况灵活设置栏目。[①]

企事业单位和社会团体年鉴是否属于地方专业年鉴，是一个值得探讨的问题。首先，很多企事业单位和社会团体是跨区域的，有的央企、中管高校、科研机构的总部或本部虽然是在某一个地市，但随着事业的发展，其分支机构早已遍及外省市乃至海外；其次，很多企事业单位的职能也是多元的，大型企业的业务往往是跨行业的，综合性高校和科研机构的学科布局更广，牵涉到的专业很多。我们固然可以根据企事业单位的注册地和核心使命，将其纳入某一地方专业年鉴的范畴，但对于其属地、使命、职责的偏狭或片面的理解，将不利于把握和认识这一类年鉴的编纂规律。因此，有必要从年鉴分类的角度重新对企事业单位和社会团体年鉴进行定位。

划分年鉴类型的标准是多维的，就年鉴收录的内容而言，有综合与专业之分；就年鉴反映的地理范围而言，有国际（国别）、国家（中央）和地方之分；就年鉴编纂体裁而言，有一般性年鉴、综述性年鉴、统计性年鉴、图录性年鉴和检索性年鉴之分。但是，这些分类的背后，首先是编纂主体职责的不同。从出版机构、统计机构、专业学会、行业协会、文化团体、政府部门到各级地方志编纂机构、企事业单位的综合部门，因为职责、立场、视域、目的各异，所编纂的年鉴定位、类属、范畴、功能也就不同。其中，就年鉴编纂机

① 肖东发：《年鉴学》，北京：方志出版社，2014。

构的属性和视角而言，有主体性和客体性之分。地方综合年鉴、企事业单位（社会团体）年鉴在编纂过程中，是具有实践基础性和认知结构性的，而专业性年鉴、统计性年鉴、百科性年鉴的编纂者相对于供稿者或记述内容之间，具有一定的事件对象性和先在独立性。

在这里，我们可以将企事业单位年鉴与地方年鉴作一比较。地方年鉴可分为地方综合性年鉴和地方专业性年鉴。地方综合性年鉴“是指系统记述本行政区域自然、政治、经济、文化、社会等方面情况的年度资料性文献”，由地方政府负责地方志工作的机构主管，通常情况下，编委会主任都是由主要领导兼任，编委会内的负责人也是由政府各部门的相关领导及下属各有关部门负责人组成的，各级政府内工作人员直接参与，带有政府“公报”的性质。地方专业性年鉴多由特定系统、特定领域的地方政府各专业部门或行业协会主办，并为本行业服务。所不同的是，地方专业年鉴侧重在某个方面或某个局部，收录的内容更加具体、细致。不难发现，在企事业单位年鉴的禀赋中，综合年鉴的综合性和权威性，专业年鉴的行业性和实用性都有所体现，但综合年鉴的全面性和专业年鉴的专指性则不甚明显，其自身的组织性、基层性和灵活性特征更为突出。

二、企事业单位年鉴的主体性分析

随着中国年鉴事业正规化、法治化和中国化进程，中国特色的精品年鉴正在实现了从百科类工具书向资料性文献转型，从出版管理向属地（行业）管理转型，从舶来品向本土化转型。作为年鉴家族的新兴成员，企事业单位年鉴的蓬勃发展是中国年鉴主体意识增强的体现，更是中国特色现代企业制度建立和事业单位分类改革深化的结晶。

自改革开放以来，随着国家工作重心向经济建设转移，企事业单位的政治职能在减弱，其专业职能在加强。企业不再是承担国家指定任务的“部件”，事业单位也不再是过去那样的国家的“代理人”，它们在不同程度上成为功能性整体。政企分开使企业逐步脱离政府的监护与干预，企业自主经营、自负盈亏则使其成为相对独立的利益主体。政府对企业不予投资，利税包干及让企业自行消化由改革带来的矛盾等一系列措施，使企业的独立利益进一步明显化。与此相应，事业单位因定岗定编、财政包干也不得不逐渐改变它们对于政府的过分依赖，而谋求自我改善的能力，从而利益也相对独立化。[①] 由于企事业单位相对与政府部门而言，具有一定的独立性，所以企事业单位的年鉴与其他年鉴相比，“官书民用”的色彩更为浓厚。

我们可以通过对比教育年鉴与学校年鉴，来窥探专业年鉴与单位年鉴的差异。例如《北京教育年鉴》收录了管理、教育教学、教辅、支撑机构等各方面的情况，栏目设置齐全，体现了对教育事业的宏观把握和教育管理的重要性，既包括北京教育的各个类别，又包括各级各类教育，既是北京教育系统的“官书”，又是专业特色突出的专业年鉴。[②] 而就某单个高校而言，除卷首和卷尾外，年鉴主体部分的编目体系一般按照学校的主要职能和机构设置划分，包含院系、教学、科研、社会服务、管理、党建和思想工作等几大部分，指标设置大多借鉴了高等院校认证标准以及其他学科中评估指标体系研究的相关成果。高校年鉴的读者，大多怀揣问题而来，想要了解某个高校某方面的具体工作情况，所以高校年鉴更需要提炼一些学校办学育人的思想、制度脉络，向读者提供一些组织内部运行的详细资料。读者要了解一所大学，最关心、最希望得到的资料除了学校基本情况（概况）之外，依次通常是教学、科研、重点学科、办学条件、校风校貌等，然后才是其他。年鉴设计者应当按照读者对信息资料的关注程度，合理设置栏目并进行编排。[③]

① 李汉林：《变迁中的中国单位制度——回顾中的思考》，《社会》2008 年第 3 期。

② 北京教育志编纂委员会办公室编：《北京教育年鉴编纂实务》，北京：华艺出版社，2013。

③ 孙长青：《高校年鉴框架设计理论与方法初探——从上海市高校年鉴框架设计说开去》，《中国地方志》2013 年第 11 期。

与传统计划经济体制下的企业相比，现代企业在所有制形式、融资方式等方面都发生了深刻的变化，所以企业年鉴在这企业管理方面有其非常突出的作用和特点。《中铁十八局集团年鉴》的主编介绍，集团年鉴在企业招标投标中发挥了重要作用。经营开发部门做标书时，经常利用年鉴查阅资料；甲方来企业考察，听取汇报、座谈时，都会赠送他们年鉴，供其逐年对比分析，使之对企业有深入的了解，增强合作投资的信心和勇气，发展和扩大了同企业的经济贸易活动。① 很多大型国有企业，职工队伍分散，遍布国内各地甚至境外，企业年鉴可以起到一个精神纽带的作用。企业年鉴是企业全体职工奋斗历史的真实记录，有志在四方艰苦创业的动人事迹、开拓进取的先进典型，是企业宝贵的精神财富。②

近几年来，很多医院、银行也纷纷意识到年鉴的重要性，开始年鉴的编制工作。以医院系统的年鉴为例，编辑人员通过将医院各年度的行政管理、医疗服务信息进行实事求是、科学、系统地汇总和分析，综合反映医院工作数量、质量情况，既具有现实参考意义，又具有历史保留价值。③ 当下，医院的竞争逐渐从医疗技术领域延续到医院文化领域，优良的医院文化建设可以凝聚医院医疗、管理、科研、人才等方面的力量，形成医院整体核心竞争力。年鉴具有连续性、真实性、史料性、权威性等特点，它是了解医院的最好读物，是认识医院的一张名片、一扇窗口。年鉴通过对医院各方面发展的全面记述，在字里行间映射出医院在不断发展中所形成的共同社会观、价值观。④

企事业单位年鉴的框架设计因单位性质不同而千差万别，但基本栏目必须涵盖一个单位应具备的所有要素。仅就中央企业而言，国资委管理的企业年鉴如《中国华电集团公司年鉴》包括特载、集

---

① 王千永：《推进年鉴创新服务现代企业》，《年鉴与信息研究》2004 年第 1 期。

② 赵冬梅：《大型企业年鉴编纂的探索》，《北京档案》2012 年第 12 期。

③ 龚伟伟、陈红、潘淮宁、杨云华：《浅议年鉴在医院文化建设中的作用》，《中医药管理杂志》2009 年第 12 期。

④ 潘美恩：《浅谈医院年鉴编纂的“五重”原则》，《现代医院》2014 年第 12 期。

团公司概况、总部建设与管理、科学发展、经营管理、科技与环保、信息化建设与管理、人力资源管理、党的建设和精神文明建设、大事记、统计资料等篇目。金融机构年鉴《国家开发银行年鉴》包括特载、改革与发展、重要文献、理论与业务创新成果、综合统计和大事记六个部分，但改革发展中又分服务国家战略、改革创新与业务发展、风险控制与内部管理、党建和干部队伍建设、分支机构、控股子公司工作五篇。国务院其他部门或群众团体管理的企业年鉴，如《中国出版集团公司年鉴》，真实记录公司年度战略举措、出版主业、基本建设等多方面情况。

事业单位主要是从事教育、科技、文化、卫生等活动的社会服务组织。教育事业单位年鉴如《北京大学年鉴》分专文、概况、基本数据、机构与干部、院系情况、教育教学与学科建设、科学研究与产业开发、管理与后勤保障、党建与思想政治工作、人物、文件、表彰与奖励、毕业生、大事记等基本栏目。科技事业单位年鉴《中国社会科学院年鉴》分为综合、组织机构、工作概况和学术活动、科研成果、学术人物、规章制度、统计资料和大事记八篇。其中，工作概况不仅包括科研机构工作，也包括职能部门及党务部门工作、直属单位工作。文化事业单位年鉴如《国家图书馆年鉴》包括综述、特别记载、基础业务工作、服务工作、国家数字图书馆建设、重点文化工程、文献整理与开发、学术与科研、编辑与出版、对外交流与合作、机构与人员、设施建设与安全保卫、党建与群团活动、统计资料、重要文件选编等几部分内容。卫生事业单位年鉴如《西安交通大学医学院第一附属医院年鉴》分重要文件、领导讲话、机构干部、医疗医技及护理、教育教学及科研、人事管理与职工队伍建设、财务与资产管理、综合管理、后勤保障与安全、表彰与奖励、大事记等十八个部分。

从上述年鉴的框架设计中，可以抽象出企事业单位年鉴记述的内容，主要包括该单位的主营业务和中心工作、组织机构和人员队伍、管理运行和服务保障。尽管企业年鉴更突出生产性、经营性和技术创新性，事业单位年鉴更突出服务性、公益性和知识密集性，但企事业单位年鉴都是以工作规律和管理规律二者兼顾，进行谋篇布局的，具有较强的组织性、系统性和完整性特征。

总的来说，企事业单位年鉴侧重于记述本单位本年度的发展状况，是一种更加“接地气”的更带有实用性目的的资料性文献。企事业单位年鉴通过内设机构组稿，强调供稿方的责任感；按照组织架构和工作内容双重规律编纂，注重框架上点面结合；用于同行交流和单位宣传，更突出读者视角和市场意识。企事业单位期待通过年鉴回顾过去、记录成绩、总结经验，更好地提升品牌、把握现在、探索未来，编纂的主体性是企事业年鉴存在、发展的依据，也是年鉴精品化的根基。由于编纂年鉴是单位的自发性、主体性行为，因此，也往往容易产生体例缺少规范性、编目逻辑混乱、缺少索引系统、编辑时间滞后等问题。

三、企事业单位的精品化策略

鉴于各种企事业单位年鉴在社会生活中发挥的重要作用以及单位性年鉴目前存在的种种问题，笔者建议从以下几方面入手推进单位性年鉴精品化的进程。

一是重视编辑人员队伍建设。目前，大多数高校年鉴编纂工作没有专门性机构负责，编纂工作人员也都是兼职人员，来源比较广泛。很多企业也撤销了专门的史志机构，编辑人员减少，出版经费压缩。单位性年鉴的供稿人一般由部门文职人员担任，文职人员往往忙于自身的业务工作，缺少对年鉴编写基本知识的了解，影响稿件质量。以《中国石油天然气集团公司年鉴》的编纂队伍为例，编纂人员每年有约三分之一是“新人”，这对保证编纂质量提出了极大的挑战。① 对于企事业单位，岗位调整、人员变动是无法避免的事情，要保证年鉴编纂质量，首先要加强公司内部的业务指导，完善

① 杨天龙：《企业年鉴编纂工作的体会和思考——以中国石油天然气集团公司年鉴为例》，《企业改革与管理》2016 年第 20 期。

编辑规范；其次，要主动与先进同行、权威机构沟通联络，积极参与业务研讨和学术交流；最后要探索有效的激励机制，增强年鉴编辑队伍的凝聚力。

二是重视数据的真实性，同时加强保密意识。特别是对于以生产盈利作为主要目的的企业来说，经营管理不可能总是一帆风顺，业绩报表数字不可能完全尽如人意。有的部门供稿人认为经营数据不好看，就在稿件中笼统地一笔带过，避而不谈，这是非常错误的。年鉴资料必须做到真实性，可追溯性，对于某些固定性内容（如生产经营数据），要在上下卷中都可以查阅、对比，才能真正达到“资政”的作用。对于企事业单位来说，很多重要的科研成果和经营数据是不宜公开的，但是由于供稿人自身专业水平有限，分不清哪些内容是需要保密的，所以在撰稿过程中加强专业人士把关，加强对相关保密法规的学习十分重要。

三是重视栏目设置，优化编排逻辑。有些高校年鉴的框架设计非常简单，有些甚至就是按照校内各单位的顺序，将年度总结简单的编排在一起，缺少综合情况或综合情况的篇幅太小。[①] 笔者认为高校年鉴的一级类目可以依照学校业务开展的特点设计，并保持相对不变；二级分目可以依照分目内容在学校工作中的重要性和发展规模而定，尽量避免单纯按照机构设置来设计。现代企业为了加强自身发展，会不断地拓宽自己的经营领域，突出自己的强项优势，年鉴的框架设计应该对此有及时的反映。另外，企业的很多重大项目和重点工作往往是多家单位共同合作才能完成，如果不能有效地进行汇集，这些资料就会散落于各个有关部门的条目中，形成不了总体印象，也不易突显客观真实性。例如，中铁十八局集团自 1998 年以来，海外工程扩展迅猛，取得了较好的经济效益，为此《中铁十八局集团年鉴》从 2003 年卷开始增设了名为“海外工程”的一级类目。[②]《武钢年鉴》从 2000 年卷开始在综述中设立年度的“要事摘录”“工程建设”“技术改造”“技术进步”等，全面汇集武钢年度

① 陈军：《高校年鉴编撰规范性研究初探》，《中国电力教育》2010 年第 7 期。

② 王千永：《推进年鉴创新服务现代企业》，《年鉴与信息研究》2004 年第 1 期。

重大事件、工程建设和技术改造等相关部门的重要资料。① 在企业年鉴的编纂实践中，有的编辑部大胆尝试，在完整的企业年鉴编辑的同时，制作了一份简本年鉴，只包含了有关生产管理的信息，为一线的管理者和员工的现场工作服务。②

四是重视年鉴出版信息化。2006 年 5 月 18 日，国务院总理温家宝签署国务院第 467 号令，颁布施行《地方志工作条例》。这个新中国成立后第一个关于地方志工作的全国性法规——《地方志工作条例》的出台，以立法的形式把“组织编纂地方综合年鉴”作为各级修志机构的主要任务之一，为地方综合性年鉴的“官书”身份做了一个明确的规定。而企事业单位年鉴由于编纂单位、收录内容的特殊性，“官书民用”的特点尤其突出。实现企事业年鉴载体电子化、网络化，是提高其使用率和知名度的最有效、最便捷的途径。出版电子年鉴，还有助于企事业单位实现数据库检索功能，从而为管理决策提供更快捷、更权威的数据支持，实现从“志库”到“智库”的转型。特别是随着移动互联网时代的到来，“互联网+”是我们回避不了的趋势，年鉴必须适应这个时代的需求。河南省地方志系统的做法很值得我们借鉴，省史志办官方微博、微信“河南记忆”上线开通，反响良好。“方志开封”“史志新乡”等一批微信公众号和官方微博也相继开通上线。③

六是重视出版的连续性。近年，北京地方志办公室从中国知网所收录的论文对省级综合年鉴、副省级综合年鉴、北京市区县综合年鉴这三大类地方综合年鉴进行引证的量化分析中发现，年鉴的被利用率与其出版时间的连续性有很大的关系。年鉴的年度性，决定了年鉴不能记述超时间范围的内容，但是连续性恰恰补足了这个“短板”。与其他工具书相比，连续出版的年鉴完整地反映了事物发

---

① 杜芝轩、袁翔：《浅议企业年鉴框架设计中的与时俱进》，《年鉴信息与研究》2005 年第 5 期。

② 毛曄：《企业年鉴框架设计的改进必须注意的几个问题》，《年鉴信息与研究》2003 年第 5 期。

③ 管仁富：《略论史志工作信息化》，《中国地方志》2017 年第 1 期。

展变化的年度性特征和完整过程，是其他工具书不能替代的，所以年鉴连续编纂的时间越长，价值就越高。[①] 作为单位性年鉴编纂人员，我们在逐年编纂年鉴的同时，更要注意年鉴资料要素的连续性，确保不同年度的资料要素一致、口径一致，做到可查、可比，发挥好年鉴在资料连续性方面的优势，为企事业单位的经营和发展，提供更好的数据支持和信息服务。

（作者单位：北京大学党委办公室校长办公室）

① 王韧洁、姜坤、崔震：《从部分地方综合年鉴在中国知网的引证情况看年鉴编纂工作》，《中国地方志》2016 年第 9 期。

论地方综合年鉴的编纂创新

刘树波　由岳峰

摘　要：地方综合年鉴创新发展的各种理论、观点，最终要落实到编纂业务实践。笔者从地方综合年鉴的著述性、内容特点、功用、质量、理论研究等方面进行深入思考，分析目前地方综合年鉴存在的因忽略著述性所造成的可读性不强，记述门类和内容不够综合、全面，地域特色不突出，服务能力不强，精品意识薄弱等问题，提出地方综合年鉴编纂创新要体现著述的鲜活性、内容的全面性、地域的特殊性、服务的实用性、质量的精品性和理论研究性六方面观点，以期在年鉴编纂创新方面有所裨益。

关键词：地方综合年鉴　创新　著述性　精品

随着党中央五大发展理念的确立，创新被赋予更加深刻和重要的时代内涵。国务院办公厅《全国地方志事业发展规划纲要（2015—2020年）》（以下简称《规划纲要》）和中国地方志指导小组《全国年鉴事业发展规划（2016—2020年）》（以下简称《年鉴规划》）都把“坚持改革创新”作为地方志事业发展的基本原则之一。年鉴事业是地方志事业的重要组成部分，在我国经济社会发展和社会主义文化强国建设中发挥着重要作用。地方综合年鉴（以下或简称年鉴）创新既是事业发展的必然要求，也是顺应国家发展趋势的重要举措。长期以来，年鉴界对年鉴创新的思考和探索不断深入，在框架设计、完善体例、丰富内容、创新形式等方面产生了很多理论和观点，并促进我国年鉴事业的不断发展。在看到成绩的同时，我们也发现，目前部分年鉴仍存在因忽略著述性所造成的可读性不强，记述门类和内容不够综合、全面，地域特色不突出，服务能力不强，精品意识淡薄，以及理论研究不够等问题。解决这些问题，最终要落实到年鉴编纂业务实践，还需从年鉴编纂创新中寻求突破。

一、年鉴编纂创新要体现著述的鲜活性

国务院《地方志工作条例》将地方综合年鉴定义为系统记述本行政区域自然、政治、经济、文化、社会等方面情况的年度资料性文献。与地方志书一样，地方综合年鉴亦为“资料性文献”。这一定性决定了年鉴具备“著述性”的特点。年鉴有其特定体例，其编纂有独特的方法、原则和规范。强调年鉴的“著述性”，即在鲜明思想观点和编纂宗旨的指导下，按照年鉴体例的要求，对搜集到的资料进行能动地提炼、整合与撰写，形成资料性文献，这个过程不是对原始资料的照抄、照录，而是一个创作的过程。“著述性”是年鉴资料性、新颖性、可读性的前提条件和根本保障，是年鉴编撰质量的核心和灵魂。[①] 目前，有些年鉴只是材料的简单“堆砌”，数据的罗列，类似资料长编，工作总结痕迹较浓。这样的年鉴读起来呆板无趣，严重影响年鉴整体质量。忽略著述性，是造成年鉴“千鉴一面”、吸引力和可读性不强的重要原因，应当成为年鉴编纂创新所要解决的重要问题。

从年鉴编纂创新的角度思考，增强年鉴著述的鲜活性是提高年鉴质量和吸引力的有效方法。鲜活，即编纂人员充分发挥主观能动性，注意入鉴材料的选择，通过精深加工，重点记述新事、要事和能够反映地方新情况、新变化、吸引读者的资料，在坚持年鉴本质的基础上，灵活运用编纂年鉴的各种方法，着重记述本地年度发展

① 唐剑平：《论年鉴的“著述性”》，《史志学刊》2015 年第 5 期。

变化情况，点面结合，纵横可比，尤其是对重要内容的记述，要尽量交待清楚事物产生、变化和发展的因果关系，以增强内容的可读性。以《黑龙江年鉴》（2015）“石油化工”类目中“行业经济运行”条目为例。“2014 年，全省石化行业累计完成工业增加值 2214.6 亿元，其中石油和天然气开采业 1800.7 亿元，同比下降 0.1%；石化工业 413.8 亿元，同比增长 5.2%。实现主营业务收入 3913.2 亿元，其中石油和天然气开采业 1815.0 亿元，同比下降 4.7%；石化工业 2098.2 亿元，同比下降 2.2%。实现利税 1461.3 亿元，其中石油和天然气开采业 1263.9 亿元，同比减少 143.4 亿元，石化工业 197.4 亿元，同比增加 10.0 亿元。”这段记述，数据翔实，而且逐年可比。此条目接下来记述了以上数据变化的原因：“一是国际原油价格自 6 月份以来大幅下降，到 12 月份跌幅超过 50%，石油和天然气开采业主要经济指标大幅下降。二是由于石化产品价格普遍下降，煤化工企业大多亏损，石化工业主营业务收入略有下降。三是石化工业扭亏为盈，实现利税 197.4 亿元，同比增加 10 亿元，实现利润 2.9 亿元，同比增加 9.7 亿元。四是产业结构不断优化，中直企业盈利能力增强，但主要产品产量呈现下降态势。原油产量 4000.0 万吨，与上年持平；天然气产量 35.1 亿立方米，同比增长 2.0%；化学纤维产量 7.7 万吨，同比增长 6.5%；轮胎外胎产量 496.3 万条，同比增长 2.5%；原油加工量 1579.6 万吨，同比下降 4.0%；合成氨产量 68.9 万吨，同比下降 5.6%；化肥产量 49.0 万吨，同比下降 22.7%；焦炭产量 815.2 万吨，同比下降 13.6%。五是煤化工行业普遍亏损，装置利用率不高，产品价格、产量、主营业务收入降幅较大。”① 因果关系的阐述，极大丰富了数据的内涵，赋予数据更为深刻的意义。年鉴主要采用记述文体，强调实录，客观反映事物，直陈其事，直截了当地将事物的基本面貌展现给读者。但年鉴在记述事物的过程中，不排斥必要的释解和说明（当然，年鉴中的说明和释解是事实性的说明，不是抽象性说明，也不是理论

---

① 黑龙江省地方志办公室：《黑龙江年鉴（2015）》，《黑龙江年鉴》编辑部 2016 年 10 月版，第 226 页。

性说明，更不是艺术性说明）。以上事实性说明，较为鲜活地反映了2014年黑龙江省石油化工行业变化情况，在一定程度上揭示出该行业面临的下行压力和整体状态，因果关系交待清楚，起到了“述而不论”“寓观点于记述”之中的效果，存史、资政意义突显。年鉴在全面反映年度资料为主的同时，可以在涉及自然地理、历史、环境、民俗等内容上作适当的“回溯”，从而突出著述的鲜活性。很多年鉴编纂者对此有明确的认识，并在年鉴记述上有所体现。《上海年鉴（2016）》在“天瞰城”彩版中收录了2015年上海航拍照片，并在该照片右侧附1934年上海航拍照片。此举增强了年鉴的历史厚重感和对比性，收录的是“老照片”，表现的是老上海的独特景象，彰显的却是现在上海的飞速发展和巨大成就，其记述手法高超，很好地体现了著述的鲜活性，值得称道。

年鉴编纂体现著述的鲜活性是增加年鉴可读性、引起读者兴趣的最佳方法，对扩充年鉴记述内容、挖掘资料内涵有积极作用，有利于年鉴更好地发挥为现实服务和存史的功能。

二、年鉴编纂创新要体现内容的全面性

地方综合年鉴是对应社会现实的一面镜子，之所以称为“综合”，主要体现在四个方面。一是内容记述的全面性。记述内容要全面收录自然、政治、经济、文化、社会等方面情况。二是要体现区域行业的全面性。既要记述党委、政府年度工作情况，也要记述直属部门、中直单位年度工作情况；既要记述本级情况，也要适当记述下级相关情况。三是要体现体裁的全面性。年鉴为条目体形式加述、记等体裁，也要综合运用特载（专记）、附录、图片、检索系统（包括中英文对照）等体裁和记述形式。四是要体现服务的全面性。在信息决策服务上，年鉴不但要为党委、政府提供决策参考，还要为社会各界和各行业提供信息支持和有益帮助；在资料积累服务上，年鉴能够为编史、修志提供丰富的基础材料；在便捷服务上，年鉴

可以通过出版光盘、简本、袖珍版等方式，提供更加灵活、方便的服务。综合性实为地方综合年鉴的本质属性之一。地方综合年鉴毫无疑问都应该以覆盖本地域的信息资料为主要内容，其栏目设置应该覆盖本地的所有领域，内容选择也应涉及对应地域的所有基本情况和大事要闻。否则，就不能圆满地实现自身的任务。[①] 从目前出版的年鉴来看，综合性表现不足、记述不够全面的问题仍然存在。例如，部分省级年鉴在“市（地）县概况”（亦或“市地介绍”等题目）类目中，未对市辖区情况进行简要介绍。市辖区是县级行政区划之一，行政级别等同于县（市），其国家机关、社会事业等一应俱全。与县（市）级行政区比较，居民以城镇人口为主，城市化一般处于较高水平，人口密度大，流动人口相对集中，经济相对发达，并且第三产业占比一般较高，社会、文化、金融、贸易等相对比较繁荣。各区之间自然、政治、经济、文化、社会的各方面情况也是不均衡的。不能以市辖区为城市市区的组成部分而不予记述或“淹没”在市（地）的记述之中。《黑龙江年鉴（2015）》在“市地建设”类目中，不但记述全省 13 个市（地）、63 个县（市）情况，而且简要记述全部 69 个市辖区情况，较好体现了地方综合年鉴记述的全面性。大多数年鉴设有“社会生活”类目，但该类目内容往往存在一些缺失。早在 2011 年，许家康曾指出，反映不同人群的基本情况及与人民生活密切相关的方方面面，是“社会生活”内容的重点，或者说是核心内容，任何年鉴都不应有太大的疏漏。遗憾的是，许多年鉴还做不到这一点。[②] 直到现在，“社会生活”类目中应有的婚姻·家庭、妇女·儿童、青年、老年、残疾人、农民工和流动人口、民族、宗教、民间组织、城镇居民生活、农村居民生活、物价、住宅、社区、就业、社会保障、社会福利、慈善事业、灾难事故、救灾救济等分（条）目，在年鉴中仍有缺失，尤其是“青年”“老年”“残疾人”“农民工和流动人口”“民间组织”“住宅”“就业”这几

---

① 沈永清：《一部编纂特色显明、基本属性凸显的省级年鉴——读〈广西年鉴（2014）札记〉》，《黑龙江史志》2016 年第 2 期。

② 许家康：《谈谈省级年鉴如何进一步提高质量》，《广西地方志》2011 年第 1 期。

方面内容，往往缺失严重，少见于年鉴的“社会生活”类目。《上海年鉴（2016）》除了具有“社会生活”类目应包括的分目内容外，另设有“家计”“岁时习俗”“方言流行语”“闲暇生活”“移民社会生活”等内容。这一创新举措，丰富了社会生活的内容，深度反映上海市民的生活特点，既增加了年鉴的存史价值，也彰显了上海文化的独特风格，体现出编纂者强烈的历史使命感和文化传承意识。

随着我国经济社会的快速发展，新事物、新情况和新思想观念不断涌现，年鉴收录的内容必将大大增加，年鉴编纂更加注重体现内容的全面性是年鉴发展的必然趋势。年鉴编纂者应当进一步发挥主观能动性，适应新常态，采用开辟新栏目、扩大信息资料选题选材的时空范围、拓宽材料收集渠道、增加二次文献品种和数量等方法，改变那些内容单薄、资料形式单一的年鉴面貌，提高年鉴质量。

三、年鉴编纂创新要体现地域的特殊性

矛盾具有特殊性，世界上没有两片相同的树叶，也不可能有完全相同的两座城市。体现地方特色是判断地方综合年鉴编纂质量的重要标准，其作为本行政区域的资料性文献，必然会体现出本地的特殊性。记述内容仅是相关人物（如政府官员等）、数据等的不同，只能形成“千鉴一面”局面，创新就更无从谈起。应当说，年鉴编纂的创新应当建立在体现地域特色的基础之上。在创新中体现地域特色，就是在构想年鉴框架，设计类目、分结构，以及编辑条目时，要树立“标新立异”思想，把“人无我有，人有我优，人优我特”的事务突出出来。编纂之前，要正确把握当地的历史与现状，把握党委政府中心工作和地域特色，掌握当地资源状况和区位优势，理解、感悟当地文化底蕴和人文特点。仍以上文《上海年鉴（2016）》在“天瞰城”彩版中收录的2015年、1934年上海航拍照片为例。1934年上海外滩照片不仅反映了20世纪30年代上海作为

当时中国经济发达城市的面貌，同时也承载了上海独特的历史文化内涵，与 2015 年上海外滩（现代化都市）航拍照互现，在时代变迁中展示出特有的张力。年鉴编纂应从三个方面入手，抓住当地独到之处、独特的历史文化积累和经济社会发展特点。一是突出时代主旋律。要擅于利用特载、专记等栏目集中表现特殊、特色、特例等内容。有些年鉴设立社会调查类栏目，集中收录若干篇社会调查报告，不失为突出本地特色的好方法。二是突出年度党委和政府工作的新思路、新举措、新突破。《北京年鉴（2015）》在“北京市人民政府”类目“政务工作”分目中设有“‘京校’十条发布”“加速软件和集成电路产业发展”“推进跨境电子商务发展”“与教育部共建首都师范大学”“建立重大环境建设问题约谈制度”“北京技术创新行动计划发布”“完善差别化绩效管理”“电动汽车应用推广”“促进健康服输业发展”“金融支持小微企业发展”“医药产品实施阳光采购”“及时处理马航客机失联事件”等 40 余个条目，体现北京市政府在政务工作中的种种新举措和为民措施，在突出政府工作新举措方面，记述效果良好，资政作用明显。三是设置一些“唯我独有”、与众不同的亮点栏目。《黑龙江年鉴（2015）》在专记中收录《人民日报》关于黑龙江的报道，展示了黑龙江省经济社会发展的新常态、新亮点。在文前彩版，该年鉴设置“龙江风采”栏目，从不同角度较好地展示了黑龙江省具有的大农业、大林业、大石油、大湿地等特点。《广东年鉴（2014）》用一个彩版集中记述了广州恒大足球队获中国足球超级联赛和亚洲足球俱乐部冠军联赛冠军，时代气息浓烈。《山东年鉴 2015》·开卷彩页即为“甲午年公祭孔子大典”，图片场面壮观，彰显山东文化大省风范。《江西年鉴（2014）》在“江西概览”类目中设有“国家级风景名胜区”分目，介绍庐山、井冈山、三清山、龙虎山等 14 个风景名胜区，表现了江西旅游的独特魅力。

体现地域的特殊性，是高水平年鉴的典型特征。一部能够全面、深刻记述本地特色的年鉴，必然散发出时代与地域的独特魅力，对读者有着巨大的吸引力，应当成为年鉴编纂创新所追求的重要目标。

四、年鉴编纂创新要体现服务的实用性

国务院总理李克强在为地方志工作所作的重要批示中指出：方志流传绵延千载，贵在史识，重在致用。同时，他对地方志工作者提出希望：继续发扬方志人精神，志存高远，力学笃行，直笔著信史，彰善引风气，为当代提供资政辅治之参考，为后世留下堪存堪鉴之记述。国务院副总理刘延东强调，地方志开发利用水平是衡量地方志工作成绩的重要标准，不要把地方志工作变成单纯的事务性工作，要学以致用、修以致用。《地方志工作条例》将地方综合年鉴归类为地方志，修志为用，编鉴也是为用，用于存史，用于资政，用于育人，服务社会、服务大众。各地年鉴编纂宗旨不尽相同，但无不强调年鉴的服务功能。

在服务经济社会发展上，年鉴编纂要紧密联系当地党委、政府的中心工作，做好资政、参谋工作，发挥智库的作用。年鉴编纂要找准自身的定位和重点，结合所在地域的实际，策划一些重点栏目、特色栏目，要根据编纂宗旨在类目、分目的设置上有所侧重，为政府决策提供有价值信息。根据有关调查和分析，地方综合年鉴的读者主要是党政机关的领导与工作人员，其次是商务人员和科研人员。[①] 年鉴框架设计、类目设置等，必须从满足读者的需求出发，认真思考读者需要什么信息，应当主动提供哪些信息。如《黑龙江年鉴（2015）》，沿续上卷年鉴的做法，在“省情概览”类目中围绕中共十八大提出的“五位一体”总体部局，设置“经济发展”“政治建设”“文化建设”“社会建设”“生态文明建设”，为党政机关领导和工作人员全面了解黑龙江省发展情况提供基本信息，为资政提供参考。年鉴编纂还要结合地方的宣传教育工作和精神文明建设，开展地情教育和爱国、爱乡教育。年鉴要提供全面、系统、综合、

---

① 方光亚：《谈谈年鉴的卖点、读者与定位》，《年鉴信息研究》2001 年增刊。

精练、浓缩、准确而且具有权威性的信息，把本地发展状况展示在人们面前，让人们去了解、认识、热爱家乡。年鉴编纂工作不能满足于“闭门造书”，要充分发挥年鉴的存史作用。在将年度资料编纂为资料性文献的同时，保存年度史料，从而为编史、修志服务，尤其是要将地方综合年鉴作为搜集、积累地方志资料的重要方式。地方志书有篇章节目体、条目体、编章节目与条目结合体等体例，年鉴以条目体为主。为此，有观点认为，要尽可能地兼顾地方志和年鉴体例上的不同之处。由于年鉴是年度性资料书，资料存量不是很大，有些在志书属目一级的资料，在年鉴中由于量少很难单独成一条目，可采用与内容相近的条目合并的方法保存其内容。为适应为志书搜集资料的需要，年鉴条目可以分为一级条目二级条目等，以接近志书的章节目体。[①] 这种观点有待检验和研究，但应当给予肯定的是，年鉴可以在编纂上创新思路，尽量选择有存史价值内容入鉴，尤其是对那些具有开创性、重要转折性事件，要根据实际情况尽量记述。未入鉴材料可以集中保存，必要时编辑成册，形成备用史料，为以后编史修志服务。

编鉴为用，只有服务社会，惠及民众，年鉴才能证明自身存在的价值和必要性，才会获得强劲的发展动力。年鉴编纂强调服务的实用性，实际是突出年鉴的使用价值，没有使用价值的东西往往会被束之高阁。从这个层面上讲，年鉴编纂创新着重强调“用”字，对其存在和发展的意义更为重大。

五、年鉴编纂创新应体现质量的精品性

《规划纲要》《年鉴规划》都把“坚持质量第一”作为发展地方志事业的基本原则之一，强调：坚持存真求实，确保地方志质量。正确处理质量与进度的关系，将精品意识贯穿于地方志编纂出版工

① 王笑貌：《要充分发挥地方综合年鉴搜集保存地方志资料的作用》，《广西地方志》2008 年第 2 期。

作全过程，严把政治关、史实关、体例关、文字关、出版关，编纂出版经得起历史检验、具有鲜明时代特征和地域特色的地方志成果。创造精品年鉴，是读者的需要、时代的需要，也是年鉴编纂者为之奋斗、孜孜以求的目标。年鉴编纂工作的创造性，体现在编辑流程中的各个环节。在这一创造性工作过程中，有无精品意识其结果大不一样。没有精品意识，一马虎，一松懈，条目就可能出漏洞，或文理不通，或结构紊乱。①

在年鉴编纂创新中树立精品意识，要坚持年鉴编纂的标准化。概括地说，精品年鉴应当是导向正确，体例完备，时效性强，内容精炼，制作精致，具有强烈的吸引力和感染力的年鉴。中国地方志指导小组《地方综合年鉴编纂出版规定（试行）》以及2017年5月印发的《中国年鉴精品工程实施方案》从观点、框架、资料、内容、条目编写、检索系统、行文、编辑、版式等方面对高质量年鉴提出了具体要求，应当成为编纂精品年鉴的重要参考标准。

在年鉴编纂创新中树立精品意识，要坚持年鉴编纂的规范化。年鉴的规范化是指对年鉴基本共性作出的方方面面的规定，目的是为了达到年鉴基本要素齐全，检索方便，纵横可比，有效提高年鉴的整体质量。比如条目体、人称、基本框架要素、条目分类及其大致比例、条目标题、语言行文、基本符号、全称简称和简略语、目录、索引、图表、政治问题、保密问题、封面封底封脊要素及位置等。② 年鉴编纂规范化与年鉴编纂创新相辅相成，二者统一于提高年鉴质量。规范不是为了束缚创新，而是对事物规律进行能动认知后得出的结论，随着实践和认识的不断深入，规范也与时俱进。创新能够为规范的发展提供新的依据，使规范更趋完善。

在年鉴编纂创新中树立精品意识，要坚持年鉴编纂的系统化。年鉴编纂是一个系统工程，资料收集、撰稿、组稿、编辑、总纂、审校、印刷、装帧等环节紧密联系，环环相扣，构成有机整体。要在年鉴编纂出版流程中的个各环节增强每一个编纂人员责任感，做

---

① 杨汉平：《年鉴编辑的精品意识和创新意识》，《年鉴信息与研究》1997年第2期。

② 唐剑平：《关于年鉴创新与规范的思考》《中国地方志》2011年第12期。

到精心组织，周密实施，严格把关，尽量将各方面的差错控制在最低限度，确保在各个环节精益求精，以一丝不苟的精神使所编纂的年鉴成为观点正确、结构合理、内容丰富、资料翔实、形式新颖的精品。

我们讲年鉴编纂创新，最终目的要落在提高年鉴质量上，在年鉴编纂创新过程中树立精品意识，坚持年鉴编纂标准化、规范化、系统化是年鉴自身存在的需要，也是年鉴事业发展的必然要求。

六、年鉴编纂创新要体现理论研究性

年鉴编纂创新离不开理论的指导。《规划纲要》和《年鉴规划》在坚持改革创新上都提到“推动理论创新”。年鉴编纂创新理论研究源自年鉴编纂实践，同时又直接服务于年鉴编纂实践。加强年鉴理论研究，活跃年鉴界学术气氛，丰富年鉴编纂实践，推动年鉴理论研究逐步深入，是年鉴编纂创新的前提和基础。多年来，年鉴编纂机构和年鉴工作者结合实践经验，不断提出年鉴创新的观点、看法，为年鉴编纂创新提供了有力的理论支撑。目前，一些年鉴编纂创新方面的理论研究还有待进一步深入，有些观点还未能从感性认识上升为理性认识，从宏观层面概括和把握的研究成果较少。不排除有些年鉴急于追求创新，导致“创新有余，规范不足”的问题出现。如有些年鉴设立“改革”栏目，但其内容往往是财政、税务、国土资源管理、审计等机构（单位）的年度性基础工作内容，记述重点没有落在改革上。年鉴编纂创新理论研究的正确与否，关键就在于它对年鉴编纂实践经验的总结、提炼水平如何，指导年鉴编纂实践的效果怎样。只有理论联系实际，年鉴理论研究才会有实际意义。

从创新与积累的辩证关系看，积累是创新的基础，创新是积累的目的和结果，是积累达到一定程度的表现形式。年鉴编纂创新应当是有基础的创新，这个基础就是年鉴理论研究和年鉴编纂实践的不断积累，没有这个积累，年鉴编纂创新就会成为“无源之水”

"无本之木"。创新永无止境，年鉴编纂创新的理论研究没有尽头。创新运用于年鉴编纂，要求年鉴主体牢固树立年鉴工作的社会与历史责任感，牢固树立争创一流的高起点、高目标的事业心，牢固树立并贯彻解放思想、实事求是、与时俱进的思想，密切关注社会改革动态，把握时代特征，认清发展趋势，破除由思维定势和传统经验所产生的一切与年鉴编纂有关的陈腐理念、机制和方法，编出与时俱进的年鉴，忠实记录时代发展步伐和社会真相，使年鉴事业走向可持续发展的良性轨道。[①] 这同样要求我们必须注重年鉴基础理论的研究，尤其是要加强对年鉴性质、功能、多样性等问题的研究，在静态中完善，在动态中发展，为年鉴编纂创新提供理论基石。要制定相关政策，鼓励编辑人员在各种报刊杂志上发表文章，提高理论创新的能力和水平。要多举办各种讲座，提高编纂人员自身素养，丰富知识内涵。要加强各地理论研究成果的沟通，围绕年鉴创新，通过召开学术年会，举办大、中、小型专题性理论研讨会等方式，积极开展年鉴基础理论、应用理论研究，为年鉴编纂创新提供条件。

（作者单位：黑龙江省地方志办公室）

① 金明德：《论年鉴创新及编辑素质》，《中国地方志》2004 年第 12 期。

地方综合年鉴编纂的整体性思维

桑　荟

摘　要：目前，地方综合年鉴存在“碎片化”记述倾向，内容系统性、完整性不够，学术性欠缺。要从整体性思维出发，提升地方综合年鉴的文献价值。要突破年鉴条目体的束缚，按事物的组成要素展开记述，点面结合进行记述，避免年鉴内容的“碎片化”。要从科学设计篇目、写好年鉴的综述、加强碎片内容整合等方面着手，提升地方综合年鉴的系统性和完整性。要从提高地方综合年鉴资料的权威性、资料的独家性等方面入手，加强对资料的历史分析，提高地方综合年鉴的学术性。

关键词：地方综合年鉴　整体性思维　系统性　学术性

国务院《地方志工作条例》对地方综合年鉴有清晰的定义，即系统记述本行政区域自然、政治、经济、文化、社会等方面情况的年度资料性文献。《现代汉语词典》对于文献的解释是“有历史价值或参考价值的图书资料”。目前，地方综合年鉴的文献价值普遍不高，系统性、逻辑性、学术性都有所欠缺，要从整体性视角来把握、分析、评价和解决这些问题。人类社会的历史，是一个由各种复杂因素相互作用、密切交织而形成的有着内在联系的统一的运动过程。任何事物、现象都处在与其他各种事物、各种现象复杂的联系之中。客观记述历史，就要求用整体性的眼光，把每一种历史现象都放到历史的整体联系中去认识、去考察。地方综合年鉴作为系统记述某一行政区域自然、政治、经济、文化、社会等方面情况的年度资料性文献，其编纂应具备整体性思维，以反映社会发展的大势大略，更好地发挥年鉴“资政、存史、育人”功能。

一、运用整体思维，改变年鉴“碎片化”记述倾向

目前，地方综合年鉴普遍存在内容碎片化现象，资料琐碎、杂乱无章，县（市、区）级年鉴尤其突出。法国年鉴学派代表人物马克·布洛赫认为“就事论事、支离破碎的认识决不会导致对整体的认识，它甚至对部分也不能认清。”① 地方综合年鉴资料一般来源于政府各部门的供稿，很多带有部门色彩，缺乏整体性思维，以罗列部门工作代替深入的事业发展现状记述。如记开展某项普查，只记启动会议情况，不记普查成果。一些部门供稿内容枝枝蔓蔓，记述范围过于宽泛，党务、职工教育、业务培训等内视性内容全部收录，俨然是部门总结汇编。事业或行业发展内容淹没在冗杂繁琐的资料中。有些地方综合年鉴过于强调年鉴的年度性，动态性条目占比较高，动态性条目的内容大都是碎片化内容，对事业或事物发展影响甚微。大量的碎片记述没有考虑到普遍联系和“以小见大”的原则，呈现出碎化的征象。

长期以来，年鉴界将条目体作为年鉴的一个基本特征，认为年鉴就是条目体。条目体虽然一事一条，易于操作，但缺乏系统性、逻辑性，不能使全书形成一个有机的结合体。地方综合年鉴使用条目体，在某种程度上强化了年鉴“碎片化”的记述倾向。有些部门撰稿人按照年鉴组稿大纲要求，对本部门的年度工作总结等资料进行切分，有时切分过于随意，甚至将一个独立、完整的条目拆分成多条条目，导致一些条目内容支离破碎，记述要素不全。一些条目内容空话、套话多，实质性内容少。地方综合年鉴涉及面广，年鉴编辑对一些部门的业务工作也不是太了解，加之组稿、编辑任务重，

① 〔法〕马克·布洛赫著，张和声、程郁译：《历史学家的技艺》，上海：上海社会科学院出版社，1992 年，第 113 页。

很多时候对来稿全盘接受，只是进行文字校对，因此地方综合年鉴的内容碎片化现象在编辑阶段也难以得到纠正。

我国早期年鉴并不采用条目体，港澳台年鉴、海外年鉴也不采用条目体，因此条目体并不是年鉴的本质特征。目前，有些年鉴已经开始采用章节体，对于改变年鉴碎片化的记述倾向起到了积极作用。如《盐城年鉴》从 2015 年尝试以章节体辅以条目体的形式架构篇目：第一层次的编（10 编），是年鉴主体部分的十大板块（可视为虚设层次）；第二层次的章（52 章），是以二级类目“横排”出的 52 个大类；第三层次的节（289 节），是各个大类之下的“划分”；第四层次的目（384 目），是各个大类经过“划分”后所并列出的主要职能或重点工作；最后一层次的条目（587 个），为年度性亮点或特色事项。这样的架构，章节为宏观结构，条目是微观形式，由此立体综合地组成整部年鉴的资料体系，科学严谨地展示本年度盐城经济社会发展的综合状况。①

地方综合年鉴条目内容的“碎化”使地方综合年鉴缺乏整体的架构和历史眼光，难以反映区域年度发展特征。因此，地方综合年鉴编纂的整体性思维应该最广泛地落实在具体条目编写中，善于从整体出发去看待各项事业发展，从整体出发去认识微观。各种事物都是由不同的要素构成的，要认真分析事物组成要素，按照事物的组成要素展开记述，才能把事物的本来面貌记述清楚。如艺术不仅要记述艺术发展概况，如艺术机构数、艺术表演场次、参与人数等，还要分别记述戏剧、美术、摄影、杂技、书法、舞蹈、曲艺、影视等各个艺术门类发展状况。为避免内容的碎片化，地方综合年鉴可采用点面结合的记述方法。所谓面，就是横向展现事物的整体面貌。所谓点，就是在整体面貌的记述中，记述代表性事物或事例，突出典型。没有点，没有对重点材料的重点记述，年鉴就会只是一般性的、干巴巴的资料汇集；没有面，则不能反映事物发展和存在的整体面貌。在地方综合年鉴中，以面横陈全貌，以点重彩着笔，面、

① 茆贵鸣：《〈盐城年鉴〉全面创新的探索与实践》，《江苏地方志》2016 年第 3 期。

点有机结合，就能比较清晰、全面而又重点地写出一项事业，一项事物、一个门类的发展现状。如写港口时，先叙述一地港口总的状况，包括装卸能力、停泊吨位、港口设施、货物吞吐量等，然后举出一两个主要港口重点简介，使全文凹凸有状，立体感强。只有采用这种形式编写，年鉴记述内容才不至于流于空泛，才能避免内容的碎化。

二、运用整体思维，提升地方综合年鉴的系统性

系统性是地方综合年鉴的重要属性，目前地方综合年鉴普遍存在整体架构松散，系统性不强的缺点。提升地方综合年鉴的系统性，要科学设计篇目、写好年鉴的综述、加强碎片内容整合。

1. 科学设计年鉴篇目

编纂地方综合年鉴要运用系统论的方法，科学设计各个层次的结构，从而揭示各相关部分的有机联系，并通过这些有机的联系，反映事业或行业的全貌。地方综合年鉴记述年度区域自然、政治、经济、文化、社会、生态等各方面情况，组稿单位涵盖众多的机关和企事业单位，面广量重。为方便组稿、编辑，一些年鉴在篇目设计时侧重于单位分工，科学分类重视不够。按单位分工设计篇目，虽便于组稿，但容易造成一些系统资料的缺失，如很多年鉴将农委的供稿内容都归入农业，农业多按种植业、畜牧业、园艺业等进行分类，如此一来，农业面源污染治理、动物疫病防控等农业安全内容就无法归类，有时就会遗漏。设计篇目时要充分考虑各层次之间的内在逻辑性。地方综合年鉴的类目数量应适中，省、市、县三级地方综合年鉴类目数量应逐渐递减，年鉴的分类层次也不宜过多。目前，地方综合年鉴普遍存在归类不当、划分标准不一、层次混乱等问题。如将服务业与隶属于服务业的金融业、旅游业等并列，建筑业与房地产业混为一谈等。在横分层次时要坚持划分标准的同一，避免出现不合逻辑的混乱现象。一事物往往有多种属性，设计地方

综合年鉴篇目时，可根据不同情况，确定事物的一种属性作为划分门类的标准，同一层次必须严格按照同一标准。这样划分的门类才具有唯一性和排他性，避免界限不清。地方综合年鉴记述的是区域年度发展情况，属于短时段资料文献，为保持内容的连续性和系统性，框架结构要保持一定的稳定性，不能变动过于频繁。

2. 写好年鉴的综述

年鉴采用的是条目体，条目体虽方便灵活，便于检索，但难以反映事物发展的内在联系，系统性不足，缺乏全面联系和贯通。为弥补这一缺点，需要加强综合性条目的记述，尤其是综述条目的撰写。综述综合概况记述事物或行业发展概貌，揭示事物或行业发展的内在规律和发展趋势，起着高屋建瓴的作用。目前，很多年鉴综述内容较为空泛，体现不出事物或行业发展的内在逻辑性；有的综述未能把握事物或行业发展的大势，宏观性不足。综合性年鉴的综述应都是综合性条目，而目前很多年鉴将无法归类的单一记事性条目全部放入综述，显然是不太合适的。为了反映事业或行业发展概貌，综述可从不同侧面对事物进行记述，每一个条目就是一个相对的独立体，但这些条目并非“各自为政”，条目之间存在密切的逻辑联系，形成一个统一的整体。

3. 加强碎片资料的整合，保持事业或行业发展的整体性

碎片资料容易出现“以偏概全”之弊。细小问题、微观问题虽然可由小见大，但不可能反映事业或行业发展现状。地方综合年鉴主要由政府部门供稿，供稿内容基本是职能范围内的工作，事业或行业分类和政府职能部门分工并不完全一致，这就要求必须加强年鉴碎片资料的归纳整合，提高年鉴信息的综合性。如社会救助涉及民政、住建、教育、人社、卫计等多个部门，仅收录民政部门的社会救助资料是不完整的，要汇总多部门的社会救助资料进行综合记述，才能全面系统地反映社会救助情况。再如知识产权包含专利、商标、版权等方面内容，其中专利属于知识产权局管理，商标属于工商局管理，版权属于新闻出版广电局管理，很多地方综合年鉴的知识产权内容都仅有知识产权局提供的专利内容，没有商标和版权

的相关内容，无法全面系统反映知识产权发展状况。因此，必须按照事业或行业发展分类，加强相关内容的整合，全面系统地反映事业或行业发展现状。条目是年鉴记述的基本单元，内容应相对完整，对于一些内容不完整的条目，要通过撤并条目，补充资料等办法完善条目内容，保持条目内容的完整性。

三、运用整体思维，提升地方综合年鉴的学术性

1. 提高地方综合年鉴资料的权威性

地方综合年鉴是由政府机构组织编纂出版的，因此属于政府出版物。政府出版物具有权威性。为保障地方综合年鉴的权威性，就要多采用权威资料。首先，要完善基础信息，展现事业或行业发展概貌。如旅游要有旅游人数、旅游收入、旅游景区等基本资料。《香港年报》（2013）在记述公共交通时详细记述了全港铁路、电车、山顶缆车、其他陆路交通工具（专营巴士、非专营巴士、公共小型巴士、的士）、渡轮等各种交通工具数量、载客量，资料翔实，香港公共交通情况一目了然。其次，要拓展资料采编渠道，搜集全面、系统、准确的权威资料。目前，地方综合年鉴的内容来源于各机关单位报送的材料，由于各单位对年鉴组稿工作的重视程度和认知程度不一，因此报送材料的质量也参差不齐。仅依靠机关单位报送的材料，不足以全面系统反映区域经济社会发展情况，因此要多方搜集整理有关部门公开发布的权威资料，如统计公报、白皮书、工作报告、调研报告等。地方综合年鉴除记述官方活动外，还应记述稳定的日常生活。由于政府部门难以提供民众日常生活资料，因此一些地方综合年鉴对于社会民生内容，记述寥寥，难以反映普通民众日常生活情况。有鉴于此，一些地方综合年鉴收录了一些社会民生调查资料，这些资料很多都未全文发表过，资料价值较高。有条件的地方综合年鉴编纂单位也可以通过购买社会服务的形式，委托有关单位开展专项社会调查，获取第一手资料。再次，要拓展内容记述

深度，有些年鉴对一些重要内容的记述不够完整，有时一笔带过，这时就需要补充资料展开记述。如记述当年新增上市公司数，不能仅简单记述数量，而要列表逐个反映，包括名称、上市时间、上市地等。

2. 注重独家资料收录，提高地方综合年鉴资料价值

在新媒体快速发展的今天，地方综合年鉴必须有自己独特的生存空间。资料是年鉴的基础与生命，因此增强年鉴的价值，首先就要在资料的独特性上作文章，使地方综合年鉴所收录的资料具有唯一性、不可替代性，从而迫使读者要了解某一方面的情况，不得不查找地方综合年鉴，舍此别无选择。目前，很多地方综合年鉴中的单一纪事性条目较多，收录了众多会议、领导视察、检查评比、表彰奖励等内容，这些内容大都是部门新闻宣传内容，通过部门网站都可以查询到，资料价值不高，因此要逐步降低动态性条目占比。很多地方综合年鉴市县部分篇幅较大，甚者达到三分之一。市县内容多是一些经济指标和市县年度要事，这些内容和市县年鉴重复，在当地政府网站上也可以查询到，资料价值不高，因此要压缩市县部分的篇幅，合理确定收录内容。地方综合年鉴的供稿单位涉及政府各个部门，基本可以征集到各个领域的资料，这是地方综合年鉴的一个重要优势，地方综合年鉴编辑应善于从各部门的供稿中挖掘独家资料。部门供稿中经常会将年度性工作列举一下，其中有的会提及开展社会调查、发布某项报告等，凭借这些资料线索，就可以请求相关供稿人提供完整资料，这些资料很多都是独家资料，地方综合年鉴摘要使用这些资料，自然就提升了年鉴的资料价值。要重视图表资料的搜集，图表资料形象直观，信息量大，且大都是第一手资料，资料价值极高。海外年鉴很重视图表资料的使用，如美国《德克萨斯年鉴》（2012—2013）收录 37 张地图，171 张表格。国内地方综合年鉴收录表格虽不少，但很多都来源于地方统计年鉴，为提高地方综合年鉴的资料价值，可以多收录一些统计年鉴未收录的表格资料。此外，对于一些重要的事业或行业发展数据，可以分条块或分区域列表展开，扩展资料信息量。

3. 加强历史分析，提高地方综合年鉴文献价值

长期以来，“述而不作”被作为地方志编纂的一项基本原则，很多地方综合年鉴编纂人员由此认为地方综合年鉴只需客观记述史实，无需分析原因，无需探究事业或行业发展规律。有学者认为志界对“述而不作”的理解与史家“用史实说话”这一根本已经有些偏离，“述而不作在志书编写过程中的贯彻，关键要防止空发议论，空说原因，必须坚持用史事作为根据，一切拿史实来说明观点的原则。”① 客观分析史实，对于提升年鉴文献价值意义重大。目前，皮书大量涌现，其价值得到了社会各界的肯定，皮书基本是记述某一行业年度发展变化情况，并分析原因，提出建议，某种程度而言，皮书虽无专业年鉴之名，而有专业年鉴之实。与皮书相比，地方综合年鉴的长处在于综合性，内容广泛，缺点则在于缺乏皮书的深度分析。因此，地方综合年鉴应借鉴皮书写法，加强分析性资料的搜集，提高年鉴的著述性。在专业年鉴中，统计年鉴发展迅速，使用率高，已成为政府官员、研究学者了解研究地情的必备参考书。与统计年鉴全表格相比，地方综合年鉴体裁形式多样，在收录表格资料的基础上，还可以对表格数据进行分析，解读数据变化原因，揭示行业发展规律，让枯燥的数字活起来，更好地体现地方综合年鉴的资料价值。地方综合年鉴覆盖面广，在考察方法上，不能孤立地考察个别的作为历史要素的事件，而应该分析相关事件之间的联系，即历史的结构，写深写透。地方综合年鉴编纂中，要注意纵向和横向比较，纵向对比用来说明发展和变化，横向对比用来说明一地一事物在全省乃至全国所处的地位，给全面准确地认识地情带来参照系数。纵向对比、横向对比的表述方法，其优点是把动态的变化和静态的现状都表述得准确、明了。年鉴一般以纵向比较为主，虽以纵向比较为主，但仍应注意横向比较，并将两种比较有机结合，以便准确地找到事物存在的真正位置。

提高地方综合年鉴编纂质量，固然有赖于部门供稿质量的提高，

① 韩锴：《方志视域里“述而不作”的全方位考察》，《浙江学刊》2015 年第 5 期。

但更重要的在于编辑的后期资料加工。地方综合年鉴编辑要具备整体性思维，有对区域经济社会发展的深刻洞察和深厚的文史功底，注重年鉴的系统性和完整性，科学设计篇目，认真采编资料，精心编辑稿件，逐步提升年鉴文献价值，使地方综合年鉴真正成为地情名片，为社会各界和海内外人士了解当地提供基本信息、为宣传当地提供基本资料、为研究当地提供基本素材。

（作者单位：江苏省地方志办公室）

树立供给侧意识　创新编纂综合年鉴

——《滨海年鉴（2016）》编纂工作的实践与思考

蒋　华　潘道德

摘　要：从会计成本学角度来看，如何创造出“适销对路”的产品，让年鉴有更广阔的用途，有更多的看点和读者群，使年鉴从书架走到书桌，改革供给抑制，提高供给效率，降低供给成本，依靠“创编年鉴”刺激新供给、创造新需求，有效发挥其“存史、资政、育人”的价值，是年鉴编撰人员面临的一项迫切任务。基于这一认识，我们在编撰《滨海年鉴（2016）》时，创新年鉴体例，采用章节体辅以条目体的体例形式架构篇目，将年鉴与志书编修并轨。在编纂机制上，实施“三通”运行；在编纂内容上，彰显“三全”特色。积极探索“年鉴中国造，创新不跑调”的县级综合年鉴编纂工作新路，保证年鉴“原料”符合年鉴产品需求，保证年鉴“产品”展示滨海本土味道。

关键词：供给侧意识　创新编纂　综合年鉴

2015年1月26日，习近平主席在中央财经领导小组第十二次会议上强调：供给侧结构性改革的根本目的是提高社会生产力水平，落实好以人民为中心的发展思想。要在适度扩大总需求的同时，去产能、去库存、去杠杆、降成本、补短板，从生产领域加强优质供给，减少无效供给，扩大有效供给，提高供给结构适应性和灵活性，提高全要素生产率，使供给体系更好适应需求结构变化。政府地方志部门在年鉴的编撰上投入了很大的人力和财力。从会计成本学角度来看，如何创造出“适销对路”的产品，让年鉴有更广阔的用途，有更多的看点和读者群，使这本书从书架走到书桌，改革供给抑制，提高供给效率，降低供给成本，依靠“创编年鉴”刺激新供给、创造新需求，有效发挥其“存史、资政、育人”的价值，是年鉴编撰人员面临的一项迫切任务。基于这一认识，我们在编撰《滨海年鉴（2016）》时大胆学习《盐城年鉴（2015）》① 的框架设计，在编纂机制上，实施“三通”运行；在编纂内容上，彰显“三全”特色，积极探索县级综合年鉴编纂工作新路。

一、创新编纂机制，“三通”运行，保证“原料”符合产品需求

《滨海年鉴》是县政府主办编纂的年度综合性历史文献，全面反映全县年度内自然、政治、经济、文化和社会发展的基本情况及重大事项，重点突出经济建设，并凸显滨海发展优势和文化特色，为全县各级党政领导科学决策和有关部门开展工作提供翔实、准确的参考资料，为社会各界了解滨海、扩大滨海对外宣传提供最具权威的年度县情读本。就性质而言，具有官书性质文献书；内容而言，是知识密集、信息密集和时间密集型工具书；特点而言，年鉴是昨天史实，今天镜子，明天见证；作用而言，实现鉴往知今、服务现实、保存资料、惠及民生作用。② 我县在连续 11 年编纂《滨海年鉴》的实践中，逐步建立和形成“供稿、征稿、撰稿”“三通”运行的编纂机制，有效保障《滨海年鉴》编纂的时效和质效。

1. 供稿机制，前后路互通

近年来，县政府认真实施《国务院地方志工作条例》《江苏省地方志工作条例》，大力支持地方志办公室依法依规做好年鉴编纂出

---

① 《盐城年鉴（2015）》，北京：方志出版社，2015 年。

② 引自《江苏地方志》2010 年第 1 期。

版工作。一是每年初县政府办公室对全县各部门、各镇区专门下发组稿文件，并提出具体要求；二是将年鉴编纂出版列入县地方志办公室的年度绩效考核目标，规定一定的分值。三是召开年鉴发行会议，分管县长到会讲话，提出下年度年鉴编纂要求；四是明确县政府办公室一名副主任牵头负责年鉴工作，各部门、各镇区办公室主任牵头完成年鉴供稿任务。有了这个行政直通的供稿机制，年鉴最头痛的征集稿件难的问题迎刃而解。2016 年，全县各部门、镇区年鉴供稿资料于 3、4 月份两个月征集结束，在 7 月份一个月审核稿反馈到位。彻底改变以往年鉴编纂“无米下锅”“等米下锅”的无奈局面。在行政直通机制运行中，编纂人员催稿有耐心，温情经营行政供稿机制；服务有热心，真情分享交往供稿过程；使《滨海年鉴》行政供稿的直通车能够平稳前行，既有行政效力，更有情感交融。

2. 征稿机制，点线面贯通

《滨海年鉴》编纂组稿除部门供稿外，还有需要社会提供的书画作品、人物传略和简介以及本土特色文化等内容，以及一些新兴行业、企业、网络、刊物等边缘部门的资料征集。只有广泛吸收社会各界积极参与，才能保证入鉴资料的全面性、代表性和丰富性，才能充分体现年鉴的社会化属性。如，年度文明故事，年度人物风采，黄河故道文化遗存，快递业、保险业、家政服务、汽车销售、电子产品销售、中介服务、网站、电商等新兴行业，这些资料没有部门提供，但又必须记载的年鉴内容，就要在组稿的渠道上要破除部门供稿为主渠道的局限，广开供稿大门，面向全社会收集入鉴资料。因此，年初我们在向部门征稿的同时，在《滨海日报》《滨海网》上发布“年鉴专项资料”征稿启事，面向社会征集年鉴稿件，保证年鉴内容的丰富性、全面性。从而全面反映真实、鲜活、持续发展的新滨海形象。

3. 撰稿机制，互联网联通

互联网+年鉴编纂的信息化工作模式，已经成为年鉴编辑人员的常态化工作方式，它不仅是提高年鉴质量和加快年鉴编辑出版周期的基本手段和必由之路，而且能增强年鉴期刊的时效性，减少文字差错率，提高采编人员的业务能力和工作效率，大幅减少成书成本。2016

年，《滨海年鉴》编辑部建立"滨海年鉴 QQ 工作群"，以"群"为电子工作平台，在撰稿过程中进行群体互动和个体互动：一是以"群"发布信息。集体要求与通知及时在"群"里发布；二是以"群"征集稿件，电子版稿件通过"群"来传送，省时又省力，精准又快捷；三是以"群"互动修改。编辑部采取接收、修改、定稿同步运行的方法，接收一家，改好一家，对接一家，直接在"群"里和供稿单位撰稿人面对面交流稿件存在问题，零距离具体指导如何修改完善稿件。另外，《滨海年鉴》编辑部还通过县内网站自行征集年度重要信息，作为年鉴稿件的补充。如，滨海新闻网、滨海网、黄海在线网、滨海教育网、滨海房地产网等网站或网页的年度内容可以采用的就直接收在年鉴专门文档里，为《滨海年鉴》所用。同时，也从网站上下载资料后归类整理，按照年鉴总目和分目的划分分门别类筛选保存，并在已供稿单位年鉴电子文档中拾遗补缺，佐证资料的真实性。

二、创新编纂内容，彰显"三全"特色，保证"产品"本土味道

地方综合年鉴围绕地域内党委、政府的中心工作，记录大量生动活泼的权威性地情信息资料，有正面事实，有反面典型，政治倾向鲜明，对社会各界具有十分重要的引导、借鉴、教育、镜戒等作用。"资政、存史、教化"这三个词高度概括地方志和地方综合年鉴方方面面的作用，这是古人的智慧，汉语的精妙，不偏不倚，永远不会过时。然而创新是年鉴的生命，质量是年鉴的灵魂，规范是其生存和发展的基石，可以说，创新问题是年鉴常编常新的永恒主题。规范与创新是提高年鉴编纂质量的两个重要手段，两者不构成对立，是相互依存、互为促进的关系。一般而言，规范在先，创新在后，规范是基础，创新是提高。[①]"年鉴只有在规范的基础上创新，才能保持其长久的生命

① 引自《江苏地方志》2010 年第 1 期。

活力。”创新要有突破，要有质变。《盐城年鉴（2015）》在“体例结构、版块内容、装帧设计、载体形式”上的创新，为我们县级年鉴编纂作出科学可行的范例。2016年，《滨海年鉴》联系县级年鉴编纂实际，敢于践行《盐城年鉴（2015）》成功范例，创新编纂年鉴内容，彰显《滨海年鉴（2016）》的“三全”特色。

1. 全新改革年鉴框架设计

2016年，《滨海年鉴》在体例上注重创新。积极探索“年鉴中国造，创新不跑调”的县级综合年鉴编纂工作新路，尝试采用章节体辅以条目体的体例形式架构篇目。章节为宏观结构，条目是微观形式，由此组成本部年鉴体系。篇章（二级类目）层次的确定和取舍，从科学分类和社会分工出发，力求门类完备、不缺要项；层次的升降和增删，着眼年度特征、本土特色和专业特点；层次的分类、领属和位次，立足分类合理、归属得当，结构严谨、层次分明，前后照应、排列有序。节和节下层次，原则上以职能工作为记述实体，以保证年度工作的延续性和年度资料的著述性；辅助条目和附文以亮点特色和单一性记事条目为主。全鉴由卷首、卷末和主体内容三大版块构成，卷首设回眸滨海“十二五”、年度荣誉、图说滨海、特载，卷末设附录、索引，主体内容设“滨海概况”“沿海战略”“基础设施”“生态环境”“经济发展”“政治建设”“文化强县”“社会民生”“区域发展”“人物风采”10篇58章232节，章下一般设综述，节下一般设无题序，宏观介绍行业年度情况。人物篇主要收录2015年度省市部门以上荣誉获得者、县委县政府综合考核表彰人员、高级专业技术人员，“逝世人物”收录在滨海藉知名人士。全书图表统一按篇章编排图序和表序。

年鉴框架结构上进行创新，不仅有利于各单位撰稿人员组织材料、撰写文稿，也有利于今后编纂《滨海县志》时整合材料、编纂志稿。框架创新是提高年鉴质量的关键，需要年鉴工作者以与时俱进、开拓创新的精神不断地探索和实践，才能取得真正的实效，从而找到一条提高年鉴质量，繁荣年鉴事业的新路子。由于滨海在全市所处的区位不同，资源不同，人文优势不同，历史不同，发展经济的目标定位、工作措施不同，《滨海年鉴》在框架设计上形成自己的特色，即突出沿海开放，突出港口建设，突出古道文化和老区建设特点。篇目是年鉴的“骨架”，是编纂年鉴的纲领性文件。[①] 它不仅体现年鉴的体例，而且框定年鉴的内容，并明确信息资料的归属和层次，是年鉴编纂中需要解决的一个重要问题。一部好的年鉴，它的篇目必须做到科学、合理，《滨海年鉴（2016）》篇目设计灵动鲜活，根据内容需要，在章节下附设专文、图表，在节目下附设特色条目，能够真实地反映全县政治、经济、文化及社会各项事业的基本面貌，保证内容的完整性和各门类之间的均衡性。《滨海年鉴（2016）》框架所显现的内容，具有鲜明的地方特色。地方特色越明显，年鉴就越具有生命力。“没有特色的框架固然是一本平庸的年鉴”。

2. 全面记载县情年度纪实

《滨海年鉴（2016）》是《滨海年鉴》于2000年创刊后的第11卷。它全面、准确、翔实地记载2015年度滨海县自然、政治、经济、文化和社会发展等方面的基本情况，重点突出经济建设，凸显滨海发展优势和本土文化特色；反映全县各行各业紧紧围绕县委、县政府年度目标，建设“强富美高”新滨海的大事、要事、新事。为全县各级党政领导科学决策和有关部门开展工作提供参考依据，为社会各界了解滨海、扩大滨海对外宣传提供最具权威的年度县情信息，也为县志编修积累资料。《滨海年鉴》是滨海人民自己的年度记忆，必须要接地气，为百姓服务。年初，启动年鉴编纂工作时，我们要求各单位在供稿时，要提供反映滨海本土特性、人文精神、地域风貌的文稿、图片，即本单位年内工作中的新事、特事，本部门管理范围内老百姓关心的新鲜事、特殊事（热点、焦点）。尽管如此，在年鉴稿件定稿编辑成书后发现，尚有部分单位职能工作记载不全，部分镇区资料项目供稿缺失，更有诸如汽车销售、旅游公司、房屋中介、知名网站、电商等新兴行业的年鉴资料没有单位提供。我们积极拓宽征稿渠道，一是通过有关文件、简报、汇报、单位工

---

① 参见《地方综合年鉴编纂出版规定（试行）》（2012年7月13日中国地方志指导小组四届三次会议通过）。

作总结、查阅内部档案资料，特别是注意采集年度总结报告，全年有关会议报告，调查研究报告，报刊杂志文章，政府、机关、单位网站上一年来的新闻和专题；二是通过人际交往了解人物资料、书刊出版（含家谱）和新事物的信息资料；三是注重平时的点滴积累，既要积累宏观性资料，又要积累微观性的带有典型的资料；既要积累文本资料，又要积累图片、图表资料；四是团结协作，充分发挥办公室的群体力量，形成人人关心、个个主动参与年鉴资料的采集归档工作的浓烈氛围；五是精心筛选，对所采集的资料整理筛选，保证数据准确，情节细节清楚，各种要素齐全，资料真实完整。编务人员将补充完善的稿件编辑修改后，将定稿的年鉴文字反馈到各单位审核把关，保证年鉴内容的全面性和真实性。

3. 全力彰显本土人文精神

人文精神是一种普遍的人类自我关怀，表现为对人的尊严、价值、命运的维护、追求和关切，对人类遗留下来的各种精神文化现象的高度珍视，对一种全面发展的理想人格的肯定和塑造。而地方综合年鉴是集中表现特定地区人文精神的真实记录，它既是“资政、存史、教化”的地方史书，也是某个地区年度内人的行为反映，更是物化的精神文化产品，人类价值和精神表现。因此，从某种意义上说，年鉴之本是万物之灵的人，年鉴之魂则是独特的精神文化。人文是人类文化中最重要、最核心的部分，代表最先进的文化思想，表现出来的是一种更加健康的文化理念。为保证《滨海年鉴》这一特殊文化产品的优秀品质，坚守人文精神，创新编纂年鉴，我们在编纂工作中，把一切工作的出发点都放在人的身上，充分考虑人的看法和感受，以人的思想感受和思想观念为基础，开展编纂活动，在实现行动目标的过程中，始终坚持以人为本的理念，使整个行动更加人性化，在完成行动目标的时候，能够最大化的满足人们在精神层面的追求，为人们创造出更加理想化的生活。满足人们的审美观念和精神追求，使人们阅读《滨海年鉴》能够感受到一种更加美妙的享受。

一是封面设计个性化。《滨海年鉴（2016）》封面设计，面向全县征集设计作品，最终由专家评审决定。选用的年鉴封面，左上角县标图案为朝阳下驶进港口万吨货轮的滨海县标，是以淮河门户、东方新港的抽象元素为基础，整合滨海的音节开头字母，组成港口塔吊、轮船图标，将滨海百万人民建设滨海港的梦想、振奋的心情跃然眼前，凸显滨海的县情个性。滨海籍书法家管峻为封面题字，青年画家孟臻用水墨画呈现黄河故道、淮河门户、东方新港地域元素，作为滨海年鉴封面的主体画面，青年设计者邹杰完成封面合成设计。

二是内容凸显人文化。在第 3 章“年度纪要”中，除设置“年度聚焦”“年度大事”，还特设“年度爱心故事”节，讲述滨海故事，传递爱心美德。让 2015 年发生在滨海人身边的见义勇为、拾金不昧、孝敬老人、助人为乐等爱心故事，内化为令人鼓舞、感人至深、催人奋进、追梦前行的强大思想武器。在“特载”中，特设“滨海杰出人才”节，专题介绍滨海籍杰出人才于俊崇、王超、顾大钊三位中国工程院院士。在第 57 章“人物简介”节中，介绍参加抗战胜利纪念活动，在天安门前接受国家领导人检阅的老支前模范李成兵、殷寿松，战斗英雄王明林、抗战英雄季秀喜、岳祝山、李继贤，全国先进工作者刘文胜、邵海霞，中国好人周万平，以及滨海籍电影艺术家庞学勤。在第 25 章第三、四节中附表介绍年度优秀党务工作者、优秀共产党员、最美基层文化工作者、滨海县双星评比获得者、年度最美志愿者等。

三是章节突出本土化。为突出滨海港建设成果，在“特载”中专文介绍；在第 5 章“沿海开发”中重点记载；在第 8 章“对外开发”中特设附文“千亿板块正隆起——回眸‘十二五’沿海开发篇”。为突出“电子商务”经济建设的新品牌，特设第 13 章“电子商务”章；为突出精准扶贫成果，专设“扶贫开发工作”一目，并在“特载”中设专文展示滨海精准扶贫经验；为突出滨海 2015 年度政治、经济、文化发展成绩，《滨海年鉴（2016）》卷首“图说滨海”专栏编排 180 余幅照片，随文插图 400 余幅照片，图文并茂，增加信息量，增强可读性。为增强年鉴史料纪实的内涵，全书多处章节增设附文与特色条目，如：生态建设报道选录、林业生产报道选录、渔业生产报道选录等附文 30 多篇；国电投领导考察滨海港、国家农业综合开发土地项目治理、阿里巴巴农村淘宝项目首批开业等特色条目 90 多条。

《滨海年鉴（2016）》以全新的面貌呈现在大家面前，需要诸多专家的指导和帮助。创新需要胆识，更需要行动，“年鉴中国造，创新不跑调”的编纂新路才刚刚起步，树立供给侧意识，凸显地情文化特色，彰显滨海人文精神的编纂做法是《滨海年鉴》的根本目的和永远的追求。

（作者单位：江苏省滨海县地方志办公室）

推进县域地方志基层基础工作的探索与实践

——以浙江省长兴县“工作年鉴”编纂为例

吴连意

摘　要：一个单位（地区）的年度工作任务，可简单分为两大类：一类是基于单位职责的常规工作，它具有日常性、例行性和重复性等特征；还有一类为非常规工作，带有不确定性、阶段性等特征。本文所探讨的为第一类，即如何通过研究并创新年鉴编纂的形式和手段，在全县各级各部门开展年度性的地方志常规工作，从而推动全县各级各部门地方志工作的日常化、制度化、规范化，实现县域地方志事业的长治久安。

关键词：工作年鉴　地方志　基层基础

从2015年开始，浙江省长兴县创新理念和思路，以“工作年鉴”编纂为抓手，指导全县各乡镇、街道、园区，以及县级机关各部门（以下简称乡镇部门），开展以“五个一”为主要任务的史志年度常规工作，推动地方志基层基础工作的常态开展并取得初步成效。通过“工作年鉴”编纂的推进，长兴县不仅实现了各级各部门地方志资料收集、整理、积累工作的日常化、制度化、规范化，而且第一次将地方志工作纳入县委、县政府中心工作考核范围以及全县各单位年度目标任务管理，推动并实现了全县各级各部门地方志工作的日常化、制度化、规范化和全县地方志事业的转型升级。长兴的探索实践，引起了上级史志部门的高度重视和大力支持。2016年6月，省方志办在长兴县召开全省现场会，宣传推介长兴的做法和经验。

一、实施背景

基层基础是发展之基。没有基层，所有的工作都将失去支撑，没有基础，所有的目标都会成为空中楼阁。地方志工作也是如此。县级地方志工作，更是如此。

1. 上级要求

地方志，和其他各项工作一样，都是党和国家事业的重要组成部分，都需要从基层抓起，抓好基层、打好基础。事实上，无论是国务院《地方志工作条例》，还是《全国地方志事业发展规划纲要（2015—2020）年》，对如何抓基层打基础都有明确的要求。2016年召开的全国地方志基层基础工作会议①，是地方志工作开展以来召开的全国第一次地方志基层基础工作会议。会议的核心主题，就是“基层基础”。会议同时指出，“量体裁衣，因地制宜是做好基层基础工作的科学方法”，要求各地各级地方志机构要“逐步构建和完善适应当地实际的地方志工作格局”②。

2. 事业需要

全国第一次地方志基层基础工作会议强调，“地方志事业发展根基在基层”，“地方志事业要长治久安，基层基础工作是关键”③。笔者在从事史志的工作中，也深深体会到，没有全县上下、各级各部门的联动协作，没有乡镇部门的基层基础，仅靠史志部门的单打独斗，根本谈不上推动史志事业的持续健康发展。而且，也容易给史志系统外的人感觉史志工作“不知是干什么的”“好像没什么事做”，或者感觉史志部门是“闭门造车”“自娱自乐”。史志干部也觉得从事史志工作是坐“冷板凳”，修“四苦全书”，没有“事业”的感觉，更不用谈“以事业留人”了。

---

① 全国第一次地方志基层基础工作会议，于2016年4月19日在四川省凉山州召开。

② 摘录自四川省人民政府网2016年4月20日《全国第一次地方志基层基础工作会议召开》。

③ 摘录自四川省人民政府网2016年4月20日《全国第一次地方志基层基础工作会议召开》。

3. 实践困惑

2014年7月，在完成“党史二卷”出版后，笔者受命于8月组织实施长兴二轮修志工作，续修《长兴县志》。由于区划调整、机构改革频繁等多方面原因，各级各部门档案不全、资料奇缺，有些单位甚至连最基础的年度工作总结都不全，编纂工作可谓困难重重，举步维艰。结合“党史二卷”编写的酸甜苦辣，以及当下修志过程中遇到的问题，笔者由此产生了许多困惑，也引发了一些思考。如，写史修志20年一轮，但为什么资料收集、整理这个最关键的基础性工作也要20年之后再做，可不可以每年开展，把20年的事情化解到每年完成？又如，写史修志都离不开专题，但为什么这些专题也要20年之后事倍功半去做，可不可以在当年由乡镇部门事半功倍去完成？再如，为什么史志不能像经济社会其他事业、各项工作那样正常化、常态化开展？为什么30多年来①长兴县所有乡镇部门的年度目标任务中始终无“史志工作”，似乎只有编写党史一卷、二卷，开展一轮、二轮修志了，乡镇部门才想起还有史志工作任务，可不可以每年在乡镇部门中开展史志常规工作？怎么才能坐热史志这张“冷板凳”，让史志工作走得进乡镇部门、乡镇部门走得进史志部门，使史志真正成为走得进、看得见、摸得着、说得清、用得上的长兴现代化事业的重要组成部分？……这些问题深究下去，其实都会涉及到基层基础的问题。

4. 基层认同

县级地方志基层基础怎么抓？当前改革发展任务繁重，笔者感到，在乡镇部门开展地方志年度常规工作，需要把握分寸、抓住要害，帮忙不添乱，不能贪大求全，牵涉基层精力过多，给人以干扰中心工作之嫌。也就是说，要找准切入口，做到既牵一发动全身，抓住地方志工作的基础关键，有全局意义，又务实管用、便于操作，让乡镇部门形成地方志就是乡镇部门职责分内的事、就是乡镇部门工作有机组成部分的认同感，有需求共鸣。

这个切入口，笔者认为就是资料。因为，资料是史志工作的基础，是史志研究的基础，而且也是其他事业、各项工作的共同基础。同时，狠抓“资料”这个基础，也符合当前史志事业发展的方向和

① 长兴地方志工作机构成立于1985年。

要求。《全国地方志事业发展规划纲要（2015—2020）年》明确指出，要“强化地方志资料建设”，“加大依法收（征）集地方志资料力度”，“推行地方志资料年报制度并形成常态机制”。

基于以上思考，实践中，长兴按照“服从需要、符合实际，务实管用、便于操作”的原则，选择以“资料”为切入口，以“工作年鉴”为抓手，指导全县乡镇部门每年开展史志常规工作，全面推进地方志基层基础建设。

二、主要内容

长兴县乡镇部门史志年度常规工作的基本框架，由主要任务、工作机制、工作开展方式，以及成果转化等内容构成。

1. 主要任务是“五个一”

结合写史修志编鉴主业，服务中心工作、服务乡镇部门，以及存史资政育人等需要，长兴县将乡镇部门史志年度常规工作的主要任务明确为“五个一”。“五个一”具体为：（1）一年一编大事记。根据长兴县乡镇部门年度大事记规范，完成本单位（地区、行业）年度大事记的编写，平均每月不少于10条。（2）一年一部长兴年鉴①。根据《长兴年鉴》编纂任务分工，完成本单位年度职能工作情况的编写，协助县史志办完成每年《长兴年鉴》的编纂出版任务。（3）一年一度资料年报。根据全面反映本单位（地区、行业）发展基本情况的要求，完成文献、图片等各类各种资料的收集、编写。（4）一年一个资政专题。根据县史志办下达的专题任务，完成本单位承编专题的编写。该项工作，由县史志办根据县委、县政府年度工作重点，从即时存史资政需要出发，拟定并下达至相关单位进行编写（视情而定，并不是每个单位每年都会有，也不一定是一个）。（5）一年一次以上宣教活动。根据本单位实际，借助重大节日、重要人物、重要遗址等纪念活动和载体，每年至少开展一次以上党史

① 按照上级“一年一鉴”的要求，地方综合年鉴实为地方志的一项年度常规工作。为此，长兴将《长兴年鉴》编纂纳入“五个一”，转为乡镇部门史志年度常规工作，有利于减少协调层次和缩短编纂周期。

国史县情学习教育及史志宣教活动。

2. 工作机制是“资料年报制度”

出台《长兴县史志地情资料年报制度实施办法》（简称资料年报制度），将“五个一”工作转化为主要以收（征）集、编写6类10项资料为主，并将其作为一项长效机制加以确立，纳入乡镇部门年度目标任务管理。这“6类10项”，囊括了一个单位（地区）一个年度的各类各种资料，不仅涵盖了史志基础工作的基本面，又较全面地反映了年度范围内一个地区、一项事业发展的基本情况；既能服务今后写史、修志，又能服务当前中心工作、存史资政育人。

6类10项资料，即文献资料、专题资料、人物资料、大事记、图片音像资料、其他具有存史价值资料等6类，包括以下10项内容：（1）年度工作计划与总结；（2）年度职能工作情况（即各单位承担的《长兴年鉴》分纂内容）；（3）各级各类讲话及工作报告；（4）典型案例。包括各类专题调研报告，典型经验交流材料，刊发的信息、新闻报道及文章（论文），等等；（5）各单位公开出版或内部编印的书刊（提要）；（6）年度工作照片（包括宣教活动）；（7）文件选编；（8）年度人物资料；（9）大事记；（10）资政专题。

3. 工作方式是“月收集年汇编”

“五个一”工作的开展方式，主要以即时收（征）集、编写资料为主。即，乡镇部门根据“五个一”的任务要求，结合史志工作考核规定的时间节点要求，按月推进6类10项资料的收（征）集、编写，并上报县史志办审核。年终，按照县史志办统一的规范要求，将收（征）集、编写的资料分类汇总、编印成书，完成“五个一”工作的成果转化。

4. 成果转化的形式是“工作年鉴”

乡镇部门史志年度工作“五个一”成果转化的形式，是编印成书，并统一将书名命名为“工作年鉴”。除卷首设图照、序、编纂说明等之外，“工作年鉴”统一设置“特载、专文、大事记、组织机构、工作记述、经验交流、成果荣誉、文献选编”8个栏目，将“五个一”工作成果分别按8个栏目的收录标准一一进行汇总。同一栏目内的众多资料，按时间顺序编排。在此基础上，内部编印成“工作年鉴”，并以资料反映的工作年份为卷号。如《长兴县组织工作年鉴（2015）》，反映的是2015年度长兴县组织工作的基本情况；

《泗安镇工作年鉴（2015）》，反映的是2015年度林城镇工作的基本情况。全县乡镇部门的“工作年鉴”，纳入“长兴史志地情资料丛书”序列。

长兴县以“工作年鉴”编纂为抓手指导乡镇部门开展史志年度常规工作示意图

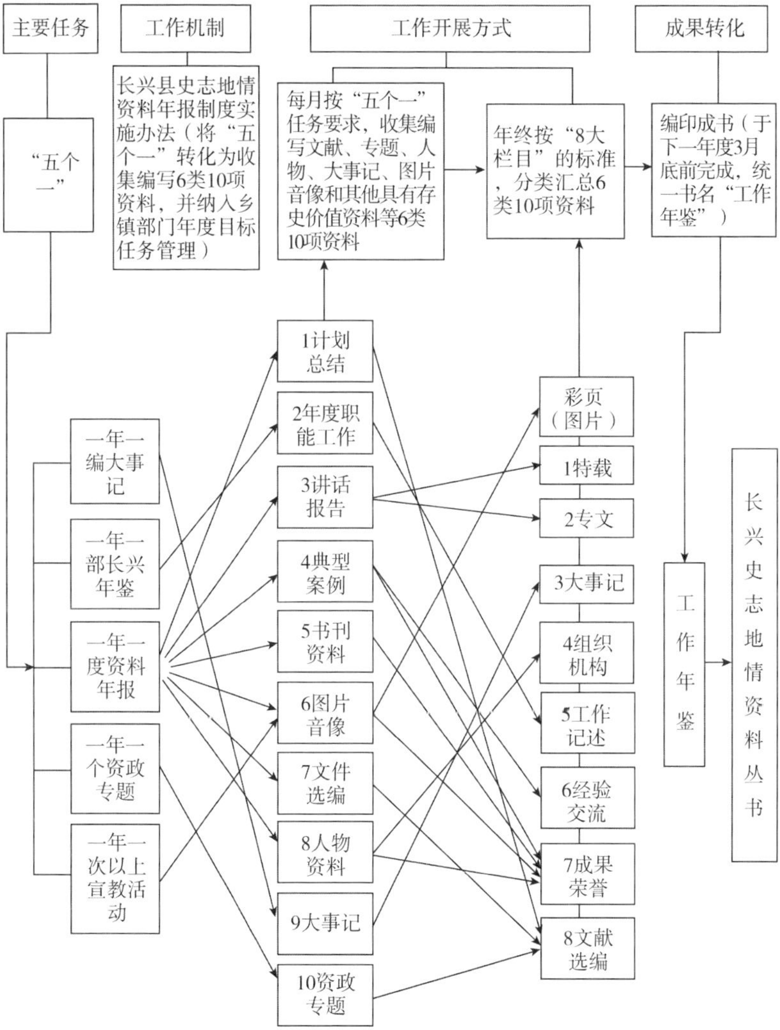

三、主要做法

长兴县采取一系列措施，统筹规划推进并指导、服务、督促乡镇部门开展好史志年度常规工作。

1. 出台一个实施办法

经县委、县政府同意，2015 年 11 月，由县委办、县政府办印发《长兴县史志地情资料年报制度实施办法》，要求乡镇部门将史志工作纳入本单位年度目标任务管理，对资料年报内容、开展方式、承报单位及工作要求等一一加以明确。

2. 建立两级组织机构

从县、乡镇部门两个层面，加强对史志工作的领导。一是县级层面。成立长兴县史志工作领导小组，县委副书记兼任组长，县委、县政府分管领导兼任副组长，乡镇部门史志工作分管领导为成员。领导小组下设办公室，县史志办主任兼任办公室主任。二是乡镇部门层面。明确一名班子成员分管史志工作，一个科室为史志联络科室，由联络科室明确一名工作人员为史志工作联络员，具体从事史志工作。

3. 构建三个保障体系

从三个方面构建体系，强化对史志工作推进的保障。一是目标管理体系。乡镇部门建立“一纳入、六到位”的史志工作体系①，即将史志工作纳入本单位年度工作目标管理、年初工作安排，推动史志工作“认识、领导、人员、经费、机制、工作”到位。二是联动协作体系。乡镇部门建立分管领导牵头、联系科室（史志工作联络员）具体负责、各科室（条线）全面配合的资料年报联动协作体系，并作为长效工作机制切实加以巩固，推动史志工作常态化开展。

① 2016 年 11 月，经长兴县委常委会专题研究并同意，县“两办”印发《长兴县 2016—2020 史志工作实施意见》，对全县各乡镇部门提出了“一纳入、六到位”的史志工作体系保障要求。

三是考核督查体系。县委、县政府将史志工作纳入对乡镇部门的年度综合考核，县委、县政府督查办每年对乡镇部门史志工作开展情况进行督查通报。

4. 完善四项推进机制

加强业务指导，建立健全相关机制，推动史志工作有序高效开展。一是联系指导机制。全县乡镇部门大致按类分成六组，县史志办每人联系一组，“一对一”指导、服务、督查联系单位工作推进情况，包括日常考核和年终验收。二是收集上报机制。乡镇部门按照“每周收集、每月上报、年终汇编”的要求，由史志工作联络员具体负责，各科室（条线）全面配合，互通信息，即时收集，每月 10 日前报送上个月成果（目录），年终按统一规范汇编。三是考核验收机制。县史志办按照“月评进度、季考质量、年终验收”的办法，每月 10 日对乡镇部门上报的上个月成果进行进度考核，每季第一个月对上个季度完成情况进行质量考核，年终对成果进行全面验收。月考结果一对一向乡镇部门分管领导反馈，季考结果以简报形式通报至乡镇部门主要领导，年终验收汇总考核结果报送县考核办。四是学习交流机制。每年组织史志工作联络员开展业务培训，定期或不定期举行业务研讨交流。同时，以史志工作 QQ 群、简报、期刊、微信等载体，加强信息沟通与学习交流，互促互进。

5. 统一五项实施规范

强化精准指导，提高乡镇部门史志工作的质量和水平。一是统一标准管理。实施“五个一”标准化管理，明确每个“一”的工作要求、工作流程，一对一提供案例，通过操作层面的精准指导，推动乡镇部门把史志工作做好、做到位。二是统一时序进度。逐周逐月推动资料收集编写，逐月逐季实施进度质量考核，在此基础上年终验收，并于下一年度的 3 月份完成本年度“五个一”工作的成果化。三是统一审查要求。由乡镇部门自行组织内部质量审查和保密审查，按时报送县史志办验收，按审查验收意见修改完善并定稿。四是统一成果转化。指导乡镇部门年终将“五个一”工作成果，按“工作年鉴”的 8 个栏目，进行分类汇总，并内部编印成书，完成本单位年度史志工作的成果转化。五是统一编印规范。将乡镇部门的“工作年鉴”纳入“长兴史志地情资料丛书”管理，统一书籍命名，统一使用“序”，统一使用“编纂说明”，统一书籍开本，统一字体字号，统一编排版式，确保丛书的质量和品质。

四、基本成效及意义

长兴县推进史志基层基础的探索实践，虽然才两年时间，却收到了比较好的成效，不仅有效解决了史志部门开展工作面临的诸多问题和困难，而且得到了县级领导和乡镇部门的广泛认同，开创了长兴史志工作新的局面。

1. 形成了各级各部门年度资料收集、整理、积累的新常态

资料工作，是史志也是一切工作开展的必不可少的基础。但长期以来，乡镇部门对资料的理解还只停留在“档案”资料的原始层面，没有资料的“初加工”理念，更谈不上制度化推动常态、长效落实。即使是史志部门收集资料，也多以编写正本或著作、开展修志为主要目的，还没有把它纳入常态化管理。长兴县通过“工作年鉴”这个载体，以有效的制度化的设计，从县、乡镇部门两个层面推进资料年报，不仅即时保存了反映长兴县及乡镇部门年度基本情况的大量资料①，更有力推进并实现了各级各部门资料收集、整理、积累工作的“日常化、制度化、规范化”。

2. 探索了在基层开展史志年度常规工作的新思路

工作中，笔者感到，无论是党史，还是地方志，都存在离中心工作远，又无法纳入乡镇部门年度常规工作范畴的问题。有观点认为，只要考核，只要成立领导小组，建立各级组织网络，就能推动各级各部门重视、开展史志工作。但问题是，果真要纳入考核、建

---

① 以 2015 年度为例，全县共有 77 个乡镇部门按要求开展“五个一”工作，并完成成果转化，编印“工作年鉴”。由 77 部“工作年鉴”组成的 2015 年度“长兴史志地情资料丛书”，总字数超过 3000 万字。

立工作网络、设立史志联络员了，又不知道年度考核考什么、乡镇部门年度目标任务是什么、史志联络员每天每月做什么，可以拎得起的像样的好像只有“大事记”。长兴县创新思维和理念，通过设置“五个一”工作，构建了乡镇部门史志年度常规工作的基本框架，既涵盖了史志存史资政育人的根本任务，又实现了服务中心工作、符合乡镇部门需求的目标，一经开展，就获得了各级各部门的广泛认同。无论是县级领导层面，还是乡镇部门基层，都认为“五个一”工作符合乡镇部门实际，内容丰富、务实有用，任务不烦琐、可操作性强，史志部门受益，对乡镇部门对全县的意义更大、影响更深远，是一项打基础、利当前、惠长远的重要举措。

3. 构建了真正意义上的“大史志”工作的新格局

长期以来，长兴党史、地方志工作走入一个“怪圈”。似乎只有组织编写党史一卷、二卷，开展一轮、二轮修志了，乡镇部门才有党史、地方志工作任务。而且，每一轮写史修志，都面临着缺资料、缺人才、缺氛围、缺认同等问题。千辛万苦完成党史正本、地方志书出版了，又刀枪入库，马放南山。20 年后，又一个循环，同样的“四缺”等问题又重新摆在新一轮写史修志人的面前。“五个一”，对长兴的意义来说，最关键是解决了史志作为一项事业的持续健康发展，长治久安的问题，解决了史志工作走得进乡镇部门、乡镇部门走得进史志部门，全县上下、各级各部门合力推动史志事业发展的问题。现在的长兴，史志部门已不再是封闭式或半封闭式的运作，随时可以到任何一个乡镇部门联系、指导、推进工作，每月要对乡镇部门收集编写的资料进行检查，每季要对乡镇部门“五个一”工作的成效进行考核，年底要验收乡镇部门成果并指导完成成果转化。而乡镇部门年度数十项常规工作中，从此有一项为“史志工作”，有分管领导，有联系科室，有专门工作人员，有一套目标体系和工作机制推动运行。通过县级层面、乡镇部门层面的互动，夯实了基层基础，积累了大量资料及成果，推动了人才培育和储备，浓厚了工作氛围，增进了社会认同，推动了长兴史志工作由“非常态”向“常态化”，由史志部门“单打独斗”向史志部门与乡镇部门“联动协作”，由“一部书”向“一项工作”、向“一项事业”的“三大”转型升级，形成了真正意义上的“大史志”工作新格局。

4. 提供了抓基层基础的新经验

长兴的做法，是针对长兴史志自身的基础、现状与未来发展而作出的探索，可能“五个一”并不一定适合所有地区。但是，长兴在实践中认识到了抓基层打基础的重要意义，找到了符合长兴实际、符合事业发展需要的抓基层打基础的方法，以资料这个史志及其他工作的共同基础作为切入口，以“工作年鉴”这个有效抓手，创新开展基层史志年度常规工作，来带动并推动史志事业发展，收到了实效，获得了认同。应该说，这样的尝试和努力，至少为各地探索推进史志基层基础提供了一个新的样本，或者说一种新的可能。

（作者单位：浙江省长兴县史志办公室）

创新编纂方法　打造精品年鉴

——联系《嘉善年鉴》编纂实践的认识思考

陆志荣

摘　要：年鉴是年度综合性文献资料，有着存史、资政、育人功能。面对新形势新要求，必须进行改革，创新编纂方法，提升编纂水平。嘉善县被确定为习近平的联系点，习近平总书记曾要求嘉善在各方面进行先行先试，而创新年鉴编纂方法，探索打造精品年鉴新路子，成为题中应有之义。本文联系《嘉善年鉴》多年编纂实践，就创新年鉴编纂方式方法，打造精品年鉴，从年鉴资料多方面搜集；规范编纂流程，强化质量控制；把握年度重点，通过纲目设置、重点内容把握，体现地方特色；坚持应用辩证法，把握基本纲目与特色纲目、人和事、领导与群众、正面与负面关系，凸显年鉴本质要求等“四个方面”论述。

关键词：创新方法　地方特色　辩证法

2014年2月25日，习近平总书记在参观首都博物馆“北京历史文化展览”时讲话指出：“搞历史博物展览，为的是见证历史、以史鉴今、启迪后人。要在展览的同时高度重视修史修志，让文物说话、把历史智慧告诉人们，激发我们的民族自豪感和自信心，坚定全体人民振兴中华、实现中国梦的信心和决心。”从习近平总书记的讲话中，我们深切地感受到，从事地方志工作，做好历史文化的研究传承，责任重大，使命光荣。

“年鉴”是地方志的一种，综合年鉴反映的是本行政区域内自然、政治、经济、文化、社会等方面的基本情况，记载的是本行政区域内上一年度经济社会各方面的新进展、新情况、新经验、新问题，是系统汇辑本地区重要文献和其他信息、逐年编纂和连续出版的地方资料性工具书，具有系统性、综合性、资料性、权威性、专业性、连续性等特点。它既为各级领导机关决策提供科学依据，又为续修志书积累资料，被誉为“地方百科全书”。编纂年鉴是一件功在当今、惠及后人的大事，具有存史、资政、育人作用。我国年鉴出版事业自 20 世纪 80 年代恢复发展以来，品种与数量快速增长，目前全国公开出版的年鉴有 3000 多种。在年鉴出版事业快速发展的同时，也面临着互联网、其他工具书和传统主流媒体的竞争压力。面对新的形势和竞争压力以及年鉴编纂过程中出现的一些困难和问题，我们必须进行改革创新，以进一步提高年鉴的编纂质量，以质量求生存，以改革创新求发展，唯此，才能使年鉴充满生命力，才能更好地发挥年鉴的应有功能。本文结合《嘉善年鉴》多年编纂实践，就创新编纂方法，提升编纂质量，打造精品年鉴，进行了一些探索和思考。

嘉善县地处苏浙沪交界，为浙江省接轨上海第一站，全县 506 平方公里，6 个镇、3 个街道，38.7 万户籍人口，外来人口 30 万人左右。被列为浙江省首批 17 个经济扩权县（市）之一，属于全国经济百强县。2008 年，在中央部署的深入学习实践科学发展观活动中，嘉善县被确定为习近平的联系点。2013 年，嘉善县被国务院列为全国首个“县域科学发展示范点”试点单位。习近平总书记曾要求嘉善在各方面进行先行先试。我们地方志工作按照总书记要求，立足本职岗位，发挥职能作用，在年鉴编纂中积极探索实践，创新方式方法，探索提高编纂水平新路子。《嘉善年鉴》自 1993 年编纂至今，共编纂出版 15 部（2003 年起每年一鉴）。在编纂工作中，我们牢牢把握年鉴的功能定位，完善编纂机制，创新方式方法，不断提高编纂水平。2004—2013 年，《嘉善年鉴》先后获得全国年鉴编校质量检查评比 2 次特等奖、5 次一等奖，2014 年又荣获第五届（2010—

2014 年度）全国年鉴编纂出版质量评比综合一等奖，近期又获 2015—2016 年度年鉴编校质量检查评比一等奖。《嘉善年鉴》之所以能取得如此成绩，这与我们把握编纂要求大胆探索，创新工作方法是分不开的。

一、创新资料收集，保障年鉴内容翔实

年鉴创新与质量提升问题，是相辅相成的，两者目的是一致的。创新是手段，质量提升是目的。创新是为了使年鉴更加适应时代的发展，更具生命力；规范提升是为了使年鉴更具综合性、资料性、工具性和权威性。年鉴创新是年鉴发展的必然选择，随着信息化社会的快速发展，年鉴的探索创新势在必行。

年鉴资料是做好年鉴编纂工作的基础，资料搜集力求全。只有资料齐全，才能保证年鉴内容的齐全，反之，年鉴编纂工作就会成为“少米之炊”或者“无米之炊”。年鉴记载内容力求做到“横向到边、纵向到底”和“点面结合”，对特色性、创新性内容重点记载。资料搜集齐全，保证了年鉴内容的翔实性。对于材料的搜集，我们采取了供稿单位和年鉴编辑室相结合的搜集方法。

1. 供稿单位资料搜集

年初，由县委办公室、县政府办公室联合下发《〈嘉善年鉴〉编纂工作总体要求》的通知，并详列了《嘉善年鉴》纲目及编纂分工意见，明确年鉴编纂的任务要求，要求供稿单位及时上报年鉴资料，包括各单位各部门年度工作总结、重点工作汇报、经验介绍、各类先进名单等资料（图片），尽量做到单位全、资料全，并要求同时上交纸质资料和电子文本。

2. 年鉴编辑室资料搜集

年鉴征稿方式一直以行政手段向下征集稿件为主，一些单位由于多种原因而不能按时、按质交稿，造成了稿件材料不足、遗漏或核实不准、要素不全等，有些单位发生的大事、要事没有及时提供

记载，有些重要的图片也没有配发，稿件的信息量不丰富，从而影响了单位当年度工作信息的记载，同时也不能满足读者对信息的需求。一些没有“官方供稿”渠道的部门，特别是新兴行业，由于没有纳入年鉴的组稿渠道，这方面的信息就遗漏了。以上这些问题，制约了年鉴向更充实、更完善、更全面的方向发展。因此，创新年鉴组稿方式，确保年鉴的时效性、权威性是我们共同努力的目标。我们在抓好各镇、各部门供稿的同时，坚持多方面、全方位采集年鉴资料，融入到年鉴的编写之中。我们对年鉴资料的搜集重点着眼于以下几个方面：一是全县重点工作推进、重大政策措施出台、各条线特色工作展开等资料内容，这些资料，主要用于编写嘉善大事记。二是注意搜集上级新闻媒体有关反映嘉善的资料。三是在各部门报送的稿件中遗漏或没有反映的重要信息，通过网络进行补充和扩展。四是对涉及全局性、综合性的条目，在部门无法提供稿件的情况下，通过约稿、编辑人员调研编写等方式，组织材料，编入年鉴。五是对于没有主管部门的行业，因无法按常规组稿渠道进行组稿，则通过网络完成信息资料的搜集和整理。《嘉善年鉴·2015年卷》，我们就是从相关官网上搜集资料87篇、8.96万字，图片20余幅。在编纂的过程中，各责任编辑结合来稿情况，主动收集补充稿件，尽可能多的增加社会信息量。注重日常搜集，并利用网络资源搜集、组织稿件，是对传统组稿方式进行补充的一种有益尝试，有利于打牢编纂工作基础。

二、创新流程管理，保障年鉴编纂质量

根据搜集资料进行编辑，是年鉴编纂的重要环节，而做好编辑工作，需要一套科学的工作流程和工作机制作保障，一定要强化质量控制意识，提高编纂水平。

1. 规范编纂流程

规范编纂流程是做好年鉴编纂工作的重要基础。县委办公室、

县政府办公室联合下发《〈嘉善年鉴〉编纂工作总体要求》的通知及纲目，明确了年鉴编纂的任务要求，为年鉴编纂指明了方向，优化了工作环境。在此基础上，我们确立了“单位编写初稿—编辑室分工编辑—方志科统稿—副主编初审—主编复审—编辑稿反馈—县地方志领导终审”的编审流程，不仅保证年鉴编纂“一竿子”到底，也层层落实了责任，层层把住了质量关。

2. 严格材料审核

对各部门、单位提供的稿件，我们按照“全、实、特”的标准进行审核。全，就是要全面反映政治、经济、文化、自然、社会等方面在某一领域的客观状况，不能确失要素，资料不留空白点。实，就是记载的内容要客观实在，要反映工作现实和事物本质，剔除虚伪、空洞内容。年鉴中各种数据均经有关部门单位确认，综合性数据均以《嘉善县统计年鉴》公布资料为依据。特，就是记载的内容要体现嘉善地方特色。对照这三条标准，凡是部门、单位发来的稿件不符合上述要求的，我们即予以退回重写或要求补充完善。2015年我们退回要求重写的单位5个，要求补充完善的单位有20多个。

3. 强化文字编辑

年鉴编辑严格按照年鉴编纂要求、条例进行修改编纂。条目作为年鉴的主要载体和年鉴内容的最直接表现形式，构成年鉴的基本内容，体现单位工作的基本框架，年鉴条目的准确运用，决定年鉴的编写质量，所以，一定要体现它的全面性、概括性。条目在语体上要杜绝假话套话以及虚浮之语、溢美之词，实话实说，不含糊其词。条目内容要客观、准确、简明、平实、短小精悍。在编写过程中，要力求做到文字表述简洁、规范，内容详略得当，突出重点。在编辑时，我们突出遵循“一脉贯通、增量增色”的原则。一脉贯通：就是历年编辑的年鉴，反映大类事物或综合性资料要“一脉贯通”。在此基础上，要进一步增加反映事物本质的固定条目，把面上的资料收入进去，做到记载要素齐全，有连贯性，能客观反映历史发展的接点与轨迹，体现历史检索作用。增量增色：就是每年编辑的年鉴，要进一步增加和丰富有效资政信息量，努力增加信息点，增加特色性、独创性的内容。年鉴的表达方式还采用记、述、图、表、录等，在年鉴中增加原始照片的收录量，可使年鉴资料更加形象直观。

4. 把好校对审核关

2013 年 3 月，《嘉善年鉴》建立年鉴编审“三改三校三审”制度，确保编纂质量。“三改”，就是单位初稿补充修改、县年鉴编辑室编辑修改、方志科统稿修改。“三校”，就是编辑人员相互校对、供稿单位确认校对、校对软件系统校对。“三审”，就是方志科和副主编初审、主编复审、县四套班子领导和县地方志编纂委员会正副主任审查定稿。

三、把握年度重点，体现鲜明地方特色

《嘉善年鉴》是一部服务地方的年度综合性、资料性文献工具书，它发挥着资政的作用。所以年鉴编纂必须要围绕中心，突出重点，体现地方特色，要有亲切感，让干部群众都认可。在编写过程中，一定要突出重点，兼顾一般，把握时代特征，体现地方特色，这样，才经得起历史经验，才能打造出精品。

1. 了解把握地方特色

了解把握地方特色，这是年鉴体现地方特色的前提和基础，年鉴编纂人员要有大局意识，站在一定的高度，看待乃至把握地方改革发展状况，这对年鉴编纂人员是一个素质要求。嘉善地方特色、特点，最重要有两个方面：一是中央领导的联系点。2008 年，嘉善县被确定为中共中央政治局常委、中央书记处书记、国家副主席习近平“学习实践科学发展观活动”联系点，这是嘉善最大的特点，最大的政治优势。二是全国首个县域科学发展示范点。2013 年 2 月，经国务院同意，国家发改委批复《浙江嘉善县域科学发展示范点建设方案》。2017 年 2 月，国家发改委再次批复《浙江嘉善县域科学发展示范点发展改革方案》，提出要全力建设“产业转型升级引领

区、城乡统筹先行区、生态文明样本区、开放合作先导区、民生幸福新家园”，嘉善县肩负着全面建设“县域科学发展示范点”的重要使命，要在改革发展等诸多方面先行先试，创造经验，作出示范。如果不能了解掌握地方鲜明的特色特点，泛泛而谈，将会严重影响年鉴的编纂质量，领导不认可，群众不欢迎。

2. 在纲目设置上体现地方特色

年鉴纲目就是年鉴的框架结构，是年鉴编纂的提纲契领。在纲目设置上，我们下功夫、动脑筋，着力体现嘉善地方特色。在完善年鉴纲目的前提下，设立“特载”，记载编辑整理党代会、人代会、县委全委会报告等；设立“专题”，记载编辑整理“县域科学发展示范点”所有的政策、报告、总结、活动、经验介绍等资料；设立“专记”，记载城乡一体化、政府实事工程、医疗卫生、社会保障、城乡基础设施建设、城乡环境整治、“五水共治”等重大民生问题等。

3. 在年度重点工作记载上体现地方特色

突出重点，是为了强化资政服务功能，这是年鉴体现地方特色的保障。而体现当地的特色，又可以进一步突出重点。分清主次、明确重点，是制定政策的重要依据。突出重点，就是要贴近时代发展特点，加大发掘新、特、大的内容，增加记事性、资料性条目的数量，显示各领域的重点和特色。而对于年鉴来讲，如果各次文献、各种资料、各类题材平分秋色，没有任何重点，也就不可能有效地反映社会现实的主要方面，不可能达到理想的记述深度，可读性、检索性也就必然逊色。所以，年鉴不应该简单地、机械地、面面俱到地反映社会现实，而应当有重点地、有选择地反映社会现实的主要方面。我们把县委、县政府工作的重点，领导机关关注的难点，人民群众街谈巷议的热点，新闻媒体争相报道的焦点，以及重大成就、重要变革、重要经验、重要人物、重要成果、重大社会事件或自然现象等，都作为年鉴反映的重点。近年来，我们每年结合县委、县政府年度重点工作，选择重大事件以专题专记方式进行记载。2013年重点记载嘉善落实经国务院同意，国家发改委批复《浙江嘉善县域科学发展示范点建设方案》，还有全国国土资源节约集约模范县创建、推进“三改一拆”、村级组织换届选举等；2014 年在记载县域科学发展示范点建设的同时，记载接轨上海、招商引资、“五水共治”、群众路线教育实践活动等；2015 年重点记载县域科学发展综合配套改革、全国文明城市创建、美丽嘉善建设等。

四、运用辩证方法，凸显年鉴本质要求

年鉴作为年度综合性、资料性文献，作为一种工具书，要发挥好存史、资政、育人作用，必须在编纂中，正确把握功能定位，充分运用辩证方法，正确处理把握好“四个关系”，体现年鉴本质要求。

1. 注重把握基本纲目与地方特色纲目的关系

年鉴框架安排是否科学、规范、全面，直接影响到年鉴编纂的质量，年鉴纲目设置是保障年鉴编纂体例规范的重要措施。基本纲目是常规的，而地方特色纲目是动态的，反映时代性、年度性、地域性。近年来，嘉善县在把握年鉴编纂总体要求前提下，注重结合实际，根据年度工作重点、特点，及时调整纲目设置，体现地方特色鲜明。如 2013 年起，在纲目设置上，设立特载、专题、专记和附录等体现嘉善地方特色的栏目。（1）特载：主要是记载县委、县政府重大决策活动、重要会议等。（2）专题：自嘉善被确定为“县域科学发展示范点”后，年鉴以专题的形式，加强记载科学发展重大决策、年度报告、重要文选、重要会议、重大活动、重大成果等。（3）专记，每年结合县委、县政府年度重点工作，选择重大事件进行记载。（4）附录：除国民经济统计资料、县委县政府文件选编、名录外，增设重要报道内容。

2. 注重把握好人和事的关系

年鉴记载以事为主，适当记载人物。记事方面，包括全县政治、经济、社会、文化、生态等各个方面，既有重点工作，也有一般性工作，既有领导关注的内容，又有群众喜欢的内容。为了方便利用，对于嘉善在“长三角”地区一些比较性的资料，包括统计资料，中

央、省主要领导视察指导嘉善工作的资料、县主要领导在省级以上报刊发表的各类文章都可以在年鉴上刊载。在人物记载方面，设立名录，包括新增县领导简介、年度获得浙江省级以上先进名单等。

3. 注重把握记载领导与反映群众的关系

在记载领导活动、讲话、工作措施、成效等方面的同时，扩大反映民生内容的记载，特别是记载一些群众喜闻乐见的内容，增设文论珍闻，收录文论、本地珍闻趣事，增强年鉴的资料性、可读性。设立善人善事、群众创业创新、百姓故事等方面栏目，记录百姓生活、记载群众的首创精神。2014 年，我们在年鉴附录中，记载了嘉善文艺工作者创作的，在全国、全省获奖的文艺作品，包括论文、诗歌、戏剧、村歌等；记载了“嘉善首例人体器官捐献”“一叠光绪年间的卷宗”等 22 条“善地珍闻趣事”。

4. 注重把握记载正面与负面的关系

坚持正面记载为主，年鉴是“官书”，要发挥存史、资政、育人作用，必然要服务大局，必然要坚持正面记载为主。同时，也要坚持实事求是原则，改变年鉴报喜不报忧的做法。如对重大自然灾害、重大事故、重大刑事案件等的如实记载，以反映客观的历史事实和社会现状，反映事物的本质。要按照事物本来面目，对重大事故、重大案件、重大决策问题等进行记载。对于负面事件的记载，要“揭示教训为主，略述史实”，做到恰如其分、恰当叙述，力求以负面事件正面写，记载经验教训。如 2015 年年鉴，我们记载了经济开发区某个企业，有职工因为企业拖欠工资欲跳楼，经政法部门工作及时进行处置，相关部门改进工作。

总之，面对新的要求，年鉴编纂要以改革创新精神，改进编纂方式方法，提高编纂质量。要以质量求生存、求发展，以改革创新促质量提升。要适应改革开放新的形势，着眼于提高资政服务水平，满足群众需要，把握改革开放的时代特征，体现科学发展要求，探索推进年鉴创新发展，提升年鉴编纂水平，促进年鉴事业发展。

（作者单位：浙江省嘉善县史志办）

大数据思维方式对地方综合年鉴创新工作的启示

游桃琴

摘　要：大数据时代来临，形成与之相适应的思维方式就成为驾驭大数据和实现其价值的关键。地方综合年鉴为更好地发挥为国存史、为当代社会服务的作用，就要在思维方式上进行创新，形成总体思维、容错思维、相关思维、智能思维。

关键词：大数据　思维方式　年鉴创新　启示

2013年被称为大数据时代元年，大数据已渗透到每一个行业和业务职能领域，逐渐成为竞争力、创新力和生产力发展的重要手段。大数据技术让所有社会科学领域能够借由前沿技术的发展从宏观群体走向微观个体。谁能率先实现和占有大数据，谁对大数据的挖掘更为深刻，谁就将抢占未来先机。而这取决于人们对大数据及其潜在价值功能的认知和态度，也就是说，形成与之相适应的思维方式就成为驾驭大数据和实现其价值的关键。建立在大数据平台上，运用大数据思维方式运作的地方综合年鉴工作将不仅仅是一项工作，而将成为一项事业。当然，大数据思维方式离不开大数据的支撑，大数据是大数据思维方式出现的源头和赖以生存的基础。从根本上说，大数据思维方式是产生于大数据时代、立足于大数据技术之上的新观念体系。

一、大数据的特点和价值

何为“大数据”？至今还没有一个统一的定义。著云台的分析师团队认为，“大数据”通常用来形容一个公司创造的大量非结构化或半结构化数据，这些数据在下载到关系型数据库用于分析时会花费过多时间和金钱。大数据分析常和云计算联系到一起，因为实时的大型数据集分析需要像 MapReduce 一样的框架来向数十、数百或甚至数千的电脑分配工作。互联网行业认为，“大数据”指的是这样一种现象：互联网公司在日常运营中生成、累积的用户网络行为数据。在维克托·迈尔·舍恩伯格及肯尼斯·库克耶编写的《大数据时代》中，“大数据”指不用随机分析法（抽样调查）这样的捷径，而采用所有数据进行分析处理。美国互联网数据中心认为，“大数据”是通过高速捕捉、发现/分析，从大容量数据中获取价值的一种新的技术架构。我国政府还没直接就“大数据”专有名词提出来给予政策支持。不过，工信部发布的物联网“十二五”规划上，把信息处理技术作为四项关键技术创新工程之一被提出来，其中包括海量数据存储、数据挖掘、图像视频智能分析，这都是大数据的重要组成部分。而另外三项关键技术创新工程，包括信息感知技术、信息传输技术、信息安全技术，也都与“大数据”密切相关。可见，“大数据”是一个宽泛的概念，见仁见智。但也突出了一些共同的东西，即为大数据的特点。

（一）大数据的特点

整体性。大数据的资料量规模庞大到不能用 G 或 T 来衡量，无法透过目前主流软件工具，在合理时间内达到撷取、管理、处理、并整理成为帮助决策的资讯。物联网、云计算、移动互联网、车联网、手机、平板电脑、PC 以及遍布地球各个角落的各种各样的传感器，都在以数据的形式追踪人们的日常生活，并将这些数据存储在相应的数据库中。这些数据库以某些相关性相联，构成大数据海量资料量的整体。大数据的技术手段和理念赋予人们在更多领域、更多层次获取前所未有的信息机会。

多样性。大数据中数据类型繁多，这种类型的多样性也让数据被分为结构化数据和非结构化数据。相对于以往便于存储的以文本为主的结构化数据，非结构化数据越来越多，包括网络日志、音频、视频、图片、地理位置信息等，这些多类型的数据对数据的处理能力提出了更高要求。

关联性。大数据中所谓的“数据”与“数字”是具有不同内涵的。一个数字背后的背景数据、评论数据、心情数据等全方位界定了该数据的意义。数据能否被赋予新的价值、实现从数字支撑到数据支撑的顺利转化，理解巨量数据的关联性是至关重要的。发掘这些形态各异、快慢不一的数据流之间的相关性，是大数据做前人之未做、能前人所不能的机会。

开放性。大数据产生速度快、体量庞大，任何单位和个体想垄断占有都不现实，大数据向所有合法用户开放。海量数据本身的价值密度较低，但是经过清洗和“提纯”的数据价值却很高。这就造成大数据可以从多角度、多层面进行组合、筛选，为使用者所使用。

（二）大数据的价值

在总数据量相同的情况下，与个别分析独立的小型数据集相比，将各个小型数据集合并后进行分析可得出许多额外信息和数据关系性，来察觉商业趋势、判定研究质量、避免疾病扩散、打击犯罪或测定实时交通等用途是大型数据集盛行的原因。

预测价值。预测是大数据的核心价值。大数据将为人类的生活创造前所未有的可量化的维度，从而达到对事物发生的可能性进行预估的目的。美剧《纸牌屋》的走红，就是一次成功运用大数据预测的结果。Netflix 公司基于其 3000 万名北美用户观看视频时留下的行为数据，预测出“凯文·史派西”“大卫·芬奇”和“BBC 出品”三种元素结合在一起的电视剧产品将会大火特火，由此大胆在拍摄、发布方式上做了一系列革新，并对观众需求进行了“精确推送”，在美国及40多个国家成为最热门的在线剧集。类似运用大数据成功预测的案例还有很多。而预测系统之所以受到重视，关键就在于他们是建立在海量数据基础之上的，接收和处理的数据量越庞大，系统纠错和自我改善的功能就越发达。在大数据时代日益精密的数字技术条件下，人们的活动、决定、社会关系都能够被记录，这些电子踪迹为分析人类行为提供了思路。人类的行为不再是被视为互不相关、随意偶然的独立事件，而是相互依存、相互关联的数据网络中的一部分。

科研价值。在信息流通和信息获取手段受限的时代，人们解释未知现象或寻找规律，往往采用经验或直觉判断甚至信奉超自然的神秘力量。科学研究则往往采取随机抽样、问卷调查的方法，并假设这些数据是具有代表性的典型样本，以期通过最少的数据获得更多的信息，这本身就存在很多的缺陷。在大数据时代的今天，无处不在的信息感知和采集终端为我们采集了海量的数据，而以云计算为代表的计算技术的不断进步，为我们提供了强大的计算能力，这就围绕个人以及组织的行为构建起了一个与物质世界相平行的数字世界。更本质上，它是为我们看待世界提供了一种全新的方法，即决策行为将日益基于数据分析做出，而不是像过去更多凭借经验和直觉做出。这就使得社会科学研究者能够在更多领域和更深层次获得和使用全面而完整的数据，改变从演绎到归纳到提升至理论的思维路径，颠覆千百年来人类的思维惯例，对人类的认知和与世界交流的方式提出了全新的挑战。

二、大数据带来思维方式的转变

（一）总体思维

过去采样是获取主要数据的手段，大数据时代，随着数据收集、存储、分析技术的突破性发展，更方便、快捷、动态地获得研究对象有关的所有数据成为现实。相应地，思维方式也应该从样本思维转向总体思维，才能够更全面、立体、系统地反映研究对象。

（二）容错思维

小数据时代，对样本精确度的要求是苛刻的，因为收集信息的有限意味着细微的错误会被放大，甚至有可能影响整个结果的准确性。大数据时代，只有5%的数据是结构化且能适用于传统数据库的。如果不接受混乱，剩下95%的非结构化数据都无法利用，只有接受不精确性，我们才能打开一扇从未涉足的世界的窗户。当拥有海量即时数据时，绝对的精准不再是追求的主要目标，适当忽略微观层面上的精确度，容许一定程度的错误与混杂，反而可以在宏观层面拥有更好的认知和洞察力。

（三）相关思维

小数据时代，人们往往执着于现象背后的因果关系，试图通过有限样本数据来剖析其中的内在机理。大数据时代，人们可以通过大数据技术挖掘出事物之间隐蔽的相关关系，获得更多的认知与洞见，运用这些认知与洞见就可以帮助捕捉现在和预测未来。通过关注线性的相关关系，以及复杂的非线性相关关系，可以看到很多以前不曾注意的联系，还可以掌握以前无法理解的复杂技术和社会动态，相关关系甚至可以超越因果关系，成为我们了解世界的更好视角，而且不易受偏见的影响。

（四）智能思维

自进入到信息社会以来，人类社会的自动化、智能化水平得到明显提升，但始终无法取得突破性进展，机器的思维方式仍属于线性、简单、物理的自然思维。但大数据时代的到来，可以为提升机器智能带来契机，推进机器思维方式由自然思维转向智能思维。随着物联网、云计算、社会计算、可视技术等的突破发展，大数据系统也能够自动地搜索所有相关的数据信息，并让数据主动“发声”，类似“人脑”一样主动、立体、逻辑地分析数据、做出判断，从而获得具有洞察力和新价值的东西，甚至类似于人类的“智慧”。

三、大数据思维方式对地方综合年鉴创新工作方式的启示

地方综合年鉴，是指系统记述本行政区域自然、政治、经济、文化、社会等方面情况的年度资料性文献，属信息密集型工具书。《全国地方志事业发展规划纲要（2015—2020年）》中指出，修志编鉴、开发利用地方志资源……是为国存史的一项重要工作，在……传承文明、发展文化、激发民族自豪感和自信心、推动海内外文化交流合作、提供促进经济社会发展的历史借鉴和智力支持等方面有重要作用。修鉴为用，是年鉴发挥其作用的唯一途径，也是年鉴价值的重要体现。把大数据思维方式贯穿到整个年鉴工作，是年鉴工作脱胎换骨的变革，必须统筹谋划、综合施策。结合地方志工作的实际，着眼大数据思维方式的有效贯彻，把握年鉴工作的阶段性特点和重要作用，应着重做好以下几方面的工作：

（一）建立以大数据整体性为支撑的总体思维

在小数据时代，由于技术条件的限制，人们只能通过把复杂的整体分解为简单的部分的方法来分析研究事物，并试图用这些部分来描述整体。而在大数据时代，人们可以利用大数据技术，收集、处理和运用海量数据，实现思维和认知从被迫关注局部向主动关注全局，从更广的范围、更高的层次、更深的程度认识事物，形成基于大数据网络环境的总体思维。

年鉴工作涉及组稿、供稿、编辑、出版发行、使用等多个环节和因素。结合笔者的工作实践来看，当前年鉴工作思维割裂的问题比较严重。年鉴工作者非常重视组稿、供稿、编辑、出版发行工作，却忽略了最重要的读者体验，几乎没有关于读者体验的跟踪和反馈。

因为年鉴是纸质的，发行后不知道谁在看，也不知道他看了哪些内容，看后有什么感想，所以最难以掌握的就是读者行为。而且，当前年鉴还只是靠内容一个维度影响读者，黏性较弱，读者更容易被新媒体全新的阅读体验所吸引，他们的阅读兴趣就会发生转移。

年鉴工作应当抓住这一历史机遇，形成“读者画像”，通过与各种大数据团队的融合，知道读者的兴趣所在，并推送一些内容不断研究读者，增强读者黏性。从而突破当前年鉴工作存在的编辑忙得热火朝天，读者却“把头偏向一边”的自说自话、自娱自乐的现象，营造供稿者、编辑环境、编辑、读者间的良性互动封闭环，充分发挥年鉴为社会服务的作用。

（二）建立以大数据多样性为支撑的容错思维

容错思维，不是纵容错误存在，而是接受不精确的存在，并不断调整纠偏。在大数据时代，由于技术的进步，人们基本可以做到实时、实地采集、传输、处理，可以实时准确地把握事物的动态发展变化情况，随时调整决策，纠正错误。

从横向来看，地方综合年鉴反映本行政区域内自然、政治、经济、文化、社会等方面情况，稿件来源广泛，稿件质量参差不齐，数据统计口径也不尽相同，可谓名副其实的“众手成书”。再加上从组稿到使用有很长的时间，涉及多个环节，存在出错概率。从纵向来看，年鉴涉及的有些内容跨越多个年份，在记载过程中，可能存在有头无尾甚至无疾而终的现象。有些内容是以年度为单位持续开展的，但是有的年份记载、有的年份漏记；有的年份全面记载，有的年份只记了部分；有的事件有记载却实际没实施等。

在信息受限的时代，可能缺乏参照，可能发现不了问题。但在大数据时代，信息来源广，更新快，数据分析能力极大提升，年鉴参与者发现问题的概率上升。这就需要突破年鉴纸质载体的限制，实现信息化和数字化，搭建大数据技术平台，不断采集最新数据、更新动态和进展。跳出汲汲于微观层面的精确性，反而能获得宏观领域更深刻的认知和把握，促使年鉴工作者更加完善每一部年鉴的顶层设计，突出地方综合年鉴的地方特色和年度特色。

（三）建立以大数据关联性为支撑的相关思维

大数据时代，事物各组成要素之间的关系已经不完全是简单的线性因果关系，而更多的是一种非线性的相关关系。通过分析研究数据变化所反映的事物之间的内在联系以及相关关系，可以避免我们的思维方式陷入冗长的因果关系链，较为快捷地发现事物不同要素之间的相互关系和相互影响及相互作用方式，为快捷准确地找到解决复杂问题的方案提供有效的路径。

年鉴工作要求基本形成党委领导、政府主持、负责地方志工作的机构（以下简称地方志工作机构）组织实施、社会各界广泛参与的工作体制。当前年鉴工作也确实是在党委领导、政府主持、地方志机构组织实施下开展工作的。但是社会各界参与度还比较欠缺，从稿件来源来看，还主要是政府各单位和部门，组稿方式主要靠行政手段。由于市场经济体制下，政府部门不再包揽一切，许多工作转移到民间组织、中介机构等，单靠政府部门供稿势必造成年鉴内容的缺项或遗漏，无法反映生动火热的社会实践。

拓展组稿渠道，扩大稿件来源，是做好做精年鉴工作的当务之急。因此，在维护原有来稿途径的同时，我们还可以向社会征集稿件，如对各行业协会、各主要企业、档案部门、主要媒体等组稿，向一些专家学者或行家里手征稿，甚至还可以及时采集互联网、物联网、手机、微信、Facebook，以及 Twitter 等产生的海量数据，利用大数据处理技术，对这些海量数据进行分析处理筛选。多视角、全方位地记述社会实践，能提高年鉴“鉴”的价值，也有利于向读者推送多方面的相关信息，展示事物的多面性。

（四）建立以大数据开放性为支撑的智能思维

封闭导致混沌，而开放则会带来生机和活力。大数据的一个鲜明特征就是其开放性。从数据来源来看，大数据时代的数据建设对所有的有效数据保持开放；从数据的使用来看大数据时代的数据向所有的合法用户保持开放，任何用户都没有数据特权。这种开放性为人们的智能思维奠定了基础，为我们探索掌握现实和未来事物发展的特点规律，智慧思考、超前谋划提供了支撑和条件。

当前，绝大部分省级综合年鉴都能做到当年编辑当年出版，有些地方甚至在当年编辑的上半年就出版了。小数据时代，各类数据必须要在规定的某个时间点采集，到某个时间点结束，然后再利用相当长的时间处理采集到的数据，这是很快的速度。但是，大数据时代，这些数据从一出炉，就意味着已经是过时的历史数据。纸质年鉴更多时候可能从一出版，就决定了其更多的作用是“为国存史”的命运。

为国存史固然是年鉴的重要作用之一，但是年鉴还需要参与当下的社会实践，为当今时代服务，才能不断焕发生机活力。这就需要突破纸质介质的束缚，主动参与大数据时代、拥抱大数据平台。年鉴拥有强大而成熟的来稿途径，拥有打破各单位壁垒的数据库，这是非常宝贵的资源，但条块分割严重。建立相应的保障机制，融合大数据技术，重新分布和整合资源，在兼顾全面的基础上，打破均衡原则，年鉴资源也可以变成平台化的产品。平台化的产品有点像共享经济，本身并不生产内容，借助别人生产内容分享收益。地方综合年鉴借助大数据中心技术，把内容提供给第三方，第三方基于内容再生产深入加工还可以创造效益，这也是增加年鉴利用率的一种思考。

四、结　语

大数据时代已经来临，采集、处理某些特定数据的平台和技术都已具备，决策的制定不在依赖于直觉或经验判断，而是建立在体量庞大的数据基础上，让数据智能化、智慧化，年鉴工作只有与时俱进，主动拥抱和融入大数据热潮，才能不断焕发生机和活力，年鉴事业的大好局面才能顺利开展。

（作者单位：江西省地方志办公室）

创新是年鉴健康发展的不竭动力

——以《日照年鉴》为例谈年鉴编纂如何创新发展

李世恩

摘　要：坚持不断创新，立足本地实际，突出地方特色，铸造文化品牌，最大限度地发挥年鉴特有的服务社会的功能，积极服务于全市经济建设和社会事业发展。

关键词：创新　特色　品牌　服务功能

国务院《地方志工作条例》明确规定："以县级以上行政区域名称冠名的地方志书、地方综合年鉴，分别由本级人民政府负责地方志工作的机构按照规划组织编纂，其他组织和个人不得编纂。"这就定位了年鉴编纂是政府行为。而年鉴编纂不是新生事物，早在1979年，邓小平在接见中国大百科全书出版社负责人时，就明确指出："编辑出版年鉴，很有必要，这是国家的需要，四化建设的需要。"年鉴从无到有，经历了三十多年的风雨历程，一路走来，获得了飞速发展，数量从1980年的6种发展到目前的3000多种，成为一种独特的、引人瞩目的文化现象。因为年鉴既事关为现实服务，又事关存史功能，其价值和作用越来越大。但是，同时我们也看到问题的另一面，这就是年鉴的"千人一面"和实实在在存在的模式化、雷同性，这将直接决定着年鉴未来的生命和存在价值。创新，是年鉴编纂工作中必须认真思考和直面的当务之急了！下面，我就以《日照年鉴》编纂为例，谈谈我们在年鉴创新工作中的实践和体会。

《日照年鉴》是山东省日照市人民政府主办、日照市地方史志办公室编纂的大型地方综合年鉴。创刊于1994年。创刊之始，在人手少、经费紧张的情况下，能够做到认真对待，用心去做，将这个品牌树立了起来。可是后来，由于种种原因，墨守成规，不思进取，被动应付，只是每年完成任务而已。

从2013年开始，我们下决心要改革创新，从里到外，从头到尾，从封面到内文，从框架到结构，从形式到内容，从纸张到印刷，一条创新主线贯穿到底，实行全方位的、颠覆性的、脱胎换骨式的“整容术”，旨在全面提高质量，提升品质，办出一本有特色、有特点、出彩好看的年鉴。山东省人民政府办公厅从2015年开始组织开展山东省优秀史志成果评选，《日照年鉴》2015卷、2016卷连续两年榜上有名，被全票评为“优秀年鉴”，这在市一级是不多见的，为日照市赢得了荣誉。

具体说来，我们的做法是：坚持不断创新，立足本地实际，突出地方特色，铸造文化品牌，最大限度地发挥年鉴特有的服务社会的功能，积极服务于全市经济建设和社会事业发展。

一、创新年鉴框架形式，合理布局结构，打造新颖独特的精品框架主干

框架结构是一部年鉴从外到内的一个总体构架，体现着年鉴的品位和档次。俗话说：“开卷有益”，前彩部分是一本年鉴的最最重要的位置，丰富、优美的图片是首先留住读者目光、抓住读者心的地方，首先会让人赏心悦目，喜从心生，从而留意和关注起这本书。

我们开动脑筋，大胆创新，创设了“城市·年度影像”“城市·年度记忆”两个栏目，放在年鉴的一头一尾，首尾呼应，相得益彰。“城市·年度影像”栏目以图片为主，全面反映日照市上年度发生的重大事件、重要政务活动、重大决策、重大项目工程，全方位记录年度经济建设和社会各项事业发展取得的成绩、成就和亮点。这些

资料和图片既有部门和区县提报上来的、也有从社会上征集上来的、更有笔者平时留心留意拍摄保存下来的，从而体现出史志办在经济和社会事业发展中应该担当的“传承历史、记录当代”的角色和应有的作为。这仅仅是我们创新工作的开始。在“城市·年度记忆”栏目里，我们则是以文字表现为主，选取反映上个年度重要事件的文章，或者反映这个城市发展变迁的回忆性文章，譬如：《丁肇中四回故里》《这五年，我和日照一起走过》等新闻性、文学性文章，《设区带县：推动日照市发展的重大举措》《日照丁氏家族探源》等回忆性文章，很有史料性、文献性，极具保存、收藏价值，各个层面的读者都愿意读、愿意看。就是这两个小小的变化，提升了年鉴的品质和品位，增强了文化和人文气息，丢掉了冷冰冰、傻愣愣的形象，拉近了同读者的距离。《日照年鉴》2013 卷出版后，以全新的面貌呈现在人们面前，带给人们意想不到的惊喜，也获得了无数的赞誉。许多领导看了都赞不绝口，有的说：“年鉴原来可以办成这个样子啊，太好了！”市委书记年底走访看望退离休老干部，老干部们说：“市史志办编的《日照年鉴》真好啊。我们通过一本年鉴，通过那些图片和文字，就可以知道全市一年干了哪些事情，上了哪些项目，取得了哪些成就和变化。”这是对我们的工作莫大肯定和褒奖啊！

《日照年鉴》2013 卷出版发行后，迅速成为当年度市级机关里最受欢迎的书籍，成为各级领导干部和普通市民争相阅读和收藏的书籍。一个用心的创新和变化，让一本多少年来可有可无的年鉴，成为非有不可的“畅销书”。

二、创新年鉴选题和条目，突出地域特色，增强年鉴的地方“辨识度”

年鉴最忌讳“千人一面”的模仿和雷同。一批年鉴放在一起，如果不看城市，只看里面的条目和内容，基本分不出是哪个地方的。

这是近些年来在年鉴编纂出版中出现的尴尬现象。没有自己的特点特色，就没有自己的个性，也就没有自己的生命力。

从 2013 年开始，我们就敏锐地注意到了这个问题。要做，就做出具有自己鲜明特点和特色的年鉴，让别人一看就知道这是《日照年鉴》。基于这些想法和理念，我们对过去年鉴的选题和条目进行大调大换，打乱重排。首先，确定出必须为全市经济和社会事业服务的编纂思想，然后，确定出有价值的选题内容，之后，再进行筛选、梳理和分类，实行优化配置，提炼出编纂主题，挖掘出“新”“大”“重”“特”等题材，既重视经济指标，又关注社会事业；既重视大项目大活动，又关注体现民生小细节；既重视上级关怀和领导政务活动，又关注普通市民闪光的小行为，还要关注城市环保质量和天气变化，彰显城市质量和市民幸福指数。譬如，我们在《日照年鉴》2015 卷封一的位置增加了“幸福日照——迷人的日照蓝”彩版，精选了日照最美的风光照片，配上文字，体现出了日照在全省的空气质量位次，很好地宣传了日照的蓝天碧海金沙滩。

日照市是港口城市，也是滨海旅游城市，在选题和条目设置上，我们就侧重于表现港口、海洋、水产、口岸管理、海滨旅游、渔文化、渔家乐等带有明显地方特征和地方民俗的选题，在条目上侧重于海洋综合管理、海洋安全生产、现代渔业管理、口岸运输、港口规划、港口建设等内容。譬如，《日照年鉴》2013 卷上我们用两个版介绍了被国家列入非物质文化遗产项目的《踩着高跷捕小虾》，图文并茂，出版发行后，在社会上产生了较好的影响，极大地外化宣传了日照。

日照市还是江北最大的绿茶之乡。日照市从 1966 年开始引种茶树以来，经历了试种（1966 年至 1970 年）、扩种（1971 年至 1980 年）、缓慢发展（1981 年至 1989 年）、巩固发展（1990 年至 2005 年）、规模发展（2006 年至 2014 年）5 个阶段。到 2015 年底，全市茶园面积达到 20 多万亩。日照市已成为秦岭淮河以北规模最大的绿茶生产基地，被誉为“北方绿茶之乡”。“日照绿茶”品牌价值达 10. 29 亿元，跻身全国茶叶品牌 50 强。日照市被世界茶学家公认为三大海岸绿茶城市之一，另两处分别是韩国的宝城和日本的静冈。这是日照除了海洋资源之外又一最大的特色，每年的年鉴中都突出这个元素。利用图片、文字等多种形式宣传日照绿茶，社会反响极好，很多外地朋友就是通过年鉴的介绍知道或进一步了解了日照绿茶的。

而且，在题目的字体和颜色上，我们选用蓝色，体现海洋特征和海滨城市特色，清晰可辨，一目了然。有了人文关怀、人情味，就有了文化味，也就有了亲切感和亲近感，喜欢《日照年鉴》，也就是水到渠成、自然而然的事情了。

三、创新版式装帧，完善要件要素，丰富和提升年鉴外质和内涵

陈旧的设计，僵硬的版式，会让人看了很不舒服，甚至生厌。所以，一本年鉴的封面设计装帧和各要件的规范齐全，至关重要。

2013 年之前的《日照年鉴》封面设计陈旧、落后，没有现代感，更不体现时尚元素；排版和印刷多是一些没有资质或资质比较差的小印刷厂，不懂业务，没有按照中国地方志指导小组和省史志办规定的要求去排版、校对和印刷，用纸更是不符合规定要求；图片选用质量差，更不会调图。没有英文目录，没有索引。

我们痛下决心，从每一个细节做起，加以纠正和规范。申请了国家认定的正式出版社，首先从文字质量抓起，从字体到字号，从标点到字符都严格按照出版要求去做，再到排版质量，一直到印刷质量，每一个质量标准都要不折不扣地严格执行，每一个细微的环节都不放过，一点一点地扭转到规范、正规的轨道上来。我们还增加了版权页、英文目录、索引，甚至二维条形码，从外到里，从封面到封底，都焕然一新。像《日照年鉴》2014 卷在排版和出大样期间，就受到外地同行的喜欢和赞赏。

四、对年鉴样本进行创新，扩延年鉴的有效服务功能

在工作中，我们发现，每年仅出版一本厚厚的年鉴是不够的。毕竟一本年鉴太厚太重，只能放在书桌上、书架上，受局限性大，利用率不高。而如果像小版本的资料书那样，薄薄的，软软的，可以放在手提包里、口袋里、枕边上，就可以随时翻阅，随时随地发挥作用，使用率就会大大提高。

从2014年卷开始，我们在学习外地经验的基础上，编辑出版了《日照年鉴》袖珍版。在完成年鉴大本后，再编写出小样本的袖珍版。我们不是简单压缩，而是根据每年的实际情况，做出适度的增减，在封面和内文上重新设计，涉密的要去掉，大的图片不再出现，再在行间距上压缩，这样就将大本变薄变小，形成一个独特的小本。然后一大一小两个版本同时出版发行。出版后大受欢迎。在一年一度的全市“两会”上发放时，成为人见人抢的“香馍馍”。会后，还有很多人大代表和政协委员找到我们索要袖珍版，他们说：“大的本固然很好，但是不好携带。有了这样的小本，就可以随身携带，可以随时查阅有关资料，实在太方便了。”创新带来了变化，带来了口碑，带来了荣誉，也带出了史志办的知名度和美誉度。回顾我们几年来的创新和实践，我们有以下几点感受和体会：

第一，年鉴编纂不仅是一项份内的工作，还是一种思想的表达。

年鉴编纂直接体现出主编的理念和思想。有人说，你有什么样的品位，就编纂出什么样品位的年鉴；你有什么样的素质，就编纂出什么素质的年鉴。这话说得非常有道理。换句话说，就是你的思想是什么高度，就编纂出什么高度的年鉴。一个低级趣味的人，是编纂不出高水平的年鉴的。再就是，你用多少心，就能出多少活。如果你站得高，看得远，这本年鉴就会显示出相对应的高度和远见。所以，首先要喜欢这项工作，真正爱这样一份工作，你才会有自己

的思想，有自己的观点，就会从内心生发出一种事业心和责任感。

第二，年鉴编纂不仅有大胸怀，还要有小情调。

年鉴编纂需要大境界、大胸怀。所以编纂时要站在全局想问题，立足宏观看问题，从全市甚至全省、全国的角度去对比记录一个城市在大视野下的发展和变化、走向和前景。同时，我们也要有小情调，甚至来一点文艺范。譬如，我们在编目结构之间的留白处，会填补上一些小知识：一分钟读懂日照，日照市树、日照市花、日照市鸟等内容，再配合上一些四季花草的图片，丰富多彩，雅俗共赏，整个年鉴显得有情有调，有滋有味，赏心悦目。在编目转换之间的空白页上，我们用反应日照风光、日照民俗、日照居民日常生活的照片补白，都是恰到好处，出新、出彩、出奇，读后，令人惊呼叫绝。

第三，年鉴编纂既要讲政治，也要讲民生。

年鉴是一级政府主办的年度资料性文献，必须客观、公正、全面地记录党委、政府的中心工作、重要工作，大事、要事不能漏，这是讲政治的需要，也是职责的要求，史志办必须站在全局的角度去编纂、记录好。同时，换句话说，讲民生就是讲政治。因为民生是最大的政治，还要时刻不能忘记老百姓的日食住行、喜怒哀乐。譬如，我们一直关注着老百姓的生产生活，年鉴上我们就专门开辟一个栏目，用图文并茂的形式记录了沿海渔民生产生活的内容，真切、真实、朴实。读者看到后告诉我们说：真亲切、真感人！

第四，年鉴编纂既要关注大主题，也要关注小细节。

年鉴记录的固然是一个城市年度经济建设和社会事业发展的大事、要事，但同时，我们也关注一些小细节，譬如，孤寡老人的医保问题、最低生活保障问题，还有残疾人的就医问题、出行问题、坐车问题，市委、市政府出台了哪些政策措施，保障他们的基本权益等，我们都在年鉴中去记录和呈现。这些信息传递给人的是温暖，是关怀，是浓浓的人情味。

第五，年鉴编纂既是当代的，也是历史的。要有发展眼光，要有历史使命感。

今天记录下的，明天就会成为历史。我们常常这样看待此时此刻手中写下的、记录下的每一条信息、每一个数据，力求它的客观、公正和真实可信，不能随便、随意，或者想当然。必须本着严肃认真、谦虚求实的态度，对每一条信息和每一组数据，进行核实核实再核实，求证求证再求证，弄不清楚、弄不明白的，决不能写到年鉴上去。不能含含糊糊，不能模棱两可。

譬如，我们在编纂《日照年鉴》2015卷核实日照市全年的空气质量时，一份材料中说，日照市2014年全年“蓝天白云、繁星闪烁”天数达到250天，而另一分材料上说是248天，相差两天。两个不同的材料提供的数据不一致，到底哪个更准确呢？有的同志说，哪个好就使用哪个。我严肃地批评了这个同志。打电话到环保、气象等多个部门进行核对、核实，最后确定出：日照市2014年全年“蓝天白云、繁星闪烁”天数达到248天，较上一年增加20天，超额完成全年238天的任务目标，增幅位列沿海城市第一，在全省17城市大气环境和空气质量排名中名列前茅。我们用扎实的态度和踏实的数字，记录下了实实在在的情况，心里清楚，底气就足。因为，再过去五十年、一百年，这些数据就是真实的历史记载，我们的责任是何其大啊！

近几年来，只要上级领导到日照，或者外地来客到日照，市委、市政府及有关部门都习惯让市史志办提供一套《日照年鉴》送给客人，让他们及时熟悉、了解日照。这就是对我们工作的最大的肯定和认可。

总之，《日照年鉴》与日照的经济建设同步，与社会事业发展同行，为全市的改革开放和社会主义现代化建设汇集保存了相当可观的，可查、可鉴的，宝贵的资料、图片、数据，成为日照人了解家乡、热爱家乡的一处精神家园，成为对外宣传日照、推介日照的一张亮丽名片，成为外界了解认识日照、投资建设日照的一个有效平台。

为此，我们是自豪的。我们的实践，再次证明了一句话：创新，是永恒的主题。创新，是年鉴健康发展的不竭动力。在未来的日子里，我们还将继续秉承并实践着，积极汲取和学习兄弟市的先进经验和做法，解放思想，开阔眼界，与时俱进，不断创新，把地方年鉴越办越好。

（作者单位：山东省日照市地方史志办公室）

试从原因、基础、原则和方向等方面分析年鉴创新

姜 标

摘 要：年鉴创新已成为年鉴界探讨的热点，但年鉴是否一定要创新仍然有人存在疑问，且年鉴创新不是一蹴而就，轻而易举就能完成的，它需要合适的土壤、条件和时间。在社会发展日新月异，互联网技术和信息化水平显著提升的今天，年鉴为什么要创新，年鉴创新的基础、原则和方向是什么，本文试对此进行些许分析。

关键词：年鉴创新 原因 基础 原则 方向

年鉴是舶来品，从宣统元年（1909）奉天提学司使卢靖组织编译出版《新译世界统计年鉴》算起，迄今已有一百多年的历史。但改革开放前，由于年鉴事业未引起足够的重视，年鉴的品种和数量都较少。改革开放以后，在邓小平的积极倡导和大力支持下，我国的年鉴事业取得了突飞猛进的发展，“年鉴热”在全国各地升温，但主要表现为数量的增长，年鉴编纂出版质量不容乐观。进入21世纪后，随着改革开放的日益深入和现代信息技术的迅猛发展，我国年鉴在完整性、实用性、时效性、借鉴性等方面的不足日益显现出来。因此，创新的呼声在年鉴界越来越高。

一、年鉴需要创新的原因

（一）年鉴创新的合理性

年鉴是“截至出版年为止（着重最近一年）的各方面或某一方面的情况、统计等资料的参考书”①。说明年鉴是以年为周期编纂的作品，“新”是年鉴最大的特色，年鉴常编常新已成为年鉴界同人们的共识。但只有不断创新，年鉴才能常编常新。

（二）年鉴创新的必要性

我国年鉴大都创办于计划经济时代或是按计划经济模式创办的，现在我们国家正在转型，转向社会主义市场经济，年鉴也必须转型，转型的关键是创新。② 改革开放前期，计划经济色彩仍很浓厚，在这个历史条件下发展繁荣的年鉴不可避免的使用计划经济的模式和思想来编纂，但随着现在改革开放的日益深入，市场经济已成为主导，而年鉴却没有跟上市场经济的步伐，越来越不适应社会需求。我们不无忧虑地看到，当前，相当部分综合年鉴时代特点不鲜明，地方特色不明显，框架雷同，栏目老化，内容质量、服务功能未能满足不同读者的需求，知识含量、信息含量、科技含量普遍低，所反映的多是一般工作类、事务类、社会表层类信息，不能及时把握知识创新、技术创新和科技创新等成果，因而整体实用性、可读性不强，与高新技术产业以及经济发展战略等飞速发展不相适应。

---

① 中国社会科学院语言研究所词典编辑室：《现代汉语词典》（修订本），北京：商务印书馆，1996 年 7 月，第 926 页。

② 孙关龙：《创新，21 世纪中国年鉴持续发展的根本途径》，《年鉴信息与研究》2001 年第 3 期。

（三）年鉴创新的紧迫性

1. 谭惠全（广州年鉴社社长）认为，目前影响城市年鉴可持续发展的矛盾很多，但主要的矛盾即形成年鉴创新迫切性的是社会对城市信息的广泛需求与年鉴反映社会现实功能减弱的矛盾。现有年鉴囿于体制上的局限、采编手段的制约、惯性思维的影响，所能提供的的信息资料远远不能满足社会的需要，这才是多年来困扰年鉴可持续发展的“心腹大患”。有针对性地逐步解决好这个主要矛盾，努力拓展年鉴反映经济社会现实的广度与深度，其余问题就会迎刃而解。[①] 经过近 40 年的改革开放和现代化建设，中国已经成为全球第二大经济体。随着国力的增强，各行各业都迫切的需要了解世界，“走出去”开始成为国家战略。企业、产品、资本走出去，都需要年鉴跟进。因此，年鉴迫切需要创新，以满足国家和社会需要。

2. 国务院办公厅 2015 年印发的《全国地方志事业发展规划纲要（2015—2020 年）》（以下简称《纲要》）明确提出，“到 2020 年，全面完成第二轮修志规划任务，实现省、市、县三级综合年鉴全覆盖。”并且要求，“做到地方综合年鉴由地方志工作机构组织编纂，一年一鉴，公开出版。”《纲要》的公布实施，为地方综合年鉴的发展提供了难得的历史性机遇。

据中国方志网整理的年鉴出版情况统计表，截至 2016 年底，我国累计出版的地方综合年鉴和专业年鉴 3632 种，其中地方综合年鉴 2443 种（省级 32 种，市级 341 多种，县级 2070 种），约占全国省、市、县三级行政区域总数的 75%。

距离《纲要》要求的时间节点只有三年左右了，要落实文件要求，时间已经很紧迫了。

---

① 谭惠全：《抓住主要矛盾，推动城市年鉴创新发展》，《年鉴信息与研究》2003 年第 1 期。

二、年鉴创新的基础

（一）理论研究

20世纪90年代以前，我国年鉴理论研究专著几乎为零，90年代以后，虽然有肖东发撰著的《年鉴学概论》、李今山等编纂的《中国年鉴编纂规范化研究》、许家康等撰著的《年鉴条目及编写研究》等专著相继出版问世，但依然屈指可数，且研究热点是“年鉴规范化”等实用性问题，研究深度依然不够，理论体系依然没有建立，甚至没有一部比较权威的、公认的理论专著。所以这些年来年鉴界关于年鉴是不是工具书，年鉴是“官书”还是“民书”，年鉴是书还是刊的争论一直不绝于耳。

由于年鉴是西方文化的产物，且在西方已有几百年的历史，相对来说，我国年鉴发展起步晚，理论研究较为滞后，因此，我们要积极借鉴国外最新的、优秀的研究成果，促进我国年鉴理论的进步和创新。但国外的年鉴大多是知识年鉴、行业年鉴和专业年鉴，其框架设计都是建立在相对科学的知识体系或者学科体系之上的，然而，地方综合年鉴是我国特色产物，与各种知识年鉴、行业年鉴和专业年鉴相比，地方综合年鉴框架从开始就没有一个相对学科的知识体系或者学科体系或者说理论体系作为基础，同时，我们对地方综合年鉴框架的知识体系或者学科体系或者说理论体系缺乏系统的规范性研究，进而到现在还没有完全建立地方综合年鉴的基础理论和方法。国外没有可资借鉴的东西，那只能通过我们自己的年鉴工作者根据我国实际，发展创新理论研究。唯有如此，才能更好地指导我国年鉴工作的开展和创新。

（二）机构建设

就机构建设而言，全国各地都普遍存在归属不当，性质、级别和编制不明确等问题。① 有的年鉴工作机构挂靠在同级人民政府办公厅（室），具体工作由办公厅（室）相关领导和文秘人员组织实施，如湖南怀化洪江市就是由当地政府办公室负责编纂年鉴。大部分地区根据《地方志工作条例》第五条关于“县级以上地方人民政府负责地方志工作的机构主管本行政区域的地方志工作，负责组织编纂地方志书和地方综合年鉴”的规定，将年鉴工作交由地方志工作机构来组织实施，如湖南省本级就是如此，但湖南省还有几个市县连地方志工作机构都没有设立，更遑论年鉴工作机构了。

《纲要》明确规定：“基本形成党委领导、政府主持、负责地方志工作的机构（以下简称地方志工作机构）组织实施、社会各界广泛参与的工作体制；逐步形成将地方志工作纳入各地国民经济和社会发展规划、地方各级政府工作任务，“认识、领导、机构、编制、经费、设施、规划、工作”到位（以下统称“一纳入、八到位”）的工作机制。没有工作机构，谈何年鉴工作开展，更谈何年鉴创新？

（三）人才队伍建设

“人”是做好一切工作的前提和基础，人才是年鉴编纂的关键。然而，由于各种原因，志鉴工作机构对人才的吸引力普遍不强，年鉴工作者普遍老化，对新理念、新技术的接受程度不高，人才断层现象严重。例如湖南永州市史志办67%以上人员从事史志年鉴工作时间不足三年，人才断层现象比较突出；湖南江华瑶族自治县史志办定编6人，现在只有在职工作人员2人，一人长期外借。

针对年鉴工作机构编制少，人员老化、人才断层现象严重等情况，各级党委、政府应当重视，逐步予以解决。并且，可以通过引用社会人才，建立当地地情专家库来加强人才队伍建设。

加强人才队伍建设还应该完善管理制度。目前不少年鉴编辑部还存在着人浮于事的现象，根本原因是年鉴编辑部责任不明，奖罚不到位，责任制不到位，考核不严，没有完整的规章制度和严格的

---

① 卢万发主编：《中国年鉴学研究》，成都：四川出版集团，2010年12月，第5页。

管理制度。因此要完善岗位质量责任制，引入竞争激励机制，充分调动工作人员的工作热情和积极性。

只有有了一支高素质的年鉴编纂、研究队伍，年鉴创新才有了主力。

三、年鉴创新的原则

年鉴创新必须根据年鉴事业特性和客观规律，才能找到正确途径。因此，确立年鉴创新原则很重要。

（一）准确定位原则

上文所述关于年鉴是不是工具书，年鉴是“官书”还是“民书”，年鉴是书还是刊的争论，笔者认为，《地方志工作条例》第三条已将年鉴定义为年度资料性文献，而不是资料性工具书。文献比工具书的内涵更广。既然国家层面已经对年鉴有了明确的定义，我认为不需要再纠结于年鉴是不是工具书这个问题。《地方志工作条例》第八条规定：“以县级以上行政区域名称冠名的地方志书、地方综合年鉴，分别由本级人民政府负责地方志工作的机构按照规划组织编纂，其他组织和个人不得编纂。”说明年鉴从性质上来讲是“官书”，但年鉴是为社会现实、为人民群众服务的，“官书”和“民书”不构成对立。至于年鉴是书还是刊，还有待于探究。

总之，年鉴工作者编纂年鉴的根本任务和目标是不断提高年鉴的编纂质量，而年鉴创新是实现这个任务和目标的重要手段。这是对年鉴创新的定位。

（二）合理规范原则

俗话说：“没有规矩不成方圆”，年鉴也不例外，年鉴规范化即为年鉴编辑立规矩，构建年鉴质量标准，使编出来的年鉴合乎标准。规范的对象仅仅是年鉴的共性，年鉴的个性是鲜活的、是丰富多彩的，是因地、因人而异的，对年鉴的特色化和个性化应留有充分的空间。规范是一种对事物规律的认知，不是亘古不变的，而是与时俱进的。创新也不能是无米之炊，必须在现有规范的基础上和年鉴编纂总体格局基本稳定的前提下进行，不能丢掉年鉴编纂最基本的规范要求。并且创新能够为规范的完善提供新的依据，使规范更趋完善。年鉴创新与规范化不构成对立，是相互依存、互为促进的关系。

（三）年度特色原则

年鉴应该有自己的特色和品牌，而这种特色是长期坚持规范化和不断创新的结果。在年鉴栏目上每个地方要有自己的特色栏目，应根据地方特点和时代特点设立相应的特色栏目。同样，年鉴在组稿、发行、出版、利用等方面，都可以结合当地具体情况，因地制宜，坚持最适合本地年鉴的运行方式，通过不断完善，形成自己的运行模式，以利于地方年鉴的健康发展。

（四）实事求是原则

作为“存史、育人（教化）、资政”的年度资料性文献，年鉴工作者不能报喜不报忧，而应该把年度内发生的正反两面有价值的客观事物都反映出来，供读者（尤其是后人）去研究。这样年鉴才能客观反映时代与社会真相，成为名副其实的“鉴”。据笔者所知，在这方面，深圳做得较好。

（五）自我否定原则

经济学上有一个概念叫做“路径依赖性”，指人类技术的演进或者经济制度的变迁总是沿着一定轨迹或路径，并且一旦进入这种轨迹或路径，无论优劣，不仅可能产生路径依赖，而且可能会强化这种依赖性。年鉴编纂尤其是年鉴框架设计具有一定的路径依赖性，且这些年大部分地区还在强化，否则不会有“千鉴一面”和“多年一贯制”的传统格局。所以，年鉴要创新一定要敢于自我否定过去的编纂方式，清空过去取得的工作成就，要有从零开始的心态。

四、年鉴创新的方向及其影响

（一）方向

从20世纪90年代处开始，计算机网络技术在我国开始逐渐的普及，现如今，大数据时代早已到来，互联网和大数据处理技术已十分成熟。截至2016年12月，中国网民规模达7.31亿人，互联网普及率达到53.2%。[①] 过人口半数的网民规模，意味着互联网和人民群众的社会生活紧密相关，说明在信息化的洪流中，越来越多的人被裹挟前行。

中国年鉴事业的整体发展方向应该顺应社会信息化趋势实施创新，应该自觉而迅速地走上数字化、网络化的道路，目标是构建大规模的中国年鉴资源数据库。

（二）影响

1. 出版前期工作

（1）组稿方式。在年鉴的组稿方式方面，一直以来都是以政府发文、部门送稿的单一方式进行。这种方式保障了年鉴信息的基本来源，也发挥了重要作用，并且在相当长一段时间内还是会以这种方式为主。但随着社会日新月异的快速变革和市场经济的长足发展，政府部门和企事业单位已经不能涵盖社会的方方面面，这样就会导致有很多新资料年鉴部门收集不到，而资料的缺失必然导致年鉴框架和内容的缺失，长此以往，年鉴“存史、育人（教化）、资政”的功能必将大大减弱。

如今，互联网技术的发展和信息化水平的提高足以打破这个局限，现如今，网络资讯十分发达，社会上的风吹草动基本都可以在

① 中国互联网络信息中心（CNNIC），《第39次中国互联网络发展状况统计报告》，2017年1月第33页。

网上找到踪迹。基于大数据的内容信息的超大量性、组织结构多样性、更加快速的信息资料的生成性等特性，年鉴工作者如果利用大数据从网络上采集整理年鉴的编纂资料将会收到意想不到的收获。并且现在，人人都可以当“导演”“主播”，当然也可以人人都是“编辑”，我们可以将一部分欠缺的内容资料以征稿启事的方式发布在网络平台上面，进行开放式的编辑加工工作。如此，能极大地减少年鉴资料收集的时间和拓宽年鉴资料收集空间范围。

（2）与读者的互动交流。由于年鉴工作机构与外界的联系较少，年鉴工作者与读者缺乏沟通，许多年鉴纲目都是年鉴编辑设置的，未广泛征询社会各界的意见，年鉴出版后的社会反响也不清楚，所编的内容究竟有多少用处，在读者心中的地位怎样，读者最需要了解的是什么，年鉴编辑部心中并没有底。人民群众的眼睛是雪亮的，他们对年鉴的看法及其利用情况，是检验年鉴工作和年鉴质量的重要标准。

在信息化时代，完全有技术条件可以实现在网上征求年鉴编辑修改的意见，可以积极地、充分地和读者互动交流。年鉴工作者要敢于承认错误和不足，请读者指正，以改进年鉴编纂工作。相信随着年鉴的网络化和信息化，年鉴读者的数量会越来越多，读者数量的增加就意味着读者的行业知识背景种类的增多，对年鉴的内容的要求就会变得更加的广泛和苛刻，这势必会让年鉴的编辑工作者站在信息社会环境下面去重新的革新、策划和增加年鉴的内容，以便达到读者的阅读需求。当然，有些读者可能由于对年鉴的不了解会由一些错误的意见，这时应该向他们解释清楚。

2. 出版方式

年鉴传统的出版方式为交由出版社印刷出版，一般一部年鉴几百上千页，特别厚重，不方便携带。并且一部一般定价都数百元，对于社会上普通受众来说价格太高，难以接受。为提升年鉴的社会认知度，有效扩大读者群，在出版纸质年鉴的同时要配套推出年鉴光盘版。光盘版对于纸质版来说，具有体积小，易携带，成本低的优点。湖南省永州市在今年推出了永州市史志办系列电子书籍，将永州年鉴（2009—2016年）等收录其中，永州市史志办主任李俊江曾说，一份将这数十本大部头的书籍全部装入的光盘成本才9块钱，可以极大地促进志鉴资料在群众中的推广。但是光盘版年鉴还是有着不小的局限，且不易保存，容易损坏。笔者认为在此基础上，应该积极利用先进技术建立年鉴全文数据库，推进年鉴信息资源共享，在保持传统纸质版的同时实现数字出版。数字出版的年鉴还可以附录声音影像资料，使年鉴更加生动形象直观。

3. 发行工作

大部分年鉴是内部包销和外部市场营销混合的发行营销模式。

内部包销是年鉴发行工作中的一个很重要的形式。据不完全统计，每年我国的各类年鉴通过内部包销渠道销售出去的数量占到总发行量的60%。由于受到市场经济和网络信息化等大环境的影响，内部包销的比例总体有所下降，而年鉴在外部市场营销上也借助互联网和信息化进行一些创新改变，以提高发行量。比如通过网络销售平台对年鉴进行提前预定或者销售，然后分析网络销售平台上的数据可以发现潜在客户，巩固一致客户，更加精准地进行外部市场营销。

数字化和网络化是年鉴在表现方法、载体形式和传播手段的变革与创新。而随着这些的变革与创新，必然会反过来作用于年鉴理论研究、内容和框架结构的创新。届时，年鉴将会迎来全方位的创新，这将进一步提高年鉴质量，扩大年鉴的影响，使年鉴实现可持续发展，更好地为国家、为社会、为人民服务。

（作者单位：湖南省地方志编纂委员会）

利用文化指导年鉴编纂的思考

——以《韶关年鉴》为例

朱彩云

摘　要：年鉴积累和传播文化，丰富了文化；文化影响年鉴，成就了年鉴，文化在年鉴中起决定性作用。用文化指导年鉴的编纂，突出特色，有助于增加文化信息含量，理顺年鉴工作机制，确保年鉴质量。

关键词：文化　年鉴　编纂

年鉴在人类文化的发展中发挥着特殊的价值，是中国改革开放以来迅速崛起的一项文化事业，作为精神产品属于一种特殊的文化形态。30 多年来，众多的各级各类年鉴，构成了中国年鉴的体系或年鉴网络，在积累文化和反映中国文化的现代转型中悄然发挥着别的事业所无法替代的作用。文化信息是指导年鉴发展的一个指南针，利用文化服务于年鉴，可以大幅提高年鉴编写质量。怎样利用文化，编好年鉴精品是值得年鉴工作者们研究的课题。本文以《韶关年鉴》为例，探讨怎样利用文化服务于年鉴。

一、文化在年鉴中的地位和作用

文化，从广义上来说，是指人类在社会历史发展过程中所创造的物质财富和精神财富的总和。从狭义上来说是指社会的意识形态，以及与之相适应的制度和组织机构。文化也是一种历史形象，每一个社会都有与其相适应的文化。年鉴是系统汇辑上一年度重要的文献信息，逐年编纂连续出版的资料性工具书①。文化促成年鉴的发展，外在的文化、年鉴中内在的文化都深刻影响年鉴的质量，文化对年鉴的作用是深刻、不可或缺的，年鉴中包含文化信息，年鉴丰富了文化。

1. 文化包含年鉴

年鉴的文化价值，着眼于发挥年鉴的文化积累、传播、再生功能。它关注的是年鉴承载着不同层面、不同类型的文化，年鉴成为文化建设的一项重要内容。信息为根，文化为魂，两种观念交互实现年鉴“存史、资政、教化”的功能。年鉴记载地区发展进程的功能，但同时该地区的发展也决定着年鉴的承载内容②。地区就是年鉴的记载对象，年鉴反映的内容体现文化。

2. 文化赋予年鉴的生命力，推动年鉴发展

年鉴只有赋予文化信息，年鉴的选题设目突出地方特色，才能杜绝千人一面，防止进入编写的死胡同，才能拥有更深层次的存查价值。吸引更多的读者，才是年鉴保持长久不衰的魅力所在。只有在年鉴内容中突出了地方性，才具有民族性，才会产生世界性。毫无特色的年鉴，迟早会被历史无情淘汰。年鉴的积累和反映文化信息的这种与日俱增的作用并未为社会广泛认同，甚至我们的年鉴工作者和研究者也很少透过浅表的物质层面，看清潜藏在年鉴深处的观念层面的价值，从而在宏观上影响了对年鉴整体的、长远的价值目标的追求，微观上也制约了年鉴的框架设计和内容取舍。以致今日，在年鉴的理论研究和实际运作中，多在追求适合市场经济开发的要求，缺乏同时兼顾年鉴应适应文化积累和文化的现代转型的需

---

① 肖东发等著：《年鉴学》，北京：方志出版社，2014年4月，第63页。

② 张燕、崔敏、华沈洁著：《年鉴文化观：职业重塑的新契机》，《社会科学报》，2016年1月14日第005版学术探讨，第1页。

要，制度文化和观念文化的信息①。《韶关年鉴》自1986年创刊以来，于2009年逐步走上一年一鉴、连续出版、公开出版的规范化编纂的道路，这得力于韶关文化的日益兴旺发展，从而带动了韶关年鉴这种特有文化产品的发展。韶关的山区扶贫开发、生态文明建设、客家民俗、过山瑶等都是本地的文化特色，《韶关年鉴》编写中如果突出此方面内容，就会增加韶关年鉴的质量。

3. 文化借助年鉴更加快速发展壮大

年鉴的价值之一是年鉴的文化价值，主要是指文化传播与积累价值。人类文化传播有许多途径，但作为客观精神文化载体的年鉴在文化传播中起着特殊的作用。年鉴可以在其他地区横向传播，也可以历时传播给后代，在这种文化的积累中不断增添新的内容，从而实现其文化价值，推动文化向前发展。年鉴在长期的发展中形成了独立的年鉴学科这一文化产品，年鉴形成了有地方、专业、部门、行业特色的中央、省、市、县年鉴网络，年鉴从规范化向精品化方向发展，涌现出一批优质的年鉴，丰富了文化。年鉴的质量越高，文化的优势也就越明显。

4. 文化通过年鉴传播

年鉴虽然是舶来品，但随着人们生活水平的提高，越来越多的人意识到年鉴在传播地方文化的重要性，年鉴对于文化的发展和积累具有任何载体所无法比拟的系统性、层次性、时空性、浓缩性、流动性、可比性、价值的增值和功能的缓释性的优点，有其吸引读者的独到之处。然而不少年鉴面临平庸化的生存危机，年鉴事业要想长久不衰，就必须高高扬起特色化的旗帜，以自己独特的功能，独特的栏目，独特的资料，独特的表现形式，全面呈现地区的经济、社会、政治、文化、生态文明进步的年度发展情况，增强有效文化信息含量。《韶关年鉴》走过31年的发展历程，尤其是2006年10月随着《国务院地方志工作条例》的出台，2009年分别落实机构、编制、人员、经费，把编纂年鉴作为每年的工作任务，韶关人民对

① 熊宗仁著：《年鉴是文化积累的重要手段》，《年鉴信息与研究》1998年第1期。

韶关年鉴的认识越来越浓，领导、各单位紧密配合，共同为年鉴工作贡献力量。至2016年底，韶关辖区一共编纂了34本年鉴，向外界展示了韶关辖区人民的一年年的富含山区文化、客家文化等风貌，是韶关文化的传播媒介。

二、利用文化，指导年鉴编纂

文化，需要有传承，传承的方式之一是年鉴。年鉴只有有文化价值，才有生命力，外在的文化要被编纂年鉴吸收，为其所用，才能确保质量。年鉴中的文化具体到年鉴编纂环节包括本行业、本部门等事业的总体情况，及年鉴编写技巧。让撰稿人了解年鉴学的基础编写知识，如条目的定义、内涵及具体撰写要求，树立其善于积累的意识，才能在撰写的时候做到厚积薄发、言之有物。对年鉴编辑自身而言，要基础扎实，对条目的编撰内容心中有数，在组稿时应当想到能够提供给读者什么有效信息，如何让读者能够尽可能地查找到自己所需的资料。在组稿的过程中，能够根据自己的想法与撰稿人进行沟通，尽可能避免出现文不对题、缺少基础数据及无效冗余信息泛滥的问题。编辑可以通过对比将写得较好的文样拿与撰稿人参考沟通，不断完善改进，才能将条目编好。

1. 利用文化，编出地区特色的年鉴，避免雷同

文化的差异性也在于地域性，包括自然、行为文化。就韶关而言，韶关自然文化包括其是典型的山区，石灰岩地区，有丹霞红岩地貌，AAAAA级自然风景区、世界地质公园、典型的喀斯特地貌的丹霞山，森林植被覆盖率高等；韶关行为文化包括经济发展滞后于珠三角，产业带动能力弱，第三产业不发达，外来人口少，珠玑巷是中原人南迁岭南的第一站，是中原南迁的发祥地，是客家文化的发源地，是革命老区、红军长征过境地等。对地区特色的把握要从大处着眼，不能停留在只抓一些特新、特大、特优、特有、特别罕见、特别突出的典型事物之上，而是要从宏观上突出某些地区的区

位特色、功能作用、自然生态、经济成分等。年鉴编辑者和年鉴撰稿人要了解地区历史和现实的原因，地区发展的特色，区位优势、资源优势，不能逐级依样照葫芦画瓢，年鉴应当有地方味。

在框架设计、条目设置等方面突出地区特色，这是年鉴创新、提高年鉴编写的要求。从框架设计角度，强化地方的强项和优势，有所侧重，有所为有所不为。要善于抓住地方的强项，地方的独到、独特之处，合理设计栏目，并适当安排版面。有时为了突出地方的强项和优势，栏目设置可以不拘一格，某些栏目可以破格升级，靠前安排或增大其分量，某些弱项则应当适当降格或淡化①。如《韶关年鉴》强化农业，此农业内容写得多，淡化工业、信息业、科技等，此类内容写得少。年鉴中动态信息各部类，都应努力实现以记述工作成绩为主向记述大事要闻为主的转变。年鉴的根本任务是为读者提供可资利用的信息资料，包括满足领导决策、学者研究和海内外人士了解有关领域基本情况的需要，而最能说明问题，最引人关注、最值得长久存查的资料，首先是大事要闻而非日常事务，具有特色的资料而非一般化的工作情况。如《韶关年鉴》的编写不写市委办工作、市政府办工作属于日常事务的内容，救灾扶贫只写结果、背景等，不写工作过程等。年鉴的框架设计应有利于促进这一根本性，战略性的转变。这就要尽量减少工作总结性栏目，增加独具特色、富有新意的栏目，以便进一步提高年鉴的内容质量，赢得更多的读者。韶关年鉴中在类目“文化”中可以设置“客家文化”，在“社会生活—民族宗教”分目下设置“瑶族生产生活”条目等有韶关文化特色的内容，避免该框架与其他地方雷同。

2. 利用文化，突出年鉴的实用性

年鉴的根本属性是工具书，不是歌功颂德的官书。年鉴的工具性决定了它的主要功能在于供人查检。实用性应是每种出版物都必须注意的特点。在编纂实践上防止将官办的社会性工具书当作功劳薄的官书来编，加强信息资料的实用性、针对性，这就需要深刻掌握地方特

① 许家康著：《许家康集》，北京：线装书局，2011 年 9 月，第 143~144 页。

色文化。在编写年鉴时，着眼于文化特色，要求年鉴编辑形成适应年鉴工作需要的自然科学、社会科学和哲学一体化的知识结构的内容。注意年鉴为社会服务的作用，增加条目有效信息含量，拓展二次文献，注意增加贴近群众生活的信息，对读者有用，群众比较关心，值得长久存查的资料。如增加提供文化中的生活指南、方便业务往来、经济活动、社会交际等包含查人、查事、查地址、查办事方法，还有求职就业机会、知学应考的途径、增加求职就业渠道、购物娱乐的场所、旅游交通、求医问诊的渠道、投保诉讼渠道的内容，增强实用性。《韶关年鉴》反映这方面的内容缺失，今后要加强。年鉴的定位面向大众，增加宏观内容，从发展战略方面，考虑地区经济发展战略。从大的方面看，党和国家的大事、经济结构调整、工业化和城镇化进程，重点建设、就业问题、治安问题、政策动态、市场行情等，这些都是。从小的方面看，一些与百姓生活息息相关的事情，比如人们的衣食住行、柴米油盐、婚丧嫁娶以及风土人情等，如能收集起来，存之越久，便越有价值①。如韶关市大事，从2015年起，韶关发展总战略为全面融入珠三角，扶贫开发，重点项目如生物能发电、交通主干网，城区扩容提质包括芙蓉新城建设、旧城区改造，县域经济发展等内容，在年鉴编写中都能突出反映在重大内容或栏目中，必然会提高该年鉴的实用性和可读性。韶关小事如住宅习惯是靠山而居，祠堂珠玑古巷姓氏文化，土特产有黄烟、罗坑茶、白毛茶、香芋、马蹄、佛手瓜、板鸭等，柴米油盐价格变动，民俗文化包括婚丧嫁娶习惯、清明祭拜、舞火龙、瑶族刺绣等，如都能反映出来，都是宝贵的韶关文化信息。

3. 利用文化，增强韶关年鉴信息针对性，增强信息的深度

年鉴中存在的最多的问题是信息内容不全面，信息深度不够，规避这些问题的办法有两种：办法之一是围绕某一重要主题，充分运用条目、图片、表格、小资料等多种传达信息的手段，突破原有的栏目版面限制，进行放大式地集中反映。办法之二是深入一步，围绕主题挖掘具有地方、行业特点的深层次资料。年鉴应该有平民

① 许家康著：《许家康集》，北京：线装书局，2011年9月，第145页、第130页。

化的作风，主动接近生活，亲近百姓。年鉴是工业文明的产物，与某一特定地域的工业化进程有着内在必然的联系，它随着工业文明的繁荣而繁荣，也将随着工业文明的衰落而衰落，或随工业经济发展到一定程度嬗变为更高级的经济形式而逐渐改变自己的表现形式。细分主题，在详细占有资料的基础上，深刻了解单位文化寓意，深入反映事物的各个层面。同时，注意运用多种资料形式，对其进行多角度、多体裁、立体化的突出反映。深入开拓，有所为有所不为，只能抓住人们普遍关心的重大主题，有重点地进行开拓，而不能遍地开花。年鉴按其性质应该反映当地的情况和丰富的地情资料，其框架设计应从实际出发，富有个性；其内容安排应全面周到，富有地方特色；其信息资料应新鲜活泼，具有年度特点。年鉴在扩大信息量、强化资料性的基础上，增强年鉴的知识性、指南性，使年鉴从内容质量上增加竞争力，赢得越来越多的读者。

站在读者的角度，考虑读者想要了解的信息，补充和拓展条目的内容。如编写《韶关年鉴》时，了解到韶关旅游产业有明显优势，其生态旅游，红色文化旅游等蓬勃发展，韶关“十三五”规划中也将大旅游放在重点产业发展项目中提出，可见韶关旅游地位的重要性。将韶关旅游内容在年鉴中深度扩展，介绍韶关旅游的规模、人数、经济贡献率、旅游产业发展建设、维护管理情况等，该年鉴的地方特点就更鲜明、立体。随着时代的发展，地方文化也有变化，要求年鉴随时代跟上文化发展的步伐，从实际出发更新栏目，使年鉴常编常新。设立新的栏目，淘汰过时的栏目。如《韶关年鉴·2017》中新增发展强劲的五个省级产业园（翁源产业转移园、始兴产业转移园、南雄产业转移园、乳源产业转移园、浈江产业转移园），扶贫开发等占有其社会地位相称的重要位置。

4. 利用文化，年鉴编纂工作顺利开展

考虑到文化是开放的、动态的，年鉴的文化价值可结合文化的发展加以分析。一是从时间维度分析，年鉴的年度性体现了文化的历时性。二是从空间维度分析，年鉴的系统性体现了文化的共时性。三是从内容维度分析，年鉴的真实性体现了文化的内核。文化发展是个扬弃的过程，最重要的是植根于历史的文化基因。这三个维度相互联系，并以不同维度的组合实现年鉴不同类型、不同作用范围的文化价值。利用文化，可以顺利实现年鉴编纂工作机制的衔接，缩短年鉴编纂周期。

文化传承视角下的年鉴的文化价值使其具有先天的文化传承作用，直接决定着文化价值的高低和传承的有序性。结合年鉴文化价值的三个维度，可重点从以下两方面做到：第一，时空价值维度上彰显特色的选择机制。特色是选择的主要衡量尺度，与时空价值维度相对应，要求一方面重视年度性特点和时代性特征，重点把握时代特点；另一方面突出地域性、专业性特色。这一选择机制的建立与运行有赖于对年鉴编纂系统的整体考察。年鉴编纂系统涉及年鉴信息提供者（采集者）、年鉴编辑者、年鉴受众三方①。一是从年鉴信息提供者（采集者）角度，要选择好素材，力求新、特、动、全；二是从年鉴编者角度，选择好框架与条目，条目筛选要宁缺毋滥，避免“千鉴一面”；三是从年鉴受众角度出发，选择最恰当的表现形式与传播方式。精品年鉴的成功之处往往就在于这一选择机制得到了有效落实和强化。第二，内容价值维度上确保真实的纠错机制。“众手成鉴”的特点使得年鉴质量有必要通过制度设计来保障，强化“预防为主，补救结合”的纠错机制。这一纠错机制涵括年鉴编纂各流程：全局统筹的自纠机制、分级把关的层级审校制、信息采编的关口前移制、出版差错的事后救济制②。年鉴是一种信息的载体。年鉴主要被视为区域或专业范围内各方面信息的综合，专注于信息的采集、编排、存储、管理、出版与开发，通过年鉴信息价值的实现，服务经济社会发展。《韶关年鉴·2016》利用韶关文化，在框架布局、栏目设置上巧心思，概况设置五位一体的内容，增加便览性内容，政府文件目录，政府文件选编等，栏目设置上缺少升格为类目的特色栏目，特色性略显不足。年鉴编辑者分工负责采集编辑，与

① 张燕、崔敏、华沈洁著：《年鉴文化观：职业重塑的新契机》，《社会科学报》，2016年1月14日第005版，第1页。

② 同上。

信息提供者主动加强联系沟通协调，《韶关年鉴》编辑者以提高年鉴质量为目标，每年举办年鉴撰稿人培训班，除了单位、个别协会提供资料外，也通过网络、报纸，向社会、个人等多方搜集韶关文化资料，反复和采集者沟通，对资料精心编排整理，虚心求教，潜心钻研。《韶关年鉴》编辑负责人负责总纂，交由印刷厂编排，五校三审制，层级负责制，严把政治关、保密关、质量关，《韶关年鉴》编辑部统一管理年鉴资料，最后交由出版社公开出版发行。韶关响应中国地方志指导小组、省政府地方志办的精神，积极开拓韶关年鉴产品种类，韶关年鉴产品向基层（镇、村）、部门、行业等延伸，已开办的《韶关大学年鉴》《韶关统计年鉴》，指导新年鉴品种的编纂、审核。

年鉴是文化事业的重要组成部分，文化是影响年鉴质量的关键因素。在国家大力推动社会主义文化大发展大繁荣的背景下，不断强化的文化理念对年鉴规范与创新提出了新的内涵与要求，而利用文化为年鉴服务，是必须遵循的一个要件。

（作者单位：中共韶关市委党史研究室）

探索年鉴创新编纂　促进城区新编地方志发展

陈用培

摘　要： 在城区一级的行政区划中，年鉴编纂和编修新地方志，是个复杂的系统工程。很多县区地方志办公室（以下简称区志办）一般都身兼两职。如何在不断提高年鉴编纂质量的基础上，进行年鉴编纂的创新，同时又兼顾新编地方志的编修工作和其他有关工作，对于城区地方志办公室来说，是一个普遍存在的难题。城区年鉴编纂创新，应结合城区的实际情况，突出年度社会经济的重点、亮点，以之立目入编，确保年鉴具有存史价值。在创新过程中，不断提高城区地方志办公室编修新编地方志的工作能力，促进地方志各项工作的进展。

关键词： 城区年鉴编纂创新　创新要点　新编地方志

年鉴为汇集截至出版年为止（着重最近一年）的各方面或某一方面的情况、统计等资料的参考书，是逐年编纂、连续公开的出版物。按《中国地方志工作条例》规定，地方志书是指全面系统地记述本行政区域自然、政治、经济、文化和社会的历史与现状的资料性文献。广西各地级市和县（市、区）年鉴与地方志的编纂机构，一般都是由本级行政机构的地方志办公室兼任，地方志有的时候一边在编纂年鉴，另一边又兼顾编修地方志及其他一些史志。这两者之间工作，如何能加以创新、改革，彼此之间促进，相得益彰呢？

现结合广西壮族自治区南宁市《西乡塘区年鉴》及西乡塘区地方志的编纂实际，谈谈年鉴编纂创新，以及促进城区新编地方志的一点体会。

一、年鉴创新仍以突出年鉴重点为主

南宁市西乡塘区成立于2005年3月，南宁市区划调整，基本上由撤销的原永新区、城北区两个区组成。新建立的西乡塘区地方志办公室根据南宁市政府的通知，接手编修《永新区志》《永新区军事志》和《城北区志》《城北区军事志》。2011年，在上述4部志书未完成之时，又着手开始编纂《西乡塘区年鉴·2011卷》。此后，每年都出版1卷年鉴。编纂工作人员除个别为在职人员之外，其余为退休返聘人员。2017年4月，按照广西通志馆、南宁市地方志办公室的通知精神，西乡塘区开始进行地方志资料年报制度工作，为编修西乡塘区新一轮地方志工作做准备。

在城区级年鉴编纂中，虽然年鉴是一个地方一年情况的综合反映，但记述不是面面俱到、不分主次的，应从框架设计到条目内容等方面都做到重点突出、详略得当。年鉴不管怎样创新，从原则上看，党和政府工作的重点、城区领导机关关注的难点、有关人民群众生活的关切热点问题、新闻媒体集中报道的焦点，以及社会经济改革开放中的重大变革、重要成就、重要举措，与重大社会事件和自然灾害、抢险救灾等，都是年鉴反映的重点。各地年鉴的框架基本上都按此原则进行设置。因此，年鉴编纂在框架上不可能做重大的改革，也不可能推行大的创新。也就是说，“年鉴框架应稳定、不宜多变，以利于保持年鉴的特色、风格和连续性。但年鉴框架也要随着实际情况的变化有所调整，有所创新。”①

对于年鉴的突出重点，除了注意将上述重点题材在框架设计上

① 参见《浙江省年鉴编纂规范细则》。

加以突出外，也须注重框架的调整，使重点突出，详略得当。在编纂《西乡塘区年鉴》过程中，我们对比收集、交换得来的各地年鉴书籍，发现各地年鉴不同程度存在框架设计雷同或者接近的问题。这是由于所有年鉴彼此都存在着共性的问题。不同的原因是大家都注意结合实际，突出自己的重点，彰显各自年鉴的特色。《西乡塘区年鉴》刚开始编纂时，从模仿学习其他地方的年鉴入手，对如何突出重点不大讲究。待有实践经验后，每年年初，区志办都能研究分析城区党委、区政府有关上年的工作总结、报告，首先确立框架设计的重点，初步拟定重点条目，保证年鉴主体内容不游离于区党委、区政府的施政大略之外。随后拟定其他部门单位的重点条目，根据工作实际情况来调整条目。本年度年鉴分目、条目写作提纲下发到各供稿单位后，有调整条目的，还与供稿单位撰稿人进行面谈，以使年鉴突出重点的设想能予以实施。

在优化条目框架、条目内容方面，由于各供稿部门，单位来稿普遍质量不一，大多需作规范性的修改。而且大部分供稿单位的条目设置、内容源于本单位的年度工作总结（有的还附上单位年度工作总结以供参考）。作为编辑人员，根据国家各项政策的实施及时代发展的特点，对来稿进行结合实际的修改。在《西乡塘区年鉴·2016卷》开始布置编纂工作时，区志办注重优化条目工作。除了对一些有城区特色的分目需要增加条目，以挖掘信息深度，提高信息质量外，对一些连续几年都使用的条目内容精练提纯，有的甚至放弃。西乡塘区自建立起的十余年间，每年都有不同的中心工作开展，整个城区上上下下、齐心协力去完成本年度的中心任务。各有关部门单位来稿时，都将本部门单位完成城区中心工作的记事作为自己的重要条目内容。我们在编纂中进行优化，除在区党委、区政府的分目中保留较详细、完整内容的条目外，其他有关部门单位涉及其中内容的，尽可能加以精练记述，力求内容表述不重复或大幅度减少重复。

一些原来是重要的工作内容，因时代的进程而式微，我们也注意减少条目，增加新的条目内容。计划生育工作在城区各项工作中原来是有“一票否决”的地位。西乡塘区之前的原永新区 2000 年曾因一处铁路管辖的工区查到两个超生的妇女而被全市黄牌警告，这给当年城区的各项工作开展带来很大的困惑。2014 年，随着“单独二孩”的政策逐渐实施，以往一些计生工作项目已处于次要地位。我们在统稿时，不但连续两年次第减少计生方面的条目，而且要供稿部门增加“全面二孩”的相关条目，并充实其内容，以适应 35 年来影响整个国家重要决策的改变。另外，城乡面对老龄化的严峻局面，我们除增加老龄服务、城乡低保、居家养老、社区卫生服务、妇幼保健等方面的条目外，还要求各条目也要相应充实内容，反应社会的重大变化。

二、创新年鉴编纂为新编地方志编修服务

有专家说，年鉴是方志的资料载体。方志是上游产品，为静态的记录；年鉴为下游产品，是动态的记录。资料收集既是年鉴的基础性工作，也是方志的基础性工作。方志资料收集属跨年性，为某一时期资料汇合，而年鉴资料收集属一年之内的年度性。如何将年鉴编成资料翔实、记述准确、编写规范的精品年鉴，很大程度上取决于编撰者对资料的收集。同样，入志资料质量又是衡量志书质量的重要标准。每年编纂出版的年鉴，内容真实、准确、全面、系统，所具有的代表性、权威性和有存史功能的资料为方志编纂建立一个充盈的资料库。

由于西乡塘区地方志办公室一边在全国编修第二轮修志的时间里编纂第一轮地方志，一边又在编纂年鉴，而且也在为准备编纂《西乡塘区志》开展地方志资料年报制度工作，还要承担城区有关部门专业志、各种纪实的编撰工作，以及为《南宁市志》（二轮修志）供稿，这些编撰工作，都要求地方志办广泛收集真实、准确、经得起历史考验的资料。在新一轮修志工作未正式开展之际，资料收集方向主要来自年鉴。但由于每年各供稿单位的稿件质量不一，有较

多来稿条目结构雷同，内容缺乏精当，选题选材和记述没有深度，有的甚至以保密为由，连具体的资料要素都不全，从而使年鉴信息资料容量过小，不但影响到年鉴的质量，也为数年后正式开展编修《西乡塘区志》造成资料收集障碍。虽然2017年开展地方志资料年报制度工作，但由于这个工作开展不迫切，供稿单位撰稿人员对资料年报制度的理解程度一时不甚明了，还要三两年的操作才可能收到较满意的资料。所以区志办不坐等，决定先从年鉴编纂创新入手，利用供稿单位已对年鉴有一定熟悉程度，开展地方志资料收集工作。

西乡塘区当今第一产业即农业，关系到数十万人的生计，以及南宁市市民的生活质量，无论所占的地位或数量、质量都具有显著的特色。第三产业的物流业、商业流通市场在南宁市的县区中，占有最重要的地位。因前些年考虑到这些方面的资料收集不易，而且刚开展年鉴编纂工作，供稿单位工作量加大，所以在年鉴框架安排中，对有关条目的设置内容要求细化程度、选题选材方面深度没有特别的安排。按照常规的编纂方法，农业、商业流通业的有关条目，前几年的年鉴似乎也没有什么可挑剔的地方。但以修志角度来看，各有关条目的信息资料容量还是太浅薄，入志资料不合乎要求。西乡塘区区志办在数年的年鉴编纂和区志编修中，尤其感觉资料单一、内容单薄。最明显的是农业，西乡塘区农业人口有25万余人，但年鉴无论从农村经济体制改革、精准扶贫、农业科技、农业综合开发，还是农作物种植、水产畜牧业等方面，对于以后作为入志的资料，仍不合乎要求，以后在新方志的编修中，要从海量的原始资料中再进行筛选，将造成方志编修难度加大，编修时间加长。西乡塘区地方志办2017年才完成第一轮修志任务，其中原因除城区撤并，资料丢失欠缺也是主因。

西乡塘区地方志办从《西乡塘区年鉴·2015卷》起，进行年鉴编纂调整，首先从农业的条目框架设置入手，为充实今后编纂新方志所需的资料，在资料选题选材方面增加广度、深度，设立新的条目，并要求供稿单位对原有和增加的条目增强信息资料容量。如西乡塘区最具特色的农业种植是香蕉种植，2015年香蕉种植近1.80万公顷，产量 54.60 万吨。以前关于香蕉种植只有一个条目，叙述文字 200 余字。新的编纂要求增至 6 个条目，即对种植面积、分布和产量、品种、各镇种植农户与种植龙头企业、土地流转、栽培技术、销售 7 个方面分别设立条目，总字数要求约 1500 字。2014 年起，西乡塘区因长期单一种植香蕉，枯萎病蔓延，众多农户和龙头企业减少香蕉种植面积，逐渐改种收益高的茂谷柑、沃柑和砂糖橘等柑橘品种。柑橘种植 2016 年已近 1600 公顷，产量 1.57 万吨。产量渐进入丰产期。预计到 2017 年底，产量将达 6 万吨。按此趋势，西乡塘区将由香蕉种植大区变身为柑橘种植大区。对于这种变化，地志办增加设置条目，反映这一转变过程及转变原因。对西乡塘区农业特色优势的蔬菜种植、甘蔗种植，不但记载种植面积、产量，还对应增加条目，记载品种、种植技术、发展变化等较详细内容。西乡塘区的商品物流业，随着中国—东盟自贸区的发展，成为南宁市最重要的一个物流园。我们也不断地相应增加条目，增加资料记载的细度、深度，从而突出年鉴相应的重点。这些方面的调整可使条目选题向深层次挖掘，写成有深度信息的专题条目，让农业部分资料充盈，增加可读性，不但使年鉴突出重点，更能体现西乡塘区社会经济的发展变化，同时也为新地方志的编修建立起一个可靠的资料库。

三、年鉴创新与地方志机构的建设

南宁市行政区划管辖 7 区 5 县。各区按机构设置规定，均设地方志办公室。分别编纂本区地方志书与年鉴。区级地方志办机构虽有机构名称，但人员组成各有不同，有的只有寥寥两三人，有的十余人；有的由少数一两人包下志书与年鉴的编纂，有的除主编外，全部聘请外人编纂。西乡塘区地方志办公室原来因为还要编修出版 4 部志书，所以人员较多，一度有 14 人。目前已没有在职人员，只有两个不在编人员，其余十余人全部是退休返聘人员。原有编辑人员的水平也参差不齐。从编纂志书到年鉴，区志办刚开始时都处在初创时期，属草台班子，仓促上马，编纂难有质量可言。大家凭着一腔热情，齐心协力，在自治区通志馆、南宁市地方志办的领导和专家悉心指导、帮助下，志书、年鉴连续出版，质量也不断提高。通过连年的摸索、实践，地方志办总纂、副总纂勤勉向学、认真负责，从不甚熟悉业务，很快就胜任编纂工作，在十数年来相对稳定的编辑人员队伍和良好的工作气氛中，各编辑人员克服年纪大、报酬低、业务不熟悉诸多困难，锻炼成长为熟练的、具有一定水准，并能独当一面的工作人员。志书、年鉴编纂质量越来越好。《西乡塘区年鉴·2013卷》在全国第五届年鉴编纂质量评比中，获综合二等奖、条目编写一等奖、年鉴框架设计三等奖、装帧设计二等奖。

年鉴编纂创新，首先要在保证年鉴质量的前提下，创新才有意义。浙江省著名的年鉴编纂专家唐剑平曾撰文提出："年鉴规范的核心应该是年鉴质量标准体系建设问题"，"中国年鉴界如果再不重视年鉴质量体系建设，一味空谈所谓的'创新'，'年鉴学科体系建设'将会'路漫漫其修远兮'"①。我们从众多专家撰文中认识到，我国各地方的年鉴编纂要提高质量水平，必须建立有普遍指导意义的全国年鉴编纂规范化细则。年鉴规范和创新都是提高年鉴质量的手段。

区志办作为一个县区级行政区划的级别最低的方志办事机构，要想编纂一部质量好的、大方向正确的、经得起历史考验的年鉴与志书，除了认真按照全国、自治区、市有关规定进行年鉴编纂外，最迫切是提高自身的编纂水平。从南宁市7个区的实际情况来看，相当多的主编、副主编及编辑人员的水平有待加强，有的编辑缺乏年鉴编纂业务，缺乏相应的文字功底；有的区没有重视年鉴人才的引进和培养，年鉴编纂参照邻近地方的年鉴依样画葫芦，以完成年鉴年度编纂为首要任务，不注重提高编纂质量，自然也谈不上年鉴创新问题。

打铁自身要过硬。3年来，每年年鉴出版后，我们的总纂都会将

---

① 唐剑平：《关于年鉴规范与创新的思考》，《中国地方志》2013年总第249期。

统稿时发现的一些错漏地方及勘误汇集、打印，在编辑人员会议上讨论，并与其他地区年鉴相比较，学习人家的优势的地方，找出自己的不足之处，规范下一卷年鉴框架设计、条目调整及内容，小到某一词汇的正确使用，通过数年的总结经验，不断改进，在实践之中边编纂边总结边改进，从而更有利于直接提高年鉴质量。

对于县区级的区志办来说，在年鉴编纂的实践中，通过加强自身的编纂水平，不断地总结经验，强化学习，结合自身实际，注意提高、改进。在框架设计时，广泛搜集资料，深入调查研究，整理城区大事要闻，把握年度亮点和地方特色，选择有年度特点的、有存史价值的、有普遍社会意义的大事、要事、新事和特事，以及有地方经济社会发展战略的特点、亮点立目入编。这样可确保年鉴的质量不断地提高，实际上也使县区的年鉴在编纂中逐步予以创新，通过年鉴编纂渐进的创新过程，同时促进城区方志事业的发展。

（作者单位：广西南宁市西乡塘区地方志办公室）

试论年鉴编纂创新的几个问题

莫声光　朱启英

摘　要： 年鉴的发展需要顶层设计、科学谋划、稳步推进，需要准确评估世界发展大势、周边地缘态势、科技发展走势以及国家利益需求，在综合世情、国情和社情的基础上，走出一条具有中国特色的年鉴发展道路。年鉴编纂创新绝不仅是停留在战略研究和理论探索层面，更要进行富有前瞻性和实践性的针对性研究。

关键词： 年鉴编纂　创新探索　针对性研究

年鉴事业从2001—2015年创新发展阶段经过了14年努力探索实践，在年鉴征程上迈出了坚实的步伐。然而，随着社会发展的快速化、智能化、体系化等新特点，年鉴事业遇到了严峻的挑战。对此，年鉴编纂创新作为年鉴发展的第一要务，真正让创新成为引领年鉴事业转型升级和持续稳定发展的强大引擎。

在新的体制下，如何科学规划年鉴发展顶层设计，如何研究现代化年鉴战略战术，如何进行富有前瞻性和实践性的针对性研究等一系列问题，成为关乎年鉴事业建设效益和践行年鉴事业发展目标的紧迫课题，需要以全新的思想、严谨的态度、专业的方法加以探索研究，不断挖掘释放新体制的优势与活力。

一、注重思维创新，提高年鉴质量效益

年鉴编纂创新，首要是思维创新。

（一）抓住创新本质，摆正创新位置

创新是年鉴事业发展的时代要求，是时代赋予年鉴工作者的重要使命。创新不是口号，不是招牌，它是一支编纂队伍强基固本的根本要素，抓创新，首先要正确认识和深刻把握创新的本质内涵。

今天人们说到创新问题泛化，其中最大的特点就是在花样翻新的词汇概念掩盖之下问题意识的极度欠缺。我们玩弄的是概念，表达的是概念，堆砌的是概念，很少抓住创新本质。概念是反应事物本质属性的思维产物，是构成理论的基本支撑，准确把握创新的本质内涵是推动创新发展的逻辑起点和基本依据。

创新是一种富有时代特征的战略能力。习近平深刻指出："抓创新就是抓发展，谋创新就是谋未来。"创新是一种战略能力，是对未知世界的探求。在历史长河中，创新是民族发展的能力。现在，创新已经成为一个国家战略能力的重要象征。在这一时代中，通过创新获得优势变得特别突出和重要。[①] 他强调：创新是引领发展的第一动力，实施创新驱动是我国发展的迫切要求，必须摆在突出位置。"第一动力""迫切要求""突出位置"——这三个词都体现了"创新"对当下社会发展的极端重要性。

（二）加快传统思维创新，找准"转"的路径和方向

从战略的特征来看，创造性是战略思维的灵魂。没有创造，就没有成功和胜利。人类从机械制胜到信息制胜，更要强调思想观念和思维方式的转变，更要强调创新能力的获取。

人的大脑是支配创新思维的关键素质，思想观念和思维理念的保守是束缚创新发展的主要因素。任何的创新，首要的是思想观念的创新。理念决定行动，思路决定出路。所以，要破解创新发展的难题，推动年鉴编纂创新发展，首要的任务必须是更新观念。

年鉴事业的发展是有规律可循的，年鉴要走向世界，必须加大

① 金一南：《金一南讲稿自选集》，北京：国防大学出版社，2014 年，第 300 页。

力度研究现代年鉴机理和取胜之道。一方面，要集合智力和总结实践经验，包括失败的教训，加快推动我国年鉴事业理论的演进，推动现代化年鉴理论的创新。

1. 增强责任意识，发扬问道精神

那么思维如何与时俱进呢？答案是超越！不管取得多大的成功或遭受多大的失败，思维主体都能够最大限度地发挥主观能动性，实现对经验和传统的超越，唯此，才能产生真正有价值指导实践的思维成果。也就是说创新思维必须超越旧有的思想藩篱，跳出传统的观念的窠臼，冲破原有框框的束缚，在冲破中求突破，在突破中求创新，在创新中求发展。

要超越旧有的思想藩篱，真正做到创新，十分艰难。因为创新思维不仅具有建设性，也具有破坏性。一种思想越新颖、越重要，颠覆性就越明显。正如毕加索所讲：每一种创造行为，首先是一种破坏行为。创新之所以难，就难在它的破坏性。

创新是人类的本能，求稳也是人类的本能。社会群体对社会的认定、对习惯的遵循、对变化的抑制，在遏制思维创新。创新的发展受到陈旧观念所束缚，陈旧观念影响不仅大且根深蒂固。抑制可能来源于惰性，也可能来源于惯性。前者表现为思维僵化，后者表现为循规蹈矩。打破惰性和惯性，本身就是一种破坏。从这个意义上说，创新思维首先表现出来往往不是建设性，而是破坏性。[①②③]因此说，任何创新都是艰难的，经过艰难险阻，最后从荆棘里走出来。其中关键的关键是编纂者的意志和思想。克劳赛维茨曾说：物质的原因和结果不过是刀柄，精神的原因和结果才是锋利的刀刃。无数战争实践表明："谁有更大的勇气和更多的毅力，谁就能取得胜利。"这个实践真理同样适合我们每一个年鉴工作者。因此我们年鉴工作者一定要有强烈的使命感、责任意识，发扬"仙人掌"精神，坚持不懈，甘于奉献、埋头苦干、攻坚克难、精益求精，把年鉴的

---

① 金一南：《金一南讲稿自选集》，北京：国防大学出版社，2014年，第313页。
② 金一南：《金一南讲稿自选集》，北京：国防大学出版社，2014年，第321页。
③ 金一南：《金一南讲稿自选集》，北京：国防大学出版社，2014年，第178页。

修养和操守置于最高的位置，编出精品的佳鉴。

2. 注重研究失败，增强危机意识

一是危机出创新。对一支队伍来说，它的危机意识与它所拥有的技术条件一样重要。危机意识是创新的动力，有句话叫做："置于死而后生"。创新往往源于挫折，大挫折往往造就大变革。创新思维常常借助危机的推动，往往呈现出"置之死地而后生"的性质。因为危机对惰性与麻木的冲击、对自我感觉甚佳的震撼、对创造潜力的强力调动，无不起到推动的作用。一支军队要前进，挫折和教训往往扮演主要的推动角色。陈云曾说：人的正确思想是从哪里来的？从失败中来的。因此要注重研究失败，增强危机意识。二是失败不需要掩盖。军界有句名言：胜利不可替代的。同样我们也可以说：失败是不需要掩盖的。我们要善于从危机中寻找生机。美国人贝文·亚历山大写了一本《统帅决胜之道》，其中有一句话说得很好，"对高明将帅如何决胜的理解，是从认识平庸的将帅何以不胜开始的。"众所周知，美国的军事理论在世界上是有名的，美国比较注重研究失败。至今美国还在反复研究越战，对海湾战争的研究却着力不多。越战是美国战史中最惨痛的一笔，已经过去二十多年了却至今念念不忘，一堆军官还扎在那里，反复探讨美军当初怎么一步步深陷泥潭。世人以为其最耀眼的海湾战争，却放在一边至今未列入教案。美军这种一次又一次置自己于败军位置的做法给了我们年鉴工作者什么启示？

很多人热衷于纪念和回顾胜利和光荣，对概括成绩、挖掘优点和升华意义兴趣盎然。但对于问题视而不见，或不屑于发现，不习惯没有掌声和笑声的纪念，喜欢用花样翻新的词汇概念掩盖失败的种种原因。人们常说失败是警钟，美军为什么如此热衷于研究越战？无非想从失败中获取胜道。[①] 如果认为这是自认失败、自甘失败、自取失败，那是大错特错了。要知道，胜军的统帅从败军队伍中一身泥沙摔打出来。从某种意义上说，直面失败、设想失败、研究失败，

① 金一南，《心胜Ⅰ》，武汉：长江文艺出版社，2013 年，第 156 页。

恰是一种更加急切与旺盛的求胜心态。如果忽视了对失败的研究，丧失的不仅仅是进取的精神，更是积极提出问题和解决问题的思想方法和实际能力。[①] 如果失去了进取精神，随之就失去了创新成份中最有生命力、最有创新力的核心要素。

（三）把握客观现实，创新要有的放矢

1. 理论跟不上实际，谈不上创新

人们在思维过程中，最先进入头脑的，通常是已有的经验、既定的方案、成功或失败的例证。仅仅依据这些因素开展思维，得出结论可能省时省力，却往往不是最佳的。因为问题不会简单重复，历史不会简单重演。也就是说，当物质条件改善已是明显事实的时候，我们能让滞后的思想有明显改变吗？我们强调存在决定意识，强调没有物质就没有精神，但也要必须十分注意到，物质层面的跃进，并不能同步产生思维层面的跃进。[②] 同理，我们年鉴工作者的思维如果不走在物质条件的前面，那么年鉴工作者的思维和素质会不会成为年鉴发展下一个瓶颈呢？

思想理论创新是年鉴创新的关键，创新思维是跟实践结合的产物，也就是说，创新思维是有特定性、针对性、创造性和实践性，它一定要付之实践，解决问题。因此，理论必须要了解实际，跟上实际，要紧跟现代步伐，才适应当前形势发展和环境的变化。

2. 把握问题，创新要有的放矢

创新首先要对问题的把握，“的”在哪里？靶在哪里？就拿《柳南年鉴》来说，《柳南年鉴》起步落后于柳州各城区，编出来的年鉴同样比不于同级别的《柳北年鉴》。问题在哪？如何解决？需要年鉴工作者对客观现实的把握，需要有借鉴思想，学习借鉴先进年鉴单位的经验。比如《广东年鉴》“开拓创新，办出个性，塑造形象”的理念值得我们学习。又比如《广西年鉴》，从 2002 年精心设置近

---

① 金一南，《金一南讲世界大格局 中国有态度》，北京：北京联合出版公司，2015 年，第 359 页。

② 金一南，《心胜Ⅰ》，武汉：长江文艺出版社，2013 年，第 41 页。

40幅彩色示意图，其中多数运用5~10年的历史性资料，勾画出相关部门或事物发展轨迹，具有很强的资料性和观赏性。《广西年鉴·2009》从条目配图进行调整，新开辟“调研报告”部类，同时基础数据充实，地方、部门、行业基本情况的内容有了更多的补充和更新，重点反映地方特色的题材，拓展反映层次，深化主题。这些经验值得《柳南年鉴》学习借鉴。

通过学习和对比，找到了自己的问题所在，归纳如下：一是年鉴内容整体构成问题。年鉴框架的四大支柱：综合情况、动态信息、附属资料、检索系统这四个部分结构比例不合理。比如综合情况，也就是“概况”“总述”部分比例占全书总篇幅不到2%，离理想比例7%理想指标还有很远的距离，并且内容单薄，年度情况、基础信息不全，承担不起综合反应一个地方全面情况的任务，也满足不了读者阅读检索需要。而“概况”基本要求是“概而全”，“概”是高屋建瓴，宏观概括，“全”是对应领域年度基本情况和相关信息没有大的遗漏。[①] 应该全到什么程度呢？原则上应该全到让读者通过综合情况便能从宏观上了解和把握对应领域年度基本情况及相关基础信息的程度，即后面分门别类记述的内容，涉及全局的、十分重要的、对人们了解情况有帮助的，都应该兼顾到。[②] 在编纂时，在框架结构上要打破固有的排序，可把工业前置，单独开辟柳南新兴产业和特色栏目，重点介绍柳南工业方面和柳南特色栏目的产业成果，比如“美丽柳南”乡村建设（柳南区推进城乡一体化，实现乡村农业生产和居住生态环境的和谐统一，打造出“柳南模式”的生态乡村），同时深度挖掘和拓展本地经济优势特色，让年鉴内容触及事物本质。二是动态信息比例同样偏少，不到30%，没有突出特色。按理想比例，应该占56%，对较为优势、较有特色、较有影响的信息资料应该给予浓墨重彩，比如“柳南螺丝粉小镇”：柳南区立足发展优势和特色资源，实施振兴乡村战略，构建“一镇五区”（“一镇五区”，即以太阳村镇集镇为核心，周边建设螺蛳粉生产集聚区、现代都市

① 许家康，《许家康集》，北京：线装书局，2011年，第200页。
② 许家康，《许家康集》，北京：线装书局，2011年，第41页。

生态农业示范区、现代农业研学实训区、健康产业集聚区和旅游观光休闲区，形成集新村建设、旧村改造、产业发展、自然风光提升、乡村旅游为主体的生态乡村发展格局，推进三产融合，城乡一体）的螺蛳粉产业形态，通过推进“互联网+螺丝粉产业”，推动柳州螺丝粉原材料的供给侧改革，促进螺丝粉企业的集聚化和原材料标准化生产，融合特色生态农业和文化休闲旅游产业，探索乡村现代化、新型城镇化的发展模式，建成国内首个以柳州螺丝粉为主题的、彰显创新、协调、绿色、开放、共享的特色小镇。突出柳南年鉴的风格，分量较大有必要给予升格处理。三是在语言风格方面要精。年鉴要在实字上下功夫，在精字上做文章。何谓“精”？阅一字受一字益，即为精。精的要义在短，短的要义在“浓缩”，做到短而有“货”，短而有“戏”，短而有“魂”。这样的综合情况才能体现年鉴的魅力。

创新不是坐在办公室里异想天开的产物，它是与年鉴实际工作相结合，注重对问题的认识和把握。在创新能力中，笔者认为：发现问题和创造性地解决问题是创新的核心。

孙子讲“知己知彼”，知彼容易，但真正认识自己很难，认识问题、把握问题更难。认识自己的缺点在哪？弱点在哪？然后进行概括总结、提炼拔高意识，归纳升华意识，正是这个意义上，如果脱离了对问题的关注，就脱离了对未知的探索，不论你将年鉴编写得如何妙笔生花，也无法与尖锐冷峻的问题意识相比肩，因为没有后者，就不可能具有对未来的真正主导。①

二、完善创新制度，推动年鉴事业走向未来

（一）强化人才培养，优化人才机制

从时代发展来看，信息化时代的深度发展和人工智能时代的来

---

① 金一南，《心胜Ⅰ》，武汉：长江文艺出版社，2013年，第124页。

临，推动着信息技术向跨域融合发展，也不断摧生着新的年鉴事业，尤其是大数据、云计算的发展，未来发展对年鉴的要求越来越高，抢占年鉴事业的科技和人才高地，有效地驾驭新科技、大数字和多学科智慧人才，对未来年鉴的事业发展十分重要。《孙子兵法》讲，“将者，智、信、仁、勇、严也”。首当其冲的就是“智”，指挥员拥有了睿智，才能拨开战场迷雾，灵活应对各种复杂情况。然而，智从何来？不单源自广博的学识、见识，源自愿学、勤学的内在品质，更源自勇于创新的胆识魄力。人才是创新发展的第一资源、第一要素、第一推动力。年鉴的发展，一流的编纂人才始终是制胜的关键。一个高素质年鉴工作者必须具备五种能力：年鉴理论素养、信息技术素养、筹划谋略能力、研究创新能力、谋篇布局能力，这五种能力缺一不可。美国军事思想的鼻祖丹尼斯·马汉说过：“有才智的军人，绝不倒为任何体系所束缚。”从中给予我们年鉴工作者什么启示？年鉴的总纂应由多谋善断、思想活跃、敢于打破常规、标新立异的人担当。因此要不断优化人才发展环境，在全系统营造尊重人才、鼓励创新、宽容失败的浓厚氛围。加大靶向引才力度，突出“高精尖”和紧缺人才导向，不断强化人才培养和支持举措，大力实施国家高层次人才特殊支持计划，造就一批具有较大学术影响力和引领带动能力的科技创新领军人才。

创新人才评价和激励办法，建立分类认定、精准支持机制。健全人才服务与保障措施，真正使各类人才创新有机会、干事有舞台、发展有空间。同时积极通过加大财政补贴等方式，为创新者提供更有力的政策支持。注重培养创新文化，营造全社会关注和支持年鉴创新、尊重知识、尊重人才的良好氛围，使年鉴事业的创新发展在全社会蔚然成风。同时尽快形成一批主业突出、拥有具备竞争能力高素质的编纂队伍。

（二）构建战略智库，促进年鉴走向世界

智库，在现代决策和治理体系中发挥着越来越重要的作用，可以在政治、经济、社会、科技、军事、外交等诸多领域为决策者提

供最佳的理论、策略、思想和方案，有助于实现科学决策和高效治理。对于年鉴的发展来说，年鉴战略智库在年鉴创新拓展、年鉴转型升级、年鉴架构设计、战略大势研判、社会态势推测等方面同样发挥重要作用，是建设开放、高效、强大的年鉴编纂队伍的关键。

从 2015 年开始，年鉴事业从创新发展阶段过度到转型发展阶段，是地方年鉴由数量型向质量效益型过渡的关键时期，面临的可预见和不可预见的风险和挑战不断增多，越来越需要科学建议和智慧支撑。世界正处于一个大调整、大变革、大发展的转型和大融合时期，是呼唤大战略、大思维、大智慧的时代，而在这个时期，信息是制胜的关键。对于年鉴事业来说同样如此，拥有及时、全面和有价值的信息对于年鉴的研究成果的准确性起着重要作用。年鉴战略智库的研究可以综合政治、经济、外交、科技、文化、安全等诸多领域的信息，运用更为开放的理论和方法进行研究，其研究成果也更具科学性、前瞻性和预见性。

战略思维是多个学科的智慧结晶，不是每一个年鉴工作者都具有战略思维。一般一项完整科学的决策建议往往包括四个环节：对外部态势的全方位认知；对内部资源的有效提取；自上而下理性的规划和实施；自下而上科学的研究和反馈。① 因此，把创新驱动“新引擎”尽快发动起来，要最大限度地探求年鉴开拓创新与转型升级就必须建立顺畅的智库体系，发挥体系的合力，实现年鉴事业的信息化，促进中国年鉴走向世界。

三、加强年鉴创新和拓展，引领年鉴转型升级

质量是年鉴的生命，年鉴创新应该以提高质量为首要目标，质量制胜是推动年鉴转型升级的关键。

---

① 孙迁杰：《新型军事智库体系建设的思考和建议》，《国防参考》2017 年第 1 期。

（一）内容创新

无论时代形态如何变化，内容创新永远是最大的根本、赢得观众的最强力量。

1. 加强重点意识，突出主题

什么是重点意识？重点意识主要体现在战略思维。战略思维是从宏观总体和长远建设上来认识和把握全局的思想方法。战略指导的关键是发现和抓住决定全局的枢纽。毛泽东在局部与整体的关系问题上，就有十分精彩的论述。在《中国革命战争的战略问题》一文中，毛泽东说："任何一级的首长，应该把自己注重的重心，放在那些对于他所指挥的全局来说最重要最有决定意义的问题或动作上，而不应该放在其他的问题或动作上。"也就是说看问题必须关照全局，但是做事情必须找到合适的切入点，抓重点、抓关键、然后中心突破。用最大的精力去关注最重要的事情。如"无所不备，则无所不寡"，这就是重点意识。①

重点意识对我们编纂年鉴有很大的指导意义：在编纂年鉴中要抓好重点材料。抓重点，是条目编写提高质量的一个有效方法。编纂年鉴是一项庞大的系统工程，如何把握全局，拟定编纂方案，确定篇幅、体例和篇目框架，体现其科学性，使其更具有实用价值，是编纂年鉴的重要任务。也就是说科学性主要体现在年鉴的整体性、逻辑性、连贯性、层次性，更要突出重点。使整个结构要符合本地方的实际，要全面、系统、合理地反映本地方自然和社会、历史和现状的整体面貌。

2. 突出年鉴的个性，不拘一格

年鉴千面一鉴，根子在于创新不足、编纂能力弱。从技术层面来讲，年鉴要实现框架的的个性化，首先要抓住地方的强项、地方的独特的历史文化积累和社会经济发展特点。② 是否具有时代特点、地方特点和专业特点，事关年鉴编纂成败和质量高低。能否凸现地

---

① 金一南，《心胜 I》，武汉：长江文艺出版社，2013 年，第 115 页。

② 许家康，《许家康集》，北京：线装书局，2011 年，第 164 页。

方优势特色，已成为衡量年鉴质量高低的重要依据。本地优势特色可以说是年鉴的灵魂。年鉴的地方特色与时代特色是相辅相成的，没有地方特色，年鉴就没有生命；没有时代特色，地方特色也必然缺乏生机与活力。我们年鉴编纂者要充分认识、把握地方优势特色，让地方的文化沉淀在年鉴中充分体现。一方面围绕某一个主题充分利用可运用的手段聚焦，并进行破格升级。另一方面，围绕主题进行深层次的挖掘。比如柳州工业，在编修年鉴时将“经济建设体制改革”与改革带来的实效紧密结合起来，把柳州工业在改革开放中发展的真实情况以及时代特点、地方特点在年鉴中体现出来。柳州是广西最大的工业（制造业）基地，以汽车、机械、冶金三大产业为支柱，化工、造纸、制药、建材等产业并行发展的区域性中心城市和交通枢纽。改革开放以来，柳州工业五年翻一番。从2007年开始在广西率先举起“质量振兴”大旗，开展质量兴市活动。2012年，提出要在扩大经济总量中加注质量的提升，成为第一批“全国质量强市示范城市”创建城市之一。“十二五”时期，柳州工业以质量控制、技术改造、产品升级为重点更新改造，质量投入的增加取得了显著的成效。2015年，在全国汽车市场竞争压力不断加大的严峻形势下，柳州市汽车产销量逆势增长，突破230万辆，市场占有率不降反升，进一步巩固了市场占有地位，跻身成为仅次于重庆、上海的汽车产销量第三大城市。在生态方面，柳州作为传统工业城市，曾经一度成为全国“四大酸雨水污染区”之一。柳州通过大力发展绿色经济、循环经济、低碳经济，真正把柳州的生态优势转化为产业优势、经济优势和发展优势，走出了一条经济发展、生活改善、环境优化、品质提高的转型升级新路，实现“经济升级、城市转型”，工业发展与环境保护同步推进、国民经济与宜居城市同步发展，经济社会发展水平与人民生活水平同步提高，成为工业强、山水美、环境好的生态宜居之城。鲜明的时代特色、浓郁的地方特色和精准的专业特色，能充分体现和增强年鉴的可读性、资料性，以及影响力和吸引力。同时栏目设置进行破格升级，靠前安排，或增大其份量，形成自家有别于他家特色年鉴。

3. 扩充全球视野，有所借鉴

我们编纂工作都要善于开辟战略外线，从全球年鉴的大棋局的视角来分析，通过其他领域、其他方向的设计运筹谋篇布局，虚心向西方和世界年鉴界学习，总结推广他们的编纂成功经验。在编撰实践上鼓励多样化、个性化等编纂模式。这点我们可以借鉴美国的军事理论，美国人自己讲，他们的军事理论，机械化战争向德军学习，岛屿作战从日本人那里学来的，丛林战从越南军队学来的，美国人讲今天数字化的军队作战、信息化军队作战是他的独创。作为理论方法借鉴，今天我们同样可以拿过来学习的。有所借鉴，才能使中国年鉴走向世界，实现年鉴事业国际化。

（二）内容拓展

年鉴要向深度要影响力，向前瞻、向思想要引导力，向地气要感染力。

1. 向前瞻拓展

什么叫前瞻性？前瞻性是战略思维主题（前瞻性、进取性，对抗性）其中的一种，战略思维是立足现实面向未来的决策，它要面对事物长期的问题，有的战略考虑的是几年、甚至是几十年的问题，这就决定了战略必须对全局未来的发展走势进行预测和超前研究，战略必然具有预见性。比如诸葛亮的“隆中对”正确预见了“三分天下”的大势，韩信的“汉中对”，深刻提示了楚败汉胜的战略走向，并明确指出其战略目标的实现条件、方法和步骤。

要想准确或大致准确完成战略前瞻与预见，思维主体必须以全局智慧和魄力完成对种种决定性因素的切实把握。① 我们广西驻军比较多，军民融合要在年鉴中要作浓墨重彩的记述。军民融合是新世纪统筹经济建设和国防建设，在全面建成小康社会进程中，实现富国强军统一的必由之路。军民融合发展作为一项国家战略，关乎国家安全和发展全局。党的十八大以来，军民融合深度发展上升为国

① 金一南，《心胜Ⅰ》，武汉：长江文艺出版社，2013 年，第 118 页。

家战略。从2013年3月至2017年7月，习总书记先后在14个场合就军民融合作了指示；在庆祝建军90周年大会上，习总书记就推进强军事业提出6点要求，其中一点是“必须深入推进军民融合发展”。军民融合对地方来说，就是要创新科技形式、拓宽发展范围、提高融合水平，在国防动员、涉军科研、信息攻防、抢险救灾、社会保障等方面，进行全方位多领域的“参军”。这些具有时代的历史意义的重大决策和军民融合所创造的成就以及成功经验要在年鉴中凸显出来，增加年鉴的引导力。

同时年鉴中应加大对有灵魂、有本事、有血性、有品德的革命军人的记述，比如民族精神、尚武精神、战斗精神，这些就是我们时代精神的核心内容，把这些时代精神载入史册，在年鉴中作浓墨重彩的记述，成为年鉴中最耀眼的亮点，让年鉴在创新中传播正能量成为永恒的主题。

2. 向基层拓展

关注民生是年鉴的重要主题，年鉴要向地气要感染力。人民群众是历史的创造者，也是历史的主人。比如在抗战时期，中华民族在抗日战争中表现出来的深刻的民族觉醒，空前的民族团结，英勇的民族抗战，不但成为取得胜利的决定因素，更成为我们今天和今后实现中华民族伟大复兴的关键支撑。①

民众是力量的来源，任何时候都不能脱离群众，我们编纂年鉴也不例外。因此要拓展用鉴渠道，推动年鉴成果进校园、进机关、进农村、进企业、进社区、进军营等。民间视角、微观层面的记述，除了秉承传统外，特别是城乡居民生活等内容的记述同样是必要和重要的记载内容。设置一些反映经济体制改革所产生的弱势群体生活如农民工、下岗再就业职工的生活状态，新时期农民群体生活、农业产业化经营种植大户艰苦奋斗和创新的精神等篇目；文化领域中要设置一些反映非物质遗产文化中传统手工艺、民间音乐、民间艺术、民间医术的传承者和创新者篇目，让年鉴走进千家万户。

---

① 金一南，《心胜Ⅱ》，武汉：长江文艺出版社，2017年，第68页。

年鉴是对历史智慧与文明的记述与传承，年鉴工作者作为时代的记录者，当我们提起手中的笔时，应该要有对文字的敬畏、对历史的敬畏，并带着这种敬畏感来十分严肃而又万分快乐地编好每一本年鉴作品。这就是书写的魅力，记录的意义。

总之，年鉴按照创新发展战略作出年鉴质量，用创新发展思想指导年鉴的编纂工作，不断提高年鉴的编纂水平和年鉴的质量。同时我们要把十九大精神转化为年鉴事业改革创新转型升级的动力，不忘初心，牢记使命，发扬修志问道精神；适应时代，把握时代脉搏，敢于创新、勇于担当，为年鉴事业发展做出年鉴人应有的贡献。

（作者单位：广西壮族自治区地方志编纂委员会办公室
广西柳州市柳南区地方志办）

省级综合年鉴编纂的三重创新方向

李　鑫

摘　要：省级综合年鉴的编纂可以从三重创新方向加以努力。这三重创新方向是政府视角的内容创新、社会视角的内容创新、编纂理念和工作机制的创新。政府视角的内容创新包括两方面，一是在年鉴各传统部类开头以图表形式集中展现本省年度基本统计数据，二是在各传统部类结尾设立专题阐述本省年度重大政策、项目、事件和活动。社会视角的内容创新是将民众在社会日常生活各方面所关注的百科信息知识集中设立为“百科”部类。编纂理念和工作机制的创新分别是为民众社会生活服务和为设立新内容进行调查研究。这三重创新方向作为一个整体，能够有效推动省级综合年鉴事业的改革发展进程。

关键词：政府视角　社会视角　编纂理念　工作机制

《全国地方志事业发展规划纲要（2015—2020年）》提出了到2020年实现省、市、县三级综合年鉴全覆盖的目标。为了实现规划的目标，各省的地方综合年鉴遍地开花，全国年鉴事业正迎来百花齐放的盛世春天。在这令人欢欣鼓舞的时刻，为了使年鉴编纂质量更上层楼，省级综合年鉴的编纂可以从三重创新方向加以努力。这三重创新方向就是政府视角的内容创新、社会视角的内容创新、编纂理念和工作机制的创新。它们作为一个整体，能够有效推动省级综合年鉴事业的改革发展进程。

一、政府视角的内容创新

省级综合年鉴编纂的第一重创新方向是政府视角的内容创新。国内包括省级综合年鉴在内的地方综合年鉴都是由地方政府主办的官书，因此省级综合年鉴编纂的创新要为更好地展现政府各单位各部门工作的成果而服务。多数地方综合年鉴的写法都是本行政区域内各机关企事业单位分别记述其年度工作情况，再分别归入事先安排好的部类、类目、分目、条目中。这种编纂方法虽然全面系统但重点不突出，各领域的年度突出成就往往被淹没在对日常工作漫无边际的叙述中。因此，从政府视角出发的内容创新应当以突出各领域工作成就和工作重点为目标，对省级综合年鉴的各个部类进行扩充调整。一是在经济、文化、社会、生态四个部类的开头以图表形式展现本省年度基本统计数据，突出各领域年度工作成就。二是在经济、政治、文化、社会、生态五个部类的结尾设立专题阐述本省年度重大政策、项目、事件和活动，突出各领域年度工作重点。

（一）以图表形式展现本省年度基本统计数据

为了突出各领域年度工作成就，省级综合年鉴在经济、文化、社会、生态四个部类的开头可以用图形和表格的形式，以充足篇幅集中展现本省年度基本统计数据。目前，国内省级综合年鉴对年度统计数据主要有两种处理方式：一是将统计数据以图表形式随文编排在各条目中；二是在全书结尾设置“统计资料”部类，集中收录年度统计数据图表。但是，前一种处理方式过于分散，没有对各领域年度工作成就进行集中反映；后一种处理方式又过于集中，没有将年度统计数据图表分类归纳到各领域各部类里。为了避免上述两种处理方式的弊端，比较合理的处理方式应当是既不过于分散也不过于集中，在经济、文化、社会、生态四个领域选取重要的年度基本统计数据，以图表形式分别集中在经济、文化、社会、生态四个部类的开头，以达到突出反映各领域年度工作成就的效果。

在经济部类方面，本省年度经济基本统计数据包括本省年度经济概况和本省年度产业发展。首先，本省年度经济概况主要展示本省经济指标性数据，例如地区生产总值、财政收支、固定资产投资和物价等。在展示经济指标数据时，不能单独列出本年度数据，要以表格形式展示在这一经济指标上的本省历年数据。同时以柱状图或线性图的形式将该经济指标的增长或下降趋势表现出来，使读者能够一目了然，整体性把握本省经济形势。其次，本省年度产业发展全面展示本省各产业年度数据，包括农林牧副渔业、工业、建筑业、旅游业、房地产业、批发零售业、住宿餐饮业、交通运输业、邮政仓储业、金融业、对外经济等领域。各产业数据应系统丰富，在年度统计公报和政府工作报告的基础上加以扩充，可借鉴本省统计年鉴在经济产业的图表形式加以展现。

文化、社会、生态部类同样可在开头以图形和表格形式，集中展现本省年度基本统计数据。文化部类可重点展示的数据有艺术团体、文化馆、博物馆、图书馆、电视用户、报社、杂志社、文化惠民活动的年度数量变化。社会部类可展示本省年度社会民生基础数据，包括收入、就业、教育、医疗、社保、保障性住房、脱贫、科技、体育等领域的年度数据和历年变化。生态部类可在开头重点展示的数据有造林面积、森林覆盖率、自然保护区、文明生态村、空气优良天数、地表水质、近海水质、环境监测站、燃煤电厂改造、单位工业增加值和 GDP 能耗、氨氮、二氧化硫、氮氧化物排放量等，这些生态领域的数据与经济、文化、社会部类的数据一样，要用线性图、柱状图和表格形式展现出来，方便读者了解本省年度基本状况和发展变化趋势，对本省年度工作成就有一个直观把握。

（二）设立专题阐述本省年度重大政策、项目、事件和活动

为了突出各领域年度工作的重点，省级综合年鉴可以在经济、政治、文化、社会、生态五个部类的结尾分别设立专题，阐述本省年度重大政策、项目、事件和活动。国内许多省级综合年鉴都设置

有“专题”或“特辑”的内容，但多数将其放在全书开头或结尾，独立成为一个部类，其内容专注于本省年内的少数几件最重要之事，且篇幅不长，占全书内容比例太小。这种处理方式使得当前省级综合年鉴“专题”部类的涵盖范围和表述深度都受到限制，不能全面深入地反映出本省在经济、政治、文化、社会、生态等领域的年度工作重点。因此，为了有针对性地解决问题，可以提升省级综合年鉴里专题相关内容的重要性，增加关于专题内容的篇幅，且将专题内容细化设置到经济、政治、文化、社会、生态五个部类里边，真正做到全面深入地阐述各领域工作重点。

在经济部类方面，本省年度重要经济类政策、项目和事件是本省年度经济成就中提纲挈领的部分，可设为经济部类内的专题。例如海南省 2016 年重要经济类专题至少可设七个：一是琼海博鳌机场建成投运；二是长征七号和长征五号在中国文昌航天发射场首发成功；三是省域多规合一改革深化，海南省总体规划和各市县规划编制完成；四是创建全域旅游示范省，推出十大旅游套餐；五是城镇工作亮点频现，美丽海南百千工程成效显著；六是实施“两个暂停”调控房地产业发展；七是全面推出菜十条降低菜价。经济部类的每个专题都要写深写透，不能浮光掠影沦为一个普通条目或分目。每个专题的字数应为一万至两万字左右。以第四个专题“创建全域旅游示范省，推出十大旅游套餐”为例，应阐述全域旅游的含义，明确海南创建全域旅游示范省的工作目标，列出创建全域旅游示范省的具体指标，阐明创建全域旅游示范省的实现方式，介绍十大旅游套餐的内容和特色等。

在政治部类方面，可将本省年度重大政治性活动设为专题进行阐述。国内许多省级综合年鉴政治部类里都包含了年度重要政治活动，但处理方式有可改进之处。例如“三严三实”专题教育和“两学一做”学习教育，每一本省级综合年鉴在政治部类都有相关内容，但大多是在各单位部门工作情况内设立条目进行描述，较为分散不系统。为了更好地突出这两项工作的重要性，应在政治部类结尾为“三严三实”专题教育和“两学一做”学习教育设立专题，收录党中央国务院和省委、省政府开展这两项教育活动的相关文件具体名称、全文或内容要点，记载省内各机关和企事业单位开展“三严三实”专题教育和“两学一做”学习教育的具体情况。类似的专题还可以设立“行政审批制度改革”“全省市县领导班子顺利换届”等，每个专题应当有两万至三万字的篇幅。这样在专题内集中阐述年度重大政治类活动，能够更有效地突出年度政治工作的重点，展现本省政治领域的工作成果。

在文化部类方面，专题的设立有特殊性，不同于政治和经济部类的设立方法。文化部类所设专题应经过仔细调查研究，从本地区各种文化活动或文化事件中选取具备较大社会影响力的几项，再进行分类归纳，最终确定设立专题。以海南为例，文化部类在2016年可设至少三个专题，每个专题一万至两万字。第一个是对外宣传专题，内含反映琼崖革命史的电视剧《天涯浴血》、纪录片《海南岛纪事》、航拍中国海南篇、央视海南宣传短片、《焦点访谈》播出海南环岛高铁等篇章，每个篇章详细记述宣传作品的具体内容、显著特色和播出后引起的社会各界反响。第二个是舆论监督专题，内含群众在天涯社区举报万泉河非法采砂、南国都市报曝光万宁古树被盗和琼中盗挖稀土等篇章，记述舆论监督事件的经过和处理结果。第三个是文化旅游专题，内含槟榔谷黎苗文化旅游区获评国家AAAAA级景区等篇章，记述特色文化旅游区创建高等级景区的经过和海南本土特色文化融入国际旅游岛建设的历程。

在社会部类方面，专题设立和经济部类相似，以年度取得突出成就的重大项目为依据来设立专题。以海南为例，2016年可设立的社会部类专题至少有四个，每个专题一万至两万字。一是海南农垦改革取得进展，二是异地就医实现直接结算，三是城乡居民大病保险制度全覆盖，四是脱贫攻坚成果丰硕。各专题应清晰阐述该社会民生重大项目的来龙去脉、完成进度和社会反响。

在生态部类方面，设立的专题同经济、社会部类专题一样，以年度重大项目为依据而设立。以海南为例，2016年生态部类至少可设立四个专题，每个专题一万至两万字。一是海南省构建基本生态保护格局，二是三亚城市修补生态修复工作，三是南海岛礁大规模植树，四是全省垃圾清扫保洁收运体系基本建立。各专题也应明确记述该项生态环保工作的背景、进程、成就和意义。

二、社会视角的内容创新

省级综合年鉴编纂的第二重创新方向是社会视角的内容创新。国内部分省级综合年鉴为此做过努力，它们在传统部类的条目叙述中以资料链接的形式插入百科知识信息，提高年鉴的可读性，也使得条目内容更加全面完整。但从民众实用角度来看，这种随文编排的百科知识还是存在着过于零散、不成系统的弊端，且将百科知识补充传统条目的方法过于关注各部门工作中的新术语阐释，没有找准本省民众真正的关注点。为了真正以社会视角进行内容创新，提高省级综合年鉴的社会实用性，可以新设立一个“百科”部类，将民众在社会日常生活各方面所关注的百科信息知识集中在此部类里。这种以社会生活实质内容和新变化为主轴、以社会视角进行的内容创新，能够有效地增强省级综合年鉴对普通读者的吸引力。“百科”部类应在文字叙述的同时配以丰富的表格和彩图，每年度进行更新，增强整体的可读性。具体来看，“百科”部类收录的信息知识至少可以包括教育、科技、文化艺术、医疗健康、体育、居民出行、旅游住宿餐饮和动植物等方面，可以分别列出所需信息知识清单。

教育方面：包括本地区小升初、初升高、高考政策等现行最新教育政策、本区域学生最希望就读的国内外大学名录、本区域各大学各院系的专业课程和联系方式、各中小学幼儿园的地址学位和学区、职业教育院校的专业课程和联系方式、重要社会教育机构的简介和联系方式、国内外知名的教育网站、免费的线上教育资源网址等。

科技方面：介绍本地区本国乃至全世界年度重大科技成就、主要科学门类、数学物理学化学主要定理公式及应用、古代科学史、近现代科学的发展、当代主要新兴技术列表、互联网技术、人工智能技术、大数据技术、生物技术、航天技术、新材料技术、新能源技术等。

文化艺术方面：主要包括中国古代典籍列表及经史子集经典介绍、世界文史哲名著列表及经典介绍、世界社会科学名著列表及经典介绍、中国经典音乐美术舞蹈戏剧介绍、世界经典音乐美术舞蹈戏剧介绍、本地区古代和当代有重要影响力的文化艺术名人名作、本地区知名艺术团体及代表作、本地区特色民俗文化传统、本地区图书馆地址网址藏书量及联系方式、本地区博物馆文化馆歌舞剧院电影院的地址及联系方式等。

医疗健康方面：医疗部分，介绍常见病的病因分析预防和用药、重大疾病的预防检查救治和费用报销标准、本地区各等级公立医院和各科室主治医生、所拥有和新购置的医疗设备、收费标准、医学研究进展、门诊急诊就医流程等。健康部分，介绍日常急救方法、常见食物的营养成分、人体日常营养摄入量和平衡膳食、食疗食补和食物搭配、住宅清洗消毒方法、常见疫苗和接种时间、戒烟戒酒的益处和方法、日常锻炼方法和时长等。

体育方面：介绍世界各项主要体育赛事及最新成绩、播送世界著名赛事的电视台和播出时间、本地区各体育场馆位置交通线路和收费标准、本地区年度举办体育赛事各项目简介、本地区著名体育俱乐部介绍和联系方式、本地区民众参与较多的体育活动项目等。

居民出行方面：介绍本地区各城市内主干道和立交桥、高速公路布局和各互通口、本地区铁路布局和列车发车时间及经停站名、本地区各机场航站楼和主要国内国际航线及航空公司服务热线、本地区主要港口及功能等。

旅游住宿餐饮方面：主要包括本地区各旅游景点及城市公园所在位置交通线路和门票价格、星级酒店名录位置及价格、著名美食餐饮介绍及餐厅位置价格、生活旅行常用电话号码等。

动植物方面：涵盖本区域濒危动植物名录、本区域常见动植物名录、家常宠物饲养方法、小型观赏植物栽培方法、动植物分类方法、本区域常见猫和狗的种类、本区域动物园植物园的地址及联系方式、本区域动物医院的地址及联系方式、本区域林场的地址规模及联系方式、本区域有毒动植物及紧急解毒方法等。

“百科”部类将社会生活中各种百科信息知识集中在一起，打破年度的局限，提供基础的知识和最新的信息，形成规模化效应，能够有效提升省级综合年鉴的实用性，提升读者的百科知识水平，为打造社会综合体的共同知识库、便利广大民众日常生活做出切实贡献，同时能够扩大省级综合年鉴面向社会的销量，提高省级综合年鉴在社会生活中的声望和地位。因此，包罗万象的“百科”部类是省级综合年鉴在未来一个富有前景和活力的创新方向。

三、编纂理念和工作机制的创新

省级综合年鉴编纂的第三重创新方向是编纂理念和工作机制的创新。这是国内地方综合年鉴改革创新进程的决定性因素。

（一）编纂理念的创新

国内包括省级综合年鉴在内的地方综合年鉴是政府主办的官书，编纂理念一直是为政府工作存史资政服务，这个编纂理念当然是正确的。但在当今这个新技术飞速发展、社会生活日新月异的时代，要想跟上时代发展的步伐，年鉴编纂就要兼顾民众的需求，在编纂理念上进行适度调整，在为政府工作存史资政而服务的基础上，争取做到为广大民众社会生活而服务。省级综合年鉴编纂理念上的创新可以落实在两个方面。一是上述“百科”部类的创设，充分增加对本省民众社会生活有实质意义的内容。二是每年各传统部类的条目更新时，注重更新本省民众在社会生活中看得见摸得着的内容。因此在省级综合年鉴年度条目更新时，可以适当压缩各机关企事业单位内部工作的更新篇幅，增加社会生活中的新事物所占篇幅，例如设立新条目全面系统地介绍新学校新医院的设立和新道路新机场的建成投运等，以更好地为民众生活服务，同时可以防止为了条目更新而更新，找到年鉴条目更新的意义。

（二）工作机制的创新

省级综合年鉴编纂的工作机制一直是依靠各机关事业单位撰稿人提供稿件，这就决定了年鉴内容主要由各单位各部门的年度工作所构成。这种工作机制能够顺利地完成年鉴各部类组稿，是国内地方综合年鉴编纂的运行基础，但也限制了年鉴内容的创新。为了更好地推进年鉴事业的改革创新，省级综合年鉴编纂的工作机制可以进行适度调整，既要依靠各单位撰稿人年度供稿，同时年鉴编辑人员也要按年度对本省各领域过去一年的发展变化进行调查研究。这就需要年鉴编辑人员发挥主观能动性，通过准确合理的调查研究，选取适合进入年鉴记载的内容，摆脱了省级综合年鉴内容被各单位年度工作稿件所局限的状况。

年鉴编纂的调查研究要运用有效的方法，这表现在两个方面。一是设立各部类的专题方面。对于各部类专题的调查研究需要查阅中央领导人和本省主要领导年内对本省各领域工作的讲话文件，参考中央和省级新闻媒体年内对本省的新闻报道，分析研判本省本年度各领域工作的重大政策、项目、事件和活动。年鉴编辑人员运用这种方法，经过仔细斟酌取舍后，将应突出的各领域工作重点分别设立为各部类的专题。二是设立“百科”部类方面。对于“百科”部类的调查研究应以民众所关注的百科信息知识为内容，精心设计调查问卷，面向本省社会各界进行线上和线下问卷调查，找出本省民众真正关注的日常生活各领域百科信息知识，再以调查结果为依据，并借鉴国外年鉴如美国《世界年鉴》收录百科信息知识的内容，确定“百科”部类的收录范围和信息知识条目。

编纂理念和工作机制的创新是省级综合年鉴编纂三重创新方向的真正核心所在。要想顺利进行政府视角和社会视角的内容创新，就必须切实推进年鉴编纂理念和工作机制的创新，为省级综合年鉴的未来改革发展打下牢固基础。

年鉴事业正面临转型升级发展的关口，省级综合年鉴在编纂方面的不断创新是大势所趋。政府视角的内容创新、社会视角的内容创新、编纂理念和工作机制的创新都是在省级综合年鉴编纂方面富有潜力的创新方向。若能沿着这三重创新方向踏实前进，就能收获更丰硕的创新成果，编纂出更多高质量的省级综合年鉴，推动地方综合年鉴改革发展事业更上一层楼。

（作者单位：海南省地方志办公室）

年鉴创新论

耿俊杰

摘　要： 近年来，全国地方综合年鉴的编纂事业呈现繁荣的局面，但年鉴编纂风格雷同的现象也十分普遍。年鉴是否可以创新以及如何创新一直是业内十分关注的问题。笔者提出用编纂维度的观点对年鉴的创新进行研究，通过对年鉴记述的内容时限、内容广度、内容地域、内容深度、框架设计、图文关系六个宏观维度进行深入分析，发现年鉴创新存在多种可能性，通过辩证方法得出年鉴的创新具有现实性，改变（增加、减少、转变）编纂维度是年鉴创新的科学依据和根本方法。这是笔者得出的重要结论之一。笔者进而用这种理论分析了全国地方综合年鉴的编纂现状，并通过《雅安市年鉴》（2015）的创新实践进行了实证研究。《雅安市年鉴》（2015）通过改变多种维度进行创新编纂，在结构的合理性、内容的丰富性、文本的可读性和视觉的美观性上都产生了良好效果和影响。本论文为年鉴的创新提供了一套较为科学和稳妥的思路。

关键词： 年鉴　创新　编纂　可能性　雅安

近年来，全国地方综合年鉴乃至专业年鉴的编纂都呈现出十分繁荣的局面。但年鉴编纂风格雷同的现象也十分普遍。同时，年鉴在反映现实、提供参考方面一直起不到预想的作用，这就在某种程度上降低了年鉴的实际价值。年鉴创新需要理论，而理论研究不足一直是年鉴界存在的重大问题。在创新方面，年鉴界有很强的呼声，但也存在着强大的反对声音，甚至认为创新没必要、不可能。年鉴的创新是否可能？年鉴创新是如何成为可能的？年鉴创新有多少种可能性？年鉴创新应遵循哪些基本原则？这一系列问题都迫切地需要科学的回答。

本文尝试从分析年鉴的基本情况（六个宏观维度）入手，提出一套年鉴创新编纂可以依据的理论，并运用这一理论进行现实的观察、批判和实践，进而得出一套较为科学和稳妥的创新思路。该研究可以为年鉴的创新产生积极的理论指导。

年鉴创新涉及多个方面，比如组织流程、质量管理、时间控制、内容编纂、队伍优化、排版设计、色彩形式、传播方式等。本文重在研究内容编纂上的创新，因为"内容的创新是年鉴创新的关键"①，它是创新的根本所在。这一问题获得解决后，其他方面的创新才有枝可依。

为避免行文烦琐，本文在多数地方都将"地方综合年鉴"简称为"年鉴"，因此本文所称"年鉴"，除特别注明外，均指"地方综合年鉴"。此文只集中探讨地方综合年鉴的创新问题，目的是为了研究的方便，但其形成的理论，对各种年鉴都会适用。

一、年鉴创新的可能性分析

可能性是现实性的必要条件，没有可能性也就不可能有现实性。因此研究年鉴的创新问题，首先就要研究其可能性。如果根本没有创新的可能，那么创新之谈就没有必要。

年鉴是人的主观指导下完成的作品。人的主观是千差万别的，因此年鉴的编纂形态就绝不可能只有一种。但它到底会有多少种呢？

下面，笔者尝试着从年鉴的内容时限、内容广度（知识领域）、内容地域、内容深度、编写框架、图文关系六个主要的宏观维度对其可能性进行分析。之所以选择这六个维度，是因为它们在年鉴的编纂业务上具有根本意义。

---

① 黎昌菊：《年鉴发展的动力在于创新》，《新疆地方志》2015 年第 2 期，第 47~54 页。

(一) 内容时限分析

从年鉴记述内容的时间范围来看，年鉴的内容目标主要分为两种，一种是集中在一个年度内，即针对某一年的内容，也即出版年上一年的时间内容，在此笔者将其称为A类时间限度。另一种是对时间的选择是出于出版目的的，即是针对出版年的内容，是针对读者的内容，在此笔者称为B类时间限度。A类时间限度是国务院《地方志工作条例》规定的要求，也是年鉴界长期的大体一致的观点。但是在理论上，确实是存在B类时间限度的。年鉴在本质上属于年刊，与日报、周刊、月刊、双月刊、季刊等在本质上都是同一属性。以月刊为例，它刊登的内容就绝非只是上一个月的内容，而是只要编辑认为可以对当月的读者有意义的都可以刊登。在B类时间限度内，我们甚至可以找到年鉴是每年更新的地方志书的可能性。在古代，由于社会发展缓慢，社会相对处于静止状态，所以地方志书虽然很多年才重修一次但并不影响使用。而当今社会发展速度之快是过去的社会无法比拟的，因此志书一修出来就陈旧了，资料更新更是跟不上读者的需求。志书由于体量过大，当然不能每年更新。但如果假设我们的编辑力量是完成充足的，经费是完全保障的，那么每年更新就是可以做到的，甚至也是需要的。《吉尼斯世界纪录大全》每年都会修订充实约五分之一的内容。如果地方志书每年都进行更新，那么它就既是志书，又是年鉴，其影响将会十分重大。这样，在B时间限度内，我们就可以找到年鉴和志书的共同本性，甚至在理论上，年鉴是可以成为志书的，或者说志书是可以成为年鉴的。

因此，在理论上，年鉴的内容是至少可以有两种可能的。我们选其一种，运用数学的组合方法，将其记为C_2^1。

(二) 内容广度分析

按年鉴记述内容的广度，即记述的知识领域，年鉴要记述的内容可分为全方位的内容和局部性的内容。按国务院《地方志工作条例》的规定，“地方综合年鉴，是指系统记述本行政区域自然、政治、经济、文化、社会等方面情况的年度资料性文献。"① 这就是一个全方位内容的要求。但理论上，局部性的内容也是可以称之为"综合"的。只要具备两种及两种以上知识领域的内容便属综合。年鉴在实际编纂中，在不得已的情况下缺略某方面的内容乃是经常发生的事情，也是存在一定合理性的。另外，对"全方位"也有不同的理解角度或分类角度。一部年鉴如果记述的内容完全是党政机关的工作时，由于其工作内容也经常涉及到各个领域，那么其作者也有理由说该年鉴是"全方位"的，这样写出的年鉴虽然不佳，但也只能称之为综合年鉴。

这样，在内容广度上，也可以有两种选择，即全方位的和局部性的。运用数学中的组合方法，我们将其记为 C_2^1。

（三）内容地域分析

按《地方志工作条例》规定，年鉴记述的地域为"本行政区域"。但从可能性上看，一部年鉴的记述地域也是有多种可能性的。一是完整的本行政区域范围，二是本区域的一部分（有时是不得已的），三是涉及到区域外（有时是必要的）。

这样，运用数学的组合方法，选其一，我们将其记为 C_3^1。

（四）内容深度分析

一部年鉴的内容深度，取决于编辑的想法。以一部地市级年鉴为例，如果它只记述市本级的相关内容，那么这年鉴可能编得相对较薄。如果记到县（区、市），那么体量可能就是中等的。如果把乡村乃至村组的内容都记述到，那么它的内容就会很庞大。因此记述深度决定着年鉴的体量。

我们假设将记述深度分为三个层级（当然实际不止这些），而选其一。这样，运用数学中的组合方法，我们将其记为 C_3^1。

---

① 参见《地方志工作条例》。

（五）框架设计分析

年鉴框架设计的思维在本质上只能有两种，即理性思维和感性思维。感性设计方法虽然有失严谨，但不乏实践案例和能吸引一些对理性要求不高的读者。感性的框架设计在实践中是非常普遍的，其优点是使年鉴作品生动活泼，其缺点是容易使年鉴偏离了严肃性的轨道。因其实践中大量存在，我们也应将其列为一种。理性设计是最应有的选项。理性设计严格说只能分为演绎式的思路和归纳式的思路，但二者的结合往往是非常实用的思维，因此理性设计方法也可以说有三种。

这样，我们姑且将框架设计的思维分为四种（理性三种、感性一种）。运用数学的组合方法，我们将其记为 C_4^1。

（六）图文关系分析

年鉴是以文字为主体的内容，在逻辑上，图片和表格都是文字内容的延伸。但实际情况往往是图表与文字成了油水分离的格局。在旧有印刷条件下，全彩色印刷成本较高，因此普通图书在需要彩色插图的时候，考虑到成本不得已便将图片排在了书的最前边或最后边，彩色和黑白同时装订在一起，但也一般都是在彩图中标清图序和说明，并在正文中指出“见彩图××”。这是当时印刷条件下的权宜之计。但是后来卷首彩图在年鉴中竟然演变成了与图书正文内容关系松散的单独部分。这可以说基本违背了图片使用的原有意义。在现实情况下它已经成为一个客观存在，虽然不合理，我们还是姑且将其算为一种图文关系。

因此，图文关系可以说主要有三种，一是图文紧密结合式的，二是图文分离式的，三是不配图表的。

这样，运用数学中的组合方法，我们将此记为 C_3^1。

（七）对创新可能性的判断

从上述六个宏观维度中的每个维度中抽出一种可能性进行组合，

我们就会发现年鉴呈现出了许多不同的面貌。

组合数为:

$$C_2^1 \times C_2^1 \times C_3^1 \times C_3^1 \times C_4^1 \times C_3^1 = 432 \text{（种）}$$

也就是说，仅就以上六个宏观维度而论，年鉴创新的可能种数就可以达到432种。由此推论，只要增加一个维度且这个维度内只要有n（n≥2）种可能性，那么年鉴创新的可能性就会多出n−1倍。维度是否可以无限增加呢？前面分析的六种都是宏观维度。宏观维度也还不止这些。另外还有大量的中观和微观的创新维度。另外还有组织流程、质量管理、时间控制、内容编纂、队伍结构、排版设计、色彩形式、传播方式等各种宏观维度和其下的中观维度和微观维度。

年鉴的创新就在于分析出每一维度内的可能性和发现新的可创新维度。如果把可能性都包括在内，那么年鉴的可创新程度将是非常庞大的，甚至是无穷的。如果创新维度无限增加且维度内的可能性有n（n≥2）种，那么年鉴的创新性也将是无限的。

这就证明年鉴的创新是可能的，且有多种可能性。年鉴创新最根本的思路和方法就是要发现新的编纂维度或改变旧有的编纂维度。

二、年鉴创新的现实性分析

没有可能性就没有现实性，可能性是现实性的必要条件；但是没有外界条件，可能性也无法转化成现实性，或者受外界条件的制约，可能性也可能无法转化成现实性。可能性和外界条件都是现实性的必要条件。

年鉴编纂创新的可能性上文已经分析过。那么年鉴创新的现实条件和制约有哪些呢？年鉴创新的条件与制约几乎同时并存。下面选取法律法规、编纂实践、心理需求三个方面进行辩证分析。

（一）从法律法规的角度看

2006年，国务院颁布了《地方志工作条例》。条例是根据宪法和法律制定的，是规范性的法律文件，具有法的效力，人人必须遵守，违反它就要承担一定的法律后果。从法律法规的角度看，该《条例》既规定了年鉴必须创新，也给年鉴创新设定了一些不可逾越的界限。《条例》将“地方综合年鉴”界定为“系统记述本行政区域自然、政治、经济、文化、社会等方面情况的年度资料性文献”。过去的和现在的大部分年鉴在实质上并未达到这个要求，虽然表面上可能达到了。说表面上达到了，是因为虽然在篇目设计上都有这五大方面的名目，但深入阅读会发现，大量的真正的自然、文化、社会层面的信息并未录入。这类年鉴更多的还是停留在部门内容和政治、经济内容上，而且记述得也不深入。因此，为达到《条例》规定的年鉴就必须有创新才能实现，实现了也就是创新。说法律法规也为年鉴的创新设定了不可逾越的限度，是指该《条例》明确要求年鉴编成哪种模样，因此就否定了它的一些其他可能性。比如前面分析过的 B 类时间限度就会与《条例》冲突。

（二）从编纂实践的现实看

20 世纪 80 年代，我国开始开展了地方综合年鉴的组织编纂工作。到 20 世纪 90 年代时，地方综合年鉴的编纂已经相当普遍。截至 2013 年 2 月，国家图书馆馆藏年鉴种类达到 5076 种。[①] 在如此庞大的年鉴编纂数量下，年鉴必然会形成一些编纂习惯。这些编纂习惯就会成为非常大的惯性，这种惯性必将会对创新产生排斥。但同时也正因为有了这么庞大的编纂数量，其中就必然会产生出许多重大的实践经验和理论探索，这些实践和探索也就必然会引发创新。

（三）从心理需求的层面看

从思想活跃的现实看，年鉴的创新会成为一种非常强大的心理需求。人们希望看到与众不同的年鉴，而不是千鉴一面的陈陈相因的年鉴，那么这就可能引发创新。但是也正因为这种创新只是心理

① 张丽丽：《从中国年鉴总目提要（1949—2011）浅析建国以来我国年鉴的出版与发行特点》，中国年鉴网，http：//www. yearbook. cn。

需求，而非理性需求（理性需求中许多形式的创新是不必要的），这就很可能会导致创新只在感性层面展开。感性的创新往往会偏离理性的轨道，会在表面上下功夫，结果很可能会导致年鉴的庸俗化。这也提醒我们，有些年鉴的创新并没有本质上的创新，而只是形式上的改变，这种改变如果控制不好，甚至会影响本质作用的发挥。感性会激发创造，但最终必须以理性为依归。

以上是对年鉴创新的现实性分析，既有条件，又有制约。因此，年鉴的创新关键在于把握时代发展的脉搏，发挥人的主观能动性，勇于创新。

三、对当前年鉴编纂创新的观察

对当前年鉴的创新，通过观察，我们会发现主要存在以下问题。

（一）愿望偏多，基础不足

在编纂上，目前许多年鉴的根本问题还不是创新，而是提高编纂能力和编纂质量的问题。在提高能力和质量上也有创新的方法，而且“创新是确保年鉴质量的手段”①，要提高编纂能力和编纂质量，也必须依靠创新。在编纂质量上存在的问题主要有：篇目设计不合理，主观性强，逻辑性差；内容收录缺失严重，虽有社会、文化等名目，但真正的社会、文化内容却未能细致反映；编校质量差。细阅一些年鉴会发现编校质量很差，句子僵化，繁文冗句，前后重复，甚至语法错误、错别字都经常能发现。“年鉴的创新必须具备创新能力，这种创新能力来自于年鉴理论学习和研究，更来自于年鉴编纂工作实践，没有年鉴编纂工作实践的创新是空洞的、乏力的。”② 因此，这类年鉴的编纂，首要的不是创新，而是用心。

---

① 董如、董居正：《年鉴编纂事业重在发展创新》，《山西科技》2016 年第 5 期，第 155~156 页。

② 唐剑平：《关于年鉴创新与规范的思考》，《中国地方志》2011 年第 12 期，第 53~55 页。

（二）感性偏多，理性不足

一谈创新，年鉴编纂者似乎都有些想法。但很多创新的做法都流于感性。比如看到某年鉴有特载、专文，就想着借鉴过来，也在自己的年鉴上加个特载、专文，而并没有分析这特载、专文是否有增加的必要（此二者在本质上属于附录的内容）。看到某年鉴卷首有个“数字××”（××为区划），也在自己的年鉴上加个“数字××”。或者是想到某个点、某个面应该突出，就把这个点、这个面在篇目上升级。如此等等这些不断出现的小动作，都是感性创新的表现。感性确实能激发人的创新，甚至是最为重要的创新火花的来源，但是若不能以理性驾驭就会走入歧途。年鉴创新更多的是需要理性。

（三）想法偏多，行动不足

造成这个问题的主要原因是机制性障碍的存在。创新可能会引起同行的不适感，甚至可能会失败。这就造成人们往往有创新的想法而不敢或不愿行动。年鉴创新，在思想成熟后，最重要的还是行动。

四、《雅安市年鉴》创新的尝试

《雅安市年鉴》创刊于1998年，初名《雅安年鉴》，为内部出版资料，内容部门化严重。2007年开始公开出版发行，并不再刊登任何广告。2014年更名为《雅安市年鉴》。2015年，通过对年鉴创新的可能性和现实性的分析，以及对年鉴编纂现状的观察，雅安市地方志工作办公室大胆尝试了全方位的改版创新。该年鉴的创新引起了省内的高度关注，并吸引了部分市（州）学习和模仿。

（一）创新的酝酿

《雅安市年鉴》原有的做法是全国年鉴普遍做法的一个缩影，具有一般年鉴通有的特性。初期几乎完全是部门年度工作内容的汇集。后来虽然形式上不出现某某部门了，但其内容并没有改变是部门内容的汇集这个根本实质。在很长一段时间里，编辑们已经发现了这个问题，于是在撰稿培训时要求党政机构提供其所掌握的全市的那个领域的内容，而不仅是党政机构的内容。但几经努力，仍然无法改变。年鉴中刊登了大量的广告和本市领导的图片，严重影响了年鉴的严肃性。可读性差；虽然获得了一些奖项，但年鉴在读者中没有影响，读者不爱看。编辑已经意识到创新很有必要，于是不断酝酿创新。在逐年的编纂过程中，有意识地逐步多用社会内容的材料，少用党政机关一般事物性内容的材料，有意减少了广告的使用。

（二）创新的现实条件

《雅安市年鉴》（2015）的创新有其现实条件。一是内部达成一致，同意并支持创新改版，允许试错。二是经过 17 年的编辑，编辑人员已经积累起一定的编纂经验，培养了较强的编辑能力，并具备了相应的年鉴知识。三是按照《地方志工作条例》的规定，该年鉴还一直没有达到其要求。按照依法修志的要求，年鉴也必须创新以达到《地方志工作条例》的要求。

（三）创新维度的选取

通过对创新维度的分析，《雅安市年鉴》（2015）在六个宏观维度和多个微观维度内进行了取舍。在内容时限上，按照《条例》规定，只记 2014 年内容，不再上溯下延。在内容广度上，选择了自然地理、政治、经济、社会、文化、军事等全方位的角度。在内容地域上，选择严格限定为“本行政区”的内容，必要时记述政区外的内容，但必须与本行政区有密切的关系。在内容深度上，选择了中等深度。在框架设计上，选择了演绎式与归纳式的结合。在图文关系上，选择了取消卷首彩图、全彩印刷、图随文走、图文紧密结合的方式。在中观维度和微观维度（细节上），则选取了事物列举、专有名词加脚注、条目加序号等多个维度（下面多有涉及，不一一标出）。

(四) 篇目设计的创新思路

《雅安市年鉴》(2015) 的分类方法，整体上是通过演绎法进行分类，即首先将所有的内容分为自然与社会（广义的）两个大的部分。社会又分为政治（即公共管理）、军事、经济、社会、文化五个部分，也就是从理念上进行了一个绝对的划分。由于人物和区县情况具有特殊意义，因此从其他类别中单独分立出来。由此，全书便由 8 大部类组成，即自然、经济、社会、文化、公共管理、军事、人物、区县。此外，还有年度综述、大事记、附录等辅助信息。这样，全书就分成了 11 个一级部类。然后在这 11 个部类之下再进行二级目、三级目和四级目的分类，二、三、四级目的分类中结合了归纳法。对特别重要的信息进行归纳处理，如增加了体现地域特色的大熊猫、体现了年度特点的灾后恢复重建等。这样就形成了篇目上的树形结构。理论上，目次向下的分级是可以无限进行的。但为了篇目的整齐性，一般只分到了三级目。个别的设到了四级目。五级目在实践中发现不是必要的。当然，如果确实需要，也完全是合理的。

(五) 内容和结构的改变

1. 信息状态的改变。全书的动态信息和静态信息的比例由原来的 7∶3 调整到了现在的 9∶1。原因是编辑认为年鉴可以不承担地方志书的相应功能。

2. 大幅度增加了自然地理、社会、文化和人物等内容。大量利用了报纸和网络相关资料，并进行了深加工。

3. 大幅增加了对事项的列举。如列举了重点的个体大熊猫（为雅安特色）、医院、学校、银行、保险公司、信贷公司、交易所、期刊、企业、园区、文化场馆、机关单位、政务活动、重要会议、乡镇等的情况。如此，增加了信息的广度和有效性。这是原来的年鉴所没有的。列举式的做法使内容明晰，增加了具体材料，避免了“只见森林，不见树木”那种宏观过多微观过少的情况，极大地增强了可读性和实用性。

4. 对县（区）概况进行了规范化处理。为每个县（区）设定10个必写条目，1~3个自选条目。必写条目使各县、区的内容具有可比性。自选条目的设定有利于突出各县、区的年度特色。

5. 人物部分更加纯粹。只对有影响的人物进行记述，剔除了获奖单位等严格说来并不属于人物类的内容。根据需要，获奖单位等内容可放入附录。

6. 在附录中登载了具有阅读、审美和存史等价值的获奖文学和艺术作品。

7. 以纯粹“述体”的《年度综述》替代了以往的条目体的《综述》。以往的年鉴的《综述》都是条目体的，笔者认为这有悖于“综述”属“述体”的要求，于是进行了体例上的改变。

8. 在信息量不变的情况下，大幅缩减了党政机构的一般性工作内容。采用统一排列，每个党政机构只写一个条目。这样去粗取精，既方便了资政参考，又使党政机构的内容不占据绝对的篇幅。

（六）编排细节的创新

1. 为便于检索，为章节加上序号，为条目加上了序号。这是在形式上的一个标新立异。为便于阅读，对专有名词、缩略语加了脚注，为动植物加注了拉丁学名，增强了科学性和严谨性。脚注的使用还解决了阅读梗阻问题。

2. 在目录中增加了图片目录和表格目录，便于索引。

3. 对条目字数进行了量化控制。（2015由于时间原因没能实现精确控制；2016年则实现了精确控制）

（七）图片与表格

1. 图片、表格与条目内容紧密结合，这是增加逻辑性的需要。

彻底改变了以往彩图和正文油水分离的局面。图随文走，表随文走，没有游离于文字之外的图片与表格。

2. 取消卷首彩图。相关图片排入相关的文字附近。

3. 大量增加使用了社会和文化等各方面内容的图片。熟悉是可读性的必要条件，社会和文化等各方面内容是读者见得多、想得多、关心得多的内容，增加这部分内容，就与读者在心理上一下拉近了距离。而事实上这些内容也是最有存史价值，最为读者喜欢的内容。

（八）排版印刷形式的改变

1. 由过去的黑白印刷改为全彩印刷。

2. 进行了全新的封面设计，封面中使用了雅安的城市 LOGO（徽标），并在封面中标出了总卷号。

（九）其他方面的创新

以上都是具体的编纂上的创新。但为了实现这个创新，《雅安市年鉴》（2015）在其他许多方面也进行了努力。

1. 精准组稿和分类组稿。在组稿方面提出了精准组稿和分类组稿的方法。精准组稿，就是对年鉴要什么材料要有清楚的说明，不能由供稿单位任意撰写。为此，编辑事前做了大量的调研，并制定了非常细致的组稿方案。精准组稿既节约了撰稿者的时间，又加快了报送的进度。分类组稿，就是对供稿单位进行分类。2015 年实行的主要是供稿时间的分类。即，将供稿单位分成三类。第一类是撰稿量少、对统计数据无依赖或依赖程度不大的单位，要求在 1 月底交稿。第二类是撰稿量大、对统计根据依赖程度高的单位，要求 3 月底交稿。第三类是处于前两者之间的单位，要求 2 月底交稿。这样就避免了原来统一要求 3 月底（或 4 月、5 月）底交稿而影响进度的问题。

2. 时间控制。时间控制有多种方法，《雅安市年鉴》（2015）运用的方法主要有：（1）分类组稿（如上段所述）。（2）交叉、并行开展工作。（3）对难点和关键点进行重点控制。在工作中使用了甘特图、时间计划和控制线路图等时间控制的方法和技术。

3. 每年召开全市年鉴工作经验交流会和撰稿人员培训会。从2013年开始，雅安市地方志工作办公室每年选择一个县（区）举办全市年鉴工作经验交流会。到2016年已经举办了四次。每次会议限定一个主题，有利于聚焦讨论。每个县（区）轮流主办，激活年鉴编纂状态。每年撰稿前召开撰稿人员培训会。培训会也采取分类的办法，将供稿单位分成三批进行小规模培训，而不是原来的大规模的一次性培训。小规模培训有利于撰稿人员听懂编辑的意思，有利于交流互动。培训中使用了幻灯，对编辑的中各种要求和问题进行详细的说明和解释，对报送的稿件和编辑人员编辑过的稿件进行对比展示。这种小规模的培训产生了良好的效果，培训后上报的稿件在时间和质量上都得到飞跃式的提升。

（十）雅安年鉴创新的得失总结

创新后的《雅安市年鉴（2015）》引起了省内年鉴界的高度关注，吸引了部分市（州）前来学习。该年鉴在读者中也产生了良好的广泛的影响，读者反馈回的信息是：以前的年鉴基本不看，或者是翻几下就永久地放入书柜了，只有在找资料时才会把它翻出来；现在的年鉴是可以阅读的，读起来有意思，知识性和趣味性都很好，愿意收藏。设计该年鉴的文化出版公司说，该年鉴在公司很快就被到访者拿光了，都想学习和仿效。但也有一些批评的声音，认为这样做不符合年鉴的一般做法。另外，由于在编纂该年鉴的当年雅安市“4·20”芦山强烈地震灾后重建任务繁重，雅安市地方志工作办公室承担了大量的重建类图书的编纂工作，因此编纂该部年鉴只用了4个月的时间，一些创新的思想和方法没有贯彻到底，导致个别篇目的分类不尽科学、编校质量存在瑕疵等问题。从正反意见中我们得出：读者的接受程度是检验年鉴创新成败的重要标准之一。

五、结　论

通过以上研究，笔者得出一些重要结论，胪列如下：

（一）年鉴编纂创新的可能性是非常多的，甚至是无限的。年鉴编纂创新的根本在于改变（增加、减少、转变）编纂的维度。这是年鉴创新的理论依据。

（二）年鉴创新的现实性也是非常大的，甚至是无限的。年鉴的创新必须在法律法规的规定范围内进行，这是依法编鉴、依法创新的前提，否则将承担违犯性的后果。这是年鉴创新的现实依据。

（三）年鉴编纂的创新必需遵从理性，遵从科学。感性对于创新具有重大的启发意义，但最终必须以理性和科学为根据。

（四）年鉴创新是个永恒的课题，创新是永恒的，创新是年鉴编纂的常态。

（五）读者的接受程度是检验年鉴创新成败的重要标准之一。

（作者单位：四川省雅安市地方志工作办公室）

年鉴编纂创新的思考

李卫东 康海燕

摘 要：年鉴作为记述上年度事物运动、发展状况为主要内容的资料性工具书，其优势是资料丰富，实用性是其生命之所在，年鉴所承载的信息资料要做到全、准、新、特、精、深，才能实现年鉴价值的最大化。近年来，我国年鉴编纂空前繁荣，出版数量达6000多种，各地或多或少都有自己的亮点与特色，但普遍存在"结构老套，缺乏时代新意；内容臃肿，使用价值不高；形式单一，地方特色不突出"等现象。一直以来，年鉴常编常新是广大年鉴编纂者共同面临的课题和追求的目标，在多年的编纂实践中，笔者认为，年鉴创新要在组稿方式、栏目设计、内容编写、编纂技术四个方面下功夫，既要注重继承传统，又要打破传统的桎梏，以顺应时代发展潮流。

关键词：年鉴 编纂 创新

众所周知，年鉴是由西方文明传入带来的"舶来品"，20世纪80年代以来，我国年鉴事业得到空前发展，30多年时间，年鉴编纂日趋成熟，但由于年年编纂，年年出版，加之框架设计稳定，信息来源狭窄，官书意识较浓，忽视了其工具性的基本性能，千城一面、千篇一律，读者产生视觉疲劳，有"索然无味"之感，年鉴似乎只剩下"存史"的功能。因此，我们必须不断拓展年鉴编纂思路，在实践中创新，让年鉴事业持续焕发蓬勃生机。

一、创新组稿方式

目前，年鉴组稿普遍采用“党委政府发文—部门（单位）提供稿件—编辑加工修改—相关部门审核—政府领导审定”的模式，通过行政手段组稿，稿件来得快而且比较好编，但行政色彩浓厚，部门痕迹明显，同时，编辑工作也形成了惯性思维，来什么编什么，没有站在读者的角度考虑，信息选择的倾向出现问题，无形中拉大了年鉴与大众的距离。诚然，要全盘否定现行的行政征稿渠道是不切实际的，因为政府各部门掌握着大量的社会发展和经济建设的信息资料，年鉴编纂离不开他们的支持，但随着政府机构改革的深入推进和政府部门职能的转变，这种单一的组稿方式已越来越不适应多元化社会的需要，朱熹诗曰“问渠哪得清如许，为有源头活水来”，组稿工作就是我们年鉴资料的源头，源头枯竭，年鉴的活力无从谈起，故而在年鉴组稿方式的创新实践中，努力做两个结合。

（一）内外结合，开拓稿源多元化渠道

前文已提到，因市场经济体制和政府机构改革带来了一些社会职能承担主体的转变，行业协会、商业公会、实行公司制的大型企业等已成为新的信息源，主要集中在经济领域的工业、邮政业、服务业，文化领域的文学艺术类。“西部车城”是资阳的城市名片之一，早在2002年，资阳就提出了“西部车城”的战略构想并经省委省政府批准，至今车产业实现10倍以上的增长，近年更是引进了南车玉柴发动机、韩国现代汽车等一批引爆性车产业项目，汽车零部件制造、汽车发动机制造、轮胎生产等内外资配套企业近200家，资阳车产业已迈入全省第一方阵，在年鉴记述中资阳车产业理应是浓墨重彩的一笔但却寥寥数语，原因就在于官方供稿内容僵化，很难从展示“自我”的习惯中走出来，编者与企业、协会断联，造成年鉴内容的缺项、遗漏，这不得不说是一种遗憾。为弥补遗憾，

2015 年，我们在《资阳市志》启动编修之际，将“西部车城”列入记述专题，全面反映资阳车产业的发展历程。所以，在坚持传统主渠道供稿的同时，通过多种方式向公司、行业协会、商场、企业、各主要媒体等约稿，并逐步形成固定的供稿渠道，或向社会广泛征稿，向特约专家、学者、资深记者约稿，使年鉴内容更加全面丰富，知识含量和读者群也得以扩充。2017 年卷的《资阳市年鉴》我们就进行了有益的尝试，向资深记者约稿两篇，向市作协、市摄协征集获奖文学作品和摄影作品，下一步我们将设特约撰稿人，同时加大向企业、协会的约稿力度。此外，社会新闻媒体也是掌握大量信息的另一资源库，涉及面广，信息量大，存在较大合作空间，如 2016 年 12 月 8 日，四川省首列新能源空铁列车在中车资阳机车有限公司下线，这不仅是资阳车产业发展的一个缩影，也是全省轨道交通装备制造业发展的一个重要里程碑，虽然我们没能到现场参与采访，但我们及时委托新闻媒体代稿，获得了第一手图文资料，避免来年撰稿单位供稿时，又是一篇内容空泛的总结式报告，同样，如要反映一年中某一行业的发展状况，可以事先向新闻记者约稿，对这一特定行业进行跟踪调查，所获资料就是年鉴最好素材。

（二）点面结合，提高组织稿源的能力

一是面的拓展，作为年鉴编纂工作者，不仅是文字加工员，还是信息采编员，编辑应在日常工作中，增强业务敏感度，克服只是单一依靠传统渠道组稿的思维惯性，统筹做好传统渠道和其他稿源渠道的互补调节，分利用政府信息公开网、新闻媒体、报刊杂志等平台随时随地对重要信息进行收录，形成组稿的规模效应。同时，对各撰稿单位发生的新事、大事以及上报的典型材料等也一并收集，形成自己的“资料库”，编辑可随手对这些资料进行加工，使年鉴编纂成为动态录入过程，减轻集中编稿的压力。2017 年卷《资阳市年鉴》中的“农业产业扶贫”“教育信息化”“口腔全产业链建设”“全民阅读建书香城市”等 10 余个条目就是编辑从平时收集的信息中提炼出来的。二是点的深入，充分发挥编辑的主观能动性，改变

以往对稿源的粗放管理，加强与承编单位供稿人员的沟通，格式、体例、选材全方位指导，对大众的需求做出判断，帮助撰稿人寻找最佳写作角度，参与撰稿全过程，避免盲目编稿。同时，落实专人负责跟进年度重点专题的情况反馈，做好收集，《资阳市年鉴》2017年卷安排专题11篇，其中毗河供水工程是跨年度重点建设项目，我们将采取连续记述的方式，旨有始有终地、系统全面地反映这一重大工程建设的全过程，也充分发挥了年鉴的资政存史功能。

二、创新栏目设计

在年鉴栏目创新方面，要注重彰显个性和突出特色，多数情况下，我们将亮点、特色的落脚点放在条目的编写上，栏目设计相互因袭而将特色个性湮没，“千鉴一式”是比较普遍的现象，其实每部年鉴都可以在保持栏目基本稳定的前提下结合所辖区域具体情况推衍出自己独有的栏目，也可以根据上年度发生大事、要事、新事、特事及时设计新的栏目予以反映，让读者认同和喜爱。

（一）栏目设计要展示个性

年鉴是推介一座城市的名片，代表性元素应该在这张名片上得以充公体现，目前，程式化的栏目设计占主导地位，年鉴个性化特征不够鲜明，当然，张扬个性并不是盲目的，更不是简单的模仿和移植，而是在准确把握和分析本地地情的基础上，抓住独到之处，充分展示惟我独有。如《上海年鉴》在创刊之初，就将“浦东开发开放”设为专门栏目，《新疆年鉴》设置“新疆建设民团”篇目，就是基于兵团的特殊使命，彰显了该年鉴的个性。其次是强化强项和优势，增大其分量。如《青岛年鉴》从2012年开始设置“蓝色经济区建设”栏目，凸现了青岛区位优势，带动海洋经济全方位发展，极具个性和特色。三是扩充“附录”内容。以往的“附录”一般只辑录记述年度内党委政府的重要文件，年度先进个人、集体等，内容相对单一，因此可以增加“办事指南”“就业指南”“高考指南”“就医指南”“便民信息”等面向百姓的生活指南类栏目，让年鉴走出深闺“飞入寻常百姓家”。四是增加富有新意的栏目。这方面可以借鉴国外年鉴框架设计，如《英国百科年鉴》设有“奇闻逸事”栏，收录新奇新闻；美国的《世界年鉴》收录有知识性、趣味性的资料，其中的“美国地理”栏目采用连载的形式，每卷介绍一个州的历史沿革、自然概况等，还分别统计各州之最（最高最低点、最大最小的公园、瀑布等），信息容量大，增加了年鉴的可读性。①

（二）栏目设计要体现时代性

年鉴栏目每年都要进行微调，其目的就是要突出时代主旋律，一部优秀的年鉴应具有鲜明的时代特征，让读者感觉到社会进步的脉动，这对我们年鉴编纂工作者提出了更高的要求，既要把握国家经济社会发展的时代脉搏，体现年度特点，又要善于发现和捕捉当地年度有特色的新事物、新情况，在年鉴中进行重点反映。去年，在设计《资阳市年鉴》（2017）的栏目时，我们做了一些调整，以增强年度特色，将原“大事记”栏目更名为“大事纪要”，下设“资阳市实施大规模绿化全市行动”“四川省首台新能源空铁在资阳诞生”“脱贫攻坚纪实”“2016 年大事记”等分目，让读者了解发生在身边的大事要闻。同时，可增设社会调查栏目，《上海年鉴》从 2002 年开始设置此栏目，刊载了“上海自然资源和生态环境保护”“上海外来农民工生活情况”“市民居家养老意愿”“市民安全感调查”等内容，从民众视角反映热点问题，贴近性和感染力都很强。

（三）栏目设计强调规范性

年鉴栏目创新要坚持以规范性为前提，比如体例要求年鉴内容包括文献、综述、动态信息、检索系统等，在栏目设计中就应有相应合理的安排。年鉴栏目原则上框定了年鉴信息资料搜集的基本范

① 肖东发等：《年鉴学》，北京：方志出版社，2014 年，第 213 页。

围，所以在设计上要力求科学、规范、完整，做到门类齐全，编排科学，层次分明，归属得当，这就要求年鉴栏目必须坚持系统性的原则，横向上，要涵盖本辖区自然、政治、经济、文化、社会和生态等领域的基本情况以及重点内容；纵向上，要清晰地反映本辖区自然、政治、经济、文化、社会和生态等领域诸多方面的内在的逻辑结构，从而构成完整且统一的信息体系。目前，部分年鉴栏目存在重要基础性信息资料缺失、归类不当、标准不一、层次不清等问题，包括《资阳市年鉴》在栏目设计上也有这样的问题，如“金融业”中的“投资类”缺失资料，“邮政”归入了“信息业”等等，这需要我们在以后的工作中，以更加专业的态度和扎实的理论功底，构建科学的年鉴栏目体系，从而使年鉴栏目无论在广度上，还是在深度上，都具有严密的系统性和逻辑性。

三、创新内容编写

年鉴是一本信息书，需要不断增加与时俱进的新鲜内容，但在年鉴中反映单位内部事务、部门工作总结的内容占有较大比重，随着社会的进步、时代的发展、产业升级与结构调整、新生事物的诞生等，年鉴的记述内容应与经济社会发展的实际情况保持吻合，这样年鉴才能常编常新。

（一）注重选题的新颖性

年鉴内容涉及方方面面，范围非常广泛，同一信息、同一资料会在不同的类目、分目中同时出现，在这种情况下，就需要对手中的信息进行综合、比较、归纳，从而选择出最有创新价值、最有新意的信息将其有机结合。如今年 80%的撰稿单位都报送了脱贫攻坚工作内容，大多是领导慰问、扶贫金额等信息，我们从大量的资料中选取了“扶贫机制创新”“构建‘一减免四保险一救助两基金’农村贫困人口医疗救助保障体系”两条有价值的信息进行重点记述，其他的资料该归总的归总，该删除则删除。入鉴内容要突出“新”字，在编辑模式上要采用“旧瓶装新酒”的办法，因为很多部门、行业专业性强，领域相对独立，如检察院、法院、审计局等，通常情况下，每年都要设立相同标题的条目，我们就要从中找出当年的新情况、新问题来进行记述。年鉴内容的“新”还表现在要及时将新事物和新兴行业、门类囊括其中，许多改革开放中的新事物，在市场经济中占有重要比重，如快递业、广告业、家庭服务业、私营企业、电子商务等，日常生活中能切身感受到这些行业给我们带来的便利，但在年鉴中通常只有对这些行业的管理情况，没有其发展脉络、经营状况、规模大小、市场走向、存在的问题等内容。年鉴还应本着实事求是的精神记述负面问题，如重大伤亡事故、环境污染事件等，以保证年鉴的完整性、真实性。《深圳年鉴》（2009）设“灾害事故”类目，对2008年发生的2起火灾事故的发生经过、组织抢救过程和对相关当事人依法追究责任等进行了详细记载；2011年卷又对2010年发生的引发全国关注的“富士康事件”和“东部华侨城太空迷航安全事故”分别用分目的形式予以详细记录，这是我们值得学习借鉴的。

（二）注重对材料的深度挖掘

一是年鉴工作者要在编纂思维上有所突破，不能只改动下稿件的文字、标点，规范下体例、格式，在处理条目信息时要运用已有的知识和经验，通过创造性思维，使条目的信息含量更大、层次更高。例如我们在撰写“惠民帮扶”时，有“帮扶措施”就应有“帮扶成效”，有“取得的成绩”就应有“存在的问题”，而问题存也正是来年制定工作措施的依据，只有通过我们的观察思考和归纳总结，编出来的年鉴才富有灵魂。二是要善于在每篇稿件、每条信息中发现闪光点，“拎”出有价值的信息。以《资阳市年鉴》（2017）为例，在市民政局来稿中有条“资阳开展首次最美退伍军人评选活动”的信息，对于这样的新鲜事，是年鉴应该展开记述的内容，经过与供稿单位沟通，补充了活动开展时间、过程及评选结果等资料，并单独立目进行专条记述。三是要将材料进行细化延伸，在全面概况的基础上，逐项分析、层层深入，提高年鉴的实用性。例如我市的“车产业”，在其所涉的每一个行业按产品分类，逐一介绍其生产、销售、利税、市场份额等情况，这样一个具体翔实的信息能有效发挥为决策判断服务的作用，真正体现年鉴的“资政”功能。

（三）注重充实有效信息容量

年鉴有效信息的含量决定了其使用价值，所谓的有效信息，就是读者有用的信息，读者有可能用得着的资料。我们在强调年鉴存史性的同时，不能排除它的现实性——服务社会公众的需要。强化年鉴的有效性信息资料，首先要对各单位、各行业空泛的年度工作总结类资料进行压缩和摒弃，对其中的信息进行分析和鉴别，保留能反映一个单位、一个行业年度工作中的大事、特事、新事、要事，因为这部分信息是最让人感兴趣的，抓住了“看点”，就是抓住了有效信息。其次是开掘具有广泛社会效益的信息资料，比如年鉴中的教育部分，多是用概述性条目加数字表格的形式，反映的只是学校数、学生数和教职工数，这对广大家庭公民来讲，谈不上实用，如果能介绍各类学校的招生情况、班级（专业）设置情况、毕业（就业）情况、师资力量等，这样的有效信息为家长学生提供了更加清晰的选择依据。当然，如果每年的年鉴都要将诸如此类的有效信息记载十分全面通透，是不太可能的，年鉴篇幅毕竟有限。可以每年选取一个或者多个典型，比如今年记载教育，明年记载医疗，几年一个轮回，几年一次总结升华。三是努力拓展二次文献。二次文献又称检索性文献，是对一次文献进行概括、整理、标识等的基础上形成的，二次文献因挤出了一次文献的水分，相较全文照录的一次文献有重点突出、精练有效、篇幅短小、信息量集中、检索方便等优势，大力拓展二次文献，是扩大年鉴有效信息含量的必要手段。

（四）注重表达方式的灵活运用

目前，文字仍是年鉴的主要表达方式，但对于那些分类指标、统计数据比较多的年鉴信息，应尽量使用统计表或统计图，图片生动直观、表格清晰详尽，是文字不可企及的。近年来，各地年鉴在图表的运用上加大了力度，但在编排上还需进一步改进。一是在比例上要注重与内文的协调统一，数量上保持适度，防止走极端。二是随文图与文字记述内容一致，忌张冠李戴，图片说明简洁，要素齐全；在图片检索方面，应前设图片目录，后置图片索引，为读者提供更好更便捷的服务。三是统计图表内容分布要平衡，数据要系统全面，分类尽可能详细，如在表格中适当增加一些纵、横向比较的资料，纵向的资料即年度性与历时性相同的数据，横向的资料即本地区与邻近的同级别的地区相同的数据，使局部的、年度的数据资料在一定的范围内有直观的比较和展示，年鉴的存史价值就会更高。四是增加生活图片、对比图片，尽量不用或少用领导视察、剪彩、讲话图片和荣誉奖牌照片等，克服政治味，增强百姓味、人情味、普通味。2016 年，资阳市委市政府提出建设美丽怡然资阳，为此，我们在 2017 年卷《资阳市年鉴》中组织“怡然资阳”图片专题，充分展现资阳优美和谐的人居环境，同时，以“劳动美”为主题，用两版篇幅刊登各项各业劳动者的劳动场景，讴歌普通劳动者对推进资阳经济社会发展做出的积极贡献，弘扬正能量。

四、创新编纂技术

年鉴事业要与时俱进、持续发展，不仅要在内容上、形式上坚持创新，在编纂技术上也应紧跟时代前进的步伐，随着媒体技术的快速更新和第五代移动通信媒体的快速发展，年鉴作为宣传一方的“信使”，如何最大限度满足信息时代大量快速传递交流信息的需求，是处于传统纸制媒体的年鉴面临的挑战。近几年，年鉴光盘已逐步盛行，但基本上是建立在纸制年鉴的基础上的，内容与纸媒几近相同，没从根本上改变年鉴部头大、使用率低的现状。

（一）推行网络版年鉴

纸制年鉴因篇幅过长、书籍质量较重，无法在日常生活中携带使用，而网络版年鉴可以突破时空、地域的局限极大地扩展受众范围。网络版年鉴在网页编排上尽量富有地方特色，要着重体现网页的导航作用，年鉴的庞大数据库，需要有导航来提示。通过网络版年鉴，将传统的年鉴发行方式革新，年鉴内容做到网络信息化，实现年鉴信息的快速传播。同时，可探索单元专题微视频创作，将年鉴的内容形象化的融入视频中，通过彩色视觉原理把城市精髓淋漓尽致地展现出来，拍摄地区的全貌，在视频软件上进行投递，在短短几分钟之内，让大众在娱乐的同时了解自己生活的地方。且微视频具有娱乐性，将年鉴本身的高基调降低，亲近群众，现代人已经不仅仅依靠文字这些平面的途径，年鉴通过借助网络平台，做到多种方式的互动，寻找适合现代人的阅读方式，积累一定的受众。

（二）充分利用智能手机平台

智能手机作为第五代媒体的现代传播方式的一种，能够很好的连接公众，年鉴可通过智能手机客户端来扩大受众面。制作手机客户端，相当于一个数据库，支持搜索查找，客户端能够适应移动媒体的特点，在行走过程中随时随地的接收信息，页面设计符合移动阅读的要求，做到简单、干净，文章内容要删繁就简，正文标题醒目，同时客户端具有下载功能，方便无网络时使用查找。手机年鉴还可申请微信公众平台，使年鉴的营销更加多面性，定时推送地区的社会动态、大事要闻、便民指南等，在纸媒年鉴出书之前，做到资料的积累。

（三）不断加强全媒体投入

新媒体时代的报纸、杂志、网络已经成为一体，要想把年鉴作为城市特色宣传出去，就要紧密结合全媒体产物。在报纸上设专栏年鉴内容，在杂志上进行特辑发行，年鉴因为自身的政治因素，权威性十足，我们要运用可用的方法途径，全媒体的投入，使年鉴广泛的深入群众基础，让年鉴真正实现“为人所知、为人所学、为人所用”的目标。

（作者单位：四川省资阳市地方志办公室）

关于地方综合年鉴创新的几点思考

韩云鸽

摘　要：年鉴创新是维系年鉴事业常葆活力、永续发展的必由之路。要把握现阶段中国年鉴出版的正确定位，首先要弄清楚年鉴的性质及年鉴的功能和作用。年鉴创新应将传统年鉴向数字化、多媒体发展；大胆创新年鉴条目设置；积极开拓年鉴组稿渠道；坚持打造精品文化；突出强调实用性等方面来进行，但也要在创新中坚持规范，才能实现年鉴的可持续发展。

关键词：地方综合年鉴　创新　规范

在经济社会不断发展和文化科学不断进步的今天，地方志事业在时代内涵变化下也进行着有益的探索。毋庸置疑的是，年鉴创新是维系年鉴事业常葆活力、永续发展的必由之路。年鉴出版到底应该怎样创新，才是符合实际的创新，才是切实可行的创新？这些都是我们需要认真研究的，并由此以指导自己的工作。

一、牢牢把握年鉴创新定位

中国现代形式的年鉴，是从20世纪初由国外传入的。至20世纪30年代，我国年鉴编纂出版已有一定发展。新中国成立后，特别是改革开放后，国力增强，各地政府更是积极支持办好本地本部门的年鉴，以更好地为经济建设服务，并为编修社会主义新方志积累素材。要把握现阶段中国年鉴出版的正确定位，首先要弄清楚年鉴的性质及年鉴的功能和作用。

（一）年鉴出版的正确定位

一是要准确把握年鉴的性质。日本《世界大百科事典》定义为将前年发生的社会上各种事项加以抄录编辑，以作为调查参考之用为目的的每年发行的连续出版物。年鉴定义包含三个方面：系统汇辑上一年度重要文献信息；逐年编纂连续出版；年鉴是资料性工具书。我们研究年鉴和创新年鉴，一定要揭示和尊重年鉴的本质属性，不能偏离。这样在我们对年鉴的研究，特别是年鉴创新的研究上才不会走弯路，才会对年鉴性质和年鉴编纂和发展有一个准确的定位。

二是发挥年鉴的功能和作用。首先，年鉴具有提供宏观以及相应微观决策资料的功能，年鉴逐年记录一个地方经济、政治、文化和社会发展的全貌，既有历史、又有现状，既有改革开放的新经验，也反快发展中存在的问题。对于人们从实际出发，按照客观规律办事，对社会进步起重要作用。这种独特功能，是其他工具书难以替代的。其次，年鉴能提供翔实、全面、权威的国情、地情资料，为经济建设和科学研究提供佐证。年鉴信息资料库的资源是通过组织系统，由政府部门提供，统计部门发布，因此它具有准确、翔实、可靠、权威的性质。为各级部门的采用和借鉴提供科学的依据。最后，年鉴为国情教育提供生动具体的教材。它是一种较高层次的文化成果，对激发人民热爱党、热爱祖国、热爱家乡，为美化心灵，振奋精神都将起到“资治、存史、教化”的作用。

（二）把握年鉴的特定读者面

地方综合年鉴，是指系统记述本行政区域自然、政治、经济、文化、社会等方面情况的年度资料性文献。作为国内年鉴的主体组成部分，它反映记述的信息资料是一地一年各行各业的基本情况和发展成就，不是与大众息息相关的日常生活。但一般来说，年鉴售价格每册都在 200 元左右，大众读者是不会花这样的开支来获取。

年鉴出版的时效性较差，其信息滞后至少半年或一年二年，甚至还有几年卷的，年鉴上所谓“生活信息”资料也无法满足大部分消费者。行业（或部门、专业、企业等）年鉴，其读者面被锁定在某一地域综上所述，年鉴读者的非大众性，出版时效的滞后性以及发行面的区域性都说明了年鉴出版和使用的独特功能和对经济社会生活的特殊作用，只能是各级党政机关和各行各业在下一年的工作中去寻找上二年的基本情况和借鉴的有关资料。而非大众读者广泛使用的生活消费刊物。

美国期刊界认为创办期刊夭折有十大因素：(1）读者定位失误；(2）发行阻断；(3）前期投资不足；(4）广告不足；(5）悲哀的网络；(6）不稳定的编辑方针和编辑质量；（7）不恰当的出版动机；(8）品牌来不及树立；(9）市场分割过细；（10）出版商虚荣浮躁的心理。“读者定位失误”排在所有因素的第一位，这就是值得我们深思的。在我们提出年鉴“飞入寻常百姓家”的时候，在热衷于把年鉴的内容扩大至大众实用范围的时候，在把年鉴中装进所谓的便民资料，就可赢得读者，而扩大发行量的时候，有没有想过自己与读者究竟是什么关系，应该怎样对接年鉴的真正读者。特别是在当今科技进步和现代互联网技术高度发达的今天，年鉴信息发布和更新的滞后性就更加无法满足大众读者的需要了。

因此，年鉴创新也要把握上述特点，避免在创新过程中顾此失彼、多走弯路，尽可能满足消费市场需求，面向更多读者。

二、年鉴创新的几点思考

（一）将传统年鉴向数字化、多媒体发展

新媒体并非是传统书刊的“掘墓人”，新媒体与传统书刊媒介是一个逐渐融合的过程，而且两者融合的进程在不断加快，形成多媒体互动共赢的局面，这将会成为今后的一种趋势。年鉴的数字化、

网络化的重要性越来越凸显，正确理解高科技手段对传统行业的推动作用，它并非对传统年鉴编纂的摈弃，“E 化”不是异化，而是创新和再发展的重要手段。随着互联网的迅猛发展，以网络为媒介的信息传播形式得到空前的繁荣，网络新媒体以它的巨量信息、惊人的速度和便捷灵活的使用方法成为新世纪大力发展的信息载体。年鉴是以记载年度特色资料为立足之本，具有独特的文化价值和实用价值，作为一种特殊的书刊，它还没有被广大读者充分认识，事实上许多普通人并不熟悉年鉴的具体含义，这对年鉴事业的发展显然是很不利的。在只有纸张印刷传播媒介之时，由于年鉴的自身特点，它不可能大规模印刷和大范围流通，这也从某种程度上加剧了年鉴和社会主流阅读群的距离感。但是现在不同了，我们有了网络这样的工具，它可以使年鉴以一种完全不同的面貌出现在广大的读者面前，读者不需要面对在厚重的纸质媒体中苦苦搜寻的承重负担，读者从年鉴中获取所需内容的手段变得简单和高效率。据《悉尼晨锋报》（The Sydney Morning Herald）相关人士介绍，《悉尼晨锋报》针对发行量减少的情况，他们提出的策略是“纸媒+网络”，加大了网络版报纸的互动，将报纸的一部分内容先于纸质媒体在互联网上发行。虽然报纸发行量减少 20%左右，但通过网上的发行却增加了 33%，这样算下来，报纸的发行量实际上有了 13%的增长。这个例子说明，虽然报纸的发行量下降，但是在不同的平台上报纸也会有所作为，这样就能保证报纸实际发行量不会下降，对读者的影响力也不会降低。

此外，还有一种形式是：读者登录网站浏览，所有的服务内容就是资料库的内容，资料库的指导思想是：尽可能把年鉴等地情资料收全，充实内容，这样可以在建设的初期快速地聚集比较固定的读者群。作为年鉴网络资料库的建设者，工作人员还应主动与用户联系，了解需求，采用新的服务方种个性化的信息服务方式，它可以根据客户的具体需求，发挥新媒体快速便捷的优势，先于纸质年鉴出版网络版的年鉴，内容可于纸质年鉴有所取舍，各有侧重，这样既可增加时效性，又可为纸质媒体的后续出版打下坚实的基础。

将基础资料库进行再开发，通过新的方式组织、分类、添加更新内容，形成多主题、多类别的新的资料库，满足更为个性化、更为细致的信息需求。网络版的年鉴资料库应该在基础资料库之外，加上许多特色栏目，这样才能使内容更趋丰富。

（二）大胆创新年鉴条目设置

年鉴的实用性首先取决于年鉴反映的内容，而内容主要通过条目来实现。由于年鉴是逐年出版的资料性工具书，其中有些条目大致稳定，但很多条目随着客观情况的变化需要不断更新。年鉴工作者要多分析社会热点问题，捕捉新信息，平时要注意发现和收集全局工作中的热点和闪光点，要适时引导撰稿人员将新情况写进条目中去，条目的设置必须由全面反映走向“大、要、新、特”，从而使年鉴迅速客观地反映现实。在增加资料性条目后，对没有普遍社会使用价值的条目进行压缩或摒弃，保证在不扩增篇幅的前提下，努力增大年鉴的信息含量。以城市年鉴为例，条目的创新就包括了对城市特色和年度特色两方面的反映。横向来说，不同城市间的条目设置要能体现出各自城市的特点，如此可以避免“千鉴一面”的尴尬。

（三）积极开拓年鉴组稿渠道

年鉴实用性的提高，要求年鉴编辑必须在编辑活动的每个环节自觉贯彻服务社会的意识，从某种角度说，年鉴编辑工作的整个过程，就是围绕读者群寻找需求和实现需求的过程。然而长期以来，年鉴编辑部大多采取的是“守株待兔”式的组稿方式，来了什么米便做什么饭。这种被动的编辑方式已经不适应当前信息时代的要求，所组编的年鉴稿件往往缺乏鲜活的生命力，缺乏社会认同感。所以年鉴编辑部应当积极开拓年鉴采编渠道。

首先，要扩大信息来源。除了对传统供稿单位征稿外，可以将征稿面扩大到一些研究院、专业协会、科研机构，并聘请特约撰稿人进行专项调查，写出一些有深度、高价值的调研文章载入年鉴，提升年鉴的理论高度。年鉴编辑部要注重利用这种信息，有一个完整的资料收集整理、汇编流程，在最后总编汇总当中，发现缺什么就从资料中补息，增加很多实用性很高的附录资料。最后，做到采编结合，在以编为主的基础上适当增加自撰稿。“守株待兔”式的惯性工作方式，容易导致一些珍贵资料的缺失。对些部门无法提供，涉及全局性、综合性的条目，年鉴编辑部应当加大约稿力度，建立一支特约撰稿人队伍，另一方面年鉴编辑人员可以亲自组织采写，形成第一手资料，载入年鉴。而且由于年鉴反映内容的全面性，很多年鉴都是大部头，近百万字的篇幅，使得一本年鉴往往动辄上百元，这是不符合社会需求的。难以想象，会有多少人会为了查阅年鉴中的部分资料，而花费上百元钱买下整本年鉴。年鉴无人问津，那么其实用性又从何谈起。所以年鉴还必须创新出版形式，除了精装本外，应该多出版一些内容更精简、更有针对性的缩略本。这一点，不少地方年鉴已经做到了。

（四）坚持打造精品文化

从整个事业来考虑，要想进一步发展，就必须与商品经济、知识经济接轨，把年鉴作为一种信息资源来生产经营，使年鉴成为信息产业的一部分。和社会各个方面密切相关的信息产业要求年鉴是收录实用资料的信息载体。要从年鉴是信息资源的角度，去衡量与分析我国年鉴出版的现状，规划和组织今后的年鉴出版工作，作为发扬成绩、克服不足的依据。一定要明确编年鉴、出版年鉴为的是什么？既不是为领导歌功颂德，也不是为养活一批人，而是为了对生产、科研、教育、经济发展有促进作用。总之，提高年鉴实用性，创办精品年鉴，应该成为我们下一步的奋斗目标和方向，向读者提供有价值的信息就是我们编纂年鉴的宗旨。

（五）突出强调实用性

强化年鉴的实用性，是当今我国年鉴改革创新的基点，提高年鉴的实用性，扩大读者用户，是新世纪我国年鉴的奋斗目标与发展方向。国外年鉴大都十分重视实用性。西方年鉴从原始年鉴到现代年鉴始终贯穿着“实用”这一主线。一部西方年鉴发展史，从某种意义上讲，就是年鉴实用性的充实、完善、加强史，因实用而兴，以实用而畅。现代西方年鉴被称为刊中之王，其社会地位和作用是不言而喻的。它们根据社会需求，不断调整、充实、完善年鉴的内容和形式，使之更具有实用性，读者群更加庞大。美国《世界年鉴》逾百年而不衰，每年的发行量达200万册，累计发行数千万册，销量仅次于《圣经》，畅销的核心因素是不断发挥和加强它的实用性的优势。再如日本作为世界年鉴事业较发达的国家之一，其年鉴信息量大，检索系统完备。有些年鉴篇幅达数千页之多。栏目设置依内容和专业要求而有所不同，尤其善于利用图表和统计数字。此外，多以概述、大事记，扼要地表述其纷繁的内容，并格外重视名录、附录等各种相关资料的收录。关于年鉴的实用性，全面理解应该是为读者及时提供可资利用的信息资料，包括领导决策、学者研究、普通读者释疑解惑所需要的资料。

增强实用性还必须强调的是编纂质量要不断提高。没有较高的质量保证，年鉴的实用性缺乏基础。必须创造实用型的精品年鉴，这是年鉴创新发展动力核心。年鉴必须适时着力于编纂宗旨、收录内容、载体形式等的改革创新，寻求年鉴编纂可持续发展之路，力求编纂文化精品年鉴。

三、在创新中坚持规范

在年鉴创新发展过程中，在一定程度上，年鉴的规范往往容易被忽略。为了追求年鉴的创新，有的年鉴连学科的基本分类都不顾，任意设置年鉴篇目。有的年鉴将“改革开放”等设置为篇目，完全不顾事物的科学分类，导致年鉴编纂走人死胡同。为保持年鉴事业的健康和可持续发展，与时俱进，必须要重视加强年鉴的规范与创新工作。规范是年鉴工作的立身之本；创新是年鉴事业的发展之路。规范与创新是年鉴工作同一事物体中的两个不同的方面，二者既是相互对立的，又是辩证统一的。正是二者的矛盾运动，推动年鉴工作循环往复，不断向更高层次发展。对于年鉴工作来说，规范是相对的、阶段性的，而创新是永恒的、绝对的。年鉴的规范是人们的约定俗成，是总结出的经验成果。创新必须建立在年鉴的规范化基础之上，离开了年鉴的规范谈创新，只能使编纂的年鉴走样。如对年鉴资料比例掌握不好，专访、资料性的内容篇幅过大，条目性内容过少，就会使年鉴变成资料汇编。

所以，提倡规范化，千万不能把规范搞成僵化的条条框框，制约和阻碍年鉴的转轨变型和发展。另一方面，规范化也不同于标准化，规范是在编纂工作中能体现其特点的主要规定、范例的大体一致性；规范只是在编纂原则上、方法上的形成的基本统一，而绝非标准所要求的外形上的绝对统一。我们不必按照标准化的要求处处生搬硬套，而要在年鉴工作的长期实践的过程中不断去发展创新、丰富它的内容。

创新是硬道理、规范是硬要求，规范与创新之间虽然存在矛盾，但规范与创新处理得好是可以实现双赢的。而且不创新、推迟创新并不等于规范，年鉴要在规范中创新，以创新促规范。规范是创新的基础，创新可以进一步促进年鉴的规范、提高年鉴的编纂质量。规范与创新是互为补充、互为促进的关系。在年鉴编纂工作中，既要强调规范，又要不断创新。只有这样，年鉴事业才能兴旺发达，繁荣昌盛。

实际上，年鉴作为连续出版物，其载录的内容要具有一定的延续性，要保持相关内容和数据的稳定性，使得年鉴载录的内容和数据具有可比性。同时，社会经济发展变化必然会出现一些新的事物和新兴行业，年鉴编纂者不能全面、系统载录一地经济社会发展的基本情况，必须不断地对原有摄录新生事物和新兴行业的内容，并达成规范与创展的共识。年鉴编纂工作者要正确处理好年鉴规范与创新的辩证关系，实现年鉴的可持续发展。

（作者单位：陕西省地方志办公室）

高校年鉴工作可持续开展初探

郑 锦

摘 要：随着社会发展，高校纷纷开始出版年鉴，但又有大批高校年鉴中断编纂。本文收集、分析了些实际数据，以期论证持续在编高校年鉴的特点，分析年鉴中断出版的原因，提出出版高校年鉴必要条件以及可持续开展的建议，供年鉴工作者思考、沉淀。

关键词：高校年鉴 持续在编 中断出版 长效 建议

一、引 言

21世纪初高校年鉴工作热启动，一时间高校年鉴犹如雨后春笋发展起来，然而，有为数众多高校陆续中断年鉴工作。随着教育部、财政部、国家发改委联合印发《统筹推进世界一流大学和一流学科建设实施办法（暂行）》，要求“省级政府应结合经济社会发展需求和基础条件，统筹推动区域内有特色高水平大学和优势学科建设，积极探索不同类型高校的一流建设之路”，各地高校备受关注，创双一流大学是教育“十三五”规划重点内容，又有《全国地方志事业发展规划纲要（2015—2020年）》 《全国年鉴事业发展规划（2016—2020年）》和第一次全国年鉴工作会议精神，要求大力推动年鉴事业持续健康发展，充分发挥年鉴工作在我国经济社会发展和社会主义文化强国建设中的作用。相信在不久的将来，高校年鉴在数量上再次将走高。

二、高校年鉴发展一瞥

据统计，截至 2011 年底，在 112 所“211”高校中有 97 所①，即 87%的重点高校编纂出版了年鉴。2017 年 3 月下旬在中国知网共收集到 44 组高校年鉴数据，许多名牌高校不在其列，虽然有不尽调查，但具有普遍意义。44 组年鉴数据显示：国内高校年鉴依靠本校出版社、外联出版社或内部刊印出版，主编单位有校办公室、图书馆/档案馆、专设年鉴编辑部、编委会等，平均 450 页，平均总字数约 74 万字，平均价格为 98 元。全国重点大学（29 所），占 44 个高校（单位）的 65. 9%，省、自治区重点大学（10 所），占 44 个高校（单位）的 22. 7%；市重点大学 1 所，占 2. 3%。除了重点大学，也有非重点大学、所属专业院系出版年鉴，如《黑龙江农垦农业职业技术学院年鉴》《北京广播电视大学年鉴》《河南财经政治大学年鉴》《广西师范大学中文系教师业务年鉴》，占 44 所重点大学（单位）年鉴的 9. 1%。

三、持续在编高校年鉴概况

知网空间资源库收集的高校年鉴名录数据中，2016 年没有中断出版年鉴工作的列之为年鉴持续在编（知网存在未能及时收录 2016 年年鉴已经编纂的高校，此种情况暂时排除在外），概览如下表。

① 刘志军、王丹：《高校年鉴研究：国内研究进展与文献综述》，《黑龙江史志》2012 年第 14 期，第 17~19 页。

知网收录年鉴持续在编的高校概览

序号	校名	院校类型	建校时间	学生数（人）	专任教师数（人）	年鉴主编团队
1	江南大学	211/985	1902	2.8 万多	1600 多	江南大学图书馆与档案馆
2	兰州大学	211/985	1909	3.1 万多	2000 多	兰州大学校长办公室
3	上海交通大学	211/985	1896	4.7 万多	2700 多	《上海交通大学年鉴》编纂委员会
4	同济大学	211/985	1907	3.9 万多	2600 多	同济大学年鉴编辑部
5	中南财经政法大学	211/985	1948	3.8 万多（含成人教育学生 1 万）	1500 多	中南财经政法大学党委办公室/学校办公室
6	海南大学	211	1958	4 万多	1600 多	《海南大学年鉴》编辑部
7	北京林业大学	211/985	1952	3.1 万多	1100 多	《北京林业大学年鉴》编辑部
8	贵州大学	211	1902	5.3 万多	2700 多	贵州大学档案馆（校史馆）

备注：下划线处高校代表省属重点大学

知网空间汇总，持续在编高校年鉴有：《江南大学年鉴》《兰州大学年鉴》《上海交通大学年鉴》《同济大学年鉴》《中南财经政法大学年鉴》《海南大学年鉴》《北京林业大学年鉴》《贵州大学年鉴》等。44 所高校中，持续在编高校年鉴的比例只有 18.2%。从上表可以得出持续稳定办年鉴的高校的一些特点以及由此引出的启示。

（一）学校规模大，有足够大的承载力

知网空间资源库内，年鉴持续在编高校 100%为重点大学，除了海南大学、贵州大学是省属重点大学外，其他都是全国重点大学。学生数均在 2.8 万人以上，专任教师数均超过 1100 人，除拥有一定数量的院系专业、科研基地外，大部分高校还拥有校出版社、附属医院、附属中小学等，领域跨度大，数量多，工作内容丰富多彩，校领导对学校的发展关怀、指挥等均有一定难度，如此促成高校年鉴工作的必要性。

（二）学校历史悠久，文化积淀丰富

知网空间资源库内，年鉴持续在编高校历史均在 59 年以上，8 所中有 5 所为百年老校，历史久远的文化传承赋予高校更稳健的教育步伐，更成熟从容的成长姿态，更睿智的历史选择——年鉴对学校的资政辅理借鉴工具作用、文化传承积淀见证成长作用、宣传交流展示作用毋庸置疑。

（三）成立专门编辑部的情况

8 所高校中仅 3 所学校成立年鉴编辑部，2 所高校将年鉴工作交由校办公室负责，2 所交由校档案馆负责，1 所以编撰委员会的形式组织年鉴工作。虽不必成立专门部门，但指定人员负责工作开展，落实责任，充分发挥团队成员积极、主动性是持续开展年鉴工作的重要条件。

四、高校年鉴断编原因分析

知网收录的高校年鉴数据中，2015 年后还没有出版年鉴的，视为中断年鉴工作（知网空间未能及时收录 2015 年已经编纂的高校年

鉴，此种情况排除在外)，占44所高校（单位）的81.8%。这么大比例的断编，到底是什么原因呢？中断年鉴工作原因大致有：

第一，重视程度不够，工作无法有效展开。高层对年鉴工作没有重要思想意识，未将责任落实到位；年鉴主要负责人重视不够，用心不足，工作方法不够有效；组稿部门单位领导敷衍了事……如此种种都使得高校年鉴工作难有起色，拖延致中断。

第二，认识不足，没有规划。年鉴未必是厚厚一册，有的学校自赧自身工作内容不足以支撑大部头年鉴，有的学校因为校庆、历史工作等原因决定编纂年鉴，每年都出觉得是种负担，平常年头里受忽略，年鉴工作很容易被中断。再者，开启年鉴工作时缺乏远景规划也是导致年鉴工作中断的根本原因。

第三，经费出现断档，导致拖停。经济是基础，是否有相关经费、激励机制对年鉴工作可持续开展的影响是致命的。年鉴编纂工作专业度高，培训、学习需要经费支持，做优做强需要激励机制，办公、出版需要基本费用。一旦没有经费的支持，工作无法开展。

第四，没有专责人员，责任落实不到位，拖延致停办。很多高校年鉴之所以拖延，主要原因来自责任落实不到位，包括人员落实，时间限定，各方合作推动，年鉴绝对不是单一部门甚至个人的责任，需要多方配合，相互支持才能促成年鉴工作见成效、可持续开展。

第五，编辑队伍参差不齐，编辑质量不佳，拖延致停办。考虑节约年鉴办公成本，很多高校年鉴编纂人员由各部门单位代表负责编辑工作，有多少个部门单位就有多少个“编辑”。非编辑专业人员，未经过专业培训，有的甚至为交差敷衍塞责，凑数上交工作总结。稿件撰写人员也时常更换，稿件来源不稳定，编辑质量参差不齐，五花八门。草草出版难以使用，更谈不上权威、准确、实用，停止工作在所难免。

第六，年鉴出版后使用率不高，被置之高阁，工作者士气受挫，没有效益，致拖延或停办。年鉴作为工具书，没有被使用就会降低其影响力，无法形成社会效益、经济效益，造成拖延、停办。

五、高校年鉴出版必要条件

中断原因万万千，年鉴工作是否启动？年鉴出版到底需要哪些条件？

一、资金条件。经济是基础以 300 页 70 克双胶纸黑白印刷内文，80 页 128 克铜版纸彩色印刷封面、彩页，16 开大小，出版 3000 册为例，纸张、印刷成本约 12 万~22 万元，出版费用 5 万~10 万元（二线城市价格，不同印张、印数，不同纸张，不同时期有不同的价格，仅供参考）。高校有的以年为单位拨付年鉴项目资金，有的通过实报实销、拨付额外工作补贴等形式完成资金补助。年鉴主要经费有印刷成本、纸张费用、出版费用、团队工资（补贴）、办公成本、稿费等，扣除年鉴发行可能带来的收益约 6 万元（单册 100 元计，不可能全部发行，3000 册总码洋 30 万元，以 20%利润计算收益），每年度年鉴总计最低成本约 25 万~45 万元（二线城市消费成本。印刷成本不同、纸张费用不同、出版费用会有浮动、团队工资等也不尽相同，仅供参考）。

二、团队建设。专责团队至少需要主要领导人 1~2 人、编辑 2~5 人，通联 1~2 人。有的编辑团队以各部门单位选取代表兼职形成，10~20 人不等。团队建设不仅在于人员的配齐，更重要的是在年鉴主要责任人的带领下，依制度建设、凝心聚人，合理分工，相互配合，定期学习沉淀，成为成长型团队。

三、硬件装备。年鉴办公场所作为年鉴工作的大本营，建立年鉴工作人员归属感的同时方便工作交流、学习。除此之外，还要有日常基本设备、办公用度（办公耗材用品）等。

四、软件支持。一是校领导重视，主要负责人需要有使命感、有担当，带领团队可持续发展。二是体制上落实责任，主管部门负责到底，所有部门单位配合年鉴组稿工作，部门领导应把年鉴工作当作常规任务常抓不懈。三是舆论宣传，提供交流平台、反馈渠道，广开言路。四是开展活动，激励师生共同参与。

六、高校年鉴工作可持续开展建议

成立年鉴编辑部实属不易，应让年鉴工作持续开展，方得创办年鉴者初心。悉心、谨慎对待年鉴启动工作，让年鉴工作可持续开展，以下展开建议和探索，供交流、探讨。

首先，进行可行性分析。是否启动年鉴工作——全盘考虑，顶层设计，认真规划，且宜放远量，并做好短期没有经济效益的最坏打算。努力踏实一步一个脚印，谋布局、筹前景，从资金、人手、硬件、软件等方面全方位考量高校是否具备办年鉴的条件，时机是否成熟。考量学校发展、自身条件、寻找合适人选谨慎启动年鉴工作，扎实推进年鉴出版、发行、使用。

其次，转变观念，坚定信念，优化体制设计，从制度上规范年鉴工作。近年来，“台湾出版年鉴的多次改版，对于中国大陆的各专业年鉴而言，有许多值得借鉴的地方”，就其发展趋势，台湾专业年鉴开始向“小型化、杂志化、轻松化”发展，“无论是开本、厚度、封面设计、排版印刷，都向着更轻、更薄、更美观、更易读的方向努力”[①]。年鉴工作者一方面要有学习意识，开放思想，重视年鉴质的创新飞跃，不在重量上兀自自卑，只要用心钻研经营，高校不分重点与否都能办好年鉴；另一方面通过建立规范化制度，在校内常规工作中下发年鉴组稿任务，编制文件定期启动年鉴工作；落实责任，限期完成年鉴出版、发行；提供政策，校内动员年鉴编辑队伍主动学习、研究年鉴业务，校际以团队建设为契机，加强团队间的借鉴、学习、交流，促进质量提升、发行和年鉴使用。

第三，专责到人，建立一支精干的年鉴编纂队伍。高校年鉴工作需要落实责任人，确保工作有效开展。高校年鉴要求编纂人员具备使命感、责任感外，还要有较深厚的专业背景、跨学科应用能力、

---

① 刘书峰：《专业年鉴理念创新——以台湾〈出版年鉴〉改版历史为视角》，《史志学刊》2016年6月。

扎实的研究、分析功底，例如对高校发展背景的熟知，对高校文化使命、教育政策事务、行政管理的了解，并懂得对高校各项数据进行分析、处理……这样才能让年鉴编纂工作更加得心应手，进退有度，确保年鉴准确性、权威性、可读性、实用性、连续性。加强团队的学习、钻研，理论联系实际，从多方面促进团队学习、工作能力，与时俱进，促进年鉴时代式发展。

第四，通过提炼内容，巧妙地设计年鉴形式，研究高校年鉴的特征，注重创新，增强年鉴可读性、实用性，推动年鉴出版、发行、使用工作。在美国，“以数据统计分析为基础的实证化研究在大学管理中扮演着越来越重要的角色”①。注重年鉴对数据的分析和利用，以学校管理者的姿态认真对待、分析、提炼、处理数据，合理安排年鉴的结构，保证正确、权威、实用、完整，让年鉴“横向可比，纵向可鉴”，让高校年鉴具备“高校百科全书”的性质②，为管理者提供有效政资；站在旁观者的角度思考，为其提供有力资文，促进高校与教育相关部门、师生、家长及其他关注高校发展的各界人士对高校情况的了解和联系，促进年鉴的发行和再出版。高校年鉴可以有其创新、特色的发展，编辑队伍应在平时工作中善于观察、借鉴、学习、思考、积累。

1. 创新处理数据。通过对数据的提炼、加工，以各种各样活泼的表现方式展现，图、表、录、记等，大胆创新，丰富内涵的同时以吸引人的外观让使用者觉得方便、好用、实用且记忆深刻。比如，可以巧排数列，让年鉴作为工具书其检索、查阅的功能更完备；巧作对比，让数字更能说明问题；巧排版，从细节出发，让检索少出错；巧变形式，让数据更有魅力；巧排目录，让数字检索更方便；巧梳理，让数字富含逻辑顺序；巧用数字，突出主旨。

2. 创设管理新篇章。年鉴具有资政辅理的作用，政治性作为高

---

① 祁隽：《以院校研究发展视角探析美国大学年鉴大展及动向》，《兰台世界》2015 年 4 月中旬。

② 胡仁贵：《试析高校年鉴在高校管理中的作用及编纂》，《湖南广播电视大学学报》2015 年第 1 期。

校年鉴第一要务抓，编纂在很大程度上需要站在管理者的角度为学校管理提供帮助。一般高校年鉴述记本校上年工作情况，关注自身发展无可厚非，但学校管理者还需要些什么？册内册外创设互动，收录各方征集而来的有助于管理的鲜活的反馈信息——兄弟学校可圈可点的执政方针、政策，国内外高校、同行的优秀做法、案例，相关学者、科学家在特定领域的研究成果……凸出特色，巧妙引资在册，为管理者提供思考、借鉴的方向，启动高校发展内在动力，拉动年鉴使用潜力。

3. 创新开辟互动阵地。高校年鉴有其特殊的受众，其中有一大块经常为工作者所遗忘——学生。每所重点高校学生不下万人，学生是学校的主体，也是学校的主人，年鉴应该发挥学生主人翁意识，吸引学生对学校发展的关注。结合年鉴特点，分析学生群体，年鉴也可以很亲民、接地气——开辟学生（及其家长）阵地，让年鉴成为学生及其家长了解学校、自我发展展望等的窗口，成为教师、教育研究人员、关注学校发展的各界人士沟通有无、彼此了解的天地。这个阵地可以是学校各重要机关、办事通讯录、地图集，可以是学校历史“一线观”——以线序贯穿学校历史，简明展示学校概况，也可以是一片“空白”——有效引导年鉴使用者结合自己、述记自己，让年鉴成为“个人志”，甚至是“个人年鉴”！针对学生主体开创平台，使得年鉴使用范围大大增加，年鉴使用率大大提高，并能充分发挥学生的自主性，“从学生中来，到学生中去”，发挥学生的主观能动性，使学校更有凝聚力、向心力，助力学生优秀团体、个人的发现和发展，教育与文化相融相会，育人与育能相互促进。高校年鉴通过这个阵地可以充分展示其功能性，展现高校年鉴的独特魅力，充分发挥高校年鉴作用。

第五，通过寻找、落实年鉴研究项目，推动办好年鉴、可持续发展年鉴的工作，增强年鉴的生命力。中央、地方或不定期提供课题研究项目，应积极申请，带动年鉴各项工作理论研究，从而推动、指导实际工作的开展。中国地方志指导小组、中国地方志学会举办的“全国地方志优秀成果（年鉴类）评审活动”旨在通过评审不断提升年鉴的编研能力、编纂质量，积极参加此类全国、地方年鉴评审活动，对办好年鉴工作大有裨益。

第六，通过寻找年鉴合作单位，增强年鉴的活力、增加年鉴的可读性。1. 高校年鉴与出版社的合作，旨在提升年鉴本身编纂质量。交由专业人士，减少年鉴编纂错误，提升年鉴质量。2. 高校年鉴与发行单位的合作，旨在促进年鉴的发行、使用，提升年鉴的经济效益。

第七，加大力度宣传推广，促进发行、使用工作，扩大年鉴的影响力。年鉴作为编研成果，其价值主要在于社会效益，增强年鉴的编纂质量目的是为了扩大年鉴的使用率、影响力。1. 加大宣传力度、扩大发行渠道，体现社会效益的同时增加年鉴经济效益。横向向教育主管部门、政府部门、兄弟高校、支持（合作）单位、学生、家长等多角度发行、交流年鉴，充分发挥学校教师、学生团体的力量，在使用年鉴、发行年鉴上策划活动、增加互动；纵向借助口碑、网络、交换等多渠道、多种形式提高年鉴发行、使用率。2. 建立良好的交流、反馈渠道。构筑编、用良性交流桥梁，推动年鉴工作可持续发展。集思广益，积极吸收管理层、研究人员使用后提出的好建议、好方法；充分发挥学生社团、教师的力量，征集创新编纂好点子；与同行深入切磋，常交流，内化编纂能力，提高年鉴编纂质量。

“凡事豫则立，不豫则废，豫者预也。”高校年鉴工作无论是否启动，对启动准备和未来规划都应有所了解，且应结合自身条件理性对待，做足规划、准备工作，以期可持续开展。以上作为高校年鉴工作启动及可持续开展的几点建议和探索，或适用于其他年鉴工作的开展。年鉴工作百花齐放、抱团发展，才能互相成就彼此，共同进步。

（作者单位：福建教育年鉴编辑部）

《南通年鉴》框架设计的自我演变与创新研究

焦学健

摘　要：地方综合年鉴的框架是年鉴内容的主体结构，是年鉴的骨架和脉络。框架因内容而设，内容由框架而定，框架的顶层设计是否完善，直接关系到年鉴的整体形象和编纂质量。本文梳理了《南通年鉴》创刊20年框架设计的自我演变历程，包括以事物属性为纲、按大篇制编排，以行业分类为纲综合编排，以五大建设为纲优化编排和以领属关系为纲科学编排四个阶段。根据年鉴框架设计的变化情况，提炼出《南通年鉴》框架彰显系统性、个性化、时代性三个变化规律，并对进一步优化调整《南通年鉴》的框架结构提出增强全面性、科学性、特色性三点建议，不仅有利于优化《南通年鉴》框架设计，对地方综合年鉴的框架设计创新研究也有积极的推动作用。

关键词：南通年鉴　框架设计　自我演变　创新研究

框架是年鉴的“骨架”，是编纂年鉴的纲领性文件。它不仅体现了年鉴的体例，而且框定了年鉴的内容，并明确了信息资料的归属和层次，框架设计是年鉴编纂中需要解决的一个重要问题。一部好的地方综合年鉴，其篇目必须做到科学、合理，并能真实反映一个地区政治、经济、文化及社会各项事业的基本面貌，保证内容的完整性和各门类之间的均衡性。框架调整也是年鉴创新的一个重要表现形态。

南通市级综合年鉴——《南通年鉴》是中共南通市委、南通市人民政府主办，南通市年鉴编纂委员会组织编纂的大型资料性文献。从 1998 年创刊至今，《南通年鉴》走过了 20 个年头，其框架设计经历了以事物属性为纲、按大篇制编排，以行业分类为纲综合编排，以五大建设为纲优化编排和以领属关系为纲科学编排四个阶段。框架设置的思路经历了学习模仿、理性借鉴、自主编排、规范创新等阶段。类目数量由最初的 10~15 个扩展至 40 个左右，再由 40 个左右缩减至 10 个左右，从 2014 卷至今，《南通年鉴》类目数量稳定在 23~28 个。近年来，《南通年鉴》的框架设计突出地域特色、年度特色，体现系统性、个性化、创新性，科学合理、领属得当，其框架设计越来越适应年鉴编纂工作的要求。

一、《南通年鉴》框架设计演变历程

20 年来，《南通年鉴》的框架设计根据形势发展变化和认识的深化不断调整，全书的框架设计大致可以分为以下四个阶段。

（一）以事物属性为纲、按大篇制编排

第一阶段为 1998 卷至 2001 卷。1998 卷是《南通年鉴》的第一卷，奠定了《南通年鉴》早期基本框架的基础，1999 至 2001 卷框架设计都在 1998 卷基础上进行局部小范围地调整。1998 卷《南通年鉴》框架分特载、专文、综述、记事、人物、政治、经济、建设、管理、社会、县（市）区、企业、文件、附录 14 个类目，类目下设分目、副分目、条目 3 个层次，以条目为基本记述主体。1999 卷取消专文类目。2000 卷恢复专文类目。2001 卷取消企业类目。

该阶段年鉴的框架设计处于学习模仿阶段，采用大篇制的类目，类目数量为 10~15 个左右。这一阶段框架设置得比较粗犷，类目数量较少，主体内容主要集中在政治、经济、建设、管理等类目，分类较为笼统，层次感不强，有些类目设置领属不是很恰当，属于工

作总结记述类型的框架，没有很好地体现框架设计的层次结构和领属关系。

（二）以行业分类为纲，综合编排

第二阶段为2002卷至2007卷。2002卷《南通年鉴》的框架设计较1998卷至2001卷有比较大的调整，2003至2007卷以2002卷为基础，2003、2004卷在框架设计上做了局部小范围调整，2005至2007卷增减了部分类目，变化稍大。这6卷《南通年鉴》类目数量均在40个左右。2002卷《南通年鉴》设置特载、专文、大事记、人物、概览、中国共产党南通市委员会、南通市人民代表大会常务委员会、南通市人民政府、中国人民政治协商会议南通市委员会、中国共产党南通市纪律检查委员会、民主党派工商联、社会团体、外事侨务、公安司法、军事人防、开发区、城乡建设、环境保护、交通邮电、农业、海洋渔业、工业、商贸流通、对外经贸、港口口岸、旅游、个体私营经济、综合经济管理、金融保险、教育、科学技术、文化事业、新闻出版、广播电视、卫生、体育、社会生活、县（市）区概貌、文献、附录40个类目，类目数量较前几年大幅增长。主要内容按政治、经济、文化、社会生活的次序排列，经济部类编排以一、二、三产业为序。2004卷增设水利类目，个体私营经济类目改为民营经济类目。2005卷将专文类目改为专记类目，将概览类目调整至专记类目后面，并入县市（区）概貌内容，取消县（市）区概貌类目；将公安司法、民营经济、综合经济管理、金融保险类目分别改为治安司法、非公有制经济、财政税务、金融类目，增设经济运行、精神文明创建活动、档案史志等类目，将港口口岸类目拆分成港口、口岸两个类目；2006卷将军事人防类目改为国防建设、人民防空类目；恢复综合经济管理类目；2007卷增设综合行政管理、发展与改革、现代商贸业、开放型经济、信息业、社会保障等类目，取消精神文明创建活动、外事侨务、交通邮电、对外经贸、港口口岸、旅游等类目。2005至2007卷的经济部类编排由之前的一、二、三产业顺序变为二、一、三产业顺序。

该阶段年鉴的框架理性借鉴了其他地区的框架设计思路，类目数量大幅度增加，能够按照行业属性进行细化分类，按照一定的逻辑顺序进行编排。但是类目数量过多，显得比较杂糅，类目之间的逻辑关系不是非常合理，重点内容、个性化色彩不是很突出，有些类目可以进行整合。

（三）以五大建设为纲，优化编排

第三阶段为 2008 卷至 2013 卷。2008 卷《南通年鉴》设置特载、概览、政治建设、经济建设、文化建设、社会建设、县（市、区）、人物、附录 9 个类目，首次对主体内容尝试设 4 个类目，即政治建设、经济建设、文化建设、社会建设，囊括全书大部分内容，类目数量较前几年大幅度减少。经济部类编排由之前的二、一、三产业顺序改为二、三、一产业顺序。此后，2009 卷至 2013 基本沿用了 2008 卷的框架，类目数量均在 10 个左右。2009 卷在 2008 卷基础上增设了生态建设类目。2011 卷增设文献类目。2012 卷增设建设类目，取消生态建设类目。

该阶段的年鉴框架设计将政治建设、经济建设、文化建设、社会建设、生态建设“五大建设”作为年鉴框架主体在当时有较强的时代意义，能够结合时代特色进行科学自主编排。五大建设基本囊括了一个城市年度经济社会工作的方方面面，从系统性、全面性等方面看，这种框架设计比较科学合理。但是该阶段持续了 6 卷，存在“旧瓶装新酒”的问题，难免会让人产生“千鉴一面”的感觉，缺少个性化和创新性。

（四）以领属关系为纲，科学编排

第四阶段为 2014 卷至今。2014 卷《南通年鉴》设置市情概览、年度纪事、政治、法治、社会组织、公共管理、公共安全、沿海开发、园区经济、产业发展、城乡建设、生态环境、科学技术、教育、文化、体育、医疗卫生、社会保障、军事、辖区概况、人物、文献、附录 23 个类目。2015 卷基本沿袭 2014 卷框架，将社会组织类目改为群众组织类目。2016卷在2014、2015两卷基础上，将内容庞大的“产业发展”类目拆分成“制造业”“服务业”“建筑业”“农业和新农村建设”“开放型经济”5个类目；恢复设置特载类目。从而形成特载、重要文献、市情概览、年度纪事、政治、法治、群众团体、公共管理、沿海开发、园区经济、制造业、服务业、建筑业、农业、开放型经济、城乡建设、生态环境、科学技术、教育、文化、体育、医疗卫生、社会保障、公共安全、军事、辖区概况、人物、附录28个类目。

该阶段的框架设计思路能够有效结合系统性、个性化和创新性，能够较好地抓住框架设计的规范与创新的平衡点，涵盖年度内地域行业专业基本情况，分类科学，层次清晰，领属得当，规范有序，各层次标目简洁、准确、规范；有显著创新和突破，时代特征、地方特点和年度特色鲜明，有反映南通经济社会发展或行业特点的创新特色栏目，有体现年度特殊意义的信息资料专题栏目。

二、《南通年鉴》20年框架设计发展变化规律

《南通年鉴》的框架设计随着时代的变迁，越来越科学合理，在每个时间段内都能比较充分地反映当时的年度特色、地域特色、发展特色。总体来说，经过20年的发展变化，《南通年鉴》的框架设计在系统性、个性化、创新性方面不断提升。

（一）彰显系统性，用框架设计展现城市发展全貌

“系统性”是年鉴框架一个非常重要特征，表现在两个方面：其一，信息资料分类的科学性和逻辑性。首先，将宏观信息资料分为若干部类，称之为类目；其次，将中观信息资料再分类，称之为分目和副分目；最后，将微观信息资料再分类，称之为条目。这样，形成年鉴类目、分目和副分目、条目的结构体系。其二，不同年度同一主题信息资料的连续性和可比性，这是“鉴”者之题中之义，

目的是系统地反映地域年度经济社会发展方面的最新状态。可以说，系统性是评价年鉴框架是否科学的重要尺度之一。第一阶段《南通年鉴》框架设计略显简单，类目数量比较少，有点“不系统”；第二阶段类目数量大约是第一阶段的 4 倍，又显得有些杂糅；第三阶段用“四大建设”或者“五大建设”直接囊括类目的主体内容，有当时的时代背景，但也越来越不能适应时代发展的需要；第四阶段《南通年鉴》的框架设计发生了重大改革，框架设计的系统性大幅提升，例如，2016 卷《南通年鉴》设特载、重要文献、市情概览、年度纪事、政治、法治、群众团体、公共管理、沿海开发、园区经济、制造业、服务业、建筑业、农业、开放型经济、城乡建设、生态环境、科学技术、教育、文化、体育、医疗卫生、社会保障、公共安全、军事、辖区概况、人物等类目；生态环境类目设置环境保护、资源保护、节能减排、污染防治、环境监管、海洋管理、生态创建等分目。从横向上看，年鉴框架基本涵盖自然、政治、经济、文化、社会和生态等领域的方方面面，重要的基础性信息资料逐步补充到位。从纵向上看，年鉴框架清晰地反映自然、政治、经济、文化、社会和生态等领域诸多方面内在的结构体系，归类得当，标准统一，层次清晰。

（二）彰显个性化，用框架设计彰显城市特色

年鉴是一座城市的名片，在这张名片上一定镌刻着这座城市的一些代表性元素。比如，自然元素，历史元素，文化元素，时代元素，地域元素，产业元素，等等。这就决定了年鉴框架具有一定的个性化特征。自创刊以来，《南通年鉴》一直在探索打破“千鉴一面”的局面，第四阶段《南通年鉴》的框架设计充分体现了个性化，不仅有“规定动作”，还有体现城市个性的“自选动作”。例如，南通是江苏唯一的滨江临海城市，江海相拥，港城一体。因此，2016 卷《南通年鉴》重点突出南通的这一区位战略特色，不仅设置沿海开发、园区经济等特色类目，还首次设置开放型经济类目，并在其中设置“一带一路”经贸合作特色分目，充分体现南通在全省

沿海开发、对外开放中的战略地位，记录南通开发园区创新建设实践；首次将建筑业升格为特色类目，展示南通作为建筑业强市的突出地位；在市情概览类目中，首次设置国民经济、人民生活分目，全面客观记述全市经济发展和人民生活水平情况，更加贴近百姓生活，体现南通经济社会发展的创新亮点和鲜明特色。近三年来，首次设置特载类目，下设南通"十二五"发展专记分目，作为体现年度特殊意义的信息资料专题栏目，反映南通"十二五"时期的发展变化。同时，在文化类目中增设江海文化研究、张謇研究等特色分目，反映南通地区特色文化。

（三）彰显创新性，用框架设计展示城市发展变化

随着社会进步，时代发展，年鉴所记载的信息资料的年度性、时代性随之不断增强，并出现新特征。这就要求年鉴框架不断有所变化，有所创新，从而使之与地方经济社会发展的实际情况保持一定的吻合度或者对应性。否则，旧瓶装新酒，就会出现装不满，装不下或者无处装的情况。因此，在保持年鉴框架相对稳定性的前提下，不断创新年鉴框架应该是一种常态性工作。年鉴要"常编常新"，主要是不断创新框架，做到形式新、内容新以及两者有机统一。可以说，创新是事物发展的客观要求，又是事物发展的必然结果。《南通年鉴》自创刊以来，一直在不断创新框架设计，没有任何两卷的框架设计是一模一样的，每卷年鉴的框架都有创新点。《南通年鉴》框架对地方经济社会发展中所产生的新生事物及其发展状态的敏感性比较强，在框架中能够比较集中地反映新生事物，能够在框架设计时体现城市功能品质的提升、产业升级与结构调整新情况、新型业态的诞生和政府管理新方式等全新内容。例如，2016卷《南通年鉴》首次对服务业类目依次按照综述、旅游业、房地产业、金融业、物流业、软件与服务外包、科技服务业、信息服务业、会展业、商贸流通、电子商务、中介服务业等分目进行重新编排。在产业转型升级的"新常态"下，服务业成为经济发展的新亮点，把旅游业、金融业、物流业、服务外包、电子商务、中介服务等产业列

为分目重点阐述，这种设计层次更加分明，既有创新元素，又科学合理，能全面展示南通服务业创新发展特色。

三、《南通年鉴》框架设计优化调整建议

21 世纪是互联网时代，人类由工业社会走向信息社会，互联网正在变革着人类社会和生活的方方面面。在这样的时代背景下，地方综合年鉴要继续发展和发挥“存史、资政、育人”作用，必须在继承传统的基础上根据时代要求以及地区社会转型、经济发展的新情况、新格局，结合年鉴的特性积极探索，创新和变革年鉴框架结构，不断增强年鉴的活力和影响力。因此，《南通年鉴》的框架设计还需要不断融入更多创新元素，才能与时俱进，更好地顺应全国年鉴框架结构设计发展的大势。

（一）紧贴发展实际，强化框架设计的全面性

全面性是指区域内地方政治、经济、文化、军事、社会等方面的年度情况，要从当地的自然环境、历史文化和经济社会发展特点出发，在研究把握地情的基础上，紧紧抓住地方的强项和优势，把强项栏目升级前置或增大版面。要厘清行业领属逻辑关系，及时抓住行业的基本面貌、发展轨迹和重大事件发展变化，总结研究新事物、新成果、新经验，并据此设置新的类目、分目、副分目、条目，不断拓展信息覆盖范围。“十三五”时期，南通市将全面对接服务上海、建设上海“北大门”。对接服务上海、建设上海“北大门”的一项全面系统的工作，因此，在年鉴框架可以从交通区位方面对接、从产业发展方面对接、从人才引进方面对接、从发展软环境方面对接等多个维度进行设置，可以围绕构建“外成环、内成网”的便捷交通网络，重点推进“3+3+N”产业（高端纺织、船舶海工和电子信息三大重点支柱产业，智能装备、新材料、新能源和新能源汽车三大重点新兴产业和符合产业发展导向、有利于发挥自身优势的若

干产业）发展，吸引外来优秀人才，加强制度改革创新等方面增设类目、分目、副分目、条目。紧贴发展实际，强化框架设计的全面性是符合年鉴功能定位的，因此，强化全面性必将成为地方综合年鉴框架设计的大趋势。

（二）紧贴时代变化，提升框架设计的科学性

科学性是指框架设计的类目、分目、副分目、条目之间领属关系得当、层次设置科学、横陈竖列合理，是年鉴框架设计的规划蓝图和成书之本。年鉴的框架结构要以国民经济行业分类为标准，打破按行政主管部门设纲立目的分类方式，从展现地区历史风貌、自然环境、产业结构、文化底蕴、人文艺术、经济特色等脉络线条入手，追求框架设计的科学性；从领属关系上看，以社会分工为杠杆，根据地方经济的发展变化和年度工作重点，对部分类目、分目、副分目、条目之间层级结构进行区分外延内涵、撤并归类调整，正确处理好点与面、全面与重点、历史与现实的关系，实现动态性和常规性有机配置。在反复调研、科学论证的基础上，2017 卷《南通年鉴》中在政治篇中市委分目中增设市委常委会副分目或者条目，在人大、政协分目中，分别增设南通市人大代表、政协委员向上级人大、政协提交的议案、建议情况的副分目或者条目；在组织分目中增设国有企业党建、高校党建等副分目；在宣传分目中，增设舆论宣传副分目或者条目。在价格管理类目中，增设主副食品价格、工业品价格、物价走势等分目或者副分目。在服务业类目旅游业分目中，增设南通特色文化旅游、自驾游、研学旅游、工业旅游、体育旅游、健康养生旅游、美食旅游等副分目或者条目；增设餐饮住宿业分目；在房地产业分目中增设商品房供销结构、二手房市场、房地产贷款等副分目或者条目；在银行业分目中，增设银行机构分类记述副分目或者条目，记述政策性银行、国有商业银行、股份制商业银行、城市商业银行、村镇银行、外资银行、非银行金融机构（包括农村信用社、租赁公司、基金管理公司、信托投资公司、财务公司、第三方理财公司等）情况。在城乡建设类目城市基础设施建

设分目中增设公共交通建设（公交、公共自行车系统建设）副分目或者条目。随着经济社会高速发展，年鉴框架设计必须敏锐捕捉到年度地域发生的新情况、新变化和新特征，凸显年度大事、要事、新事和特事，反映年度重点、要点、特点和亮点，这也必将成为地方综合年鉴框架设计的大趋势。

（三）紧贴年度特点，凸显框架设计的特色性

特色性就是要顺应年度发展变化，聚焦重大事件、行业特点，把大事、特事、新事及时调整到新的框架结构中去，实现稳中有变、常编常新。年鉴框架一定要打破思维定式，不落窠臼，敏锐地将年度地域特色融入框架设计。2016 年，南通市的一项重要年度特色性工作是开展新一轮城市总规修编研究，制定城市和交通转型发展意见。突出“一主五片两重点”（主城区，中央创新区、五山及西部滨江片区、南通火车西站枢纽片区及平东物流园、星岛水岸片区、先锋生态涵养片区，花园城市、国家生态园林城市、国家森林城市“三城同创”和城市轨道交通建设），提高中心城市首位度，启动中央创新区规划和五山及沿江地区生态修复，推进“三城同创”三年行动计划，加快轨道交通前期工作。2017 卷《南通年鉴》框架设置时要凸显这项重要的年度工作，设置专门的类目或者分目体现城市规划发展、城乡统筹发展、交通工程建设等年度特色工作。凸显年度特色是地方综合年鉴框架设计的必然选择，从千鉴一面到百花齐放、百家争鸣，年鉴框架设计才能愈加丰富多彩、科学合理，年鉴工作者才能在不同特点、不同类型的年鉴框架中交流互鉴、取长补短，共同推动年鉴编纂事业的不断发展。

（作者单位：江苏省南通市地方志办公室）

《温州年鉴》框架设计综述与特色

魏仕阔　厉　靖　潘　达

摘　要：框架设计是年鉴的“灵魂”，是承载各类信息的“骨架”，在年鉴这一系统工程中有举足轻重的作用。《温州年鉴》创刊之际，编辑部依据温州经济社会发展的实际，吸收其他年鉴在框架设计上的优点和特色，创设《温州年鉴》框架，此后依据社会发展实际不断调整与完善年鉴框架，再经三次较大规模框架调整后，形成具有温州地方特色的年鉴框架设计。本文以《温州年鉴》自创刊始至2016卷为研究对象，阐述框架设计的演变与特色。第一部分主要评述《温州年鉴》（1998）在框架设计上突出时代特色、地方特色和重点记述温州改革开放以来经济社会建设的新成就的特点；第二部分记述《温州年鉴》自创刊以来经历两次较大规模的框架调整。第三部分记述《温州年鉴》借全国年鉴试点工作契机，第三次较大幅度的框架调整，在注重规范性的前提下，保留《温州年鉴》独有的特色类目，打造一本规范性与特色性并举的精品年鉴；第四部分分析《温州年鉴》框架设计上所具有的时代特征、地方特色、年度特点和鲜明的记述重点四个特色。

关键词：《温州年鉴》　框架设计　特色　精品年鉴

彰显特色是地方综合年鉴实现个性化的必由之路。年鉴只有凸显特色才能张扬个性，才能有活力和生命力，才能克服“千鉴一面”。由于地理区位、自然环境、人文环境以及新时期发展情况的不同，各地发展的阶段性突出，地方特色鲜明。① 因此，要展示本地区异于他地的精华，就要善于抓住突出特色的关键，即要有一个符合本地区实际的年鉴框架。《温州年鉴》创刊伊始，就未教条地看待年鉴框架，而是依据地方发展实际，逐渐调整，经三次较大规模框架调整后，形成具有温州地方特色的年鉴框架设计。

一、深入学习探索，首刊框架突出地域特色

《温州年鉴》创刊于1998年，是温州市首部地方综合年鉴。《温州年鉴》创办之初，正值温州社会各项事业快速发展，社会面貌急剧变化的改革开放关键时期，《温州年鉴》抓住这个时代特点，反映时代变化下、改革开放中的温州。全书框架设计坚持“全面系统、特色鲜明、稳中求变”② 的原则，按社会分工和行业门类设置类目，除特载采用综合性文章外，其余均采用规范性记述。设卷首、百科、卷尾3个基本组成部分和类目、分目、条目3个层次框架结构。卷首设温州便览，特载、特辑、大事纪要、总述等类目；百科部分设所有制结构、农村经济、三十强乡镇、工业经济、商品流通、市场、对外经济贸易、经济开发区、城市建设、环境保护、交通运输、重点工程建设、邮电、文物园林旅游、财政税务、金融保险、经济管理、科学技术、党政、民主党派和工商联、群众团体、人事劳动社会保险、外事侨务台务、政法、军事、教育、社会科学、文化、新闻出版、广播电视、卫生、体育、民政社会、新闻人物、区县（市）类目；卷尾设统计资料、文件索引与规范性文件选编、附录。为形象反映温州情况，卷首专版刊用部分彩色照片，百科部分设温州风光、城市新貌、社会文化生活等几个彩页系列，并随文插入一些必要的图表。

《温州年鉴》将时代特色、地方特色鲜明的内容集中起来，单独

① 张辉：《谈年鉴框架设计与年鉴特色》，《新疆地方志》2003年第3期。

② 杨军仕、王守亚等：《地方综合年鉴编纂教程》，北京：方志出版社，2016年，第21页。

列目，重点反映。改革开放以来，温州在所有制上较早突破社会主义所有制是单一公有制结构的传统模式。在实践过程中，逐步建立起适应社会主义市场经济体制的多种经济成分并存的所有制结构。至1997年，这种所有制结构得到进一步完善，公有制的多种实现形式得到充分体现，个体、私营经济运行质量得到提高，股份合作经济逐步规范，国有经济的战略性调整取得突破，温州市所有制结构在总体上表现为以公有制为主体、各种经济成分协调发展的格局。因此设置“所有制结构”类目，并置于总述之后，很好地体现了温州个性化的特点。温州人历史上便有经商传统。1997年，据不完全统计，温州人外出经商办企业约160万人（包括子女），几乎占全市人口的五分之一，广布全国各地，许多大中城市里都有温州村、温州街、温州商城或批发市场。这种独特的经商风采被人形容为“哪里有市场，哪里就有温州人；哪里没有市场，只要有了温州人，哪里就会有市场”。《温州年鉴》设置“温州人在全国各地”类目，以体现《温州年鉴》的时代性和温州人的经商风采。

《温州年鉴》及时反映温州改革开放以来经济社会建设的新成就。20世纪80年代以来，温州乡镇获得迅速发展，对充分利用温州乡村地区的自然及社会经济资源、向生产的深度和广度进军，对促进乡村经济繁荣和人们物质文化生活水平的提高，改变单一的产业结构，吸收数量众多的乡村剩余劳动力，以及改善工业布局、逐步缩小温州城乡差别和工农差别，建立新型的城乡关系均具有重要意义。乡镇发展是兼具时代特征和地方特色的时代命题。《温州年鉴》设置“三十强乡镇”类目。这三十强乡镇经济总量在温州城乡经济中占有举足轻重的地位，其发展速度高于温州全市发展的平均水平，且有持续高速增长的态势。温州模式是以家庭工业和专业化市场的方式发展非农产业，从而形成小商品、大市场的发展格局。因此《温州年鉴》设置“工业经济”和“市场”类目，前者记述温州各个轻工业发展情况，这就是所谓的“小商品”；后者记述温州有特色的商品交易市场的发展态势，这是“大市场”部分。设置这两个类目可以将最具温州地方特色内容呈现给读者，予以“升格”处理，突出了温州经济建设的成就。

二、坚持与时俱进，不断优化框架设计

年鉴是社会现实的一面镜子，尤其改革开放条件下，各种新情况、新事物、新成绩、新经验、新问题层出不穷，年鉴内容要充分反映它，其框架结构就要适时地调整，以适应需求。“年鉴框架必须与时俱进，逐年有所调整。”① 《温州年鉴》的框架结构设计是比较合理的，记述内容全面，地方特色鲜明，经济部类等重点内容突出，但仍然很难达到年鉴的年度化和个性化要求。这就要求我们在坚持年鉴主体框架稳定的原则下，根据年度性和个性化的特点，坚持与时俱进，对框架结构进行适时调整优化，保留温州特色类目，贴合温州地方实际，补充收录随社会发展出现的新事物，突出温州发生的重特大事件，尽量把具有年度特点和个性的事务反映出来，使其为年鉴增添色彩。

《温州年鉴》自 1998 年创刊至 2001 年的四年间，框架设计每年进行适当微调。1999 卷，增设具有时代特色的“经济体制改革”“精神文明建设”类目，增设具有地方特色的“知名企业选介”“新农村建设示范村”“地方珍闻”“重要文件索引”类目，增设“温州人在世界各地”，连同原有“温州人在全国各地”，主要反映温州人的创业精神。2000 卷，考虑到温州独特的经济结构，增设“特色工业”“个体私营经济”类目，与“工业”类目并列，突出反映温州私营经济和特色工业。将原有“农村经济”和“海洋经济”类目合并，改设为“农业与农村经济”，海洋内容部分改设为“水产业”分目。为突出旅游城市的特点，将原有“文物 风景 旅游”类目中的旅游部分独立出来，设置“旅游业”类目。“温州人在全国各地”类目中增设“各地温州商会”分目。2001 卷，增设“外地人在温

① 许家康：《年鉴编纂入门与创新》，北京：线装书局，2006 年，第 45 页。

州”类目；“农业与农村经济”类目易名为“农村经济”；“政法”类目易名为“法治”；“人事劳动社会保险”类目易名为“人事劳动”，将其中的“社会保险”分目移入原“社会生活”类目，并易名为“社会事务”；“电信邮政”和“信息化建设”两类目合并，改名为“信息产业”。

第一次较大调整是在2003年至2005年。《温州年鉴》编纂人员在总结前五年框架结构得失、吸取其他年鉴有益经验的基础上，根据温州经济社会发展的需要，对框架中存在的层次不清晰、领属不得当、结构不合理问题进行调整。2003卷内容结构在上年卷基础上作了较大调整：“商品流通”类目改为“商务”，“对外经济贸易”类目中的“对外贸易”分目内容纳入“商务”类目，“对外经济贸易”类目取消，设“口岸”类目；取消“人事劳动”，设“行政管理”类目；不设“党政”类目，原“党政”内容一分为五，独立成篇，各设类目；“科技技术”和“社会科学”合并为“科学”类目；“外地报刊报道”易名为“外地媒体报道”。2004卷在个别类目的排列顺序和个别分目内容的归类稍作调整。“大事”类目易名为“大事记”，“地情”类目分解为“自然地理”和“人文历史”类目，“信息产业”易名为“信息业”，“外事侨务台务”易名为“外事侨务涉台事物”，“大众传播”易名为“大众传媒”，“法制”易名为“政法”，“地方珍闻”易名为“地方新事异闻”，企事业单位（部门）的形象宣传，除安排特定版面外，其余均按所在领域分别归入对应类目。2005卷：“对外经贸”分目从“商务”类目中析出，另设“对外经济贸易”类目，“商务”改名为“商业”；“信息业”易名为“信息化·信息产业”；“人文历史”易名为“历史人文”；县（市、区）排序有所调整，其中三区按省行文惯例排序，二市和六县按由北至南的次序排列。经过连续三年的大调整，《温州年鉴》框架设计更加合理，全书有54个类目，分别是：特载、特辑、大事记、自然环境、历史人文、机构、农村经济、温州乡镇（街道）、工业、特色工业、经济开发区、民营经济、温州企业、商业、对外经济贸易、市场、金融、口岸、旅游业、经济管理、城市建设和管理、重点工程建设、环境保护、交通运输、信息化 信息产业、行政管理、社会事务、外事 侨事 涉台事务、教育、科学、文化、大众传媒、卫生、体育、中共温州市委员会、中共温州市纪律检查委员会（监察局）、温州市人民代表大会、温州市人民政府、政协温州市委员会、民主党派和人民团体、政法、军事、温州人在全国各地、温州人在世界各地、外地人在温州、温州学者论著、人物、外地媒体报道、县（市、区）、地方新事异闻、名录、重要文件、便览、索引。

2006—2011 年，《温州年鉴》框架的框架结构相对稳定，只是类目、分目的数量上有增减。2007 年，正值《温州年鉴》编纂出版十周年，我们特设“十年一瞥”，将 10 年来温州市主要经济数据变化情况制作成图表，利于纵向对比，将其至于编辑说明后，区域图之前，彰显年度特色。2008 卷将原来“历史人文”类目中类似条目合并整合成相应主题的分目，更利于读者查找；将 2007 卷中“文化”类目中“文联”分目中独立出来，增设“文学艺术”类目，包含文联工作、文学、戏剧、音乐、舞蹈、美术、书法、温州书法院、摄影、曲艺、民间文艺、影视、工艺美术分目。2009 卷特设“温州市改革开放三十周年主要数据对比”，对比温州 1978 年和 2008 年主要经济数据变化情况。调整后的 2011 卷有类目 51 个，分目 411 个，条目 3215 条。

第二次调整在 2012—2014 年。2012 年起，我们对《温州年鉴》提出减量提质的要求，精简一些查询价值不高的内容，优化框架结构，提高全书有效信息量，对类目结构进行了较大的调整，将年鉴做精做细。2012 卷，将“历史人文”中“温州市树”和“温州市花”合并为“温州市树和市花”，“民间音乐”分目中增加“畲族民歌”条目；“农村经济”类目中“综述”分目中条目数量由 2011 卷的 19 条缩减至 9 条；取消“温州企业”类目，将其内容并入“民营经济”类目，删除“民营经济”中“个协 民协”分目。2013 卷，将原来“旅游业”类目中的“县（市、区）旅游业”分目删除，我们认为相关内容应由县（市、区）年鉴记述，市级年鉴不应大包大揽。将 2012 卷中“文学艺术”类目裁剪，部分相关内容作为“文学艺术活动”分目并入“文化”类目。2014卷将“重要文件”类目中的相关内容分解置于“中共温州市委员会”“温州市人民代表大会”“温州市人民政府”“政协温州市委员会”类目之中，并在类目排序上做了重大调整，将政治类类目整体提前，按照政治、经济、文化、社会依次排序，调整之后的《温州年鉴》类目依次为特载、特辑、大事记、自然环境、历史人文、机构、中共温州市委员会、中共温州市纪律监察委员会（监察局）、温州市人民代表大会、温州市人民政府、政协温州市委员会、民主党派和人民团体、司法、军事、县（市、区）、农村经济、工业、特色工业、信息化和信息产业、开发区、民营经济、商业、对外经济贸易、市场、金融、旅游业、经济管理、交通运输、行政管理、住房与城乡建设、口岸管理、重点工程建设、外事 侨务 涉台事务、环境保护、社会事务、教育、科学、地方新事异闻、文化、传媒、卫生、体育、温州人在全国各地、温州人在世界各地、外地人在温州、人物，总计类目46个，分目376个，条目2245条。全书减少约40万余字，基本固定在130万字左右，达到了提速、提质、提效的目标。

三、以创精品年鉴为契机，打造特色鲜明的框架

2015年12月，中国地方志工作指导小组经过综合评选，确定温州市地方志办公室为全国首批10家年鉴工作试点单位。2016年，温州市志办借全国年鉴试点工作契机，为打造质量过硬、能够发挥示范作用的品牌年鉴，整体提升全市年鉴质量，充分发挥年鉴资源在推动经济社会发展和文化建设中的重要作用，根据中指组关于精品年鉴的要求，以精益求精的态度打磨年鉴框架，对《温州年鉴》（2016）框架进行较大范围的调整，在注重规范性的前提下，保留《温州年鉴》独有的特色类目，打造一本规范性与特色性并举的精品年鉴。

增设类目。本次调整新增多项特色类目：新增“市情概览”类

目，将温州的基础信息以及原有自然地理、行政区划、建置沿革、人文历史等类目内容进行整合，简要概述温州的历史与现实；新增“创新型经济”类目，内容涵盖原有的经济技术开发区、信息产业等类目和小微园建设和瓯江口开发等分目，还增加温州市政府重点培育发展的十大新兴产业内容；新增“城乡发展”类目，内容涵盖原住房与城乡建设、三改一拆、五水共治、六城联创、新农村建设等类目；新增“附录”类目，收录温州市第一部法律条文——《温州市市容和环境卫生管理条例》、温州学者论著汇编、温州市国民经济和社会发展统计公报、温州市经济金融运行形势分析、温州市城乡居民收支情况分析、温州市物价变化分析等。分解类目。考虑到原先框架设计中存在类目与类目、类目与分目间冲突矛盾等情况，我们在2016卷中对个别类目、分目进行重新分解组合，以避免“打架”的情况。分解“重点工程建设”类目，将“六城联创”“三改一拆”“五水共治”三个分目归入“城乡发展”类目，将“瓯江口开发”分目归入“创新型经济”类目，将“生态园建设”分目归入“环境与保护”类目。分解“外事 侨务 涉台事务”类目，将外事工作、侨务工作归入“中共温州市政府”，自成分目；将侨联、台联等内容归入“民主党派与人民团体”；将原在“自然环境”类目下的“风景名胜区”“自然保护区”“森林公园”分目归入“旅游业”类目；将“纪委监察”类目归入“中共温州市委员会”类目。合并类目。2016卷将部分类目合并如下：将“工业”“特色工业”“民营经济”类目合并为“工业与特色工业”类目；将“商贸”“对外经济贸易”“市场”类目合并为“市场·商贸”类目；将“经济管理”“口岸管理”类目合并为“经济管理”类目；将“行政管理”“社会事务”“新居民管理”类目合并为“公共管理”类目；将“温州人在全国各地”“温州人在世界各地”“优秀新居民”合并归入“人物”类目等。规范类目。“法治”类目，由2015卷的“综述、公安、检察、法院、司法行政”分目调整为“立法、政法委及综治、法治政府建设、公安、检察、法院、司法行政”，并删除部分单位内视信息。2015卷“人民团体”类目只记载温州市总工会、共青团温州市委员会（温州市青年联合会）和温州市妇女联合会，2016卷将科协、侨联、台联加入“人民团体”类目中。更改部分类目的名称，“机构”改为“机构及负责人”；“农村经济”改为“农业与农村经济”；“工业”和“特色工业”合并为“工业与特色工业”等。

2016卷是《温州年鉴》第三次较大范围的框架调整，调整后的《温州年鉴》（2016）全书共计450页，约137万字，31个类目，类目依次有特载、大事记、市情概览、机构及负责人、中共温州市委、温州市人大、温州市政府、温州市政协、民主党派和人民团体、法治、军事、农业与农村经济、工业与特色工业、创新型经济、市场·商贸、交通、金融、旅游、城乡发展、环境与保护、经济管理、公共管理、科学、教育、文化·传媒、卫生、体育、人物、县（市、区）、新事趣闻、附录，分目310个，条目1921条，图30张，表91张，随文彩页插图213幅（张）。

四、兼顾规范与特色，谋划温州年鉴新框架

《温州年鉴》自创刊以来，在坚持规范性的前提下，大胆实践，勇于创新，框架经多次调整，框架设计体现了温州地方的特色和风格。《温州年鉴》的框架设计特色主要表现在地方特色、时代特色、年度特色和重点突出四个方面。

一是具有鲜明的时代特征。20世纪80年代以来，温州将改革开放政策同本地实际相结合，发展家庭工业、专业市场和个体私营经济，创造性地走出了一条特色鲜明的发展路子。民营经济和专业市场是温州的两张金字名片。在专业市场方面，温州是中国鞋都、中国皮都、中国纽扣之都、中国制笔之都、中国汽摩配之都、中国眼镜之都、中国合成革之都及中国低压电器之都等等，这些行业都在2016卷“工业与特色工业”类目中有单独记述；如温州民营经济发展迅速，市场经济活跃，因此在2015卷“民营经济”类目中特别记述温州民营企业转型升级、民企维权、民企就业、民企慈善以及非

公组织党建等条目，使读者对温州民企有更全面地了解；再如环境污染与治理情况、法治社会建设等有时代特征的主题，在书中也专门列出分目进行反映。

二是具有鲜明的地方特色。温州是全国知名侨乡，温州走出去的华侨华人、港澳同胞有68万人之多，在温州居住的归侨、侨眷也有42万多人，华侨华人更是遍布世界112个国家和地区，“侨”元素是《温州年鉴》最突出的特点，所以特设了“侨务”“侨联”“温州人在世界各地”等类目，用以反映温州的“侨”情。诸如“温州人在全国各地”“历史文化”“自然地理”等，都带有强烈的温州地方特色。

三是具有鲜明的年度特点。年鉴就是要综合反映地方年度的发展变化，体现年度特色，选材以年度为限。“一部优秀年鉴的框架不仅要有鲜明的时代特征、独特的地方色彩，还要有浓郁的年度气息，才能体现年鉴的风格与特点[①]”。《温州年鉴（2014）》中有专门的分目反映年度大事，如“群众路线教育实践活动”“五水共治”“三改一拆”“六城联创”“年度综合纪要”等，2015卷记述的“2014年温州十大新闻事件”分目，2016卷记述的“温州市‘十三五’规划纲要（摘要）”分目、“‘十二五’回眸”，这些都是对年度情况的直接反映，可以发挥年鉴服务现实的功能。

四是具有鲜明的记述重点。从全书结构上看，经济类占的26.2%，是全书最重要部分。温州拥有众多专业市场，个体私营经济活跃，是一座商业气息浓厚的城市，反映在年鉴框架中，经济部类自然会成为全书的重点；社会类占27.5%，突出记载人民群众关心的社会事务，充分体现了人民群众创造历史的唯物主义观点。从分目重点上看，含有10个以上条目的分目达12个，其中“工业与特色工业”类目下有多达20个分目。这就在突出特色的同时，也把握住记述重点，使得《温州年鉴》能更加全面、深入地反映温州市的概况。

---

① 刘慧：《关于突出年鉴特色个性的思考》，《广西地方志》2015年第4期。

温州年鉴创刊以来，经过三次大调整，每年又都对年鉴框架结构进行适当微调，做到年年有新意，坚持常编常新。《温州年鉴》(2016)类目、分目的归属、比重和层次更加合理，年鉴框架各层次标题更加简洁、准确、规范，我们在继承基础上的不断创新和调整，使得《温州年鉴》的时代性、年度性和地域性越来越鲜明。

（作者单位：浙江省温州市人民政府地方志办公室）

浅谈年鉴总体设计的连续性

黄　铭

摘　要：年鉴作为一种连续出版物，在逐年编纂出版中，容易在内容和装帧设计等方面出现年度差异大、连续性不强等问题。年鉴编辑部作为年鉴的组稿部门，为连续编纂、出版，应当制定连续性的总体设计方案。年鉴的总体设计包含内容和装帧设计两方面。内容的连续性体现为年鉴总体框架涵盖齐全、保持相对稳定，信息资料收录齐全、连续；装帧设计的连续性体现在内文版式、封面设计等方面。制定年鉴总体设计，是落实地方志规划纲要中对于年鉴逐年编纂出版要求的重要举措，体现了年鉴编纂的科学性、规范性。强调年鉴的连续性并不等于排斥创新，年鉴作为连续编纂出版的资料性工具书，无论是内容还是形式都有一定之规，创新是保证规范的基础上，基于年度情况变化而做出的调整、修改、增减，频繁盲目的变化绝不等同于创新。

关键词：年鉴　总体设计　连续性　创新

2015年8月25日，国务院办公厅印发了《全国地方志事业发展规划纲要（2015—2020年）》，明确了今后五年全国地方志事业发展的目标任务。其中，也对年鉴工作提出了具体要求，即：到2020年，做到地方综合年鉴由地方志工作机构组织编纂，一年一鉴，公开出版，实现省、市、县三级综合年鉴全覆盖。在此顶层设计之下，各省市也先后相应出台地方志工作五年规划纲要，对地方志、年鉴工作做出部署。在各级的规划纲要中，对于年鉴工作的规划，都提及一年一鉴，公开出版，这就是要求年鉴自创刊之后，按年度每年出版，既不能缺漏，也不应该将若干年度合并为一卷出版（不包括将若干卷已出版的年鉴整合为合订本重新出版的行为）。这体现了很强的连续性要求，当然年鉴工作的连续性还不止于此。年鉴的连续性体现在两个方面，即连续出版和连续使用，其中连续出版应该又包括连续编纂、连续印刷、连续发行。由此可见，连续编纂是落实规划纲要对年鉴工作要求的落脚点，而为了实现年鉴连续编纂，应当在年鉴开编之时，就做好年鉴的长期规划，一方面便于年鉴编辑部开展组稿、编纂工作，另一方面更有利于发挥年鉴的查询、存史、资政等作用。

结合年鉴工作实际，笔者认为，为确保年鉴逐年连续出版，在创刊伊始的总体设计环节，就要树立连续性意识，制定具备连续性、可执行的总体设计方案，有了这样的总体设计和规划，才能保证一部年鉴在一定时期内保持相对固定的风格，形成自己的特色，打造品牌效应。

一、年鉴总体设计连续性的理论基础与内涵

年鉴的总体设计之所以要强调连续性，取决于年鉴自身的出版物属性。首先必须明确的是年鉴的出版物属性，即年鉴是一种连续出版物。根据国家标准《连续出版物著录规则》对于连续出版物的定义，连续出版物是“印刷或非印刷形式的出版物，具有统一的题名，定期或不定期以连续分册形式出版，有卷期或年月标识，并且计划无限期地连续出版。连续出版物包括期刊、报纸、年度出版物（年鉴、指南等）以及系列报告、学会会刊、会议录和专著丛书”。①

结合《规则》对连续出版物的定义，以及常见的年鉴形式，可以得出年鉴的基本特征是：从出版形式上看，年鉴具有统一的

① 吴龙涛：《〈连续出版物著录规则〉例释》，沈阳：辽宁人民出版社，1988 年。

主题名，同一的编辑出版者，有连续的卷、期、年号，并预计逐年、无限期编辑连续出版，有 ISBN（国际标准书号）或 ISSN（国际标准连续出版物编号）；从编排体系上看，年鉴以栏目（类目）作为容纳内容的基本单元，以条目作为表现内容的主要形式，编排系统规范、查考资料迅速方便。观其特征不难看出，年鉴是有别于期刊、报纸的具有工具书性质的连续出版物，因而在出版形式上是连续出版物。

年鉴总体设计的连续性，应该体现在内容、装帧设计两方面。其中，内容是年鉴的核心价值所在，是读者使用年鉴的目的所在，读者查阅年鉴，就是需要查阅年鉴中有价值的内容资料；而装帧设计则是一种重要的辅助手段，目的在于方便读者更好地查阅内容，同时便于逐年出版的年鉴风格统一，在读者心目中树立品牌效应。

二、年鉴内容的连续性

年鉴的内容，既包括年鉴的框架，也包括以条目、文章、大事记等形式体现的信息资料，即年鉴的内文部分。年鉴内容就是年鉴的核心价值，因此，年鉴总体设计的连续性，首先就体现在内容的连续性上。

（一）连续性体现在年鉴框架上，就是要求总体框架保持相对稳定

“框架是承载各种资料信息的主体架构”，“框架是年鉴的成书之本，是编纂工作的规划蓝图和实施方案”。① 可以说，框架是年鉴的“骨骼”，年鉴的所有信息资料，都是分门别类地填充在框架之内。因此，框架设计对一部年鉴具有提纲挈领的作用。年鉴框架设计的合理且保持相对稳定，有利于读者使用习惯的养成，进而树立

① 肖东发、邵荣霞：《实用年鉴学》，北京：中央文献出版社，2000 年。

年鉴的品牌。年鉴逐年出版，如果一本年鉴的总体框架每年都有大变动，这部年鉴就不是一部成熟的年鉴，这一方面说明该年鉴在创刊之初的框架设计就不合理、不完善，或是编者对于年鉴的认识不到位，存在盲目调整；另一方面，也不便于读者查阅资料。

年鉴反映的是一个地区、行业（产业或事业）等发展的年度情况。以地方综合年鉴为例，地方综合年鉴收录的是该地基本地情和政治、经济、社会年度发展情况。因此，年鉴框架也应该与此相适应，每年可以有所创新，“框架设计要与时俱进：开辟相关类目，沉淀历史资料；增设集成栏目，汇集综合资料；顺应时代要求，扩充条目内容”。① 但值得注意的是，创新并不等于颠覆，创新框架设计是在原有框架基础上的调整、充实，而不应该年年调整得“面目全非”。

目前，年鉴常见的框架主要有三级框架（栏目、分目、条目）和四级框架（类目、栏目、分目、条目），虽然各层次的名称不尽相同，甚至是条目之下还设置有小目，这都是可以尝试的。只要框架能够实现各级层次分明，合理地涵盖信息资料，便于读者查找信息，都可以保持稳定使用，不需要轻易变动。一般来说，框架中条目当然是变化最多，分目也会随着不同行业、工作的归并与调整而有所变化，而栏目、类目这些框架上的大变动就要慎重，每年根据实际情况有所调整、创新固然必要，但每年都“改头换面”地调整、变化，这样的框架设计也难以被认为是合理的。

（二）信息资料的收录也应该具有连续性

信息资料是年鉴的“血肉”，是存史的对象，也是读者查询的对象，可以说是年鉴最核心的价值所在。每年的信息资料五花八门，必然是各不相同，但信息资料的类型确实相对固定的，强调信息收录的连续性，主要指收录的信息资料类型要保持相对连续稳定，重要的信息资料类型不能缺失。在工作实践中，常见的是以下两类信息资料缺失。

---

① 杜芝轩、袁翔：《浅议企业年鉴框架设计中的与时俱进》，《年鉴信息与研究》2005 年第 5 期。

一是重要数据、指标纵向缺失。

这主要是指，“主要经济社会发展指标数据不全且缺乏连续性、可比性”。[①] 这个问题不是针对具体某一年的年鉴，而是通过纵观若干年的年鉴发现的。翻阅连续若干年的年鉴，很容易发现其中一年或几年的年鉴中，主要经济社会发展指标、重要数据不全，造成这些指标、数据缺乏连续性、纵向可比性。这就给读者查找资料造成了不便。

出现这一问题，既有年鉴承编单位的原因，也有年鉴编辑部的原因。一方面，一些承编单位仍然是“报喜不报忧”，对各项年度指标，只提供增长的指标，不提供降低的指标，或者是报送年度指标随意，每年报送的指标没有固定标准，随意性较大；另一方面，年鉴编辑部对相关单位、部门、行业的工作情况不了解，不知道该领域的主要指标有哪些，无法要求承编单位补充完整，或者是知道缺少了哪些指标，但与承编单位沟通后，承编单位坚持不愿提供“负面”指标，年鉴编辑部也只好跟着“报喜不报忧”。之所以要强调重要数据、指标不能缺失，是因为读者在使用年鉴时，既可以通过查找上年度的信息，了解上年度的情况；也可以通过对比不同年度的年鉴，收集若干年度某个数据的变化情况，发现其中规律。如果出现指标、数据缺失，那么以上两个功能均难以实现。

针对这个问题，解决的途径是建立健全的基本指标体系，明确哪些指标必须入鉴。这就需要年鉴编辑和各承编单位的撰稿人多做沟通交流，征求他们的意见，在此基础上，形成一套完整的指标体系。在下达撰稿任务时，连同编写规范与编目一并发放，提醒撰稿人在撰稿过程中，一定要将这些基本指标写入稿件中。

二是基本信息缺失。

基本信息一般就是年鉴中的知识性条目，比如地理、历史沿革、语言、民族、宗教、行政区划、资源、气候等方面的信息。这些市情概貌类的基础信息，有一些基本不会发生变化，有一些会有细微

① 许家康：《记年鉴的记述重点》，《第十三届全国年鉴学术年会论文集》，2012 年。

变化（反映在年鉴上就是个别数据的变化），对于这些信息是否要收入年鉴，是有存在争议。对此，应该明确以检索性和实用性为标准，来衡量这些信息是否有必要收入。对于一些检索频率高、实用性强的基础信息，即使是数据较上年不变化或者偶有细微变化，也应该逐年记录。如果不记录，而读者又需要这些信息，就只能参见上一年度或者若干年前的年鉴，这种不是为了比较若干年情况而进行的纵向参见，是不妥当的。

三、年鉴装帧设计的连续性

装帧设计是年鉴的“外衣”。好的装帧设计，应该既符合工具书的风格定位，又能体现不同年鉴的自身特色。作为一种连续出版物，年鉴在编纂过程中，也应该将连续性的特征体现在年鉴的装帧设计上。相比内容上的连续性，装帧设计上的连续性就显得更加明显。以连续性的理念来指导年鉴的装帧设计，可以使一套年鉴的整体风格统一，使各卷年鉴既有变化又不失协调，提高读者的认知度。

当前，很多地方综合年鉴都存在着装帧设计尤其是封面设计连续性不突出的问题。而如何平衡封面设计的稳定性、连续性与创新性、年度性，是值得思考的一个重要问题。封面不仅仅是一个书皮，还是一本单本年鉴、乃至一个系列年鉴的“门面”，是一个系列年鉴的标志。“读者对一本书感兴趣往往是被它的封面所吸引，书籍的封面起了一个无声推销员的作用”。[①] 封面如果变化过于频繁，且不同年度之间的变化又缺乏规律可言，难免给人以杂乱、缺乏规划的感觉；而如果逐年一直沿用基本相同的封面，又容易造成审美疲劳，显得呆板、毫无新意。因此，年鉴的封面设计乃至装帧设计，是年鉴工作中的一个重要问题，值得编辑部进行系统性的长远规划，最好是在创刊之初就及时制定出总体方案，方案一经确定，就要保持

① 焦成根：《书籍装帧与版式设计》，长沙：湖南美术出版社，2005 年。

相对稳定。而针对已经出版多年的年鉴，如果存在此类问题，也应该及早确定稳定的设计方案。

在装帧设计上，年鉴设计应该借鉴期刊设计的经验做法。同样作为连续出版物，期刊设计一直很注重连续性，设计形式不会经常变化，一般保持相对固定的形式和面貌特征，尽最大可能来方便读者辨识，以求在竞争激烈的期刊市场中能不被淘汰。借鉴期刊设计的经验，年鉴装帧设计可以在以下方面进行改进。

（一）出版物信息要素齐全，书（刊）名设计鲜明突出

在封面、封底和书脊设计中按要求注明相关信息，这是各类出版物都必须遵循的要求，这些信息一般包括书名（刊名、卷号、年份）、编著者、出版者、条码、定价等。作为年鉴的外在标志，特别要重视书（刊）名的设计，书（刊）名设计应当鲜明突出、力求与众不同，并且一旦确定，书（刊）名的字体、字号乃至在封面上的相对位置，一般是一直沿用、较少更改。同时作为连续出版物，为了便于区分不同卷年鉴，在封面应当体现不同年度年鉴的卷号，并且要考虑书（刊）名与年份（卷号）的位置安排，保证这些信息明朗醒目，便于读者识别。

（二）选择合适内文版式设计

“现代书籍版式设计主要体现在两个方面。第一，在开本尺寸规定的面积中，决定版心的大小、位置，版面的布局，以及天头、地脚、内文白边的面积尺寸等。第二，确定字体、字号、字距行距以及图片的大小和位置”。① 作为工具书，年鉴内文的文字信息量较大，恰当的内文版式就显得尤为重要，既要充分利用版面，也要考虑读者的阅读习惯，适度留白。一些地方综合年鉴使用的字号较大，这或许是出于方便读者阅读的考虑，但由于配合得行距不当，造成版面拥挤、不够美观，同时增加了印张，不符合工具书的一般做法。

---

① 柳林、赵全宜、明兰：《书籍装帧设计》，北京：北京大学出版社，2012 年。

内文版式在一定时期内保持相对稳定，同样是连续出版物的一个重要标志。内文版式包含的项目较多，并非所有项目都要求稳定不变，但基本项目需要保持稳定。例如，版心尺寸和位置，分栏数，正文的字体和字号等最基础的版式项目，可以保持稳定。而各级标题的形式及字体、字号，或者是栏目（类目）的分隔页，页眉、页脚乃至一些年鉴采用的装饰性边框花纹等，都是较为灵活的版式项目，则可以根据情况，若干年度进行一些调整、创新，或是保持相对稳定。此外，像照片、示意图、表格等年度资料及文表、文图位置，以及一些年鉴采用的资料小卡片、资料链接、二维码链接等，是版面中最为灵活的内容，可以说是视觉上最吸引读者眼球的项目，则应当年年有新意。

（三）封面设计的规范与特色

出版物的封面设计既有审美层面要求，也有规范层面的要求。封面设计的审美要求，包括设计风格符合图书内容和读者定位，美观、大方、得体，装订牢固，环保且不过度装潢；封面设计的规范要求，包括出版物在封面上准确标注相关出版信息。如封面标注出版物名、出版物卷号、著录者名、出版者名等信息，在封底标注ISBN（国际标准书号）或ISSN（国际标准连续出版物编号）等；如有书脊，可以标注出版物名、著录者名、出版者名及其标志等信息。

在目前公开出版的部分年鉴，存在着重审美而轻规范的现象。对于年鉴封面设计的规范要求，一些年鉴工作者还不够重视。一些年鉴封面的出版物信息标注不全面，不同年份年鉴的出版物信息标注的位置、字体字号随意变化，在一个时期内没有保持校对稳定，加之部分年鉴封面设计风格逐年变化，没有保持相对稳定，甚至是连续多年的封面毫无关联，一年一个风格。这些看似微不足道的细节，其实都不利于一部年鉴树立其品牌效应，不便于读者辨识。

造成这一问题的原因，也是由于年鉴编辑部缺乏总体设计，对装帧设计没有长远规划。目前，多数年鉴采用书号，每年重复一次出版流程，由于多数年鉴的装帧设计都是采用委托设计，经常更换设计公司或出版社等情况，也容易造成封面设计缺乏连续性。为此，年鉴编辑部应当树立主导意识，不仅要介入封面设计工作，而且要对整个设计定调，把关设计效果。

在坚持规范性的同时，年鉴封面设计也应力求突出地域（行业）特色。封面设计突出特色，与封面设计具有审美还不尽相同。由于年鉴内文记载的是一个地域（行业）年度情况，那么作为外观的封面设计，也应当体现出该地域（行业）特色，当然这就对封面设计提出了较高的要求。如果我们说“千鉴一面”的情况应当避免，那么就要求无论是年鉴内容还是年鉴封面都应当具有自己的特色，避免雷同。

许多地方综合年鉴封面采用了当地一些风光、建筑、活动等具象照片，但如果是仅仅是采用一张照片覆盖封面乃至封底的做法，似乎又显得设计过于简单，并且这些风光、建筑，往往在全国各地都有类似的情况，因而未必能够让人有耳目一新的感觉。因此，一些年鉴就采用了在封面局部编排具象照片的设计方法，甚至采用“封面图片说明”等做法，在合适的位置用文字说明封面图片的内容，便于读者了解封面设计内涵，可以说是很有特色。此外，也有一些年鉴采取抽象化符号作为封面设计图案，将具有地域（行业）特色的事物抽象化，作为封面的主体图案，也是一种尝试和创意。

（四）不容忽视的书脊设计

在装帧设计的众多要素中，之所以要特别强调书脊设计，是因为书脊在图书宣传和营销中有其无可比拟的作用，这与我们使用、摆放图书的习惯有关。一般图书放在书架上，封面与封底是看不见的，读者首先能够看到的只有书脊。“书脊设计除了艺术性以外，还承担着非常重要的功能作用。读者要通过书脊识别书籍的名称、册次（卷、集）、著作者姓名、出版社名称。”① 因此，在年鉴的书脊设计中，首先要保证该卷年鉴的基本信息齐全，至少应该包括年鉴

---

① 邓中和：《书籍装帧》，北京：中国青年出版社，2007 年。

名称、卷号、编纂单位署名、出版社名称等。此外，参考期刊或者是丛书的做法，年鉴书脊设计还应当考虑到各卷年鉴书脊的统一、和谐。“只有书脊的一致性，才能使丛书的书脊显现整体美。另外，全套丛书的书脊也可以连续成为一个画面，每一本仅是整个画面的一部分”。①

在年鉴编纂工作实践中，就有一些国外行业年鉴采用了书脊画面设计的做法。考虑到年鉴编纂出版在理论上是无截止期限的，设计画面可能有一定难度。但也可以考虑若干年度的年鉴书脊设计成为一个画面等做法，形成类似丛书的效果。而最基本的是，各卷年鉴书脊上的书名、卷号等文字信息，以及这些信息在书脊上的位置，都应在一定时期内保持固定。

强调书脊设计统一，并不代表书脊的设计一旦确定，就可以毫不改变地一直使用。由于书脊的设计要与封面、封底的设计相协调，而封面、封底一般不会年年固定、一成不变，这也使得书脊的设计要在“年年有变”中保持“一定之规”。

（作者单位：福建省福州市地方志编纂委员会）

① 邓中和：《书籍装帧》，北京：中国青年出版社，2007 年。

全面性　科学性　创新性

——地方综合年鉴框架设计的几点思考

吴道松

摘　要：“框架”指的是由梁、柱等连接而成的建筑工程结构，引申为事物的轮廓或主体部分，将其引用到工具书的编纂之中，是指书籍基本内容的结构体系。地方综合年鉴的框架设计是年鉴编纂的规划蓝图和实施方案，是年鉴质量的重要因素，要编纂一部年鉴，首先要设计好年鉴框架，使其有较强的覆盖面，让所有参与编纂的人员做到有章可循，纲举目张，让年鉴成为一个地区发展全貌的信息资料工具书，服务于当地社会经济的发展。长期以来，人们对年鉴框架设计的持续性研究还存在着不足之处，导致其存在诸多问题，本文主要对地方综合年鉴框架设计的作用、存在的主要问题和应对策略谈几点看法。

关键词：框架设计　综合年鉴　作用　问题　策略

一、框架设计的作用

（一）确定年鉴内容

一个地方的各个领域在一年内的发展变化是方方面面的，所形成的年鉴材料资源丰富多彩，内容庞大，然受篇幅和内容等因素的制约，并不能把所有的资料都全盘收入其中进行编纂。如果没有框架设计，撰稿人员也不知从何处下笔；有了框架设计，就明确了编纂时空范围、具体内容，各撰稿人员就可以按照类目、分目要求进行选题和组织、挑选资料。年鉴界定的内容从纵的方面（时间）看，选题选材有时间限制，即以当年为限，上限至当年1月1日，下限至12月31日，超出此界限的内容一般不收，如果首次设立条目，也只能作简要记述；特别重要的内容可放在卷首的“特载”或“专文”之中，次要的内容可放在卷尾的“附录”。从横的方面（空间）看，要以年鉴相对应的领域为界，把领域内的大事、要事尽量收全，超出对应领域的资料尽量不收。如确有收载的必要，一般应放在卷尾的“附录”中。

（二）体现编纂体例

年鉴体例是年鉴成书的基本要求和规则，所有的编写规则整合后就形成了一部书的编纂体例。年鉴框架的设计要贯彻年鉴的编辑方针和编纂体例，框架设计不理想，编纂体例就难以落实。比如年鉴编纂体例要求年鉴的内容具有特载、专记、整体概况、正文百科、附录、索引等栏目，这就要求在制定年鉴框架时要合理安排各部分的比例。又如，年鉴体例要求年鉴内容的编排上要有严谨的层次性，通常在大篇结构有四个层级，中篇结构上有三个层级，这在设计年鉴框架时也都有明确的规定，确保年鉴体例的独特性、完整性、科学性。

（三）框定年鉴资料的归属

编纂一部年鉴就是一项系统的文化工程，这项工程承载着对一个地方各个领域所反映的最全面具体、客观准确内容信息的汇总，时间紧，任务重，年鉴的框架设计就是实施这一系统工程的基础。只有建构了一个好的年鉴框架，年鉴编纂工作者才能指导年鉴供稿单位进行撰稿，让撰稿人明确所撰写的内容在整部年鉴中的具体位置、与其他相关联部门之间的内在联系、如何避勉信息之间的交叉和重复，如何控制篇幅的大小及栏目层级的隶属关系等，保证撰稿的方向和质量。

二、框架设计存在的主要问题

2012年，中国地方志指导小组四届三次会议通过《地方综合年鉴编纂出版规定》，要求年鉴框架应做到：分类科学，层次清晰，领属得当，编排有序。这说明年鉴资料信息需要形成一个科学的逻辑系统，阐述年鉴框架的基本特征与鉴框架设计的内在规定性。笔者认为，框架主要存在以下五个方面的问题：

（一）缺乏全面性

内容的全面性是地方综合年鉴的基本属性之一，没有全面的内容信息，年鉴就缺乏完整性，有的地方年鉴甚至缺乏重要的资料，通常表现在年鉴的栏目设置上。

1. 类目设计缺项

综合年鉴的整体内容由卷首、正文百科、卷尾三大部分组成。如某县的综合年鉴设特载、专辑、大事记、党政机关、政法军警、群众团体、国土资源与环境保护、建设、农业农村、经济贸易、综合经济管理、财政税务银行、科教文体旅游、卫生计生、社会生活、乡镇街道、附录、索引等栏目，总体上基本涵盖了本行政区域的内容。但在卷首部分设计的类目还是不全，只设了特载、专辑、大事记、缺少了从总体上反映全面情况的县情总貌，不能给读者呈现出一个简要的、总体的、一目了然的县情。

2. 分目设计缺项

地方综合年鉴的框架通常设类目、分目、条目3个层次，在分目这一个层级上应该反映出类目层级的所有内容，但许多地方的年鉴还是或多或少地缺失了一些内容。如，某县县委的类目下设组织工作、宣传工作、统战工作、党校工作、对台工作、党史工作、老干部工作、机关党建工作、精神文明建设等分目，缺少了政策研究、政法综治工作、农业农村工作、机要工作，因为县委还有政策研究室、政法委、机要局等单位。

3. 同一分目下的条目设计缺项

地方综合年鉴要尽可能地做到横不缺要项，全方位地反映本行政区域内的内容，记述综合年鉴的主要方式就是条目，条目的设置是动态的过程，应全方位发掘有价值的条目。但有的供稿单位交上来的稿件只有撰写年度的综合性材料，如某县级市市委类目中的党史工作、对台工作、保密工作、机要工作等分目没有设具体的条目；一些分目应该设有综合性条目的也没有设。这既不合年鉴体例的要求，又不能全面反映该市的全面情况。

（二）缺乏排序逻辑性

地方综合年鉴的栏目与栏目之间、分目与分目之间，除了突出年度特色和地方特色而升格外，必须是并列关系，必须讲究这逻辑关系，但条目之间可以不是并列关系，编排上相对自由。

1. 百科部分类目排序逻辑性不强

从横向看，许多综合年鉴框架没有涵盖自然、政治、经济、文化、社会的基本情况以及重点内容，部分重要的信息资料缺失。从纵向上看，年鉴框架没有遵循自然、政治、经济、文化、社会这一大类划分逻辑顺序进行排列，没有清楚反映自然、政治、经济、文化、社会等面的内在结构体系，存在归类不当，标准不一，层次不清等情况。有的把部类内容分散记载，造成交叉排列，比如有的地方把类目乡镇穿插于正文百科之中，而不是置于百科的首或尾。

2. 同一分目下条目排序逻辑性不强

条目是地方综合年鉴的记事单元，年鉴条目分为综合性条目、专题性条目和单一性条目，同一分目下的各种不同类型的条目的编排要遵循其先后的排序原则。许多地方的综合年鉴没有按这一原则进行编排条目，通常表现在同一分目下设有较多条目的状况，其条目编排缺乏逻辑性，比如某县年鉴的林业分目下设有：概况、林权制度改革、林木采伐管理制度改革、科技兴林、行政执法、森林资源管护、植树造林、百合花产业建设、林下经济、林业招商引资、人工商品林保险、林业“十二五”目标任务、林业收储中心成立。该分目下的条目排序简单，要区分条目类型后再排序，单一性的条目可按时间或事件的重要程度依次排开。

（三）缺乏科学性

我国自产生年鉴以来，年鉴框架结构设计一直缺乏有效的科学依据，年鉴编纂行业也没有对框架设计方面出台具体的规定或意见，各地年鉴都在实践中相互学习和摸索中前进，地方综合年鉴在框架设计的科学性上都存在着一些问题。

首先，框架设计在类目分层上的不科学，比如，分类上有政治与法制、城乡建设与建筑、文化建设与艺术节，这些类目或分目内容都存在包含或交叉情况；分目归类不当也很多，如一部分年鉴设置的“人民团体”篇目只收录工会、共青团、妇联的信息资料，而将文联、工商联、侨联、台联等其他社会团体组织的信息资料归入其他篇目中，都属于分类不科学的具体表现。

其次，类目、分目在名称的使用上也存在大量的不规范。比如，“军事”栏目有的称“武装”“人民武装”“地方军事”等；“人民团体”有“社会团体”“群众团体”“社会组织”等不准确的称法，“人民团体”是指中国人民政治协商会议（全国政协）组成单位，共有工会、共青团、妇联、科协、侨联、台联、青联、工商联 8 个单位，属中共中央党委序列；这些方方面面的例子也足以说明框架设计的科学性会直接影响年鉴的质量。

（四）缺乏创新性

年鉴是系统记载一座城市年度资料性文献，所记载的信息资料是连续性和可比性的。这就要求在一段时间内，年鉴框架必须保持一定的稳定性、规范性，不宜变化无常，也是年鉴框架设计要遵循年鉴的基本规范要求。但是，社会在不断地进步与发展，尤其产业升级与结构调整，新型产业的诞生，政府管理模式的转变等，导致年鉴所记载的信息资料的年度性、时代性随之不断增强，并出现新特征。这一点又要求年鉴框架不断有所变化，有所创新。

当前，我们在进行年鉴框架设计时，有一种习惯性思维和做法，就是想着照搬上一年的年鉴框架，懒于探索，安于现状，或觉得现有的框架已经很“亲切”、很完美了，或者想着兄弟城市年鉴框架是否可以借鉴，即陷入经济学上的一个概念——“路径依赖性”。此概念讲的是人类技术的演进或者经济制度的变迁总是沿着一定轨迹或路径，并且一旦进入这种轨迹或路径，无论优劣，不仅可能产生路径依赖，而且可能会强化这种依赖性，也就自然影响框架设计者的创造性思维及年鉴框架的新颖性。

年鉴是“舶来品”，理论基础薄弱，我国大规模编纂年鉴是在改革开放以后才开始的，那时的年鉴框架是参照地方志书框架来设计的，20 世纪 80 年代第一轮修志完成之后，市（区、县）修志机构才陆续开始编纂地方综合年鉴。当时目的明确，一是为了保留修志机构和稳定人员队伍，二是为第二轮修志积累一定的年度信息资料。这样，年鉴框架与志书框架基本上同出一辙，出现“千鉴一面”的格局。

（五）缺乏特色性

我国有两千八百多个县级行政区，可以说每一个区域都不可能完全一样，都有着代表性元素。比如自然元素、历史元素、文化元素、时代元素、地域元素、产业元素等，这就决定了年鉴框架具有一定的个性化特征。但目前，部分年鉴框架个性化特征不十分鲜明，比如，有些沿海城市的年鉴框架没有与沿海城市特点相对应；有些产业特色城市的年鉴框架没有与产业发展格局相对应；有些历史文化底蕴深厚城市的年鉴框架没有与其特征相对应。

此外年鉴动态性条目太少，所占总条目的比例小，难以突出年鉴的年度特色。年度动态信息是年鉴的主体，它反映的是年度内发生的各个方面的大事要事，年鉴的特色很大程度体现在年度动态性条目的设立上。年鉴只有大量载录年度内发生的大事要事，才能使年鉴常编常新，也才能让年鉴真实、全面地记录一个地方或行业年度内发展变化的新貌。如果年鉴没有年度动态性条目，那么年鉴的目录可以长年保持不变，年鉴的新颖性也就难以得到体现。有一某市年鉴几乎全是固定性条目，很少有年度动态性条目。如：国税分目，设置了概况、税收、征收管理、队伍建设；水利分目，设置水利工程建设、防汛救灾、水资源保护、水土保持、水行政执法。这样的框架设计是无法突出年鉴的特色性的。因此，年鉴编纂者应该指导各供稿单位撰写当年特色的、重大的或有亮点的事件，作为新增设的条目，就可常编常新。

三、对框架设计存在问题的应对策略

（一）全面设计年鉴框架

年鉴是逐年编纂连续出版的资料性工具书，资料性是年鉴区别于其他出版物的显著标志之一，其全面性并不是面面俱到，无所不记，而是有选择性地记载资料。因此，年鉴框架结构应围绕当年地域内多方面的资料进行科学设计、整合浓缩。卷首、正文百科、卷尾内容设计的都应具备完整性，卷首包括特载、专辑或专文、大事记、地情总貌，还有版权内容、编辑说明、编委会和编辑部名单、要事图片、中文目录等；正文百科的结构性内容更不能缺失，一级栏目横不缺要项，纵不断主线，保证各栏目之下分目设置的完整性，各栏目下首先要横分到边。比如，“教育”栏目下横设分目有“学前教育”“初等教育”“中等教育”“高等教育”“特殊教育”等，不能缺项，排列有序，名称应符合国家标准；要及时增设新发展、新变化等结构性内容。这些内容可以是栏目，也可以是分目。比如，新设立的大型工业园区、机构调整中的新设单位等；不断拓展年鉴收录的内容，一些内容可以横向、纵向延伸。比如，“工业”可以记“重点企业”“知名产品”，乡镇内容可以用表格的形式记到村一级组织等，“社会组织”可以选择性记一些比较有活力、有成就的社会团体，还可根据读者需要增设一些新的结构性内容；卷尾包括附录、索引等必备内容，且各卷内容先后排列应符合顺序，大的方面不缺，小的方面不漏，内容上详略得当。比如，主题索引与目录之比至少应在 2.5∶1 以上，保证主题索引的完整性。

（二）遵循框架排序的逻辑关系

国务院《地方志工作条例》指出，地方综合年鉴是指系统记述本行政区域自然、政治、经济、文化和社会等方面情况的年度资料性文献。根据这一特性可知，框架的设计要系统规范，所设计的栏目、分目、条目相互间要符合逻辑关系，应做到不缺位、不越位、不错位。一般情况下，要按卷首、正文百科、卷尾的顺序排列。百科部分按自然、政治、经济、文化、社会的逻辑顺序排列，各个要素按类目、分目、条目逐级排序，同一分目下的条目按综合性条目、专题性条目、单一性条目顺序编排；同一分目中的单一性条目按事件的重要程度或时间先后排列；形成严谨规范的分类体系。比如在《××年鉴（2015）》中，卷首设特载、大事记、概览 3 个类目；正文百科设资源·环境、中共××县委、××县人大常委会……乡镇（街道）、人物 23 个类目；卷尾设附录、索引 2 个类目；分目经济按第一、二、三产业排开；乡镇（街道）置正文百科文尾；整个框架结构完整、井然有序、层次分明。

（三）科学设计年鉴框架

科学的年鉴框架设计应遵循“事以类从，类为一鉴”的分类原则，科学性是年鉴的生命力，地方综合年鉴是地方性的权威性资料工具书。框架设计只有科学合理，才具有权威性；只有对各类目、分目进行科学分类，才能明确各自内容的归属。在设计年鉴框架时，应参照国家统计局颁布的《国民经济行业分类》标准，并结合当地的实际情况进行篇目设计。根据国家标准 GB/T4754—2011 的分类情况，我们就可以比较准确地把握一些栏目的划分和命名，可更加合理规范地设计框架。比如，“金融业”类划分为货币金融服务（银行）、资本市场服务（证券、期货）、保险业、其他金融业四块内容，据此，“金融”栏目下可以设“银行”“保险”“证券”“期货”4 个分目。可见，以“金融 · 保险”作为栏目名是不科学的。“文化”类划分为“新闻和出版业”“广播、电视、电影和影视录音制作业”“文化艺术业”三块内容，有了标准，我们才能做到年鉴框架结构的设计更具科学性。

（四）创新设计年鉴框架

关于年鉴的创新，中国版协年鉴工作委员会主任许家康曾提出一种渐进式创新方式：朝向一个目标，逐年调整框架设计，不断创新年鉴内容，经过一段时间的运作，逐渐创新年鉴的内容和表现形式。这就说明年鉴的框架结构，也是一个与时俱进，不断发展变化的过程。

1. 调整年鉴的栏目

年鉴工作者在进行框架设计时要具有高度的政治敏锐和洞察力，时时把握社会动态，每年都要对年鉴的框架结构进行适当调整，要博览优秀的年鉴框架，综合对比，汲取其所长，善于发现自己在编年鉴已经过时的栏目，该更换的及时更换。随着时代的发展，新鲜事物的出现，现有的类目已无法涵盖不了现有的分目，就必须提升完善对应类目或该设立新篇目，对信息量较大，较有地方特色的分目该升格的要升格，一些类目该置于前提的要上提，坚持常编常新。

2. 实现年鉴的基本属性和功能定位

年鉴框架是为实现年鉴基本属性和功能定位服务的，系统记述一座城市的自然、政治、经济、文化、社会和生态等方面的基本情况，重点记述市（区、县）年度工作的大事、要事、新事和特事，突出反映年度工作的重点、要点、特点和亮点，把年鉴打造成为最有价值、最具权威的年度资料性文献，既是年鉴编纂工作的最终目标，也是地方综合年鉴的基本属性和功能定位。因而要深入研究年鉴基本属性和功能定位，使年鉴框架能够系统反映一座城市经济社会发展的基本情况以及一系列的新情况、新变化和新特征，从而实现年鉴的基本属性和功能定位。

（五）特色设计年鉴框架

年鉴框架要设计出本身所具有独有的特点，实现年鉴个性化，使年鉴更有生命力，拥有更广大的市场与生存空间，主要包括以下二个方面：

1. 突出地方特色

地方特色是指你无我有或你有我优的事物。由于各地所处的地理位置不同，发展历程不同，所形成的资源优势和人文特色也不同，这就形成了本地所具有的不同于他地的特色。年鉴工作者在设计框架时，捕捉这些与众不同的特色，从资源优势中反映地方区域特色，从文化底蕴中张扬地方人文特色，根据当地实际，增设新条目，设计出色彩浓厚、个性特色鲜明的框架，切忌生搬硬套、照猫画虎。

2. 突出时代特色与年度特色

时代特色与年度特色相辅相成，紧密联系，每一年度的特色能从各个方面具体反映时代特色，离开年度特色就不存在时代特色；时代特色能作为年度特色设计的依据，指明年度特色设计的方向。年鉴工作者要把握时代发展脉搏，聚集大众关注的热点、亮点、焦点、难点问题，抓住年度内发生的大事、要事、新事，取得的新成果、新成就以及发现的新情况、新问题，捕捉最有价值的信息。如福建省南平市延平区的有“中国百合之乡”“中国绿竹产业示范基地”“国家级自然保护区茫荡山”等亮点信息，可根据相关信息设置新栏目，在实践中不断探索、总结，对年鉴框架结构进行调整、补充和完善，构建特色的年鉴框架。

（作者单位：福建省南平市延平区地方志编纂委员会）

论地方综合年鉴框架的设计问题

王　征

摘　要： 地方综合年鉴框架设计中的问题包括：第一，年鉴框架定型后，很少做修改。这使得年鉴所反映的内容跟不上时代的发展。第二，部分年鉴在层次划分中显得不够清晰，不便于检索。第三，本地区的特色不明显。地方综合年鉴的框架设计既要规范，坚持分类科学、归属得当的原则，又要大胆创新，体现年鉴的时代特色和地域特色。以条目切割信息资料总体，每一个条目对应着一个相对独立的资料主体。如果说框架是年鉴的骨骼，那么条目就是年鉴的血肉，其优劣决定了年鉴的质量。地方综合年鉴条目的设计应具有新颖性、真实性、客观性、综合性、全面性、概括性、可读性、公开性、检索性、规范性。

关键词： 年鉴　框架　编纂

框架结构被认为是年鉴的"骨架"，地方综合年鉴框架是承载各类资料、信息的主体架构。总体框架的确立，才使得全书各个方面的内容有所依附。因此，框架设计对于年鉴这一系统工程有着举足轻重的作用。现实中地方综合年鉴的框架存在着不少问题，如框架常常套用，没有特色，形成"千鉴一面"的现象，年鉴编纂中对总体设计和各个栏目、分目的划分不规范，令读者检索困难，条目编写缺少规范性，等等。在地方综合年鉴的发展步入一个新阶段的时候，做好年鉴的框架设计尤其有着至关重要的意义。

一、地方综合年鉴框架设计的总则

（一）地方综合年鉴框架的层次设计

地方综合年鉴的框架结构设计是整个编纂流程中最重要的一环，也属于奠基性的工作。框架结构一旦确定，就基本锁定了该年鉴的风格和特点，也框定了内容和取材范围。地方综合年鉴的特点和特色，最先通过框架展现在读者面前。地方综合年鉴的框架应具有相对的稳定性，在一年又一年的编纂过程中，对框架进行不断锤炼和调整，使之日臻完善详尽。

地方综合年鉴框架的基本组成单位（层次设计）是部类或栏目或篇目（有的年鉴将其称为类目），下设分目，分目下面设条目，这是三个基本层次，也是最基本的划分层次，如同地方志书的编、章、节、目。有的年鉴有更细的划分，如在分目下面设次分目，在条目之下划分出子目，但通常不超过五层。也有的年鉴比较粗糙，只有两个层次，栏目或部类下直接设条目或文章。

首先是篇目（栏目）设计。篇目是综合年鉴框架结构中的一级层次，统帅年鉴框架的各个层次，作为窗口透视年鉴全貌。要注意以下几个问题：一是篇目设置的全面性。篇目中应该涵盖行业、领域、部门和地区的各方面信息，包括文献、专文、统计资料、大事记、人物、企事业选介等多部分。地方综合性年鉴在篇目设置上要如实反映当地情况。划分的篇目过少会使结构层次增加，篇目过多会使结构显得松散。在设置省市级的地方综合年鉴篇目，一般以 20~30 个篇目为佳。二是篇目划分的科学性。目前地方综合年鉴篇目的划分，无统一的标准，一是按国民经济行业区分，另一种是按行政管理系统区分。年鉴篇目的划分应该遵从《国民经济行业分类》。按照此标准，并结合各地的实际情况，设计、调整年鉴框架，在兼具科学性与合理性的同时，也彰显了地域特色。三是篇目标题的简明性。与行业相关的篇目标题，要与此行业的名称或者部门名称一致。而且标题中综合性、专题性内容，要根据篇目的内容进行概括。总之，篇目的字数越少越好，要具有高度的概括性。四是篇目排列的有序性。政治、经济、文化和社会生活四大篇目，最好把经济篇目置前，突出经济对于推动社会事业发展的重要作用，经济篇目也可有效增强年鉴的可读性。

其次是分目设计。分目是地方综合年鉴框架中起承上启下作用的二级层次，衔接栏目和条目，一要注重合理性，地方综合年鉴的分目，大多是一个完整的标题，而且由一个单位独立撰写完成，也有一个单位撰写几个分目或是一个分目由几个的单位合作撰写的情况，在进行分目设计时，应该尽量避免分目之间相互交叉，分目之间的从属和交叉会影响年鉴的科学性。二是要根据不同篇目的特点设计标题。三是分目题目要具有概括性，要精练。

再次是条目设计。条目是地方综合年鉴框架结构中的最低层次，既是年鉴中的最小单位，又是年鉴内容得以展现的基本手法和形式。条目设计的质量优劣，关乎到年鉴包含的信息量大小、年鉴自身质量高低、框架结构的完整与否。地方综合年鉴框架设计不可能细致到条目到拟定出来，条目只能由撰稿人拟定，交年鉴编辑部审定①。

（二）地方综合年鉴框架的内容设计

对于地方综合年鉴框架的内容设计，目前年鉴界存在着几种不同的意见。第一种意见认为，地方综合年鉴的框架包括卷首、文章（特载、专文）、概况、百科、专栏（含大事记、统计资料、调查报告等）、附录 6 个部分；第二种意见认为地方综合年鉴的框架包括 3 大部分（概述系统、百科展开、附录）、3 个层次（类目、分目、条目）；第三种意见则认为，地方综合年鉴的框架应由刊号、序（发刊词）、凡例（编辑说明）、目录、特载、专文、大事记、概况、百科、索引与参见系统、广告等部分组成。

---

① 肖东发、邵荣霞：《实用年鉴学》，北京：中央文献出版社，2000 年，第 135 页。

总体来说，地方综合年鉴框架的内容设计的要求包括：第一，立足整体性和全局性。地方综合年鉴框架设计遵循这一原则，是由综合性决定的，也是读者对工具书的需要。地方综合年鉴要类目齐全，各行各业，各个学科都能有一席之地，也要能够反映主流和本质，反映出时代特征和发展趋势。第二，突出编排的政治性和合理性。一是根据类目的重要性按主次轻重有序排列，如将省市重要领导的重要报告等作为“特载”或“专辑”类目置于卷首，“大事记”和“概况”置于“特载”之后。二是按照传统做法将具有综合性的党务、政务工作作为系列类目编排在前，将经济领域内的行业性和专业性类目编排在后。三是在编排行业性类目时，要将《国民经济行业分类》标准与社会分工相结合，来进行事项统辖和领属定位。第三，框架结构的科学性和层次性。地方综合年鉴在编排上的科学性与层次性决定了年鉴编纂的整体质量。首先，国民经济行业分类和各地行政体制具有共同性，这决定了各地的地方综合年鉴的框架结构要共性大于个性。通常人们认为综合年鉴的框架是“旧瓶装新酒”，但依据《国家经济行业分类》标准编纂，是保证年鉴框架科学性的必要手段。过去很多年鉴把经济分成几个部分，将工业、农林水利、贸易、财政金融等与政治、法制并列，设置同等部类。从科学性上考虑，政治、法制、经济、文化等应处于并列关系，可是把工业、贸易、农林水利等与政治并列，严格讲不够科学。经济部类包含的内容太多，只设一个部类，就与其他个部类相差过于悬殊，不够匀称。因此，经济部类可以划分成为多个部类，不仅可行，而且科学。第四，重视标题的精确性和简明性。地方综合性年鉴对于部类、栏目的分类和编排，还没有统一的章法。但是栏目标题名称应该提纲挈领，可参照比较，方便检索。标题应该有地域特色，但不应该随意定名，标新立异。例如“文体·传媒”，包含文化、体育、传媒三个方面的内容，但却在四个方面表达不够准确，一是“文体”为合成词，名称过简，表达不够准确。二是“传媒”概念不够完整，应为“新闻传媒”。三是“新闻传媒”从属于“文化”，不宜与文化并列。四是“体育”与“文化”栏目合并欠妥。第五，框架结构的创新性和新颖性。一是我国办年鉴的初衷是为续修志书积累资料，而且年鉴也大多由地方志部门主办，这使得地方综合年鉴的框架与地方志趋同，但年鉴决不是地方志书的年度资料长编，切忌把年鉴“方志化”。地方综合年鉴的框架设计要突破地方志模式，找准年鉴作为“信息资料工具书”的地位，发挥年鉴传播信息、服务大众的功能。二是地方综合年鉴的框架设计要与时俱进，紧扣时代发展特点、适应年度发展变化变化。三是突出特点特色，首先突出地方综合年鉴有别于其他地方的特点特色，其次是把握地方综合年鉴区别于其他类型年鉴的特点特色。地方综合年鉴的内容要新颖，不能单纯记录各行政单位，国有企业的工作总结，而且在年鉴中又报喜不报忧，只是彰显工作成绩，对工作失误的记录很少，对社会的反面事件更是极少反映。唐代史学家刘知几在《史通》中说：“盖君子以博闻多识为工，良史以实录直书为贵”①。“夫所谓直笔者，不掩恶、不虚美，书之有益于褒贬，不书无损于劝诫。但举其宏纲，存其大体而已。非谓丝毫必录，琐细无遗者也。”② 第六，保持资料的连续性和系统性。地方综合年鉴是把原本在社会生活中相互联系、相互影响的客观事物分割成若干部分分别记述。并且以年为限，把事物发展的整个过程分割成若干部分介绍。因此，年鉴的框架既要注意横向的联系，即系统性。又要注意纵向的联系，即连续性。年鉴编纂者要及时了解各行业、各学科的发展情况和最新成果，把不同条目的内容联系起来，避免各栏目和各条目之间的交叉重复和矛盾，也可以避免专栏内条目的欠缺，使年鉴在连续性和系统性方面达到统一。第七，兼顾内容的知识性和可读性。地方综合年鉴是信息资料工具书，在编写综合年鉴的时候，要能够反映出老百姓从政府年鉴中最想了解的信息。例如城镇居民最直接关心的是事物是物价、就业、消费、医疗、社保等；农民关心的是政府对农

---

① 〔唐〕刘知几著，〔清〕浦起龙通释，王煦华整理：《惑经》，《史通通释》卷十四，上海：上海古籍出版社，2009 年，第 381 页。

② 〔唐〕刘知几著，〔清〕浦起龙通释，王煦华整理：《杂说下》，《史通通释》卷十八，上海：上海古籍出版社，2009 年，第 493~494 页。

业和农村经济的调整，以及农产品和农业生产资料的供求与购销情况。投资者需要的是市场环境和投资信息。发挥地方综合年鉴的政府公报性质，以年鉴为载体，服务于社会，服务于市场经济。第八，把握年鉴的权威性和实用性。要从以下两个方面把握，一是地方综合年鉴一般都作为“官书”，起到承担各级政府的年报的功用。通常情况下，编委会主任都是由主要领导兼任，编委会内的负责人也是由政府各部门的相关领导及下属各有关部门负责人组成的。各级政府内工作人员直接参与，带有政府“公报”的性质。二是地方综合年鉴所刊载的资料，稿件来源是通过组织关系，由各部门领导严格把关审核后所提供的。所使用的数据，均是由审计部门进行审核，以保证这些资料的准确性和可靠性。地方综合年鉴具有良好的实用性，它既不同于一般地情类的出版物，也不同于只记述特定系统、特定领域、特定方面的专业性年鉴。在这一点上，年鉴和地方志书一样，采取横门分类，着重记述一地自然和社会生活的相关情况，综合反映这一地区的自然概况、政治、经济、文化、社会等的各个方面，覆盖面广泛。地方综合年鉴真正做到了“集万卷于一册，缩一年于一瞬”。

二、地方综合年鉴框架设计如何突出地方特色和时代特色

（一）地方综合年鉴框架设计如何突出地方特色

年鉴框架是承载年鉴内容的主体结构，地方综合年鉴能够体现地方特色的基础是有特色的框架结构，“遵循年鉴属性、贯彻编纂宗旨、体现地方特色、分类科学合理”，是年鉴界的共同认识，也是策划年鉴框架的准则。当前地方综合年鉴的地方特色并不突出，原因有以下两个方面：一是地方综合年鉴编纂的指导思想不明确。认为地方综合年鉴能主要反映一个地域内在一年发展中的新行业、新发

展就可以了，有没有展现本地特色无关紧要。二是在年鉴框架设计方面不结合当地的实际情况，没有框架创新意识，只管套用别人已成型的模版。尤其是有些尚处于摸索期的地方综合年鉴，一味模仿其他地区地方年鉴，不重视或者说回避挖掘本地域内的特色，以设计出独具匠心又能充分展示自身特点的框架来。

地方综合年鉴要突出地方特色的方法有：其一，熟悉地情，把握地域特色。地方综合年鉴记载的是一定区域内各行业、各部门一年内政治、经济、文化、社会等各方面有价值的信息，既有全国各地都存在的共性资料，也有本地特有的个性资料。事实上，每个地区都有着各自的地理、历史条件，又有各自的工作重点、路子和经验，因此出现了千差万别的不同点。这种不同点，渗透在历史、政治、经济、文化的各个方面，形成了独具特色的城市个性。地方综合性年鉴要打破“千鉴一面”的尴尬，形成较强的地域特色，就要突出一个城市形成的主要特征，抓住城市自身的特点，这是衡量年鉴成败和优劣的尺度之一。其二，设立类目和分目，要选取本地特有的富有历史文化积淀和社会经济发展特色的事物，“人无我有”就是特色事物。地方综合年鉴的框架设计要有地方特色，没有特色的框架会导致平庸的年鉴作品。其三，新兴行业、新生事物应在地方综合年鉴的框架中有所体现。新兴行业、新生事物在不同地区之间的发展是不同步的，他首先出现在一个地区，然后逐渐发展起来，最后波及全省乃至全国。在传播过程中受到当地的风俗、环境、经济、社会的影响，形成有别于其他地区的新兴事物和行业特色。如 IT 业、中介业、物流业等。在设置年鉴框架结构时应充分考虑，突出年鉴的地域特色。其四，在框架中给优势事物即“人有我优”事物予以合理的位置。年鉴图片资料的选用，在突出地方特色方面发挥着不可替代的作用。①

（二）地方综合年鉴框架设计如何突出时代特色

一是地方综合年鉴框架设计的年度特色。时代特色和年度特色是

① 沈松平：《试论地方志与地方综合年鉴的关系》，《新疆地方志》2007 年第 4 期。

相辅相成的，年度特色的表现离不开时代特色。地方综合年鉴的年度特色与时代特色不能相提并论，更不能相互替代，具有总分关系和包容关系。一个年度内不同方面的特色要全方位、系统地反映出时代特色。年鉴编纂者要与时俱进，及时捕捉发生变化的事物，不断调整或充实年鉴的框架结构，每年都要增加一些新类目或分目，从而及时便捷地反映区域特色和年度特色。二是地方综合年鉴框架设计要考虑到重要事件。重要事件不光是在政治领域，包括科技领域的新发明，教育领域的重大改革，社会生活领域的突发事件等。地方综合年鉴应选择在附录中集中记述，或在相关类目中分散记述发生过的重要事件。三是地方综合年鉴要办好人物类目，体现时代特色。

三、条目设计的原则和方法

（一）地方综合年鉴条目化的意义

地方综合年鉴的主体部分为条目，条目是年鉴的细胞和基本单元，是文字记述的基本单元，反映年鉴绝大部分的实际内容。因为在年鉴的框架中，分层设立的篇目、类目、分目都是用来划分年鉴内容，是某领域、某部门、某行业、某事物的标记，只有在条目之下才展开具体实在的内容。如果说框架是年鉴的骨骼，那么条目则是年鉴的血肉。一部年鉴的条目少则近千条，多则数千条，在总篇幅中占绝大比例，因而是一种重要的表现形式。它与其他表现形式，如文章、纪事、图表等共同构成了年鉴丰富多彩的内容。由于条目在年鉴中所占比重极大，其优劣则决定了该年鉴的质量，因此条目有着至关重要的意义。年鉴的条目化实际上就是“积木化”。年鉴从总体上将信息资料进行切割，使每个条目记述一个相对独立的资料主体。这样做的长处，一是将庞杂的内容分门别类地分列为细目，并且提纲挈领地用条目标题揭示出来加以科学排列，这便使纷纭复杂的大千世界条理化了，同时，突出了重点事物。二是方便了检索，使年鉴更体现出工具书的本质属性。三是条目有内容充实、集中、紧凑、篇幅小、信息密度大、容易编排等特点，使年鉴更符合现代信息社会的需要。因此，条目化被中外绝大多数年鉴所采用。

（二）条目设计的原则和方法

第一，新颖性。年鉴存在的价值就在一个“新”字。及时地报道新情况、新事物是年鉴的特点。首先动态性条目在更新选题上要及时。一般情况下，动态性条目记述越多，文中所占的比重越大，年鉴所反映的新情况相应越多。条目要从年度的、宏观的角度对各种情况、各种新事物，从新颖性的角度出发。抓住年度内关于新的重要信息，包括在各行各业中涌现出的新业绩、新成果、新发现、新问题等，经过整理、筛选、提炼，最后成为新主题，代替过去的旧选题。对选题的更新，要达到条目总数的 60%或 70%以上。地方综合年鉴条目的创新性，是年鉴保持生命力的关键，也是年鉴常编常新的需要。此外，还要求已经具有稳定性的条目也要逐渐更新内容。稳定性条目包括反映地方、部门、行业、单位发展概况的条目，以及反映专门管理、专门业务和能独立反映经济、社会情况的条目。年鉴的条目特点要求与时俱进，这类条目所反映的内容和主题都是年鉴读者了解一个地方、行业、部门所需的基本情况和基本材料，逐年更新也是有必要的。首先基本的数据和指标要更新，其次要用新的情况和问题代替旧有的内容，最后是梳理出这一年发展的特点，提出现存的发展困难。

第二，真实性。年鉴作为具有官书背景的工具书，具有权威性、资料性，地方综合年鉴要通过其内容的真实、准确来保证权威性。凡是立目的资料必须确有其事，切忌虚假。内容要真实，概念要准确，数字要可靠。即使是事件本身的主体部分真实，其间某些“枝叶”经不起核实，也必须修剪枝叶，不能把那些模棱两可、似是而非的资料写上去。一时难以核准的资料宁可不写，也要保证资料的真实性，要做到对待资料宁缺毋滥。因此，条目选题选材既要尽一切办法详尽地搜集材料，也要“去伪存真”，保证入选体裁的真实性、来源的可靠性。要求年鉴工作者通过多方查询材料的真伪，必要时更要几个材料加以比对，确保资料反映的是真实情况。对于敏感性的资料，事关重大的情况要及时送交有关部门审核，保障年鉴出版万无一失。关于准确性，在条目中的具体表现是情况和数据失实或者不够准确，表现在对于同一事物在不同条目中的表述有差异，如条目中与统计表中的数据不一致，同年卷或相隔年卷中的情况、数据不一致，计量单位不一致等。根源多数与来稿审核不严有关，或是由于年鉴编辑人员在对资料加工时把关不严，排版时误改误排、漏改漏校。为了避免这种错误，只有年鉴工作者们反复审核，才能有效减少错误的出现，以保证年鉴内容资料的真实可靠，经得起推敲。

第三，客观性。年鉴的权威体现在年鉴的客观性上。具体要求是：记述的角度要客观，用调查得来的事实和数据说话；述而不作，寓观点于事实之中；一分为二的对待记述的事物，既报喜亦报忧。国内年鉴的供稿通常是官方机构，有些单位对一些负面信息常常不愿意提及。甚至有些重要的客观数据，通常不是作者不愿意写，而是领导看了不高兴。最后成为一种心照不宣的默契，年鉴中的负面信息通通化为乌有。这说明在年鉴中坚持客观性原则，是一件非常不容易的事。要坚持秉笔直书、实话实说，对待成绩和缺点都能够既不夸大，也不缩小，树立崇高的历史责任感，全面反映现实。对于社会关注的突发事件、灾难事故、腐败问题，以及现实生活中的新现象能够客观记录。编者要寓观点于事实之中，让用户在读过条目后，通过自己的判断下结论。只有按照实事求是、寓观点于事实、一分为二这三原则，才能让年鉴保持客观性，具有权威性和可信度。

第四，综合性。年鉴的综合性要通过分层次体现。首先，地方综合年鉴开头要设置“概况”或者“总述”部类，从宏观层面说明本地的大致情况；其次，在各个部类前设置“综述”分目，反映情况的角度降到中观层面；最后，条目从微观层次要选择具有综合性的相关题材，以“年”为单位进行综合、概括。地方综合年鉴的条目，要以“年”为单位，从“年”的角度综合记述事物，是条目编写的任务，各个环节的条目都要综合反映当年的数据、情况，并与上一年进行对比，以此来体现本年度的特点，单一记事条目则要跟踪记述在本年度内发生、发展和变化的情况，梳理出整件事的来龙去脉，给读者讲明白。

第五，全面性。地方综合年鉴是社会领域内各类信息的资料汇总，对资料概括很全面。年鉴条目在编写的内容上和基本要素选择上都要全面。记事条目要按时间、地点、人物、事情、结果五要素进行记述，大事要闻要特别加入“为什么”；概况条目一般要求按基本情况、年度完成的主要指标、年度发展特点、存在问题和困难四要素进行记述，综合反映地方、部门、行业和单位的情况；人物条目要按要素列写，内容要包括人物工作单位、岗位职称、籍贯、出生年月、民族（少数民族）、性别、学历、经历、工作成绩、所获得荣誉等。条目要素不全是一大通病，具体表现为：概况条目存在着主要指标数据不具体，年鉴编辑避重就轻，逃避困难等问题。要解决这个问题，一是要尽可能地全面掌握情况、搜集更多材料，二是要按照条目的内容要素要求进行编纂。社会方方面面、多元化的事物都应该兼顾，不能只顾一点，不及其余。

第六，概括性。地方综合年鉴要全面准确的记述事物，但不能拖沓冗长，条目的篇幅是有限的，年鉴工作者在编写中就必须对素材进行概括。在有限的篇幅中概括出更多的信息，要具备以下两点：一是对以掌握的相关素材进行高度概括，反映事物和情况。与条目中相关的材料，要分类、梳理清楚头绪，然后进行概括。二是高度浓缩的语言文字。首先，要删去一切可有可无的与内容无关的套话、空话、废话，以及谄媚和奉承的词汇。其次，对于句子要尽可能地省略。再次，要省略句中的语气词和连接词。

第七，可读性。地方综合年鉴的写作要通俗、简明、生动，文风要朴实。首先，不要修饰，不用溢美之辞。年鉴条目中不能出现，诸如“极大地”“做出了巨大贡献”“发挥了巨大的作用”“给予很高的评价”等一类语句，尽量不用或者少用。其次，年鉴应该开门见山，将价值高的资料和信息记录下来，不需要过多的描写和议论。再次，对于有情况、有数据的完整事实，或者展现群体形象，展现某一侧面情况的综述性事实，能使读者从中获得所需的信息和资料。

第八，公开性。一是要注意保密，条目中凡涉及外事、军事、公检法部门的条目内容需持谨慎态度，并严格对口送审手续。二是条目中不得记述国际斗争，国防重地，军事设施，武装力量，国防科研，战备物资储备，粮食等重要物资的调运、库存量，某些重要矿产资源的储量，以及国家规定不能公开的科研成果和特种工艺等内容。三是内容公之于众，要经得起时间的检验，不至于引起麻烦。

第九，检索性。条目编写的检索性原则是由年鉴的工具书性质决定的，要求入选题材在检索上方便、容易。一是杜绝“死条”（无人检索或无法检索的条目）。典型的“死条”有信访工作、接待工作、问题与不足、队伍建设、项目论证、防洪准备等。这些条目存在价值不大，很少有人检索。要坚持条目选题的规范性、独立性和条目主题的单一性，只有这样，才能杜绝“死条”。二是条目中的基本内容和主要指标要有序排放，不可杂乱无章。不少年鉴制订有各类条目的内容要素规范和记述程序要求，为了能在有限的篇幅里，提高对有效信息的检索效率。一些地方政府对关于地方、部门、行业“概况”的条目提出明确指标数据（有的甚至可达几十项），包括条目记述顺序也做出刚性规定，这样一来年鉴条目信息的序列化就可以逐步实现。三是规范条头标引，为读者提供明晰的寻检路标。条头要简单明了，十分醒目，要围绕主题加以提炼，使标题对内容起控制作用，条头的内容与范围要与条目命题的外延相一致。重要的是要尽量符合读者的检索心理和检索习惯。

第十，规范性。年鉴的工具书性质决定了条目编写的规范性原则。对于年鉴条目中涉及的选题时限、范围、原则、标准，内容要素和记述程序，以及语言文字、文体文风、称谓、时间表述、数字、计量单位的运用，都要遵守一定的规范[①]。

① 肖东发、邵荣霞：《实用年鉴学》，北京：中央文献出版社，2000年，第98页。

结　语

在地方综合年鉴的框架设计上以变应变，与市场经济同步，与经济发展同步，与历史同步，如实地记录在体制转轨、社会转型期的各行各业的发展情况，以不断提升年鉴的质量为主旨。具体来说，首先，要建立适合市场经济发展的年鉴框架。年鉴编辑人员也要及时转变观念，以适应市场经济的发展。实际上，随着市场经济的不断发展，人们的信息需求也越大。而地方综合年鉴包罗万象，是经过优化、密集、整合、可信度很高的信息，在市场经济大潮中理应有更大的上升空间，关键是看年鉴信息的更替能否跟得上市场经济的需求。陈旧的年鉴框架，没有将与社会经济密切相关的信息放在重要的位置。例如，城市化、民营经济、服务业、房地产业、信息业、娱乐业、物流业等。而将这些信息淹没在领导工作报告的长篇大论和工作过程中，整部年鉴充斥着与时代脱节的感觉，读者找不到有用的信息。结果，失去的不仅仅是读者，更是主要编者对年鉴事业的责任感。其次，要建立能反映本地特色和时代特点的年鉴框架。在经济结构不断调整、市场经济深入发展的背景下，地方综合年鉴的框架都有可能落后于现实情况。要使年鉴框架的更替跟得上时代的脚步，就要从总体上把握地情特点，因为各地地情的千差万别是各地年鉴的特色之源。因此，全面地掌握和研究地情知识、本地区各行业的发展动态，是年鉴编辑必修课。年鉴框架牵涉面广、覆盖区域大，为了制定好框架必须从全局上认识和把握地情特点。这里需要特别指出的是，用发展的框架承载发展了的现实情况，及时调整、变革年鉴框架，准确把握、反映本地经济社会发展结构的不断变化，是年鉴未来发展的必由之路。

（作者单位：山东省济南社会科学院）

加强标准建设　共启繁荣新篇

——浅析地方综合年鉴框架构建的问题和对策

李　果

摘　要：目前，我国已经发展成为年鉴大国，在编纂规模和理论探索上走在了世界前列；其中，地方综合年鉴的发展成就尤为显著，并已成为年鉴编纂事业的“主力军”和“领头羊”。但是，快速发展过程中的诸多理论和实践问题也日益显露，尤其体现在框架建构上，对综合年鉴定位认识不足、类目设置琐屑、编排意识含混、逻辑把握不严等问题普遍存在，编纂行为自行其是、各自为阵的现象较为突出。为此，倡导并加强框架设计的标准化建设显得尤为重要和迫切，只有通过厘清既有规范标准内涵，批判借鉴“他山之石”，积极推进创新实践，方可不断充实和完善年鉴框架标准化体系，推进年鉴事业进一步繁荣发展。

关键词：年鉴　现状　标准　借鉴　创新

盛世修志，编鉴存史。新中国成立以来，尤其是新时期以来，我国年鉴编纂事业取得了举世瞩目的长足进展，呈现加速度、跨越式的发展，成为真正的年鉴大国。据全国第一次年鉴工作会议数据，至2016年7月，全国各级各类年鉴编纂5000多种（不含香港、澳门、台湾地区）；其中，省级综合年鉴32种，地市级综合年鉴390多种，县区级综合年鉴2300多种……显然，地方综合年鉴编纂无论从组织上、规模上，还是成就、影响上看，都已经成为年鉴序列中的“执牛耳者”，支撑起了整个年鉴事业的半壁江山。

但是，飞速发展的进程本身并不能模糊或转移年鉴编纂中存在的各类型问题，尤其是伴随全社会年鉴意识的普遍觉醒以及年鉴编纂理论研究的纵深发展，许多被粗放式发展和阶段性繁荣所掩盖的根本性问题也不断暴露出来。其中，框架设计关系到年鉴的基本定位、发展思路、编纂水平、社会影响，因此，在框架构建上暴露出来的问题更显得特别突出、特别敏感、特别深沉。

发展中产生的问题，只能在发展中予以解决。众所周知，实现标准化，是全面迈向科学化、现代化的必由路径。年鉴的框架设计是一项复杂、系统的科学工程，同样也需要标准体系的建立和完善，期待标准体系的指导和规范。框架举，则年鉴立；框架弱，则年鉴衰。强化标准意识、解决现实问题，完善框架体系、促进年鉴繁荣，是当前及今后年鉴人都必须面对的共同课题。

一、框架构建中的基本问题

自 20 世纪 80 年代以来，主要省级综合年鉴（以下简称“年鉴”）基本已走过了 30 年的发展历程。但时至今日，我们看到众多年鉴在框架设计上，还普遍存这样那样的现实问题，多而不精、大而不强绝非危言。

（一）角度偏差，模糊了对年鉴定位的基本认知

年鉴是“汇集截至出版年为止（着重最近一年）的各方面或某一方面的情况、统计等资料的工具书”①。显然，年鉴记载综合情况、反映客观现实的定位十分清晰。就综合年鉴而言，跨行业、泛领域、集大成是其最基本特征，其记载角度更须根植于客观生活，突出对外关照视角。

但是，在部分年鉴的框架构建中，不讲领域态势、只讲部门行为，不谈发展状况、只看部门工作的大有人在；“部门意识、行业意识较为

---

① 《现代汉语词典》，北京：商务印书馆，2012，第 947 页。

普遍地存在，对年鉴社会功能的发挥妨碍极大”。[①] 尤其集中体现在“政治”方面内容的结构设计时，有的年鉴简单以行政序列进行层级架构；有的年鉴习惯性使用“工作”定位来确立层级标题，频繁出现“组织工作”“宣传工作”“参事工作”（如《四川年鉴》《中山年鉴》）提法；更有甚者，直接以“党委办工作”“政府办工作”等为内容题名（如《临安年鉴》《南充年鉴》《威远年鉴》）。诸如此种，看似内容涵盖广泛，但实质上与年鉴的定位和初衷已然相去甚远了。

当然，在年鉴编纂普遍采用行政发文、单位供稿、“来料加工”的工作模式之下，框架中或多或少体现机构和部门痕迹多属无奈。但是将部门（单位）与管理领域混为一谈，以工作开展代替情况发展、强化行政管理色彩的做法，所传递的“负能量”确也不容漠视。首先，会直接影响条目的处理，让“机关建设”“队伍建设”等“内视化”痕迹明显的无效条目大行其道，挤占了本应用于反映社会发展情况的宝贵文字空间。其次，极易变相凸显“第一人称”的主观存在，冲击志鉴编纂客观理性原则，以致模糊年鉴“存史”的合法性。

（二）分类琐屑，淡化了框架设计的思想价值

好的框架设计，应能彰显出编纂者的思想认识、编辑意图和价值取向。当前，年鉴框架设计主要有“大篇制”和“小篇制”两种模式；前者如《浙江年鉴》《四川年鉴》等，类目总数多控制在十个左右；后者则分领域逐一排列，类目一般达数十个之多。其实，“大”“小”之别，本无正误之分；问题在于，部分年鉴片面求“小”求“细”，以致于类目个数少则二三十，多则二四十（如《武进年鉴》《萧山年鉴》《杭州年鉴》），若以年鉴百余万字的常态体量而言，其框架所能展示出来的编纂意图，似已近乎平淡无痕。

目前，“小篇目”格局日益成为年鉴框架设计的主流趋势，其简明扼要、直陈其事的优势毋庸置疑，但若一味放任类目野蛮生长，亦可导致减质和无序。首先，如何确保众多的类目以完全合乎逻辑的方式科学编排？其次，当类目细分到统计意义上的大类乃至中类

① 许家康：《许家康集》，北京：线装书局，2011年，第61页。

的时候，综合年鉴与行业（专业）年鉴还有什么实质区别？以“财政 税收 金融”内容为例，它们本无亮色，归属广义经济管理或服务业范畴皆可清晰、明了。但众多年鉴将其升级为类目，或归作一类，或拆为两类；相应的，其编排位置有的放在工农业类目之后（《山东年鉴》），有的放在工农业类目之前（如《广州年鉴》），有的放在环保景区之后（如《杭州年鉴》）……可见，由于分类过细，特定类目要做到排放有序、合乎逻辑已然不易；而针对同一简单问题的复杂处理，更让编纂意图显得飘忽不定，拒人千里。

年鉴，是需要俯下身子来编纂的。反映在框架结构上，如果只是将众多类目冷冰冰地恣意罗列，则与年鉴界业已存在的片面追逐版面美化、比拼印制档次的不良风气相似，除了彰显权威精细、莫测高深之外，恐怕只能拉大与读者间的距离，让人望而生畏、敬而远之了。有的年鉴鉴于类目过多，又在目录前增设“总目”（如《广州年鉴》）、“要目”（如《武进年鉴》），其意图似乎在于主动厘清众多类目的架构顺序，但所谓此地无银、画蛇添足，既需如此，何必当初呢？

（三）编排失调，弱化了框架结构的科学属性

常言“提纲契领”“纲举目张”，然而当前各类框架鱼龙混杂，缺乏统一标准和统筹调度，一定程度上削减了框架本身的科学内涵。

如类目的选择组合，必须从全局和宏观高度综合论证、通盘考虑、科学决策；但部分年鉴的类目设置编排轻率，乃至架空生活。比如在经济类目的设计上，有的按三次产业划分，有的按产业大类设置，有的另起炉灶组合，千差万别，众口难调。更有甚者，还出现了基本类目的整体缺位，如《成都年鉴》取消“文化”类目，看似个性凸显，但是无形中弱化了“文化”在全卷框架中的独立地位和重大影响，对文脉千年萦绕不绝的西南重镇成都而言，不能不说是一大遗憾。

表现在对同一概念的分层和排序上，进退失据、少有章法的情况随处可见。以“纪检”“外事”内容为例，有的将其作为类目，并列于四大班子之后；有的将其作为分目或次分目，放置于党委、政府之下。再如“大事记”，置于特载之前、特载之后、附录之中的做法尽皆有之，虽难断其优劣高低，但杂乱可见一斑。

（四）逻辑错配，忽略了框架编排的内在规律

“逻辑”是“思维的规律”“客观的规律性”①。年鉴一般按照逻辑分类和梯级编排法进行框架组织，但逻辑问题本身也多有存在。

1. 横向并列失准

一是不同层面概念同级并列。如《广西年鉴》分设“农业”“工业”“金融业”等分目，《福建年鉴》《陕西年鉴》分设“工业”“服务业”与“信息业”“金融业”等类目……将统计学层面的产业类型概念与特定产业门类概念简单并列。二是属、种概念同级使用。属、种概念存在包含关系，外延大小有别，本身并不同级，但《广西年鉴》并设“经济”“产业”两大类目，混淆概念外延；《广东年鉴 2014》将“政治”“政法”“军事”同列为类目，忽略三者的交叉关系。尽管 2015 卷《广东年鉴》已就此作出调整，但类似做法至今依然在部分年鉴（如《武汉年鉴》）框架中出现。

2. 纵向领属不清

有的年鉴框架层级领属不清、归属不明。如“工商联”内容，有以“群众团体”统领（《山东年鉴》《贵阳年鉴》），有以“党政机构”领率（《深圳年鉴》）；再如《成都年鉴》在“社会事业”分目设立“科技产业”“文化产业”等层级，以“事业”统领“产业”，其领属关系的准确性有待商榷。

3. 概念表述杂乱

标题是框架的文字外化，标题的杂乱性，同样催生逻辑困境。如各地年鉴中“党政机关”（《贵阳年鉴》《广州年鉴》）、“党政机构”（《成都年鉴》）、“政党政权”（《深圳年鉴》）等概念杂陈，“人民团体”（《山东年鉴》《广东年鉴》）、“群众团体”（《成都年鉴》）、“社会群众团体”（《贵阳年鉴》）、“社会团体”（《广州年鉴》）等概念互见，让人眼花缭乱。至于生造“经济产业”等词汇类目（《成都年鉴》），到底是讲产业，还是讲经济，令人费解。

4. 编排行为随意

一是轻重不辨。有的年鉴将“产业园区建设”前置于卷首（《武

① 《现代汉语词典》，北京：商务印书馆，2012 年，第 856 页。

进年鉴》)，本为突出特色，但与全卷主体内容相较，未免重心倒置、头重脚轻。二是点面不分。如“专记”不同“特载”，若置于卷首（《贵阳年鉴》《天津年鉴》)，客观上可能导致未论全局、先言局部的常识偏差。三是比例不明。年鉴“内容应包括综述、动态信息、辅助资料和检索系统四大部分”。[①] 各部分应总体比例均衡，但有些年鉴中专文、特辑、特载、调研报告、文献法规、统计资料、附录等一拥而上（如《贵阳年鉴》《天津年鉴》)，一二次文献占比偏大，无形中冲击了主体内容的厚重度。

倡导标准化，不等于千篇一律、千人一面；但当前各地各级自行其是、互少鉴戒的现状却已对新形势下年鉴的规范管理和创新发展造成障碍。究其主因，在于我们当前对年鉴框架设计缺乏明确的细则解读和参照标准。标准的不统一，不但放任了编辑行为的封闭化和随意性，也给相关评价指导工作设置了技术障碍。可见，加速构建既合乎科学规律、又考虑地方实际，既体现规范性、又尊重灵活性的标准体系是年鉴框架设计工作的当务之急。

二、明确标准内涵，搭建科学的框架体系

规者，正圆之器；矩者，正方之器。年鉴作为资料性文献，自须在框架建构上以规矩成其方圆，以标准导引实践。“分类科学，层次清晰，领属得当，编排有序”[②] 16 字标准，应该成为年鉴框架设计的基本内涵和核心要求，在编纂实践中得到严格遵循。

（一）分类科学，构制完善的类目体系

现阶段，年鉴从编纂行为到作品定位都有较为明显的“官书”色彩，要求架构完整、编排得法当属必然。

1. 类别齐全，涵盖基本社会现象

年鉴框架是统一性和个性化的结合，科学的框架体系有赖于完

① 许家康：《许家康集》，北京：线装书局，2011 年，第 33 页。

② 参见《地方综合年鉴编纂出版规定（试行）》（2012 年 7 月 13 日）。

善的类目组合予以有力支撑。好的类目序列，是本地区综合面貌、区域特色以及编纂风格的完美统一，应确保重大领域、重要建设、重点成就不缺项、不漏项；应做到高屋建瓴、指向鲜明、定位明确，具有公认的典型性和代表性；各类目间在内涵和外延上都相对独立，除因特定原因而提档升级的类目外，其余各类目概念彼此须处于同一级别，不衍生逻辑困境。

据此，笔者在类目层级上，将年鉴框架所必须涉及的主要内容，大致提炼为提升性、主体性、发展性、个性化、形式化内容5种类型，并简要排列如下。

年鉴主体框架结构分布概览

表1

类型	所属范畴	类目分布	备注
提升性类目	—	特载、专记、年度关注、大事记、专文等	对年度重点工作的提炼和统揽
主体性类目	自然	区域概况	基本组成和核心内容
	政治	党政机构、人民团体、法治、军事等	
	经济	经济管理、产业发展、城乡建设等	
	文化	教科文、传媒、卫生体育等	
	社会	社会管理、民生保障、社会救助等	
	地方面貌	人物、辖区概况	
发展性类目		生态环保、脱贫攻坚等	反映时代旋律和年度特色
个性化类目	区域特色	产业园区、侨务、区域合作平台建设等	因地制宜，突出地域特色
	理论成果	调研报告、作品选登、专记等	对主体内容的补充、深化
形式化类目	附录	统计资料、文献辑存、附录等	突出年鉴的实用性、工具性

2. 分类施策，推动框架设置科学可行

针对上述 5 种类目范畴，笔者认为，可按照“扬”“收”“拆”“拓”“延”“控”基本思路，分门别类灵活处理，让框架设计行为更趋规范。

“扬”，主要针对“提升型”类目。该型类目是年度中心工作和发展重点的提炼升华，故而建议要高度重视和充实相关类目设置，将其做精、做好。

“收”，主要针对“主体性”类目中“政治”部分。由于所涉及的主要党政机构、法治建设、国防军事等属于国家制度设计范畴，在各级、各地均高度重合，故而建议尽量集中、统一为 1 个类目进行组织，确保严整规范、严肃明晰。

“拆”，主要针对“主体性”类目中其余部分。经济社会发展涉及门类众多、延伸广泛，对框架中相关内容的顶层设计更须举轻若重。故而建议择取不同角度分设类目，将复杂纷繁的经济社会文化反映得全面、准确。

“拓”，主要针对“发展型”类目。年鉴是区域发展的忠实记录者，必须保有起码的敏锐和敏感，追随时代发展和社会进步的主旋律，拓宽相应类目的设置空间，体现出鲜活的时代特色。

“延”，主要针对“个性化”类目。框架的标准化建设，囊括反映特色和风格的创新实践。部分年鉴除了因“地”制宜，增设“对外经济贸易”“口岸”等经济类目外，还将视野扩展至文化、社会领域，设置“调查研究”“媒体看××”等类目，延伸了编纂触角，更好地还原了历史真实。

“控”，主要针对“形式性”类目。近年来，一二次文献“失控”膨胀的现象有所抬头，如有的年鉴将“附录”拆分成“文件文献”“统计数据”“附录”等多个类目，导致“附录”本身的定位趋于“空心化”。年鉴发展是靠内容驱动的，应力避“文胜于质”，力求均衡发展。

（二）领属得当，辩证处理跨类归属

年鉴框架纵横交错，纵向的逐级深入和细化，丰满和充实了横列门类的具体内涵，理应做到层级清晰、归属到位。

1. 正确设置层级关系

目前，年鉴层级一般采取类目、分目、次分目、条目“四级模式”，形成梯次深入的纵向延伸格局。“层次清晰”作为前置性要求，其前提在于设定层级数目，关键在于摆正每一层级的自身位置。当然，部分年鉴在实际架构中对“四级模式”有所突破，如《成都年鉴》将层级设定为五级，增加一级。可见，层级数量本无一成不变之定律，关键是编纂者要始终保持清醒和理性，避免破坏层次的清晰性。

“领属得当”是层级关系得以确立的核心要素，各层级概念都必须准确回答彼此间性质是否相同、包含是否明确、外延是否递减等问题。否则，如《广西年鉴》在“自治区委”分目下漏设“概述”次分目，致使相关条目缺乏统领归宿，直接与其余次分目并排罗列，容易影响领属关系的合理性。

2. 妥善处理跨类问题

“跨类”归宿问题是框架设计的老大难问题，由于社会生活纷繁复杂，跨类概念自然不在少数。如“气象”“灾害事故”，分别归于“农业”“生态”乃至“社会生活”都可言之成理。

要有效处理跨类问题，笔者认为，关键是要避免“一刀切”的做法，简单粗暴地为跨类概念开列一张内容归宿清单。针对具体的跨类篇目，一要与区域实际相结合，根据各地发展程度、发展模式的不同确定概念归宿。如“气象”，对于农业为主的地区而言，自然归入“农业经济”类较好；而对发达地区而言，产业的转型升级已经相对成熟，归入“生态”“社会”类似乎更为合适。二要与编纂实际相结合，从全局统筹的高度调配，综合考虑可归依类目的比重和地位，尽量向占比小、内容少的薄弱类目倾斜，通过编辑行为，提高全卷整体架构的均衡性。

（三）编排有序，切实尊重基本的编纂规律

年鉴的框架设计，“必须讲求编次，系统编排，体现内在逻辑性”①。

1. 摆正主体编排秩序

年鉴是系统记述“自然、政治、经济、文化、社会等方面情况的年度资料性文献”②，各级各地在框架类目上的编排顺序，大体上都应照此标准贯彻落实。

党的十八大以来，提出“五位一体”总体布局，将经济建设放在了“五位一体”提法之首，似乎与《地方志工作条例》（以下简称《条例》）的表述有所不一。其实，“五位一体”是从宏观和历史层面对社会主义现代化建设做出的总体布局和战略思考，而《条例》则是从行业和技术层面对年鉴编纂做出的具化指导和操作准绳，二者是宏观与微观、总体与局部、引领与实施的辩证统一关系，毫无矛盾可言。年鉴框架严格执行《条例》的具体规定，本身就是对“五位一体”总体布局的切实贯彻和灵活体现。故而，个别年鉴将“政治”类目后置于全卷之中（如《杭州年鉴》《萧山年鉴》），以及将“文化”掩藏于“社会”类目之下（如《成都年鉴》）的类似做法，就年鉴的宏观架构本身而言，都是对基本编排顺序的直接挑战。

2. 尊重常规逻辑顺序

逻辑分类法是国内外综合类年鉴框架设计的共同选择，编排顺序合乎逻辑，也是框架设计的题中之意。首先，要避免以创新之名忽略认知逻辑，前文提到《武进年鉴》《贵阳年鉴》等在框架序列上的逻辑偏差问题即是明证。其次，应控制对《国民经济行业分类》（以下简称《分类》）的借鉴范围。《分类》中按序设置有部分大类，与年鉴记述的文化、社会、政治等领域存在交叉对应；近年来，

① 杨军仕、王守亚等：《地方综合年鉴编纂教程》，2016 年，第 36 页。

② 参见《地方志工作条例》（2006 年 5 月 18 日）。

有个别年鉴在经济领域之外也简单移植《分类》的编排顺序，而忽略了其所涉类别都按相同性质的经济活动归类，并不完整反映其他角度的社会全貌，故而，纯粹机械照搬《分类》标准并不可行。以文化范畴内容为例，遵从“教育、科技、文化、卫生、体育”的传统逻辑似乎更为妥当。

三、围绕重点，做好标准的吸收借鉴

年鉴的标准体系，必然是在借鉴中发展、发展中创新的科学架构，凡有助于推进标准体系科学化进程的，都值得重视和学习。

在现阶段，对区域经济发展进程和成就的客观记述，是任何一部年鉴绝对的编纂重心之所在。然而，年鉴编纂者并非经济领域的专家学者，面对体量庞大、领域繁杂、发展快速的经济生活，要准确地对其进行分类记载，直接借鉴《分类》的成熟经验和规范做法无疑是捷径所在。目前，第四版《分类》共20个门类，完全涵盖了国民经济生活的方方面面；对《分类》的科学借鉴，有效强化了年鉴“经济”领域架构体系的专业和权威性，并推进了框架标准化体系的形成。值得一提的是，各地各级年鉴在使用《分类》的时候，普遍采取了“拿来主义”的态度，结合本地区实际情况进行辩证取舍，力求突出本区域内国民经济的综合发展特色，从而有效保护了年鉴的独立性和自主性。

根据上述情况，笔者以《四川年鉴》为蓝本，大致归纳出“经济”方面内容进行顶层设计时常见的三种建模可能，并简析如下。(有关分目或次分目皆为不完全罗列)

（一）高度浓缩模式

仅设置2个类目。对照《分类》所涵盖的各产业类型，直接以“产业”为名设置类目，全面统领；同时，另设管理性类目，从经济管理和产业实践两个维度，记述区域经济发展状况。

高度浓缩模式示意

表2

序目	类目	分目	次分目
一	经济管理	经济概况	宏观积极调控
			经济结构和效益
			固定资产投资
			体制改革
			国有经济
			非公有制经济
		综合管理	政府服务和公共资源交易
			财政
			税收
			工商行政管理
			质量技术监督管理
			食品药品监督管理
			安全生产监督管理
			审计
			统计
			测绘
二	产业发展	第一产业（农业）	农业
			林业
			畜牧业
			渔业
		第二产业（农业）	轻工业大类（农产品加工、酒类、饲料、纺织、丝绸等）
			重工业大类（煤炭、电力、机械装备制造、冶金、电子信息、建筑业等）
		第三产业（农业）	商贸、住宿、餐饮、粮油、供销、物流、旅游、金融、交通、邮政等

这种建模，在部分省级年鉴如《广西年鉴》《成都年鉴》编纂中，使用得较为灵活。一则对《分类》的优势利用较为充分，有效控制了整体类目数，整体框架设计显得干净简练、层级清晰；此外，通过管理类目的设置，突出了年鉴的主体属性和编纂思想。

（二）简单铺展模式

类目数量灵活。立足本区域发展实际，对照《分类》筛选产业形态，并上升至类目层面独立设置。继续保留经济管理类目，维护年鉴本身的独立性。

简单铺展模式示意

表3

序目	类目	分目
一	经济管理	经济概况
		综合管理
二	农业	种植业
		林业
		畜牧业
		渔业
三	工业	轻工业大类
		重工业大类
四	交通 邮政	交通运输
		邮政
五	商业贸易	—
六	服务业	—
七	信息业	—
八	财政 税务	—
九	金融业	—
十	旅游	—

这种建模，在各级各地年鉴中最为多见。其优势在于可自主选定不同产业形态，以最直观的形式体现出地域发展成就。不足在于，首先，明显增加类目数量，让经济部分内容从体量形式上占比更重；其次，类目众多，若处理不慎极易导致编排失序，如三次产业类型与具体产业门类的并列等不合逻辑现象的出现。

（三）适度综合模式

设置 5 个类目，分别是经济管理类目 1 个、产业类型类目 3 个、特色发展类目 1 个。其中，产业类型类目参照统计学标准区分，并对相应的具体产业形态进行了重组和统领。

适度综合模式示意

表 4

序目	类目	分目
一	经济管理	经济概况
		综合管理
二	第一产业（农业）	农业
		林业
		畜牧业
		渔业
三	第二产业（工业）	轻工业大类
		重工业大类
四	第三产业（服务业）	商贸、住宿、供销、物流、旅游、金融、交通、邮政等
五	发展特色	产业园区、循环经济、对外经济等

这种建模，一方面继续维持经济管理的先行地位，突出了主体编排思维。另一方面，通过归类整合，理清了产业形态间的逻辑序

列，强化了层级领属关系；同时，增设特色发展类目，突出了区域的差异化发展特点和亮点。

“有什么样的理念，你就打造什么样的年鉴。”① 上述建模，前两者或流于数量简单，或囿于做法简单，一定程度上掩盖了编纂者的编纂思想。况且，第一种失之于“宽”，“产业”类目涵盖信息庞杂，体量巨大，容易破坏全卷结构的整体均势。第二种失之于“细”，直接按产业形态“记流水账”，一则入选类目的标准不易把握，二则类目过细过杂容易产生逻辑失控。

因此，笔者倾向于认可第三种建模，并认为可以此作为“经济”方面框架设计的一个基本模板，为年鉴编纂提供指导标准。

四、突出特色，实现标准的创新发展

地方综合年鉴，顾名思义，首先要反映地方特色、地方气派。特色化本就是框架设计时所应该坚持的基本标准之一，也是年鉴创新发展的必然要求。

（一）突出区域特色

“地方特色的体现主要是要真实反映所在地区具有典型性、代表性的资料和事务。”② 一部优秀的年鉴作品，首先是本区域的，然后才是全社会的。《深圳年鉴》《广州年鉴》分设“特色深圳”“特色广州”类目，领各地之先。《深圳年鉴》《天津年鉴》分设“网媒看深圳”“主流媒体看天津”类目，提供多维度的视角转换，增强了客观性和直观性。特别是《深圳年鉴》通过特设或提升的方式，设置“对外经贸经济技术合作”“口岸”“传统媒体和新媒体”等类目，突出了开放前沿、外向发展和新兴文化产业领先发展的蓬勃态

① 曲宗生：《积智成朗》，北京：中国传媒大学出版社，2013年，第93页。

② 郭凤岐、赵继华：《地方年鉴基础知识选编》，天津：天津社会科学院出版社，2000年，第129页。

势。再如《广西年鉴》《云南年鉴》设“民族”类目、《广东年鉴》设“侨务”类目，都是突出反映区域特色和区位优势的有效做法，足资年鉴编纂者借鉴。

区域特色，就是人无我有，人有我新。目前，很多地方都在不断探索年鉴再利用的途径，编纂年鉴简本、外文版本、地情资料渐已蔚然成风。在此情况下，强化地方特色类目的设置，不但能彰显年鉴的差异化，而且能更好地发挥其作为“政府蓝皮书”展示地方成就、服务地方发展的现实功能和历史责任。

（二）弘扬时代旋律

年鉴是地方志书重要的资料来源和信息储存宝库，真实反映时代旋律、完整记载历史足迹，是年鉴天然的责任和使命所在。年鉴“一年一鉴”的独特优势更能紧密贴近社会生活、及时感知时代脉搏。外在要求和内在属性和谐共振，注定了年鉴当须弘扬时代风采，与时俱进，常编常新。

年鉴编纂是开放性的事业，固步自封、闭门造车只能让自己被无情地抛进历史的故纸堆中，而睁眼看世界才是推进框架不断更新、常保青春生命的必经路径。时代大潮奔涌激荡，年鉴编纂应该积极跟踪宏大主题，也对标本地中心工作，“及时抓住新的社会热门话题，设立新的栏目”①。党的十八大以来，与“五位一体”总体布局、“四个全面”战略布局相呼应，“生态建设”作为一个类目普遍在各级年鉴上得到设置，“法治（法制、政法）”等内容也逐渐在各地年鉴框架中得到重视和编排；随着信息化、数字化产业的创新发展，单设“信息业”类目的做法在众多年鉴中蔚然风行。2016年，《四川年鉴》新设“脱贫攻坚”类目，对全省精准扶贫工作系统记载；近年来，部分年鉴紧跟发展新趋势，新设或提升“产业园区”“新兴产业”“会展”等类目，直观记载经济社会发展的最新成就………凡此种种，无疑都是年鉴贴近时代主轴、谋求变革创新的

---

① 许家康：《年鉴编纂入门与创新》，北京：线装书局，2006年，第45页。

有益实践。

时代在前进，而创新精神始终如一。年鉴人须始终保持清醒头脑和充沛激情，做有思想、有担当、有素养的编纂者和创造者。

无以规矩，难成方圆。我国年鉴编纂事业虽已阅识数十年坎坷历练，终究还处于起步阶段。有鉴于斯，年鉴事业必须以标准化带动规范化、以规范化促进现代化，以求实现健康、持续发展。

长关漫道，从头跨越；夫能知道者，必善躬身力行，求其久远。欣逢盛世，年鉴事业亦正置身于提档、创新、长效发展的关键阶段，面临难得的历史机遇，身为年鉴人，应念兹在兹、踏实苦干，勤于反思、乐于奉献、勇于鉴戒、敢于创新，藉年鉴人的定力与智慧，推动年鉴事业再创繁荣发展新局面。

（作者单位：四川省地方志工作办公室）

论地方综合年鉴框架创新

——以《广西年鉴》《玉林年鉴》为例

孙 仿 刘 慧

摘 要： 目前出版的许多地方综合年鉴的框架，由于系统性、综合性不强、地方特色不鲜明、明显跟不上时代，所以迫切需要创新。框架创新的方向：一是提高框架的概全率，二是突出地方特色，三是跟上时代的步伐。框架创新的方法：可以积小变为大变，也可以在充分酝酿的基础上对栏目作成批量调整；栏目调整不能急于求成，但要积极创造条件，争取达到创新的目标。

关键词： 年鉴 框架 创新

我国年鉴界习惯使用英语中“Frame work”一词表示年鉴的“框架”。这个英文词原是建筑工程学术语，指的是梁柱结构，后被引入现代工具书的编纂，指工具书基本内容的结构体系。年鉴框架也是其基本内容的结构系统，是年鉴编纂的重要基础。一方面，它是年鉴内容选择和编排的基本依据；另一方面，它又是年鉴信息资料的依归之所。要编好年鉴，首先要设计好框架。框架是否科学、合理，很大程度上决定年鉴的质量。

衡量框架是否科学、合理的标准有三：一是系统性强，即纵不断线，横不缺项，经纬相通。二是个性鲜明，即通过栏目的特色化策划，促进年鉴的风格化。三是与时俱进，即栏目设置和内容选择要跟上时代前进的步伐，通过突出年鉴的年度特点彰显年鉴的时代性。用以上标准评价我国目前正在出版的地方综合性年鉴的框架，恐怕经不起推敲的并非是一个小数。地方综合性年鉴框架创新，很有必要提上日程。

一、框架创新的必要性

地方综合性年鉴框架创新的必要性，可以从如下三个方面来看：

（一）系统性不强

主要表现是框架概全率不高，许多年鉴不能全部包容本年鉴所应承载的全部信息，甚至存在重要资料欠缺的现象。例如，某些年鉴不设综合情况（概况或总述）部类，或者虽有综合情况部类但篇幅太少，栏目不多，基础信息尤其薄弱，承担不起全面反映年鉴对应领域基本情况的任务。某些年鉴不设“统计资料”部类，造成年鉴资料性、实用性大打折扣。某些年鉴不设“社会”部类，或者虽有“社会”部类，但并不以社会现状、社情民意为记述重点，对社会的反映虚有其名。

（二）地方特色不鲜明

具体表现是，没有能够反映地方经济优势和历史人文特点的个性化、特色化栏目。例如，旅游城市年鉴没有“旅游”部类，民族地区年鉴没有“民族”部类，石油城市年鉴不为“石油产业”开辟专栏，茉莉花生产大县的年鉴框架居然找不到“茉莉花产业”主题。从广西的实际情况看，约有70%的市、县年鉴框架按照上一级地方综合性年鉴的框架依样画葫芦，缺乏自己的特点。

（三）明显跟不上时代

计划经济时代的许多老概念，如“计划管理”“轻工业”“重工业”“物资管理”等，现在仍在一些年鉴的基础框架中见到。而当今时代的许多新事物、新概念，如电子商务、民营经济、民间组织、异地务工、志愿服务、慈善事业、健康产业，以及政治文明建设、生态文明建设、海绵城市建设、社会管理创新、经济结构调整、全域性旅游、精准扶贫等，在相当多的年鉴框架中完全找不到踪迹。

以上几点足以说明，地方综合年鉴框架创新是摆在我们面前的迫切任务。

二、框架创新的方向

（一）提高框架的概全率

在年鉴初创时期，由于主客观条件的限制，框架不完善，栏目粗放，概全率不高，是普遍现象。《广西年鉴》也一样。1987 年《广西年鉴》由《广西经济年鉴》改版出刊时，框架明显带有经济年鉴的胎记：经济各部类栏目齐全，内容庞大；而政治、文化、社会部类栏目粗放，内容干瘪，所占比重较低。“概况”部类中“经济与社会发展”合为一个分目，内容明显偏重于经济。“文化、卫生、体育”合为一个部类，篇幅不足 1 万字。“社会”部类中的“妇女、儿童、青年”也合为一个分目，篇幅只有三四千字。《广西年鉴》编纂者在实践中逐渐认识到：年鉴创刊并非大功告成，框架打磨尚需时日；从经济年鉴向地方综合性年鉴转型，框架必须创新，而创新的重点是提高框架的综合性和概全率。基于这样的认识，《广西年鉴》编纂者始终没有放松对年鉴框架的打磨，并在细化综合情况和政治、文化、社会部类的栏目设计，提高年鉴框架的综合性和概全率方面苦下功夫。经过多年的努力，《广西年鉴》的框架终于彻底洗刷了经济年鉴的胎记。其所框定的政治、经济、文化、社会各部类内容的比例，已由 20 世纪 80 年代末的 1.5∶4∶3∶1.5 调整为现在的 2∶3.3∶3.2∶1.5。“概况”部类的栏目先后增加了“精神文明建设”“政治文明建设”“生态文明建设”等分目，“法治”部类增设了“地方立法”“政府法制”等分目，“文化·体育·卫生”部类分设为3个独立的部类，并增设了“公共文化”“专业文艺”“文物博物”“文化产业”“群众体育”“竞技体育”“妇幼卫生”“疾病控制”等一大批分目。“社会生活”部类也增设了“婚姻·家庭”“青年”“老年”“残疾人”“异地务工”“志愿服务”等近10个分目。框架的综合性、概全率大为提高。

《玉林年鉴》2005年创刊，也经历了不断打磨框架、提高框架概全率的过程。尤其是近年来，框架创新的力度不断加大。仅2016年卷，就增设分目29个，其中包括“全面深化改革”“政治建设”“文化建设”“社会建设”“地方立法”“法治政府建设”“电子商务”“网络媒体”“会展业”“物流业”等分目。2017年卷又增设分目20个，其中包括“精准扶贫”“地方优秀传统文化传承”“国家级火炬特色产业基地建设”“‘宽带中国’示范城市创建”“中国优秀旅游城市创建”“金融服务体系建设”“医疗与护理”，以及“典当·拍卖”“专营专卖”等。经过几年的不断打磨、充实提高，《玉林年鉴》基础框架的综合性、概全率已非昔日可比。

（二）突出地方特色

突出地方特色的要旨，是通过栏目的特色化策划，促进年鉴的风格化。年鉴框架的特色化栏目越多，其个性就越鲜明，风格也就越突出。打造具有地方特色的栏目，是年鉴框架创新的一个着力点和主攻方向。《广西年鉴》1987年转型时，就推出一个“民族”部类，显示出人无我有的独特之处。此后，又陆续推出“少数民族地区经济”“少数民族文化”“少数民族生活·习俗”，以及“西部开发”“珠江—西江经济带建设”“广西北部湾经济区建设”“左右江革命老区振兴规划”“泛北部湾合作开发”“中国—东盟博览会”等一批地方特色浓郁的分目，年鉴的地方特点越来越鲜明。

《玉林年鉴》也将特色栏目的策划，作为年鉴框架创新的一个努力方向，近年来陆续推出一批地方特色鲜明的栏目。例如2015年卷推出“民营经济”类目；2016年卷推出“特色玉林”类目，下设

"中国南方药都（广西玉林）建设""全国农村改革试验区建设""海峡两岸农业合作（广西玉林）试验区建设""国家级公共文化服务体系示范区建设"等分目。同时，还推出"玉林美食""玉林中医药健康产业园""广西北部湾经济区玉林龙潭产业园""玉林好人""五彩田园"等个性化的创新栏目。年鉴的地方特色由黯淡走向明朗。

（三）跟上时代步伐

创新框架的一个基本要求，是根据变化了的情况适时对栏目进行调整，以利于年鉴及时反映新情况，记述新事物。这就要求编纂者善于审时度势，从风云变幻中把握年度特点，及时抓住新的社会热门话题，设立新的栏目，淘汰过时的栏目。《广西年鉴》从 20 世纪 90 年代起，几乎每年都推出至少一个新栏目。据不完全统计，《广西年鉴》从 2000 年至 2016 年的 17 年间，共推出新栏目 28 个，淘汰栏目也有近 10 个。栏目的逐年微调和吐故纳新，使《广西年鉴》始终能保持现实性的品格和鲜明的时代性。《玉林年鉴》最近两年累计增设和更新分目 49 个，淘汰分目 20 余个。不但消除了年鉴反映社会现实的许多死角和盲点，而且也使年鉴的时代性逐渐鲜明起来。

三、框架创新的方法

框架创新的基本方法，可以因时而异，因不同的年鉴而异。从《广西年鉴》《玉林年鉴》编纂实践来看，主要做法有如下几点：

（一）稳中求变，积小改为大改，积小变为大变

这是《广西年鉴》的基本做法。《广西年鉴》框架中的一级栏目（部类）长期保持稳定，只是在 2002 年作过一次较大的调整：将工业、农业、林业、商业服务业、对外经济贸易、旅游业、财政·

税务、金融·保险、经济管理与监督等部类，重组整合为经济、产业两个部类，全书动态信息由23个部类缩减为13个部类。此后，一直沿用至今，不再作新的调整。框架中的二级、三级栏目（分目、次分目）则始终坚持“逐年微调”的原则，根据需要和可能，不断地作出必要的调整，《广西年鉴》自1987年转型至2016年共创新栏目约50个，平均每年1.7个，总的看来，正所谓逐年微调，积小变为大变。

（二）经过充分酝酿，在时机成熟时对栏目作成批量调整

这是《玉林年鉴》的基本做法。《玉林年鉴》的编纂者自2013年起，用3年时间做了大量的调查研究工作，其中包括数十个城市年鉴框架和内容结构的调研，以及当地各部门工作职能和社会分工的调研等等。在此基础上，于2016年和2017年分两批共推出新栏目50多个，其中新设、调整分目49个。

（三）不急于求成，但要积极创造条件，争取达到创新的目标

任何栏目的创新，都是有条件的。条件之一，是社会现实发展变化，产生了许多新事物、新概念，形成许多新资料，迫切需要收入年鉴。条件之二，是年鉴编撰人员有能力搜集、整理、加工这些资料，使其达到年鉴的发稿要求。这就不能急于求成。因为任何一个新概念、新口号的提出，要落地生根，开花结果，总有一个过程；其是否有生命力，也需要经过实践和时间的检验。因此，年鉴对新事物的反映，应当允许有一个适当的“滞后期”，不能搞“步步紧逼”，更不能太过超前。某些年鉴常常引入一些时髦概念作创新栏目，但究其内容，除了一大堆空话、套话之外，其实可以利用的信息资料很少，这种做法并不可取。但是，年鉴人也不应该毫无作为。俗话说：“有条件要上，没有条件创造条件也要上。”通过努力创造条件，我们也有可能达到栏目创新的目标。例如，《广西年鉴》在“概况”部类先后推出的“精神文明建设”“政治文明建设”“生态

文明建设”三个分目，其中就有积极创造条件推出新栏目的事例。大家都知道，宣传口有一个精神文明建设办公室，在年鉴中开设“精神文明建设”分目，与这个机构的工作完全吻合，自然会得到他们的大力支持和配合，这个分目也就很顺利地立起来了。但是，“政治文明建设”分目，由于没有哪一个部门可以独立完成，甚至于牵头完成的单位也难以找到，组稿工作无从下手，分目的设置一时陷入僵局。后来，经过责任编辑深入自治区党委组织部和统战部、自治区人民政府办公厅、自治区政务服务中心、自治区法制办、自治区民政厅、自治区总工会等多个单位，认真做好体例宣传和组稿协调工作，这个分目才得以推出。“生态文明建设”分目的设立，也是由责任编辑出面，做好自治区环保、农业、林业、水利、住建等部门的组稿协调工作之后，才得以完成的。“社会”部类中的“异地务工”“志愿服务”“慈善事业”等分目的推出，更是一波三折，全靠编辑部矢志不移、咬定青山不放松，编辑人员艰苦深入，努力做好组稿和协调工作，才能够立得起来，并坚持到现在。《玉林年鉴》近年推出的大批创新栏目，也是由于主要编辑人员坚持“稳中求变”的理念，并深入实际做好组稿协调工作，才得以实现。

四、结　语

年鉴是连续出版物，内容资料具有连续性、可比性。因此，其框架结构必须相对稳定，不宜大起大落。但年鉴又是年度性、现实性特别强的资料性文献，内容资料大部更新甚至全面“换血”是常有的事。因此，其框架结构必须与时俱进，逐年有所调整。稳中求变，积小变为大变，这也是一种创新。

（作者单位：广西地方志办公室　玉林市地方志办公室）

《砚山年鉴》的框架结构、编纂条目创新与发展

沙廷科

摘　要：年鉴的框架是年鉴的“骨架”，是承载年鉴内容的主体结构，年鉴框架结构设计是否科学、合理、规范，反映了年鉴编纂者对年鉴的认知水平。《砚山年鉴》创刊25年来，不断探索框架结构的最佳设计，年鉴编纂条目的设置，做到常编常新，提高年鉴整体质量，收到较好效果。

关键词：《砚山年鉴》框架设计　编纂条目　创新　发展

一、《砚山年鉴》的框架设计

年鉴是一个年度地情信息的总汇，是以年为期的特殊期刊，年度性是年鉴的基本属性，年鉴的年度性主要体现于框架设计和条目之中。框架设计，就是总体布局，就是根本思路，对于年鉴编纂至关重要。年鉴的框架是年鉴的“骨架”，是承载年鉴内容的主体结构，年鉴框架结构设计是否科学、合理、规范，反映了年鉴编纂者对年鉴的认知水平。《砚山年鉴》创刊于1992年，开创三七之乡文字版年鉴之先河，如何把《砚山年鉴》办好，办出自己的风格和特色，首要的任务是框架设计，我认为年鉴的框架设计必须在以下几

个方面下功夫。

（一）框架设计要科学合理

《砚山年鉴》创刊初期的框架设计，是在向其他县（市）同行学习取经的基础上制定的，1992—1997 年出版的《砚山年鉴》框架设计为 19 个大部类，下设 78 栏目，约 17 万字，这样的框架设计同当时出版的地方综合性年鉴大致相同。随着对年鉴的认识逐步深入，年鉴编纂理论的逐步创立，我认为这种分类方法已经不适应砚山经济社会的发展。为了使《砚山年鉴》的框架设计分类更加科学，结构更为合理，更加符合砚山的县情，能够更好地为砚山的经济社会建设服务，为广大读者服务，从 1998 年起，每一年的年鉴开始编纂之前，砚山年鉴编辑部都进行认真讨论，敞开思路，各抒己见，做到年年有变化，有进步，并在保持资料连续性的基础上，对框架结构作了调整，将原来的 78 个栏目调整为 65 个栏目，变大编结构为中小编分类。经过 7 年的实践，认为中、小编并列，有诸多不便，也不太科学，之后每年又根据机构改革新增的单位（部门）和年度特点作局部调整。2001 年，我们又作了一个大的调整，又将《砚山年鉴》的框架设计变为 9 个部类，即专文、重要文告、大事记、政治、经济、文化、社会、乡（镇）场驻砚单位、附录。增加了重要文告，同时，在首页增加了“编纂说明”和“特约编辑”。通过不断探索，至今，《砚山年鉴》框架的总体设计逐步趋于科学合理，2005 年，我们把沿袭多年且大多数地方综合性年鉴设计的特载移到专文前，放在目录之首位，之所以称为特载，是因为载的大都是年鉴收录信息时限之外的内容，即当年的政府工作报告和县委主要领导的讲话，《政府工作报告》和县委主要领导讲话很重要，作为政府主办的年鉴，刊载这些内容无可厚非，但我认为，讲话和报告中使用的数字都是统计公报未发布之前的预计数，往往与公报不一致，有时甚至与条目中使用的数字前后矛盾，导致读者无法使用，再者关于上一年的工作总结，在其他条目中都有涉及，所以在 2005 年的特载中只摘录“两会”讲话精神和政府工作报告以及相关部门工作报告。

（二）年鉴框架设计要突出年度特色

1979年10月，邓小平在与大百科全书出版社负责人谈话时指出："编辑出版年鉴，很有必要，这是国家的需要，四化建设的需要"。小平同志的讲话指明了中国年鉴的办刊宗旨，就是为祖国的四化建设服务。《砚山年鉴》为了突出年度特色，紧密结合砚山实际，为社会各界提供真正有价值的实用性资料信息，在保持年鉴框架相对稳定的前提下，每年都根据中共砚山县委、县人民政府的中心工作与砚山经济和社会发展的实际，对部类或栏目作一些调整，使年鉴更具有时代气息。如《砚山年鉴》（2002）新设了非公有制经济部类，《砚山年鉴》（2004）年新设"砚山国民经济和社会发展统计资料"和"服务指南"栏目，《砚山年鉴》（2010）增设了"人物"和"统计公报"栏目，《砚山年鉴》（2012）增设了"企业"栏目，旨在突出自中共十七届七中全会以来，在中共砚山县委、县人民政府的正确领导下，逐步加大招商引资力度，一批批企业在砚山这片沃土上落户发展，茁壮成长，为砚山经济社会的发展注入了新的活力和希望，从《砚山年鉴》（2012）起，逐步记述部分"三上"（规模以上工业企业，限额以上批发零售，住宿餐饮企业，资质以上建筑业及房地产企业）企业的发展轨迹，以展示企业风采，向社会广泛宣传和推介企业的生产发展情况及经验，促进全县经济社会科学发展、和谐发展、跨越发展。《砚山年鉴》具有年度特点之事存史，记述以上这些内容，砚山县各个年度的不同之处就显现出来，可读性强，内容丰富，为年鉴增辉添彩。所以，编纂人员在设计框架时，要尽量把有年度特点之事突显出来，够格为一个栏目的就设一个栏目，够格为一个分目的就设一个分目。

（三）年鉴框架设计要突出个性特征

年鉴是地情的载体，人们阅读年鉴，各界人士查阅年鉴是想了解该地与其他地方不同的情况，为此，编纂人员就要善于从各自的地情出发，去选择个性化的题材。1992—1997 年出版的《砚山年鉴》以发展砚山为中心，主题框架设置了 14 个板块，第一板块为资源与招商，设有“欢迎八方宾客 携手共建砚山、砚山经济技术合作开发项目指南、砚山县人民政府关于外商投资的优惠政策”三个栏目；第二板块为中共砚山县委员会，设有县委机关 9 个部门（9 个栏目）；第三板块为群众团体，设有县总工会、团县委、县文联等 5 个栏目；第四板块为砚山县人民政府 14 个部门（14 个栏目）；第五板块为政法，设有公安局、法院、司法局等 5 个单位（5 个栏目）；第六板块为军事，即县人民武装部 1 个栏目；第七板块为经济，设有工业、农业等 4 个栏目；第八板块为商贸，设有供销社、外贸等 3 个栏目；第九板块为金融保险，设有人民银行、人寿保险等 6 个栏目；第十板块为财税工商，设有财政局、工商局等 4 个栏目；第十一板块为审计、水电等 8 个栏目；第十二板块为城乡建设环境保护与旅游 1 个栏目；第十三板块为乡、镇、农场等 14 个栏目；第十四板块为省州驻砚单位 2 个栏目。这个总体框架是依据砚山城市自身的变化和独有的特点而设计的，所以，与云南省外的其他城市不可能雷同，这就从根本上确保了《砚山年鉴》的个性化特点，编纂年鉴过程中，我们还学习了《文山州年鉴》的编纂方法，认真总结经验，结合砚山自身的特点，设置“三七之乡——砚山”“革命老区——砚山”等栏目。我认为，只要《砚山年鉴》都能从自身的定位出发，确定总体的框架设计和具体栏目、分目的增删，使彩页、装帧、资料、版式、广告等独具风格，我们就能够写出自己的特色来，这样雷同化也是完全可以避免的。

（四）年鉴框架设计要力求市场化

年鉴编辑要不要市场化、如何市场化是一个复杂的问题，而年鉴编纂如何适应市场化的要求，如何全面、准确地反映市场经济的快速发展，则是我们当今值得认真研讨和亟待回答的问题。年鉴如果编得与现实紧密结合，年鉴的作用和地位自然就会提升，这是年鉴编纂的目的所在。2000 年 5 月 7 日，经县人民政府同意，砚山县人民政府办公室行文下发，“要求各有关部门要积极配合，给予支持，并支付有关费用，支持县地方志办公室征集《砚山年鉴》图片资料，使之内容丰富，图文并茂，能够全面、客观、准确、生动地展示砚山县情及各行业的崭新风貌，从2000年起，每年均开展一次年鉴图片的征集工作，望各有关单位积极收集提供（砚政办通〔2000〕11号）。”大力宣传各行各业年度工作亮点、特色势在必行，《砚山年鉴》的框架设计也逐步适应砚山经济社会快速发展的客观形势，应时而变，与时俱进。25年来，一些不适应客观需求的栏目或分目逐步被弱化或淘汰，比如2001年，根据砚山地区经济产业发展的需要，我们在《砚山年鉴》（2001）也相应增加了“三七特产局、林浆办、经贸委、经协办、物价局、烟草专卖局、烤烟办、地矿局”，“史志　档案”栏目也先后被分解归属政治、社会有关部类，一大批与经济体制改革、与市场经济体制相关的栏目或分目，则陆续予以设置或升格，比如《砚山年鉴》（2005）在人物后面增设了“客运指南和城郊公交车运行线路”栏目，直至2010年，《砚山年鉴》的篇目与市场经济紧密相连的栏目已经占了绝大多数，已按照市场经济的发展需要去编纂，逐步做到了编纂年鉴为实现服务的目的，所以，《砚山年鉴》（2012）增设的“企业”栏目，《砚山年鉴》（2016）将“企业”改为“企业选介”栏目，这都是因砚山社会市场经济发展需要而设置的。

二、《砚山年鉴》的条目设置、撰写要求、写法和概况条目写作应注意的问题

（一）年鉴的条目设置

作为记载年度客观事实的资料主题，具有相对独立性、年度资料性、主题集中性和规范性等特点。当前，影响年鉴整体质量的核心问题依然是条目，我们编纂年鉴过程中都会把条目的选题、写作、

编辑当作重要的环节来抓，要写好年鉴的专题条目，务必围绕概况类条目、重大事件类条目、成果类条目、获奖类条目、新生事物条目、工程建设类条目、典型经验类条目、企业改制类条目（机构兼并或撤销）、合资合作性条目、会议类条目、调查类条目、人物类条目等专题条目要素，结合多年从事年鉴编纂的经验，年鉴条目的选题和编写，一定要掌握条目的意义、地位和作用，条目的种类、构成和要素，条目的选题，条目的编写等方面，尤其是关于条目编写的要求，要求注意年鉴的文体与百科全书、工作总结、新闻报道、教科书、文艺作品的区别，条目编写要处理的几个关系（即概况类条目与专题条目的关系、信息条目与资料条目的关系、文字条目与图表照片的关系、条目与文献的关系、条目排列的先后关系、条目数量与条目质量的关系），使年鉴条目设置更科学、合理。

（二）年鉴条目的撰写要求

一是概况记述要全面。概况属于综合性条目，它在年鉴中的地位非常重要。“概况”条目大都设在分目中各专题条目之前，全面系统地反映了某地区或某行业的基本情况，是对各专题条目的概括和提要，具有整体性和概括性。年鉴是逐年编纂、连续出版的资料性工具书，随着年鉴的不断编纂出版，各项事业、各地区的发展情况、相关数据详尽地刊载在各类年鉴上，充分体现出年鉴所具有的可供纵横比较的资料价值。概况条目要为各类读者，包括领导和专业研究人员提供丰富的情报资料，最直接的渠道就是概况条目。概况条目要全面反映某项事业发展的各个重要方面，读者通过查阅概况条目就能对该行业有一个较为完整的了解。如《砚山年鉴》（2008）中烤烟生产概况条目是这样记述的：“2008 年，全县共签订烤烟种植收购合同 1.008 万份，烟叶交售量 17.8 万担，占收购计划的 100%，其中，指令性收购 16 万担，出口备货 1.8 万担；上等烟比例达 67.81%，比计划增 32.81 个百分点，同比增 25.72 个百分点，价均 12.99 元/千克，同比提高 1.66 元/千克；实现产值（烟农收入）10694 万元，占计划的 114.15%，同比增加 2020.4 万元；实现烟税收入 2353.7 万元占计划的 114.25%。”该条目的可取之处还在于，既反映了综合情况，又反映了年度烤烟生产状况，为了解、分析、解决问题提供了依据。二是反映的内容要相对稳定。概况条目的结构要相对稳定，所选的指标要尽量保持连续，从横向的比较而言，概况既要反映本行业的基本内容，大的指标都要收录，又要体现各地的具体情况和特色。以工业类概况为例，应具备如下数据来反映企业生产规模的指标，如：企业数量、职工人数、总产值、增加值等；反映经济效益的指标，如：全员劳动生产率、销售收入等。这样，读者就可以进行横向对比，发现不同地区或不同行业的差距，需要强调的是，对某一地区或行业年鉴而言，若干年内指标数据的选取要有相对的稳定性，以便于读者从纵向上了解发展方向和成效。三是条目要客观真实体现年度行情。要写好年鉴条目，要求编者既要熟悉本行业的总体情况，又要掌握大量的第一手资料，年鉴的编者，一般要求相对固定，大部分应该是各部门办公室或综合科（股）的工作人员，这给年鉴的撰稿工作带来了极大便利，但是不能把工作总结或简报改头换面，当作年鉴的条目，作为年鉴的撰稿人，尤其是“新手”撰稿人，要特别注意资料的积累，平时就要注意收集本部门本行业的各种有价值的信息，不要到撰稿时才临时去查找，七拼八凑，缺乏系统性，只有掌握了大量的第一手资料，才能做到厚积薄发，言之有物。

（三）年鉴条目的具体写作方法

1. 点面结合，突出特点

一个部门全年的工作千头万绪，要恰当反映，就要提纲挈领地抓住关键，突出特点，反映主要矛盾。如《砚山年鉴（1998）》畜牧业概况的记述：“1997 年，全县紧紧抓住饲料粮食价格稳定的有利时机，认真组织实施产业化带动战略，积极发展各类产业化组织，突出龙头企业建设和规模饲养两大重点，依靠科技，强化服务，畜牧业继续保持了稳定发展的良好势头。”其后，列举了牛、猪、羊、禽等的存栏量和出栏量以及肉蛋产量的数据，实现畜牧业产值及占农业总产值的比重。该条目的最后说："分析全年畜牧业生产形势，呈现出三个特点：一是养猪业效益较高，受供求关系影响，从年初到年末，生猪价格一路上涨，猪粮比价由正常的1∶5上涨到1∶6.7，受利益驱动，养猪大户和规模养猪场纷纷上马，养猪业发展势头强劲。二是养鸡业形势严峻。1996年鸡蛋价格居高不下，刺激养鸡业盲目扩大规模，家禽存栏剧增，加之禽蛋加工业相对滞后，致使鸡蛋价格长期在低价位徘徊，蛋鸡趋近薄利甚至无利，肉鸡业上半年形势稳定，下半年出现下滑，至年底呈现低迷。三是经济动物养殖发展迅速。由于人们消费水平的提高，经济动物养殖异军突起，增长幅度较大。"这段表述，既有总的形势概括，又让读者清楚认识各种畜种、产品的具体数字和当年的发展特点。

2. 注重纵向和横向的比较

年鉴条目内容要体现年度特点，但事业发展是有继承性的，所以年鉴要从资料的系统、连贯、可比方面考虑，年鉴资料数据都要与上年进行对比，在必要时还要反映近几年甚至是该项事业多年的情况，以供纵向比较、找出规律。我认真翻阅了《香港经济年鉴（2001）》建筑业"概述"的写法，很值得借鉴学习。"香港建筑业的盛衰是与房地产业的发展步伐分不开的。第二次世界大战的破坏，战后人口的增加，以及工商业的发达，使香港建筑业取得巨大的发展。20世纪70年代初期，香港的建筑业并非太兴旺，但自踏入70年代中后期，随着地下铁路的建造及新市镇的出现，再加上因此而带动的私人物业发展，令建筑业踏入了兴旺发展的阶段。20世纪70年代前期，由于受中英香港问题谈判的影响，人们对投资物业缺乏信心，物业价格普遍下跌三成，间接打击建筑业的发展，可算得上为建筑业的低潮。80年代后期，建筑业开始再度步入好景。原因是在1985年后，中英签订了关于香港问题的联合声明，中国的改革开放政策亦初见成效，加上香港经济转趋蓬勃，本地及外国投资者开始恢复信心，各类工程纷纷上马，其中包括货柜码头、发电厂、新界环回公路等，市民对自治物业的需求大增，从而带动了建筑业的兴旺。自1991年开始，建筑业出现增长放缓，1992年及1993年放缓趋势更甚，当时建筑业面临的巨大压力，首先是外资建筑力量剧增，造成激烈竞争；其次是香港建筑业天地并不像一些人意料中那么广阔，新机场计划自公布以来，波折重重；第三是大型屋村楼宇的建筑量减少；第四是建筑成本上升，经营利润下降。1994 年，建筑业进入调整期，1995 年全面复苏，1996 年及 1997 年建筑业均表现良好。1998 年及 1999 年呈现滑坡趋势。”这样使读者不必翻阅该地区所有的年鉴，就能大致上了解该行业的发展历史、现状和趋势，以便于进行比较。

3. 分析因果和利弊，进行科学预测

因果关系是事物之间的重要联系，只有分析出因果关系，才能找出症结所在，对症下药解决问题。年鉴作为资料性工具书，就要反映事物的利弊得失，分析其原因，并对事物发展趋势进行科学预测，真正起到“鉴”的作用。如上文所引《香港经济年鉴》建筑业概述所载，既记述建筑业的发展情况，又阐明其盛衰的原因，让读者很清楚的看到该行业的发展脉络。分析因果并不是要长篇大论，而是以翔实的资料和数据，向读者展示事物发展的客观规律，以编者的身份，用自己的研究成果引导和提示读者，更准确地掌握该地区或行业的总体情况和发展特点。

（四）概况条目写作应注意的问题

1. 要有严谨、负责的态度

年鉴是资料性工具书，是为各类读者了解、研究地情和领导者决策服务的。年鉴文稿既要为现实服务又要对历史负责，它所收录的资料是否全面、准确，观点是否正确，小则关系到年鉴的使用价值，大则关系到事业的发展和成败。年鉴工作者要有高度的历史责任感和严谨的治学态度，要从纷杂的资料信息中高度概括、总结出规律，上升到理论的高度，以提供参考依据、指导实践。年鉴的概况条目是对某地区或某行业全面情况的综合反映，它在很大程度上体现了该地区该行业总体布局和发展趋势，对研究地情、行情和领导决策具有非常重要的作用。撰写概况条目要大量占有第一手资料，只有长期积累，并做艰苦细致的资料工作，才能做到厚积薄发、文约事丰。

2. 要有正确的角度

一是要站在读者的角度。我们写书、编书是给读者看的，所以要切实把读者的阅读需求落实到年鉴文稿中。每类读物都有其相对应的读者群，我们在撰写、编辑稿件时要想到，我们的读者想通过这篇稿件能获得什么有效信息。由于受日常公文撰写方法的影响，习惯于穿靴戴帽、“虚言套”，要“忍痛割爱”。如“认真贯彻落实中共十八大、十八届五中、六中全会精神”“根据上级有关指示精神和省委省政府的部署”等，很容易出现在概况条目中。这些话本身很对，但若在若干年鉴概况条目中多次重复出现这类字句和一些不必要的过渡语，既占篇幅又显累赘，更重要的是降低了年鉴的信息密度，影响了年鉴作为资料性工具书的使用价值。二是要有全局的角度。撰写概况条目，编者要站在全地区或全行业的角度，而不局限于本部门、本单位，不能写成本单位工作总结。在编写中，只记述与本行业、本事业有关的内容，而不要记述非本行业的内容和日常工作的内容。如：畜牧业概况就不能记载其主管部门在计划生育、党风廉政，以及其他与畜牧业行业无关的内容。三是要有历史的角度。年鉴所选取的资料和数据的真实性、全面性要经得住历史的检验，要为当代和后代的读者负责。由于年鉴是连续出版的，所以年鉴上刊载的资料和数据要与以前出版的年鉴进行比照，因为年鉴信息密度的大小主要是通过数据体现的，数据的准确与否，直接决定了年鉴的质量和使用价值。

3. 要注意处理好条目之间的关系

所谓概况是对某地区或某行业的概括总结，所以不能将应由本分目的专题条目记述的内容在概况条目中罗列，有的撰稿人把概况当作一个“筐”，将一些不能单独设立专题条目的琐碎内容，装到这个“筐”里，提上一句两句，这不能给读者有效的信息。年鉴要常编常新，不宜过多设置所谓“常规条目”，每年都要反映的相关内容，应在概况条目中记述，使其确实起到“概”的作用。而作为栏目中大行业的概况，也不能与其所属分目的概况中所记述的内容重复。如“城乡建设”栏目“综述”分目中概况条目，如果分段罗列了城市基础设施、城市规划、公用事业、园林绿化等方面的基本情况和数据，就与后面有关分目的概况的内容大量重复而失去意义。

三、树立精品意识，提高年鉴整体质量

（一）条目选题要精准

条目是年鉴的“血肉”，是年鉴主体内容的主要表现形式。一部年鉴它所收集资料信息的范围都是很明确的，那就是一个地区（或行业）内上一年度发生的重大事件、重要成就等。《砚山年鉴》所收录的是砚山区域内上年度发生的重大事件和经济社会发展所取得的新成就，以及存在的主要问题。但究竟哪些属于重大事件、重要成就，哪些应该收录，哪些可以不收录，这关系到年鉴条目选题是否精准。历经多年的编纂经验，我认为条目选题应该坚持新、特、精、全的原则。条目选题的范围：一是部门、行业和地州县（市）的概况。主要反映部门、行业和各地的基本情况，但这类条目选题往往容易写成年度工作总结，缺乏资料性和实用性。为此，概况条目一定要反映基本情况，要有基本的基础资料，比如高速路，砚山县到底有多少通车里程，公路总长多少千米，一级公路、二级公路、三级公路各有多少千米，这些基础性的资料是读者最关心和使用频率最高的信息，年鉴每年都应该有这些数据，不要怕重复，事实上也不可能完全重复，因为任何一项事业每年都是发展变化的。《砚山年鉴》概况条目所反映的内容比较全面，因为每年组稿时，年鉴编辑部都制定详细的交稿通知，把所需资料一一列出，县委办、政府办行文下发通知，要求全县各级各部门按时提供年鉴资料，这种做法收效很好，当然也有不足，主要是个性的内容比较少，随着经济社会的不断发展，我们将依据年度的特点及时进行调整和补充。二

是年度内各部门、各乡镇、各行业完成的中心工作的主要活动、重要成就等。这类条目是年鉴条目的主体，做好这类条目的选题十分重要，各部门、各乡镇应结合实际情况，坚持实事求是原则，尽可能全面系统准确地反映本单位在贯彻执行党的路线、方针、政策，以及完成县委、县人民政府主要工作任务中所取得的成绩和采取的主要举措等。三是群众关注的社会热点、难点问题。比如物价上涨、反腐斗争、消费者权益保护、再就业、住房制度改革、医疗保险、社会稳定、民族团结、精准扶贫等，这些问题在年鉴中不但应该有所反映，而且还不能就事论事，要有一定的深度、广度、力度。多年来，我们一直要求各撰稿单位按条目体的撰写要求提供《砚山年鉴》稿件，收到了较好的效果。做好条目选题工作十分重要：一是要突出年度特点，二是要突出地方特色。有的同志认为，年鉴收录的是某一特定区域上一年度的资料信息，只要不突破时限，只要做到通点不录，越境不书，年度特点和地方特色自然就突出了，事实并非如此，突出年度特点就要善于捕捉年度内首次出现的信息，要善于发现新事物、新情况、新问题，着力反映新举措、新成就、新经验，坚持求真务实的原则，真实反映那些影响大、年度特点突出、有全局意义的问题和不足，真正发挥“鉴”的作用。地方特色包括自然特色、经济特色、人文特色，突出地方特色除了反映民族风情和自然景观外，更主要的是从较深层次全面反映地方的自然特征、社会特征、人文特征，在经济社会发展建设中表现出来的符合本地实际情况的特点。比如砚山的社会稳定与反腐斗争、民族团结示范工作、扶贫工作，《砚山年鉴》在过去虽有反映，但反应的力度和深度还不够，需要进一步加强和改进，只有多角度、深层次、全方位突出地方特色，才能够全面系统地向各界人士介绍砚山，展示砚山各族人民共同努力为砚山经济建设跨越发展贡献的风采。

（二）条目内容要精准

年鉴是专为读者查考各种事实而编纂的，年鉴所收集的信息资料，要让事实说话，无需议论评说，广征博引。所以条目应简洁、平实、明快、准确、篇幅短小精干，没有水分，力争做到没有一句多余的话，没有一个多余的词。条目撰写一定要符合年鉴的体例要求，年鉴条目一般采用说明体和叙述体两种体裁，因为这两种体裁没有太多的修饰和说理，简洁精练，只要把事实说清楚即可。年鉴条目的任务是告知人们是什么或现在怎么样，而不回答为什么。近年来，《砚山年鉴》提出了压缩、减少字数、增加条目数量、扩大信息容量的思路，提倡撰写400字以内的中小条目，控制1000字以上的大条目，尽量减少政治、军事、社会等方面条目内容，以服务经济建设为中心，增加这方面的信息，收到了较好的效果。《砚山年鉴》从2013年的95万字压缩到现在的70万字，而且增加了条目数量，增加了信息资料，使每个条目都达到资料翔实、内容精准、文字精练、信息量大，这样，年鉴的整体质量才有保证。

（三）编校材料要精准

提高年鉴的编纂质量，做好编辑和校对工作是关键，年鉴编者负担着加工润色稿件、校对稿件、版式设计等整个编辑出版过程中各个环节的工作任务，年鉴的质量取决于年鉴编辑人员的综合素质。25年来，我们十分重视年鉴编辑队伍的建设，在老同志的言传身教下，新同志在实践中不断学习，不断成长，我们已有一支熟悉业务、能够吃苦的编辑队伍，保证了年鉴工作的顺利开展和不断进步，使《砚山年鉴》的整体质量不断提高。我们的主要做法是：1. 坚持三级编辑加工审稿制度。年鉴编辑除负责组织稿件外，还要对自己负责的所有稿件进行编辑加工，做到事事清楚、数字精准、语言流畅，责任编辑加工审定完的稿件交副主编进行审定，最后交单位主要领导审定签字后才能正式采用。这样层层审定把关，保证了年鉴稿件在政治上不出问题，事实上不出差错，赏识上不出笑话，为保证年鉴的整体质量打下了基础。2. 认真做好校对工作。《砚山年鉴》的校对次数在三次以上，有些稿件达四五次。为了保证校对质量，我们使用校对软件对全部稿件进行校对，提高了校对质量。3. 做好装帧和版式设计。《砚山年鉴》一直注重装帧设计，力争突出民族特色和地方特色。自1998年开始采用彩色护封，并一直延续至今，在正文的设计上，运用图片、表格及小资料等活跃版面，增加直观性。

四、努力探索砚山年鉴事业的创新发展思路

大力推进年鉴理论、内容和版式的创新，突出年鉴的时代特征和地域特色势在必行，我们致力于增强年鉴的质量意识、精品意识、创造年鉴品牌，尽可能多创办一些贴近经济社会发展、贴近时代需要的年鉴产品。25年来，砚山县史志办公室年鉴工作者卓有成效的努力和奋斗，做出了许多有益的探索，提出了许多新观点、新思路、新举措，砚山的年鉴事业取得了良好的社会效益和经济效益，取得了许多宝贵的经验。

1. 精诚团结，形成合力，提升年鉴工作者的综合素质

年鉴编纂工作要上新台阶，就必须加强方志系统年鉴工作的联系和交流，加强团结，形成合力。2002年6月，在广西北海市举行了全国地方志志鉴关系和年鉴编修研讨会。会上，通过了《中国地方志协会年鉴工作专业委员会条例》，成立了中国地方志协会年鉴工作专业委员会。文山州各县（市）史志办内设机构中也相应设置了年鉴科（股），专门负责年鉴的编辑出版工作，以保障年鉴工作能全面发展。近10年来，史志办定期向县委、县人民政府分管领导汇报史志工作，县委、政府领导给予年鉴工作更多的支持，史志部门要人给人，要物给物，要钱给钱，年鉴工作者充分发挥自身的作用，积极组织年鉴编纂、出版发行工作。同时，积极组织年鉴业务培训，增强年鉴工作的生机与活力，我们已经将每年年鉴的出版经费列入财政预算，将年鉴培训列入每年的工作计划内，并积极组织年鉴工作者参加全国、省、州的业务培训，加强与其他县（市）年鉴工作者的联系，进行年鉴编纂理论等方面的研讨与交流，不仅提高了年鉴工作者的整体素质，还努力造就了理论功底扎实、年富力强、勇于开拓创新的年鉴专家。

2. 大力推进年鉴事业的数字化、网络化建设

年鉴工作要适应经济社会发展的需要，必须紧跟时代的趋势，积极探索年鉴同现代信息技术结合的道路，促进现代信息技术在年鉴编纂、出版、发行等方面的应用，推动年鉴事业的数字化、网络化建设。运用现代信息技术服务于年鉴，不仅可以迅速为当地经济社会发展服务，为本部门、本行业发展提供智力支持，还能提高年鉴内容的传播速度，扩大年鉴的知名度和影响面，从而得到领导和社会各界的认可。现代信息技术的发展和年鉴工作的现状证明，年鉴必须用现代信息技术武装自己，年鉴工作者对此已有充分的认识，我们在出版纸质年鉴的同时，制作出电子光盘，有的还制作了自己的网页，积极创造融入信息时代所必需的基本条件。

3. 坚持正确的出版方向

年鉴逐年编撰出版，出版周期越短，时效性就越强，早出书，有利于发行，有利于读者使用，有利于总结经验安排下一年的工作。《砚山年鉴》曾多次获得优秀成果奖，是我们在提高《砚山年鉴》整体质量的基础上，同时也提高了年鉴的实效性，均做到每年11—12月底出书。年鉴工作要创新，必须是在坚持正确的出版方向前提下的创新，年鉴工作者必须自觉接受党的领导，不断增强政治意识、大局意识、责任意识、法治意识，以倡导科学精神，承载和传播先进文化为使命，为全面建成小康社会的奋斗目标和民族团结、经济发展、社会稳定提供精神动力和思想保证。年鉴出版管理机制要创新，是为了适应经济社会发展的需要，《砚山年鉴》必须紧密围绕党和政府的中心工作，自觉维护工作大局，弘扬时代精神，增强“四个意识”，反映各族人民维护祖国统一，奋发向上的精神风貌。《砚山年鉴》的创新，主要是框架结构的创新、条目编纂的创新，通过创新和发展，使《砚山年鉴》更加切合实际、贴近生活，为读者提供更多实用的信息。我们的目标是，把《砚山年鉴》办成精品年鉴，为砚山经济社会和谐发展、跨越发展服务。

（作者单位：云南省砚山县委史志办公室）

地方综合年鉴框架创新实践与问题评析

——以陕西省部分县（区）为例

任丽娟

摘　要：在地方综合年鉴的发展步入全面发展的新阶段，多出高质量的精品年鉴是我们的目标。而年鉴的框架设计是决定其编纂质量的重要因素。本文通过对陕西已出版的市县综合年鉴框架设计的比较研究，发现框架设计中存在内容概全率不高、年鉴内容分类不够科学、编排逻辑性不强等常见问题。解决这些问题的关键是要在明确年鉴基本内容构成的基础上，按照分类法的编排方式，遵循分类科学、门类齐全、归属得体、编排有序、层次分明、特色鲜明的原则，将年鉴的资料信息形成一个科学的逻辑系统。

关键词：地方综合年鉴　框架结构　问题　创新

中国地方志指导小组于2016年12月22日印发《全国年鉴事业发展规划（2016—2020年）》。规划要求到2020年，全面实现三级地方综合年鉴全覆盖，做到一年一鉴，公开出版。截至2017年5月，陕西省107个县区中，能做到公开出版、一年一鉴的仅有26个县区，作为内部资料出版的有57个县区，没有开展年鉴编纂工作的有24个县区，可见实现“两全”目标任务十分艰巨。在公开出版的要求下，如何提高地方综合年鉴工作水平，出版高品质年鉴，是年鉴工作者面临的重要课题。本文通过对全省公开出版的地方综合年鉴进行比较研究，结合地方综合年鉴框架设计创新实践，试从这框架设计方面入手探索提升年鉴质量的途径。

一、年鉴框架设计的重要性

地方综合年鉴记载的是一定区域内各行业、各部门一年内政治、经济、文化、社会等各方面有价值的信息。一部优秀的年鉴，离不开分类科学、层次清晰、领属得当、编排有序的框架结构。框架是年鉴内容和结构的总体设计，能够体现一部年鉴的思想、结构和特色。合理的框架安排，不仅能将信息资料全面完整地收录，也对明确选题选材有着指导作用。全国年鉴编纂质量评比中把框架设计做为评价年鉴编纂质量的首要标准。第五届全国年鉴编纂出版质量评分标准中，框架设计被列为评比的第一项标准，并占总分值的27%。由此，可以说年鉴的框架设置，直接关系着年鉴编纂工作的成败。

二、省内地方综合年鉴框架设计上的共同之处

省内的地方综合年鉴基本实行条目化设计，主体内容采取类目、分目、条目三级结构层次。类目按政治、法制、军事、经济、文化和社会各业情况分为若干大类，然后在各类目下设分目和条目，从不同方面反映类目涵盖的全部内容。从整体看，有着相似之处。

一是在规范的基础上挖掘地域特色。规范是框架设计的基本要求。纵观我省各地综合年鉴，基本能够依照年鉴的规范编纂，并在此基础上，各地年鉴结合历史、政治、经济、民族、文化的不同，从而形成独具特色的个性，着力体现不同地域的风土人情和当地特色。如《宝鸡年鉴》，从历史上看，宝鸡是中国西部的军事重镇，历代均为兵家必争之地。发生在宝鸡的著名战役就有十多次。诸如周

文王攻伐密须，败黎来崇；秦穆公“开地千里，遂霸西戎”；汉刘邦“明修栈道，暗度陈仓”还定三秦；诸葛亮五丈原之战等者是在中国军事史上占据重要地位的著名战例。《宝鸡年鉴》在“宝鸡概况”中设立“重要兵事”，梳理了历史上的重要战役，突出了宝鸡独特的地理位置。

咸阳是我国著名古都之一，是历史悠久的文化古城。政区建置，始于夏代。秦王嬴政在此建立了中国历史上第一个中央集权制的封建帝国秦王朝。周、汉、唐等十一个朝代也都曾把咸阳作为都城或京畿之地，周秦汉唐时期许多帝王建造的陵寝和陪葬墓，绵延百里，形成了“渭水桥边不见人，摩挲高冢卧麒麟”的壮观景象。石刻精品遍及全市，古塔、古建比比皆是，馆藏文物举世罕见，有些都是稀世珍宝。《咸阳年鉴》立足市情，在设立“文物 博物”类目，下设“文物考古”“文物保护”“博物馆建设”几个分目，对咸阳的文物保护工作做了升格处理，凸显文物保护在咸阳的特殊地位。

2015 年，安康市被全国爱委会授予“国家卫生城市”称号，这是一个来之不易的称号。于是《安康年鉴》（2016 卷）特意将“创建国家卫生城市和园林城市”列为一个类目，记载安康市委、市政府带领大家通过努力最终获得这一称号的历史过程，同时也突出了安康市的地方特色、时代特色。

长武县地处关中西部陕甘交界，是陕西省通往大西北的咽喉要道，是陕西的“西大门”。由陕西省城乡规划设计研究院编制、咸阳市政府批复的《长武县县城总体规划（2014—2030）》是“秦陇门户、陕甘交界重要商贸流通地、关中地区能源化工及农副产品加工基地之一”。《长武年鉴》抓住这个独一无二的特色，在框架中设置“陕西‘西大门’”类目，下设“建设背景”“现实意义”“战略定位”“发展重点”“亭口镇山水乌金之门、巨家镇绿色商贸之门、枣园镇民俗乡情之门、洪家镇美丽和谐之门、相公镇文化彰魂之门”等分目。此外，还设立类目“大美长武建设”，打破了“千鉴一面”的尴尬，形成较强的地域特色。在专辑中，《长武年鉴》设立“数字见证长武十二五新跨越”“经济发展平衡向好”“文化事业繁荣发展”“生态明片日益靓丽”“社会大局和谐稳定”“长武正能量”“长武印象”“长武精神”等专题。用大量精美、丰富的图片，让长武变得鲜活起来。这些图片地方特色、时代特色明显，读者喜闻乐见，使《长武年鉴》开篇就吸引了读者的眼球。

延安是革命圣地，延安也孕育了光照千秋的延安精神，《延安年鉴》紧紧抓住这个鲜明的特性，结合城市自身的特点，在框架中专门设置“延安精神”类目，通过“延安精神”研究、宣传、教育活动等内容的记载，着力突出延安的独特的历史文化积淀和经济社会发展特点，具有浓郁的地方特色。

二是紧扣时代发展，力争突显时代特色。随着经济社会的发展，一些行业类别重新设置，一些新生事物、新兴行业、新兴领域是大的经济社会下衍生出来的，是时代发展的重要标志。新生事物、新领域等时代特色应该在综合年鉴中有所反映。如《咸阳年鉴》中，随着西咸新区的建设和乡村旅游的发展，《咸阳年鉴》适时分别设置了相应栏目集中反映。《陕西年鉴》近几年陆续增设物流业、会展业、非公有制经济、物流等栏目，以记载陕西全省经济结构的变化和新兴行业的萌芽与发展。为提升生态环境保护在社会生活中的地位，《陕西年鉴》《咸阳年鉴》《安康年鉴》《华州年鉴》《长武年鉴》等都设环境保护、生态建设等类目，突出环境保护和生态建设在当今社会发展的重要性，以及政府为之所做的工作和取得的效果。

三是框架和内容稳中求变，体现年度特色。年鉴要常编常新，就要在年度工作上找突破。每年的政府工作重心都有所变化，各行各业的工作都会有新局面、新突破、新举措、新成就、新亮点，这些都是充实年鉴框架和内容的重要依据。翻开省内的各家年鉴，我们都能找到根据每年情况适度增加的新类目和新分目，便捷地体现年度特色。《安康年鉴》在2015年中设“十二五”住房与城乡建设工作综述，尽管这是跨年度的综述，但是作为“十二五”结束时这个重要结点，适当的对“十二五”做一个总结也是必要的。《陕西年鉴》在2016卷“人物”类目中增设了“2015年入选全国100名优秀县委书记”和“2015感动陕西人物”，通过记录各类人物对社会的贡献，以及对社会传播的正能量，使年鉴更贴进生活，并具有年度特色。由于近两年雾霾较为严重，《咸阳年鉴》在专辑里增设“治污降霾 保卫蓝天”的分目，着重介绍全市上下在治污降霾方面行之有效的方法和存在问题。

三、框架设计中存在的主要问题

陕西省内市、县已出版的地方综合年鉴整体水平尚可，内容较丰富、分类较科学、编辑加工较精细，体例比较严谨，特色明显。但是，在框架设计上还是有很多值得改进的地方。

一是要在提高内容概全率上下功夫。地方综合年鉴要对区域内的情况进行全面反映，不应有大的遗漏。如果一部综合年鉴，不能对区域内的情况给予全面客观的记述，其综合性如何体现？近年来，受“小政府，大市场”影响，很多稿件在征集上遇到些困难。如一些国有企业和私有经济体，在经济社会中占有很重要的份量，但是从年鉴记载的内容情况看，内容占比少。这其中有很大部分原因是约稿困难，企业供稿热情不高。既然不好约稿，干脆在框架设计中就不反映。查看省内年鉴，基本都没有涉及非公经济内容。房地产业、商品房作为重要的民生工程和内容，多数年鉴框架设计中没有涉及，造成重大缺项。还有些直属管理的单位，如金融业、民航系统、铁路系统等，不是以行政区域划分的，有些年鉴就没有反映相应的内容。

二是要在规范分类标准上下功夫。年鉴在框架设计时应以国家统计局编制的《国民经济行业分类》基本依据，但是在经济领域之外，社会其他领域方面，则要结合使用其它、更多的社会分类参照系，建立一套适合于地方综合年鉴，科学性与合理性相结合的年鉴分类体系。如“建筑业”和“房地产业”在行业分类中并列为两大类，但其实多数年鉴中均将二者并为一个类目，或在“建筑业”类目下设“房地产业”分目，这符合普通大众对二者的认知。同样，

“卫生和社会工作”“文化体育和娱乐业”在行业分类中是两大类，很多年鉴按“卫生体育”“教育科技”或“文化”分类，符合传统分类习惯。行业分类中“旅行社和相关服务”在“租赁和商务服务业”下面设置，但是已远远不能涵盖旅游业内涵和外延。旅游带动的产业越来越多，包括餐饮、交通、住宿及其他服务业，这些已不是旅行社所能及的。因此，多数年鉴将旅游作为类目，与农业、工业并列，这与旅游业在经济社会中的地位相符。

地方综合年鉴中各类目下，分目归类也要合理，这是建立年鉴框架科学分类体系的关键，因为地方综合年鉴的分目在框架体系中处于承上启下的地位，如果分目“站错队”则必然导致年鉴框架分类不科学、资料归属不当。但是有的年鉴分目归类比较随意，有的按单位行政归属分类，例如，将民政工作放入政府下，民政部门虽然是政府的职能部门，但是从内容上看，民政工作内容多是社会事业类的，放在社会事业里更为合适。中小企业在农业下不妥，中小企业局的归口管理是农业部门，但是从内容上讲，是反映企业生产经营的，因此把中小企业放在非公经济中反映更为合理些。有的没有根据事物属性进行科学分类。如工业建筑业下设经贸内容，无论是从内容还是归属层次上都有些牵强。将道路交通安全放在法制下，与公安、检察、法院并列；将城市供水放在农业下，这些都是分目归类不当的具体表现。还有的年鉴将一个行政部门对应一个分目，如旅游局、档案史志局分别对应一个分目，旅游内容主要是旅游局提供，档案内容主要由档案局提供，但是在年鉴中不应以单位名称来作为分类的标准，更不能以单位名称作为分目标题。年鉴中对信息资料的分类应按信息资料的性质进行分类。对供稿单位所提供内容，可以将内容按性质分类，性质不同的归入不同分目。如发改委的稿件内容涉及面很广，可以分别归入经济管理与监督、物流、工业、能源等不同类目或分目里。有的年鉴将属于文化内容的地方志归入社会生活，也是未按信息性质进行分类的表现。

此外，年鉴框架设计最基本的要求是分类合理，领属得当，并兼顾部门分工，使年鉴编纂易于操作。领属得当，就要求框架分类应尽量符合逻辑规律，同一层次分类标准尽可能一致，同一层次之间互相不兼容。然而有些栏目领属不当，如将新农村建设方向在农业下。将不同分类标准的相同属性事物归为一类，在工业下设经济贸易、中小企业，在法制下设一大队、二大队。有的在工业类目下设工业分目，在卫生计生类目下设卫生计生分目，大小标题同名，涵盖范围重叠，父子同辈。有的在年度特点下设领导讲话，在市容下设环境保护，明显归类不当。在栏目设计上，一旦层次不清，资料堆积，将严重影响年鉴的整体质量。

三是要在类目、分目整体的平衡上下功夫。省内多数地方综合年鉴仍然按类目、分目、条目三个层次设计纲目。但是有的篇幅很大，如政治、农业、工业等，层次很多，但有些类目下只有条目，没有分目，或分目下只有一个条目。如有部年鉴，城乡建设下有十一个分目，而其中的九个分目下只有一个条目，就是“概况”，与其他分目篇幅相差较大。有的年鉴人物类目中仅列了三个人名，从框架上完全看不出是属于哪一类人物。有的年鉴政治内容过多，110页，占全部内容的1/4，比例过大。有的内容重复较多，涉及“三严三实”的内容竟有30多处，应在框架设计上进行总体设计，可以列专文集中记录，而不至于每个章节都有，显得过于凌乱。部分年鉴，从整体看，有的栏目内容多，层次多，过于琐碎，分类排列混乱，而相反，有的栏目内容却少得可怜，一个类目下只有一个分目，甚至感觉这个类目都立不起来，导致栏目内容严重不平衡。整个框架分类标准要一致，栏目之间内容要大体平衡，体保证各类目篇幅相对平衡，避免篇幅比重过分悬殊。

四是要在加强篇目逻辑性上下功夫。地方综合年鉴的框架要系统规范，事类编排要成序列，类目统辖要成系统，领属关系要符合逻辑，以完整、准确地体现有序性和层次性，便于读者提纲挈领，迅速抓住要点。所设计的类目、分目、条目相互间要符合一定的逻辑关系，类别设置规范合理，不缺位、不越位、不错位。分目与分目之间要有内在逻辑上的并列关系，不能互为倒置。逻辑顺序一般的要求是，年鉴基本内容按概况部分、百科部分、辅助资料部分的顺序安排。百科部分按自然、政治、经济、文化、社会的逻辑顺序安排。同一分目下的条目遵循从全面到具体、从综合到专项、从重点到一般的排列原则，按综合性条、专题性条目、单一性条目顺序编排。同一分目中的单一性条目按时间先后或事件重要程度排列。一般来说，一个分目下，第一个条目就应是综合性条目如综述、概况等，从全局的高度综合反映该领域的总体情况。但是这部分内容缺失非常普遍，其原因是综合性条目归纳性强，难度大，不易撰写。另外，要注意类目下的分目设置，分目与类目要有层级上的对应关系，分目与分目之间要有内在逻辑上的并列关系，不能互为倒置或者互不关联。同一分目下的条目要遵循从全面到具体、从综合到专项、从重点到一般的排列原则，按综合性条目、专题性条目、单一性条目顺序编排。同一分目中的单一性条目按时间先后或事件重要程度排列。由于地方综合年鉴内容覆盖面宽泛，分类体系严谨规范，条目记述的内容和形式多样，导致年鉴框架编排逻辑性方面不同程度地存在一些问题。如环境保护下设行政审批事项清查清理、依法行政培训、宣传工作、污染治理、清查建设项目、拆改燃煤锅炉、处理医疗废物废水、环境监督、喊声管理、治理餐饮业、环境信访、环境监测。该分目下的条目编排存在简单罗列现象，未遵循从全面到具体、从综合到专项、从重点到一般的排列原则。首先应区分条目类型后按综合性条目、专题性条目、单一性条目顺序编排，然后再将单一性条目按时间先后或事件重要程度排列，以上问题便迎刃而解。

陕西省近几年出版的地方综合年鉴纲目设计总体不错，但是要达到精品年鉴的标准，还得反复推敲，仔细琢磨。只有坚持科学，层次清楚，领属行当，突出地方特色和时代特点，遵循逻辑规律，处理好规范化与个性化、创新与稳定的关系，就一定能设计出合乎科学分类和当地实际的框架，进而编出高质量的地方综合年鉴。

（作者单位：陕西省地方志办公室）

关于区级综合年鉴条目设置规范化问题的思考

——以《北京东城年鉴》编纂为例

王钦双　陈　勇

摘　要： 条目是构成年鉴的基本信息单位和主要表现形式，是年鉴的主体部分。因此，条目设置的规范化，是提高年鉴科学化水平，充分发挥好年鉴功能作用的根本问题。改革开放以来，随着我国年鉴事业的快速发展和质量的大幅度提升，大城市综合年鉴条目设置规范化取得了明显的进步。然而，在编纂的实践中条目设置规范化仍存在不少的问题，制约了年鉴编纂规范化的进程，影响了年鉴质量的显著提升。年鉴条目设置的规范化，一是要从实际出发，坚持原则性和灵活性相结合，规范好基本条目的设置；二是要发挥两个积极性，做到由上而下和由下而上相结合；三是要以我为主，走积极探索和借鉴学习相结合的道路。

关键词： 综合年鉴　条目　设置　规范化　路径

年鉴是条目体资料性工具书，条目一般占年鉴全书总篇幅的60%~70%左右。由此，条目是构成年鉴的基本信息单位和主要表现形式，是年鉴的主体部分。提高年鉴编纂质量的关键在于条目的设置和编写。而目前年鉴编纂的特点是众手成鉴。由于各个撰稿人的思想水平、写作能力、写作素材等均有所不同，很容易造成条目的设置、写法、质量上的参差不齐。因此，设置和编写好年鉴条目，是提高年鉴科学化水平，充分发挥好年鉴资政作用的根本问题。强调条目设置和编写的规范化不仅非常必要，而且也为后期的编辑、出版工作创造有利条件。基于此，加强和深化对区级综合年鉴条目设置及编写规范化问题的研究，不仅对于提高年鉴工作科学化水平、完善年鉴编纂理论和加强方志学科建设等具有重大的理论价值，而且对于进一步贯彻落实《全国地方志事业发展规划纲要（2015—2020年）》（以下简称《规划纲要》）和《全国年鉴事业发展规划（2016—2020年）》（以下简称《年鉴规划》）精神，推进地方综合年鉴编辑实践发展、实施年鉴“精品工程”，发挥好年鉴存史资政的功能作用和推动社会主义文化繁荣兴盛均具有重要的实践意义。

一、区级综合年鉴条目设置规范化的决定因素和必要性

规范，是一种法式、典范、规格，是约定成熟的规矩或明文规定的标准。[①] 年鉴规范是指“年鉴系列 、年鉴群体整体上在规定、规范上要大致取得一致，或走向一致。”[②] 无规矩不成方圆，“规范化就是衡量年鉴质量的重要标尺之一”。规范化是大生产和生产社会化的必然要求，年鉴编纂是众手成鉴，是一项生产社会化程度较高的文化事业，因此，年鉴编纂十分需要规范化。[③] 由条目在年鉴中的地位和作用所决定，条目设置规范化不仅是年鉴编写规范化的前提，更是年鉴规范化的基础和重要组成部分。

1. 条目设置规范化，是提高区级综合年鉴编纂科学化水平和发挥年鉴功能作用的现实需要

国务院《地方志工作条例》指出：“本条例所称地方志，包括地方志书、地方综合年鉴”，“地方综合年鉴，是指系统记述本行政区域自然、政治、经济、文化、社会等方面情况的年度资料性文

① 李今山、范作义等著：《中国年鉴编纂规范化》，北京：中国书籍出版社，1994年，第1页。

② 李今山、范作义等著：《中国年鉴编纂规范化》，北京：中国书籍出版社，1994年，第6页。

③ 唐剑平：《关于年鉴规范与创新的思考》，《中国地方志》2013年第4期。

献。”要求“编纂地方志应当做到存真求实，确保质量，全面、客观地记述本行政区域自然、政治、经济、文化和社会的历史与现状。”“地方志工作应当为地方经济社会的全面发展服务。”年鉴是“年度资料性文献”，这是地方综合年鉴的本质属性和特征。讲文献，就是特别强调资料的科学性，即资料的表现形式不是单纯的堆砌与汇编，而是对资料进行门类齐全、分类科学、层次清晰、结构严谨、统属合理的编纂。而要做到这一点，就必须对年鉴的编纂进行科学的设计，发挥年鉴编辑部和撰稿人两个方面的积极性。编辑部的主要职责在于拟定全书的框架和纲目设置及编写规范，而撰稿人就是按照一定的规范收集资料，并在此基础上撰写稿件。

存史、资政、育人是年鉴的基本功能。而要发挥年鉴的基本功能作用，就必须全面、客观、系统、准确地记述上年度事物运动、发展的状况。但是，不少年鉴在条目的设置和编写上，缺乏统一认识和统一步调，随心所欲，各取所需，缺乏全局观念和存史观念，条目资料的筛选缺乏明确的目的性，造成了种种不规范问题的产生，很难说是全面、客观、系统、准确的记述，这就使年鉴发挥作用打了折扣。以目前北京市正在进行的二轮修志为例，年鉴本应成为二轮志书资料来源的富矿，但由于以往年鉴编写过程中对资料全面性、系统性、连续性、规范性重视不够，导致有价值、可用的资料不多。由此可见，规范条目设置在内的年鉴编纂，不仅是提高区级综合年鉴编纂科学化水平的需要，而且也是发挥年鉴功能作用的现实需要。

2. 条目设置规范化，是提高区级综合年鉴质量、打造年鉴精品的客观要求

改革开放以来，我国年鉴事业有了突飞猛进的发展，地方综合年鉴不仅覆盖面进一步扩大，在编纂质量上也得到较大幅度的提升。截至2015年，全国共编纂出版地方综合年鉴2300多种①。然而与数量扩张相比，地方综合年鉴质量的提升则更为关键。正如中国地方志指导小组常务副组长李培林所言：“年鉴数量的增长固然可喜，但

---

① 杨军仕、王守亚等著：《地方综合年鉴编纂教程》，北京：方志出版社，2016年，第9页。

质量的提升更为关键。没有质量作为基础的纯数量增长，不仅将损毁年鉴事业发展的根基，更会流毒当代、贻误子孙。”① 因此，我们在充分肯定年鉴事业取得重大成绩的同时，不容否认，年鉴数量大规模扩张的同时，并没有带来地方综合年鉴质量的大幅度跃升，目前能在业内和社会上被公认为精品的地方综合年鉴少之又少②。针对此种局面，近年来中国地方志指导小组及其办公室高度重视年鉴质量建设，不仅在全国性会议上和下发的文件中反复强调，还制定印发《地方综合年鉴编纂出版规定（试行）》；自2016年开始在全国实施中国年鉴精品工程，努力打造精品年鉴；启动中国年鉴论坛，发布《中国年鉴发展报告》③。这些措施，特别是中国地方志指导小组办公室实施的年鉴精品工程，对提升全国地方综合年鉴的质量意义重大且影响深远。年鉴精品工程的实施，是全面贯彻落实《规划纲要》《年鉴规划》的重要举措，是培育精品意识和精品年鉴、提高年鉴质量的重要手段，是发挥年鉴存史、资政、育人功能的根基所在，也是年鉴工作者紧扣时代脉搏，坚持创新发展，传承弘扬中华优秀传统文化的关键步骤。而规范化，则是实现年鉴从“数量型增长”到“质量效益型提高”转变的根本途径，这其中就包括条目设置在内的从框架设计到编写、出版各个方面、流程和环节的规范化。

3. 条目设置规范化，是适应目前年鉴编纂特点的有效选择

众手成鉴，是我国目前年鉴编纂的基本特点。这种成书方式有利有弊，优点是人多力量大，众人拾柴火焰高；缺点是由于各个撰稿人的思想水平、写作能力、写作素材等均有所不同，很容易造成条目的设置、写法、质量上的参差不齐，从而不能保证年鉴的整体质量。这就要求在发挥众多撰稿人积极性的同时，有必要发挥年鉴

① 李培林：《统一思想，凝心聚力，深入贯彻落实〈规划纲要〉，努力实现年鉴事业发展新跨越——在第一次全国年鉴工作会议上的讲话》（2016年7月15日），《中国地方志》2016年第9期。

② 吕鲜林：《名鉴诞生的困境与出路》，《中国地方志》2013年第4期。

③ 李培林：《统一思想，凝心聚力，深入贯彻落实〈规划纲要〉，努力实现年鉴事业发展新跨越——在第一次全国年鉴工作会议上的讲话》（2016年7月15日），《中国地方志》2016年第9期。

编辑部人员自身的专业优势，从条目的设置到内容的编写制定一个明确的规范，以指导、规范各单位撰稿人的写作行为，从而使他们上报的稿件符合编辑部和高质量年鉴的要求。另外，年鉴撰稿队伍的不稳定性，使得规范条目设置更为迫切。目前年鉴队伍的不稳定性集中表现在每年大致更换 1/3 的撰稿人，也就是说，每年有 1/3 的撰稿人新加入到年鉴编纂队伍，在没有更好的机制保证年鉴撰稿队伍的稳定的前提下，从条目设置及编写规范化入手，拟定各单位年鉴必写的基本条目和撰写要求，是确保年鉴编纂质量的上佳选择和较为可行的方法。

总之，由年鉴编纂的基本特点和队伍现状所决定，条目设置规范化不仅是提高区级综合年鉴编纂科学化水平和发挥年鉴功能作用的现实需要，也是提高区级综合年鉴质量、打造年鉴精品的客观要求，是实现年鉴从“数量型增长”到“质量效益型提高”转变的重要途径。

二、区级综合年鉴条目设置规范化存在的问题和原因

改革开放以来，随着我国年鉴事业的快速发展和质量的较大幅度提升，综合年鉴条目设置规范化取得了明显的进步，集中表现在对条目设置越来越重视，立条的标准越来越明确，条目的分类愈来愈科学。然而，在编纂的实践中条目设置规范化仍存在不少问题，制约了年鉴编纂规范化的进程，影响了年鉴质量的显著提升。这些问题集中表现在：

1. 条目设置游离中心，重点不突出，缺乏全面系统性

全面性是地方综合年鉴辑录地情资料的最基本要求①。这不仅应体现在年鉴框架的设计上，而且更要反映在条目的设置上。目前年鉴条目设置的一大突出问题是，一些反映单位（或某项工作）基本职能或中心工作的内容本应设置条目加以记述，而在出版的年鉴中

---

① 杨军仕、王守亚等著：《地方综合年鉴编纂教程》，北京：方志出版社，2016 年，第 93 页。

未有条目设置；相反，与其基本职能或中心工作关联不大的一些活动或内部信息却设置了不少条目，从而使得其主要工作未能在年鉴中有所反映。这不仅影响了年鉴的全面性，而且其资料的系统性也大打折扣。比如，“残疾人联合会”最主要的一项职能是维护残疾人基本权益，本应该设置条目加以记述，但从目前北京市已出版的一些区级综合年鉴来看，维护残疾人权益这一基本条目大多未设置，有的虽设有，但也时断时续。这就造成条目设置的不全面，漏了项，影响了资料的全面性。

2. 条目设置时断时续，缺乏连续性

连续性是地方综合年鉴资料的重要特征之一。区级综合年鉴逐年编纂，连续出版，可以从中了解一地经济社会发展变化的全貌①。但目前已出版年鉴的情况却不能令人满意，表现在：条目设置纵向缺乏连贯性，断线了。偶尔翻一本年鉴，可能发现不了这个问题，如果想通过翻阅某一地方历年出版的年鉴，查找某个行业某个方面的基本情况或者历年的基本数据，往往会发现，这个基本情况、基本数据在有些年份的年鉴上有记载，有些年份则缺失，令人遗憾。这种问题带有相当大的普遍性，给修志和科研造成很大不便，对资政也缺乏科学性，的确需要引起年鉴编纂者的重视。造成这种情况的原因，是没有把年鉴作为一种系列书对待，没有对综合年鉴基本条目加以规范所致。再以上面提到的“残疾人联合会”分目为例，“维护残疾人权益”条目及内容在连续三年的《东城年鉴》中只出现了1次，这就造成本应该连续的资料出现了中断。当然，事物是在不断发展变化着的，去年有的东西，今年可能消失，去年没有的东西，今年可能产生，因为这种原因造成内容的缺失是正常的。但是基本内容是不能断线的。

3. 条目设置零敲碎打，缺乏统合性

如何设置条目、设置何种类型的条目，是规范条目设置的一个重要问题。目前存在的一个突出问题是：每年立条的数目越来越多，造成年鉴越编越厚。如，有的单位上报的条目达70条。造成此一问

① 杨军仕、王守亚等著：《地方综合年鉴编纂教程》，北京：方志出版社，2016年，第94页。

题的原因，一是缺乏明确的立条标准，未能把大、要、新、特作为立条的依据；二是在条目类型的选取上，过多采取单一性条目，缺乏对同类事项进行有效的加工和整合。例如，《北京东城年鉴·2015》“残疾人联合会”分目既设置了“文体活动”这一综合记事条目，又设置了“残疾人新春联欢会”“区残疾人体协活动”“第八届残疾人运动会”“第三届肢体残疾人软式飞镖比赛”“听障残疾人趣味运动会”“听障摄影书画联展”6个单一性条目，这样文体活动方面的内容就设置了7个条目，占当年“残疾人分目”条目总数量的1/5还多①。实际上，残疾人文体活动只是残联工作的一个小的方面，目的在于丰富残疾人的生活，因此没有必要对开展的每项活动单立条目，其内容完全可以整合在“文体活动”这一综合记事条目之内。这样做不仅减少了条目的数量，而且还为突出单位的主要职能留下了空间。因此，通过对各单位职能进行深入细致的研究，规范好基本条目的设置，就能改变目前条目设置碎片化的态势，提高年鉴编纂的科学化水平。

4. 条目排列无序，缺乏有序化

结构合理，排列有序，既是年鉴规范化的基本要求，也是区级综合年鉴条目设置规范化的应有之义。但区级综合年鉴虽经多年的努力和规范，取得了一定的进步，但整体而言，目前的条目排列尚无一定之规，缺乏精心的设计，大多仍处于无序状态，致使条目排列一年一个样，年年不一样。还是以前述提到的“残疾人联合会”分目为例，在众多条目中，除只有每年的“概况”排在第一位外，其他年度相同的条目，排列的位置均不相同。综合性条目和单一性条目混杂，稳定性条目和动态性条目交错，看不出排列有一定之规(具体见下表)。这既不利于读者检索，又不利于资料的纵横对比，更难以发挥年鉴应有的功能作用。

① 东城区地方志编纂委员会编：《北京东城年鉴·2015》，北京：北京日报出版社，2015年，第136~141页。

《北京东城年鉴》2014—2016卷残疾人联合会条目设置情况表

<table>
<tr><th>年度</th><th>条　目</th><th>数量</th><th>备　注</th></tr>
<tr><td>2014</td><td>概况、就业援助月活动启动、残疾人新春联欢会、残疾人职业技能展示、辅助器具站验收自查、爱耳日助残活动、主席团会议暨残工委会议、残疾人轮椅太极扇培训、文体竞赛获奖、专门协会活动、助残康复娱疗系列活动、残疾人法律大讲堂、全国助残日、成立康复特色培训学校、康复服务巡回展、残疾人职业技能竞赛、领导调研、举办体育竞赛、居家康复指导服务、参展博览会、残疾人免费体检、残疾儿童辅具适配评估、残疾人招聘、国际残疾人日、残疾人摄影展、社会保障与服务、文化助残、就业服务、信访维权、无障碍建设</td><td>30</td><td rowspan="2">三年共有和依据团体职能可设置的基本条目：概况、信访维权、社会保障与服务、残疾人康复训练、残疾人职业技能训练、残疾人就业、全国助残日、文体活动、主席团会议暨残工委会议、无障碍环境建设</td></tr>
<tr><td>2015</td><td>概况、辅助器具服务站规范化检查、体育健身进家庭经验交流活动、残疾人新春联欢会、就业援助月系列活动、区残疾人体协活动、领导调研、残疾人职业康复活动、安排残疾人就业实施意见、残疾人辅助器具金点子工作会、主席团会议暨残工委会议、全国爱耳日暨学雷锋活动、成立首家中途之家、职业康复培训班启动、竞赛获奖、第八届残疾人运动会、残疾人职业技能竞赛、残疾人专场招聘会、全国助残日活动、文体活动、生命阳光康复服务巡回展启动、志愿助残暨助残服务卡发放、残疾人工作者业务培训、专门协会培训通报会、第三届肢体残疾人软式飞镖比赛、重塑未来诊疗接待处成立、听障残疾人趣味运动会、残疾人居家日间康复护理服务、听障摄影书画联展、康复机构检查评估、社会保障与服务、残疾人专项调查、党的群众路线教育活动</td><td>33</td></tr>
</table>

续表

2016	概况、领导调研、残疾人摄影展、残疾人学历教育展示基地揭牌、主席团会议暨残工委会议、“云朵家园”启动仪式、就业援助月、残疾人技能培训、残疾人专场招聘会、文体助残工程、职业康复生活技能体验、残疾人专职委员选聘、无障碍环境建设、康复服务人员培训、助残日活动、残疾儿童家庭康复圆梦计划、助残服务卡发放、残疾人工作者业务培训、规范推进中标项目、康复劳动技能展示和展品拍卖、残疾人轮椅风采展示活动、康复服务社区巡回展、向国际残疾人日献礼、盲人按摩培训、盲人协会和肢残人协会会员大会	28	

上述问题的存在，大多是由于条目设置不规范造成的。因此，规范综合年鉴的条目设置不仅必要，而且势在必行。

三、区级综合年鉴条目设置规范化应遵循的原则和基本思路

针对综合年鉴条目设置规范化方面存在的上述问题，我们在年鉴编纂过程中进行了初步的探索，并在此基础上于 2016 年编印了《〈北京东城年鉴〉编纂实用手册》，力图对东城区各单位的年鉴的条目设置进行规范。在此过程中有以下三个方面的体会和认识：

1. 从实际出发，坚持原则性和灵活性相结合

基于年鉴编纂工作的实践和学界关于条目的分类标准，将综合年鉴条目设置为基本条目（稳定性条目）和特色条目（动态性条目）两类。基本条目原则上保持稳定，特色条目则依据年度、地域、行业特色灵活设置。规范年鉴条目设置，重点是规范好基本条目的设置。基本条目的设置，主要是依据各单位的基本职能和编办制定

的“三定”方案，把最能反映各单位性质、职能和中心工作的资料概括提炼为基本条目，以确保综合年鉴全面性、系统性、连续性的要求。在单位基本职能未变的情况下，各单位设置的基本条目应保持稳定，年度内容应主要体现在数据的更新和事业的新发展上，以确保资料的连续性和纵横向可比性。

近年来，我们对规范年鉴条目设置做了一些努力，规范化程度和水平逐年提高。2014 年根据各街道工作性质基本相似的特点，相对统一了 6 个基本条目。根据各民主党派的主要工作任务有相似的情况，相对统一了 4 个基本条目。根据人大、政协工作性质、工作职能和工作职责，将区人大、区政协的条目内容也加以适当调整。区人大相对统一了 5 个基本条目，区政协相对统一了 6 个基本条目。2015 年编辑部在此基础上认真研究了前几年《北京东城年鉴》的条目内容，并参考和借鉴其他区县年鉴条目设置的经验和做法，在认真讨论研究后，提出了规范条目设置的初步意见。此意见在征得各单位意见后，确定了全书的 552 个基本条目。2016 年我们对基本条目又做了进一步规范，确定全书基本条目 592 个，并细化了每个基本条目的基本要素。这就不仅提高了条目设置的规范化程度和水平，也便于各单位撰稿人的编写。

需要指出的是，基本条目和特色条目的设置并非固化、一成不变，而是需要根据时代的变化和现实需要不断充实、丰富和完善，此年为特色条目，彼年有可能成为基本条目，而有些基本条目随着时代变迁和职能的弱化，可以简化（或放入概述中）或取消。比如，京津冀协调发展 2015 年被确定为国家发展战略，在此背景下，疏解非首都功能成为北京市各区当年的一项重要工作，因此，“疏解非首都功能”成为各区年鉴必设的年度特色条目，但此项工作并非一年内可以完成，在以后的各年中均应当有所体现，由此该年度特色条目就将变成以后各区年鉴的一个基本条目。再如，经济工作是北京市各区街道办事处原有的一项重要工作，因此在每年的年鉴中一般都设置条目加以记述，但随着街道管理体制的改革和城市管理的需要，街道经济工作的职能逐步弱化，再保留此一条目不仅内容空泛，而且也与突出时代特色不相符合，因此各区年鉴原则上不再把“经济工作”作为基本条目保留，仅把有关内容在“概况”中加以简要记述。

条目排列有序，是提高年鉴编纂科学化水平和打造精品年鉴的内在要求。针对目前年鉴条目排列无序、比较随意及前后不一致等情况，应坚持做到：基本条目在前，特色条目或单一性条目在后；综合性条目在前，单一性条目在后。若同为基本条目或综合性条目，就应考虑单位的主要职能，按照职能重要性的程度排列；若同为特色条目或单一性条目，就应考虑特色条目或单一性条目反映内容的重要程度，同时适当兼顾条目反映记述内容发生的时间顺序。此外，单位性质基本相同或相似（如辖区各街道、各民主党派）条目的设置及排列顺序，也应做到大致相同。按照上述原则，年鉴条目排列基本可以做到科学化、有序化，避免随意性和无序化。

2. 发挥两个积极性，做到由上而下和由下而上相结合

综合年鉴要记载的是一年之内发生的全面系统的情况，只靠少数人闭门造车地设置条目和拟定选题，是难以达到目的的。因此，要发挥编辑和撰稿人两个方面的积极性，打破既定“来什么，编什么”的年鉴单向编纂旧模式，探索“要什么，给什么”“编什么，有什么”的年鉴双向编纂新模式，以实现编辑人员和撰稿人的良性互动和有效沟通。具体做法是，首先由编辑部依据各单位的职能定位和历年条目设置的情况，初步确定当年的基本条目，请撰稿单位和撰稿人提出修改意见，然后由编辑部将意见集中起来，进行分析，综合平衡，再召开组稿会协商定案，最后形成各单位的基本条目。亦可先由撰稿单位和撰稿人提出初步的选题计划和基本条目，再交编辑部进行研究，综合平衡，再召开组稿会协商定案。这样经过上下结合制订出的选题计划和基本条目，都比较明确，便于进一步收集资料和撰写稿件，有效防止重要信息的遗漏、资料的缺项及断线。至于体现年度和行业的特色条目，重点是发挥撰稿单位和撰稿人的积极性，最后由编辑人员统筹考虑，确定取舍。

3. 以“我”为主，走积极探索和借鉴学习相结合的道路

一般而言，几本年鉴编纂下来，就会在框架设计、内容编排、

选题及条目设置等方面形成自己的特点和传统，但也容易形成教条式思维、保守式继承、封闭式交流等问题。克服这些问题的最好办法，是走积极探索和借鉴学习相结合的道路，在保持自己特点和传统的同时，学习和借鉴其他地区和单位的先进经验和做法，尤其是与本地区区位相同或相似的地区的经验。例如，北京市各区综合年鉴，虽然各自的区位和功能定位有所不同，但辖区各个单位部门的职能大体相似，因而在基本条目的设置上应差别不大，相异的条目大多应反映在区域的特色条目上。再如，上海市各区与北京市各区同属直辖市辖区，除地域特色有所不同外，其辖区各相同单位的工作也大体相似，应该在基本条目设置上大致相同。然而，翻看目前已公开出版的这些区的综合年鉴，基本条目设置却千差万别。因此，相互学习、借鉴就实属必要。

综上所述，综合年鉴条目设置的规范化，是制约和影响年鉴编纂科学化水平和提高年鉴编纂质量的一个重要问题。然而，包括综合年鉴条目设置在内的年鉴编纂规范化是一个不断探索、逐步完善的动态过程，有赖于年鉴编纂工作者和理论工作者的共同努力。本文只是基于年鉴编纂实践的初步探索和粗浅思考，有待于进一步深入、丰富和完善。

（作者单位：北京市东城区地方志办公室
山东省济宁市兖州区地方史志办公室）

浅谈年鉴条目的编写

赵　青

摘　要：目前我国的年鉴事业取得了巨大的发展成就，地方综合年鉴在长期的编纂实践中，逐渐形成了以“条目体”为主的独特的文体、结构和文风。条目是年鉴的基本单元，是反映年鉴内容的主体形式，因此，年鉴条目编写的质量好坏直接影响着年鉴的质量。如何编写好条目是提高年鉴质量的重要环节。本文试从准确把握年鉴条目的含义、条目的分类和要素、条目撰写的主要环节，以及条目撰写中容易出现的问题四个方面进行阐述，以提高年鉴整体的编写质量。

关键词：年鉴　条目　编写

目前省级、地市级、县区级地方综合年鉴百花齐放，基本形成覆盖式铺展的态势。在长期的编纂实践中，年鉴逐渐形成了以“条目体”为主的、独特的体裁、结构和文风，这也是由年鉴的性质与功能决定的。条目是一部年鉴的主体，也是年鉴的主要表现形式。因此，年鉴条目撰写质量的好坏直接影响着年鉴的质量，如何撰写好条目是提高年鉴质量的重要环节。

关于年鉴，我国的专家、学者在其论述中有多种表述，反映了在不同时期人们对年鉴的不同认识和不同探索。国务院于2006年5月颁布的《地方志工作条例》中第三条规定：“地方综合年鉴，是指系统记述本行政区域自然、政治、经济、文化、社会等方面情况的年度资料性文献。”可以通俗地认为，地方综合年鉴汇录了一个地域内一年内的重要时事、文献和统计资料，它集辞典、手册、图表、目录、索引于一身，是高密度、大容量的知识、信息、文献、资料的结合体。年鉴具有高度的年度性、权威性、连续性、资料性、信息性、工具性等特点，在经济社会发展中发挥着存史、资政、教化、信息传递、借鉴资辅的重要作用。

年鉴的这些特征和功能决定了年鉴的表现形式。年鉴中记录的各种信息资料，应采取什么结构予以分类，采取什么方式予以排列，采取什么形式予以记录，都要为年鉴的内容服务，这就是年鉴的结构和体裁。在地方综合年鉴的编写中，首先要把大量的地域范围内的资料信息按照一定的规范进行整理、编排、汇集，设置成若干个类目或部类横向排列，通常由大事记、概况、各个类目、人物、附录等组成。其中，各个类目是集中记录某一领域、某一专题、某一行业一年内各方面发展变化情况的；为了方便独立记述，一般采取类目下设分目、分目下设条目的形式。

360 百科中对条目的释义为：指按内容分列的细目；条理项目。可以理解为地方综合年鉴以类目、分目进行级别设置，类目和分目主要起到分类、分级作用，条目则起到记述主干内容的载体作用，有多少事设多少个条目，一事一条，逐条排列，以类组合，分合自如。所以，年鉴的主体部分的内容是依靠条目得以展开的，条目是年鉴的基础细胞和基本单元，是反映年鉴内容的主要组成部分。笔者在从事大兴安岭地区地方综合年鉴编写的实践过程中，不断地总结和体会，认为把握好年鉴条目的含义、各类条目的要素和规范及撰写的主要方法是编写好年鉴条目的关键。

一、准确理解年鉴条目的特性

对于年鉴条目的定义有很多解释，概况起来，可理解为：年鉴的条目，就是以准确的标题、简洁的文字客观真实地记述年度内具有重要意义的事、物、人的一种年鉴的写作格式，是一个独立主题之下完整的信息资料或知识的载体①。条目兼有记叙文与说明文的特点。记事、记物、记人用记叙文体，对事实和知识作介绍用说明文体。

根据年鉴条目的定义，年鉴条目的特征可概括为相对独立性、资料性、年度性、规范性。

1. 相对独立性

一方面，条目是从属于分目而设置的，每个条目的内容都是围绕分目确定的主题展开，条目在分目下归成一类，形成完整的整体。另一方面，一个条目是一个独立的信息实体，由标题和正文组成，结构完整。再者，一个分目下并列的若干条目是独立的，内容也不互相包容。所以说年鉴条目具有相对独立性。

如：《大兴安岭年鉴（2016）》中的分目“森林经营”下由“森林抚育”“补植补造”“全民义务植树”“林业碳汇”“营林生产质量监管”“林木种苗培育”“有害生物防治”7 个条目组成，这 7 个条目根据森林经营工作的职能和业务特点而设立并独立存在，但在整个“森林经营”分目中又是一个完整的整体，互相之间不交叉包含。列举其中一个条目如下：

【全民义务植树】　在“4·28”大兴安岭地区植树节期间，地区营林局联合加格达奇区政府、加格达奇林业局，在新世纪广场开展“以提高全民生态文明意识”为主题的绿化宣传活动，发放宣传画册 2000 本，设立图板 15 块。全区各地组织各行各业职工群众 2 万余人参加义务植树，全区完成 94.4 万株省下达的义务植树任务。

在这个条目中，可以看到全民义务植树的时间、主体、事件、过程、结果等内容，这些要素组织在一起，展现了全民义务植树的整体情况，这个条目本身就相当于一篇独立完整的文章。

2. 资料性

年鉴是资料性工具书，而条目是年鉴内容的主体，年鉴的资料性通过条目来体现，所以资料性自然成为条目的特性之一。条目这

---

① 陆莹：《浅谈年鉴条目的编写》，《内蒙古科技与经济》2009 年 7 月。

一形式的本身也要求收录有价值的信息资料，注重内容的真实性和客观性。年鉴条目以简练的文字概括地陈述事实，开门见山，不用铺垫，不用渲染，不用空话、套话，而用事实和数据说话，一般是“述而不论”，寓观点于记述之中，避免感情色彩和宣传色彩。条目的标题也简洁明了、主题鲜明。如：

【保障性安居工程建设】 2015 年，大兴安岭地区实施保障性安居工程项目 19 个，68.86 万平方米，12 362 户。其中，2014 年结转项目 17 个，54.13 万平方米，9737 户；2015 年新建项目 2 个，14.73 万平方米，2626 户。截至 2015 年末，结转工程项目竣工 8.52 万平方米，1885 户；新建项目全部竣工。

这一条目具有很强的记实性和资料性。它直截了当地把保障性安居工程建设的基本情况提供给读者，而没有导语、铺垫等文字；同时对事实进行客观记述，以数据说话，不带个人喜好。

3. 年度性

因年鉴具有年度性，所以作为年鉴主体的条目也相应具有年度性。一部地方综合年鉴中的每一个条目均反映当年的情况和内容。如条目“全区 2015 年新增林场级森林管护区 26 个”“呼玛河大桥 2016 年建成通车”，这类年度特点鲜明的题材使条目的年度性大大增强。

条目把每一年的大事、要事、新事记述下来，有的条目虽然标题不变，但内容已因时间变化而变化，每年均付以新鲜、富于年度特点的内容来展现条目的年度性和时代性。如一些反映常规性工作的条目中，将采取的新措施、新办法和新成果记述其中，彰显年度特色。

4. 规范性

年鉴是一种信息密集型的工具书，为利于读者的检索与利用，对条目的编写有其严格的体例规范，以保证全书众多的条目拥有统一的文体文风，结构工整，使读者在较短的时间内获取更多的信息量。条目的规范包括选题规范和写作规范，从内容到表现形式上都讲究一定的规矩。中国地方志指导小组印发的《地方综合年鉴编纂出版规定（试行）》对条目的编写作出规定。例如条目的标题要概括精练，使用短句直述式，如“交通秩序整顿”“泥碳沼泽碳库调查”“产品营销调整”等；例如在条目正文的撰写中避免冗长拖沓，不同类型的条目由不同的要素组成，如“概况”条目要求简要记述本单位的基本情况、机构调整变化、工作思路、工作重点内容、工作成效、主要荣誉称号、存在的问题等内容。

二、准确把握条目的分类和要素

根据记述的内容不同，年鉴的条目可分为综合性条目、常规性条目和单一性条目，还有少量人物条目。不同类型的条目，有不同的撰写要求和组成要素。每个条目的编写要保证要素齐全，事件完整，这是年鉴条目编纂质量的核心所在。

1. 综合性条目

综合性条目的表现形式有“综述”或“概况”。“综述”用来反映一个领域、行业、单位的年度总体发展情况和工作全貌，体现“综合”“全面”和“概括”。这一条目的内容体现的是“面”上的资料，是整体的工作，这类条目通常不强调具体的条目要素，强调的是“全面”和“深度”。

“综述”叙述的层次要从宏观上记述本年度本行业、部门总的概况，写出发展趋势和主要工作，勾画出事物的关键、特点及其变化，给出必要的宏观数据，同时注意避免与后面条目的简单交叉重复，注意指出年度发展的新动向、新特点。要在通览本单位供稿全文的基础上，仔细地阅读分析，明确重点，既要综合概括，又要分层记述，要做到总分结合、粗细结合、一般与典型结合、观念与事实结合、文字叙述与数据说明结合，用简练的语言体现出信息高度密集，展示行业的整体态势和发展脉络①。一般“综述”的写作要求是：

① 唐剑平：《年鉴综合性条目浅议》，《年鉴信息与研究》1997 年第 5 期。

(1) 介绍某行业、系统、部门的年度工作思路及方针原则。(2) 列出每项主要工作、特点和成效。(3) 列出主要考核指标完成情况及纵横比较。(4) 记述被授予的集体荣誉称号。(5) 存在的主要问题。如:

【综述】2015年，全区农业工作以“农民持续增收、农业持续增效”为核心，大力发展生态农业，调整农业产业结构，加快美丽乡村建设，促进林业职工和农民增收致富。全区农业总播种面积17.77万公顷，粮食产量45.6万吨，经济作物面积占耕地面积20%。发展春季、深秋大棚蔬菜生产，新增蔬菜大棚温室500栋。肉类总产量18 857吨，鲜奶总产量3615吨，禽蛋总产量6823吨，蜂蜜总产量495吨。引导职工群众发展狐貉、森林猪、森林鸡、蜜蜂等特色动物养殖。全区畜牧业产值11.88亿元，同比增长8%。全区养殖水面2000公顷，水产品产量1500吨，实现渔业产值4500万元。通过培养“四主体”（即：种养大户、家庭农场、专业合作社和农业产业化龙头企业等新型经营主体)，带动农村劳动力转移和就业5200人。实施“走出去战略”，异地冬种马铃薯转移32户78人，异地劳务转移720人。加强农业政策项目监督检查，采取行风热线、基层调研等方式，落实强农惠农政策，农业粮食综合补贴、良种补贴、农机具补贴等政策、项目资金全部落实到位。全区农业系统未发生群体性事件。大兴安岭地区农业管理委员会在全省农业工作目标责任制考核中获优秀单位。

2. 单一性条目

单一性条目是单独记载某一具体方面、某一具体事物的信息实体，它以某个“点”的情况为内容，从个体上反映事物发展变化的状态和特征。这类条目选材单一，一个条目记述一件事情，不涉及与主题无关的其他内容。通常单一性条目有六个组成要素，即时间、地点、主体、事件、过程、结果。一般来讲，年度内的新事、大事、要事通常选择单一性条目的形式来记述。如:

【第二届中俄博览会】　第二届中国—俄罗斯博览会于2015年10月12日至16日在哈尔滨市举办。大兴安岭地区组成以地委书记、行署专员任团长的200人代表团参会参展，集中展示具有区域特色及产业优势的木屋、地板、板材等系列建材产品。期间，参加省统一组织的商务活动15项；自行组织商务活动2项；签约项目19个，签约额28.1亿元；参展企业就木制工艺品创意加工、铁皮石斛加工、珍贵毛皮动物养殖等14个项目形成洽谈对接。

再如：

【“索金杯”漠河国际冰雪汽车越野赛】 2014年3月8日，“索金杯”漠河国际冰雪汽车越野赛在漠河县北极星广场开幕。该赛事由国家体育总局冬季运动管理中心主办，大兴安岭行署旅游局承办，是2014年中国汽摩运动第一场比赛，历时3天，全国100名队员50辆专业赛车参赛。赛程分北极村黑龙江冰雪江面超级短道赛、北极村至兴安镇古城岛雅克萨古战场冰雪江面越野赛、北极村至洛古河黑龙江源头冰雪江面越野赛3个赛段。黑龙江省力魔润滑油青年赛车队队员乌力吉木仁获第一名，戴国庆和韩岳分获第二、三名。中央电视台、新华社等30余家新闻媒体进行全程报道。

3. 常规性条目

常规性条目是每年必设的固定条目。常规性条目记载事物发展变化过程中某一个侧面的若干重要信息，常用来反映单位业或系统的职能工作、常规性工作，其特点是标题年年不变，但内容年年更新，保持事物的连续性。这一类条目在年鉴中占有较大的比例。

常规性条目不同于单一性条目，它记述的是一个工作面，写法上要做到点面结合，以面带点，对凸显年度特点、亮点又达不到单一性条目立条标准的内容予以必要的罗列，做到点面结合，全面具体。其写法可以把比较零散的信息排列、归纳起来置于同一个条目之中，但这些信息必须是属于同一主题下的相关事务、事件，虽然相关事件的人物、事件、时间、地点都各不相同，但都反映同一主题。常规性条目的组成要素一般包括：时间、与主题有关的具体内容。如：

【交通安全宣传】 2014年，全区公安交通系统利用广播、电视、网络等新闻媒体开展系列交通安全宣传活动，构筑交通安全宣传社会责任网，交通事故同比下降23%。3—12月，在《大兴安岭日报》第二版中设置专版，刊登交通管理政策和信息；在大兴安岭广播电台设立固定专栏“畅行天下”，普及交通安全知识及注意事项；同时利用电台交通专栏“大队长热线”、电视台“人物访谈”节目及移动通讯、信息台等媒体工具，宣传道路交通安全法律法规和安全常识，发布交通安全温馨提示。6月，地区交警支队联合红旗社区举办“安全出行”歌咏比赛。年内，全区交管系统开展大型交通安全宣传活动7次，设立咨询台70余处，印发宣传单12万余张，张贴宣传画1000余张，发放《交通安全宣传手册》1万余份，组织宣传车队21个、秧歌队18个、中小学生宣传方队40个，在各类新闻媒体发稿407篇。

再如：

【安全管理体系建设】落实地委《关于加强安全生产责任体系建设的意见》，大兴安岭地区行署分别与35个单位签订2015年度安全生产责任状。行署安监局印发《2015年全区安全生产重点工作任务分解要点》，将全年24项重点任务逐项分解落实到各责任单位。健全完善考评机制，每月通报事故指标控制进度，每季度通报工作完成情况，定期汇总、适时督办，组织开展半年和年终检查考核，形成层层抓落实的安全生产责任链。举办安全生产视频会议培训2次，12人参加培训。截至2015年末，全区12个县区林业局、37个乡镇、79个行政村、8户规模以上企业基本实现安全生产“五个全覆盖”和企业安全生产“五落实五到位”。

三、准确运用条目的撰写方法

撰写年鉴条目，一般要经过条目的资料选取、条目的种类设置、条目的标题、条目的表述方法等方面，综合选用资料并整理后，才能形成一个初步的条目。

1. 资料选取

选取信息资料是撰写条目的前提和基础，选材是否充分、恰当，直接影响条目的质量。对收集到的材料，要进行鉴定筛选，去伪存真，去粗取精，进行深度加工和整理。

选材的原则：一是年度性，上限1月1日，下限12月31日，个别条目可上溯或下延；二是点面结合，要体现和符合年鉴编纂方针和出版宗旨，要素齐全，有点有面；三是突出重点，选择能反映本领域、本行业主要职能、主要业务、重点工作的有关材料，年度内发生的重要事件，举办的重要活动，产生了重要影响的工作或举措等；四是全面性，选择能反映本领域或本行业中代表全面性的材料，着眼全局，掌握方方面面的信息，不是指哪一个具体单位的工作；要舍去那些反映一个单位、机关、部门的内部的行政事务和活动的有关材料；五是客观性，所有材料都必须是客观事实的忠实记录，不能因某种原因去隐瞒或修改，不能主观臆断；六是新颖性，在筛选材料的同时要注重挖掘信息，选择具有年度特色的要事、新事（新成绩、新经验、新典型、新成果、新发展、新特点、新观念、新举措、新政策、新行动、新趋势、新挑战、新困难和新问题等）及具有地方特色或行业特殊性、典型性的事情。

2. 设置条目

条目的设置，就是从筛选的材料中提炼出各个事件，选择哪一种类的类目来记述，这是由列入年鉴的事件、事物的社会价值和资料价值决定的。综合起来，可以选择设立条目的内容和种类有：（1）各地、各部门、各行业的基本情况或发展总述（可设综述或概况条目）；（2）本行业发布的重要法令、法规、政策和规章（可列单一性条目）；（3）各种重大活动或新生事物（可列单一性条目）；（4）取得实效的重点工作、重大改革和重点工程（可列单一性条目）；（5）重要的政治、经济、文化或行业内各方面的建设成就（可列常规性条目）；（6）常项工作的新措施、新办法或阶段性成绩（可列常规性条目）；（7）本行业重大创造发明、科研成果（可列单一性条目）；（8）重大社会事件或自然现象（可列单一性条目）。

3. 确定标题

条目的标题是条目所记述事物的高度概括和浓缩，它是知晓条目内容的窗口，也是资料检索的引擎。条目标题要求简练、适中、准确，标题用语要求简洁、平实、客观，不宜太长。可以是词组，如“政策法规”“干部培训”“安全生产”；可以是独立的名称或概念，如“第九届人民代表大会第二次会议”“天然林保护工程”“三供两治”“春雷行动”；可以是一个短语或短句，如“打击刑事犯罪”“人事制度改革”“胶合木产品检测中心建立”“档案馆藏书画精品展”“首届职业教育校企合作活动”；可以是一个完整的句子，如“全区42万公顷林冠下资源有偿转让个人”“黑龙江首个科技部林业项目在大兴安岭实施”。

条目标题要准确地概括条目内容，设定标题时要注意以下问题：一是标题只能含一个主题，不能有多个并列的主题，如“安全检查与学习培训”“专卖管理与市场营销”等。二是不能随意简化或滥造缩略语，如用“大农商行”代替“大兴安岭农村商业银行”；“人医”代替“人民医院”等。三是避免用标语、口号语、部署工作用语、套话虚话做标题。如“坚定不移搞改革”“拓展宣传形式，营造良好氛围”“加强法制培训，推行依法行政”“支持重点信贷，发展中小微企业”等。四是避免用抽象用语，如“调动员工创造性积极性”。五是避免用形容词、副词等修饰性的词语。如“大张旗鼓地开展植树造林活动”“采取多姿多彩的文艺形式”等。

4. 规范表述

年鉴条目的语言与通常的工作总结、计划、报告、通讯报道、论文、散文等文体有明显的区别，年鉴条目要求用记叙体或说明体两种体裁。说明体主要是运用定义、诠释、分类、分解、比较和图表等方法，介绍情况，解说事物，阐明事理。记叙体主要是运用叙述，即记实、叙事、记人、写景、状物。其特点是人们出于对事物客观反映的需要，运用各种叙述方法，实事求是地回答事物“怎么样”。年鉴条目采用记述写作主要是记述行业业绩、记述单一事件、记述会议或重大节庆活动、记述人物。

条目语言的主要特点是简洁、平实、准确。一是写法开门见山、直陈其事，即用简明、朴实的语言，把事情发生、发展过程写清楚，不需要导语、套话，也不需要描写、议论。二是客观记述，用词恰当，即坚持述而不作，质朴规范，文风应朴实无华，不渲染，不夸大，不带主观感情色彩。三要突出重点，文字精练，即抓住主要问题或实质性内容，用最简洁、精练的文字陈述事实，做到字斟句酌，寓观点于记述之中。四是行文严谨规范，表现形式恰当，即正确使用简称、简略语的使用规范，汉字、数字、标点、计量单位的使用规范，时间表述规范，以及表格、图片的使用规范等。

四、条目撰写的常见问题

1. 综合性条目出现的问题

综合性条目应高屋建瓴，全面、客观、真实、准确地反映过去一年方方面面的发展变化、取得的新业绩以及存在的主要问题。但实际操作中存在的主要问题有：一是缺少具体工作亮点。有的保留了工作总结中的一段引言，大话、套话、空话多，没有或很少有具体的事件信息，没有呈现出亮点内容。二是有具体工作内容但不够全面，篇幅少，写得过于简单，没有突出全部重点，只记了一二个方面的工作，遗漏其他很多重要的工作。三是连续性对比不足，有的重要信息上年有记述，而当年却没有记述，造成断档；有的重要数据没有形成年度增长或降低的对比，史料性不足。四是没有存在的问题，报喜不报忧的思想认识决定了绝大部分年鉴都没有记述发展中存在的问题。

2. 常规性条目出现的问题

常规性条目所记内容是对一项工作的某个侧面进行专题反映。这类条目一般年年必设，反映工作职能，保持信息资料的连续性，体现事物的发展和变化，但实际操作中存在的主要问题有：

一是内容空洞，无年度特色，放到哪一年都可以。如：

【机关车辆管理】　学习规章制度，严格执行定额标准，加强车辆定额管理，从严控制公务用车购置，节约财政资金。

二是内容混乱，无主次之分，是资料的罗列和堆积。如：

【文化工作】 举办全县干部职工春节联欢晚会、"迎新年"军民鱼水情深联欢晚会。第十三个安全生产月专场文艺演出、法律广场文艺演出、"展民族风采、促文化交流"全省鄂温克民族交流文艺演出、"润发杯"卡拉OK比赛为全县音乐爱好者搭建展示才华的平台。"放歌兴安岭"程进先、周良华个人音乐创作作品专场音乐会，为百姓奉上一道视听盛宴。新兵征集暨庆"八一"专场文艺演出，依法服兵役深入人心。"军营作标榜、归乡创辉煌"欢送老兵联欢会。专场文艺演出15场。

3. 单一性条目出现的问题

单一性条目记述的是年度大事、要事、新事，一事一条，但实际操作中存在的主要问题有：

一是两件事件写在一个条目中，如"环境监测与污染防治""蓝莓与红松育种研究"。

二是标题不规范。有的模糊笼统，如"开展各类比赛活动""统计学会工作取得较好成绩"；有的标题过长，如"以'提素质、创一流'为目标加强自身建设"；有的标题内涵过大而内容不足，如"民生事业蓬勃发展"。

三是有的条目内容过短，在内容上缺少时间、地点，只体现了事件的发生，没有结果，资料信息不完整。如：

【参加体育赛事】 县体育局组织运动员参加了全国、全省组织的各种体育比赛，有冬季冰上运动会、田径比赛等。

四是材料零散，铺垫渲染过多，没有必要。如：

【开展社区粽情端午主题活动】 农历五月初五，是中国民间的传统节日——端午节，它是中华民族古老的传统节日之一，有很多节日习俗。为传承中华文化，营造喜庆的节日气氛，文化部门组织了精彩的喜人乐见的游戏、比赛节目，共同庆祝传统节日——端午节。

4. 文体文风问题

条目撰写中经常出现体例结构不符合年鉴要求的问题，主要表现在：

一是与工作总结相似，年鉴条目的内容基本上是各单位的年度工作总结内容，只是把每个段落的第一句话作为条目的标题加上方头括号，没有重新对语言和格式进行加工改写，各种过渡式的工作总结用语仍然存在，规范性更无从谈起。

二是与通讯报道相似，年鉴条目的内容基本上是各单位上报的信息、通讯等新闻报道材料，空话、套话宣传用语多，篇幅很长，但有价值的信息内容很少。

三是记流水账，删除了过多的文字，按时间顺序罗列所做的工作或活动，没有突出条目的主题。

5. 语言不规范问题

在条目语言上存在的主要问题有：一是使用第一人称，而条目要求用第三人称记述。如我县、我区、来到县里调研等。二是使用感情色彩的语言，如：圆满、顺利、隆重、名列前茅、丰富多彩等词语。三是使用“穿靴戴帽”语言，即工作总结、工作报告和通讯报道所惯用的语言①。如：“××局认真落实党的十八大和十八届三中、四中、五中、六中全会精神，深入落实科学发展观，深入开展创先争优双服务和内树正气外树形象主题实践活动，勇于面对困境，善于破解难题，努力创造良好的工作环境。”四是口语化，语言不简洁，如“通过开会对乡村卫生和发展等工作进行了打算。”“到困难户家中搞帮扶，跟他们唠嗑。”五是使用“目前”“现有”“去年”“可能”“差不多”等不确定的时间数量的词汇。六是有的省略了不能省略的主语。如：“会同地区物价局联合开展《大兴安岭地区公墓价格和收费管理暂行办法》的调研。”在条目没有交代主体单位的情况下，一定要加主体单位“地区民政局会同地区物价局联合开展”。七是数字不规范，对于同一事物，有的文字中的数据和表格中的数据不一致；有的总数和其中数的关系不是大于或等于的关系；有的同一事件的数据在不同的单位中体现的不一致。

---

① 阳晓儒：《地方综合年鉴条目编写常见问题及编辑处理》，《年鉴信息与研究》2009年第3~4期。

总之，条目撰写是年鉴工作的基本功，也是年鉴质量提高的重头戏。年鉴工作者一定要深入学习和研究年鉴条目的撰写，高标准，严要求，以审慎的态度、翔实的资料、规范的体例、精准的语言撰写年鉴条目，努力提升地方综合年鉴整体质量，打造出高价值、高水平的年鉴。

（作者单位：黑龙江省大兴安岭地区地方志办公室）

用“年鉴语言”讲好“中国故事”

——“一带一路”视野下的年鉴编纂

马艾民

摘　要：在“一带一路”国家战略中，文化作为不可或缺的方面，有着极为重要的地位，发挥着隐形的巨大作用。本文作者把地方综合年鉴编纂置于“一带一路”的视野之下，从三个角度探讨年鉴编纂在其中应该发挥的独特作用。本文对于吉林省乃至全国的年鉴工作者站在更高的角度上提升认识水平、转变年鉴编纂思路具有启发、指导和借鉴意义。

关键词：“一带一路”　年鉴编纂　中国故事

一、中国传统文化需要“走出去”

地方志是中国传统文化的表现形式之一，年鉴是地方志的组成部分。文化这个概念内涵十分丰富。文化作为一种精神力量，能够在人们认识世界、改造世界的过程中转化为物质力量，对社会发展产生深刻的影响。这种影响，不仅表现在个人的成长历程中，而且表现在民族和国家的历史中。人们的经济活动、制度设计、行为方式、日常生活都具有特定的文化内涵，体现着文化的作用。当今世界，各国之间综合国力的竞争日趋激烈。文化在综合国力竞争中的地位和作用越来越突出。文化的力量，深深地熔铸在民族的生命力、创造力和凝聚力之中，成为综合国力的重要标志。习近平曾经强调，“中华优秀传统文化是中华民族的突出优势，是中华民族自强不息、团结奋进的重要精神支撑，是我们最深厚的文化软实力”。笔者以为，所谓传统文化，是指在历史中形成，在现实生活中仍然起作用的那些思维方式、价值观念、行为规范和风俗习惯等。中国传统文化是中华民族的精神命脉。

社会是以经济为基础、以政治为中介、以文化为导向的有机体，人类的生存离不开经济、政治和文化，世界的发展主要体现在经济的繁荣、政治的昌明和文化的进步。在“人文交流”和“文明互鉴”方面，中国传统文化理当承担重任，通过形式多样的文化交流，让古老的中华文明走向世界，让传统文化成为中国对外开放战略的开路先锋，拉近与沿线各国人民之间的感情，让人们“相逢相知、互信互敬”。国与国之间需要互通有无，人与人之间需要相互了解。“以文化人”，我们应该高度重视文化的“教化”作用，注意发挥文化对个人和社会的“教化”功能。这不是说我们要借助文化改变邻国、改变他人，而是让邻国、邻人更多地了解我们，从而认识和理解当今的中国和中国人民。“一带一路”战略构想契合沿线国家的共同需求，这一战略在平等的文化认同框架下谈合作，体现的是和平、交流、理解、包容、合作、共赢的精神，为中华文化走向世界提供了巨大的舞台和难得的机遇，中国传统文化“走出去”成为“一带一路”战略的题中应有之义。

编修地方志是中华民族优秀文化传统，地方志是传承文明、服务社会的信息载体，是发掘历史智慧的重要途径。地方志所记载的内容纵贯古今，横陈百科，能够集中展示中国各地深厚的历史底蕴、多样的文化形态、经济的发展脉络、丰富的社会生活、迥异的风土人情。作为联系历史与现实的重要桥梁之一，地方志应该成为“一带一路”倡议中向沿线各国宣扬中华文明、传颂中华文化、播撒中华智慧的重要载体。

在国务院颁布的《全国地方志事业发展规划纲要（2015—2020

年）》中，明确提出了要配合国家文化“走出去”战略，推介一批高质量的地方志成果，充分展示地方志的当代价值及永恒魅力，推动方志文化走向世界，增强中华文化凝聚力、影响力和国际竞争力。这一提法准确呼应了时代要求，提出了地方志工作机构要加强国际传播能力建设，把中国地方志推介出去的目标，主动把地方志工作融入国家“一带一路”倡议，为提升国家文化软实力发挥重要作用。

在地方志这个概念之下，包括了志书、年鉴、地情书和地情网站等地方志文化产品。笔者以为，年鉴如同“百科全书”，全景式地记述和表现了各个行政区域内方方面面的大事小情。天文、地理、建置沿革、人口民族、自然概况、资源物产、气候水文、行政区划、政党团体、经济建设、法治进程、军事司法、科学技术、教育文化、体育卫生、地方人物、文献公报……在年鉴中都有充分的体现。

“一带一路”倡议为文化“走出去”开辟了新的通道，也为地方志走向世界打开了新的窗口，以此为契机，志书、年鉴、地情书和地情网可以在沿线国家和地区广泛传播、大加宣传，有了新的受众群体，地方志文化产品的知名度和影响力必将继续扩大，所承载的内容必将成为沿线人民独特的精神食粮，从而得到更加广泛的认知，为实现“一带一路”倡导的和平合作、开放包容、互学互鉴、互利共赢理念提供精神动力。

二、何谓“年鉴语言”

中国古代历书、辞书、类书和方志等文献类型于清末传入中国的年鉴在某种意义上有一定的渊源和传承关系。中国的年鉴在经历了兴起阶段、快速发展阶段之后，进入了依法编纂阶段。所谓“年鉴语言”，并非仅仅指的是年鉴的用词、用语，而是泛指年鉴这一文化品种的特殊属性和风格。以地方综合年鉴为例，“年鉴语言”的独特之处体现在诸多方面。

1. 属性独特

资料性——容量大、范围广而且高度浓缩概括，可谓全面系统、真实准确。地方性——中国幅员辽阔，不同地区有着不同的资源禀赋。历史文化背景和地区之间差异较大，各地年鉴所承载的内容当然各有千秋。年度性——地方综合年鉴着力反映上一年度内当地的经济建设、政治建设、文化建设、社会建设和生态建设的成就、状态，体现年度特色。综合性——全面记述一地自然、政治、经济、社会、文化等方面的情况，资料完备、内容全面，点面结合、重点突出。工具性——年鉴与字典、词典、索引等工具书有相似的功能，都是供使用者查阅的。年鉴具有收录广泛、内容概括、信息密集、资料浓缩、编排特殊等特点①，为读者查阅提供了较大的方便。史册性——由于年鉴是连续编纂的，其中的内容具有延续性和可对比性，这就决定了年鉴具有存史功能，年鉴越是久远，它的史料性越是明显。这已是不争的事实。

2. 文体独特

地方综合年鉴的表达方式以记叙为主，兼具说明，主要通过条目加以体现。与辞书、百科全书、志书、工作总结、工作汇报、新闻报道、文学作品等文体都有着明显的不同。按照人的成长过程或事物发展的逻辑顺序叙述，要求繁简适当、详略得当，多层次、多角度地反映主题。说明体抓住事物的特点、属性、差异，浅显、准确地加以说明。年鉴文体具有篇幅短小精练、行文据事直书、基本要素规范等特点。② 用条目体表述年鉴所记载的内容，可以把种属概念、上下位概念的事物等同起来，平等对待，并排而列，有着简单、灵活、科学、迅捷等优点，条目虽短，但内容丰富、信息量大。年鉴记述的均为事实，从条目标题到内容使用的是直述式的表达方式，具有标题准确简练、内容文约事丰、表达方式恰到好处的优点。年鉴的条目多则千字左右，少则几十个字，而且基本要素齐备，可以让读者一目了然，在短时间内获取信息。

---

① 杨军仕、王守亚等著：《地方综合年鉴编纂教程》，北京：方志出版社，2016 年，第 8 页。

② 杨军仕、王守亚等著：《地方综合年鉴编纂教程》，北京：方志出版社，2016 年，第 13 页。

3. 文风独特

年鉴文风是指年鉴编纂的语言风格。其特点是准确、朴实、简洁、流畅。这些风格是年鉴与其他文体不同之处。作为所实而记的年鉴，其工具书的属性要求年鉴以传递信息、传播知识为己任，所以行文中第一要用准确的语言表达准确的事实：恰当用词以准确表现事物的面貌；辨析词义，以区别近义词的差别。第二是语言朴实，呈现质朴、自然、平易近人的美。具有立言得体、通俗易懂的特点。第三是语言简练，用最少的文字、最小的篇幅表达尽可能多的内容。第四是流畅，逻辑符合规范，修辞注重实效，概念准确、判断恰当。在语法上突出主题词，多使用长句代替晦涩难懂的长句。年鉴的特殊文风符合工具书的属性要求，决定了这种文化产品具有可查可检、可读可信等特性。

三、怎样讲好“中国故事”

年鉴在中国经过40多年的快速发展，在今天有“遍地开花”的态势，中国俨然成为“年鉴大国”。据国家图书馆统计，到2015年年底，全国编纂出版各级各类年鉴约5000种。中国的年鉴记的是各个行政区域内的基础信息和大事要闻，讲的是“中国故事”，是向全世界展示中国魅力的有力话语体系。

年鉴编纂作为地方志工作的重要组成部分，不仅能宣传地情、展示国情，更能承载当代智慧、传承中华文化。和一般图书相比，年鉴是年度资料性文献，具有地域性、年度性、连续性、科学性、资料性、信息性、工具性等特点和权威性、真实性、准确性、新颖性、可读性、及时性、存史性等基本性质。年鉴是外界了解中国的一个窗口，能够帮助世界人民认清中华文化和地域文化的历史渊源、发展脉络、基本走向、现实状况，了解中华大地上发生的独特创造、价值观念，有助于展示中国风格、塑造中国形象。在“一带一路”倡议中，我们要用“年鉴语言”讲好“中国故事”。

虽然“一带一路”倡议的根本性质归属于政治层面的话语框架，但有关于“一带一路”的表达方式应该接近大众的普遍接受程度，这样才能更好地发挥传播作用。从传播学的角度来看，基于文化认同的吸引是无形的，却具有无限的力量，它可以让大众毫无理由地喜欢上一种文化形态、一种价值观念，将其上升为知识和经验基础之上的身份认同。

年鉴作为一种文化产品，也是一种传播媒介，要想达到良好的文化传播效果，更好地服务于“一带一路”倡议，我们应该追求“润物细无声”般的文化滋养和吸引。如何使用“年鉴语言”来讲“中国故事”？笔者将从两大方面加以表述，一是目前年鉴存在的问题，二是在“一带一路”背景下，如何办好年鉴，使之成为讲述“中国故事”的更好的载体。

就目前而言，全国地方综合年鉴存在的问题之一是实用性不强，应该着力记述的内容（如上一年度某一领域的发展状况），恰恰记得不多；应该大力删减的内容（如机关单位日常事务、行政的过程、管理的措施、取得的成绩，宣传性、事务性、工作总结性的内容等等）。该详的不详，该略的不略，造成一些年鉴实用性不强。

问题之二是体量偏小。全国有的市级年鉴只有40万字，记述的内容基本属于蜻蜓点水；某部县级年鉴只有36万字，个别条目仅20多个字，读者想从中查找具体内容是很困难的。根据全国各级年鉴的平均字数，一般市级年鉴80万字左右为宜；县级年鉴在60万字左右。一些县级年鉴不仅全书体量较小，而且每个部类之间，记述量失衡。主要表现为以下三种情况：一是全书一次文献过多，年鉴成了“文件汇编”。笔者曾在省级年鉴质量评估中发现，某部县级年鉴的“文献”部类占了全书的二分之一文字，全县一年中发布的所有的文件，包括政府组成部门的文件，都被原封不动地收录其中，事无巨细、无一遗漏。二是全书“动态性条目”少而又少，多数条目是多年设置的固定条目，与上一卷年鉴相对比可以发现，条目标题是一样的，只是改动了其中的数据。也就是说，全书对一次文献的开发不够，二三次文献过少。三是不善于使用表格和图片，这使得年鉴的记述不仅不生动、不活泼，而且不直观、不充实、不耐读。曾有一部县级年鉴，全书只有两张表格，除了卷首彩页之外，正文没有一张图片。问及原因，编辑人员完全忽略了表格这个表述手段。有的人认为前面有了彩色的图片，加上图片组稿困难，正文可以不用了。这些“原因”听来确实让人哭笑不得。体量偏小意味着内容不充分，内容不充分读来自然“不解渴”。

问题之三是年鉴读来淡而乏味。“缺少味道”的主要表现是框架结构缺少特色，内容空泛，资料单一，缺乏特点。可谓“通典不漏，个案鲜有”，从条目中看不到地方的独特优势所在，见不到地方的特点，只有千篇一律、大同小异的“常规”栏目，读来索然无味。年鉴框架设计应当与时俱进，逐年从实际出发更新一些栏目，增加对那些有时代意义的新事物的记述。可现实情况是，许多县级年鉴的框架长期稳定，缺乏新意，栏目没有创新，读者从中看不到年度特点。年鉴撰稿人缺乏深厚的材料基础，写稿时单纯依赖单位的工作总结或报告、汇报，概括性的浅层次的记述多，有深度、有特色的内容少。单一性条目经常与本单位的职能处室相对应，条目选题多为反映某项职能工作的稳定性选题，那些有新意、有价值、有特色的题材被淹没其中，“动态性条目”变得十分稀有。选题上下年雷同，部门间、地区间“似曾相识”，这样的年鉴读来不可能有味道。

在“一带一路”倡议下，重新审视年鉴问题，笔者认为年鉴编纂者首先要胸怀大格局、拥有大视野，把年鉴放在全中国、全世界、全人类的高度，重新考虑入鉴内容、表达形式、传播方式等问题，让年鉴更好地为“一带一路”倡议服务，成为沿线各国人文交流中的桥梁和使者，成为传扬中华文化、展示当代中国的崭新窗口。

首先，要从年鉴的工具书属性出发，以增强实用性为重点目标。年鉴是逐年出版的资料性工具书，以基础信息和大事要闻为记述重点。能及时反映年度的大事、要事、新事、特事，其资料性是新闻报道无法比拟的；其时效性是百科全书无法相比的。年鉴人应该把这种优势保持好、发挥好并不断强化，形成年鉴独有的核心竞争力，使年鉴在当今社会立于不败之地。把那些货真价实的新鲜事、特殊事以“动态条目”的形式充分地反映在年鉴中。与此同时，时刻牢记读者，从读者的角度审视年鉴内容，哪些是读者想看、要查的资料？哪些是无关痛痒、可有可无的东西？哪些内容具有存史价值？比如，年鉴可以增加便览性的实用资料，注重提供实用价值高的事物类表格。地方特产、旅游景点是一个行政区域的代表，相当于当地的“名片”，不仅是当地的特色，也是广大读者感兴趣的内容。注重反映地方土特产基本情况及生产、开发、经营情况，可以看出行业的兴衰起伏、时代变迁。对旅游景点、甚至旅游线路的介绍，比一般化地记载旅游规划和开发、旅游宣传和推广、旅游行业管理等内容更具实用性。地方风土人情、民俗节庆是一地的“文化符号”，年鉴应加大记述力度，通过详细记载活动仪式、说唱内容、服饰道具并配以活动图片，图文并茂地进行记载，不仅可以记述当代，还可以为将来留存宝贵的资料。深入研究地情，从独特的地域经济、文化出发，对该突出的内容详细地加以记述，把各地的特色、特产传扬出去。年鉴所记内容不应仅仅停留在工作、事务的记载层面，更应总结、呈现事物发展的特点和规律，提供能够给人以启发、深思的资料，做到“把握时代性，体现规律性，富有创造性”①，如此才能发挥年鉴的镜鉴作用和实用功能。对那些不便在条目中展开的内容，可以通过配发表格、示意图，刊发“相关链接”来拓展年鉴记述内容的深度。

其次，努力呈现地方年度亮点。不仅要在年鉴框架设计中体现与众不同之处，而且要在条目编写中充分体现这些“特色”“优势”。全国各地资源环境各不相同，经济社会发展水平不一，风土人情各异，年鉴编纂者要充分认识、准确把握一个地方的地情，不仅要从共性内容上有准确的记述，而且要抓住个性内容作深度解读。年鉴记录的是地情，年鉴的框架结构最直接地反映了所刊载的内容，它决定着年鉴的选题范围及选材方向。框架设计得科学合理，年鉴的有效信息才能增加，年鉴资料的利用率也才能提高，年鉴的实用

① 莫秀吉在第15次全国地州区县年鉴研讨会上的主题报告（2014年10月）。

功能会因此变得强大。要善于抓住地方的强项，地方的独到、独特之处，合理设计栏目，适当安排版面，使年鉴富有自己的“味道”。

再次，创新年鉴编排和传播方式。“创新是在现在基础上的前进、突破，某种程度上是对现有工作思路、发展模式的改正、调整。”① 我国作为一个具有历史悠久、多地区文化并存的文明实体，要呈现给国际社会的文化资源十分丰富，让人眼花缭乱，在新媒体时代，寻找中国文化与全球大众文化相契合的连接点，让对外传播更能契合全球化新媒体传播的时代要求，这是我们应该面对的问题。我们不能止步于传统的“纸质年鉴加光盘”的出版形式，要借助互联网技术创办“网络年鉴”，同时编辑出版年鉴的多种语言版本，方便各个国家、多个民族读者随时随地查阅、检索。“网络年鉴”可以尝试即时编纂模式，改变过去年末出版的传统做法，把最新的资讯用年鉴条目体的表达方式及时地传递给读者，同时请读者参与互动，成为“编外编辑”。少数民族语言和外文版年鉴是从前较少提及的，但在“一带一路”倡议下，要让年鉴发挥应有的作用，“一带一路”涉及的省（市、自治区）出版民族语言版和外文版年鉴是十分必要的。

中国提出“一带一路”的倡议，立足于当今世界地区发展不平衡的现实，秉持求同存异的发展理念，着眼于文明互动、平等对话的角度，旨在助推世界走出“治—乱”周期律，描绘出一幅人类社会合作共赢的美好前景，可谓古丝绸之路的中国化、时代化、大众化，彰显了中国“达则兼济天下”的大国担当。② 在“一带一路”背景下，文化事业需要谋篇布局，地方志作为文化事业的一部分，也要有所作为，发挥“存史、咨政、育人”的功能，成为“一带一路”倡议中沟通各方的桥梁。“一带一路”倡议绝非以经济发展为唯一目标，而是成为文化大发展的战略契机。地方志文化要借机发力，成为文化软实力中的“硬基础”，成为传扬中华文化的重要载

① 李培林：《开拓创新、乘势前进，努力开创地方志事业发展新局面》（在全国地方志机构主任工作会议上的总结讲话 2015 年 4 月 17 日）。

② 陶连飞：《“一带一路”的内在逻辑》，《吉林日报》，2016 年 7 月 26 日 5 版。

体。对接“一带一路”倡议，让地方志事业站在新的文化高度上做出独有的贡献，为沿线各国提供中国独有的特色文化。

《全国年鉴事业发展规划（2016—2020年）》已经由中国地方志指导小组印发，年鉴的发展迎来了千载难逢的大好机遇，办出精品年鉴，使之成为相对稳定、具有较强说服力、受到普遍欢迎的文化产品，凸显“一带一路”的文化属性。我们“利用年鉴的年度资料性文献性质，及时记录各地在全面建成小康社会的伟大征程中，每年取得的新成绩、新经验，出现的新情况和新问题，涌现的优秀人物和典型事迹，在改革大潮中人民群众的所思所想、喜怒哀乐，在社会变迁中当地的风俗习惯、文化特征，将之全面、系统、客观地告诉世人。”① 虽然年鉴只是地方志文化中的一个品种，但以其一年一卷的出版时效和出版数量而言，完全能够承担政策沟通、设施联通、贸易畅通、资金融通、民心相通“五通”的记述和宣传使命。中国庞大的年鉴群与我国文化传播的想象力、民族文化的创造力和中国未来在国际话语舞台中的地位有一定的关联，所以，我们要从更高的视角看待中国传统文化、地方志和年鉴，让文化成为实现“一带一路”倡议的“助推器”和“加速器”，成为世界各国人民友好交往的“润滑剂”；让精品年鉴具有“中国特色、中国风格和中国气派”②，为“一带一路”倡议提供智力支持和精神动力。

（作者单位：吉林省地方志编纂委员会）

① 李培林在第一次全国年鉴工作会议上的讲话，2016年7月15日。

② 李培林在第一次全国年鉴工作会议上的讲话，2016年7月15日。

如何提高地方年鉴的实用价值

王淑红

摘　要：年鉴的价值体现在能够服务于社会现实。如何提高年鉴的价值？要围绕地方政府的中心工作和社会热点谋篇立目，收录全面、翔实、权威、精准的地情信息，具备与时俱进的编纂思想，才能有效提高年鉴的实用价值。编纂地方年鉴要树立为更广泛的读者群服务的意识，找准立足点和切入点，做到雅俗共赏，才能更好地发挥价值。

关键词：提高　年鉴　实用　价值

地方综合年鉴是指系统记述本行政区域自然、政治、经济、文化、社会等方面情况的年度资料性文献。它是集数据、情报、资料为一体的多元信息载体，具有为现实服务的多种功能。年鉴的实用性决定年鉴的价值，只有“有用”“有人用”，而且用的人越来越多，年鉴才能长期立足，繁荣发展，才能成为越来越被社会重视和使用的文化产品。因此，编纂地方年鉴要树立为更广泛的读者群服务的意识，找准立足点和切入点，做到雅俗共赏，才能更好地发挥价值。笔者结合编纂《伊春年鉴》的多年工作实践，谈谈一己之见。

一、围绕政府年度中心和重点工作谋篇立目，才能实现资政价值

地方综合年鉴是由地方政府组织编写的，是“政府行为”。为各

级领导提供科学决策服务是地方综合年鉴首要的实用价值。因此，编纂年鉴就需要围绕政府工作谋篇立目，如实记述地方政府的施政行为，为政府各项工作提供参考和借鉴。

（一）突出经济发展的主题

改革开放是这个时代的主题，以经济建设为中心是国家富强的根本要求。目前，在中国的社会现实中，一切工作都要围绕这个中心，体现发展这个主题。地方综合年鉴作为文化产品，也要积极参与到为经济建设服务中来，以体现年鉴的自身价值。因此，地方综合年鉴要紧紧围绕经济建设这个中心谋篇立目，反映出在地方政府的领导下，各项事业的发展进程、取得的成绩、出现的问题等，为今后的工作提供借鉴。在年鉴编纂中，为突出发展成果，就要通过不同的形式和内容予以体现。首先，要通过彩页抓眼球的效果予以体现。或收录各项主要经济数据设一栏集中展示；或做几年的发展柱状图，通过对比予以体现；或以图片形式展示年度事业发展亮点等。其次，在正文的框架设计上，或将重要内容位置前置、或将发展成果内容的文字量增大、或增加能够体现各业发展的随文照片数量、或以提升级层来凸显主题。伊春市从2000年恢复《伊春年鉴》编纂以来，一直是围绕当地经济发展的主题进行编纂。从生态立市到产业兴市，每年都紧紧围绕市委市政府中心和重点工作谋篇立目。在伊春市进行林权制度改革和资源型城市转型时，在“市情总述”类目中增设了两大试点工作内容；在创建国家卫生城市和全国文明城市时，增设了两大创建活动的工作内容；为体现发展成果，让读者更直观地了解伊春市近年来的发展变化，彩页增设了“数字伊春”“活力伊春”等内容。近年来，民生作为政府主要工作，《伊春年鉴》就加大了对民生事业方面内容的记述。《伊春年鉴》连续编纂了17年，正是实践了这一观点，才能在助推伊春社会发展的进程中实现自身独有的价值，发挥了不可替代的作用，并以此为“敲门砖”，打开并提升了地方志部门的形象和社会知名度。

（二）突出重点工作及重要信息

改革开放的年代，社会发展日新月异，在经济大发展的今天，地方政府每年都有不同的工作重点，因而，每年的年鉴编纂就要突出年度重点工作及重要信息，做到重点工作突出，重要信息不漏。在对一些年度重要信息的处理上，大事记中要宏观记述，正文中要在相关内容上翔实记述，彩页中通过设置“大事要闻”等专栏通过图片展示。做到“一本年鉴在手，全域大事在胸”。《伊春年鉴》在正文中除专设重点工作推进落实和重大项目完成情况等专项内容外，还在其他类目中展开记述各项重点工作的开展情况；在彩页中增设了相关板块。2014 年，伊春市政府提出要办好三件大事，《伊春年鉴》在彩页中增设了“创建全国文明城”“承办黑龙江省第十三届运动会”“举办森博会”三项内容，每项内容有图片有文字，宏观体现了重点工作，突出了年度大事。在伊春市大开放大招商时，为突出全市招商引资这个重点工作，《伊春年鉴》将招商引资内容升格，由分目级别升格为类目级别，加大了文字篇幅。民生作为近年来政府的重点工作，更是在《伊春年鉴》中浓墨重彩，书前彩页增设了“民生事业”专版，将政府在民生上的投入、惠及百姓的实事通过照片予以直观体现。《伊春年鉴》通过多种方式突出了重点工作及重要信息，为各级领导掌握全局，把握各项重点工作的完成情况，安排部署下年工作提供了有力的参考和借鉴。目前，越来越多的人使用年鉴。

（三）突出年度和地方特色

年鉴按年度出版，具有年度性。它的属性就要求年鉴要具有年度特点。每年编纂地方年鉴，都要了解和掌握年度最新情况。要按照每年的政府工作内容，如实记述政府年度工作，从部署落实到取得成效，在年鉴中都要予以体现。要突出一个“新”字。年鉴年年编，年年都要有新意。翻开不同年度的年鉴，就要体现出一种全新的年度特点。从形式到内容每年都应有变化。2012 年，伊春市提出了第三次创业的思路，《伊春年鉴》及时将有关第三次创业内容的文章收录其中；2015年，市主要领导变动时，《伊春年鉴》及时将这一新的信息在书前彩页中通过照片和文字相结合的方式收录其中，突出了年度性；2015年是“十二五”结束年，为突出年度性和史料性，《伊春年鉴》在彩页中增设了“十二五回眸”专版，通过图片文字相结合的方式将“十二五”期间伊春市各项事业的发展成果予以集中体现。在正文“市情总述”类目内容的记述中，除收录市情基本情况外，每年都要录入全市年度重大活动类内容，以体现年度特点。随着市委、市政府产业兴市战略的全面实施，伊春市的优势特色产业逐渐形成，每年的《伊春年鉴》都紧跟市委、市政府的经济发展思路，将伊春市的优势产业多年来形成的过程做全面客观的跟踪记述。从最初的四大支柱产业、五大优势特色产业再到接续替代产业、“3+X”产业，直至如今的重点产业的发展过程，每年在年鉴中都做到客观准确及时记述，发展中产业名称和内容不同，《伊春年鉴》的记述内容就不同，突出了年度变化。同时，还要突出鲜明的地方特色、行业特色、产品特色等，凸显个性特点。从外观设计、框架设计到正文具体内容的记述都要突出地方个性特色。大都市有大都市的风采，小城市有小城市的风格，方能体现出世界的多姿多彩，才能提供不同的信息需求。《伊春年鉴》在编纂中，从封面开始，就注重体现地方特色。在封面设计上选择山水相映的照片体现伊春作为生态旅游城市的风貌；在书前彩页上设置“城市名片”“特色之乡”等内容突出地方特色；在框架设计上突出国家级优秀旅游城市建设和独具特色的支柱产业的发展；在“市情总述”类目中设置“市树、市鸟、市花”内容体现地方特色，增强可读性。

二、收录翔实全面的地情信息，才能为经济发展和社会生活服务

地方年鉴之所以定义为权威的地情书，正是因为它收录的资料翔实、框架系统全面，内容涉及面广，各行各业均有记述，才更好

地发挥服务经济发展的作用。要想做到翔实全面，就要广泛征集资料，记述全方位的发展。

（一）征集资料要广

年鉴属于资料性工具书，作为工具书的属性，它应该收录一年来各种信息资料。要想达到年鉴内容翔实，使用价值高，就要从资料入手，征集资料是第一要务。没有丰富的原始资料，就编不出优质的年鉴。因此，需要在征集和收集资料上下功夫。年鉴资料主要来源于各承编单位上报的各种材料。但因各种原因，存在所报资料杂、不全、不准等情况，所以，编者还应从报纸、网络、文件、简报、会议材料等多种渠道广泛搜集资料，内容上除政府各项工作资料外，涉及人民生产生活的衣食住行等信息都要收录，弥补各单位所报资料的不足。

（二）内容记述要全面翔实

年鉴作为上一年资料汇编的工具书，所记述和收录的内容就要全面系统翔实。内容的广度决定了使用的程度。从一个地方的大事要事到普通百姓生活的小事，从政府的重要工作到其他普遍的日常工作；无论是官事还是民事；无论是新出现的事物，还是连续记载的旧事；无论是老生常谈的话题还是热点焦点问题，不管是图、表，还是照片，都要收集，这样才能做到全面翔实，才能体现出年鉴的综合性和全面性，才能更好地发挥工具书的作用，更广泛地服务现实。《伊春年鉴》在多年的连续编纂中，正因记述内容的全面，使用的人才越来越多，使用的范围也越来越广。领导新上任时，调阅了《伊春年鉴》，以此了解伊春市情；干部公选时，为了解市情，阅读了《伊春年鉴》；企业单位为自身发展寻找信息时，参阅了《伊春年鉴》；部分单位招人，报考人员需要了解所报单位工作内容时，参看了《伊春年鉴》；国家、省、市机关院校到伊春调研查阅了《伊春年鉴》；个人撰写学术论文需要年鉴资料；大项目立项、城市建设需要参考年鉴数据；市民了解生活信息需要查找年鉴。年鉴的实用性越来越强。年鉴不仅成为领导手中不可缺少的市情工具书，也成为了社会各界必用的地情工具书。

三、内容的记述要精准，才能实现信息价值的权威性

年鉴收录的内容选好后，最重要的环节就是将零散资料编辑成有用信息。在编辑环节要做到精准，记述的信息才具权威性。

（一）要将杂芜的内容变为精准的信息

在编辑过程中，首先要对资料进行甄别。在年鉴资料的征集过程中，因涉及单位较多，每个单位所上报的材料是否是年鉴所需的资料，或材料是否准确，都是不确定的。所以，要对资料进行仔细甄别，弄清弄准，去粗取精、去伪存真。对不符合年鉴体例要求的，缺少内容、缺少要素、缺少信息量的材料应及时返回各单位，要求重报，对数字有矛盾的，要认真核对。同时对各单位所上报的几个材料及编者自己收集到的资料要进行对照比较，以确保入编内容的准确。在编辑环节要严格按照年鉴的记述语言进行编辑。一年里发生的事很多，不能一一罗列，要多选一些大事、要事、新事、特事、首事等入鉴。用精练规范的语言，将一些杂芜的原始材料编辑成有用的信息，将多数工作总结式的概括性语言精练成具体准确的信息性语句。记述文字要精，去掉一切导语、描写、议论之类，用事实说话；表现形式要精，在年鉴的多种表现形式中，是采用文章体、表格体还是条目体，都要从精确的角度去考虑。为保证准确性，还要重视校对工作。在编辑后的几个工作环节都需要仔细认真校对。即使交印刷厂的是电子版原稿，但经排版软件处理后，也要留意是否存在因操作造成丢字漏字、重复排版的现象。总之，经过选资料、精编辑、细校对的几个环节，才能保证所编辑内容的精准，才更具使用价值。

（二）发挥好“鉴”的功能，增加年鉴的价值

年鉴之“鉴”，具有深意，一有“镜”之义，二有“照”之义，

三有借鉴之义。年鉴切实发挥“鉴”的作用，就要讲真话、道实情，既报喜、又报忧。所谓忧信息，主要有两种：一是不利于经济社会发展的动向和问题，包括各种不稳定因素、自然灾害、重大突发事件、不正之风等；二是事物本质与现象的偏离，如正确的政策，由于执行不当而造成的不良后果，或因情况不明而形成的失误。忧信息注重于反映问题和矛盾，从某种意义上讲，比喜信息更为深刻，它发出的“报警信号”、亮出的“黄牌”“红牌”往往能提醒决策者及时调查，深入研究，采取对策，减少损失。① 比如对环境的破坏、人为造成的重大灾害、收录反面人物等等的记述都是可发挥惩前毖后和防微杜渐的借鉴作用的。但地方年鉴因官书和史书意识较浓，忧信息内容少，甚至没有。有些触及敏感话题或涉及工作失误方面的信息记得含糊，废话多，涉及实质性内容少或没有，几乎跟没记一样，更谈不上是信息，起不到警示借鉴作用。地方年鉴在鉴的功能发挥上欠缺。因此，要想提高年鉴的实用价值，还应增加忧信息的记述。

（三）返稿核对是年鉴信息精准的保证

在年鉴编辑时段，有些部门上报的数字为初步统计数或工作总结的数字，往往不是最后准确数。为确保年鉴记述史实和数字的精准，全书定稿后，还需要增加返稿核对的关键环节，将终审稿返回原单位进行核对，对领导人任职时间、相关数字及史实的准确性等进行最后的修订核对，为确保年鉴信息的准确性多加一份保险，以此保证年鉴的可信度及可用性。《伊春年鉴》经过多年的返稿实践，不仅在各承编单位中树立了严谨认真的工作态度，赢得社会的尊重，更主要的是保证了年鉴所记内容的准确性。

四、融入新媒体意识，更利于传播和使用

年鉴是一种媒介，同电视、报纸、杂志一样具有传播信息的功

① 肖东发等著：《年鉴学》，北京：方志出版社，2014年，第96~97页。

能。但却不像其他传媒那样被广泛地传播和使用。要想发挥年鉴独有的信息价值，最终成为不可替代的传媒，还需要具有新媒体意识。

（一）在内容的编纂中淡化传统观念，融入时代思想

编纂地方年鉴是政府行为，一直以来地方综合年鉴官书意识较浓，所载内容宏观综合，且总结类较多，强化“资政教化存史”功能。但年鉴的功能是多样性的，作为一种特殊的大众传播媒介，它的内容逐年更新，时效性远远强于一般的期刊书籍，使用价值更大。年鉴要想成为实用性咨询参考工具书，就必须从深宫中走出来，朝着“为人所知，为人所学，为人所用”，实现由单项服务转向综合服务、由低水平服务转向高水平服务的目标。记述内容要广、记述语言要灵活，记述事物要新鲜。要以社会读者为对象，以使用为目的，以广泛的社会需求为基础。那些内部工作布置等既无社会价值也无商业价值的信息尽量少记或不记。表达方式要多样，增加随文照片、各种实用图、表格等，即使是植入式广告，也应精选照片，且不宜集中，应分放到正文相关内容处。要抓住热点，多收录和人们生活息息相关的新政策、新规定、新举措，在“新”上下功夫，多增加年度动态信息，突出反映一年来所发生的新变化、新情况、新做法，即使是常规性条目，也更注重不同年度的动态发展。特别是一些对全国全省全市全县等有意义的、有存史价值的重要史实更应及时重点记述，凸显动态性、实效性及史册性。如南京大屠杀死难者国家公祭日的设立及举行的公祭仪式，当时新闻媒体都做了重点报道，但这些具有历史意义的活动不仅需要及时的新闻报道，更需要在年鉴中全面翔实记载，留存史册。既有现实价值，还具历史意义。再如涉及人们生活的雄安新区话题，政策刚一出台，各新闻媒体马上在第一时间进行报道，但很多资讯会随着时间的流逝而烟消云散，当人们真想使用时，却不知在哪能找到有使用价值的信息，只记得这一政策，却不知怎样执行，详情并不了解。而年鉴这一载体的优势就显现出来，它不仅在大事记中有宏观概括的记述，在正文相关的内容上更有详细具体的跟踪记述。这样涉及百姓生活的事更能吸

引读者眼球，更具实用性。

（二）在外观设计上要融入时尚元素

年鉴是书籍，再好的内容也要通过外在形式表现出来。年鉴作为一种文化产品，要想以自己独特的内容占有一席之地，还应注重外观的装帧设计，以吸引读者阅读。在封面及内文的设计上既不应该受地方志书浓重的史册意识影响，将封面及整部书的风格设计得有一种厚重死板的感觉，也不应像其他书籍那样花哨，降低品味，缺少文化气息。而应将传统与时尚文化相结合，体现出一种独特的文化期刊的特点。无论是封面设计，彩页设计，目录、正文、索引等设计都要融入时尚元素，做到与时俱进，体现时代风采，体现文化韵味，从而使读者产生阅读的欲望。

（三）在传播途径上要拓宽

二十一世纪是信息与网络的时代，年鉴作为文化信息产物，也必须要融入电子信息时代，使年鉴信息超越时空地域限制，在更广更宽领域发挥作用。为拓宽传播途径，针对大众喜欢网上阅读的习惯，充分发挥网络优势，通过数字化和网络化扩大读者群。每年年鉴出版后，要及时制作成电子版或电子书发到网上，甚至建立微信平台，拓宽传播渠道，发挥更大的价值。

（作者单位：黑龙江省伊春市地方志办公室）

年鉴民生资料缺失问题初探

——以几本县级年鉴为样本

蔡兆银　韩朝晖

摘　要：二轮修志中，连续出版的年鉴是重要资料来源，遗憾的是民生资料缺失。本文通过对身边几本县级综合年鉴的调查，指出民生记述分散零星、表象虚浮、缺失严重，意在引起业内人士重视，从物质生活、精神生活、社会生活方方面面，增加民生热点问题的记述力度，指出年鉴民生资料的基本架构和实现路径，从而使年鉴编纂亲民、为民，平民化。

关键词：年鉴　民生资料　缺失　路径

二轮修志工作中，年鉴是资料的重要来源。但现实情况是年鉴资料缺失较多，特别是民生方面的资料，不全面、不详尽、不连续，内容宽泛、空洞、不接“地气”。所谓好也年鉴（有效资料许多）、坏也年鉴（民生资料缺失）。目前，各级综合和专业年鉴的主办、编纂，主要还是官办的方式，站在官方的角度去言说，记载的是一地党委政府、一个单位或企业的年度资料。这种“宏大叙事”忽略了处于话语权弱势的底层群众，很少记述他们的生存状况、生活感受和现实需要。年鉴是一地（行业）全景式年度信息集成，所记述的资料，方便了解事物现状和研究发展趋势。而忽略记载人民群众真实生活的年鉴，在资料性、存查度和“三贴进”（贴近生活、贴近大众、贴近现实）上要大打折扣。

那么，民生包括哪些方面？民生一词，最早出自《左传 · 宣公十二年》：“民生在勤，勤则不匮。”孙中山先生的《民生主义》中指出：“民生就是人民的生活，社会的生存，国民的生计，群众的生命。”① 生活，主要就是老百姓的衣食住行；生计，主要就是教育与就业；生命，主要就是卫生、安全、环保等。显而易见，民生主要是指民众的基本生存和生活状态，以及民众的基本发展机会、基本发展能力和基本权益保护的状况。民生问题，不仅是人民群众自己的事，也是各级政府的责任。记载民生资料，我们年鉴工作者义不容辞。

一、年鉴民生资料的记述现状

笔者翻阅了近年来手头几部年鉴，《张家港年鉴（2013）》《涟水年鉴（2012）》《金湖年鉴（2013）》是对民生资料记录较为丰富的年鉴。以《张家港年鉴（2013）》为例，该年鉴前插彩页部分共有 77 张照片，有 30 多张从不同的角度反映域内人居住环境、文化生活、志愿者活动、政治生活、学校教育等。正文中有关民生的记述大类有社会生活、教育、卫生、生态环境建设、房地产业、政法等，占不到 20%份额。而大部分年鉴的彩页，基本上都是各种会议、领导活动照片。正文中有关民生的内容也是大而化之、少有“干货”。

虽然程度不同地记载了民生内容，但仍普遍存在零星分散、表象虚浮和缺失严重的问题。

（一）零星分散

从年鉴大类设置而言，《张家港年鉴（2013）》设置了 35 个大类、《涟水年鉴（2012）》设置了 8 个大类、《金湖年鉴（2013）》设置了 30 个大类，每个大类民生内容都有所涉及，但有的只是只言

---

① 《孙中山选集》，北京：人民出版社，1981 年，第 802 页。

片语。多年来，年鉴工作者对记载民生作了有益的探索，但涉及民生的部门、行业太多，交叉推诿。例如食品安全涉及卫生、工商、质检、农业、粮食、公安等部门，都从管理者角度谈行政审批、工作开展，真正涉及广大群众食品安全的事，没有人去主动做、主动查、主动记。其他方面如住房、交通、政治生态、文化生活，亦分散记述于各个部类。这样的记述方式很难让读者全面、形象、真实地了解百姓生活的全貌。

（二）表象虚浮

从大类看年鉴记民生内容不少，可要仔细看，对于民生的记述无非是一些指标、一些官方数据。人均收入、储蓄、社会保障等指标尽管与人民生活息息相关，人均以后掩盖了贫富差距，有“被收入”“被储蓄”“被保障”之嫌，有的还是一些过程性、措施性指标。民生是丰富的、鲜活的，几张照片、几组数据，说明不了问题、更反映不了全部。记述人民生活，目的在反映人民生活质量、利益诉求、幸福感受。现行年鉴显然并没有做到这一点。大多站在政府的角度去看民生，只能看到政府做了什么，而群众是怎么想的，群众想要政府做什么完全不知道。这种记述方式深度不够，内容比较肤浅、单薄，不能提供翔实的资料和丰富的有效信息。

（三）缺失严重

从《宿豫年鉴》看，缺失的资料主要有：1. 居民用水、用电、用气资料。供电公司因行政区划调整并入宿迁市公司后，不再单独统计宿豫城区居民用电量，不提供电价收费等情况。天然气公司不是属地管理，用水没有户下资料。2. 人口方面的资料。人口总量、变动情况、男女比例，自然增长率、老龄化等资料，平时不统计，要等到人口普查时才搞。3. 教育、医疗资料。教育收费、优质教育资源不均衡，药品加价、小病大治、过度医疗。4. 关于国计民生的物价及工资水平等。

各地年鉴的民生资料均有不同程度的缺失，也许平时并不注意，但在二轮修志的应用中，需要的资料在年鉴中找不到，或者找到了也比较零碎，不连贯、断档，给修志工作带来不便，无法达到“一年一鉴，累鉴成志”的目标。

群众生活是丰富多彩的，尤其在生活水平极大提高的当下，人们更加关注精神层面的生活，包括文化生活、生态环境、居住环境、社会环境，以及健康保健等。片面的记述也易引发片面的导向效应。

二、年鉴民生资料缺失的原因浅析

（一）体制机制——工作上的忽视

年鉴自传入我国以来，基本特征是官举官办。因此，年鉴对事物包括民生的记述理所当然要站在“官方”的立场上，以对上负责的态度记载党委决策、政府施政及机关部门的所作所为。作为“官书”，年鉴的权威性、严肃性得到了保证，同时基本资料的来源也有了管道。但受体制机制的限制，民生内容的记述因缺乏资料，而长期得不到解决。

（二）习惯思维——认知上的偏差

年鉴编纂者似乎总有一种思维定势，用官方的视野记述域内大事要事，习惯围绕领导转，认为领导人的活动、领导人参加的会议就是大事，而人民群众的衣食住行、生活琐事是鸡毛蒜皮，不足挂齿。

年鉴受限于篇幅，自然要记载大事要事，党的宗旨是为人民服务、我们的政府是人民政府，人民群众的日常生活可以更加直观更加生动地反映出社会的变迁。越是简单东西，越隐藏着深刻的道理；越是卑微的，越值得年鉴关注。年鉴既然是政府主办的年度工具书，就要遵循“三贴近”原则，逐步实现雅俗共赏。

（三）市场经济——多元化的倾向

市场经济最大的特点就是灵活性和开放性。市场在细分，分工在细化，社会可谓日新月异。传统纸质媒体搜集资料的方法已经很难适应快速发展的社会变化。首先是一些新兴的产业、组织，政府机关单位管不到、挂不上，年鉴自然也就没有记载。其次，年鉴编辑者常年坐在办公室，深入生活少，缺少一双发现新鲜事物和“美”的眼睛。比如广场舞、“骑行族”，这些在年鉴上都看不到。

（四）因陋就简——思想上的惰性

年鉴工作者，长期以来依靠政府发文组稿，机关乡镇为了完成任务供稿，靠编撰人员的责任心和自觉性来保证年鉴资料的质量，缺乏内生动力。来什么样稿子就编什么样文章，习惯在家等米下锅，而不主动出击、深入基层调查研究。

三、年鉴民生资料的基本架构

县级综合年鉴反映民生的部分，至少应设这样一些分目：婚姻·家庭、妇女·儿童、青年、老人、残疾人、农民工和流动人口、宗教、民族、民间组织、城镇居民生活、农村居民生活、教育、卫生、食品安全、社会治安、物价、住宅、社区、就业、社会保障、社会福利、慈善事业、灾难事故、救灾救济、殡葬等。笔者认为，年鉴中民生资料的架构，可以从物质生活、精神生活、治理诉求和民生热点几个方面去考虑。

（一）物质生活

物质生活主要包括人民的衣食住行、交通通信及其他生活条件的变化发展情况，消费结构及恩格尔系数变化情况。

衣食住行是大众最基本的生活需求，更直观地反映民生的幸福指数。20 世纪人们追求穿着得体大方，后来追求名牌，如今追求个性、追求时尚、追求与众不同。这些变化可以很清晰地反映出人们生活水平的不断提高。食品方面，由单纯为了填饱肚子，发展为讲究营养，适合口味，追求健康。一个普通家庭一日三餐，如果记录下来，一年两年可能看不出多大变化，但是五年十年变化将是十分显著的，生活水平的提高和社会经济的发展也就显而易见，比起政府的统计数字、红头文件更直观、更有说服力，资料也具有更高的存史价值。

（二）精神生活

主要包括教育、培训及文化生活、宗教信仰情况、道德风尚等。现如今人民的物质生活得到了极大的满足，人们开始关注精神生活。舍得花更多的钱投入住房、教育、医疗文化娱乐上。近些年广场舞非常热门，曾经只在大型广场、公园组织，如今几乎“无孔不入”，这些广场舞“大妈”随着各种节奏明快的音乐扭动身体，娱乐身心，锻炼身体，成为城市一道靓丽的风景线。也存在扰民的问题，如何引导广场舞健康发展，需要政府出面。比如限时、降噪，然而这样鲜活的事例在年鉴上没有记载。

笔者认为，在年鉴中记录这样的群众自发活动，更具有时代气息和文化价值。同时，也可以作为资政材料，为政府部门决策提供参考。

（三）治理诉求

社会治理结构日益走向开放，人民群众参与治理诉求也越来越强烈，这体现政治清明和社会和谐。具体表现为参与国家和社会事务管理、村民自治、职工民主管理、民主选举、民主监督、民众政治参与的普遍性和有效性等。

年鉴对于人民治理诉求的记载基本上都是党代会、人代会选举，村民自治及信访等。近年来，随着网络的普遍和发展，人民群众参与政治生活的途径越来越多，影响力也越来越大。网络问政把政府工作摆到了“灯亮处”，有时令政府部门淌汗、甚至难看。同时也成为推动反腐的一把利器，成为党和政府的“耳目”。

反映人民群众治理诉求，记录政治参与，不但吸纳了民意，有效整合民众的智慧和意见，形成一个良性互动的社会民主环境。同时，也让决策者和施政者可以清晰地把握民众心理和社会舆论氛围，从而有的放矢的开展工作。

民生热点问题

年鉴不能只报喜不报忧，在社会转型、矛盾集中突显的当下，年鉴编辑不能忽视民生问题。比如说就业难、看病难、城乡差距、贫富差距等。“鉴”为镜，年鉴理所当然要反映出不同人群的基本情况和生存状态。

目前，我国农民工中有2.85亿人在城市打工，收入低且没有保障。但他们造就了一批千万富翁，也建成了繁华的都市，他们是城市的建设者，却不能享受这份辉煌。在我们编的年鉴里，却查不到流动人口、外来务工人员的资料，似乎没有这个庞大的人群存在。年鉴在记载成绩、成就、经验的同时，要客观记录现实，就要关注农民工、就业难、看病难这些民生热点难点问题。

四、年鉴反映民生现实的基本路径

在年鉴中记载生动详实的民生资料，就需要更新观念、拓宽资料搜集渠道、适当调整篇目。

（一）变“闭门造车”为“开门编鉴”

年鉴编纂一般十一、十二月份开始准备，一、二月份发文组稿，三、四月份催稿，五、六月份编辑，七、八月份修改定稿，九、十月份出版发行。年鉴上所有资料都来源于机关乡镇的供稿。编辑工作主要是催稿组稿。有的地方虽有“开门办鉴”想法和倡导，却由于人手不足等方面原因而未能实现。为了让年鉴更加具有活力，不让年鉴束之高阁，提高存查率和利用度。年鉴编辑应该转变观念，“降低”身份，到基层去，到群众中去，了解社情民意，抓拍鲜活场景，记录生活点滴，捕捉民生热点，掌握第一手资料。实现为民办鉴，记民喜忧，替民说话宗旨。也可以开通热线、邮箱、微博等平台，邀请群众提供有价值的民生资料，让群众参与，倾听他们的心声，以新的视野、站在群众的角度去审视、筛选一年的大事要事。

（二）变“纸上谈兵”为“声情并茂”

现行年鉴对于民生的记载多是使用官方统计数据，这些指标虽在一定意义上反映了人民生活的某些方面或某种程度，但无法反映鲜活生动的生活全貌。笔者认为，对于民生资料的记载，除了干巴的数据和文字，可以多上图片，“一图胜千言”，图片具有特殊的表述功能，可以非常直观地反映问题。“图片是一种最为通俗易懂的视觉语言形式，它能使内容形象化，对文章的内容作直接或间接的补充，还可以取代文字而独立存在，具有新闻性、资料性和审美性价值。”① 重视图片，选取好的、有代表性的、有深度的图片，可以增强年鉴的可视性、可读性和思想性 。

同时，也可以增加一些视听材料。很多有特色的民间说唱艺术、戏曲等，不通过视频或音频很难记载下来。一些非物质文化遗产因鲜有人去记录，而变为绝唱。因此，在年鉴中适当增加视听材料，不仅有利于增加年鉴的存史价值、凸显地方特色，对于地方的非物质文化遗产的保护也具有很重要的作用。

（三）变“木雕泥塑”为“八面玲珑”

各地县级年鉴的总目几乎差不多，这种规范化的框架设计让年鉴似乎有一点“八股文”的倾向。在年鉴中记录民生，应该适当创新篇目。

《金湖年鉴（2013）》社会民生编下设综述、人民生活、人口

① 陈大福：《综合年鉴图片的科学定位与创新发展》，《年鉴信息与研究》2009 年第 3 期。

和计划生育、民政、民族宗教、劳动就业与管理、社会保障、关心下一代工作、残疾人事业、红十字会工作、老龄工作、扶贫开发和老区促进工作、文明新事。文明新事记载了《八旬老夫妇心系敬老院》《爱心邮路上的高斌》《邻里相帮见真情》等8个故事，积极向上，充满了正能量。笔者认为很有特色，值得借鉴。

可以在年鉴中增设滚动栏目，记载民生特色。毕竟民生是一个十分宏大的命题，如果每年的年鉴都要将民生记载十分全面通透，是不太可能的。不仅受限于年鉴篇幅，而人力物力资料获取都不允许。可以考虑每年选取一二个专题，如今年记载百姓吃穿，明年记载教育医疗。几年一个轮回，几年一次总结升华。

二轮修志的过程中凸显了年鉴民生资料的缺失与不足，在年鉴中增加记载民生的内容与份量，不但可以为下一轮修志打下良好基础，更重要的是，年鉴不应成为束之高阁的“官书”，应当亲民、有用、可读。这就要求年鉴工作者俯下身子，听听群众的声音，看看百姓的作为，想想群众的心思，树立为民史观，这样才能编写出贴近群众、贴近生活的好年鉴，这样的年鉴也更具有存史价值、资政作用，才能拥有广大的读者群和广阔的生存空间。

（作者单位：江苏省宿迁市宿豫区地方志办公室）

从方志微信公众号的开发利用看志鉴的数字化传播

欧长生　林忠玉

摘　要： 数字化发展是地方志融入信息社会的必然选择，通过微信公众号平台的资料传播和实现高度社会化的利用，是志鉴数字化传播和利用有效且便捷的途径，人才队伍建设是实现微信公众号平台持续高效运营的重要基础和保证。

关键词： 方志微信公众号　数字化　志鉴

当前，由于多方面因素的制约，我国地方志系统在信息技术应用方面还远远落后于报纸、杂志等信息媒体。就目前中国地方志事业的整体发展方向而言，作为两大主业的志鉴在实施顺应社会信息化趋势的创新中最紧要的任务，就是实现数字化传播，这不仅是地方志真正融入信息社会的必由之路，也是与时俱进的必然选择。数字化首先是实现方志传播手段的变革与创新。在当前信息化技术普及和终端应用得到充分开发的大环境下，将地方志资料碎片化通过微信公众号平台（以下简称“公众号”）进行实时传播，是实现数字化传播的一条有效且便捷的途径。

一、志鉴数字化传播的必然性

信息化社会和信息技术的发展是实现志鉴数字化的社会保障和技术支撑。信息化的概念起源于60年代的日本，首先由一位日本学者提出，而后被译成英文传播到西方，西方社会普遍使用“信息社会”和“信息化”的概念是70年代后期才开始的。社会普遍认同的信息化的科学定义是：新的信息与通信技术普及应用导致的信息传递时空阻碍性的消失，在信息基础设施到达的地方信息可获得性趋同。也被理解为与此相伴随的社会组织之形式及其属性。在1997年召开的首届全国信息化工作会议上，对信息化和国家信息化定义如下：“信息化是指培育、发展以智能化工具为代表的新的生产力并使之造福于社会的历史过程。国家信息化就是在国家统一规划和组织下，在农业、工业、科学技术、国防及社会生活各个方面应用现代信息技术，深入开发广泛利用信息资源，加速实现国家现代化进程。”根据2006—2020国家信息化发展战略，信息化是充分利用信息技术，开发利用信息资源，促进信息交流和知识共享，提高经济增长质量，推动经济社会发展转型的历史进程。

如今，社会信息化程度迅速提高，各级政府的体制、功能与管理方式正在发生变革，以计算机和网络为基础的信息技术的发展，正在改变着人们生活的方方面面，逐渐改变人们接受、处理和传播信息的思维与习惯。中国志鉴经过多年的发展，在规模和数量上，已经跃居世界志鉴生产大国的行列。志鉴是系列性史册和综合性资料工具书，以信息汇集、加工、存储和传播作为基础，发挥着信息交流、知识积累以及文化传承的重要作用，具有相对稳定的表现形态，是存储特定价值信息的文化产品。在外部大环境这样的信息化洪流之下，志鉴作为出版业界的文化产品，就必然要紧跟时代潮流实现自己的志鉴信息化事业，只有经过信息化洗礼的地方志产品才能真正成长为有生命力的朝阳产业，从而实现数字化的传播和利用，更好地发挥存史资政、社会教化的积极作用。

二、方志微信公众号的开发利用

（一）微信公众号是志鉴数字化传播的必然选择

随着微信的爆炸式利用，公众号也随之快速发展。公众号是腾讯公司于2012年8月推出的一款微信配套媒体平台，利用公众号可以实现消息推送、品牌传播、分享等一对多的媒体性行为活动，实现与微信无缝衔接。准确的应用定位和后续运营中丰富实用功能的陆续开放，使得微信和公众号呈现出爆炸式的应用和亿级的受众。2016年底，腾讯《2016年微信影响力报告》指出："总体数据显示，微信每天都有7亿多用户登录；超过9成微信用户每天都会使用微信，半数用户每天使用微信超过1小时；2016年微信公众号平均发文138次，平均发文量达518篇，平均单次发文4篇，文章整体平均阅读量3603次，平均点赞21次。头条文章平均阅读量5424次，是整体平均阅读量的1.5倍。"另据报告显示，80%以上的微信用户都会关注公众号，企业和媒体的公众号是用户主要关注的对象，比例高达73.4%。用户关注公众号主要目的是获取资讯（占41.1%），其次是方便生活（占36.9%）和学习知识（13.7%）。这一串数据已经说明，微信和公众号正从根本上颠覆着社会大众传统的生活方式，改变着社会公众接受信息的模式，刷微信获取信息已经成为社会公众每天的必备事项。

公众号范式的开发和操作模式，及其与微信的无缝衔接和微信自身的高覆盖面以及高频率被使用的性能，使得公众号的申请和利用也呈现出几何式的极速增长。据腾讯2016年底统计，各类公众账号总数已经接近2000万个。公众号成为各类媒体、企业宣传的首选自媒体平台，政府各部门特别是涉及公共服务的部门都推出政务公众号以适应移动互联时代的政务公开和服务信息化要求。在当前全面建设小康社会的要求之下，社会大众对公共文化的需求呈现出前所未有的增长态势。而如何让与社会大众日常需求密切相关的地情资料能有效传播甚至成为热门资讯，当前最佳的也是最主流的选择无疑就应该是与微信模式的契合了。通过公众号这类高互动性的社交应用来实现在有限开发成本上的高度社会化的利用，是志鉴数字化传播和利用有效且便捷的途径。

首先，公众号平台的范式开发是志鉴数字化传播的最便捷平台。公众号平台不需要进行任何源程序的开发、构架和编写，公众号会依据发展和运营需要自行增加和完善相关主流程序和需求，基本利用模式都有固定的操作模板，用户只需要根据自己的业务需求按模本进行相应的设置。公众号平台自带服务平台，各类操作疑难都可以在线得到解答。实现运营者能在短时间内实现公众号运营发布。

其次，公众号的定向推送和无边际互动模式是志鉴数字化传播的最有效平台。只要关注了公众号的微信用户就能在公众号即时发送信息时秒速收到信息，实现信息社会化迅速传播。公众号支持跨操作系统平台操作，群发的信息能实现即时发布，关注的微信号和其他应用平台如 QQ 等一样能实现即时转发，实现无边际互动模式。通过多平台的转发和推介，能迅速、简单地实现发布的信息为社会公众所了解，而且内容形式多样，可以是音频、视频、图片和文字等立体丰富的材料。

再次，公众号平台免费和用户生态稳定的特点使其成为志鉴数字化传播的最适宜平台。用户只需要消耗少量的网络流量就可以无限制地查阅公众号所有消息。公众号关注用户一般是对公众号运营内容有兴趣或需要才会关注，因而稳定性比较强，容易形成种群式连续性传播，实现信息受众生态稳定良性传播。同时，公众号是半开放的平台，只有关注公众号或者转发信息，才能让社会公众查阅到相应信息。公众号所发布的内容不会在公众号发布源头形成极度聚集，因此不至于会出现类似于微博这样完全开放的自媒体平台所不能掌控的有恶意评论或肆意攻击诋毁的局面。即使公众号在开放评论功能后，对评论功能的显示也拥有绝对设置和选择权。这些都意味着公众号平台能实现受众生态稳定，信息发布范围广而不高度集中，因而是适合志鉴资料传播的主动发布和被动获取平台。

（二）方志微信公众号的实践探索

近年来，在“互联网+地方志”及微信公众号快速发展的大趋势下，全国很多地方志工作机构顺势而动，从中国地方志指导小组办公室（以下简称中指办）到各省、市地方志工作机构基本都开通了公众号平台，也都在一定程度上提高了地方志行业的知名度和影响力，取得了一定的可喜成果。中指导主办的“方志中国”公众号平台，开通以来实现了较大的日发布量，且信息发布及时，成为中指办面向全国的重要方志信息发布平台。地方方志公众号中“方志广东”开通时间较早，且地情信息发布地域特色明显，很好地实现了广东地情信息宣传。杭州市地方志编纂委员会办公室主办的“方志杭州”公众号平台将地情资料以极具可读性和生活性的文章样式发布，让受众有了乐于阅读的主动性，是成功的城市方志公众号样板。

2016 年 3 月，由福建省方志委主办的微信公众号平台——“方志福建”开通试运行。公众号平台先后开设“动态方志”“福建记忆”“福建要闻”等专题，并配以动态性的新闻和简讯等，全方位地展示分享全省乃至全国地方志系统的工作动态、全省历史文化和现代特色发展状况、志鉴工作理论和实践等。公众号开通以来，始终着力于及时便捷地展示地方志公共文化的独特魅力，并且不断探索扩大宣传面和受众频率，如面向全省征稿，挖掘志鉴珍贵史料信息资源等。未来，“方志福建”公众号还将在挖掘群众关心的社会民生大事，策划福建省情内容以及充分利用新媒体的互动功能宣传福建方志文化和福建经济社会发展成就等方面进一步开发和创新。

实践告诉我们，志鉴信息和地情资料的平实特点和公众号的传播决定了要做好这类宣传平台，就要下大功夫，绝对不是简单的“复制”和“发布”了事。同时，在公众号平台要杜绝信息泛滥，让忠于地方志的信息得到原汁原味的发布和宣传，保证公众号平台信息的原创性。因此，绝不能千篇一律地转发各类文件和领导文章，而是要用心经营，做到各具特色和滋味，实现信息内容专业化，服务社会大众化。

三、数字化人才培养

公众号日益成为重要的社交网络和资讯发布平台，在不久的将来，各级方志机构应该都会运营。就现状而言，全国范围内地方志微信公众号总体数量还并不多，各地比例并不均衡，发展质量、水平更是参差不齐，也说明地方志微信公众号的进一步完善，其结构功能的合理、运营效果的提升等，都将成为需要不断解决的问题。而在这背后，隐含的实际上是数字化人才培养和管理的重要课题。

公众号运营看似简单，实则耗费人力。要实现持续性高效运营，对平台的投入和运营人才的培养是重点，人才培养更是重中之重。人类社会的发展，首先是人的能力进步和素质提高，新时代的信息化过程，首先是信息化人才的实践过程。因此，从主观条件上来讲实现志鉴宣传的数字化过程，就是要能逐步培养出适应信息化时代发展要求的数字化人才的过程。在具体工作中，就是要打造适应移动新媒体的工作团队，形成专业从事地方志微信公众号编辑的优秀人才队伍。

当前，许多地方志机构的微信公众号信息发布和管理工作等多是由方志业务人员承担，“方志福建”公众号也是基于这样的管理和运营模式。但从长远来看，为使微信公众号能更加健康地发展，并发挥更积极的作用，专业团队的构建必不可少。一个完善的微信公众号平台建设应该包括至少以下几方面内容，即框架建设、日常管理、技术支持。框架建设包括基本的能体现出地方志特色的模板搭建和根据本单位实际需要进行的栏目建设；日常管理包含微信稿件的编辑、美工，以及信息的及时推送；技术支持则要负责整个微信平台的技术服务。除上述之外，一个高质量的方志微信公众号平台还应开展衍生的推广活动，以更好地实现推广地方志文化、服务大众为目的。此外，还必须注意在使用文章、图片、音频、视频等内容时产生的外部稿件版权问题等。以上这些内容都颇具专业性，的确不是普通的方志工作者在短期内能够掌握甚至精通的。这里所需要的人才，是既拥有地方志领域的专业性素养和能力，又具有能学习、吸收应用现代信息技术的复合型人才。

方志机构在明确了数字化发展的要求和方向后，应该多方努力，在构建专业团队方面进行更多的投入。首先，应从现有的队伍中积极培养信息化人才，给予相应岗位和合适的人员充分的机会和环境以迅速学习、吸收和应用信息技术，逐渐适应信息时代的特点和环境，特别要着重培养能快速吸收、融合应用信息技术到地方志领域的特殊人才，这就需要制定详细的规划，从人员的选择到培训平台的建立，形成系统成熟的运作模式。其次，省级公众号平台应至少在负责信息工作的部门中安排专人负责统筹，并以此为其主要工作。福建省方志委将在配备专业人员统筹指导方面加大保障力度，使“方志福建”的运营更加规范高效，为其进一步拓展服务空间、打造精品奠定坚实基础。同时，要加强全体地方志工作者在数字化传播方面的学习和能力培养，为稳定的数字化传播储备人才。这需要全系统持续的宣传和努力，营造人人参与的氛围，让我们身处的微信文化大环境真正覆盖每一位方志人为其努力奋斗的地方志事业。

（作者单位：福建省地方志编纂委员会）

传统出版与数字出版的融合方法之一

——VR技术在数字年鉴上应用探讨

郑　菜

摘　要： 大众传媒的发展深深地依托于技术的变革，尤其是传统新闻媒体，在新媒体的冲击下，一直在找寻可行的转型之道。VR技术以突飞猛进之势进入媒体人的视野，因其能够实现逼真的现场交互式体验，符合新闻传播的特点，因此新闻媒体很快便将其运用于实际工作之中。年鉴是具有非常大信息量的工具书，也是大众传媒的一种表现形式，利用VR技术带给读者更拓展的数据信息和沉浸式的感觉，也是年鉴传递信息的新探索，本文从VR技术的概念入手，以分析VR技术对大众传播的影响，探讨VR技术在数字年鉴上的应用。

关键词： VR技术　大众传播　出版业　数字年鉴

2016年，虚拟现实也即世人经常所说的VR已经成为海内外科技界、传媒界人士谈论的热门话题。在众多的学术研讨会、科技界、传媒界等的峰会上，无数人将2016年称为“虚拟现实元年”。“2016虚拟现实元年”的说法一经传开，就迎来了社会各界的关注目光。作为当今社会潮流的重要表征，各行各业的学者对其都保持着较高的研究热情。将VR技术应用在新闻出版行业中是大势所趋，也是新闻出版行业自身发展的需要。VR技术所带来的沉浸式报道，可以使人延伸感官，如亲临现场一般，再加上其传授互动，反馈迅速；

视娱结合，增加趣味的优点，VR 技术对新闻出版业的挑战是不容忽视的。

一、VR 技术及其应用

（一）VR 是什么？

VR 是 Virtual Reality 的缩写，意思是虚拟现实技术。VR 技术诞生于 20 世纪 80 年代的美国，由 VPL Research 公司创始人 Jaron Lanier 提出，基于电脑对相应互动场景进行数据收集、分析、建模，通过传感交互设备，实现用户在虚拟现实中深度乃至重度沉浸式体验的技术。[①] 通俗来讲，就是利用电脑技术，建立一个虚拟的三维立体空间，诉诸于受众的视觉、听觉，并充分利用外部触觉，比如风、雨、动态模拟等，形成一个现实与虚拟环境相融合的统一体系，让受众产生身临其境的感觉，力图模拟人在自然环境中的感受。受众通过一个 VR 头盔与电脑生成的虚拟世界相连，与虚拟世界中的事物产生交互式的互动。VR 技术主要有三个主要特点：构想性、沉浸感、交互式体验。

VR（虚拟现实）技术最初被称为灵境技术。它是一种可以创建和体验虚拟世界的仿真系统，其利用计算机生成的模拟环境是一种多源信息融合的交互式的三维动态实景和实体行为的系统仿真。换句话来说，VR 就是在现实事物的基础上，通过三维实景和电子地图等技术的结合，构建一个仿真的或超真实的虚拟环境，并形成一种虚拟现实系统呈现在网络上，使得参与虚拟现实之人能够身临其境般地进行虚拟活动。

最早将 VR 技术运用到新闻界的非《纽约时报》莫属。2015 年 11 月 6 日《纽约时报》推出了一款名为 NYT VR 的虚拟现实新闻

---

① 王砚：《关于 VR 技术对国内媒体生态圈影响的几点思考》，《科技展望》2016 年第 17 期。

APP，把 VR 技术应用于新闻产品的移动传播，其播出的第一部 VR 新闻纪录片《流离失所》，记录了三个难民儿童被战争蹂躏的生活，让受众以第一视角的身份真切感受到难民被流放的辛酸。从而为报纸媒体的一个转型作出了新的尝试。

（二）VR 技术与大众传播

大众传播，英文为 Mass Communication，是指文字语言，最早是纸媒，如书本、报纸、杂志等，然后发展到电信号传播的图像声音信息，如广播、电视、电影等，现代科技发展，网络普及，各种网络媒体兴起。如今，微博、微信等自媒体越来越发挥着重要的作用，泛媒体时代已经到来，各类社会媒介组织运用以上所述之传播媒介，向大众输出某种信息的全过程。随着科技的发展和人们知识结构的进步，大众对信息的数量需求越来越大，范围越来越广，大众传播已作为一种社会现象而普遍存在，深刻影响着大众生活的方方面面。传者、信息、大众传播工具和受众是大众传播的四个主要因素。它与其他传播现象的根本区别在于：在传者与受众之间插入了一种或多种联系两者的传播媒介。因此，大众传播也被称为通过传播工具的传播，这种传播工具就是传播媒体。换句话说，传播媒体的变革深刻影响着大众传播的各个方面，而科技的进步决定传播媒体的变化以及其影响力，从纸媒到电视电影再到网络媒介，我们可以明显感觉到受众数量和层次的变化，以及大众传播对社会生活的影响。VR 技术的发展对大众传播带来了深刻的影响。

（三）VR 技术对大众传播媒体的影响

第一，对传统媒体的影响。传统媒体指电视新闻媒体，例如电视台等。电视具有最广泛的受众群体，同时主要诉诸观众的视觉体验，在设备改进和设计理念上，与 VR 技术的发展最为契合，与 VR 技术的创新体验和受众反馈提供了最切实有效的途径。同时，在由于互联网引发的媒体数量不断增多、新媒体类型的不断拓展及其日益多样化的传播媒介和途径引发的“泛媒体化”新闻传播媒介语境之下，传统媒体江河日下，新兴媒体如微信、微博等自媒体崭露头角，在此冲击之下，传统媒体热切追求新的叙事模式，VR 技术的产生和发展犹如一根救命稻草，为传统媒体带来勃勃生机。如 2015 年《新闻联播》就在关于“一带一路”的多期节目利用 VR 技术，带观众“实景”体验了多个国家的风土人情，成为一种身未动而心已远的环球旅行。

第二，对网络媒体的影响。网络媒体与 VR 技术在内容和营销手段上最为契合。网络媒体的发展基于庞大的数据分析与管理和云计算的汇总与分析，VR 技术同样也基于数据的处理，都是数字化的体现。基于大数据的基础之上，网络媒体拥有最广泛的内容和最先进的技术。也有人称网络环境是一个虚拟的交流平台，在这个平台上，能够体验到一种交互式的审美体验，这与 VR 技术在某种程度上相类似。同时，受众在对于网络媒体的信息选择上，是相对自由的，也就是说，网络媒体能够测试出大众的喜好，为 VR 技术的内容选择上提供支撑。

第三，对电影电视的影响。VR 这种诉诸观众视觉与听觉的技术，与电影和电视这种以视听盛宴著称的艺术，在内容和观众审美体验上无比契合。VR 给人以身临其境的虚拟体验，可以感受现实生活中无法实现的体验，比如一些会对人生命造成威胁的体验，或是危险的事物和超自然的事物等，我们都可以通过 VR 技术来虚拟这些现实中不可实现的场景，切身体验这些事物带来的感官刺激和美的感受，而不会对人本身造成伤害。

VR 对大众传媒在技术上有突破性的影响，带给受众更多“身临其境”的感受，给读者拥有强大的参与感与在场感。这些感受对出版业也讲也是一个具大的冲击力。

二、VR 技术对传统出版的影响

出版业是一个依托内容创新和技术支撑的产业，技术进步是引起变革的基本动因。“十一五”时期，由于科技进步、体制改革和新闻出版业整体素质的提高，我国出版业保持了事业繁荣、产业发展、服务加强的大跨越的局面，特别是以数字技术、互联网出版为代表的战略性新兴业态的发展，已成为我国出版业发展的战略制高点和建设世界出版强国的战略选择。近几年来，电子书出版、互联网出版、手机出版、动漫网游出版等新的出版业态，不仅形成了庞大的产业新集群，而且走进千家万户，给人们带来了新的阅读体验和视觉冲击，形成了新的阅读习惯和消费理念。可以说，新技术给行业、社会以及消费者等各个层面都带来了划时代的变革。

当今世界，发达国家在依托高新技术推动出版传媒深入发展中，都高度重视数字出版产业，加速推动传统出版与数字出版的深度融合，加速推动多种传播载体的整合，相继产生了新媒体、新业态，数字化生产方式、传播方式和消费方式渐成主流。推动传统出版与数字出版的融合发展，是推动我国文化产业成为支柱性产业的重要基础。党的十七届五中全会首次提出推动文化产业成为国民经济支柱性产业的重要战略任务。出版业作为文化产业的基础和核心产业，在文化产业中占有很大的比重，肩负着重要职责和使命。全行业只有以明确的目标和创新的手段，大力推动传统出版业技术升级，加快与数字出版业态的融合，突破重大关键技术和共享技术，逐渐打破资源、体制和环境的制约，才能走出一条新兴出版产业科学发展之路。

（一）传统出版与数字出版融合发展的新态势

从20个世纪90年代起，随着互联网在我国的兴起，数字技术与出版的相互联系与影响日益加深，数字出版在我国迅速发展。特别是进入21世纪以来，新闻出版业对数字技术发展的反应更加敏锐，及时把企业的技术换代列入发展战略。数字出版企业不断跟踪新技术、研发新产品，各种类型的电子书阅读器、手持移动终端设备不断问世；不少传统出版企业面对新挑战，从战略层面积极思考发展路径，一些出版企业纷纷整合内容和技术资源，推出自有品牌的电子阅读器等终端产品，搭建内容资源传播平台，与电信运营商开展多方面合作，大力拓展手机出版业务，等等。近几年来，我国传统出版与数字出版的融合不断加深，模式不断创新，产业链条不断延展，管理体制和管理方式不断变革，呈现出良好的发展态势。

一是产品形态不断丰富。无论是基于有线网络技术的互联网新闻、互联网出版、互联网游戏，基于移动通讯技术的手机报、手机电子书、手机音乐、手机游戏，还是基于无线网络技术的电子书、平板电脑以及各种手持移动终端设备的出版物，等等，无不显示出新技术与内容的强大融合。二是产业规模不断壮大。数字出版产业在“十一五”时期平均增长速度达到50%，2010年总产出占新闻出版业总产出的比例已接近10%，成为新闻出版业重要的经济增长点。三是产业融合度不断加深。出版企业与技术开发商、内容集成商、渠道提供商、平台运营商和终端生产商之间的合作越来越紧密，相互借助优势，相互促进发展，共同做大做强的良好局面已经形成。四是消费市场日益成熟。随着互联网普及率、宽带用户数、手机网民逐年增加，在线阅读、手机阅读、手持终端阅读开始普及，数字出版产品的消费需求越来越旺盛，一个庞大的新型消费市场正在形成。五是产业政策环境进一步优化。国务院颁布的《文化产业振兴规划》、新闻出版总署印发的《关于进一步推动新闻出版产业发展的指导意见》，特别是《新闻出版业“十二五”时期发展规划》，都将数字出版纳入重要扶持领域。2010年，新闻出版总署还就数字出版产业和电子书发展出台专门指导性意见，新闻出版产业发展的政策环境进一步优化。

随着科技对出版业影响的日益深广，出版传统生产方式和流通方式受到越来越多的挑战，加快出版业发展方式的转变是唯一的出路。如果看不到这一点，必将以“落后的业态”淘汰出局。20世纪80年代以来，伴随着改革开放大潮而兴起的中国年鉴出版热潮，年鉴发展涵盖到各行各业、各地区各部门的综合性、专业性、地方性共约3000册，成为全国出版界异军突起的一支规模不容小觑的生力军，成为社会主义文化事业发展中不可或缺的一部分。但是，全国年鉴基本上都是以传统纸质媒质形式出版的，近几年，大部分年鉴也只是由纸质印刷到现在的配套多媒体光盘，以及少量年鉴的网站建设，提供给读者现代化的查阅方式还是很少，提供给读者的信息形式还是比较枯燥单一，同时表达的形式是比较乏味，不能让读者有“沉浸式的现场体验”感，达不到读者获取信息时多元化的感受的要求。而“虚拟现实元年”环境中，要怎么样利用 VR 技术发挥年鉴自身的影响力和辐射力，是我们年鉴工作者需要思考和准备的。

（二）VR 技术在年鉴中应用的探索

年鉴是以全面、系统、准确地记述上年度事物运动、发展状况为主要内容的资料性工具书。汇辑一年内的重要时事、文献和统计资料，按年度连续出版的工具书。它博采众长，集辞典、手册、年表、图录、书目、索引、文摘、表谱、统计资料、指南、便览于一身，具有资料权威、反应及时、连续出版、功能齐全的特点，属信息密集型工具书。年鉴最早的表现形式是以纸张为载体，这也是普遍的形式。随着现代信息技术和计算机及网络技术的高速发展，有关年鉴创新问题的讨论也在不断升温，年鉴的表现形式也在发生变化，其一是电子书（光盘），其二是以网络为载体，也就是网络年鉴的形式。这些形式总的来说，就是以“数字年鉴”形式。而 VR 其实就是对真实场景的一种虚拟再现，同时加入后期的制作。而年鉴中有许多信息可以通过 VR 制作后，展现给读者，增加读者的体验感和真实性。2012 年 3 月，有 244 年历史 的大英百科全书停止全行纸质出版。在大英百科全书官方声明中说：停印印刷版，不是大英百科全书的终结，它会继续存在——以更大、更全面、也更有活力的虚拟化形式。印刷时代将随历史而去，未来将会更加光明。[①] 这个实例告诉我们，年鉴作为年度出版物，生产、传播和利用的环境、条件已经发生了重要改变，笔者甚至预估到未来年鉴可能主体不是以纸质的书的形式展现给读者，每本年鉴真正的纸质印刷量可能只

---

① 郑棻：《大数据时代年鉴的挑战与突破》，《年鉴论坛》（第五辑）2015 年第 4 期。

要几百本，留着图片馆等机构保存，未来年鉴主要还是以电子书（光盘）和网络年鉴甚至是电视年鉴形式呈现给读者，而 VR 技术就可以电子书（光盘）和网络年鉴中能够得到很好的发挥。

1. VR 技术能拓展年鉴内容丰富的信息资源

一本综合性年鉴汇辑一个地方一年内的重要时事、文献和统计资料，包含地方政治、经济、文化、社会事务等各个方面的资料，但这些资料是一个个静态数据，如果我们基于 VR 技术制作三维信息资源，在原有的资料信息基础上，制作 VR，增加动态资料，使年鉴资料具有数字资源的共性，即便用网络传输，不受纸质媒介所限，更加实现年鉴资源共享，丰富拓展了年鉴信息资源的内容，超载了年鉴纸质信息资源承载量。同时，三维信息检索的可视化，增加年鉴的可读性与趣味性。例如，我们地方综合年鉴都有旅游、市县概况等篇目，如果我们制作一些旅游景点 VR 介绍，或对市县中名村名镇的 VR 介绍，用图像的方式更加直观且形象地展示出来，便于展现其特点，给读者更多的信息资料。在现代大规模网络建设、终端迅速普及、运营商广泛介入的情况下，将 VR 应用在年鉴中，使得年鉴数字信息内容能更好地满足读者用户需求，将大大增强年鉴信息服务及创新能力。

2. VR 技术应用加强年鉴信息资源融合

未来年鉴可能更多是以电子书或网络年鉴（数字年鉴）的形式展示给读者。数字年鉴给人们提供了数字化信息资源，采用网络存储的方式，这与 VR 技术运行环境相一致。将 VR 技术应用于数字年鉴，配置 VR 技术的相关传感设备，让读者体验这些数字化信息资源的亲密接触，通过 VR 技术进一步加强网络融合的数字信息资源整合，实现提高信息资源的利用率。在 VR 技术背景下的数字年鉴，数据中心必须具备很强的计算能力，高端的计算机设备，更大的资料存储空间，所以建设未来年鉴数字中心，加强年鉴信息资源的融合，让读者能够获得大量的可视性的信息。

一部 VR 视频的制作首先需要运用 360°全景相机对其真实场景进行记录，在拍摄过程中对于天气、光照等的要求是非常严格的。

拍摄完成之后，就是进行后期的制作，这是最费时间和精力的一个环节。需要进行建模和贴图等。由于 VR 视频的制作拼接会直接影响视频的美感，除了拍摄之前要做好准备工作外，也要在视频制作中设置一些场景引导交互或者视频制作后期在正在说话的人物旁边添加字幕，以引导受众跟进剧情的发展。所以 VR 制作还需要投入大量的人力、物力和财力，对于年鉴编纂来说还是个非常新的挑战，不仅需要专业技术的支持，还要向人工智能技术方面的专家进行学习，了解具体的运作以及制作过程。VR 想要数字年鉴上大范围普及，还需要三方面条件。第一，制作技术、传输技术、显示技术、传感技术都要成熟起来。第二，内容一定要极大丰富。第三，就是年鉴读者的交互。要让年鉴读者觉得 VR 不错。显然，想要实现这三个条件，单靠年鉴编者努力远远不够。VR 报道要想真正被年鉴读者认可还有很多问题摆在眼前，特别是要政府、资金、技术等方面的支持。VR 技术对年鉴来说，还是个新的、需要大力研究探索的新领域。

随着科技的发展，虚拟现实于当今社会来说，早已不再陌生。VR 技术应用在新闻领域引起巨大变革的同时，也对出版的真实性进行了挑战。完善 VR 技术、制定相应的行业标准，或许能对年鉴在信息传播、读者应用上，提供更广阔的拓展和应用空间。

（作者单位：福建省地方志编纂委员会）

互联网+年鉴

谌 倩

摘 要："互联网+"是近期社会关注和讨论的热点，"互联网+年鉴"也是年鉴行业第一次提出，其内涵还会在实践过程中得到发展和完善。"互联网+年鉴"设想的意义非凡，通过实施这一计划，可以为传统年鉴行业增添活力，塑造新的年鉴思维模式，甚至可能带动年鉴行业全方位升级、改造和发展。文章尝试讨论其兴起的背景、含义、如何实现、强大的功能体系，以及对传统年鉴的改变和愿景。通过理解"互联网+年鉴"的概念和如何实现，进而探讨"互联网+年鉴"的功能体系，分析"互联网+年鉴"对传统年鉴的改变和愿景，以便更深入地理解"互联网+年鉴"的内涵。

关键词：互联网+ 互联网+年鉴 移动采编 智能搜取 写稿编辑器

一、"互联网+年鉴"兴起的背景

目前，互联网行业发展轰轰烈烈，它也开始带领其他行业发展，成为其他行业发展的源动力。国内庞大的互联网用户意味着巨大的市场，互联网几乎可以改变所有行业。互联网可以"+"所有的传统行业，在这一现状下，"互联网+"的概念应运而生。深入思考一下，就会发现互联网实际上基本都深入企业线上线下，如"互联网+

传媒”“互联网+零售”“互联网+制造业”“互联网+通信”“互联网+教育”“互联网+医疗”“互联网+物流”“互联网+餐饮”“互联网+出版”“互联网+批发”“互联网+金融”① 等。互联网能够在这些行业中获得较好发展，是因为互联网企业在充分了解相关行业情况的基础上，找到其薄弱点，扬长避短，运用互联网思维、互联网技术成功进驻相关行业。由此可见，“互联网+”的含义就是要充分发挥互联网在生产要素配置中的优化和集成作用，把互联网的创新成果与经济社会各领域深度融合，产生化学反应、放大效应，大力提升实体经济的创新力和生产力，形成更广泛的以互联网为基础设施和实现工具的经济发展新形态。

年鉴归根结底是一种文化出版物，它的根本方向是为人民服务、为社会主义服务，以人为本，保障和实现人民群众的基本文化权益，共享文化发展成果，满足人民精神文化需求作为工作的出发点和落脚点②。同时，互联网的理念也是开放、便捷、分享、免费。互联网模式一般是通过免费提供大量优质服务，形成良好的用户黏性，形成一定量的用户规模，再利用广告或者其他增值服务来获取报酬，实现赢利。从本质上来说，互联网模式是以“人”为中心，充分考虑用户需求，从产品到营销都围绕用户展开。其基本原则是“用户至上，体验为王”，可以说现在互联网已从一定程度上改变了人们的生活方式，并带领人们去适应这种变。因此，年鉴和互联网有着相同的出发点和落脚点，也就是“互联网+年鉴”可以相互融合，协同发展，从而更好地为城市经济建设和社会发展服务。

---

① 中为智妍：《“互联网+”大时代背景下，金融、通信、民生、教育、医疗这些领域诞生了哪些新的创业机会?》http：//news. ittime. com. cn/news/news_ 5527. shtml。

② 《2015 全国出版专业技术人员职业资格考试辅导教材—出版专业基础．中级》中第一章第二节我国出版工作的指导思想、方针原则和主要任务，北京：商务印书馆，2015 年。

二、“互联网+年鉴”是什么？

“互联网+年鉴”是以互联网平台为基础，软硬件网络环境为支撑，利用信息通信技术和传统年鉴的跨界融合，推动年鉴产业的升级和转型，并不断创造出新的年鉴产品、业务与模式，构建连接年鉴和社会的新生态年鉴。我们理解“互联网+年鉴”的内涵，是以信息为载体，将人和社会信息资源互联。“互联网+年鉴”的外延，是文化资源在各情境之下的所有属性在数据化后，实现实时信息交换，以虚拟信息的无间断交换实体文化资源，从而达到复杂资源系统的最优化运行。简而言之，“互联网+年鉴”就是无间断地交换资源信息，做到它所有要素恰到好处的利用。

从“互联网+年鉴”中，可以提炼出四个基本要素。一是技术基础，即构建在现代信息通信上的互联网平台，建立年鉴生产指挥系统，智能资料搜集、辅助编辑器，实现年鉴组稿、编辑、审稿、排版、文稿传输和管理等工作环节的网络化、智能化；建立年鉴网站、移动 APP，作为亲民年鉴，面向社会的窗口，年鉴网站应当具备与读者交流互动，对作者队伍实行网络化管理、稿酬管理，好稿评选等，宣传年鉴产品、承载在线编鉴、历年年鉴检索和比对、音视频展示、各种统计饼图和示意图展示功能等；建立微站、微信、移动互联、留言簿、微博在线交流及论坛功能，为用户搭建起更为快捷的互动沟通渠道。同时，要充分分析年鉴现有资源和信息化状况，综合考虑“互联网+年鉴”体例。二是实现路径，即互联网平台与传统年鉴和新生态年鉴的各种跨界融合，传统的纸质年鉴也好，年鉴网络化也好，仍旧是以传统年鉴的思维编年鉴，只不过增加了一个数字化、网络化的步骤，而“互联网+年鉴”是从基础上，改变传统年鉴思维模式，以互联网的思维模式编纂年鉴；三是表现形式，即各种跨界融合的结果呈现一个最能全面、真实、及时反映一个城市一年的方方面面发展变化；四是“互联网+年鉴”的最终形态，即一个由产品、业务、模式构成的，动态的、自我进化的、连接一切的新生态年鉴[①]。四个要素形成一个自然的递进关系：在技术基础之上，依循跨界融合的实现路径，融入互联网基因的新产品、业务、模式不断演进，最终达到“互联网+年鉴”在微观上连接一切、在中观上年鉴产业变革、在宏观上对社会和经济产生效益。

三、如何实现“互联网+年鉴”

究竟如何实现“互联网+年鉴”？这其中最重要的问题就是如何“+”，这并非两个行业简单相加，要根据互联网发展水平和传统年鉴的实际情况，取长补短，实现全方位结合。互联网发展过程中所取得的创新成果，如：互联网“用户至上，体验为王”[②] 的原则，互联网的理念，互联网的商业模式，营销模式，管理模式，发展过程中衍生出的新技术如云计算、大数据分析、数据挖掘[③]等，都可以根据实际情况应用到传统年鉴行业上来。我们可以从以下方面了解如何实现演进：

（一）建立连接

先将互联网和传统年鉴行业连接起来，建立可以合作的通道，也就是探索传统年鉴行业中可实现互联网化的部分。

（二）取长补短

互联网和传统年鉴行业是协作关系，要充分利用好两方的优势，

① 谌倩：《关于城市网络年鉴服务平台功能探索》，《年鉴论坛（第七辑）》，北京：中国农业出版社，2016 年 12 月第一版。

② 连勇（普莱柯生物工程股份有限公司 电子商务办公室）：《百度文库中用户至上，体验为王——浅谈互联网思维》，https：//wenku. baidu. com/view/7cc17cbd01f69e3142329496. html。

③ 静镜子：《第四期工业时代的大数据》，《爱奇艺妙学堂视频》，http：//www. iqiyi. com/w_ 19rtyzgs2d. html。

发挥各自的特长，互相学习，探索合理的共同发展模式。

（三）深度融合

互联网和传统年鉴行业全方位协作，建立完善的共同发展模式，进而带动行业发展。传统年鉴行业中的资料收集、整理、编纂、传输、审核、发布、检索、交换、使用、存储、清理和资料档案管理，以及年鉴产品内容、商业营销模式、组织管理、用户服务体系都可以通过互联网做调整。传统年鉴对内部规律了解更透彻，要主动吸收互联网理念，明确自身定位，充分考虑客户需求，提升用户体验，保持用户黏性。互联网并非去颠覆传统年鉴行业，而是探求更为大众所需的年鉴行业产品，满足用户需求，更利于年鉴行业发展。

有人说实现“互联网+年鉴”就是把纸质化年鉴数字化、网络化或者在线化，这种说法并不准确。在线化只是互联网在发展过程中某个阶段的表现，现在互联网已开始向线下发展，注重线上线下同步协调，所以对传统年鉴来说，并不是只发展纸质年鉴或者数字化年鉴就能够避开互联网浪潮。在浩浩汤汤的发展大潮中，传统年鉴行业要把握好历史机遇，利用好有利时机，否则有可能被出版行业所淘汰。当然同时也要认识到互联网不是万能的，无论是互联网还是传统年鉴都要慎重对待“互联网+年鉴”，不能蜂拥而上盲目追捧，要根据实际需要，冷静思考，深刻理解两方的优劣势，合理进行建设。

四、“互联网+年鉴”实现的功能

站在“互联网+年鉴”的出发点，可以看到逐渐成形的这一动态平衡的新生态与过去年鉴的不同：后者往往局限于相关行业内，并未对社会经济生活的底层，也即人们的日常生产、生活直接产生影响；而前者的主要作用目标，恰恰是在潜移默化中改变了人们基本的文化生活方式，形成自下而上改变整体年鉴行业生态的不竭动力，其影响力应该已经远远超出技术意义上的 IT 产业范畴。下面简单地概括为十一个方面的功能，让我们更深刻理解“互联网+年鉴”的建设。

（一）年鉴生产指挥系统

1. 内容资源采集模块，支持系统在线写稿，具备智能手机 APP 或手机微信投稿，支持 PC 端便捷收、发稿工具。2. 稿源汇聚功能，可以根据年鉴要求建设不同渠道来源的待稿库。如市级部门待编库、机构待编库、所属主体待编库、新媒体待编库、移动采编投稿库等。入库后的稿件，相关联稿件应支持递进预览模式，针对后续要处理关注的稿件可手工打“标记”做标注。入库后的稿件应该自动进行查重和敏感词分析，发现重稿和敏感词时给予高亮提醒；入库后的视频文件可以根据年鉴生产指挥系统后台进行配置，自动进行转码处理。

（二）写稿编辑器

1. 文字、图片、音视频素材在编辑器中的混合处理；2. 支持独立的表格、视频、单图、组图等的上传，写稿编辑器应具备自动校对协助、稿件版面对比、稿件修改痕迹、稿件版本管理、稿件统计(来搞单位、未来稿单位高亮标注提示和统计)；3. 写稿编辑器应具备稿件“稿签”信息的修改和处理，同时写稿编辑器还具备各个渠道信息的完善（包括链接标题、链接图片、摘要信息等)。

（三）核心内容编辑模块

1. 组稿单位应该具备稿件编发流程的处理，即对每年的部门稿件、机构稿件、民众稿件的流程管理；2. 稿件详情页面应该具备稿件编辑进行修改，同时提供每个用户历年编稿内容模板作为参考，编辑用户具备修改、审核、选用、汇总、返回、签发上传、送稿、复制、移动、追回、下载、打印等不同流程的处理方式；3. 支持 PC、智能手机（IOS、Android）等主流终端设备，实现内容浏览及编发流程应用，支持选取相应的素材选用回编辑模块内进行后续加工；4. 每份稿件在系统中的任何走向、任何操作均具备完整的流程记录和图形化稿件签发流程查看；5. 具备每个编辑人员稿库应用（草稿箱、收藏箱、已经提交、已经汇总、已经审核等专项稿件库管理）。

（四）渠道发布功能模块

针对编审人员已修改处理完成的汇总稿件进行不同渠道的传播、发布及流程管理。“互联网+年鉴”发布，将实现纸媒文字、图片内容的排版发布，同时可以导出文件，支持通过 PC 或智能终端设备完整的版面和记录查看。同时通过网媒发布（可与第三方网站衔接），掌媒发布（可与第三方掌媒系统衔接）。微信发布，微信功能支持多个账户管理，可同时管理多个账号。编写支持微信图文消息特殊样式编写，支持自定义样式的动态存储、复用，支持直接导入到图文消息编辑器中进行使用。编辑好的图文消息可以发送到指定的多个账号的手机上进行预览。编辑好的图文消息群发到已经关注的用户手机上，撤回已发送的栏目频道图文消息。为已经发布的图文提供管理功能（历史记录），支持自动消息回复的配置。稿件发布渠道的查看，入库后的原件和已经修改后不同渠道已发的稿件。应具备在系统内独立界面对比查看，方便编辑部领导查阅原稿与不同渠道副本稿的发布情况。

（五）移动采编模块

系统须提供微信或客户端移动采编功能。支持图片、文字、音视频的素材的上传。支持任务、专题等的完整管理（要求实现与 PC 系统的数据对接及关联、互动）。支持手机上直接查看作者信息，相关视频。支持网站、掌媒、微信的稿件一体化发布流程处理。

（六）系统编辑队伍实用性

有登录系统的用户均可根据角色定位来定义个人专属工作界面，并且自己提交过的稿件有条理化管理，同时可以随时修改加工任何自己稿件库中的稿件。在稿件列表中支持稿件预览，并可支持上一篇和下一篇稿件的递进预览，稿件预览界面多场景选择和应用。

（七）智能搜取稿件

支持不同部门的最新报道信息查看，最新选题信息查看。支持主题、部门稿件送定稿集中查看。支持稿件选定到相应类目篇章，以便年底自动生成一本当年“网络年鉴”书籍。支持稿源中心最新入库信息的罗列和查看。支持全网抓取分析，并推送当前互联网热点信息、部门热点信息、网民关注的热点信息、微博的热门话题信息等。支持用户自定义配置关键字，通过全网抓取分析技术，将关键词信息抓取并自动入库展现，再二次利用和开发。

（八）智能考核数据采集情况

对于图、稿、视频、音频、日期、作者、属性、类目等信息灵活自定义采集，并且可以自动提取稿件信息：稿件标题、字数、作者、图片、点击量、点赞数等，同时收集网站、移动设备内容的收集和点击率等。

（九）稿件质量管理

质量检测系统应该与稿件编辑系统无缝对接，在写稿时可以调用中心词库对稿件内容进行校对，校对出的错误和可疑词可以用不同颜色进行显示，便于编辑人员核对错误。当年“网络年鉴”书籍的版面排版后的校对，校对后的错误用不同颜色进行显示，便于编辑人员核对错误。采用超大规模词库和重点词监控等先进的校对计算技术，在校对质量、校对功能和易用性等方面提高，达到当前校对智能化的最高水平，以保证质量的进一步提高。

（十）外部稿酬计算管理

管理稿酬的计算和发放过程。可以自定义稿酬标准和统计流程，生产发放表和汇款单格式，也可以自行打印，或者将数据送往邮局。另外也可以电子支付，把供稿人的稿酬写入文件，文件格式符合邮局给定的接口。同时可以报表查询，可以在 Web 页上显示报表、打印预览、另外也可以下载保存为 Excel。

（十一）好稿选评

好稿的评选是为了取之于民，用之于民，惠之于民。稿件来自于部门、企事业单位、民间等，管理好稿件选评过程，包括对优秀稿件、图片、视频等的评选，支持定义多个评选标准，有利于年鉴行业的蓬勃发展。支持输出单独的好稿件评选进行表彰，并可以汇编成册，为出版当年网络年鉴打下坚实基础。

五、“互联网+年鉴”对传统年鉴的改变

“互联网+年鉴”的多层演进过程已经开始，不论主观上是否愿意，已经有相当多的年鉴和行业年鉴被卷入“互联网+”滚动的巨轮。这一卷入，或者如春雨润物般温和融入，或者是有破有立改造升级，或者从根本上重塑原有经营模式，大幅提高年鉴行业效率。

通常来说，“互联网+年鉴”对传统编鉴行业的改变要从融合—改造—创新或者渐进与跨越融合。融合—改造—创新展现为简单的递进关系，三步循序渐进。信息要素融入编鉴各个环节中，通过不同环节的信息实时交换，达到整体编鉴效率的提升。当信息在产业链各环节的作用由浅入深，呈现渐进式变革的时候，但在某些条件下，“互联网+年鉴”可能实现跨越式发展，跳过某些环节直接进入下一环节。实现这一跨越式发展的原因在于，互联网及实时信息的全方位介入，使得按需的文化资源服务成为可能，实现资源的最优配置，生产出最适合用户的产品，这种创新依靠传统年鉴行业自身的生产要素重组很难实现。比较成功的案例，如“互联网+”在医疗行业①、公共服务领域的应用。在医疗行业中，远程医疗平台帮助解

① 马盛丹：《“互联网+医疗”对传统医疗行业的影响》，http://www.fx361.com/page/2017/0602/1854623.shtml。

决边远省份老百姓看病难问题，搭建医生和患者交流平台的微信群、移动医疗帮助患者轻松约诊，快速就医，通过手机端的预约挂号，查看排队人数、下载检验报告，病患和医院在互联网平台的帮助下实现信息交互，减少不必要的误解，合理安排时间，减少排队等待的时间，看病难的问题在一定程度上得到缓解。在公共服务领域中，实现部分人口健康信息实时采集与共享交换，公安互联网交通安全综合服务管理平台采用网页、语音、短信、移动终端 APP 方式，为广大交通参与者提供便民服务等。

“互联网+年鉴”可能是传统年鉴行业改变的终极模式。新的创造性的力量替代原有的低效的生产组织形式、资源配置方式，成为年鉴产品或服务的主要供应者。共享文化资源就是跨越式发展的典范，“互联网+年鉴”各个环节跳出传统年鉴产业的思维，创造出一种全新的经营模式。例如，房子、车子是传统经济下每个人都期待能够独享的物品。但是，Airbnb 和滴滴①的出现开始不断刷新人们的观念。当房屋闲置时，通过 Airbnb 将某段时期的居住权出租出去，达到房屋的最高利用率；当车子闲置或空驶时，通过滴滴将车子的行驶权释放出来，达到车子的最高利用率。通过信息的交换与匹配，每间房屋、每辆汽车的利用率都达到最大化。“互联网+年鉴”演进的过程触及了年鉴行业多个环节，实现社会整体文化资源、区域文化资源的编辑和分享，同时，年鉴产生的经济和社会效益将大大提高。从这个意义上说，数字化年鉴书籍、网站的建设、微信的建立实质上部分完成了“互联网+年鉴”的演进。

六、“互联网+年鉴”的愿景

从本质上来说，互联网及信息要素贯穿到整个年鉴产业生态，将文化资源变得平坦、将区域文化变得开放实用，对于供稿单位、

① 钛媒体：《从 Airbnb 到滴滴：平台化也许才是分享经济的真面目》，http：//money.163.com/16/1207/17/C7MT822O002580S6.html。

作者、读者、编辑人员及年鉴平台管理方式都发生了改变。一方面使得“互联网+年鉴”在任何时间均可实现将城市区域各地人和文化资源连接起来；另一方面成为建立信任的最有效平台，所有信息的实时置换极度提升信息及时性、准确性、权威性，提升整体年鉴行业生产效率。

在理想的状态下，“互联网+年鉴”会在年鉴中逐步迭代，自动纠正对于文化资源体系效率最低下的部分，这将是年鉴行业最大的变化。迭代的结果，也正是“互联网+年鉴”的愿景，现实生产生活无限接近于其定义的外延，借助信息相互及时交换共享达到一个最优的文化资源体系，达到年鉴用户最大化，更好地为城市经济建设和社会发展服务。

结　语

中共中央办公厅、国务院办公厅印发了《国家“十三五”时期文化发展改革规划纲要》文件要求，高新技术发展日新月异，社会信息化持续推进，互联网影响广泛而深刻，迫切需要拓展文化发展新领域，发展壮大网上主流舆论阵地，更好运用先进技术发展和传播先进文化。由此可见，政府致力于推进中国文化发展改革，要完成这一转型，最有可能的源动力就是互联网①，传统年鉴行业可依靠“互联网+年鉴”完成行业融合—改造—创新，站在“互联网+”的风口上顺势而为，推进年鉴产业发展。在这个大数据时代，互联网必将影响社会各行各业，星星之火可以燎原，希望“互联网+年鉴”这把火能够带动文化发展新领域。

（作者单位：成都年鉴社）

① 沈晓娟：《“网络年鉴”与“年鉴网络化”》，《年鉴论坛（第七辑）》，北京：中国农业出版社，2016 年。

中国科协年鉴网络数据库平台系统建设与功能开发

唐志荣

摘　要： 本文介绍中国科协年鉴网络数据库平台系统的建设和系统软件功能开发实现过程。系统建设以提高《中国科协年鉴》查询使用效率为根本目标，充分利用网络技术、数据库技术，建设便于后台管理、维护，客户端数据查询快捷的基于网络的信息系统。通过对历年《中国科协年鉴》数据进行整理解析，制定标引规则，根据标引规则对数据进行属性赋值、建立关联关系。设计开发年鉴数据库系统的结构组成、检索模块、后台维护系统、页面展示等软件系统。将年鉴数据录入数据库，实现对《中国科协年鉴》数据的网络化管理。

关键词： 中国科协年鉴网络数据库平台　建设　开发

《中国科学技术协会年鉴》（以下简称《中国科协年鉴》）是全面反映中国科协系统年度工作的纪实性、史料性文献资料集，汇集了中国科协发展过程中的重要资料与数据，是研究中国科协发展历程的重要工具书。自2001年开始按年度出版，记载当年度的领导重要讲话、重要文件，机关各部门、各直属单位开展的重要工作，全国学会、协会、研究会简况，省、自治区、直辖市科协、新疆生产建设兵团科协简况等。通过中国科协年鉴网络数据库平台建设将《中国科协年鉴》的内容进行数字化、网络化，有效提高了数据资源的利用率。

一、平台系统分析

（一）系统目标分析

系统建设是以提高《中国科协年鉴》查询使用效率为根本目标，充分利用网络技术、数据库技术，建设便于后台管理、维护，客户端数据查询快捷的基于网络的中国科协年鉴信息系统，实现对《中国科协年鉴》数据的添加、删除、修改、查询、统计等功能。分析年鉴使用者的使用需求、检索需求和检索习惯，建立分类导航、快速检索和高级检索相结合的检索功能系统，实现多维度查询导航。结合其他栏目需求分析，形成对整个系统的需求分析及界面模型的设计。

（二）系统结构分析

对历年中国科协年鉴资料进行整理分析，制定标引规则。对历年中国科协年鉴数据进行解析，根据标引规则对数据进行属性赋值、建立关联关系。设计开发年鉴数据库系统的结构组成、检索模块、后台维护系统、页面展示等软件系统。之后，将年鉴数据录入数据库，对数据质量进行校对修改。最后，对年鉴数据库系统平台进行上线试运行。

通过分析《中国科协年鉴》的主要组成内容，建立内容标引指标项。根据中国科协年鉴发布内容的栏目、子栏目、部门、时间、地点、人物、项目名称、关键词、图题、全文，建立标引规则。以栏目分类、子栏目分类、年鉴条目的层次结构，展现时间、地点、人物、事件、内容等条目要素，准确表达年鉴数据全部内容。

根据中国科协年鉴数据特征，分析了年鉴条目数据的元数据信息，确定以栏目分类、子栏目分类、年鉴条目的层次结构，展现包括时间、地点、人物、事件、内容等条目要素，实现从各维度查询导航，准确表达年鉴数据全部内容。

经过分析将中国科协年鉴的内容分为四大类：一是报告、讲话；二是概况；三是重大事件、成果；四是基本资料（含附录、数据、图表等）。条目被分类为：综合性条目、单一性条目；其中综合性条目包括：综合、概况、记事 3 类，单一性条目包括：记事、会议、机构、产品、人物 5 类。条目内容主要包含的要素为：时间、地点、人物、时间、事件。

二、系统建设

（一）软件系统功能开发

1. 系统功能模块设计

根据中国科协年鉴的特点，系统的功能模块由 3 个主部分、40 个子部分组成，主要包括：年鉴信息管理（各栏目设置）、内容设置管理（栏目管理、学会管理、人物管理、职务管理、机构管理、专有名词管理、关键词管理、主办单位管理、主管期刊管理、新闻内容管理、动态新闻栏目管理）、系统管理（后台用户管理、系统日志信息）。

2. 通用栏目设计

通过对年鉴各栏目条目的综合分析，采用了统一数据表结构的数据库设计，使得所有栏目下的年鉴条目文章，从后台维护界面操作到前台页面呈现，都可以统一形式。特别是在后台维护界面操作上，无论哪个栏目下的条目文章均可以采用统一的操作方式进行增加、修改、删除。

（1）通过内容设置管理中的栏目管理进入栏目定义，可添加每年的栏目名称信息。

（2）栏目定义后，在年鉴信息管理功能模块里，就会看到各年的栏目树状结构，通过点击每一个节点，可以添加对应年对应栏目的年鉴信息。系统支持每页显示的条数定义。另外在分页信息过多的情况下，为方便查找，可以利用上方的标题及时间范围等查询条件进行查找。

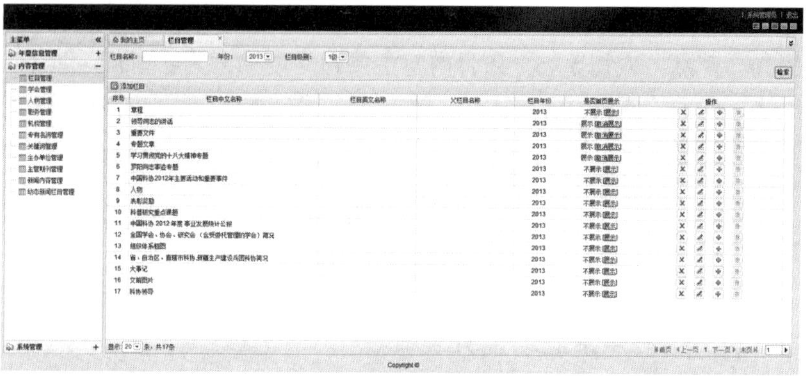

图 1

（3）每条年鉴数据信息均可以进行增、删、改维护，维护界面如下：

从图 1 中可以看到在维护界面中，包括标题、日期范围、地点、作者、发文号、发文单位、关键词等内容的填写，以及对应的图片信息维护。因为已将年鉴数据信息的数据结构进行了统一，所以可以实现年鉴数据信息在不同栏目内的移动、复制、删除等批量操作。

3. 随时增加新栏目

由于年鉴每年都在更新和变化，栏目的设置会有所改变。为了方便使用者的维护和使用，系统开发了新增栏目的功能，同时结合已有栏目的移动、复制、删除功能，使得整个系统有着良好的扩张性，极大地方便了使用者，也减轻了软件开发人员今后的维护工作强度。

4. 其他特殊栏目设计

根据中国科协年鉴的特点，部分栏目的结构较为特殊，针对这些栏目，设计了特定的管理模块，主要包括：学会管理、人物管理、职务管理、机构管理、专有名词管理、关键词管理、主办单位管理、主管期刊管理8个管理模块。

（二）数据库结构设计

数据库结构主体是年鉴条目信息表，还包括与此相对应的栏目信息表、附件信息表、关键词信息表等；另外包括数据库系统对应的用户管理表、系统设置表等相关内容。

通过对各栏目下年鉴条目的属性分析，并考虑到后期的统一维护管理，综合各栏目文章共同特点，采用敏捷开发模式，开发环境采用成熟的J2EE标准下三层B/S结构开发模式，数据库采用MySQL网络数据库，发布服务器采用Apache Tomcat发布服务，实现软件系统的跨平台运行，以方便系统将来可能的移植和升级。

（三）页面结构设计

结合中国科协年鉴特点，页面结构设计时，重点突出年鉴数据库的检索功能，使用者可以根据年份、栏目、标题、人物、关键词、内容等进行检索，快速得到所需资料。首页设置了检索热词、高点击文章、历年年鉴等栏目，以方便使用者，界面设计简洁、明快、统一，图文并茂，自动显示相关项目。

（四）检索功能建立

分析年鉴使用者的使用需求、检索需求和检索习惯，建立分类导航、快速检索和高级检索相结合的检索功能系统，实现多维度查询导航。

（五）专有名词的弹出展示与自主维护

中国科协有一批常用的专有名词，并且都有其在特定环境下的特定含义，因此在年鉴数据库中需要对这些专有名词进行单独定义解释。

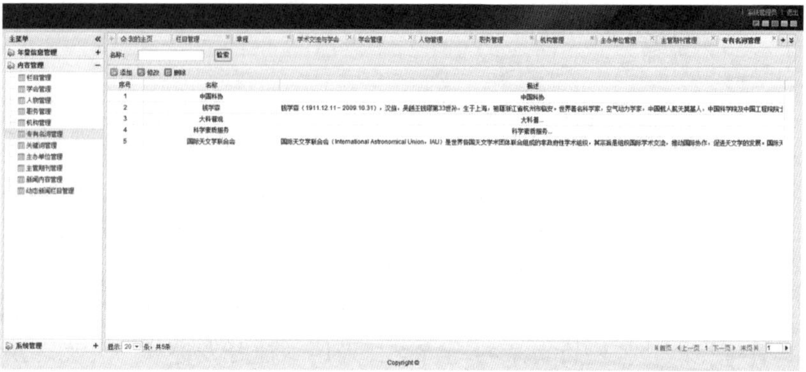

图 2

为了实现这一功能要求，在数据库后台设置了专有名词管理模块，可以根据需要，自行设定专有名词及其定义解释，如图 2 所示。

在前台页面阅读时，对于后台已设置的专有名词，还可以通过链接弹出显示专有名词解释内容，方便读者阅读。读者也可以提交专有名词建议，由系统管理员进行审核管理。

（六）关键词索引关联

中国科协年鉴纸质版本中，根据纸版页面信息，附录有每篇年鉴信息的关键词索引。首先需要实现关键词索引与每篇年鉴信息的一一对应。因为纸版年鉴索引中的关键词是和页码关联的，所以先将排版文件中的对应关系转换为 Excel 表，然后再依据文章和页码关系，转换为文章的对应关系，对于一页有多篇文章的情况，则人工阅读来标记处理。将此关键词索引转换到数据库后，重新标引为与年鉴文章（ID）关联的关键词索引信息。

数据库系统在前台文章后显示本文关键词，并可以关联查询相同关键词的其他文章，同时系统记录关键词关联查询次数。

（七）开发关键词提取系统

为方便对数据内容进行标引，系统在原有关键词标定的基础上，另外采用情报检索与文本挖掘的常用加权技术——词频—反转文件频率，实现对年鉴数据内容的关键词自动提取，并完成提取关键词的标引入库。关键词提取子系统支持分词自定义，可将科协年鉴中用到的专有名词加入；还支持对各标引属性的权重定义。

（八）统一栏目设置架构

纸版年鉴中，各个栏目的组成要素各不相同，因此，如果按照纸版年鉴的栏目要素在数据库中进行栏目设置的话，数据库设置完成后，每个栏目将成为独立的个体，栏目之间无法实现合并操作，不同栏目中的内容也无法实现转移，增加新栏目的操作也比较复杂。

为了解决以上问题，将年鉴数据信息的数据结构进行了统一，各个栏目均设置多个要素，根据需要激活不同数量的要素，从而可以实现年鉴数据信息在不同栏目内的移动、复制、删除等批量操作，也方便将来增、删、合并栏目。

（九）文章采用 html 与 PDF 对应的方式阅读

每篇文章的显示，以 html 页面形式展现全部内容，也可以以 PDF 文件方式阅读，内容可转载分享，以实现 PDF 文件与年鉴文章的一一对应。

三、解析录入年鉴数据

（一）数据解析处理

1. 正文数据处理

中国科协年鉴的电子文件数据主要包括两种类型：方正书版排版文件与 Indesign 排版文件。根据这两种排版文件特点，分别采用对应的数据解析工具，首先将方正书版的小样文件以及 Indesign 源 indd 文件转换为 html 格式文件，之后再对数据进行解析处理。

2. 图片数据处理

中国科协年鉴的文前图片、学会 LOGO 图片、领导头像等图片文件格式多样，需要对各栏目图片进行统一处理，以保证年鉴图片数据内容的完整与统一。采用的方法主要有：（1）将 PSD、tiff 等文件转换为 JPG 文件；（2）直接从 PDF 中截图获取存成 JPG 文件；（3）将纸版年鉴中的图片扫描为 JPG 文件。

3. 关键词数据转换处理

因为原有关键词是和页码关联的，所以先将排版文件中的对应关系转换为 Excel 表，然后再依据文章和页码关系，转换为文章的对应关系。对于一页有多篇文章的情况，则人工阅读来标记处理。

（二）数据校对修改

在数据处理完成并录入到数据库后，校对人员根据纸质年鉴，通校全部数据内容，列出问题清单，再由数据处理人员逐一进行修改，保证年鉴数据的完整性和准确性。

结　语

中国科协年鉴网络数据库平台系统具有丰富的数字化资源、易用的管理功能、便捷的检索功能，方便使用者更好地使用、查询。中国科协年鉴网络数据库的建成极大地提高了中国科协年鉴的使用效率，更好地发挥年鉴对工作的促进作用。中国科协年鉴网络数据库平台系统的开发和应用，可以带动年鉴的数字化、网络化发展，促进年鉴编制工作的高效运行。

（作者单位：中国科协信息中心）

信息时代背景下我国年鉴资源共享数字平台建设探析

余　敏

摘　要：年鉴是提供各种信息的窗口，为更好地传播信息、服务大众，年鉴的数字出版越来越受到相关决策部门、科研部门，以及广大专业领域读书的重视与欢迎，年鉴的出版发行也越来越和数字技术紧密不可分割。本文在整理我国年鉴电子出版现状的基础上，提出构建资源共享数字平台建设，并对平台建设提供相应的建议。

关键词：信息时代　年鉴　资源共享数字平台

当今，是一个信息爆炸的时代，各种信息都以数字化的形式快速地传播。出版行业也不能避免地进入了数字时代。2016 年 2 月中央全面深化改革领导小组第四次会议审议通过了《关于推动传统媒体和新兴媒体融合发展的指导意见》，习近平总书记在这次会议上强调，要坚持先进技术为支撑、内容建设为根本，推动传统媒体和新兴媒体在内容、渠道、平台、经营、管理等方面的深度融合[①]。媒体创新融合的顶层设计出台。而我国年鉴的出版由于行业原因，一直以纸质版为主要载体，那么，这个迅猛的数字时代，该如何将年鉴的内容质量和数字技术更好地结合起来已经成为了一个时代的命题，

① http：//media. people. com. cn/GB/22114/387950/。

也成为年鉴现阶段发展所必须面对和解决的问题。本文在整理我国年鉴数字出版现状的基础上，提出构建数字共享平台建设，并对平台建设提供相应的建议。

一、我国年鉴数字出版现状

年鉴是逐年发行、概述一年内事物发展和记录最新事实以及汇集各种统计资料的工具书，是对一年内知识和信息的积累、整理、综合和集中。年鉴不仅为人们提供了正确可靠的知识和信息，而且为日后研究问题积累了素材①。每个行业一年的总体状况是什么样，需要有一个比较权威的出版物进行相关性的总结，需要有一个准确记录本行业改革发展繁荣轨迹的年鉴，使广大从事这个行当的人对这个行业有一个全面地了解，同时也可以使其他行业的人能够比较快捷地了解此行业的状况。

随着计算机、网络与多媒体技术的发展，国内外书、报、刊的出版都在由单一纸质媒体的出版迅速向多媒体、多方式的出版方向发展，而数字出版是通过互联网来出版和销售数字出版物，既能出版发行文字内容，也出版发行声音、视频、动画等多媒体信息，当前已经发展成了最能体现世界出版发展趋势的出版方式。年鉴是提供各种信息的窗口，为更好地传播信息、服务大众，年鉴的数字出版越来越受到相关决策部门、科研部门，以及广大专业领域读书的重视与欢迎，年鉴的出版发行也越来越和数字技术紧密不可分割。笔者经过整理，得出我国年鉴的数字发行主要有以下三类：

1. 依托本行业官方网站进行数字出版

各行业编纂的年鉴主要由本行业主办单位官方网站进行发布，这是目前最为普遍的数字出版方式。例如由国家统计局主办的《中

① 刘平一、崔增辉：《我国年鉴发展的现状及对策研究》，《现代情报》2003 年第 7 期。

国统计年鉴》可以在国家统计局官方网站上下载查看，详见图1①；而基层单位自己编纂的年鉴一般也是在本单位的网站上提供数字版本，例如《东南大学年鉴》可以在东南大学官网上浏览。

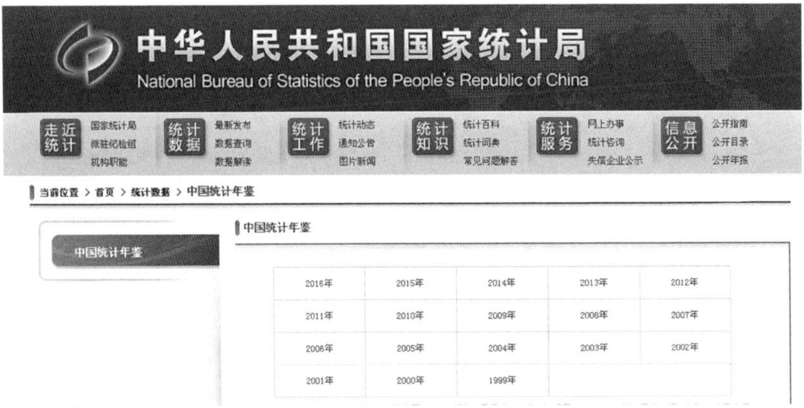

图1　中国统计年鉴数字出版地址

2. 依托大型数字出版平台进行数字出版

这种方式也是目前最为常用也最为高效的数字出版方式。截至2016年12月，搜索中国最大的数字出版平台——中国知网，上面收录在册正式出版的年鉴共有3600余种。各种不同行业的年鉴各有特色，内容各具特色又相互联系。总结来看，目前主要有以下几类年鉴：综合性年鉴、专业性年鉴、地方性年鉴和统计性年鉴。并且，中国知网构建了中国年鉴网络出版总库（China Yearbook Full-text Database，简称CYFD），是由中国学术期刊（光盘版）电子杂志社、清华同方知网（北京）技术股份有限公司、清华同方光盘股份有限公司与各年鉴编辑单位合作建设，依托清华同方知网的网络出版平台，全面系统集成整合我国年鉴资源的全文数据库，旨在为年鉴数

① 国家统计局［EB/OL］. http：//www.stats.gov.cn/tjsj/ndsj/。

字化、网络化及最大范围普及推广年鉴服务。目前全国已实施了一系列文化资源共享工程，初步构建起具有一定规模的文化信息资源库群，已入库会员享有中国年鉴资源全文数据库的免费使用服务。详见图 2①。

图 2　中国年鉴网络出版总库

3.　依托专业服务型网站数字出版

中国年鉴信息网隶由北京华清智鉴书店主办，主要收录中国年鉴、企业名录、行业研究报告、企业研究报告、宏观经济、海关数据等 200000 余种图书。不过主要提供的是年鉴的网络购买服务，详见图 3。

---

① http：//nianjian. cnki. net/。

图 3 中国年鉴信息网

二、资源共享数字平台构建

我国各种年鉴几千种，虽然分属不同的行业不同的领域，但是在出版内容上有差异也有交叉，出版模式上有纸质版也有电子版，并且影响力也参差不齐。并且，一部年鉴的出版需要大量的文字和数据材料作为支撑，尤其是一些部类庞大的中央级年鉴更是需要各行各业的相关部门积极配合和帮助。大到以《中国会计年鉴》为例，要编纂好这一年度的年鉴内容就需要各省（市）财政局，各直属单位，各财政部门的相关负责人积极的配合提供相关的资料和数据。小到以《东南大学年鉴》为例，编纂当年的年鉴，需要各个院系各个行政机关，各个直属单位提供相应的材料和数据，需要众多部门的资源整合和配合。所以，年鉴业的资源共享和信息互通，做到有效地资源共享，是年鉴出版适应大数据时代的一个重要的挑战和难题。据此，笔者提出建立我国年鉴资源数字化共享平台，整合和共享各出版单位的优势资源，在数字出版的大背景下，提升我国年鉴业的学术影响力。

（一）年鉴资源共享数字平台构建基础

1. 已有数字化建设

如上文所述，我国年鉴数字化的建设已经取得了丰硕的成果，已经基本具备了搭建共享数字平台的数字基础。

2. 社会需求

年鉴发行所面临的读者虽然不是大众，但却具有固定的读者群，具有较高的专业程度和社会认可度。这类读者专业性强，对专业领域的信息本身具有高黏度需求以外，还需要出版单位提供的内容信息准确高质、服务个性化，这就对年鉴数字化提出了更高的要求。

3. 人力资源

一般从事年鉴信息服务的人员兼具本专业知识和出版发行知识，在年鉴出版的过程中积累了丰富的实践经验。人员的信息服务水平和平台管理综合能力可以满足构建资源共享数字平台过程中的人力资源需求。

（二）年鉴资源共享数字平台构建条件

要实现年鉴的资源共享是年鉴出版在当今大数据时代下面临的一项艰巨的挑战。构建年鉴资源共享平台需要具备以下条件：

1. 相关部门出台相关的法律法规

正如上文所说，年鉴的编纂需要大量的数据，需要各部门的积极配合协调。那么，构建年鉴资源共享数字平台的前提就是需要法律法规的支撑支持。

2. 相关人员的信息资源处理技术培训

构建资源共享数字平台，需要有具有专业能力的人力资源做支撑。要定期对平台管理人员进行数字化培训，以保证资源共享数字平台过程中的人力资源需求。

3. 行业内部要建立资源共享数据库

搭建资源共享数字平台，首先要在各行业内部建立资源数据库，构建树形结构的资源库。只有各行业具有端口共享的数字平台，才能搭建出年鉴业资源共享数字平台。

(三) 年鉴资源共享数字平台模型构建

在借鉴 Springer Link 框架等国外出版资源共享平台的基础上，结合我国年鉴业自身的学术独特性，本文提出以下的我国年鉴资源共享数字化平台建设思路，该平台拟包括以下几个模块（见图 4）。

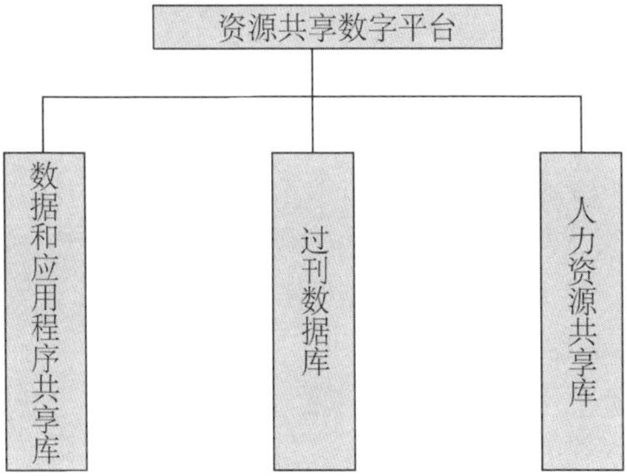

图 4　资源共享平台框架

1. 数据和应用程序共享库模块

在这个模块中，各个出版社编辑都可以通过这个平台获取其他出版单位编辑年鉴所需要的数据和应用程序。并且具有强大的搜索引擎，包括信息检索、浏览与导航，满足用户对不同类型数据、不同检索申请、不同数字资源的需求。

2. 过刊数据库模块

一个完整的数字化平台不能缺少过刊数据库。在这个版块，各个年鉴出版单位将创始刊至今的刊物经过数字化处理上传到数据库。对于早期没有 PDF 文件的刊物需要扫描成 TIFF 格式文件再进行上传。

3. 人力资源共享库模块

在这个模块，各个年鉴出版单位将本单位出版编辑人员登记入库，详细记录各位人员的专业背景和优势特长，构造年鉴出版人力资源共享库。

资源共享数字平台分别设置编辑和读者端口，设置不同的权限，保证编辑用户和读者用户都可以搜索到相应的数字资源。

（四）构建资源共享数字平台要注意的问题

数字时代，数字资源的共享对于众多的网络受众来说是真正的好事，但是也应该意识到任何事情都有其两面性的。在享受着资源共享给大众带来的巨大便利的同时，也应该注意到遵守相应的法律法规和行为规范。

1. 版权保护意识

数字资源共享是在不触及到个人和社会利益的前提之下的，没有无节制和不受束缚的资源共享。在我们使用数字资源的时候一定要明确这一点，这是资源共享环境健康持续发展的重要因素和前提。

2. 明确资源共享的义务

作为数字资源平台的用户，享受数字资源的共享是平台用户的权利，但在享受权利的同时也应该履行相应的义务。包括有义务为有需要的人提供资源材料，禁止传播不真实、不符合法律法规的内容。

三、结　语

大数据时代下的年鉴出版具有了新的特点，数字出版发行也日益繁荣。在此基础上，借助互联网数字技术，搭建数字共享平台，可有效整合国内年鉴业数字资源，规范数字出版流程，实现出版人员、政府部门、研究人员和订购用户之间的互动，发挥出数字平台的大数据信息库功能，推动我国年鉴数字出版向更高一层迈进。

（作者单位：《东南大学学报》编辑部）

城市文化年鉴编纂研究和实践

——以《杭州文化年鉴》为主的考察

高 丹 张美虎

摘 要：全国年鉴编纂事业如火如荼，而其中文化年鉴的出版数量却屈指可数，对文化年鉴的研究和思考文章更是鲜有出现。本文以《杭州文化年鉴》的编纂实践为主，兼顾对《上海文化年鉴》《宁波文化年鉴》的部分考察，希图就城市要不要编文化年鉴、怎么编城市文化年鉴、城市文化年鉴的特色和品位如何体现等问题进行研究和探讨，并提出“编纂文化年鉴是一个文化城市的历史使命”的观点。本文还以实例为证，从年鉴体例、行业特点、资料层次三个方面对城市文化年鉴的编纂框架设计要求进行阐述，从文化底蕴、地方特色、时代特征三个方面对城市文化年鉴特色的体现进行阐释，从内容文字、图照运用、装帧设计三个方面对城市文化年鉴的审美和品位提出要求。

关键词：城市文化年鉴 年鉴编纂 年鉴研究 杭州

地方专业（行业）年鉴的数量，在各类年鉴中占有重要的分量。但是，其中以文化作为专业方向的年鉴，数量却并不是很多。目前所能见到的在编或曾编的文化年鉴（不包含各级文化产业年鉴、文化遗产年鉴、文化类统计年鉴以及企业文化年鉴、佛教文化年鉴等），国家层面的有文化部主办的《中国文化年鉴》，省级的有《上海文化年鉴》《浙江文化年鉴》《江苏文化年鉴》《安徽文化年鉴》《广西文化年鉴》《四川文化年鉴》《甘肃文化年鉴》《河南文物文化年鉴》《内蒙古宣传思想文化年鉴》等，市级的有《南通文化年鉴》《宁波文化年鉴》《晋城文化年鉴》《佛山文化年鉴》《临清文化年鉴》《福清市文化年鉴》等。从数量上看，似乎文化年鉴在浩瀚的年鉴海洋中，只是沧海一粟，而关于文化年鉴方面的相关思考，更是寥寥无几，所见几乎只有《文化年鉴的创新实践与思考》① 一篇文章。那么，城市要不要编、怎么编文化年鉴？城市文化年鉴的特色和品位如何体现？本文以《杭州文化年鉴》② 的编纂实践为主要考察点，对上述问题做一些粗浅的研究和探讨。

一、文化城市的历史使命

"城市即文化，文化即城市"，对于一个城市而言，文化既是一个城市独一无二的印记，更是一个城市的精髓和灵魂……文化盛而城市兴，城市兴而文化盛。③ 而杭州，无疑是一座"有文化"的城市。她的精致和谐、大气开放，不仅来源于"天工开物"所赐予的自然山水之美，更承载着由数千年人文历史所铸造而成的人文精神。也因此，我们才可以说杭州历史悠久、人文荟萃，文化积淀深厚、资源丰富。

改革开放以后，历届杭州市委、市政府高度重视文化建设，特别是近年来相继作出建设文化名城、建设"一名城、四强市"、实施软实力提升战略、建设学习型城市等重大决策部署，着力推进社会主义核心价值体系、公共文化服务体系、文化产业发展体系"三大体系"建设，统筹文化事业和文化产业发展，统筹城乡区域文化发展，统筹深化文化体制改革和扩大对外文化交流，城市软实力、文化竞争力显著增强，全市人民团结奋斗的共同思想基础日益巩固，

① 蒋皓：《文化年鉴的创新实践与思考》，《年鉴信息与研究》2004 年第 2 期。

② 《杭州文化年鉴（2015）》，北京：新华出版社，2016 年。

③ 翁卫军：《文化地标：一座城市的灵魂驿站》，《杭州日报》，2015 年 10 月 22 日。

文化生活品质和思想道德水平、科学文化素质明显提升，全国文化创意中心、中国动漫之都等品牌逐步打响，为在新的历史起点上深入推进文化名城、文化强市建设奠定了坚实基础。① 可以说，在杭州经济实力不断增强、发展质量明显提升的同时，文化力量已悄然地开枝散叶，文化的自觉、自信和自强，正在形成更为雄厚扎实的“杭州软实力”。尤其是党的十八大以后，杭州市委、市政府认真贯彻落实中央和省委的部署要求，努力推动文化大发展大繁荣，更是积累了许多新经验，取得了很多新成果，多项工作都走在全省、全国前列，有的还达到了国际领先水平。这些内容要不要着重记述？或者说用综合性的《杭州年鉴》来记述是否已经足够？

笔者认为，虽然地方综合年鉴中也有各个行业的年度资料，但其深度、专业度远远不及专业年鉴。专业年鉴“围绕‘专业’多视角、全方位地反映本行业工作全貌，是任何其他年鉴不可取代的”②。再加上作为国家首批历史文化名城、全国文化体制改革试点城市、文化大省浙江之文化中心的杭州，天然地肩负着真实展现“打造东方品质之城、建设幸福和谐杭州”中的文化自信和文化自觉，为杭州历史和人民留存“堪存堪鉴”之记录的使命。因此，编纂《杭州文化年鉴》，可以展示杭州文化事业成就、总结杭州文化发展经验、探索杭州文化发展规律，正是对这一使命的最好实践，也是对地方综合年鉴的最好补充。

二、文化年鉴框架怎么设

框架设计是年鉴系统工程的起点，是年鉴的成书之本。框架是全书的纲目，更是全书整体内容的浓缩。它的作用，一是贯彻年鉴

① 《中共杭州市委关于认真贯彻党的十七届六中全会精神深入推进文化名城文化强市建设的若干意见》，2012 年 1 月。

② 祝敬泉、田进：《专业年鉴浅谈》，《沧桑》2000 年第 2 期。

的体例，二是框定年鉴的内容，三是明确信息资料的归属和层次①，可谓举足轻重。那么城市文化年鉴的框架应该怎么设呢？

（一）城市文化年鉴的框架应符合年鉴体例

城市文化年鉴的框架设计，首先应该遵循年鉴的体例。年鉴的体例，是一系列年鉴编纂规范的总称。一般认为，从选题选材的角度看，综合年鉴的内容包括综合情况、动态信息、附属资料和检索系统4个部分，且各部分应有较为合理的篇幅比例。文化年鉴虽然属于专业年鉴，但不同于统计年鉴和部分学术年鉴，其内容为可以铺陈开来记载的横向的行业面，因而在结构上可以，而且应当参照综合年鉴的设置方法。

以创刊较早、内容较为全面的《上海文化年鉴》② 为例。全书分设23个部类，起首“特载”“专文”，属于附属资料；其次为“上海文化概况”，即综合情况；再次为以“精神文明建设”打头的16个主体部类，主要收录年度动态信息；又次是“文化人物”“上海文化大事记”“文献与附录”，仍为附属资料；最后设“索引”，与卷首“目录”一道，构成检索系统。

《杭州文化年鉴》在框架设计上，同样参照了综合年鉴的设置方法，但在排列和归属上，与《上海文化年鉴》有所不同，亦有所创新。全书分设28个类目。起首“特辑”，汇集动态信息精华；次为“总述”,与其后每个类目中的“概述”分目一起，构成综合情况部分；主体部分的动态信息以“宣传”打头，以“区、县（市）文化”收尾，共有21个类目；特设的“专题文化”与其后的“文化人物”“大事记”“文选”“附录”一起，同为附属资料；最后依常规设“索引”，与卷首“中英文目录”呼应，以备检索。

（二）城市文化年鉴的框架应反映行业特点

从本质上说，城市文化年鉴属于专业（行业）年鉴，它的框架

---

① 许家康：《年鉴编纂入门与创新》，北京：线装书局，2006年。

② 《上海文化年鉴》编辑部：《上海文化年鉴（2013）》，2013年。

应该反映行业特点。这就需要我们对“文化”的概念和范围有一个比较清晰的认识和界定。据《现代汉语词典》中的解释，“文化”指“人类在社会历史发展过程中所创造的物质财富和精神财富的总和，特指精神财富，如文学、艺术、教育、科学”[①]。这里，“文化”的定义明确地偏重于精神上的产出。相对来说，百度百科上对“文化”的解说显得更为全面和现实，它指出，“对文化这个概念的解读，人类也一直众说不一。但东西方的辞书或百科中却有一个较为共同的解释和理解：文化是相对于政治、经济而言的人类全部精神活动及其活动产品。”[②]

《杭州文化年鉴》在框架设计中，不仅注意对文化专业（行业）特点的反映，还参考了《地方志工作条例》中对于“地方综合年鉴”的定义，将记述范围扩展为以记述城市文化行业、事业、产业发展为主，兼顾全市总体概况，以便于读者理解和查阅。为此，在“总述”中置“杭州概述”分目，简述杭州历史地理、气候资源、以及年度人口区划和经济、政治、文化、社会、生态文明五大建设的情况。而负责记载动态信息的22个类目（含“特辑”）的设置，则结合杭州市宣传文化系统的工作实际和文化领域发展的特色亮点，紧紧围绕主题，极大地丰富了文化专业（行业）的内涵。

（三）城市文化年鉴的框架应明确资料层次

“合理的层次设计，应该既能全面、深入反映事物，又能方便读者检索。”[③] 年鉴框架设计，不仅要明确横向类目的设置和排列顺序，也要明确纵向类型和层次。只有这样，撰稿单位（撰稿人）、编辑们在组稿、撰稿和编稿过程中，才能清楚自己所撰写的文稿在年鉴中的具体位置、篇幅大小、隶属关系等，才能确保年鉴的编纂质量。如《上海文化年鉴》在其“编辑说明”中明确该书采用分类编

① 中国社会科学院语言研究所词典编辑室：《现代汉语词典》第6版，商务印书馆，2012年。

② 参见百度百科 http://baike.baidu.com/item/%E6%96%87%E5%8C%96/23624。

③ 许家康：《年鉴编纂入门与创新》，线装书局，2006年。

辑的方法，内容按部类—栏目—条目三级结构层次编排，“内容较多的条目另加楷体字插题，便于进一步细分资料”，对表格、图片的位置亦有说明。

《杭州文化年鉴》在主题内容层次的设置上，借鉴了《杭州年鉴》的做法，分为类目—分目—条目三个结构层次，主体内容为条目体，部分内容为文章体或资料体。在三级层次范围以内，设随文图照、随文表格等内容，并设与条目紧密相接的“资料”链接，便于兼顾当年度以前的文化发展背景和特色情况，使部分条目内容既有年度动态信息变化的体现，又有对近年来该事物相关要点的回顾。

三、文化年鉴特色如何显

“横看成岭侧成峰，远近高低各不同。”特色与个性是年鉴的精髓和灵魂。专业年鉴要办出特色，就要“紧紧围绕打造品牌和形成特色去组织和策划，围绕专业主体资料，开拓、延伸、丰富、完善”①。作为文化年鉴，首先应以文化为其特色体现之根本，而城市文化年鉴作为地方年鉴的一种，更应充分体现城市地域特色，同时亦要兼顾与时代和社会发展密切相关之特色的体现。

（一）彰显主线，展示文化底蕴

彰显文化主线，首要的是保证主要内容不遗漏、不缺失。以《宁波文化年鉴》② 为例，主体版块中设“艺术生产与研究”“群众文化”“非物质文化遗产”“公共图书馆”“文物保护与考古”“博物馆”“文化产业”“文化市场”“文化执法”“行政审批”“新闻出版”“广播影视与文化科技”“文化交流”“文化管理”14 个栏目，基本涵盖了宁波市文化（行政）系统各项工作情况。《杭州文化年鉴》主体部分则又扩展出了“宣传”“精神文明建设”“文化体制机制”“文学”“哲学 · 社会科学”“地方志”“档案”“文联”等与文化事业发展密切相关的若干类目，显得更为全面和广泛。

至于文化底蕴，世人知晓杭州，皆因杭州历经千百年来所锻造

① 黄丽：《拥抱创意时代，增强地方专业年鉴软实力》，《年鉴信息与研究》2004 年第 2 期。

② 《2014 宁波文化年鉴》，北京：中国文史出版社，2015 年。

而成的文化烙印——以时间为轴的跨湖桥文化、良渚文化、吴越文化、南宋文化，以地理作纬的西湖文化、运河文化、西溪文化，以产物而兴的茶文化、丝绸文化等。《杭州文化年鉴》为此特设“专题文化”类目，结合“文化人物”类目中对本籍和客籍的24名杭州文艺顾问、58名当代文化人物、37名历史文化人物的记述，共同展示出杭州深厚的文化底蕴。

（二）梳理亮点，突出地方特色

地方特色指本地特有的、独有的或具有突出地位的事物，是本地的强项，是共性中的个性。[①] 简单地说，也就是“人无我有，人有我优，人同我异”。可以说，城市年鉴生命力的源泉即来自于地方特色。而城市文化年鉴，不仅要突出文化这一行业特色，更要突出所在城市这一地域特色。因此，杭州的文化年鉴，只有抓住“杭州”二字，才能区别于已经出版的其他文化年鉴。

突出杭州文化鲜明而丰富的地方特色，除前述以多种“专题文化”类型而反映的深厚历史文脉外，更需要抓住为人民所关注的杭州文化热点和发生在杭州的新兴文化现象及事件。通过梳理，我们发现，杭州市在宣传文化方面成绩卓越，“亮点”颇多。比如，“最美现象”成为杭州城市的“金字招牌”，“我们的价值观”主题实践活动经验在全国推广；国际动漫节成为世界一流的动漫展会，文创产业竞争力和文博会的影响力日益增强；“杭州发布”网络平台获全国“十佳”，国内先进的舆情导控系统已经建成；随着西湖和中国大运河相继申遗成功，杭州成为“双世遗”城市；杭州还加入全球创意城市网络，成为全球第五个、中国第一个“工艺与民间艺术之都”；文艺精品连续三届在全国“五个一工程”奖评选中获得佳绩，文艺院团艺术水准和活动影响领先全省；公共图书馆服务体系享誉全国，“美丽杭州”建设、农村文化礼堂建设已见成效；方志、档案、文博、社科事业成果纷呈，杭报集团、文广集团、出版集团和

---

① 余显幕：《彰显地方特色，打造精品年鉴》，第十七次全国城市年鉴研讨会，2007年。

西泠印社等均有创新发展。《杭州文化年鉴》把这些成果统统纳入其中，并设置不同的层次和篇幅加以反映，以体现当前杭州文化发展中的特色、强项和个性所在。

（三）把握节点，体现时代特征

年度性是年鉴的基本属性，以年度为时间范围来展开记述，是年鉴编纂的通常做法，文化年鉴当然也不应例外。但由于《杭州文化年鉴》为新创编的年鉴，因此在遵循年度性要求的前提下，除以2014年度作为全书时间节点的把握和记述的主体内容外，又通过“卷首”“特辑”“总述”“概述”“概况”“大事记”“文选”“附录”以及内文中的“资料”链接等不影响主体内容的部分，全面、理性地甄选和回顾了2007年至2013年，杭州文化建设工作中的重大战略部署、重点工作品牌和重要工作成果。

准确把握时代潮流和历史脉搏，是年鉴编纂的使命和责任。《杭州文化年鉴》结合近年来全国思想文化领域发展的新思路和新趋势，设置“‘我们的价值观’主题实践活动”“网络宣传管理”“文创产业园区”“新媒体”“数字出版”等分目，充分体现社会主义核心价值观的倡导、网络新媒体和数字化的发达、文化创意产业的蓬勃发展这些时代赋予文化行业的新特征。

四、文化年鉴品位何处见

年鉴具有存史、资政、教化的作用。这一定位要求年鉴具有一定水准的文化品位。而城市文化年鉴作为文化类的专业年鉴，应该具有比一般综合性年鉴更高的文化品位。因而在城市文化年鉴的编纂中，要着意提高年鉴的审美。

（一）从内容文字上提高年鉴审美

年鉴的内容对年鉴质量起决定性作用，这贯穿了一部年鉴从选题框架、资料甄选到行文成书的全过程。一般来说，“年鉴的主题立意越高远，有价值的材料越多，年鉴文化品位也就越高”[①]。关于框架设计前文已有表述，这里重点谈一下资料和行文上的审美问题。

一部有品位的年鉴，在资料上一定是精挑细选的。以《杭州文化年鉴》为例，合成初稿时竟有160余万字，后经对条目以及人物等附属资料的筛选，形成目前含索引、目录等在内约130万字的规模。如卷首第一个类目——“特辑”中，原有分目近20个，编纂过程中经过筛选，最终留下目前所看到的11个，均为近年来特别是2014年杭州文化发展方面最为成功的经验、最为经典的案例、最为精彩的内容，使之成为全书当之无愧的重中之重。又如“区、县（市）文化”类目，因杭州文化发展向来在地域上较为均衡和全面，初稿内容也是文字繁多、精彩纷呈，但以全市角度来衡量，仍然对其进行了较大的精筛。

一部有品位的年鉴，在行文上一定是精雕细琢的。虽不能做到“无一字可增删”，也必须经过多次锤炼，力求达到言简意赅，突出年鉴的信息量。同时，以“清水出芙蓉，天然去雕饰”为目标，讲求文风上的简洁、朴实。《杭州文化年鉴》在组稿之初，就编制了《编纂细则》和《条目编辑样本》向每个供稿单位发放，以明确行文规范。当然，功夫还在组稿后，与其他年鉴在编纂过程中遇到的问题一样，初稿也是五花八门、十分粗糙，唯有依靠认真负责、经验丰富的编辑队伍对文稿进行大量的修改和校订。

（二）从图照运用上提高年鉴审美

图照是年鉴的重要组成部分，是年鉴体裁之一，它可以形象、直观地反映年鉴所规定的内容，其功能是文字所不能替代的。尤其文化本身便具有多姿多彩的特征，“如果仅仅用语言文字对文化现象做平面介绍，并不能真正展示文化的丰富特色和其所具有的的信息

① 王鸣：《文化底蕴与年鉴品位》，《年鉴论坛》（第五辑），北京：长城出版社，2015年。

特点"①。而图照，恰恰能够增强对读者的视觉冲击力，能直观、生动地反映出文化的多样风貌，增加文化的吸引力和感染力。

《杭州文化年鉴》共收入卷首彩页图照48幅、随文图照160幅。照片方面，除了在收集伊始，即尽量减少会议类、领导类照片，注意增加事件性、群众性的照片外，特别精选出一批画质精美、表现力强又具有代表性的照片，充实到卷首彩页中，分为"美丽杭州""文明杭州""文艺杭州""文创杭州""动漫杭州""世遗杭州""非遗杭州"7个板块，对杭州城市文化做了很好的诠释。图方面，除了常规的《杭州市地图》外，特别收入代表古代杭州的《南宋皇城图》局部和代表现在杭州的《西湖全景图》（以照作图），作为杭州厚重历史文化底蕴和现代城市文明飞速发展的展示；插页2幅《杭州文化地图》由测绘机构专门绘制，时间截至出版前夕，从市区、县市两个视角，全面展示了全市主要的文化资源情况，类型包括人文景点、文保单位、博物馆、纪念馆（故居）、遗址、老字号、寺庙（庵）、亭、塔、名人墓以及文化场馆、文化团体、文教单位等，均在图上有清晰、形象的标注，具有极强的资料价值。

（三）从装帧设计上提高年鉴审美

装帧指书籍的结构形式及其外观形态，其效果直接影响到读者的阅读。人以衣着扮靓，书靠装帧成形。年鉴要形成自己独特的文化品位，离不开形式美的衬托，也就离不开装帧设计上的审美水准，具体表现为鉴赏性和实用性的统一。

封面设计是决定整个装帧设计成败的关键。② 年鉴的封面，不仅要起到保护、美化、装饰书籍的作用，更重要的是承载书籍形象，反映年鉴内容，进而展示地方特色。③《杭州文化年鉴》采用硬壳大16开精装本。封面经过特别设计，以杭州的城市色——青灰为

① 蒋皓：《文化年鉴的创新实践与思考》，《年鉴信息与研究》2004年第2期。

② 秦小菊：《行业年鉴装帧设计刍议》，《年鉴信息与研究》2009年第5~6期。

③ 张阳：《打造精品年鉴的思考和实践》，《年鉴论坛》（第五辑），北京：长城出版社，2015年。

底（也是全书的主色），将西湖山水的抽象图案和特种纸的肌理相融合，采用烫印、激凸的现代工艺，展现书名等信息。书脊以国画家吴一峰的作品《平湖秋月》局部做真丝彩绘，呈圆脊装裱。封底加印杭州城标。前后环衬以“杭”字局部加入山水元素，扉页及内文书眉均饰以抽象的西湖山水、雷锋塔和三潭印月形象，与封面相呼应。类目之间以不同颜色、不同插画的辑封相隔，又与每一类目的书眉相呼应，使得整本书既有浓郁的杭州历史文化名城的传统韵味，又充满杭州创新活力之城的时尚与生机。

在对卷首彩页的处理上，更可见《杭州文化年鉴》装帧设计之精妙。如在地图之后，照片之前，设置了工笔精致、用色鲜丽的《南宋皇城图》，尽显古代杭城的辉煌，然而将该图向左右两侧翻开，连续4页的现代摄影作品《西湖全景图》又跃然眼前，尽显城市之繁荣和西湖之美丽，有一种乘坐时间机器穿越文化千年的强烈冲击，再一次将杭州“历史和现实交汇的独特韵味”巧妙地融合在一起。

五、结　语

文化是长期浸润和催放一个城市精神之花的基液，是一个城市软实力的重要内涵。而城市文化年鉴在某种意义上，是对“无处不在”之城市文化的文字化、图像化，并由此成为体现城市文化软实力的一个重要载体。习近平总书记曾指出：“文明特别是思想文化，是一个国家、一个民族的灵魂”①。对一个城市和城市的人民来说，文化同样是其灵魂所在，她可以是一块青砖、一座馆舍、一片街区，可以是一泓湖水、一叶青茶、一出戏曲，当然也可以是一首诗歌、一篇文章、一部年鉴。

（作者单位：浙江省杭州市人民政府地方志办公室）

① 习近平：纪念孔子诞辰2565周年国际学术研讨会暨国际儒学联合会第五届会员大会开幕会讲话，2014年9月。

关口前移，未雨绸缪

——关于年鉴资料搜集工作的几点思考

姜潮洋

摘　要：地方综合年鉴是指系统记述本行政区域自然、政治、经济、文化、社会等方面情况的年度资料性文献。因此年鉴要囊括一年内方方面面的资料，而对资料的搜集与掌握则成为一部年鉴质量高低的决定性因素之一。本文拟论述加强年鉴资料搜集工作的几点思考和建议：一是要深入建立健全年鉴资料搜集（建档）制度；二是要加强资料搜集工作者的培训交流；三是要志、鉴相联，全力打造多样资料库平台。

关键词：资料搜集　资料库　分类管理　顶层设计

任何一项文化工程，质量都是其最终的“生命线”，如何提高年鉴编纂质量，一直以来都是学界所关注的热点问题。随着全国年鉴事业的不断发展，也出现了不少研究年鉴质量提高的学术著作及论文，这些学术成果大部分是从年鉴本身来论其提高质量，如框架结构如何优化、内容记述如何深入、条目撰写如何规范等。当然，这些论述均是有的放矢，指出了年鉴编纂中所存在的质量问题。但殊不知，这只是抓住了问题的一个方面，一部年鉴从无到有，从粗到精，决定其质量高低的因素有很多，既有所说的内部因素，同时也有一些外在的因素。经过调研，笔者认为年鉴在撰写前的资料搜集工作在一定程度上决定了年鉴质量的高低，而资料搜集（建档）工作确实要未雨绸缪，提前准备，年鉴编修工作对各个部门来说是一项“忙起来重要，做起来次要”的工作，大部分承编单位更视其临时的、额外的工作，在政府的三令五申下，虽临时搭建了机构，但匆忙搜罗资料，既会导致章学诚所说的“一时之耳目难周”① 的弊病，更容易存在敷衍的情况。所以，要保证年鉴质量，必须要从源头抓起，从资料搜集抓起、从培训交流抓起。这些是编撰年鉴的前期工作，同时也是重中之重的工作。

一、深入建立健全年鉴资料搜集（建档）制度

众所周知，各地区、各部门的年鉴一般都是当年撰写去年的情况。这样客观上对于入鉴资料有着非常严格的要求，试想如果年鉴的主笔在准备动手撰写的时候，发现所面对的都是杂乱无章的材料时，或者说去年的材料没有及时的归档、整理，那么如何能保证年鉴的质量呢？从这个角度来看，深入而持久地建立并健全年鉴资料搜集归档制度就势在必行了。

（一）年鉴资料搜集归档的主要任务

所谓“未雨绸缪”，年鉴资料的搜集整理或建档就是最大限度的将原本散乱的资料进行全面的梳理和整合。省内有编修年鉴任务的机关团体、企事业单位、其他社会组织等均应广泛收集上一年度本地区、本部门自然、政治、经济、文化、社会等各方面发展情况的资料，进行系统整理，并做成资料长编，以备次年编修年鉴所用。其中，各级地方志机构负责组织实施，协助并指导承编单位做好整理工作，并对年鉴资料搜集整合进行业务指导、督查等。

（二）主要内容

年鉴所整理资料是为了编修年鉴所用，综合来看，搜集资料应

① 〔清〕章学诚著：《文史通义》，上海：上海世纪出版集团，2010年。

该从以下几个部分入手：第一部分为书刊类。包括省内各市及各单位公开（内部）出版的书籍，包括大事记、行业特色资料汇编、部门工作报告、行业内部期刊等，这些资料可以说是年鉴的基础，是年鉴质量得以保证的重要抓手；第二部分为文件资料类，包括各行业具有重要存史价值，可堪入鉴的文献资料。如专题报告、调研报告、政策法规、各类统计数据报表等；第三部分为影像资料类。包括照片、录音、录像等影音资料；第四部分是人物资料，采用图、表、录三种体裁；第五部分是图片资料，图片要和文字内容相互匹配，图片量根据文字内容定；第六部分为其他对年鉴编修及二轮修志有借鉴辅助作用的资料。

（三）扩大资料搜集范围

随着年鉴编纂事业的不断发展，各地区、各部门编纂年鉴似乎成为传统。各级地方志机构在指导、协调部门年鉴整理搜集资料时可适当扩大范围，把一些行业协会作为重点对象纳入年鉴资料搜集“大户”。因为这些行业协会熟悉本部门、本行业的几乎所有大事。同时，随着市场经济的发展，民营企业在经济发展中的地位和作用日益重要，一些民因企业亦应纳入年鉴资料搜集制度中。最终形成党政机关、人民团体、国有企业、事业单位、行业协会、民营企业等部门多点开花的工作格局，最大限度丰富年鉴资料的搜集工作。

二、加强资料搜集工作者的业务能力

年鉴资料的搜集与整理具有较强的专业性，而各个单位负责搜集年鉴资料的工作人员其业务能力是决定年鉴质量高低的重要因素。什么样的资料要着力关注，搜集资料的业务人员要具备何种素质？笔者认为要想征集到丰富的年鉴资料，就要培养采编人员发现资料的敏锐性，有积累资料的自觉性。要努力做到“三多”，既多看本地主流媒体的新闻报道，从消息中记录资料；多读区域内报纸，从报道中有效地选取年鉴中需要的条目；多听广播，从消息中记录资料。同时要做到“三勤”，即嘴勤，采编人员在报送资料前应该多问问题；腿勤，听到每个信息要及时深入的到事发地了解，争取掌握第一手资料；手勤，平时要善于记录信息资料，即听即记，这样通过采编人员的辛勤劳动，才能搜集到年鉴中一些有价值、有意义的内容，从而增加年鉴的质量。同时各部门要建立一支热心年鉴事业的梯队信息队伍。年鉴资料的征集任何一地或一部门，想要切实提高年鉴质量，都必须建立一支以各个部门为单位的信息员队伍，在一些企业等部门也应确立一名信息员，形成一支庞大信息体系。按系统或区域确定联系范围，分工负责，通过电话定期联系等方式将基层信息汇总起来，只有这样才能破解征集资料单一的问题。

三、志、鉴相联，全力打造多样资料库平台

笔者在同一些年鉴编纂人员沟通时常能听其说：“我们也保存了一些资料，但总感觉资料不够，如果要是能有固定的年鉴资料库，我们编纂年鉴就会好很多，最起码查阅资料会很方便。”

地方志领域的资料库确实是新兴事物，一些省份地情资料库建设开展得很好，但在全国范围来看，并没有全面推广，至于一些县级方志机构，恐怕这类资料库建设就更加薄弱了。《全国地方志事业发展规划纲要（2015—2020年）》明确提出要进一步加大依法收（征）集地方志资料力度，建立和完善地方志资料收（征）集、保存、管理制度。可以说资料库的建设不仅有助于地方志书的编纂，同时也是保证年鉴质量、促进年鉴事业发展的重要抓手和措施。

以辽宁省为例，近年来，辽宁省地方志办公室广泛搜集各类地情资料，并派专人整理地情资料及书籍，做到统一入库、统一保管，与此同时，对办内各种相关的地情资料分门别类，方便承编部门在进行年鉴编纂时候查阅所需资料，极大地提升了年鉴资料的广度和

精准度。以《辽宁省卫生年鉴》为例，省志办收录了以下诸多卫生医疗方面的地情书籍供编鉴修志所需。

表

序号	书　名	出版社
1	辽宁卫生年鉴	内部印发
2	辽宁卫生统计年鉴	辽宁人民出版社
3	辽宁人口统计年鉴	辽宁民族出版社
4	辽宁中医院志	内部印发
5	辽宁人民医院志	内部印发
6	辽宁医学院志	内部印发
7	辽宁省药品检验所志	内部印发
8	沈阳第四人民医院志	内部印发
9	沈阳骨科医院志	内部印发
10	大连中山医院建院百年志	内部印发
11	沈阳军区总医院志	内部印发
12	大连市儿童医院志	内部印发
13	抚顺市中心医院志	内部印发
14	锦州市妇婴医院志	内部印发
15	抚顺市矿务局医院志	内部印发
16	本钢医院志	内部印发
17	二四五医院志	内部印发
18	瓦房店中心医院志	内部印发
19	锦州市妇婴医院志	内部印发
20	抚顺石油职工医院志	内部印发
21	锦州市第二医院志	内部印发

续表

序号	书　名	出版社
22	大连市中心医院志	内部印发
23	阜新矿业集团医院志	内部印发
24	辽河油田中心医院志	内部印发
25	本溪市中心医院志	内部印发
26	阜新蒙医研究所志	内部印发
27	辽宁省2013年度卫生计生与人群健康状况报告	辽宁科技出版社
28	辽宁省2014年度卫生计生与人群健康状况报告	辽宁科技出版社
29	辽宁省“十一五”卫生经济发展研究报告	辽宁人民出版社
30	辽宁省卫生总费用研究报告	内部印发
31	辽宁省卫生食品法规汇编	内部印发
32	东北药材培植经验汇编	内部印发
33	辽宁人口普查汇编	辽宁人民出版社
34	辽宁人口分析选	内部印发
35	辽宁名老中医名录	人民卫生出版社
36	辽宁医药价格手册	内部印发
37	辽宁医药产品生产工艺汇编	沈阳出版社
38	辽宁药材资料汇编	内部印发
39	中医药资料期刊目录索引	内部印发
40	辽宁药品目录实用手册	白山出版社
41	辽宁省医院大全	人民卫生出版社
42	中国医院大全（辽宁分卷）	光明日报出版社
43	辽宁省肿瘤医院论文辑录	内部印发
44	辽宁省名中医专病治疗经验汇编	人民卫生出版社

这些地情资料既是资料库建设的重要组成部分，同时又是编写年鉴与地方志的重要“后勤保障”。同时，在将这些地情资料收录归档后，各级地方志系统亦可以利用信息化手段，购置扫描设备，将书目名统一录入电子数据库，方便分门别类查阅资料，从而做到信息化管理。总而言之，做好资料库建设既可以适应信息社会发展的需要，提高修志编鉴的工作效率，增加信息收集渠道，又可以以年鉴资料库建设为基础，把各级地方志办逐步建设地情资料库和信息枢纽集散地的平台，为续修方志、编纂地方年鉴、地方史料积累丰富的“第一手”资料。资料库的建设是融合志、鉴、史编修工作的桥梁。

四、年鉴资料搜集工作存在的主要问题及措施

笔者经过调研，年鉴编写在搜集资料中会有如下几个较为突出的问题。首先是承编单位报送上的资料质量良莠不齐，甚至有很多就是简单的讲话汇编。其次是有些县一级的年鉴工作开展不顺畅，其所上报的资料流于形式，甚至有些县的方志机构只是停留在“挂牌子”阶段，根本无法承担起编修年鉴的任务。再次，各级年鉴资料库做“强”做“大”容易，但做“全”很难。原因如下：第一，省直或市直机关较多，加之事业单位，数量则更为庞大，如要求每一家都能及时上报相关年鉴或地情资料，难度确实不小。第二，很多单位或部门并不知晓本单位系统内部年鉴等一些“常规”资料的出版情况，也从未统计过，因此很难求“全”。

针对上述问题，地方志机构可以采取以下措施加强年鉴资料搜集整理工作：

一是加强顶层设计与管理。俗话说“火车跑得快，全凭车头带”。地级以上市、县（市、区）政府应加强年鉴资料搜集工作的领导，并将年报制度纳入到年度工作计划。各级政府及相关部门应该充分认识到年鉴资料搜集工作的重要意义，全面部署，充分协调，

明确资料搜集的主要内容、承报单位及主要任务。省地方志办公室负责年鉴资料搜集工作的组织实施；制定工作细则；保管年报资料并组织开发利用。每年年初，地方志工作机构召开工作会议，总结上一年度和布置本年度年鉴资料搜录工作，最终形成常态，良性运转机制。

二是实行分类管理。各地区、各承编部门在编纂年鉴过程中所面临的问题和困难是不一样的。有的部门无论是建立资料搜集制度还是人员培训方面确实走在了前列且很有特色，有的部门则相对落后，但其中原因是多样的，我们不能搞“一刀切”，应该对不同的部门实行分类管理，即根据承编单位的职能、社会影响力、入鉴篇幅等实际情况综合考量。

三是继续加强资料搜集工作的检查和督促。首先要建立通报制度，对资料搜集、建档工作开展较好的部门要通报表扬；而对完成情况不好，以致于直接影响到次年年鉴编纂的部门则要严令整改，形成制度。其次召开年鉴工作专题会，要求承编部门主要负责人参加，分析年鉴在资料搜集整理方面所存在的主要问题，并提出相应的措施。再次是上门督查。作为志鉴编纂的指导部门，各级方志系统可以联合督查室或其他相关部门，或发文、或上门，督促相关责任部门加强修鉴工作。

四是培养一支精通业务、有持续性的修鉴队伍。据笔者调查，承编单位一般以办公室为上报年鉴资料的主要部门，有个别的部门专门成立了修志（鉴）办公室，大部门上报资料的均为在职的年轻同志，其流动性较大，本职工作压力也不小，对于这些年轻同志，应多鼓励其参加相关的志鉴培训班，快速地掌握基本业务并熟悉行业。

五、结　语

综上所述，一部年鉴的前期准备工作即资料搜集整理确实是不可忽视的。所谓“工欲善其事，必先利其器”，有了一套良好的资料搜集制度，有了合格的资料搜集人员，同时还有设备齐全的地情资料库，一部年鉴的编纂工作就会驾轻就熟，而这些前期工作恰恰是很容易被忽略的，因为很多时候我们更关注的是印出来的那些年鉴书籍，而非上述的“软实力”，这是值得我们进一步深思的大问题。

（作者单位：辽宁省地方志办公室）

转型升级中的年鉴事业发展思考

刘传仁

摘　要：“全面推进地方志事业转型升级”的工作要求，开启了地方志事业发展新征程，为年鉴事业发展指明了方向。我们应适应转型升级需要，提高认识、明确责任、勇于担当、求精求新；配合转型升级发展，坚持创新理念，与时俱进，紧随经济社会发展的脉博，生成周密、联贯的轨迹，形成信息密集、堪存堪鉴的实录；紧跟转型升级步伐，加强信息化建设，增强公共服务能力，提高年鉴利用率和影响力。

关键词：年鉴事业　转型升级　发展　思考

中国地方志指导小组常务副组长李培林在第一次全国地方志工作经验交流会暨2017年全国地方志机构主任工作会议上指出：“地方志要在‘五大建设’总体布局和‘四个全面’战略布局中发挥与其自身价值、功能相匹配的作用，就要因时而谋、乘势而上、顺势而为，充分挖掘、开发利用地方志资源，全面推进地方志事业转型升级。”① 提出了地方志事业转型升级的理论，开启了地方志事业发展的新征程。地方综合年鉴作为地方志的一个重要组成部分，如何面对新的机遇和挑战，怎样更好地实现转型升级创新发展，是摆在我们面前亟待解决的一个现实问题。

---

① 李培林：《全面推进地方志事业转型升级——在在第一次全国地方志工作经验交流会暨2017年全国地方志机构主任工作会议上的讲话》，《中国地方志》2017年第1期。

一、适应转型升级需要，转变观念，提高认识

年鉴作为舶来品，自 1909 年我国出版发行第一部年鉴以来，经过 100 多年的发展，经历了从无到有，从少到多，由弱到强的发展历程。20 世纪末，年鉴事业随着改革开放的步伐，得到快速发展。尤其是进入 21 世纪以来，更是迅猛发展，我国已成为第一年鉴大国。综合年鉴编纂出版更加规范，质量持续提高，开发利用水平全面提升，服务功能不断加强。但也还存在发展不均衡、编纂质量良莠不齐、规章落实不到位、跟踪信息不及时、开发利用成效不显著等现实问题。地方志事业转型升级的新要求，为年鉴事业发展指明了方向，我们应提高认识、明确责任、勇于担当、求精求新，在综合年鉴转型升级发展中大显身手。

（一）深刻理解转型升级内涵，提高认识，明确工作目标

地方志转型升级，要实现“六个转变”，即实现地方志事业大局化、全面化、法治化、社会化、信息化、国际化的“六化”。[①] 为地方志工作提供了更广阔的舞台，对年鉴事业发展提出了更高的要求。

“从围绕自身工作向围绕经济社会发展大局转变、从单纯修志编鉴向同时多业并举全面发展转变”[②] 明确了地方志事业大局化、全面化的工作目标。这就要求年鉴主编站位更高、眼界更宽，要围绕当地经济社会发展大局设计框架，为适应横向发展，规划内容、组织编纂；作为年鉴编辑，不能局限于编辑室，为了编鉴而编鉴，年复一年，机械劳作，而要多措并举，把发展的理念融入编鉴工作，出成果、出成效、有成就。

“从依规修志向依法治志转变、从地方志机构修志向党委领导、

①② 李培林：《全面推进地方志事业转型升级——在在第一次全国地方志工作经验交流会暨 2017 年全国地方志机构主任工作会议上的讲话》。

政府主持、地方志机构组织实施、社会各界广泛参与转变”① 厘清了地方志事业法治化、社会化的工作格局。我们要运用法治思维、法治手段、法治方式来组织、指导、督促和检查年鉴编纂工作，使资料报送全面、快捷，信息渠道顺畅、高效。切实落实好“一纳入、八到位”，完善党委领导、政府主持、人大监督、地方志工作机构组织实施，社会各界依法参与的工作体制。

“从单一纸媒体志向广泛运用数字媒体志转变、从修志囿于当地向把地方志推向全国、走向世界转变”② 厘清了地方志事业发展信息化、国际化的发展方向。年鉴向数字媒体转变，不只是由纸媒简单地变成电子版，而是要融入信息化发展行列，利用好年鉴大数据，走好开发利用之路。年鉴源于世界，在我国发展于现代，繁荣于当代，我们要在更好发展的基础上还鉴于世界，互相借鉴，共同发展，为人类文明作出更大的贡献。

（二）率先实现理念升级，全面谋划转型发展

我们要改变多年形成的思维定势，对自己的经验、思想、观念进行“扬弃”，剔除不合年鉴发展实际的做法，在保留有生机、有活力先进理念的同时，抓住转型升级伊始的关键时期，率先实现理念升级，尽早谋划年鉴事业转型升级发展。到 2020 年，随着“两全”③ 目标任务的完成，综合年鉴编纂将实现全覆盖，发展格局全面铺开，事业发展将达到巅峰。但也要清醒地认识到，数量上的全覆盖，只是实现了初级目标。在此基础上必须坚持转型发展，把“六个转变”落实到年鉴事业发展中，把“六化”目标渗透到具体工作中，带着强烈的事业心和责任感投入工作，用智慧和拼搏守护这份责任。我们要从转型升级理念上谋出路，从年鉴事业发展中找

---

①② 李培林：《全面推进地方志事业转型升级——在在第一次全国地方志工作经验交流会暨 2017 年全国地方志机构主任工作会议上的讲话》。

③ 到 2020 年，全面完成第二轮修志规划任务，实现省、市、县三级综合年鉴全覆盖，国务院办公厅文件《国务院办公厅关于印发全国地方志事业发展规划纲要（2015—2020 年）的通知》（国办发〔2015〕64 号）。

办法，只有练好转型升级的内功，才能在年鉴事业发展中赢得优势和主动。我们要对照“六个转变”“六化”的要求，结合当地年鉴事业发展的具体情况，解析任务，明确目标，彻底摈弃“一本书”观念，树立大局意识、全面意识；坚持依法治志，坚持“一纳入，八到位”，形成有利于年鉴事业发展的大好局面；拓宽视野，立足当下，着眼长远，立足当地，放眼世界。不能只做“来料加工”，编纂成书就算完成任务、一年一鉴就万事大吉，而是要全身心投入到年鉴事业转型升级的发展中，全力提升年鉴质量，为世人留下丰硕的文化精品，“为弘扬优秀传统文化、服务经济社会发展做出新贡献”。

二、配合转型升级发展，全力推进年鉴编纂工作

自20世纪90年代以来，年鉴事业的快速发展，业内人士开始思考年鉴创新问题。经过20多年的创新研究，促进了年鉴事业的蓬勃发展。而今，转型升级理论的提出，为年鉴事业提供了新的发展契机，年鉴又迎来了事业发展的春天。没有创新发展就意味着停滞，而停滞就会被淘汰。要想更好地实现年鉴事业转型升级，“必须以创新思维来考虑问题、解决问题，创新工作模式、管理方式、工作手段。”

第一，争取主动，抢占资料先机。“资料性是年鉴的第一属性”。掌握好资料是编纂好年鉴的根本，也是发挥好年鉴作用、体现其价值的关键。地方综合年鉴被人们称为“政府公报”“官书”，多年来，入鉴资料主要来源依赖于政府部门，这是个收集资料的好办法，也是不可替代的主渠道。但这种方式已不能满足年鉴事业转型升级发展的需要。一方面，随着社会改革的深入，进一步简政放权，资料报送渠道越来越窄。另一方面，即便是政府职能部门提供资料，由于报送体制机制不健全，撰稿人又均为兼职，再加上有些单位不重视，难以保证资料时效和质量。要想抓住资料先机，必须从思想上树立转型意识，开拓新局面。

一是坚持依法治鉴，畅通资料报送渠道。充分利用国务院及当地的条例法规、政府规章等，争取得到地方政府支持，纳入政府督查或绩效管理范畴，实现依法依规编鉴。例如，贵州省地方志办公室与省人大法工委、省政府法制办每年组织联合执法检查组，对全省各地修志编鉴工作开展行政执法检查；河北省地方志办公室会同省政府法制办进行执法检查；吉林省部分市县把资料报送纳入当地政府部门的绩效管理项目……这些举措均取得了良好的效果。比如，《珲春年鉴》原来资料上报时间拖沓持续6个多月，通过依法治鉴、政府督察通报等措施，到2017年报送资料时间缩短为10天。所以，我们要加大依法治鉴力度，争取主动，扭转资料报送不畅的局面，改善资料报送效率和质量，提升社会参与度、认知度，为增强年鉴服务功能奠定基础。

二是发挥主动性，深挖有价值的资料。在采用年度培训、电话约稿等常规方式的同时，对一些重点部门和行业的“重、大、特、新”资料进行深度挖掘。比如，“一带一路”发展、供给侧结构改革、产业转型升级等，拉出清单，甚至列出条目，进行时时跟踪，缕清事实，核对数据，挖出深度，不达目标不罢休，充分体现年鉴提供信息的深度和价值。还可以通过建立年鉴网站与读者实时互动，也可以在地方志网站设立专栏或互动栏目，比如，设“我来编年鉴”栏目，让群众广泛参与，提供信息，甚至自编条目，提供参考。

三是开辟资料来源新途径，主动出击，采集特色资料。“采取多种措施增强年鉴的资料性，对于提高年鉴的编纂质量就具有决定性的意义。”[①] 突破信息资料收集固有模式，广泛参与社会活动，拓展信息资料来源，深入社会采取调研、采访等方式补充资料内容，丰富信息量。比如《延边年鉴》采取到民营企业收集资料、到社区采访调研等形式，补充了“经济”“社会民生”类目的内容，弥补了靠政府部门供稿造成的内容不全、记载肤浅、缺乏广度，体现不了“经济”“社会民生”大主题的缺陷，使年鉴能够更好地服务于现

① 许家康：《许家康集》，北京：线装书局，2011年，第4页。

实。充分发挥综合年鉴记住昨天、鉴事今天、服务现实的作用，实现综合年鉴应有的价值。

第二，优化框架，充实内容，随时而变。“从围绕自身工作向经济社会发展大局转变”，不再仅限于编纂体例和规范研究，通过创新框架，让栏目、内容紧跟时代，紧随经济社会发展的脉博，生成周密、连贯的轨迹，形成信息密集、堪存堪鉴的实录。

一是紧跟时代步伐，调整框架，及时充实新栏目，淘汰过时栏目。年鉴作为一种传统媒介，要在数字时代保持竞争力，坚守规范的同时，需要实现内容的差异化、独创性。“内容”外延扩大，并不是一定要覆盖所有，而是应找准定位，从当地社会事业发展的特点入手，用高质量的内容连接读者。例如，党的十八大报告提出了经济建设、政治建设、文化建设、社会建设、生态文明建设“五位一体”的总布局。地方综合年鉴应在概况类目下，除设自然概况分目外，还应对当地“五位一体”发展情况作以概述，但多数年鉴仍停留在物质文明、精神文明、生态文明的分目状态。又如，早在2003年10月，中共中央、国务院就发布了《关于实施东北地区等老工业基地振兴战略的若干意见》，10多年来，振兴东北老工业基地的成绩有目共睹，但在年鉴里体现并不多见，有的甚至没有设置相关栏目。再如，民营经济作为社会主义市场经济的重要组成部分，在国民经济中的地位和作用越来越凸显，但受供稿局限，往往记述的残缺不全。仅从以上3例就可以看出，我们的综合年鉴还存在着更新不及时、创新不够的问题，迫切需要升级。所以，在每年每鉴的编纂中要及时调整栏目，有废有进，常编常新。

二是要充实内容，紧跟社会发展。综合年鉴要及时、真实地反映社会现实，不只是歌功颂德，而是要实事求是地从“五位一体”总布局和“四个全面”战略布局的纬度充分反映体现社情民情，反映社会发展进步的历程。比如，供给侧结构性改革成效、融入“一带一路”发展的新成就、自贸区建设等。还有，流淌了千百年的河流有了河长、无户口人员可以落户、老年公寓有了“家庭医生工作室”……只要善于发现，及时跟进，就会有足够数量的新鲜资料补充，增加条目、分目，甚至类目。比如，《山东年鉴》增加信息量、增强实用性，在部分栏目末辑录了相关的知识性、咨询性、互动性信息资料，突出反映了山东的优势、特点。再如，《吉林年鉴》及时补充栏目内容，对吉林省积极开展绿色高产高效创建活动，进行了跟踪记述，反映了农民生产观念和经营观念的更新和进步，充分体现了吉林省农业生产转型升级的新进程。日常生活中承载着记忆，需要年鉴人通过近距离的触摸来感受过往的岁月，也是一种有历史感的体验。尤其城市年鉴，在记述城市发展的同时，应最大限度满足社会对城市信息的广泛要求，适当增加人文、社会等相应栏目，及时锁定城市街路、桥梁、居民生活等些微变化。比如，哪年有了共享单车、共享汽车、共享充电宝，哪年婚庆习俗有了变化、养老模式在创新、无人机进入百姓生活等，应及时捕捉，抢入鉴中。否则，一纵即逝。过些年，有些事物的发端，难以寻觅。

三是要确保连续性。连续性是确保年鉴信息权威、有效的前提。缺乏应有的连续性，读者就难以通过年鉴把握相关领域、相关事物的发展轨迹。每项事物发展都是有过程的，除当年已经完成的项目外，必须确保事物发展、项目数据等连贯性，要逐年连续记述。今年有材料就记，明年无资料就不记，中间出现断档，就无法分析事物发展。连续记载，能让人们很好地跟踪、了解事物发展的全过程，尽管有些事情也有新闻报道，但基本都是碎片化的内容，不系统、不全面，年鉴作为年刊，应充分体现其年度性、资料性、权威性的特点，对年度内的新事物进行综合整理甄别，有始有终，有数据有图片，形成完整的信息链。

第三，充分体现综合年鉴提供信息的有效性。“就汇集资料的数量和密度来讲，年鉴是其他一般出版物所无法比拟的。”①年鉴的信息量大是公认的。有的年鉴为了资料全面，部头越来越大。但字数多不代表信息量就大，部头大也不代表有效信息就一定多。北宋司马光主编的多卷本编年体史书《资治通鉴》，从周威烈王二

① 许家康：《年鉴编纂入门与创新》，北京：线装书局，2006年，第6页。

十三年（前403年），到五代后周世宗显德六年（959），涵盖16朝1362年的历史。可全书294卷，只有300多万字。宋神宗认为此书“鉴于往事，有资于治道”，所谓“删削冗长，举撮机要，专取国家盛衰，系生民休戚，善可为法，恶可为戒者，为编年一书，使先后有伦，精粗不杂。”《资治通鉴》堪称是记述有效信息的典范。由此，应引起我们深入思考，提升年鉴信息的有效性也是转型升级发展中的必要之举。首先，要甄别资料的有效性，发扬“沙里淘金”精神，为入鉴信息把好第一关。其次，在具体编纂工作中，甘为每一个条目负责，敢为每一个数据较真。确保年鉴的资料真实、全面、权威、有效，彻底剔除年鉴中无人问津的死条。第三，对年度资料进行统一整合、梳理、编辑，增强年鉴信息的有效性，实现信息量最大化。

三、紧跟转型升级步伐，助力年鉴事业蓬勃发展

“经过近40年的蓬勃发展，年鉴事业的内涵和外延在逐步拓展和延伸，不仅包括覆盖许多地区和部门的年鉴编纂，还有理论研究和学科建设，数字化、网络化建设，地情书籍编写、信息资料咨询、对外文化交流和传播等工作。可以说，年鉴已成为中华优秀文化不可分割的元素，成为社会主义文化建设的重要组成部分，更是各地各部门年度文化活动的一个闪光点。”时代在发展，人们捕捉历史记忆的方式也在改变。随着年鉴事业的转型升级，年鉴事业道路越来越宽。要让年鉴发挥更大的作用，“必须把年鉴资源开发利用工作摆到重要位置，推动年鉴工作的信息化建设，增强公共服务意识和能力，提高年鉴的知晓度、利用率和影响力。”让年鉴由“一个年度文化活动的闪亮点”点亮一大片。

1. 加强信息化建设

当前，新媒体兴盛，形成了推进信息化快速发展的契机，各种思维、理念、技术、模式创新日新月异，数字经济正深刻地改变着

人类的生产和生活方式。年鉴事业发展也面临着信息时代带来的挑战，我们应清醒地把握这个大趋势，适应社会发展的需要，争取主动，融入信息化发展的大潮中，依托互联网形成年鉴事业发展的新动力。数据可以复用、信息可以共享，这是网络空间超越以往实体空间的本质特征。我们要抓住时机，加强转型发展中年鉴信息的开发利用，建立各类数据库，通过配合当地“政务云”平台建设，把服务项目逐步向自助服务终端移植，开放数据、共享信息，积极用数据、信息进行研判问题，跟踪社会发展；通过资源共享，方便群众，优化服务内容，为大数据提供支撑和依据，让广大群众跨越“数字鸿沟”，分享“数据红利”；利用年鉴信息密度高的优势，了解民情民意、广泛分析，正确理解和解读民众的愿望和诉求，有针对性地提出应对策略，为政府决策提供有价值的决策参考。在“互联网+”、大数据时代的滚滚洪流中，激活沉睡的记载和数据，让年鉴由一本书走向一种媒介，让省情、市情看得见摸得着，走进政务，来到百姓身边。

2. 增强公共服务能力

我们要充分利用好综合年鉴这份“资源”，融入社会发展大潮中，拓展综合年鉴服务社会功用，广泛参与社会活动，引领社会风尚，和着社会前进的节拍同步脉动。

其一，综合年鉴要在时间的轴线上，把握现实、服务社会。据《中国年鉴发展报告》收录的部分省（区、市）2015年材料看，有些省、市不断研究新办法，探索新方式，推动年鉴工作与现实服务接轨。比如，北京、广东、重庆、深圳等地提炼地方综合年鉴资料，出版年鉴简本；山东、湖北、大连等地选取地方综合年鉴资料，编写地情手册、地情概览或实用指南等地情资料书籍——《山东省情概览》《简明湖北省情手册》《数字看大连》，河南省及全省17个省辖（管）市、60个县（市、区）开展大事月报编辑工作。我们可在此基础上，不断开拓创新，更深入、更广泛地增强公共服务服务能力。

其二，综合年鉴要在精神的纬度，把握时代精神与核心价值。比如，《吉林年鉴》与《新文化报》合作，充分挖掘草根大众当中的善行义举，进行宣传报道，通过群众投票和专家评审，每年选出10个“感动吉林”年度人物，在《吉林年鉴》卷首对感动人物的事迹进行刊载。利用每年“感动吉林”人物评选活动积累下来的宝贵资源，进行二次开发利用，先后编纂了《“感动吉林”人物榜》《“感动吉林”评选记实》《“感动吉林”人物评选年鉴》，进一步扩大宣传效果，传播正能量，弘扬社会主义核心价值观。

3. 提高年鉴利用率和影响力

“年鉴适应了人们新的研究方法和思维方法即开放的、全方位的、系统的、比较的，既有定性分析又有定量分析等各种方法的需要。读者既可通过年鉴了解事物的概况全貌，又可从中找出专深的内容和便于深入研究的资料数据及其线索，完成有分量、有价值的科研课题和学术论文。”① 随着年鉴事业转型升级发展，我们应不断挖掘潜力，持续提升年鉴的利用率和影响力，实现年鉴价值最大化。(1) 适当扩大信息资料的时空范围，“注重从民生方面深入挖掘题材，准确、深入和真实地反映民情、民态和民意，提高年鉴的文化含量和人文气息。”② 通过充实年鉴内容，增加实用性、利用率、可读性，比如，城市年鉴增加“办事指南”“生活指南”“社会调查”“基础设施”“养老就业”等栏目，不仅内容更丰满，还增加了有效信息量。(2) 开发辅助品，让年鉴也“悦读”。比如，根据几十年的年鉴数据积累，形成多种《大数据报告》《农业发展大数据报告》反映当地农业产值变化，粮食产量情况，农民收入情况等，《生态大数据报告》反映改革开放以来，生态恢复情况，环境污染情况变化趋势等。(3) 利用综合年鉴的影响力，推动专业年鉴发展。积极指导推进各部门、行业编纂专业年鉴，通过专业年鉴遍地开花，提供针对性更强、更专业、更翔实、更密集的信息。综合年鉴则起到纲举目张的作用，让年度信息形成网络，让有效数据全覆盖，让年鉴发挥更大的作用。

年鉴事业转型升级发展任重而道远。转型，不是抛弃规范；创

---

① 肖东发等：《年鉴学》，北京：方志出版社，2014年，第141页。

② 吕鲜林：《管窥〈上海年鉴〉编纂之要略》，《上海地方志》2016年第1期。

新，也不是全盘否定。在年鉴事业发展中，把转型升级理念化作行为自觉、工作指南，改进老办法，探索新方法，在时代洪流中书写好中国故事。

（作者单位：吉林省地方志编纂委员会）

试论人物编纂和年鉴灵魂的彰显

施德善

摘　要： 人是事业发展和社会进步中最基本的起决定性作用的因素，提升年鉴质量，把年鉴编成精品，不应忽略人物编纂。年鉴要以人为本，视各行各界先进、优秀人物为年鉴灵魂。因而，年鉴编委会、编辑部以及撰稿人，务必充分认识人物在年鉴中的地位和作用，强化人物典型事迹的采编意识，全方位做好年鉴人物资料收集、典型事例采访和文稿撰写，包括题材选择、主题提炼和编辑加工，以及版面的精心安排和美化等，从而更好地突出年鉴人物形象，弘扬人物风采，彰显年鉴灵魂。

关键词： 年鉴　人物编纂　灵魂彰显

年鉴编纂工作越来越引起省市及有关部门重视。从年鉴编纂内容上看，普遍重视涵盖的全面性，以及信息量，尤其是经济社会事业发展中各种统计数据的充分体现。有的还做到记、图、表、录等表现形式的恰当配合，图文信息资料丰富，条目也多了动态性内容，不仅具有存史价值，有的还起到资政作用，能很好地为现实服务，为社会服务，为事业发展服务。同时，对人物如资料的采集、事迹的反映等，也有所观照。但在年鉴人物方面，可能由于采集资料、撰稿以致编纂者对年鉴人物意识不强、弱化，比较多的对人物只是简单归集，形式较呆板，内容也显得单薄，甚或仅仅作为名录或列表予以记载，从而使人物在整卷年鉴中所处位置无足轻重，为读者所忽略，谈不上为现实、为事业、为社会服务，也起不到年鉴所应有的教化、育人作用。

为贯彻落实《全国地方志事业发展规划纲要（2015—2020年）》《全国年鉴事业发展规划纲要（2015—2020年）》，强化年鉴精品意识，深化年鉴质量建设，促进年鉴事业科学发展，并鉴于上述存在的情况，个人以为，勿论综合年鉴抑或专业年鉴，是国家级年鉴还是省市级年鉴，上自编委会、编辑部，下至一线撰稿人，都亟待解决人物编写问题，尤其是亟需强化年鉴人物典型事迹的采编意识。我们知道，人是事业发展和社会进步中最基本的、起决定性作用的因素，因而作为年鉴就要以人为本，把各行各界先进或优秀人物看作年鉴灵魂，而不应忽略了他们，遮蔽了建功立业者的形象，使读者看不到年鉴中灵魂的在场和飞扬。以下，本文结合有关具体年鉴实例，从年鉴人物编写意识和指导思想、人物资料征集和撰写体裁、形式与编纂加工、版面处理方法等方面作一些探讨。

一、年鉴人物编写意识和指导思想

中共中央总书记习近平在任福建省政府省长时，为《福建年鉴》2000卷写过一篇序言，特别强调年鉴编纂指导思想。习近平说：“要始终坚持马克思主义为指导思想，把‘唱响主旋律、打好主动仗’的精神贯穿到年鉴编纂出版工作的全过程，绝不搞指导思想上的‘多元化’。要学习吸收古今中外年鉴志书的优秀成果，努力提高《福建年鉴》的文化内涵和品位，在发挥年鉴资政作用的同时，更好地发挥年鉴的教化作用，提高全民族的思想道德素质和科学文化素质，为四化建设和社会进步提供动力和支持，也为后人留存一份文化遗产。”①

习近平这段话既高度概括了年鉴编纂指导思想，也回答了指导思想问题如何在年鉴编纂实践中进一步具体化的问题，而且对今天

① 习近平：《〈福建年鉴2000卷〉序》，《福建年鉴（2000）》，福州：福建省人民出版社，2000年。

编好年鉴人物同样具有政治方向性的现实意义。笔者认为，在年鉴人物编纂的具体过程中，必须运用马克思主义立场、观点和方法，包括历史观和辩证法，来指导具体实践。同时，要以科学发展观，以人为本理念，把握好年鉴灵魂，真正唱响经济建设和文明建设主旋律，弘扬社会正气。对已逝人物，盖棺论定，比较好把握，对当下仍活跃于第一线的先进人物，选择入编时要慎重严谨，全面考虑，反复掂量。可以先由编辑部初步拟定选择范围和标准，再由机关党委、人事、纪检和工会等组织初步提出人选，然后经编辑部、主编报送编委会研究确定。人选是个首要问题，这一关必须把好，不然就容易出错。收集人物资料，要本着对历史、对社会、对后人负责的态度，做到文字材料客观真实，事例细节准确无误，在秉笔直书人物事迹时，不要忽略其挫折和教训，深入、动态、立体地展现出人物的个性特点。选材和内容上，做到全面、新颖、独特和精练，即要从本质、整体和发展上反映人物深层内在的思想和精神面貌，记述和描写要有适当文采，质朴而不平淡，生动而不夸张，典型而不拔高，真实可信，可亲可学。在这方面，务必杜绝任何编造和伪饰，同时也要避免机械地复制人物工作和生活现象，对选取材料要精益求精。

年鉴人物编写，要增强为人立传意识，有为时代人物——或如人们常说的优秀、先进、模范人物、“新闻人物”“风云人物”或“榜样”“标杆”等——立传的意识，充分认识编写好年鉴人物的重要意义。笔者认为：“人物作用于经济大潮，经济大潮也影响着人物，人物新闻在整个经济宣传报道中的地位和作用应当说举足轻重。”“新华社早在二十世纪五六十年代，就把人物新闻特别是人物通讯看作一个主项，王进喜、焦裕禄等先进典型，在推动社会主义经济建设中都起到了极大作用，具有深远的影响。”① 笔者曾经尝试将“建设人物”作为年鉴类目，在征集资料通知中提出入编人物标准和撰写要求，但最后未能编成。究其原因，在于上下对年鉴人物

① 施德善：《关于经济宣传中人物新闻的思考》，《宣传半月刊》1994 年第 8 期。

意识不强，人物名单没有选定，撰稿人采写能力偏低，文稿出来水平参差不齐，难以加工，以致最后放弃，并且一弃多年，直至2016卷首次推出“建设人物”类目。谓之首次，肯定尚存诸多不足和遗憾，如入编人物仅仅局限于全国劳模，所收集材料主要从工会组织和机关党委提供的劳模简介、图照和巡回演讲材料，编写资料有限，加工存在一定难度。

就一首诗而言，只有情感而没有思想，只是为自然摹写和日常生活经验的平铺，而匮乏人生洞见，匮乏精神火焰，匮乏超拔的精神向度，以及缺少高远的神性呼吸，那么，这首诗则成不了重要的诗。①

同理，就一卷年鉴来说，如果不能以人本主义和人文关怀去烛照现实社会生活，烛照年鉴编纂的整个过程，就很难超越表象包括诸多工作或数据，直抵诸多业绩的创造者生命的本真和事物的本质，实现对人和世界的终极关怀，进而更好地认识历史的某些本质与自我存在的价值和意义。换句话说，即没有深入灵魂、深入骨髓的人物信息资料的采集与编写，对这个时代而言都是无高度、不全面的撰写和编纂。

打个比喻，年鉴丰富的篇章是撑起年鉴的骨架；年鉴条目和数据是构成年鉴的血肉；而年鉴人物，才是年鉴的灵魂。通过人物，可以唤起读者对现实和存在的深度思考和重新认知。

二、年鉴人物选定和资料收集

（一）人物选定

编好年鉴人物，彰显年鉴灵魂，除了强化年鉴人物意识，明确年鉴人物编写指导思想，其中一项重要工作就是对年度人物进行遴

① 苗雨时：《诗·思想·形而上学》，引自新浪网新浪博客苗雨时的博客，2017年5月21日。

选。而入编年鉴的人物选定，必须慎重、严格、公正。同时，需要明确遴选范围和基本标准。

选定入编年鉴的人物，包括入编人物的提出和最后审定，必须经过年鉴编委会、机关党委、人事、纪检和工会等部门，根据综合全年度各行各界各类受到表彰或获奖的做出重大贡献的人物，进行慎重商定，从而最后确定人选。人数不宜过多，如果过多，应取塔尖上的人物给予有深度的采写，塔腰的人物考虑制作表、录，予以记载。在此特别强调，即应突破以往志书编修强调“生不立传”的传统观念及局限性，除了对当年已逝的出类拔萃、可歌可泣的人物予以突出载入之外，在世的尤其是正当年的有突出贡献、有重大成果的先进人物、优秀专家，只要政治上清白、为人正直善良，在社会上得到公认，并有正面良好的影响力，也应入编年鉴。对此，在集体审查时，务必予以正确把握和定夺。

年度人物遴选，需要明确遴选范围和基本标准，即选取什么样的人物作为年鉴人物，例如全国综合性年鉴，可以选国家级劳模、优秀科技工作者等作为年鉴人物；省级专业年鉴，可以对省级以上劳模或优秀科技工作者等的事迹予以记载。如 1994 卷《中国新闻年鉴》，其中人物篇所收人物范围就是全国新闻界名人，没有限定在哪一年度，只要未编入过该年鉴的新闻界名人即可。“名人”即是它的基本标准。[①]又如 2016 卷《福建建设年鉴》，初次设置“建设人物”篇，范围或基本标准定在全国劳模，共有 7 人。其实，入编范围还可放宽，基本标准也可适当修正，还可将获得年度全国科技、文明等专项奖励的建设人物列为组稿对象。

（二）资料征集

要编好年鉴人物，彰显年鉴灵魂，就要做好人物资料征集，必要时还得组织有一定写作功力的撰稿人深入现场采访。这样，才能保证年鉴人物事迹的真实性、典型性和可读性，从而更好地引导行

① 中国新闻年鉴杂志社编：《中国新闻年鉴（1994）》，北京：中国新闻年鉴杂志社，1994 年。

业、社会生活的价值建构和对事业发展的向往而奠定良好基础。

征集人物文字和图照资料。文字方面，包括入编人物评选劳模或先进、优秀等荣誉称号所上报的先进事迹材料，或在媒体上的新闻报道等等。图照，宜选取画面现场感、动态性或典型性强的图照。如无好图照，可约请或选派有一定摄影水准的人员深入现场拍摄。这些基础性的收集工作，有利于编写。勿论要编成人物条目，抑或编成人物特写、传略体裁的文章，均需这些文字资料，如要展开篇幅，做典型性记载，还需文字与图照配合。

（三）人物采访

在征集人物资料中，发现资料有限、不足或比较单薄等问题，要组织撰稿人深入采访。这是编辑部所采取的一项积极举措。众所周知，能载入年鉴的人物，并且予以一定版面或篇幅记述人物事迹，这是一种立传，具有榜样、典型意义的。因此，编写人物务必慎重，对人物事迹要全面、深入掌握，从中提炼出最能反映人物个性特点、展现人物精神风貌、最能感动读者的典型事例。所以，采访之前要做好充分准备，深入了解富有时代精神、代表事物发展趋向、人们普遍关心的采访对象独特事例和其他重要题材，若未能把握住此问题，就难以给读者以鼓舞、以信心、以启发。在此举两个例子：徐迟写《哥德巴赫猜想》，当时极左思潮影响严重，知识分子不被重视和给予正确评价及使用，某些人习惯认为他们是“臭老九”，知识分子问题是大家普遍关心的一个问题。徐迟及时地抓住这个问题，并在作品中予以反映，后在读者中引起强烈反响。孟晓云写《胡杨泪》，因为纪实作品触动社会现行人事制度弊端这一敏感问题，所以也引起广泛反映。由此可见，能否抓住大家普遍关心的问题，对作品的影响力至关重要。

同时，在编写之前，必须到现场采访，尽可能深入而具体地了解人物内心世界及其与周围人物和环境之间的关系，而且要全面地、历史地、正确地了解人物，掌握他的本质真实，从中挖掘出最能体现人物独特个性和思想闪光点的材料。这样，写出来的人物才不致于发生突变，才站得往脚，才能恰如其分、恰如其人。例如徐迟在采访陈景润时，先打外围，找数学所的周大姐，还有几位大数学家谈，听有关陈景润的故事和结论，这样即便不访问陈景润本人，也可以写出文章。然后再找本人，陈景润完完全全处于自己的数学之中，陈景润说："不要写我。"徐迟说："我写数学界。""那好，我可以给你提供材料。"访问本人之后，一边攻读有关数学书，一边看有关材料……①可见，一位大家都下如此之大功夫做好人物全方位的采访工作。尽管他写的是报告文学作品，但同样值得年鉴人物采写时借鉴和参考。

人物选定，资料征集和人物采写，是编好年鉴人物的重要前提。因此，要特别强调：年鉴人物是整卷年鉴的灵魂彰显，是时代精神的体现和弘扬，也是确保年鉴社会功能的发挥，有关单位组织和采编人员务必充分认识和高度自觉，在选定人物、收集材料、采写过程中做到认真、细致，客观、公正，本着对采写对象、对历史、对社会和对后人负责的态度，配合完成好这项任务，让所采写的人物事迹能够经得起时间检验，能对工作起到启发、教育和精神导向作用，对社会产生良好的思想政治效果。因此，在采写上要特别注重把握重大题材，选择典型事例，捕捉生动细节。而那些机械地复制生活现象，平铺直叙人物的事迹的所谓人物简介，往往是没有深入地了解人物，没有把握人物的典型材料，没有选好典型题材。其实，选择就是强调，就是突出。

为此，采访需要以十当一，多多益善，即要尽可能多地取得一手材料，尤其是独特的活生生的情节和细节；写作需要以一当十，从繁杂的材料中选取出最具代表性的能反映出人物个性特点和时代精神的典型事例，典型细节。②这样，才能避免年鉴人物文字上存在的普遍性的简介味，或一般通讯味。

---

① 张德明编：《报告文学创作谈》，北京：光明日报出版社，1985 年，第 278~286 页。

② 李延国：《礼赞这英雄的国土》，载张德明编：《报告文学创作谈》，光明日报出版社，1985 年，第 61 页。

三、年鉴人物体裁和形式

现代生活的特点之一，是物欲膨胀和灵魂缺席。这反映在年鉴上，即广告彩页多，在篇幅上超过年鉴正文条目文字和图照，有宣宾夺主之嫌；人物边缘化，人物编写意识弱化，甚或不见篇目设置。显然，让人很难在年鉴中寻找到灵魂的在场，更看不到灵魂的飞扬。从当下诸多年鉴，包括综合的专业的来看，有人物篇目的，其体裁或形式多为表、录，或人物履历，少有富于典型性也比较生动的传记或特写文章。

在设立年鉴人物类目篇章之前，作为编者应考虑人物编写体裁或表现形式问题。那么，从以往经验看，除了表、录以外，比较可取的体裁或表现形式，大约有以下几种可供参考：

（1）人物传略。所谓传略，即较简略地记录人物生平事迹的文字。而作为年鉴人物的传略，是指简略地记述人物在上一年度主要事迹的文字，如名人传略：《中国新闻年鉴 1994》在名人栏目前“编者说明”中提到，“介绍已故名人，对其较为突出的事迹酌予评价；健在名人，则只介绍其新闻工作经历、任职及工作实绩概要，不予评价。”[①] 1994 年版共编发了 125 位中国新闻界名人；如先进人物简介：《广东建设年鉴 2015》人物类目中“五一劳动奖章获得者”“对口援藏先进人物”“建功立业女能手”等。这些简介、传略，在篇幅上接近于条目，字数大约数百字，或略大于条目，近千字篇幅。但一般不超千字。

（2）人物特写。所谓特写，一般认为这是报告文学的一种形式，主要特点是描写现实生活中的真人真事，具有高度的真实性，但在细节上也可做适当的艺术加工；或者认为这是电影艺术的一种手法，拍摄人或物的某一部分，使特别放大（多为人的面部表情），即特写

① 中国新闻年鉴杂志社编：《中国新闻年鉴（1994）》，北京：中国新闻年鉴杂志社，1994 年，第 443 页。

镜头。这是汉语辞典上的解释。在此，使用“特写”这个词，肯定了对人物具体形象和富于个性的细节描写，即在撰写人物时可适当加工，也意即在于避免“通讯味”，如写事，则何时何地发生了什么事；写人，则先发奖，后过程，爱人埋怨和孩子遭罪……如此记述缺乏文采，也无趣味。叙述多于描绘，句式缺少变化，不注重人物个性和生动细节，不靠鲜明形象而单靠迭床架屋的形容词。在文字上要求以特写形式立体地凸显人物个性和思想境界，同时在图照上也要求以特写镜头展现人物精神风貌。《福建建设年鉴 2016》就采用这种体裁和形式，随文配图，增强直观效果和资料价值。

（3）人物条目。从形式上，与其他类目、分目主要内容的形式保持一致。但在内容表达上，可以突破以往年鉴人物条目的一般编写方法，即以人物姓名为条目标题，分别进行介绍，内容不外乎姓名、性别、年龄、单位、职务、简历、主要成果或贡献等，而在几百字的短小篇幅内，注重动态性的记述，彰显人物的个性和独特的业绩、典型的事例。这在年鉴人物采编中，甚至在整卷年鉴编纂中，难度是最大的，同时其难度无疑也大于采用特写、传略等其他形式。

（4）人物图照加图注。这是一种比较直观，也较容易感染人、震撼人的年鉴人物形式。但在年鉴编纂中，专门以这种形式记载年度人物的，却很少看到这种独特做法。有的年鉴如《福建年鉴（2015）》，在前彩中有张人物图照，图注：2014 年 8 月 18 日，“中国横渡第一人”张健，率海峡两岸 14 名游泳健儿接力横渡台湾海峡，经过 5 天 4 夜的行程，于 8 月 22 日中午 1 时许在福建平潭龙凤头海滩成功上岸。如果像这样集中一个年度“新闻人物”，或当年取得成就而获得高级别荣誉的各行各界英模人士，那么，年鉴人物板块一定具有极大吸引力、影响力和生命力。

四、年鉴人物编辑加工

本文所提年鉴人物，主要是指对典型人物典型事例作出或加以客观真实而又生动形象描述，并予以突出记载的年度人物，不包括年鉴人物类目或篇目内其他表、录、一般简介等体裁或形式。

那么，对将收入并永载年鉴的典型人物的稿件，如何把好入编人物的最后一道质量关，个人认为，应当注意以下几个问题和细节：

首先，文字上要求质朴而有文采。人物采写要像事实本身那样质朴，不加粉饰，摈弃拔高，更不能有丝毫虚构和捏造。美国著名诗人惠特曼在谈到写作时曾说过："表达的光辉和文字的光彩都在于质朴。没有什么比质朴更好的了。"生活本来是什么样，我们就把它写成什么样。越贴近生活，也就越贴近读者。当代著名文学家徐迟说："文章写得朴素，其目的就是为了显出文采来。"这对年鉴人物文稿采写来说，无疑也是金玉良言。

其次，讲究意境或主题升华。我们知道，文学作品讲究意境或主题的升华，有时可以通过议论和象征、比喻等办法说出，或用一个传说升华意境，如报告文学作品《雕塑幕后的世界》，写舞蹈家胡果刚死在自己事业上："在济南千佛山，我听到过一个传说，一位石匠，决心一辈子刻完一千尊石像，他刻完九百九十九尊，自己也到了白发苍苍、精疲力竭的程度，他靠在石座上，想休息一下，结果再也没有醒来，他成了第一千尊石像。胡果刚同志就是这样一位石匠。"这里所引用到的传说，不仅形象生动，而且意味深长，能给人留下深刻印象、引人思考和耐人寻味的空间。也由此可见，讲求主题升华的重要性。如何深化主题，无特定法则可循，关键是撰稿人思想要深刻，并及时地找到表达这一深刻思想的方法。

再次，做到精练，并做好版面编排。在文稿上，做到精益求精，该压缩、浓缩的，要舍得忍痛割爱，删去可有可无的字词、句子、甚或段落。特别是有的不够感人的一般事例，或比较无味的情节、细节，更要删除掉。只有这样，才能使得有代表性的典型事例凸显出来，才能像前面提到的"以一当十"。在这方面，值得提到可供年鉴人物编写借鉴的《福建建工集团总公司志》中的"人物特写"。该志书记录了福建建工集团总公司自建国初期至二十世纪末近五十年的企业发展史，其中"企业文化"中的"人物特写"，共有22位劳模、优秀专家、巾帼英豪等人物事迹描述，篇幅长短不等，长约几千字，短的才数百字。文字表达精练，又富有文采。下面举两个人物小片断，感受其中精彩文字：

> 50年代初，福州地区新建的建筑倾斜、裂缝现象比较严重，不仅经济上损失惨重，而且还造成社会心理的恐惧。
>
> 这种不正常状况使刚出校门、胸怀大志的年轻人陈皓彬坐立不安。在日记上，他写下了这样壮语："此生不吃透福建地基，死也羞于埋在地下！"从此，他的一生就在工地上、试验室里和书桌上度过。每一块石块都浸透他的汗水；每一组数据都包含着他探索的艰辛。

这段文字中提到的陈皓彬，就是特写标题所示"探索地基奥秘的人"，福建省建工集团总公司高级工程师。文章从1992年的一天，一部凝聚着他全部心血和智慧的书《福建建筑地基基础勘察设计规范》，由福建省科技出版社出版，引起福建省建委领导人和专家们高度评价写起，然后截取了四十年前、1976年代等几个横断面，简述他的理想的实现。整个篇幅精练简洁，主题鲜明、突出。这与撰稿人反复琢磨、推敲和精心提炼分不开。

再透过《人生的高度》，看看一线女烟囱专家韩益群：

> 第一次接受"无井架液压滑模工艺"施工前的情景又从她眼前闪过：她没日没夜如饥似渴地翻阅着大量有关资料。读着，读着，她的心不时感到一阵紧缩——
>
> 那一幅幅倾斜、扭曲、倒塌的照片……
>
> 那一起起在施工中突然出现的伤亡事故……
>
> 她惊愕了：
>
> "滑模一路原来也是如此艰险呵！"
>
> 如今她承担的是国家重点工程——福州火电厂210米烟囱的施工任务，无论是这一高度和施工难度，都与第一

次不一样了……

它每天要顶着4、5级甚至8、9级海上季风的袭击；

它所塑造的烟囱正植于典型的软土地质之上……但她充满自信。她指挥施工的210米烟囱，以高昂的姿态向上空滑升。

1987年3月11日，人们在欢呼滑模到顶时看到，210米高空上的滑模平台上，一面经历了74个昼夜磨难，被狂风暴雨撕成布条的突击队旗仍自豪飘扬。13日，工地祝捷会上，驻工地华东电力设计院总工毛文治说："烟囱筒体顺直、光滑，中心位移等均达到国家规定的优质品标准。"

由此可见，撰稿人以饱满的情感，细致的笔触，真实地、生动地、血肉丰满地勾画出了活生生的——现实中实际存在的——典型人物，尤其是撷取一些生动的细节，采取蒙太奇跳跃式的表现手法，在记述人物美好心灵和精神风貌的同时，也描写出了他们同各种困难、阻力的斗争，富有强烈的时代色彩和时代声音，能给人们以健康、积极向上的鼓舞力量。

在做到文字精炼的同时，还要在付印之前做好版面的精心编排。如即将付印的《福建建设年鉴（2016）》，其中"建设人物"篇，在版面编排上参考了一些画报的做法，即采用光亮的铜版纸；图照该放大的放大；文字字体与条目不同，使之更为醒目；版面上适当留白，或两张图片大小相衔接相叠印等，尽量让版式装帧得大方美观，在读者中能产生一种首因效应，更具有视觉冲击力和艺术感染力。

只有编好年鉴人物，才能更立体地展现年鉴人物风采，彰显年鉴灵魂。为此，我们务必高度重视年鉴人物的编辑加工，包括对将要采编的人物的了解、权衡和确定，人物有关资料包括形象生动的图片征集、深入现场采访和文稿的精心撰写，还有就是人物主要感人事例尤其是能凸显人物独特个性和思想闪光点的编辑加工等。为此，我们还要多多学习有关采写理论知识，提升政治、经济、科学、文化包括文学写作等多方面的素养。在这里，不由得想起前辈著名作家徐迟和他写的报告文学作品《哥德巴赫猜想》，1978 年在《人民文学》杂志发表后引起强烈反响，报纸纷纷转载，电台连续广播，人们争相传阅，家喻户晓。窃想，这种现象能否也在年鉴上出现？其实，只要有强烈的社会责任感、敏锐的观察力，能捕捉到能引起社会普遍关心的问题，并及时地反映出来，同样也能产生广泛的影响力。

五、结　语

综上所述，要提升年鉴质量，把年鉴编活，编成精品，除了重视搭设好年鉴骨架（篇章设计），充实年鉴血肉（条目和数据等），更要用心编写好年鉴人物，提升、彰显年鉴的灵魂。但在年鉴编纂中，年鉴人物类目或篇目的设置、编写往往被有意无意地忽略了。殊不知，只有编好年鉴人物，才能彰显出年鉴的灵魂，使年鉴真正活起来。为此，作为编纂者，包括编委会成员，主编、副主编，编辑部专业人员，以及一线提供资料的撰稿人，首先要增强为时代英模人物立传意识，明确马克思主义指导思想，坚持正确的政治方向，以人文关怀烛照年鉴编纂，烛照现实社会生活。其次，要把握好入编年鉴人物的基本范围和选定标准，深入征集资料，精心采写，同时做到人物体裁、形式多样化，包括传略、特写、条目及图照加图注等，从而更好地反映年度人物风采和时代精神。此外，通过对人物类目篇章的精心编辑加工，使年鉴人物更好地彰显年鉴灵魂，进而为现实、为事业、为社会服务，起到年鉴所应有的教化、育人作用。

（作者单位：福建省住房和城乡建设厅）

从评价体系角度论地方综合年鉴事业长远发展根基

许立峰

摘　要：长期以来，地方综合年鉴工作缺乏评价标准，导致检查无据可依、优劣难以对比，笔者在全国率先研究拟制《宁德市县级地方综合年鉴工作评价标准》，涵盖“一纳入、八到位”要求，2015年，对各县地方综合年鉴工作进行首次试检，效果显著，填补了空白。

关键词：机遇　评价　根基　地方综合年鉴

长期以来，我国地方综合年鉴工作缺乏对实施主体的评定标准，导致检查无据可依、优劣难以对比。笔者多年来致力于研究县级地方综合年鉴工作发展问题，发现机制为主的问题还比较严重，如果不加以改变，县级地方综合年鉴要实现“工作”向“事业”转型将会比较困难。

一、地方综合年鉴工作面临的危机

中国地方志历史源远流长，十九世纪之前专指“志书”。“年鉴”则是从国外传入中国，历史不过百年左右，与志书相比，年鉴在国内的发展道路并不平坦。纵观全局，地方综合年鉴按照“事业”

发展要求，还相去甚远，某种程度上危机四伏，集中体现在“三个不适应”上：

（一）年鉴在法律上的重要地位与各级官员淡薄的尊鉴意识不相适应

虽然早在1989年8月习近平同志担任宁德地委书记时在全区地方志工作会议上发表过长篇讲话，但从实际情况看，当前全国各地“重经济轻志鉴”的思想依然比较严重，几十年来地方综合年鉴工作事实上处于“放养”状态，首轮志书完成后，有些责任心强些的地方志机构才开始腾出手来逐年收集资料、汇编成鉴，由于不是硬任务、年鉴地位不明确、编不编对考评没影响，能够几年编一册、内部出版已经算有些历史担当，能够做到每年一本、公开出版的凤毛麟角。2006年国务院颁布的《地方志工作条例》明确“地方志，包括地方志书、地方综合年鉴”后，在法律层面“鉴”与“志”共同构成地方志两大支柱，地方综合年鉴的重要地位首次被确立。然而由于起步晚、不重视、投入少，不仅在县一级方志办中没有设置年鉴人员编制，而且在许多领导印象中“年鉴”就是“每年编一本书”而已，至于编得如何、给后人留下什么样的资料性文献就没功夫去想了，这与几千年来国人只接触到志书有关。对主管部门而言，完成编纂出版任务是件十分枯燥而“无利可图”的事，收入阳光化，加班加点编得再好也没奖金，没有几个人能静下来思考年鉴工作如何发展的课题。

（二）年鉴因循守旧现状与现代社会读者要求不相适应

正式公开出版物生命力体现在什么地方？一定是发行量！这些年陆续做过社会收藏调查，地方综合年鉴知名率与收藏率均远落后于“名著、诗词、旅游、养生、美容”，这个方面只要查查公开出版物发行量排行榜就一目了然，人们花钱收藏阅读量往往与这种书籍的吸引力与阅读价值成正比，当然个别通过指令性强推收藏学习的书籍不在此统计范畴。俗话说“好货不怕沉底”“酒香不怕巷子深”，就是这个道理，书的好坏，人们会用钱包来投票。只要国内外广大读者不买账，这个出版物可以认为是失败的，如果年鉴不是吃“皇粮”而是完全社会化，不知有多少年鉴人员要失业，当我们没有勇气去思考这种“危机”，就真是现代版“闭门造车”了。

（二）年鉴缺乏评价机制与现代生产管理规则不相适应

评价体系是由一组既独立又相互关联并能较完整地表达评价要求的考核指标组成的评价系统，是考核工作的基础，也是保证结果准确合理的重要因素。一个地方的综合年鉴工作往往涉及到数百个单位机构，完全可以称为“系统工程”，年鉴编辑部就是一个“现代企业”，工程想出成果，当然得遵循现代企业管理规则，比如“制订规划—任务下达—检查反馈—奖励惩罚—确保完工”，各环节缺一不可，而当前往往年鉴工作只停留在前两阶段，没有“检查反馈”“奖励惩罚”，“确保完工”任务只能勉强满足于书出版，至于何时出版、质量如何、领导组织效果，无从考察评价。我们缺乏对政府、方志机构、承编单位在年鉴组织编纂与质量工程上的考评体系，缺乏对各单位年鉴工作好坏评判的“硬杠杠”，没有从上至下将年鉴工作纳入当地各单位绩效考核中，收稿难、质量低，一些拒不交稿的单位觉得“你方志委又不是纪检委”，年鉴供稿又不是绩效指标，能奈我何？

二、建立县级地方综合年鉴工作评价体系的可行性分析

（一）积极因素

1. 大环境好、机遇难得。种子发芽需要合适的土壤与温度湿度，同理，要推动一项事业快速发展，光有一腔热情是不够的，必须要等待合适的大环境。地方志工作近三十年走过的道路曲折漫长。先是 1989 年习近平同志在宁德地区的地方志会议讲话，当年全国正在

编修首轮志，根本没有编纂年鉴的任务。1996年国务院出台《地方志工作条例》，首次是在法规层面首次让地方志做到“有法可依”，那时全国刚才始启动第二轮修志，年鉴仍然不在议事日程上。2015年国务院办公厅出台《全国地方志工作十三五规划纲要》，明确“一纳入八到位”总要求，指明了各地政府在主持地方志工作时的原则，吹响了地方志改革的号角，其背景则是2014年起习近平总书记、李克强总理对地方志（包括史志）工作多次的指示，中指组敏锐把握了趋势。直到现在全国开始“维护核心见行动”活动，将地方志工作转型升级与创新发展的新机遇呈现在我们面前，如果不把握“春天”则可能要再等上几十年。

2. 基础良好、易于比较。建立评价机制，必须得是在相对整齐的条件下进行。假如各县年鉴未统一开编，编制未统一不到位，再好的评价机制也将失去作用。十余年间，全国地方志参公改革总体比较彻底，从纯粹的事业单位身份转成了“参照公务员管理”的政府事业单位，条件大为改善，基本能够完成每年编纂一本年鉴的任务，这就具备了跳出“书”本身向“效能高低”瞄准，以反映本级政府支持力及方志委领导筹划运作力指标为目标，辅以懂年鉴识方志的承编撰稿人评价意见作为“第三方佐证”，构建公平、公正、公开的评价制度，县与县之间编纂运作力高低立现。

3. 模式成熟、易于参照。对地方志而言，评价是个新鲜事，但现在古今中外数不尽的行业早就有成熟的评价制度，世界标准、行业规范科学严谨、分类合理、成熟细致，大到“WTO”世贸准入规则，小到一场比赛，评价标准与专业裁判确保了这些事业（行业）百年不衰。过多强调靠“高度的事业心与崇高的革命自觉”来实施某项事业的高效运转只能收获失败。当前反腐斗争的一个重点就是要把权力关进制度扎成的笼子里，这样才能使从业者“守规矩”——虽然刚开始并非意愿，日久就习惯了。因此，建立年鉴工作评价体系，经验现成，结合实际参照移植即可，不必再花费大量时间重新另起炉灶。

（二）消极因素

1. 县级政府层面：存在“三怕”，一怕加大财政投入影响经济发展，尤其是当年全国经济形势不太好的情况下；二怕领导重视地方志会影响中心工作精力投入，担心因小失大；三怕多一项评价多一种对政府的印象打分影响政绩。县一级政府工作的确繁忙，党建、反腐、经济、安全生产等任务千头万绪，对一些看上去不影响大局的行业，只有暗地忽略，面上不敢说地方志不重要或者“可有可无”，但工作中大多是“说起来重要、做起来次要、忙起来不要”，这种现象背后的心理逻辑很普遍——“我拨经费你修书，质量好坏我不懂，自己看着办”。

2. 县级方志办层面：存在“三悚”，一悚评价机制试行后“紧箍咒”瞬间来临导致工作压力增大，曾经地方志是人们心目中“养老”的地方，这几年，党建反腐等方面逐渐开始成为第一大任务，“轻松”日子已成为历史，每年得迎接“绩效考评”“文明考评”“综治考评”“意识形态考评”“党建检查”“廉政考评”“巡视全覆盖”“网络信息管理安全检查”“档案正规化管理检查”“精准扶贫结对”“与社区结对创城”等数不完的任务，再多一个地方志的“评价”岂不是多此一举？二悚面对评价机制后，因为涉及政府领导层面的一些规定动作，必须硬着头皮去三番五次找政府领导或寻求经费支持，估计没有足够的协调力，被骂的可能性很大；三悚评价结果真的不利于自己单位及个人在领导中的印象而且进行了通报，将如何向县政府交待？

3. 市级机关层面：一是市级政府层面，领导不是忙于招商引资、发展经济，就是忙于应对巡视、反腐斗争，没有多余的精力重视与研究地方志发展议题；二是机关职能部门对评选类管理控制有着比较强的倾向性，比如对于强势部门要求进行的评定就很快能够通行下发，一般单位想要在全市正式进行某项评定，难于上青天，更别说表彰了；三是市级地方志机构，不是每个领导都有创新开拓能力的，即使有闯的决心，没有先进思想与超前理念支撑自己，也难以改革创新。有的则是怕得罪基层县政府及方志办，认为改革就是折腾，“多一事不如少一事”，看着一批批“能人”官员落马，有点干事创业的劲头顿时消失殆尽。

4. 上下机制层面：归纳为“关系不顺、指导不力”，一个市往往下辖数个县（市、区），市方志办负责年鉴业务的科室职责是“市级年鉴工作方案制定实施，市级年鉴组稿编辑及出版发行；撰稿单位工作协调及业务指导，与其他部门年鉴编纂交流；指导县级年鉴业务指导培训”，与县（市、区）年鉴部门之间的关系是松散的，年鉴工作人员太少，上下机关只能各为其主、闭门造车、忙于应付编纂出版“一本书”，要保证高质量则觉得“有困难且没必要”，市与县年鉴工作之间没有刚性约束机制，对于一些积极性低的县有时会以“业务渠道的通知县里不怎么认可”为由变相拒绝执行上级方志机关指导意见，往往要求“让你们市政府下文给县政府再转批给县方志办，这样我们才好办”，他们的苦衷有他们的道理，因为地方志本来就是“党委领导、政府主持”的一项工作，当政府甩手不重视时，一个县级方志办协调起工作来是极其困难的，长期下来的结果容易造成“干好干坏一个样”，即使县级政府再不重视、县方志部门什么也不做，市方志办也没有什么可靠的“铁律”来约束。

三、建立县级地方综合年鉴工作评价体系初探

思路决定出路，针对全国年鉴工作总体发展现状与尴尬局面，“路要怎么走”的问题摆在了所有年鉴工作者的面前。近年来福建宁德市方志委年鉴工作者坚持“正确的方向+适当的前瞻”，不面面俱到，而是专注于“纳入与到位”的研究，抓住占全国综合年鉴总量八成以上的县级地方综合年鉴工作这一“龙头”求突破，站在全国年鉴事业高度俯瞰全局，2014 年起，我们集中力量拟制《宁德市县级地方综合年鉴工作百分制考评表》，并且在 2015 年市政府对县市区方志督查中予以实践，可操作性较强，效果显著。全国地方志发

展规划进一步印证了我们建立年鉴评价体系的正确性与前瞻性，做法主要是“围绕归并三明确”。

（一）围绕

即围绕“纳入”与“到位”总要求建体系。2015 年 4 月，全国地方志机构主任工作会议在安徽省合肥市召开，中国社会科学院院长、党组书记，中国地方志指导小组组长王伟光作了题为《“认真落实‘一纳入、八到位’大力推动地方志事业发展再上新台阶”》的报告，刘延东副总理 2015 年 12 月在与第五次全国地方志工作会议部分代表座谈时首次明确提出“一纳入、八到位”的地方志工作总要求，随后进入了国务院办公厅《全国地方志十三五规划纲要》中。它的主要内容——“把地方志工作纳入国民经济和社会发展规划、各级政府工作任务之中，做到认识到位、领导到位、机构到位、编制到位、经费到位、设施到位、规划到位、工作到位”，地方志工作新时期总要求一目了然，对地方综合年鉴工作的评价体系就有了十分具体的核心要求，不论是千分制还是百分制，其标准必须根据“纳入”程度与“到位”情况进行科学设置方可保证不偏离。

（二）归并

标准搭建前首先对“一纳入、八到位”总要求进行梳理，发现有的比较宽泛、有的操作性不够强，比如说“一纳入”看似简单，实际工作中遇到大家都说已经纳入时如何评定高低先后？一旦纳入了政府任务，怎么可能会存在经费不到位的问题呢？再比如“认识到位”与“领导到位”之间是否存在重叠交叉？“机构到位”与“编制到位”均与编制部门有关，更与取得“领导支持重视”有着莫大关系，如何分设细项？再比如“经费足够到位”的情况下“设施到位”应当不成问题，场所可以租、人才可以聘。“工作到位”是广义的还是狭义的工作？如果是广义工作，那么一纳入与七个到位可能都属于“工作”范畴了。如果是狭义的工作，那么有什么标准衡量区分？这些问题不解决好，将“一纳入、八到位”全设置成大类目的话，就无法清晰体现年鉴工作的脉络，导致考评细项及得分扣分标准受阻，勉强拼凑的话，不是内容不全就可能让执行者感到难以操作，所以需要不拘泥于“到位”的整体性与先后序列，有机分解打散，该归并的归并，确保类别分明、界限清晰、一目了然。

（三）三明确

1. 标准明确：《宁德市县级地方综合年鉴工作成效评价表》采用百分制，将“一纳入、八到位”分解于其中，分为 2 大类 18 项指标：

第一类：“机制”（40 分）：包括“一纳入”与“七到位”，11 项指标。

（1）“地方综合年鉴工作在县级政府发展规划或者政府工作报告中被提及”（9~8 分）——属“一纳入”，未被提及但是实际得到政府支持的得保底 5 分。

（2）副县长以上领导在省市级方志重要文件（条例、办法、规划、专题报告）上批示贯彻意见得 2 分——属“认识到位”。

（3）副县长以上领导在各级杂志媒体上发表关于加强方志工作的文章得 2 分——属“认识到位”。

（4）副县长以上领导到方志委调研现场办公、召集会议专题研究解决需求、出席年鉴工作类会议的得 3~2 分 ——属“领导到位”。

（5）县委政府支持并促成年鉴纳入当地绩效考评指标的 4~3 分（根据分值占比大小）——属“领导到位”。

（6）县政府代县方志委下发重要通知（年鉴组稿通知、年鉴大会通知、检查通知、通报）2 分——属“领导到位”。

（7）有正式的机构 2 分——属“机构到位”。

（8）人员足额满编 2 分——属“编制到位”。

（9）年鉴经费列入政府每年固定预算足额到位不拖欠不苛扣得 8~6 分（主要参考各县年鉴经费占财政收入比重情况）——属“经费到位”。

（10）年鉴工作人员人均办公面积 6 平方米以上，硬件及软件齐全得 4~2 分——属“设施到位”。

（11）有年鉴工作年度（月或周）任务表、年鉴五年规划得 2 分——属“规划到位”。

第二类：“成效”（60 分）：即“工作到位”，7 项指标。

（12）每年一本（10 分）。按照年度编纂而非数年编一册得 9 分，数年一册不得分。

（13）公开出版（10 分）。有正式出版合同，有正式书号得 9 分，没有则不得分。

（14）出版及时（9 分）。原则从第二年 10 月起至 12 月期间出版，根据先后得 9~8 分，超过此时限的，每晚一个月扣 2 分，扣完为止。

（15）质量合格（10 分）。经市以上抽查，年鉴质量基本符合中指组的优秀年鉴评审标准与年鉴质量规范的，得 6 分，获省级奖 8~7 分，国家级奖 9~8 分，有政治性问题、政策把握上出现偏差、文字差错率超过万分之一的，只得保底 3 分。

（16）走访交流（5 分）。到省内外参观培训交流并带回优秀资料，形成收获报告的 3~5 分，没有外出走访交流的不得分。

（17）年鉴交换（6 分）。与省内外年鉴交换（或购买）数量在 5 部以上得 4~6 分。

（18）理论研究（10 分）。研究风气浓厚，有一定数量论文成品且有向市方志委以上平台投稿的 3~4 分，在省级 CN 类平台上刊载 5~6 分，在国家级 CN 平台上刊载 6~7 分，在省论文征集中入选 7~8 分，在国家级论文征集中入选 8~9 分，数量超过一篇或获表彰的可加分，最高 10 分，无任何研究成果不得分。

2. 流程明确：有了标准还要有实施过程，考评流程主要把握的是“三个坚持”：坚持每月报。掌握年鉴进度最快捷方式就是月报，宁德市年鉴月报包括“全书篇数、本月到稿数、累计到稿数、未到稿数、已编辑稿件数、到稿率、编辑率”7 项指标，还设定了“本月有哪些举措”填报栏。各县（市、区）每月 25 日左右统计上报，使得市年鉴科能够在面上实时掌握各地年鉴工作进展概貌，有助于宏观把握。坚持实地查。月报准确度主要依赖被考评对象的自觉程度，难免会有虚报应付情况，因此必须坚持实地检查，定期抽查与突击检查相结合，每年 7 月左右由市政府办牵头组织一次全市年鉴工作情况实地督查，督查人员必须“耳到、眼到、手到”，听取汇报摸思路、对照月报探虚实、抽查稿件看质量、个别交流求印证，对照标准中的细项，逐一查证相应的照片、文件、登记、纪要。坚持全面记。督查绝对不能够流于形式，督查前要准备好各单位的月报以及预先设计好的督查考评表，同时“笔本不离身”，随时记录真实数据。

3. 奖惩明确。考核过后抓紧评分，坚持公正、公开原则，严格对照预先设定好的指标逐项打分，去除最高分与最低分后取平均得分。为确保时效性，考核结果争取 10 天内借助文件、网站等形式公开，这既是对考评行动的负责，也是对各受检对象的负责。除了通报外，有条件的可以进行一些合法的物质奖励，奖惩措施一旦出来就要兑现，也可以将考评结果折算成分数，运用到以后的优秀县级综合年鉴评比之类活动中去。

中国地方志指导小组近年来提出了许多新理念，比如“一纳入、八到位”“五个创新”“五位一体”“依法治志”“转型升级”“两全”，宁德市长期研究与尝试的县级地方综合年鉴工作评价体系探索既是一种创新，也是依法治鉴的重要内容，既是“两全”目标的护航者，也是“一纳入、八到位”落实好坏的试金石。“四个全面”国家战略中，深化改革是生产力的核心与关键，对年鉴事业而言，包括评价体系建立在内的所有新的革新努力，都应当被各级政府、全社会保护与鼓励，只有如此，从“一本书”向“一项事业”的转化才有希望。

（作者单位：福建省宁德市方志委）

长沙各区县综合年鉴发展现状评析

尚 畅

摘 要：近年来，长沙市年鉴事业取得了新的进展，县级年鉴在保持优势的同时精品迭出，区级年鉴厚积薄发，后劲迅猛。2015年12月，长沙市积极贯彻落实第五次全国地方志会议精神，制定了《关于进一步加强新时期地方志工作的意见》和《长沙市地方志事业发展规划纲要（2015—2020）》，为全市年鉴的发展指明了方向。由此，笔者对全市区县年鉴的现状、存在的问题、形成原因略作评析。

关键词：长沙 区县年鉴 现状 存在的问题

地方综合年鉴作为年鉴种类中的重要一支，在80年代改革开放的形势下面世，随着社会主义新一轮志书编纂发展而兴旺。2006年国务院颁布《地方志工作条例》，编纂地方综合年鉴成为各级政府的职责。全国各地州区县政府将综合年鉴编纂作为一项重要任务来抓，地方综合年鉴的数量迅速增加，大批区县级综合性年鉴应运而生。据第五次全国地方志工作会议统计，全国区县级年鉴的数量达到1300余种。北京、天津、上海、江苏、湖北、广东、海南、四川等省（直辖市）基本实现县级以上地方综合年鉴编纂全面覆盖。长沙素有潇湘洙泗、屈贾之乡的美誉，是国务院批准的首批历史文化名城，具有优良的修志传统。长期以来，全市地方志工作一直呈现良好发展的态势，修志编鉴成果不断丰富。为推进地方志事业进一步发展，2015年12月，长沙市人民政府制定并下发《关于进一步加强新时期地方志工作的意见》和《长沙市地方志事业发展规划纲要

（2015—2020）》。首次对全市年鉴工作作出全面规划：到 2020 年，全市基本实现区县地方综合年鉴全覆盖。这不仅为全市区县年鉴工作列出了时间表，也对区县年鉴的发展提出了更高的要求。笔者在全市《意见》与《规划纲要》颁布实施之际，结合各区县年鉴现状，对长沙市各区县综合年鉴发展略作评析。

一、长沙各区县综合年鉴发展现状

长沙下辖六区两县一市（芙蓉区、天心区、雨花区、开福区、岳麓区、望城区、长沙县、宁乡县、浏阳市），随着中央、省、市三级对年鉴工作的重视，全市各区县把地方综合年鉴编撰切实纳入年度工作目标，明确机构、落实经费、配强人员。新形势下，区县年鉴有了长足的发展。

全市已有芙蓉区、雨花区、望城区、长沙县、宁乡县、浏阳市出版年鉴，且是一年一鉴；天心区于 2015 年启动年鉴工作，年鉴预计在 2016 年 6 月出版。余下两个区都在积极筹备当中，开福区于 2016 年 3 月启动年鉴工作，目前正处于组织动员阶段；岳麓区正主动与区政府汇报协调，争取 2017 年顺利启动年鉴工作。

具体情况如表所示：

长沙各区县综合年鉴编撰出版情况汇总表

主编单位	出版年鉴	编撰队伍	创刊过程	获奖情况
浏阳市史志档案局	《浏阳年鉴》	方志科 3 人	1987 年创刊，一年一鉴	2001 年、2012 年分获湖南省县区级综合类年鉴二等奖；2004 年分获湖南省县区级综合类年鉴一等奖、全国地方志年鉴奖一等奖

续表

主编单位	出版年鉴	编撰队伍	创刊过程	获奖情况
长沙县史志档案局	《长沙县年鉴》	史志科3人	1998年创刊，起初四年一鉴，2013年起一年一鉴	2000年获湖南省优秀志书评审一等奖
宁乡县史志档案局	《宁乡年鉴》	年鉴科3人	2004年创刊，一年一鉴	2010年、2011年分获湖南省县区级综合年鉴二等奖、全国年鉴编校质量二等奖
望城区史志档案局	《望城年鉴》	志鉴科5人聘请1人	2004年创刊，一年一鉴	2004年、2010年分别获全国地方志年鉴奖一等奖；2013年分获第七届全国年鉴编校质量检查评比三等奖、第五届全国年鉴编纂出版质量评比综合三等奖；2012年获湖南省县区级综合类年鉴一等奖
芙蓉区史志档案局	《芙蓉年鉴》	史志科2人聘请5人	2014年创刊，一年一鉴	2014年获第五届全国年鉴编纂出版质量评比综合三等奖
雨花区史志档案局	《雨花年鉴》	年鉴编辑部2人	2003年编辑《雨花发展实录》，2014年年鉴创刊	—
天心区史志档案局	《天心年鉴》	方志1人聘请3人	2013年编辑《天心纪实》，2015年启动年鉴工作	—
开福区史志档案局	—	—	2016年启动年鉴工作	—
岳麓区史志档案局	—	—	2016年底启动年鉴工作	—

由上表可知，县级年鉴起步较早，最早创刊的《浏阳年鉴》与市级《长沙年鉴》同步于 1987 年创刊，至 2016 年正值创刊 30 周年。区级年鉴虽然起步尚晚，发展劲头却不容小觑。2014 年，芙蓉区与雨花区同时启动年鉴工作且均在当年出版，在装帧设计、框架结构、条目质量等方面都得到方志出版社和省市年鉴专家的肯定。全市各区县综合年鉴的发展呈现以下几个特点：

（一）机构明确，人员配强

一支稳健的年鉴队伍是年鉴事业发展的根本。全市各区县史志档案局明确领导分管志鉴工作，设立专门负责年鉴工作的科室。雨花区、望城区、宁乡县设立年鉴科或年鉴编辑部，专人专职；望城区与芙蓉区在人员组织上，除了配优配强在编人员，还聘请 3~5 名专兼职编辑充实编辑队伍；其他区县将年鉴工作职责纳入方志科内，一起规划、共同部署，合理统筹调剂修志编鉴的各种资源。

（二）落实预算，经费到位

通过与财政等部门沟通协调，各区县政府严格遵照《地方志工作条例》的规定，将地方综合年鉴的工作经费纳入当地政府年度财政预算中。各区县年鉴工作经费基本保障在 15 万~30 万元之间，为年鉴的组稿、印刷、出版、发行、开发利用提供了可靠的经费保障。

（三）流程规范，体系完善

各区县年鉴在发文、组稿、审校、监督、出版等环节，严格遵循年鉴编撰流程和时间节点。统一由区县政府办向全区（县）辖区内各政府行政机关、企事业单位、二级机构、驻地机构等发放组稿文件；积极组建组稿人信息平台，定期或不定期进行业务培训；按照“三审四校”原则，严格把关，规范流程，确保稿件质量；年终建立考核通报机制，表彰先进鞭策后进。值得推介的是长沙县和浏阳市将年鉴工作与政府年终绩效考核挂钩，在考核中占有一定分值，更好地推动了年鉴工作的有序发展。

（四）循序渐进，质量提升

全市区县年鉴的发展并非一蹴而就，而是一个积累渐变的过程。长沙县由几年一鉴过渡到一年一鉴，雨花区、天心区则以纪事体为基础再成熟演变至年鉴。近两年来，全市区县综合年鉴不断总结经验、查找不足努力打造精品佳鉴，年鉴整体质量有了质的飞跃。在历年各级各类年鉴质量评比中取得了良好的成绩，特别是《浏阳年鉴》《望城年鉴》屡次在全国综合评比中荣获一等奖，突出了区域特色，形成了具有独特个性的年鉴品牌。

二、各区县综合年鉴存在的问题及形成原因

全市各区县综合年鉴在数量不断上升，整体实力增强的同时，也不可避免地存在着一系列问题。与全国先进省市相比，全市区县年鉴还未实现全覆盖。笔者通过对全市已出版的六部区县年鉴整体研究分析，各区县综合年鉴在编纂质量、开发利用、理论研究、创新求变、服务经济社会发展等方面仍存在明显不足。

（一）区县间年鉴发展失衡

就长沙各区县年鉴发展现状而言，县级年鉴创刊早、获奖多、形成了较为成熟的年鉴编纂体系。浏阳市（1993 年撤县改地级市）、长沙县、宁乡县、望城区（2011 年撤县改区）在 2004 年前全部出版发行年鉴，并在全国、省、市年鉴评比中屡次获奖。相对而言区级年鉴普遍起步较晚，目前只有芙蓉区、雨花区出版年鉴，其他三区有的正在筹备有的尚未启动。究其原因，除了地方领导重视程度、人员配置、经费预算等主观原因，还有一些不容忽视的客观因素。

1. 顶层设计的缺陷

我国自古以来就有修志的优良传统，自十一届三中全会以后中

央大力倡导修志，全国地方志工作进入全新时期。至 80 年代末期，全国大多数县已完成第一轮志书的编纂，县级年鉴也基本是在完成第一轮修志任务后，由原修志机构和班底人马开始编撰，长沙市所辖的浏阳市就很具代表性，浏阳市史志档案局的第一轮市志下限为 1987 年，完成市志编纂后，原班人马随即启动《浏阳年鉴》的编撰。因此在机构人员、业务水平、经费筹措上，第一轮修志都为县级年鉴的率先发展打下了良好基础。再者，由于中央、省、市并没有专门的法规文件对各地编撰年鉴的任务和时间作出要求，所以很长一段时间年鉴编撰还只是地方政府的一种自发行为。有机构人员、领导重视、财政支持的地方政府就在完成第一轮修志后率先开始编撰年鉴，反之则迟迟未将年鉴编撰提上议事日程，能拖则拖。直至第五次全国地方志会议召开以后，各省市地方志机构才纷纷出台相应的文件，明确年鉴全覆盖的时间表。因此，县级年鉴发展先于区级年鉴有其历史与制度的原因。

2. 行政职能的制约

年鉴的一个重要特点就是其地域性，通过框架结构来完整体现。一个行政县就是一个职能职权完整的行政区域，无论在财政、规划、交通、教育、金融、工业等各方面都具有相对的独立性与完整性。在设立年鉴框架和组稿当中，县级年鉴门类齐全、数据准确，可以载入年鉴的内容和范围更全更广。而区一级行政区某些职能职权相对缺乏弱化，很多工作都只是全市整体布局的一个面，比如规划、金融、交通、基础设施、工程建设等，这些工作都具有跨区性协作性，难以明确具体由哪个区记载，因此工作实绩与相关数据都无法准确统计，无法通过局部来反映全貌，给区级年鉴的编纂造成很大的制约。

以上两方面的客观原因，在一定程度上造成了区级年鉴的起步与发展在很长一段时间内滞后于县级年鉴。然而，区级年鉴虽然起步较晚却有不可忽视的后发优势，只要方法正确，措施得力，其优势迟早能得到很好的发挥。

（二）业务理论基础薄弱

一直以来，地方志工作机构的重点在修志，对编纂年鉴重视程度不够，年鉴编纂知识的学习培训欠缺，理论研究更显不足。许多县级年鉴是在基本完成修志任务后才开始着手编纂，区级年鉴则是《地方志工作条例》颁布后在上级地方志部门的要求下才开始编纂，上马仓促，知识准备不够充分。走的是拿来主义、边干边学、先出书再逐步提高的路子。全国如此，长沙市的情况尤为突出。纵览全市各区县年鉴现状，理论研究氛围不浓、学术成果廖廖无几、学术领头人缺失、创新求变意识不强等。这不仅仅体现在区县综合年鉴上，市级年鉴同样面临这种窘迫的局面。深入思考，形成上述局面有其深层原因。

1. 体制不健全

年鉴的主编单位一般为本级地方志机构，省、市两级有专门的地方志机构，而到区县一级却是党史、档案、地方志三合一。受人员编制的限制，区县地方志工作机构人员普遍较少，加之基层工作繁杂，拆迁任务压头，人手更显紧缺，往往是一人肩挑修志编鉴党史工会等多项工作，哪还有时间沉下心来研究理论、钻研业务；再则对于年鉴编纂中央到省市并没有明确要求，直至第五次全国地方志工作大会上提出全覆盖后，地方各级政府才匆促将年鉴编纂提上日程。这也直接导致了区县年鉴工作从起步就只重组稿出书而轻理论研究，只要每年把书出版就完成了上级机构和本级政府交办的任务。对于钻研年鉴业务知识，领导不重视、经费不足、氛围不浓，又缺乏激励机制，区县年鉴界的同人们大多时候也有心无力。各区县有关年鉴学术著作、理论文章、衍生品可谓凤毛麟角。

2. 培训是短板

年鉴培训包括两个方面，一方面是对年鉴编辑的培训，另一方面是对年鉴组稿人的培训。往年很多区县上级部门或地方领导说要编年鉴也就直接编了，从原来的史志科抽调几个人手直接上马，先和政府办沟通下个组稿通知，没有培训、没有调研、没有理论准备，甚至各区县之间都很少交流借鉴，按照市年鉴的框架结构就开始搭架子。各承编单位拿到文件后也是随机将任务交给办公室人员。这样直接造成年鉴编辑不清楚年鉴怎么编，组稿人员不清楚稿子怎么组。如此状态下又怎能编出质量过硬的年鉴，更别提理论研究。虽然近两年来这种情况有所好转，各区县对年鉴组稿人的业务培训有所增强，每隔几年会举办年鉴业务培训班，请省市各级年鉴专家授课培训，但是对年鉴编辑的培训往往是忽视的。而年鉴编辑才是整本年鉴的塑造者，他们的业务素质直接决定年鉴质量的优劣。补齐年鉴编辑业务培训短板是各区县年鉴发展中亟待解决的问题。

（三）编校质量有待提高

衡量一部年鉴的优劣，一般包括框架设计、条目编写、装帧设计和检索手段四个方面。从全市已出版的六部区县综合年鉴来看，对照以上“四把标尺”，年鉴编校质量还有很大的提升空间。

1. 框架结构不足以体现地方特色

年鉴框架是整本年鉴的骨骼，直接框定年鉴的内容，明确信息资料的归属与层次。我们在设置框架结构时要从各地实际出发，适当强化地方强项优势，张扬地域个性。仔细翻阅全市已出版的六部区县综合年鉴，在框架设计上大致与省市年鉴框架相似，“众鉴一面”，结构单一，少有亮点，存在着以下问题：

一是分类过细、部类过多。区县一级建置虽然五脏俱全，但有些专栏实在不必面面俱到的设立，要有所侧重。如“军事”“铁路”“航空”“电力”“供水”等，这些部类或栏目相对区县一级行政区划来说内容很少，有的区县甚至完全没有相关职能，如果一味追求框架部类齐全，勉强设置，那么只能是在框架中的某些弱项中填充一些似是而非的内容强设部类，其结果往往是内容空泛，资料缺失，不但达不到门类齐全的效果，反而让整本年鉴不伦不类。

二是过份借鉴，失去特色。有的区县在设置年鉴框架时，过份借鉴省市或其他城市年鉴的框架结构，完全忽视本行政区域的实际情况，不深入挖掘地方独特优势，最终使年鉴框架只有千篇一律、大同小异的“规范化”的栏目。一些具有浓郁地方特色的“标签”却没有在设置框架结构时得到充分体现。

三是框架固化，缺乏新意。有的区县墨守陈规，十多年来年鉴栏目从不创新。年鉴框架原则上应该大体保持稳定，但每年应该根据经济社会发展进行局部微调，逐年从实际出发更新一些栏目，使框架结构能敏锐地体现社会经济的不断更新发展。

2. 条目内容空泛要素不全，缺乏民生信息

由于县级综合年鉴是政府组织编纂的公益型公共文化产品，多数年鉴设立由政府领导挂帅的编纂委员会，依靠行政手段组织编纂。年鉴“官书”的性质也决定了党政机关成为年鉴主组稿的主要渠道，这也直接影响了年鉴条目的质量。

一是条目语体不规范。年鉴是信息类工具书，语体文风要求简洁严谨准确。由于供稿渠道与组稿人员的局限性，使年鉴条目中充斥着各类单位总结、工作报告、政绩宣传、新闻语体，这些资料既不具备利用价值没有存史意义，读者也不感兴趣。反而应该着重记载的经济变化、事业发展、生产经营、存在的问题却反映不多。这不但违背了年鉴的语体文风使条目内容单薄，也使年鉴的社会实用价值大打折扣。

二是条目要素残缺。由于作者撰稿单纯依赖单位工作总结和报告，概括性浅层次的记述多，有深度有特色的内容少，也导致了条目要素的缺失。就“概况”而言不少县级年鉴的概况对于反映部门、行业、地区的基本情况、基础数据、比较变化、取得的成绩和存在的问题，作者随心所欲想编就编，造成基础信息相当不稳定，基本情况和重要指标数据缺乏应有的连续性和可比性。有时单一性条目有过程有措施却无结果，有时对资料价值大、实用性强的事件和活动只有文字记录，却无数据支撑。

三是民生信息缺乏。由于党政机关成为主要组稿渠道，所以年鉴条目中多以大小会议、领导视察、政府工程、部门举措等内容为主，少有反映民生变化的条目，而民生信息恰恰是与群众日常生活息息相关的，读者所关注的，最能反映经济社会发展的鲜活元素。

这些条目在年鉴中缺失，大大降低了年鉴的实用性。

3. 统计表、图片等二次文献偏少

许多区县年鉴没有统计资料类目，条目附属的表格也不多，随文图片偏少，普遍存在数字文字化的现象。图表偏少的结果使年鉴内容表现形式单一，版面死板；表格偏少，则给读者利用统计指标数据带来不便，读者要从密密麻麻的文字中找出批量列写的指标数据非常困难，也不便于作横向和纵向的对比。图文并茂是代表现代工具书编纂水平的重要指标。图表偏少无疑使年鉴的可读性和使用价值大打折扣。

4. 装帧设计和检索手段需要创新

年鉴的装帧设计是一部年鉴给人的第一直观印象。艺术典雅的、有文化底蕴的装帧设计能有效提升年鉴的品位。然而，纵观各区县年鉴甚至包括《长沙年鉴》在装帧设计上都稍显粗糙浅陋，缺乏设计感与文化内涵，封面设计大多还停留在将一张图片死板地印在封面中央的这种简单原始的方式。检索手段均采用主题检索法，这种检索是目前年鉴界使用比较广泛的检索方式，但也有其不可避免的弊端，有待完善。

（四）开发利用力度不够

年鉴的开发利用一直是年鉴界研究的重要课题。地方综合年鉴的实用性主要体现在为读者及时提供权威、可资利用的信息资料，成为决策参考、研究资料、地情读本。然而现实却并非如此：

1. 重编轻用

许多年来，全市年鉴的发展思路都是重“编”轻“用”。许多年鉴主编部门更多地是为了完成上级交办的任务，或者是为了获奖，并未从读者的需要出发。年鉴一直是以“官书”的姿态生存发展。在实际工作中，一方面，县级年鉴印数少，除了向各政府机关赠阅、向全国各年鉴同行交流以外，一般都是束之高阁，很少主动拓宽“使用”年鉴的渠道。另一方面，缺乏对年鉴使用情况的反馈和评价机制。评价年鉴质量高低，更多是同行间、业界内的自我评价，缺乏最终使用者的意见。年鉴一定程度上没有参与市场竞争的压力，也没有满足读者需求的动力。年鉴只实现了“存史”的功用，“育人”与“资政”的作用没有得到充分发挥。

2. 数字化滞后

现代社会信息爆炸，人们通过网络在短时间内就可以获得海量信息。在这样的背景下，年鉴作为传统纸媒的一种似乎已经落后于这个高速发展的信息时代。目前为止，全市年鉴的数字化仅仅还停留在制作成随书光盘上，年鉴内容没有及时上网更新，广大读者都无法从各区县史志档案局的门户网站上查阅到电子版年鉴，通过年鉴产生的衍生品几乎是一片空白。

三、区县综合年鉴发展展望

从第一部县级年鉴《浏阳年鉴》创刊出版至今，长沙市各区县年鉴编纂已整整走过了30年。总结过去，展望未来，在经济社会高速发展的当下，特别是互联网、信息化对传统纸媒带来的巨大冲击。区县年鉴作为地方政府主持编纂的公益性文化产品，在不断提升自身质量的同时，如何迎接挑战，把握机遇，步入新的发展阶段，这是我们值得深思的命题。

（一）依法治鉴，形成合力

2006年《地方志工作条例》颁布实施，以法规的形式将地方综合年鉴纳入地方志工作范畴。在明确各级地方志机构统筹规划、组织协调、督促指导年鉴编纂职责的同时，也清晰地传达了一种理念：编纂地方综合年鉴是一种“政府行为”，不是个人行为。年鉴编纂由此步入法制化轨道。2015年9月，国务院办公厅正式向社会公布《全国地方志事业发展规划纲要（2015—2020年）》，首次提出“依法治鉴”，由此打破了一些地方政府对待年鉴工作不想编、不愿编的消极懈怠思维。年鉴不再是随意的政府行为，而是有法有据。各区县要以此为契机，做好以下几项工作。

1. 规范年鉴编纂行为

一改往日年鉴事业以“行政推动”为主转为“依法促进”。依据《地方志工作条例》和《规划纲要》，明确年鉴编纂的组织机构、规范年鉴的编纂行为、保障年鉴的经费来源，建立年鉴出版的批准制度，将“依法治鉴”真正落实到年鉴编纂的每一个环节。

2. 强化地方志工作宣传

每年的“5·18”是《地方志工作条例》宣传日，各区县要掌握好这个有利的宣传途径，让地方志不再“养在深闺”，而是积极主动地走出去。扎实开展好地方志“五进”活动，丰富宣传形式，创新宣传内容。可以采取问卷调查、知识竞赛、网上互动、游艺活动等多种形式，与当地媒体、社团、群众组织合作，通过宣传让更多的人认识年鉴、了解年鉴，从而使用年鉴。

3. 区县间加强交流合作

年鉴并不是某个地区孤立的文化产品，全市的九个区县应该优势互补、互通有无、相互借鉴、形成合力。在区县年鉴中像浏阳市、宁乡县、望城区这种创立较早、屡次获奖、质量过硬的“资深”年鉴，应该充分发挥品牌年鉴的优势和效应，促进全市年鉴编纂事业的发展。

（二）找准定位，彰显特色

现代社会是信息化时代，互联网大数据使得海量信息以光的速度充斥到社会生活的方方面面。面对大环境、大背景的巨大变化，学界甚至一度出现了“年鉴无用论”“去年鉴纸质化”的论调，主张取消纸质年鉴，直接在线上编纂出版。在这种情况下，地方综合年鉴找准定位、彰显地方特色，突出其地情资料、决策依据、宣传窗口的功能显得尤为重要。

1. 做好框架设计，彰显地方特色

区县年鉴框架设计要从各地实际出发，将地方的独到独特之处，合理设计栏目适当安排版面，使年鉴成为权威的“地情资料”。全市九个区县资源各不相同，经济社会发展各有侧重。芙蓉区以商务楼宇经济为主，着力打造“湖湘中心、财富中心”，在设计框架时要突出招商引资、商贸金融等开放型经济情况；雨花区以高铁经济带动发展，可适当将“高铁”栏目适当升格；望城区以休闲农业、生态乡村为名片，可着重体现整体规划、生态产业等方面的内容；长沙县发展工业园区，应详细记载园区规模、发展状态、工业产值等；浏阳市是农业大县要侧重反映农业发展情况，烟花爆竹、蒸菜特产也是具有鲜明地域特色的产业链，应该在年鉴框架中体现；宁乡县强化旅游经济，要突出旅游接待、景区建设管理、旅游文化活动等内容。总之，地方综合年鉴要对地情作深入研究，将人无我有、人有我优的事物作为重点内容进行强化反映，使年鉴富于浓郁的“乡土味”。

2. 做好装帧设计，彰显地方特色

装帧设计是年鉴编纂策划的一个重要组成部分。区县年鉴在装帧设计上要避免出现两种倾向，一是广告色彩太浓，冲淡了年鉴的主题；二是片面追求美观，忽视了内容表现的协调。年鉴的封面、扉页、目录、彩页、正文版面设计，既要美观大方突出特色，又不能背离年鉴简朴、庄重、严谨的“官书”形象。特别是年鉴的封面设计，一本年鉴的封面就是一个地区展示地方文化、社会风貌、地域特色和城市形象的有效“窗口”。因此各区县要利用年鉴封面“大做文章”，使之兼具艺术感与宣传性。通过空间布局、书法字体、图文搭配等手段，将最鲜活、最具代表性的地域特色尽然展现。

3. 发挥图表作用，彰显地方特色

图片、统计表等二次文献对增强年鉴的实用性非常重要。近年来，区县年鉴在图片的使用上有了很大的进步，但普遍存在表格使用偏少的问题，影响了年鉴的表现力。区县年鉴在图片与统计表格的使用上，可以从以下几个方面把握：一是卷首可选择反映地方大事、物事、新事、要事的图片，凸显地方特色。二是文中可选取贴近群众生活，“接地气”的图片，少刊登领导视察、开会、剪彩的照片，最大限度发挥年鉴的社会功能。三是多使用反映地方特产、旅游景点、风土人情等代表一个地方文化符号的图片，这也是广大读者感兴趣的内容。四是在表格的使用上，适当增加一些工业、农业、交通运输、邮电业、固定资产投资及城市建设、建筑业及房地产开发、对外经贸、财政、金融保险、科教文卫等社会事业各方面的统计资料，并注意价格可比、口径可比。数据对于真正使用年鉴的人来说是非常必要的。用数据、表格的形式表述可以节省一定的篇幅，使我们的年鉴“虚”的东西减少，“实”的东西增多。

（三）编用并举，服务社会

网络信息浩如烟海，让人很难从中辨别真伪，从而快速找出有效信息。而年鉴作为逐年编纂出版的资料性工具书，就像是一个信息筛子，经过加工、过滤和融合，使人们能够轻松、便捷地从中获得实用、权威的有效信息，从而服务经济社会的发展，这便是年鉴要达到的效用。可现实情况却是年鉴我们年年在编，质量不断提升，装帧愈发精美，其实用性和受众群却没有太大改变。甚至面对互联网的冲击，显得更为“孤芳自赏”。如何打破这种窘迫局面，可以从这几方面入手。

1. 加大公共信息反映力度

据测算，在我国，政府部门掌握着全社会信息资源的80%以上。那么，年鉴作为权威的“官书”，在读者获取信息方式多样化的环境下应该发挥自身的优势，加大政府公共信息的反映力度，靠独一无二的信息内容获取读者的青睐。如通过年鉴告知民众所处地域的食品安全卫生状况、产品质量状况、环境污染状况、就业市场劳动力短缺和过剩行业、政府促进就业的措施、各地最低工资标准、医疗卫生收费、传染病发病情况、教育收费、市场物价变动情况等等，大大增进年鉴的实用性。

2. 加大民生信息收集力度

要扩大年鉴的读者群，增强年鉴的实用性，要更注重民生信息的反映与收集。一个地区人文景点、旅游线路、老旧街巷、特色美食、办事指南、教育医疗信息等，这些都是与广大群众日常生活息息相关的。年鉴作为权威的资料性工具书，应该记载。各区县年鉴可编纂轻便实用的《市民手册》《居民生活年鉴》《便民地图》等小册子，使年鉴让更多的人“用”起来。

3. 创新编纂技术手段

年鉴作为政府主导的公益性文化产品，应该尽最大可能向社会各界免费便捷地提供查阅。可是我们一本年鉴动辄几十万、上百万字，携带翻阅非常不便。而在只需动动手指就能轻松获取海量信息的网络时代，这种埋头字海寻找信息的行为就显得十分“古老”。因此，如果不创新年鉴编纂的技术手段，年鉴“束之高阁”的命运难以改变。年鉴数字化不再是简单地刻个光盘，而是要创新检索功能、完善数据管理。我们应该对现在的互联网、云储存等新兴技术大胆运用，通过向社会开放或者政府购买的形式，让有资质有技术的研究机构、高校团队来解决技术难题。让读者进入方志网通过点击、搜索就能快速准确地从年鉴中找到想要的有效信息，使年鉴与互联网有效融合，更好地为社会经济发展服务。

（作者单位：湖南省长沙市地方志办公室）

英文版地方综合年鉴编纂发行工作中存在的问题与对策论析

——结合海南的实践

田润宇

摘　要：目前，从国内的情况看，开展英文版地方综合年鉴编纂工作的省市还不多，英文版地方综合年鉴的编纂发行对于地方年鉴工作部门来说是一项创新性工作。这项工作中存在的主要问题是：目标与受众定位不够明确；内容安排不尽合理；翻译质量有待提高；发行渠道需要拓展。解决这些问题的思路是：科学、合理定位英文版地方综合年鉴，并以此为依据设置年鉴内容；通过加强翻译团队力量、强化流程管理，不断提升翻译质量；适应时代发展，充分利用数字和互联网技术，拓展发行渠道，提高宣传效率和社会效益。

关键词：英文版地方综合年鉴　编纂发行　问题　对策

一、编纂英文版地方综合年鉴的目的和意义

对于年鉴工作部门来说，编纂中文版的年鉴正本是法定工作任务，并且，对于那些资源不太宽裕的编纂主体来说，能够按时保质编纂出版中文版地方综合年鉴已经很不容易。那么，为什么海南还

要编纂英文版的地方综合年鉴呢？

一方面，是落实中国地方志指导小组指示要求，深入贯彻《全国地方志事业发展规划纲要（2015—2020 年）》有关精神的体现。中国地方志指导小组一直要求各省市的年鉴工作要围绕地方工作大局，服务地方经济社会发展。2015 年 8 月，国务院办公厅印发了《全国地方志事业发展规划纲要（2015—2020 年）》，提出“坚持改革创新”“坚持修志为用”“提高地方志资源开发利用水平。加强对地方志资源的深加工，拓宽服务渠道，增强服务功能，创新服务手段，更好地贴近经济社会发展实际，贴近人民群众需要。”

另一方面，是充分利用年鉴资源，围绕海南中心工作，服务海南经济社会发展大局的需要。《海南年鉴》（中文版）系统、全面、详细记载了海南省诸多方面的基本信息，为社会各界了解、研究海南提供了权威的媒介。海南建省办特区本来就是落实国家改革开放战略的结果，建省办特区以来，海南的对外开放工作取得了很大的进展，尤其是 2009 年底国家提出建设国际旅游岛战略以后，海南的对外开放格局更是大大拓展，海南迫切需要向海外宣传推介自己。《海南年鉴》英文版应运而生，适应了这一需求，成为向海外推介海南，具有权威性、系统性、全面性、及时性特征的工具书和媒介。

长期以来，全国年鉴工作部门的主要工作就是编纂出版中文版地方综合年鉴，形成了“一本书主义”的工作状态，为了充分利用年鉴资源，拓展工作思路，更好地服务地方经济社会发展大局，少数先进省市开始探索年鉴资源的深加工和再利用，编纂地方综合年鉴英文版便是其中的有益尝试之一。上海、江苏、广州等地较早地编纂出版了英文版地方综合年鉴，取得了很好的效果。海南编纂出版地方综合年鉴英文版受到了他们的启发，借鉴了他们的成功经验。从现在反馈的情况看，海南编纂出版英文版地方综合年鉴的效果是很明显的，《海南年鉴》英文版已经成为海南开展海外推介的权威媒介，也为海外人士了解、研究海南提供了极大的便利和帮助。

二、英文版地方综合年鉴编纂发行工作中存在的主要问题

“始生之物，其形必丑”。到目前为止，《海南年鉴》英文版只编纂了两卷（2015 卷和 2016 卷），海南地方综合年鉴英文版的编纂发行工作还处于起步阶段，因此，必然存在一些不够完善的地方，这些问题主要体现在以下四个方面。

（一）目标与受众定位不够明确

虽然，海南的英文版地方综合年鉴已经编纂出版了两卷，但事实上这个产品只是《海南年鉴》压缩版的英译本，或者说是《海南年鉴》中文简本的英译本，还不是完全意义上的《海南年鉴》英文版。之所以会生产出这样一个产品，原因很多，其中一个主要的原因就是编纂出版《海南年鉴》英文版的目标和受众定位还不够明确。现在，只是把它当作利用年鉴资源生产的外宣品，在涉外活动当中进行免费赠送，例如，在博鳌论坛年会上作为外宣品发放给与会外国嘉宾，摆放在涉外酒店，供海外宾客阅览、研读等。至于这个产品主要面向谁、受众群体有哪些、要达到一个什么水准、取得什么样的效果，还没有进行缜密的论证和明确的界定。

（二）内容安排不尽合理

《海南年鉴》英文版到目前为止还处于初创阶段，在内容上是中文正本的压缩版，英文翻译的原本字数约 15 万字，而《海南年鉴》正本 170 余万字，书中涵盖的内容只能是对海南发展概况的简要介绍。由于目标和受众定位不明确，英文版年鉴的针对性、系统性和完善性远远不够，仅限于基本情况的简单介绍，如果读者需要哪一方面的系统、全面、专业的信息，阅读英文版年鉴是完全不够的，最多是提供了检索资料的线索。从英文版年鉴的角度考察，《海南年鉴》英文版适应海外读者阅读习惯所作的内容调整也还不到位。与其他省市已经出版的英文版地方综合年鉴相比，海南英文版年鉴的地域特色也不够

鲜明，在内容安排方面，突出海南特色的篇幅不多、分量不够。

（三）翻译质量有待提高

语言转换是编纂英文版年鉴的关键所在。语言不同，不是简单的符号系统的差异，更重要的是文化背景的差异，因此，编纂英文年鉴不是一件容易的事情，尤其是年鉴内容涉及很多专业术语、机构名称、地方习俗，更增加了翻译的难度。然而，编纂英文版年鉴必须要解决这个难题，否则，再美好的愿景、再理想的设计都是徒然。《海南年鉴》英文版的翻译任务是由高校的翻译团队承担的，其翻译水平在省内应该是不错的。但是，由于他们的知识背景、专业特长和年鉴内容存在一定的距离，因此，完成这项工作本身已经不易，翻译质量必然存在提升的空间，主要是专业性的表述还不到位，遣词造句当中，由于文化差异导致的词不达意、误导歧义等问题较多。

（四）发行渠道需要拓展

《海南年鉴》英文版现有的发行方式是赠送，赠送的对象主要是涉外政府机构、酒店、重大国际会议与会外国宾朋等。这种发行渠道有很大局限性，一方面是受众面比较窄，影响力有限；另一方面，发行对象范围模糊、数量不稳定，造成极大的公共资源的浪费。这里讲的“发行”还是传统意义上的纸质出版物的发行，而随着网络时代的来临，人们获取信息的渠道已经主要不是纸质媒体，而是数字、网络媒体。《海南年鉴》英文版的发行目前仅限于纸质出版物的发行，已经落后于时代发展的脚步，效果也大打折扣。

三、改进工作的对策

（一）对英文版年鉴的目标和受众给予科学、明确的定位

对于英文版地方综合年鉴来说，目标与受众定位是关乎全局、具有决定性和根本性的重大问题。在参考、吸收先进省市成功经验

基础上，立足海南实际，笔者认为，地方综合年鉴英文版应该界定为服务地方外宣、推介需要，具有权威性、系统性、专业性和便览性特征，介绍本地政治、经济、社会、文化发展状况、资源、人文特色的资料性工具书。

关于英文版地方综合年鉴的受众定位，我们可以这样界定：国际组织驻华机构、外国驻华机构、外国友城、来华投资、交流、工作、学习的外国人。这是一个比较宽泛的界定，在这个范围中潜在的海外投资者，对海南文化感兴趣的海外友人是其中的重点。

（二）根据科学定位完善内容设置

我们把英文版地方综合年鉴定位为满足外宣、推介需求的资料性工具书，受众主要是海外人士，故而，在内容安排上，就不应对年鉴正本进行简单压缩，而是根据外宣、推介需求，适应英语阅读习惯，对年鉴内容进行重新设置。应遵循的主要原则是用地道英语讲中国故事、讲海南故事。在内容设置上，除了介绍自然、历史、政治、经济、社会、文化等方面基本情况外，最重要的是突出介绍海南的资源、经济、文化等方面的特色和亮点，使受众通过阅读能够了解海南的投资、创业机会和文化魅力。年鉴内容安排不应是主观臆断的结果，也不是一成不变的，应该、也有条件通过与受众的互动来确定和调整，可以通过访谈、问卷等方式了解受众的需求，并酌情对内容进行动态调整。

（三）加强团队力量，优化流程管理，提升翻译质量

对于英文版年鉴来说，翻译是关键环节，翻译质量直接决定产品的质量。提高翻译质量可以从两个层面着眼：一方面是加强翻译团队力量。充实、培训现有翻译人员，把翻译经验丰富、有社会管理背景的翻译人才充实进来，加强翻译人员的培训，提高他们的翻译水平。如果发现有更好的翻译团队，也可以重新发包，选定新的团队。另一方面是优化流程管理。比如，翻译过程中，既要分工负责，也要加强团队配合，对翻译难点进行集体攻关；统稿环节要留

足时间、细心打磨、严格把关；定稿之后，要邀请第三方业内专家提出审定意见，审定通过后，再行出版；年鉴出版成书，不代表我们的工作画上句号了，还要积极了解读者的反馈意见，把这些意见切实转变为下一个年度做好翻译工作的营养。

（四）适应时代发展，拓展发行渠道，提高宣传效率

随着信息时代的到来，互联网和移动互联技术的发展重塑了人类社会生活的方方面面，同样深刻改变了人们的阅读习惯。如今，人们的主要阅读媒介由纸质印刷品变成了数字出版物。因此，英文版年鉴的载体不能再像以往那样一味坚守纸质印刷品阵地，而是要积极拓展发行渠道，制作光盘、U 盘载体产品，把英文版年鉴的内容上传、发布于互联网，便于受众获取、携带和阅读。这样可以大大增加英文版年鉴的发行规模，提高实际的宣传效果，放大社会效益。

眼下，编纂出版英文版地方综合年鉴还不是法定工作任务，只是作为少数省市探索工作创新的案例存在着。海南的尝试也才走过了两个年头，积累的经验也不够丰富，以上分析的问题、提出的对策性思考带有一定普遍性，对于那些试图编纂出版英文版地方综合年鉴的省市来说，或许提供了一些前车之鉴。

（作者单位：海南省地方志办公室）

基层年鉴编纂中存在的问题及对策

程汝明

摘　要：基层综合年鉴，经历了20余年的发展历程，工作到位、运行规范，成果丰富、促进发展，一切都按部就班，有了自己设计、撰稿、编辑、出版模式。但在肯定成绩的同时也要思考存在问题，正视不足和问题目的是为了不断地完善和改变，从而使之更好发展。文中列举了年鉴中存在的一些问题和不足，就如何应对也作了一些粗浅的思考分析，目的是抛砖引玉，引起专家学者的重视，不断发现问题、解决问题，使基层年鉴水平更高、质量更好、读者更多，年鉴事业发展更好更快。

关键词：基层综合年鉴　问题　对策　思考

至2016年底，云南省实现了年鉴的全覆盖，每年编纂出版省级综合年鉴2部；全省16个州市年鉴公开出版发行；129个县市区有125个公开出版综合年鉴；各行业年鉴、部门年鉴和专题年鉴编纂工作积极开展，成果丰富。就以少数民族聚居，地处缅甸、老挝、越南边境的普洱市为例，普洱市年鉴已经编纂19年，出版19部；10个县区中有9个县每年出版发行综合年鉴一部，还有1个区的年鉴编纂工作在筹备中。市直属部门中，有两个单位每年出版专业年鉴。市、县区的年鉴都是以综合年鉴为主，累计字数多的年份达1200万字，最少的年份也有800万字，不得不承认，地方志办公室人员不多，要完成这些鸿篇巨制，方志人是努力的，成绩也是巨大的。年鉴为地方经济社会发展收集整理资料、提供服务，为人们迅速掌握了解地方社会发展、文化进步提供快速进入的通道，其作用和贡献是不容置疑的。边疆民族地区的年鉴还多了一个特殊性，就是作为境外华人了解祖国现状的一个读本，在宣传中国、稳定边疆、团结华侨中发挥着特殊的作用。

成绩突出，也不能回避问题。基层年鉴存在的不足也不容忽视，不论是编辑内容和表现形式，都有需要改进和完善的地方。笔者这里想重点谈一下内容实用、语言精练简洁方面存在不足和在问题，以及个人对解决这些问题的思考，以便抛砖引玉，引起专家学者的重视，寻求最佳解决问题的方法和对策，提高年鉴的编纂水平，让年鉴更好地经世致用、服务经济社会发展。

一、基层年鉴编纂中存在的问题

（一）只编不纂，编者的主动性发挥不够

在云南，年鉴编纂都是由地方志编纂委员会办公室完成的，部门、专业年鉴出版的不多，所以，这里所说的“年鉴”，指的就是“综合年鉴”。国务院《地方志工作条例》的规定：“以县级以上行政区域名称冠名的地方志书、地方综合年鉴，分别由本级人民政府负责地方志工作的机构按照规划组织编纂，其他组织和个人不得编纂。”我们执行的是很到位的，即使请了人员帮助编辑年鉴，也是在地方志办公室的人员主导下工作，没有年鉴编纂完全“外包”的情况。政府设立地方志办公室，投入人力、物力、财力组织年鉴的编纂，其目的就是为了编辑出版志书、年鉴，如果工作任务都包了，我们的主业就没有了。有投入就要有产出，这是市场经济法则，政府也是这样要求的，年鉴是对过去一年经济社会发展变化情况的记述，是总结回顾。年鉴的信息资料是权威准确的，稿件由撰稿单位和部门提供，并经领导审核，最后经过地方志办公室编辑，成为年鉴出版。年鉴既然出版了，就应该具有资料性、实用性，产生社会

效益。

两年来，较全面地翻阅了云南州市以下的基层年鉴，也抽看了部分省外的，直言不讳地说，绝大部分年鉴没有什么独特的创造性和个性特征，篇目相似、内容相近、排版差距不大，工作总结多，空的理论和套话多。比如每一个部门、单位的“学习教育活动”、“党的建设”、“执行党风廉政建设纪律”的内容都差不多，编辑基本没有什么修改提炼的痕迹，看似主要，其实没有什么实用性、指导性。年鉴里包含了很多的资料、信息，但如果要用，还得自己进行提炼归纳。年鉴因为精炼不够，实用性不够，不好用、不适用，所以读者不多、查阅的人不多。

年鉴是资料性工具书，为何编、怎样编，方志人起着决定性的作用。但是编者在年鉴的框架和编纂体例方面没有进行精心设计，对内容结构、选材标准、语言规范等方面没有进行严格把关审核。只“辑”不“编”，只“编”不“纂”，没有发挥编者的主观能动性，致使年鉴基本只是工作总结汇编，没有创造性、也没有什么实用性、可读性。

（二）设计不到位，篇目特点不突出

篇目决定内容、突出主题，篇目全则内容全，没有篇目自然也就没有人去撰写材料、送来初稿，书中也就没有内容；当然，担心没有内容、没有材料，自然也就不敢设置篇目。有的年鉴，五年都没有改变过篇目，篇章都没变，只是节目做过调整。当然，党政机关构架不变，行政区划不变，这是我们都理解的，传统的、优势的内容是必须永远保持，这也是肯定的。但是，新的产业发展、新的组织出现、新的企业成长、新的政策带动等，这些每年的新东西，我们年鉴编辑应该是捕捉到的。不能因为组稿辛苦就不作改变，也不该因为经费保障就墨守成规。

在编撰年鉴时，应切实重视篇目框架的设计，正如盖房子，只有设计好了框架，你才可能去找材料，才可能去建设一座新的房子，否则，永远也发展不了，改变不了。年鉴编纂如果不在篇目框架设计上下功夫，只是永远的“思想政治工作”“党的教育工作”“社会工作”等正确而空洞的篇目标题，读者始终在雾里看花，弄不清楚所记述的是什么内容，自己需要的内容在哪里。年鉴也就很难适应经济社会发展的需要，很难服务读者。年鉴要成为“精品”也只能停留在口头上。

（三）出版不及时，作用发挥不充分

年鉴是年刊，集辖区万卷于一册、缩一年为一本，时效性不能和广播、电视、报纸、网路等新闻媒体相比，但在工具书中，应该是出版最及时的，只有抓住时效性，才能及时满足读者的资料需求。

现在，经济社会发展的速度很快，人们的生活节奏也在不断加快。各种信息载体都在比速度、比效率，快速、准确、高效成为竞争的重要手段。20 世纪 90 年代，大部分年鉴都能在 10 月以前出版，其中一部分年鉴还能够在上半年问世，“3 月完成组稿，6 月完成编辑、审稿，9 月出版发行”成为州市、县区方志人不约而同的奋斗目标。而如今，能够在 10 月底出版的年鉴已成凤毛麟角，年底甚至第二年出书已习以为常。造成这种局面的原因，一方面是年鉴编纂中的“官方态度”，代表党委、政府，等官方数据、等上级审核，很少考虑工作需要、读者的需求、社会效益；另一方面是“著史高度”，老想着年鉴要为历史负责，不要让人有意见，要为志书积累资料，片面强调存史价值，忽视当前的实际作用和需要。没有时效性，出版后使用价值大打折扣，只能束之高阁，成为摆设，书都没有人看，何谈为历史负责。

（四）传播方式单一，使用不方便

年鉴的资料，都是可以公开的，本来应该是既用传统的方式发行传播，也要以数字化、低成本、高效率的现代方式传播，但实际情况是，年鉴还是以传统的纸质印刷出版发行。具有时效性、资料性的年鉴，被包装成词典一般的庄重，被装订得像百科全书一样的厚实，发行的方式是按照部门、单位赠阅，印刷多了无人问津。近

年来，每一部年鉴的后面都放了一光盘，但是，据了解，几乎没有读者用光盘看资料，下载资料的。如果你想在网络上查找年鉴资料，可看的年鉴少之又少，有的还要设置重重障碍，处处注册。少数民族地区的年鉴能够在网上查看全本的几乎没有。

用现代网络传播年鉴，不是不能做，也不是没钱做，是没有人主动做，问之，“没有必要，我们已经出书了，他们要可以买”，“领导没有说，也没有批示”，“财政没有预算经费”。其实，年鉴是“官书”，是政府出人、出钱编纂的，年鉴编出来了，就应该是公共资源，就应该为公众服务，就可以而且应该放到数据库中，供读者使用，让资料发挥作用，而不能搞什么付费使用，地方志办公室自设壁垒，影响年鉴的传播，限制了自身的发展和影响力，也影响了读者使用年鉴。

（五）包装臃肿豪华，内容信息不足

年鉴，从出版发行开始就是以工具书、精装大开本的形式出现，曾有地区尝试“便捷手册”式，按政治、经济、文化等部类分成多册的小开本，发行后就被上级和“专家”批了，第二年就没有坚持住。

人员不足，没有自己调研、撰稿、核实的文稿，都是用部门、单位的办公室上报的稿子编纂年鉴，编修不多，甚至都没有作修改就用了。单位、部门上报的稿子总结内容多、理论套话多也不管。方志办编辑人员的水平参差不齐，审核工作不到位，出版发行后，不少的年鉴内容冗长、工作内容重复陈述，信息量不足。也无怪有些读者说，像盗版的高价书，除了包装豪华漂亮以外，内容东拼西凑，没有什么好看的。也难怪有人议论：年鉴越来越豪华，读者却越来越少。

年鉴的“肥胖”是普遍现象，只是有的“肥胖”成了“病”，有的还没有。一个中等的州市，年鉴的字数在 100 万到 120 万字，甚至到 150 万字；一个二三十万人口的小县，年鉴能够写到 100 万字，不但读者有意见，就连从事年鉴编辑也都摇头了，都认为年鉴

是应该瘦身了，否则会“高血压”“心脏病”。年鉴编纂中片面追求豪华气派不惜工本，片面追求大气，而不惜浪费版面的状况有一种攀比的嫌疑，在领导面前和撰稿人面前哭穷哭难，在印刷时却大手大脚。

二、对策思考

（一）要突出发展主题，突出产业特点

发展是永恒的主题，不关注经济社会发展，年鉴就不可能发展。编纂设计要遵循”立足本地、借鉴外地，把握发展脉搏、探索前进方向”的思路。年鉴的篇目设计是否突出发展主题，突出行政区域内工作的重点特点，关系到年鉴是否能够适应发展需要、促进发展，也关系到是否能够满足读者的需求，是否有读者。年鉴的篇目设计应当坚持综合性、全面性，对地方所有的领域有全方位的思考，但也应当突出重点、特点，不应当是面面俱到，不分大小、不论轻重。“老套路年年陈述、新事物一笔带过”的作风是无法适应时代要求和需要的。一个县与一个县不同，一个市与另一个市也不一样，比如云南，丽江的特色是旅游，普洱的特色是绿色发展、普洱茶，没有特点、特色的设计和记述，外人就无法区别两个市有什么不同。

很多年鉴篇目设计变化不大，或者说不变化。究其原因，不是没有人想到，也不是年鉴编辑不会做，主要是不愿意去操心、不愿意去改变这样安逸的现状。试想，撰稿形成模式，编稿不费力气，出版经费保证，书本免费送人，为什么还要去费力找人写新东西来加重自己的工作负担?

要发展，就要求年鉴编辑创新观念，把特色在年鉴框架和体例中表现出来，使年鉴篇目设置科学、合理，内容完整，信息资料厚实。虽然，我们会辛苦，得付出很多的劳动，但能够让年鉴进步发展，让我们的工作为经济社会发展做出更大的贡献，让出版的年鉴

成为精品，编辑不是更有成就感吗？年鉴的改变应该从篇目设计开始，篇目改变了，我们的撰稿方式、编辑方式也就跟着改变了。

框架设计改变了，还可以培养一批撰稿人，现在年鉴的撰稿，基本是单位部门办公室的年轻干部，缺乏丰富的阅历和深厚的材料功底，基本是靠单位的工作总结和工作报告改稿，概括性浅层次的记述多，有深度有特色的内容少。许多有新意、有价值、有特色的题材一笔带过；年度新事、大事、要事、特事只是作了标题式的反映。因为选题上下年雷同，各单位相似，所以，内容也是上下级、部门间雷同，缺乏部门、行业特色和年度特色，信息价值不大。如果框架、篇目改变了，要求变了，撰稿人也要跟着改变，不用两年，稿件的水平也就提高了，撰稿人也培养出来了。

（二）要规范撰稿标准，严把初稿质量

年鉴编辑普遍存在自信不足、工作底气不足的情况，没有做到理直气壮地开展工作，认为各单位、各部门都很忙，人家配合把稿子交来就不错了，我们不能要求太高。不分稿子水平，不论稿子合不合格，几乎没有反对意见，都是好，一收了事，到出了书才发现，稿子问题不少，缺要件、缺数据、缺头、缺尾。

笔者认为，明确规范撰稿要求、认真培训撰稿人员、严格审核初稿，是出精品的前提和关键。撰稿前，一定要对撰稿人进行深入细致的培训，把撰稿的目的要求跟撰稿人做好广泛的交流，取得共识，形成一致意见，做到相互理解、相互支持。工作上的互相支持尊重，明确要求比含糊其辞更关键，规范引导比一字不改地敷衍配合更重要。撰稿人没有认真对待的稿子编辑也没有看出来，撰稿人是不会从心里尊重你的，没有质量的文章你也一字不改地使用，作者、读者都不会佩服你。所以，只有敢于对初稿说“不”，有高质量的初稿，才能编出高水平的年鉴。

要增强年鉴的实用性，也是在初稿中就要体现实用，而不是靠编辑在办公室编出来的。年鉴的权威性、公信力在初稿中就要体现，如果没有，稿子就必须修改或者重新撰写；如果初稿没有突出工作

重点难点，没有落实工作、解决问题的记述，初稿也要修改或者重新撰稿；如果初稿只是记流水账、做工作笔记，没有群众需要的有用信息，初稿也必须修改。

把好年鉴初稿的撰稿关，不符合标准的稿子不收，不按标准撰写的稿子不收，以工作总结、工作安排充当的稿子坚决退回；要件缺乏的稿子要修改，数据不足的稿子要补充，语言表述不精练的稿子要删改。否则，稿子就不能通过验收。

（三）发扬传统不忘创新，传播渠道要适应需要

年鉴的特点、优势在于它的资料性和综合性，在于它信息容量大、资料密集程度高，在于它面对许许多多的读者都有可供检索、可资利用的信息资料。

现代社会，随着信息技术和网络技术的迅猛发展，公众获取信息的手段和方式多种多样。年鉴也要适应时代发展要求，丰富传播形式，满足公众多样化的使用需求。在严格把关，做好纸质印刷出版，将书本向机关、企事业单位发行的同时，要重视年鉴在互联网上的传播。作为政府主办的资料工具书，年鉴应通过政府网站，将全书内容及时上网，无缝链接，既方便群众在网上查找所需要的信息资料，也丰富政府网的服务内容。可以肯定，通过网络查阅年鉴，获取信息资料，会逐渐成为民众利用年鉴资料的主要方式。

发行量，是衡量书籍实用性的重要指标，通过市场销售实现的发行量，更是准确反映了书籍的价值。年鉴虽然有财政的资金保证，书是送的，但是我们也应该通过书店销售，让有需要的读者可以随时购买，因为，我们不可能有需要的都送。作为资料工具书，一定跟进大众喜欢的阅读和使用方式，我们应该力求发行量和点击量并重，否则，再好的资料只能躺在书房里，发挥不了作用。

（四）围绕工作贴近基层，深入群众接地气

一切以人民为中心，是中国共产党先进性的集中体现，以人民为中心最根本的就是要与人民同呼吸共命运，全心全意为人民服务。

年鉴编纂要以人民为中心，心系人民、讴歌人民，及时把人民群众创造的经验和面临的实际情况反映出来，更好发挥成风化人的重要作用。编辑中要围绕各项工作的开展、中心任务的落实、人民群众的期盼，结合实际贴近群众、服务读者，走群众化的道路。只有这样，年鉴才能有更多的读者、有更多的需要，得到更好发展。

年鉴的工具书性质决定了它的内容应该结合实际，不结合实际的工具就是无用的工具。无论年鉴编纂机构怎样变化，作为编者一定要明确年鉴服务社会现实、服务民生的功能，在选材内容上，要更注重全面反映贴近群众生活的实际问题，关注群众衣食住行等问题，在围绕基层、服务群众工作生活方面下足功夫。如果只是宣传上级政策，只顾完成工作任务，年鉴的读者群会越来越少，工作作用、影响力也会越来越小。

立足于服务基层，贴近人民群众，就要倡导年鉴"平民化"。哲学家艾思奇的《大众哲学》，以通俗的语言、生动的事例讲解马克思主义基本原理，使枯燥的哲学变生动，为人民群众所掌握，连蒋介石也无可奈何地承认："一本《大众哲学》冲垮了三民主义的思想防线。"年鉴的内容比哲学理论要生动得多，只要我们用心分析群众的所思、所想、所求，年鉴就一定能够做到群众需要、群众满意、群众支持，年鉴为民服务、为社会服务、为现实服务的功能就会发挥更好。

当然，年鉴要服务群众，在语言表述上也要贴近群众，要精练生动。在语言表述上力求避免"官话""套话"和"废话"。孙关龙曾提出我国年鉴编纂的"三民"原则，即为民办鉴，记民喜忧，替民说话。笔者认为，如果逐渐能够把"三原则"落实到编纂工作中，年鉴的读者范围就会扩大，需求也自然会增加。年鉴资料工具书的功能才算得到发挥，其生存发展空间也必将扩大。

（五）删繁就简抓规范，瘦身健体促发展

年鉴在组稿、编辑、出版、发行方面要规范，在组织安排、工作计划、人员组成、分工协作、总结分析方面要规范，在篇目设计、

时间进程、篇幅设计、开本版式方面也要规范。否则，容易自行其是、各自为阵，没有规范的管理，提高质量就困难，要产生效益、效率也就比较困难。

鉴于目前年鉴部头越来越大，校对困难、审核困难、阅读更困难，读者越来越少，有效信息容量与其篇幅不成比例的实际情况，我们也迫切希望省级出台年鉴工作实施细则，其中一项重要措施就是明确规定州（市）、县（区）年鉴的篇幅、字数，强制性地为各级年鉴消肿“减肥”。笔者认为，州（市）年鉴总篇幅应该控制在80万字以内，县（区）年鉴的篇幅控制在50万字以内，这样框定的字数已经足够记录一个地区的大事、要事、特事、难事了，也完全能够包容解决问题的方法、措施。“减肥”关键是要下决心，把理论陈述压下来，把大话空话压下来，把对上级规定要求的抄录压下来，把单位、部门重复讲述的内容压下来。如果要用专业说法表述的话，主要可以采取以下措施：一是将一次文献和下级行政区域信息资料的篇幅减少；二是扩大二次文献的规模，扩大撰稿量、修改量；三是精选精编条目，精练文字、准确表述，表达干净简洁，删除语言中的水分，使其达到文约事丰、可读性强的要求；四是按照“八项规定”和“反对四风”的要求对版面和印刷包装作出规定。

（六）担当作为创特色，为年鉴增辉为自己添彩

中国梦、社会主义核心价值观、一带一路、脱贫攻坚，中国经济社会快速发展，中华文化的影响力持续扩大。身处这样一个伟大时代的年鉴编辑，要深刻认识年鉴工作使命崇高、责任重大，要努力做到“立时代之潮头、通古今之变化、发思想之先声”，在年鉴编纂中结合实际、创新方式、敢于担当、大有作为。

地方志办公室是“官方”机构，年鉴编辑有“参照公务员管理”的身份，政府保证我们的工资待遇，稿子由各单位提供，出版年鉴有经费保证。没有稿子不用愁，没有出版的经费不用担心，书出了没人要不用着急。虽然工作中还是会遇到种种困难和问题，客观地说，我们的工作条件和自己编书、自己买书、自己挣钱发工资的文

化企业不知好了多少倍。我们应该珍惜党和国家给予我们的好政策、好环境，努力工作、担当作为，利用这一良好的条件和环境，为出版精品年鉴积极作为，在岗位上发挥好主观能动性，为年鉴的高质量、高水平做出自己的贡献。而不应该总是抱怨政府不重视地方志工作、不重视年鉴工作，有为才有位，只有工作出成绩，党委、政府才会更加重视我们的工作。

我们应该坚持年鉴的工具书性质，坚持年鉴为人民服务本质，坚持“以人为本”的思想理念，工作中要勇于探索、勇于创新、勇于担责，坚持年鉴编纂原则与发挥主观能动性结合，坚持代表“官方”进行宣传和服务群众需要相结合，坚持理论数据使用和实用性、可读性相结合。只有这样，年鉴这部“官书”才会实现“领导满意”“人民满意”的目标。

如果年鉴编辑将年鉴选材内容“官化”、教条化，不思进取、偷工减料，一味不加编辑地选登有关报告、决议、决策；大书特书政绩工程、形象工程；记喜不录忧，做不到“秉笔直书”，真实地反映客观存在的事实，那么，年鉴是很难走远的，我们编辑也不可能得到上级的肯定和社会的公认。

（七）保持朴素本色，回归厚重高雅

年鉴的表现形式要服务和服从于内容，好的表现形式，会激发起读者阅读的兴趣，能吸引读者的目光，从而成为提高年鉴可读性的“助推器”。表现形式独特，可以更好地充实服务内容，提高年鉴的吸引力。但是如果只是一味追求新、奇、特来吸引读者眼球，那年鉴的表现形式或者说装帧设计就会走入庸俗化的误区。

年鉴作为工具书，装帧版面设计要突出严谨、缜密、简洁、实用的风格，年鉴主要是供人们查考所需资料而非长时间、大面积阅读，所以，应当按照“高密度、大容量”安排图文资料，年鉴应尽量扩大版心尺寸，尽可能减少白边，字体字号设计要有利于增大版面的有效信息容量，没有必要过大的字号和过多的留白。

年鉴的外观设计应当弃奢华、存简朴，去富丽、留庄重。即使预算的经费用不完，我们也要进行成本核算，勤俭节约，尊重历史习惯，尊重市场法则，不能乱“装修”，盲目追求奢华。年鉴的奢华做法与其资料性工具书的性质是不相称的，人们使用年鉴，主要是为了释疑解惑和检索所需资料，一般不会像对其他文学书刊那样怀着一种欣赏的心态，从头到尾、里里外外慢慢品味。因此，年鉴从内容到形式都应当是厚重准确、朴实无华的。

年鉴不拒绝图片，好的图片具有文字所不能比拟的直观性，使读者一目了然。图文并茂，提高了年鉴的直观性和可读性。但是，个别州（市）、县（区）的年鉴几百、上千幅照片，几十个、上百页面，大量的会议场景、领导视察，让读者眼花缭乱，不知是工具书还是会议摄影集。年鉴要有图片画龙点睛，但图片代替不了资料。

年鉴应有自己的文化品位，我们也要让内容通过美的形式吸引更多关注的目光。封面的设计、内文版式的设计都要与本地的历史文化特色相结合，与年鉴整体风格相匹配。每一个地方的年鉴都应该形成自己设计大方、品位高雅、文化深厚又现代时尚的风格。既体现地方特色，又体现了年鉴作为工具书的庄重严谨。

（作者单位：云南省普洱市地方志办公室）

志鉴中行政区划图的相关规定及审图号的办理程序

夏红兵　滕　辉

摘　要：冠以行政区划名的官修志书及年鉴，本级行政区划图是必不可少的资料性文献。行政区划图才能在公开出版物上使用，国家有严格的规定。只有经过国家地理信息行政主管部门批准并依法取得审图号后，方可在公开出版的志鉴中使用。

关键词：志鉴　行政区划图　审图号

冠以行政区划名的官修志书及年鉴，本级行政区划图是必不可少的资料性文献。什么样的行政区划图才算是能在公开出版物上使用，国家有严格的规定。只有经过国家地理信息行政主管部门批准并依法取得审图号后，方可在公开出版的志鉴中使用。所以，地方志系统必须清楚国家相关规定，才能依法行事。

一是了解国家实行的地图审核制度。

2015 年 11 月 26 日中华人民共和国国务院公布的《地图管理条例》（2016 年 1 月 1 日起施行）对所有出版物使用地图做了明确的规定。

第十五条规定："国家实行地图审核制度。向社会公开的地图，应当报送有审核权的测绘地理信息行政主管部门审核。但是，景区图、街区图、地铁线路图等内容简单的地图除外。"

第十七条规定："国务院测绘地理信息行政主管部门负责下列地

图的审核：（一）全国地图以及主要表现地为两个以上省、自治区、直辖市行政区域的地图。（以下略）”

第二十二条规定：“经审核批准的地图，应当在地图或者附着地图图形的产品的适当位置显著标注审图号。其中，属于出版物的，应当在版权页标注审图号。”

二是取得合法的、可以公开出版的本行政区划图的使用权。

根据《中华人民共和国测绘法》（2002 年 8 月 29 日第九届全国人民代表大会常务委员会第二十九次会议修订通过，2002 年 8 月 29 日中华人民共和国主席令第 75 号公布，自 2002 年 12 月 1 日起施行）第十二条规定：“县级以上地方人民政府测绘行政主管部门会同本级人民政府其他有关部门根据国家和上一级人民政府的基础测绘规划和本行政区域内的实际情况，组织编制本行政区域的基础测绘规划，报本级人民政府批准，并报上一级测绘行政主管部门备案后组织实施。”

《中华人民共和国测绘成果管理条例》（2006 年 5 月 17 日国务院第 136 次会议通过，2006 年 5 月 27 日中华人民共和国国务院第 469 号令公布，自 2006 年 9 月 1 日起施行）第三条规定：“县级以上地方人民政府负责管理测绘工作的部门（以下称测绘行政主管部门）负责本行政区域测绘成果工作的统一监督管理。县级以上地方人民政府其他有关部门按照职责分工，负责本部门有关的测绘成果工作。”

《地图管理条例》第四条规定：“县级以上地方人民政府负责管理测绘地理信息工作的行政部门（以下称测绘地理信息行政主管部门）负责本行政区域地图工作的统一监督管理。县级以上地方人民政府其他有关部门按照本级人民政府规定的职责分工，负责有关的地图工作。”

在我国，行政区划地图只有本区划的地方人民政府才有权组织测绘。一般由民政部门负责对边界和行政区划审核工作。经地方人民政府授权后，有地图测绘资质的部门方可测绘行政区划图。未经地方人民政府授权，任何部门（无论是否有测绘资质）均不得擅自测绘行政区划图。经过地方人民政府授权测绘的行政区划图的所有权应该归授权的人民政府。

作为使用地图的我省各级地方志办公室须找到所要使用的且必须是由有地图测绘资质的单位测绘的行政区划图的著作权所有者，协商地图使用的相关事宜。如：是否可以无偿使用？或者是有偿使用？

三是确定负责本行政区划图测绘行政主管部门。

《地图审核管理规定》第四条规定："下列地图由国务院测绘行政主管部门审核：

（一）世界性和全国性地图（含历史地图）；

（二）台湾省、香港特别行政区、澳门特别行政区的地图；

（三）涉及国界线的省区地图；

（四）涉及两个以上省级行政区域的地图；

（五）全国性和省、自治区、直辖市地方性中小学教学地图；

（六）省、自治区、直辖市历史地图；

（七）引进的境外地图；

（八）世界性和全国性示意地图。

第五条　下列地图国务院测绘行政主管部门可以委托省级测绘行政主管部门审核：

（一）涉及国界线的省级行政区域地图；

（二）省、自治区、直辖市历史地图（不涉及国界线）；

（三）省、自治区、直辖市地方性中小学教学地图；

（四）世界性和全国性示意地图。

第六条　省级测绘行政主管部门负责审核本行政区域内的地图。

第七条　下列地图无明确的审核标准和依据时，由国务院测绘行政主管部门受理商外交部进行相应地图内容审查：

（一）历史地图；

（二）世界性地图；

（三）时事宣传地图；

（四）其他需要商外交部审查的地图。

地方各级人民政府编纂的志书和年鉴中需要使用本级行政区划图时，要按照上述规定，向拥有审批权的人民政府测绘行政主管部门递交地图审核申请，同时附上志鉴中所要使用的本级行政区划图。

四是申办地图审核批准书。

地方志办公室在签订志鉴出版合同时，如果载有行政区划图，就必须按照要求向出版社提供本行政区划所在的省市区级人民政府测绘行政主管部门（甘肃省级人民政府测绘行政主管部门是甘肃省测绘地理信息局）的准予在志鉴中使用行政区划图的审批函。

目前，全国各省市区人民政府测绘行政主管部门也不尽相同，国家对于地图审核批准书的式样未做统一规定。参见甘肃省、广西壮族自治区、北京市地图审批书：

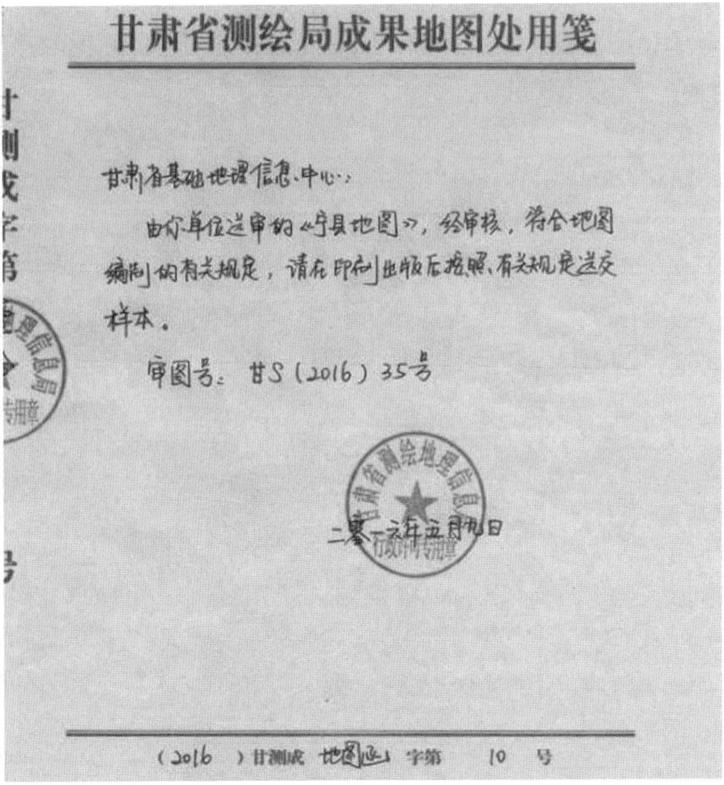

甘肃省测绘局成果地图处用笺

甘肃省基础地理信息中心：

由你单位送审的《宁县地图》，经审核，符合地图编制的有关规定，请在印制出版后按照有关规定送交样本。

审图号：甘S（2016）35号

甘肃省测绘地理信息局 行政审批专用章

二零一六年五月九日

（2016 ）甘测成 地图函 字第 10 号

图 1 甘肃省地图审批书样本

北京市地图审核通知书

立案号：规设管字 2016 年第 295 号

送审单位名称	朝阳区豆各庄乡人民政府		
送审样图（样品）名称	《豆各庄乡志》插图		
类别及使用范围说明	公开出版		
出版书号	ISBN978-7-5119-2553-4		
比例尺、开本	16 开		
受理时间	2016 年 4 月 19 日	退改时间	
重新受理时间		退改时间	
送审试制样图情况	一式两份		
地图备案情况			
审批意见	经审核地图内容基本符合国家有关规定，可以出版。		
审图号	京 S（2016）004 号		

审核批准机关（盖章）

签发日期　2016 年 4 月 29 日

备　注：

1. 涉及地图著作权事项，由你单位自行负责；
2. 地图专业内容请有关部门审核；
3. 不需要审核的其他地图内容，由编制者自行负责；
4. 正式出版发行或展示前应向测绘行政主管部门报送样图（样品）各二份；
5. 必须在出版（展示）物、样品的适当位置标注审图号。

图 2　北京市地图审核通知书样本

地图审核批准书

送审单位名称	中国时代经济出版社
送审地图名称、规格、样式	《河池年鉴》插图（书刊插图，8开1幅）
用　　途	书刊插图
出版书号	
受理时间	2013年3月11日
地图内容技术检定意见书	
产品备案情况	广西测绘地理信息局备案
审批意见	我局按照《地图审核管理规定》和《公开地图内容表示若干规定》、《公开地图内容表示补充规定》（试行）等有关规定对《河池年鉴》插图（书刊插图，8开1幅）地图内容进行了审查，存在的问题按样图上标注的意见修改。
审图号	桂S（2013）[illegible]
审核批准机关（签章） 签发日期：2013年3月22日	
备注： 1、涉及地图著作权事项，由你单位自行负责； 2、地图内容需符合国家有关的法律法规； 3、在适当位置载明审图号； 4、地图专题内容请按规定送审； 5、在发行前将样图一式两份报广西测绘地理信息局备案。	

图3　地图审核批准书示样

近期从宁县志办、安宁志办办理志鉴中使用的行政区划图审图号的过程，笔者从省测绘地理信息局办公室了解的情况，以及网上所查资料得知，目前，我省志鉴使用行政区划图办理审图号的具体程序是：

委托拥有本政区行政区划图且具有地图编制资质的部门（甘肃省基础地理信息中心）—与甘肃省基础地理信息中心签订志鉴插图使用合作协议书— 由甘肃省基础地理信息中心出具地图审图号的申办材料并到甘肃省政务大厅代办审批手续 —20 个工作日内获得地图审核批准书—交付地方志部门。(注：办理审图号是免费的，法定期限是 20 个工作日，承诺期限是 10 个工作日内就可办理完毕)

地方志办公室取得审图号后，将甘肃省地理测绘信息局行政许可函复印件加盖地方志办公室的公章并注明“复印件与原件无误”后，作为志鉴审核必须提供的内容与志鉴稿一并提交给出版社。

（作者单位：中国时代经济出版社
甘肃省地方史志办公室）

未入选论文目录

牛津大学年鉴的内容、特色与启示 …………………………… 刘书峰
高校年鉴质量问题和发展对策研究 …………………………… 唐剑平
对提高《文山州年鉴》质量的几点思考…………… 陈翠莲　周以钢
对提高地方综合年鉴编纂质量的粗浅看法 ……………………… 王志迁
高校年鉴质量控制体系研究 ……………… 徐彦红　刘江霞　黄少卿
从管理学角度对县（区）综合年鉴质量分析和思考………… 陈声华
年鉴实现“年编、年见、年新”刍探…………………………… 周日杰
浅谈年鉴的质量观 ……………………………………………… 龚美华
浅谈提高年鉴编纂质量和时效实践 …………………………… 孙志红
试析如何提高地方综合年鉴质量 ……………………………… 赵　颖
高校精品年鉴建设的探索与创新 …………………… 曹亚红　王　祎
略论精品年鉴的打造
——以《硚口年鉴》为例………… 武汉市硚口区地方志办公室
年鉴编纂规范研究 ……………………………………………… 李艳玲
年鉴编纂规范研究
——以我区两部县区年鉴来说全国县级年鉴编纂存在的问题 ……
………………………………………………………………… 李金明
企业年鉴编纂业务的研究 ……………………………………… 张长生
区级年鉴编纂刍议
——以《台江年鉴》编纂为例………………………………… 陈祥榕
如何甄别与提升年鉴资料 ……………………………………… 李富强
对提高年鉴编纂水平路径的探索 ………………… 曹继晔　刘双义

初探如何使《德阳年鉴》更具生命力………………　李陶然　赖玉梅
关于创新县级年鉴编纂工作的思考
——以《威远年鉴》为例…………………………　冷国文　樊碧贞
《滑县年鉴》编纂之创新探索　……………　齐素玲　梁姗姗　郑玉章
浅谈行业科技在湖南科技年鉴中的编撰应用………　谢　华　茹　华
地方综合年鉴编纂出版规范与创新路径…………………………　李有毅
年鉴编纂创新发展的思路……………………………………………　张　睿
理念观念的创新决定思路方法的改变
——年鉴编纂工作创新发展的路径探索…………………　符思念
县级综合年鉴创新实践
——以《广德年鉴》创新编纂为例…………………………　唐新智
新形势下年鉴编纂创新发展的探索…………………………………　岳　毅
研精钩深、鼎故革新，地方综合年鉴工作创新谈……………　张建光
年鉴框架设计研究……………………………………………………　石　磊
我国地方综合性年鉴框架设计研究…………………………………　阳崇欣
在规范年鉴编纂工作的同时创建个性化特色化年鉴框架的思考……
………………………………………………………………………　吴科峰
对市（州）、县（市、区）年鉴栏目记述内容的设想………　滕　辉
地方综合年鉴条目及编写规范研究
——以《陕西年鉴》《广西年鉴》《安庆年鉴》　………………
《宝鸡年鉴》《耀州年鉴》为例　……………………………　张康德
年鉴条目编写研究…………………………………　李朝霞　姜红雨
读鉴、用鉴琐谈………………………………………………………　陈永华
年鉴的资料性和社会性研究…………………………………………　李有毅
基于年鉴信息化的思路与细节思考…………………………………　任璀洛
年鉴资源开发利用研究………………………………　庞军成　高新茗
浅议信息社会中年鉴资源开发利用的实践与创新……………　高　云
浅谈地方综合年鉴的参考价值………………………………………　赵　倩
“互联网+”时代年鉴提供利用路径的探索　…………………　刘德宝
对年鉴反映地域文化特色的思考……………………………………　丁玉恒

年鉴（方志）继承与弘扬地方文化特色的探索……………………………………………………………… 刘金武　龙志刚　李　颖
建立一支覆盖各行各业的年鉴信息员队伍 ……………………… 黄开福
试论欠发达地区“三级综合年鉴全覆盖”的后发优势
——“零基础”地区实现全覆盖的工作方法探讨……… 黄真龙
牢固树立“四个”意识编好社会主义新西藏地方综合年鉴……………………………………………………………… 裴红琴

编后记

2017 年 8 月 8—9 日，中国地方志指导小组办公室（以下简称中指办）、中国地方志学会年鉴分会主办，黑龙江省地方志办公室、齐齐哈尔市地方志办公室承办的精品年鉴与年鉴编纂创新研讨会与第二次全国年鉴工作会议暨中国地方志学会年鉴分会年度会议在齐齐哈尔市召开。各省级地方志工作机构分管年鉴工作的领导及年鉴部门负责人、中国地方志学会年鉴分会部分理事、部分市县两级地方志工作机构代表，以及研讨会论文作者 150 余人参会。

《全国地方志事业发展规划纲要（2015—2020 年）》和《全国年鉴事业发展规划（2016—2020 年）》都提出，要制定年鉴理论和年鉴学学科建设规划，建立和完善年鉴理论研究学术规范，力争到 2020 年形成较为成熟的年鉴学学科体系。举办精品年鉴与年鉴编纂创新研讨会就是贯彻落实上述目标任务、搭建学术研究平台的一项重要举措。研讨会从 2017 年年初开始酝酿筹备，4 月 7 日正式印发约稿函，确定以强化年鉴精品意识、深化年鉴质量建设为主题，面向全国征集论文。5 月至 6 月，陆续收到作者投稿，共收到论文 102 篇。7 月，中指办组织专家对收到的论文进行匿名评审，遴选出参会论文 58 篇。随后，30 余名论文作者以文与会，围绕年鉴质量控制、精品标准、编纂规范、编纂创新、框架设计、条目编写等问题进行了深入的研讨交流。

会后，包括未能参会论文作者在内的 58 篇论文作者对论文进行了修改完善，部分作者对论文作了较大幅度的修改。中指办组织力量对这些论文作了精心的编排、校核，最后编成这部论文集。论文集涉及年鉴理论研究与编纂实践的许多方面，既有基础理论研究，又有中外年鉴之间的比较分析；既有编纂规范与创新方面的探讨，又有框架设计、条目编写等具体编纂问题；既有年鉴质量控制与打造精品年鉴标准的分析，又有资源开发利用以及与地方文化的关系等。我们相信这本论文集有助于推动年鉴理论研究、提高年鉴理论研究水平，为年鉴事业发展提供重要的理论支撑作用。

论文集的出版得到了中国地方志指导小组秘书长、中指办主任冀祥德，中指办副主任邱新立的高度重视和大力支持。冀祥德还审阅全部书稿，提出了很多具体的修改意见或建议，为论文集增添了不少亮色。方志出版社地方史编辑部主任徐宏、编辑范静在论文集的编辑出版过程中做了大量的工作，正是他们的认真敬业、无私奉献，这部论文集才顺利出版。

值此论文集即将出版之际，谨向支持和参与这项工作的领导和同志们表示衷心的感谢！鉴于编校水平有限，加之时间仓促，书中难免有疏漏错讹之处，敬请广大读者批评指正。

编　者

2019 年 6 月